프로이트 II

문 명 의
수수께끼를
풀 다

프로이트 II

피터 게이 ᛁ 정영목 옮김

1915~1939

교양인
GYOYANGIN

| 일러두기 |

1. 이 책은 1988년에 초판 발행된 피터 게이의 *Freud : A Life for Our Time*의 2006년 개정
   판을 저본으로 삼아 우리말로 옮긴 것이다. 2006년 개정판에는 프로이트 탄생 150년을
   맞아 피터 게이가 새로 추가한 〈머리말〉이 들어 있다.
2. 외국 고유명사는 '외래어표기법'(1986년 문교부 고시)을 기준으로 삼았다.
3. 본문에 일련 번호로 표시된 저자의 주석은 후주로 실었다. 본문 하단 각주는 저자의 주
   석과 옮긴이의 주석('역주'로 표시), 한국어판 편집자의 주석('편집자 주')으로 나뉜다. 원
   저자의 주석은 따로 표시하지 않았다.

나는 인생의 많은 부분을

나 자신의 환상, 그리고 인류의 환상을

파괴하는 데 보낸 사람입니다.

— 프로이트, 로맹 롤랑에게 쓴 편지

| 감사의 말 |

이 책은 만드는 데 오랜 시간이 걸렸다. 집필을 한 2년 반이라는 짧고 강렬한 시간보다 훨씬 많이 걸렸다. 프로이트에 대한 관심은 1940년대 말 대학원 시절로 거슬러 올라간다. 그러다가 1970년대 중반 '웨스턴 뉴잉글랜드 정신분석 연구소'가 나를 후보 연구원으로 받아주면서 프로이트에 대한 관심은 역사가로서 나의 작업의 중심에 놓이게 되었다. 나는 후보 연구원 자격으로 정신분석의 세계에서 더할 나위 없이 편안하게 지낼 수 있는 기회를 누리게 되었다. 그 기회는 이 전기를 쓰는 데 참으로 귀중한 것이었다. 하지만 나는 프로이트가 전기 작가의 피할 수 없는 운명이라고 생각했던 이상화로부터 나 자신을 보호하기 위해 역사가로서 전문적인 거리를 두기로 했다.

집필에 든 시간과 부화의 세월 사이의 현저한 차이를 생각하면서, 나는 존 러스킨(John Ruskin)이 제임스 휘슬러(James Whistler)의 그림 한 점을 두고 대중의 얼굴에 던진 물감 단지라고 혹평했을 때, 휘슬러가 명예 훼손 소송을 하는 과정에서 했던 말이 떠올랐다. 러스킨의 변호사가 휘슬러의 안개가 자욱한 밤 풍경 그림을 증거물로 제시하면서 그에게 그 그림을 그리는 데 얼마나 걸렸냐고 물었다. 휘슬러는 기억에 남을 만한 이런 대답을 했다. "평생이오." 자, 물론 "평생"이라는 말을 이 프로이트 전기 작업에 적용하면 과장이 될 것이다. 그러나 이 책을 쓰는 동안에 평생 다른 일은 한 적이 없다는 느낌이 드는 때가 있었다. 다행히도 나는 기록 보관인, 사서, 친구, 동료들의 지속적이고 든든한 지원을 누렸다. 알지 못하는 사람들도 강연 뒤에 나를 찾거나, 내 기획을 들은 뒤 청하지도 않았는데 자료를 보내주는 등, 반갑고 도움이 되는 관심을 보여주었다.

실제로 대화—이 닳고 닳은 말에 진짜 의미를 부여하는—를 촉진하는 훌륭한 방식, 내가 의존해 왔고 다른 책에서도 언급한 적이 있는 방식이 다시 효과를 발휘했다. 질문, 논평, 때로는 활기찬 반대 의견, 그리고 가끔이지만 비공개 편지를 끌어내는 공식 강연이 그것이다. 1985년 이래 나는 다양한 청중에게 진행 중인 나의 전기, 프로이트의 삶에서 중요한 문제, 정신분석과 역사와 전기의 관계, 현재 유행하는 프로이트에 대한 공적 인식의 정치학에 관해 이야기해 왔다. 나는 이런 강연을 늘 즐겼고, 보통은 도움을 얻었다. 1985년에는 클라크 대학에서 프로이트의 문학 취향에 관해서, 인디애나 역사학회와 미국 심리학협회에서는 정신분석과 역사가의 관계에 관하여 이야기했다. 또 같은 주제를 두고 강조점을 달리하면서 휴스턴의 라이스 대학과 네덜란드 호로닝언의 대규모 대중 강연에서 이야기를 하기도 했다. 1986년에도 예일 대학의 대체로 비공식적인 몇 군데 포럼에서 이 일련의 강연을 계속했다. 힐렐 재단과 예일 동창회에서 하기도 했고, 우리 학과(예일대 역사학과)의 대학원생들과 건축학과 학생들 앞에서 하기도 했고, '의학 도서관 친구들' 앞에서는 정식으로 강연을 하기도 했다. 그해에 나는 또 뉴욕 주립대학의 스토니브룩 캠퍼스, 오하이오 애선스의 오하이오 대학, 보스턴 정신분석협회, 샌디에이고의 캘리포니아 대학(H. 스튜어트 휴즈의 뛰어난 생애를 기념하는 즐겁고 감동적인 기념식이었다), 노스캐롤라이나 샬럿에서 열린 '남부역사협회'의 오찬회에서 강연을 했다. 그리고 신시내티의 히브리 유니언 칼리지에서 일 주일 동안 머물며 무신론자 유대인 프로이트에 관한 강연을 한 것은 특히 즐겁고 보람있는 일이었다. 1987년에는 시카고 정신분석 연구소, 시카고 대학에서 연 정신분석학과 사회과학을 위한 워크숍, 우리 대학의 보몽 의학 클럽에서 '조지 로즌 기념 강연'의 두 번째 강연자로서, 그리고 마지막으로 예일 인문학센터에서 동료 연구자들 앞에서 강연을 했다. 앞에서도 말했듯이, 모든 강연이 매우 자극적이고 귀중했다.—적어도 나에게는. 이 청중에 속한 사람들에게 큰 신세를 졌고, 또 다른 많은 사람들에게도 깊은 고마움을 느끼기 때문에, 나는 이 '감사의 말'에서 한 사람도 간과하거나 무시하지 않았기를 바랄 수밖에 없다.

우선 의회도서관 원고(Manuscript) 자료부의 원고 역사가 로널드 S. 윌킨슨에게 큰 감사를 드린다. 프로이트 자료의 가장 크고 가장 귀중한 발굴물을 책임지고 있는 윌킨슨은 거리낌 없이 자신의 자료만이 아니라 다른 곳에 있는 자료에 관한 정보를 나누어주었다. 그는 관대하고 상상력이 풍부한 방식으로 구하기 힘든 문건을 찾는 방법을 일러주었다. 콜체스터 근처 위븐호의 '지크문트 프로이트 저작권 사무소'의 책임자 마크 패터슨은 따뜻한 마음으로 그의 풍부한 프로이트 자료를 내가 모두 이용할 수 있게 해주었다. 기록 관리인 실리어 허스트와 조 리처드슨이 유능하게 그를 보조하고 있었다. 내가 이 글을 쓰는 동안 런던 햄스테드 메어스필드 가든 20번지 '프로이트 기념관'의 큐레이터였던 데이비드 L. 뉴런즈는 나를 환영했으며, 기념관의 스티브 노이펠드는 귀중한 정보를 제공하고 진귀한 보물 몇 가지를 발견하여 많은 시간을 절약하게 해주었다. 역시 런던에 있는 영국 정신분석협회 문서 보관소의 명예 문서 관리인인 필 H. M. 킹은 내가 어니스트 존스의 풍부한 문서를 탐사하고 이용하는 것을 허락해주었는데, 그 덕분에 나는 존스가 프로이트 전기를 쓰던 과정을 재구성할 수 있었다. 이 문서 보관소의 부소장인 질 던컨은 내 문의에 응하여 몇 가지 중요한 편지를 찾아내주었다. 뉴욕 정신분석 연구소의 'A. A. 브릴 도서관'의 사서 겸 문서 관리인 엘런 길버트, 그리고 그녀의 후임인 데이비드 J. 로스는 나를 친절하게 맞아주고, 주로 프로이트의 미국인 분석 대상자들 관련 문서로 이루어진(그것만은 아니지만) 흥미로운 자료를 찾는 길을 안내해주었다. 컬럼비아 대학 희귀본 및 원고 담당 사서 케네스 A. 로프는 루돌프 엘런보건과 함께 오토 랑크 자료의 조사를 도와주었다. 영국 맨체스터 대학 존 라이랜즈 도서관 원고 보관인 글레니스 A. 매서슨은 프로이트와 그의 조카 새뮤얼이 주고받은 편지를 기꺼이 공개했다. 예일 대학 도서관 원고 및 문서 보관소의 조사 보관 책임자 주디스 A. 시프는 (늘 그렇듯이) 많은 도움을 주었는데, 이번에는 주로 E. M. 하우스 대령 문서를 조사하는 일을 도와주었다. 뉴욕 레오 베크 연구소의 자료관리 조수인 앨런 S. 디박은 미공개 서신 몇 통을 제공했다. 뉴욕 공립 도서관 아렌츠 자료관의 버나드 맥티그는 흡연 습관에 관한 프로이트의 중요한 편지(전에 공개되었지만, 잘못 확인되었다)를 보여주었다. 또 '후버 전쟁·혁명·평화 연구소'의 기록 관리 보조원인 엘리나 S. 대니얼슨은 고맙게도 프로이트가 폴 힐에게 보낸 편지를 보내주었다. 암스테르담 국제 사회사 연구소의 A. M. J. 이저르만스는 프로이트가 헨드릭 드 만에게 보낸 편지의 일부를 활자화하는 것을 허락해주었다. 오스틴에 있는 텍사스 대학의 해리 랜섬 인문학연구센터의 샐리 리치는 블랑슈 크노프와 프로이트 가족 사이에 오고 간 편지 몇 통을 추적하는 것을 도와주었다. 평소와 마찬가지로 예일 의학도서관의 역사 문고(책임자는 페렌크 A. 기요르게이였다)는 늘 따뜻하게 나를 맞아주었다.

프로이트의 삶 가운데 거의 알려지지 않은 사건들에 관한 미공개 자료나 정보를 자원해서 제공해준 사람들에게 깊은 감사를 드린다. J. 알렉시스 벌랜드는 프로이트가 제1차 세계대전 직후 아버지에게 쓴 매혹적인 편지를 보내주면서, 그 배경 이야기도 알려주었다. 안톤 O. 크리스와 그의 누이 안나 K. 볼프는 고맙게도 프로이트가 에른스트 크리스와 오스카어 리에게 보낸 편지 몇 통을 보여주고 유익한 일화도 들려주었다. 샌퍼드 기퍼드는 지금까지 알려지지 않은 귀중한 자료가 담긴, 펠릭스 도이치에 관한 계몽적인 미발표 원고를 보내주었다. 프랑크푸르트 암 마인의 S. 피셔 출판사의 내 편집자 빌리 쾰러는 출간 전에 중요한 자료 몇 가지를 보내주었다. 프로이트의 말년에 그 가족과 가까웠던 요제피네 슈트로스는 의사의 비밀 엄수 의무를 어기지 않는 범위 내에서 회고를 해주어 큰 도움이 되었다.

프로이트의 분석을 받기도 한 네덜란드의 저명한 정신분석가 고(故) 잔 랑플-드 그로는 또 한 명의 프로이트 전기 작가에 대한 회의를 극복하고, 1985년 10월 24일 암스테르담에 있는 그녀의 집에서 기억에 남을 만한 인터뷰를 해주었다. 처음부터 회의적이지 않았던 헬렌 슈어도 1986년 6월 3일에 인터뷰를 해주었다. 그것만이 아니었다. 그녀의 기억과 금고를 뒤져 남편 막스가 쓰거나 받은 편지들을 내놓았는데, 이것은 프로이트의 말년을 조명하는 데 큰 도움을 주었다. 운 좋게도 내가 처음 검토하게 된 의회도서관의 막스 슈어 문서 덕분에 11장과 12장이 더 풍부해질 수 있었다. S. 피셔 출판사의 잉게보르크 마이어-팔메도는 수고스럽게도 프로이트와 에도아르도 바이스가 주고받은 편지의 교정된 판본을 보내주었다. 정신분석가이자 편집자이자 저술가인 일제 그루브리히-지미티스에게는 특별한 감사를 드리고 싶은데, 그녀는 편지를 보내고 이야기를 나누어주었을 뿐 아니라, 공개되기 오래전에 중요한 텍스트들(예를 들어 원래의 독일어로 쓰인 프로이트와 플리스 사이에 오간 편지들)의 교정쇄를 보여주는 크나큰 친절을 베풀었다. 그녀가 알고 있는 대로, 그녀의 프로이트는 나의 프로이트지만, 그녀는 나를 위해 그 프로이트를 해명하는 데 큰 도움을 주었다.

사실 친구들이 좋은 이야기나 편지로 자극을 주었기 때문에, 나는 그런 혜택을 자주 누렸다. 정신분석에 관한 재치 있고 정확한 책들로 잘 모르는 사람들을 교육하고 지식이 있는 사람들을 즐겁게 해주었던 재닛 맬컴은 독일인들이 대화 파트너라고 부르는 존재로서 순수한 즐거움을 안겨주었다. 재키 카트완과 게이비 카트완 부부는 훌륭한 사람들이었다. 현업 정신분석가이자 내가 프로이트 이야기를 10년 넘게 나누어 온 귀중한 친구인 이자 S. 에를리히는 자신이 쓴 계몽적인 논문을 보내주고, 다른 사람들의 논문을 알려주었다. 엘리제 스나이더는 의리 있는 협력자로서, 특히 (이것만은 아니지만) 나에게 많은 기회를 주었다. 오랜 세월에 걸쳐 수재너 바로즈는 학자로서 내 인생이 더 편하고 유쾌해지게 해주었다. 오래전부터 나와 나의 작업에 아량을 보여주었던 페터 뢰벤베르크는 이론적인 쟁점들을 탐사하고, 발췌 인쇄물을 보내주고, 정보 출처에 이르는 실마리를 제공했다. 줄리엣 L. 조지와 그녀의 남편 알렉산더 덕분에 우드로 윌슨에 관한 프로이트와 불릿의 연구를 더 깊이 있게 이해할 수 있었다. 제이 캐츠는 안나 프로이트에 관한 확실하고 좋은 정보를 제공하여, 내가 이용할 수 있게 해주었다.

조지프 골드스테인은 버팀줄 역할을 해주었으며, 솔직히 말해 그 덕분에 정신분석가들을 더 좋게 볼 수 있게 되었다. 내 동료이자 친구인 앨버트 J. 솔닛도 마찬가지인데, 그는 적절하게 격려를 해주고, 정확한 정보를 제공하고, 시의적절하게 찾기 힘든 자료를 찾아주는 등 큰 도움을 주었다. 에른스트 프렐링거와 나는 10년 이상 프로이트에 관해 보람 있는 토론을 해 왔으며, 그는 이 책에도 흔적을 남겼다. 빈 자리가 몹시 아쉬운 친구인 고(故) 리처드 엘먼은 제임스 조이스의 훌륭한 전기로 나에게 자극을 주었으며, 몇 가지 불분명한 점을 해명해주었다. 마틴 S. 버그먼은 사랑에 관한 정신분석적이고 역사적인 연구의 원고를 보여주었고, 귀중한 발췌 인쇄물을 보내주었고, 마리 버그먼과 함께 프로이트에 관하여 나와 쉬지 않고 대화를 나누었다. 제임스 클리먼, 리처드 뉴먼, 모턴 라이저, 새뮤얼 리트보, 폴 슈워버, 로레인 지긴스 등 웨스턴 뉴잉글랜드 정신분석 연구소 소속의 분석가 몇 명은 나에게 각별한 의미가 있는 사람들인데, 이들은 정보를 제공하고, 자료를 인쇄해주고, 민감한 영역에서 문서를 찾는 사람에게는 매우 귀중한 전술적 조언을 해주는 등 은혜를 베풀었다.

필리스 그로스커스와 나는 안나 프로이트에 대한 평가를 두고 의견이 달라 평화롭게 논쟁을 했다. 윌리엄 맥과이어는 인내심을 가지고 융, 페렌치, 슈필라인 등 여러 사람에 관한 학문적 정보를 제공해주었다. 이보 바나크, 존 데모스, 해나 S. 데커, 데이비드 머스토와 나눈 대화도 큰 도움이 되었다. 스탠리 A. 리비는 스케이팅에 관한 어니스트 존스의 논문을 얻는 데 도움을 주었다. 내 친구들인 C. 밴 우드워드와 해리 프랭크퍼트는 내 이야기에 귀를 기울여주었으며, 또 나에게 꼭 필요했던 훌륭한 회의주의자 역할을 해주었다. 언제나 그렇듯이 나와 30년 동안 애정 어린 관계로 묶여 있는 밥 웹과 페티 웹 부부 덕분에 워싱턴 D. C.에 머무는 것이 아주 즐거운 일이 되었다. 조 글레이저와 밀리 글레이저 부부도 마찬가지다. 내 오랜 친구 글래디스 탑키스는 예일 대학 출판부의 노련한 편집자로서 단순히 의무를 이행하는 것을 넘어, 다른 출판사

책을 만들고 있을 때도 저자의 요구를 뛰어나게 이해해주었다.

또 (정보를 먼저 제공해주고, 질문에 답해주고, 발췌 인쇄물이나 책을 보내준 것에 대해) 헨리 에이브러브, 올라 안데르손, 로저 니콜러스 밸시거, 호텐스 K. 베커, 스티븐 벨러, 에드워드 L. 버네이스, 제라드 브라운탈, 힐데 브라운탈, 폴 브룩스, 로버트 비크, 에드워드 T. 체이스, 프랜시스 크릭, 해너 데이비스, 하워드 데이비스, 게오르크 E. 에를리히, 루돌프 엑스타인, 제이슨 엡스타인, 애브너 포크, 맥스 핑크, 데이비드 제임스 피셔, 조피 프로이트, 알프레다 S. 골트, 존 E. 게도와 메리 게도, 로버트 고트리브, 헨리 F. 그라프, 프레드 그루벨, 에드윈 J. 헤벌, 헨드리카 C. 할버슈타트-프로이트, 휴 R. B. 해밀턴, 존 해리슨, 루이스 E. 호프먼, 마고 하워드, 주디스 M. 휴즈, 오빌 허위츠, 한 이스라엘스, 앨리스 L. 칼러, 마리 칸, 마크 칸저, 조너선 카츠, 존 케바비언과 로버트 케바비언(프로이트의 소파의 바닥깔개를 확인해주었다), 조지 케넌, 폴 케네디, 데니스 B. 클레인, W. A. 코엘슈, 리하르트 쿠이젤, 너새니얼 S. 레어먼, 해리 M. 레신, E. 제임스 리버먼, 아서 S. 링크, 머리 루이스, H. E. 뤼크, 존 마스, 패트릭 J. 마호니, 헨리 마르크스, 로버트 S. 매컬리, 프랭크 마이스너, 그레임 미치슨, 멜빈 머로프, 페터르 B. 노이바우어, 로티 M. 뉴먼, 프랜 H. 응, 서원 B. 널랜드, R. 모 오퍼럴, 대니얼 오퍼, 앨리스 올리버, 대리어스 오른스톤, 피터 파렛, 앨런 P. 폴라드, 수전 퀸, 로버트 리버, 아나-마리아 리주토, 폴 로즌, 아서 로젠탈, 레베카 살레탄, 페르디타 셰프너, 요제프 젤카와 에타 젤카, 레너드 셴골드, 마이클 셰퍼드, 배리 실버스테인, 로스치 스테인, 레오 스테인버그, 리카도 스테이너, 폴 E. 스테판스키, 앤서니 스토어, 피터 J. 스월스(내가 그의 전기적 재구축에 관해 의문을 품고 있다는 것을 틀림없이 알고 있었을 텐데도, 너그럽게 자신의 글과 다른 얻기 힘든 자료를 제공해주었다), 존 토우스, 돈 하인리히 톨츠만, 에드윈 R. 월러스 IV, 로버트 S. 월러스틴, 린 L. 웨이너, 데이비드 S. 워먼, 댄 S. 화이트, 제이 윈터, 엘리자베스 영-브루엘(안나 프로이트에 관하여 발견한 것 몇 가지를 너그럽게 나에게 제공했다), 아서 치트린에게 감사한다.

내 동료 윌리엄 크로넌은 한 문단을 독차지할 자격이 있다. 공을 들였으면서도 편안하지만 동시에 의욕에 찬 그의 가르침, 종종 많은 시간을 잡아먹는데도 전혀 투덜거리지 않는 가르침, 그리고 위기 때마다 그가 펼친 구조 작업이 없었다면, 나는 나의 IBM-XT 워드프로세서의 복잡한 원리를 절대 습득하지 못했을 것이며, 이 책이 언제까지 미루어졌을지 모른다.

이전에 배우던 학생들—특히 칼 란다워, 마크 미케일, 크레이그 톰린슨—그리고 앤드루 아이젠버그, 패트리셔 베어, 존 코널, 로버트 디틀, 주디스 포리스트, 미셸 플로, 헬무트 스미스 등 현재 배우는 학생들은 프로이트와 관련하여 참을성 있게 나에게 시간을 내주었으며, 그들 나름의 귀중한 논평을 해주었다. 또 학부 조교 제임스 로차트와 레베카 홀트젤에게도 훌륭하게 뒷받침해준 것에 감사한다.

W. W. 노턴 출판사가 이 길고 결코 간단치 않은 원고를 관리해준 것은 나에게는 무척 다행스러운 일이었다. 도널드 S. 램은 출판사 사장으로서 여러 의무를 이행하면서도 내 편집자 역할까지 해주었다. 그렇게 해준 것이 다행이었다. 나는 다른 인쇄물에 대한 경험이 상당히 있었지만 전기는 써본 적이 없었으며, 도널드는 전에는 내가 막연하게만 알고 있었던 명료함과 연대기적 서술 방법에 관해 많은 것을 가르쳐주었다. 에이미 체리는 도관과 완충 장치 역할을 해주었으며, 두 역할 모두 훌륭하게 수행했다. 에스터 제이콥슨은 편집의 달인이었다. 나와 원고를 처음 읽은 사람들이 주의를 기울였는데도 내 원고 오른쪽 여백에서

펄럭거리는 깃발은 더 주의를 기울이는 것이 가능하고 또 바람직하다는 것을 보여주었다. 이렇게 수백 페이지가 지난 뒤에도 그녀에게 감사하기 때문에, 우리는 지금도 서로 따뜻하게 이야기를 나누고 있는 것이다.

이런 즐겁고 명랑한 분위기 때문에 이제 그렇게 즐겁지 못한 이야기를 하려니 무례한 사람이라도 된 듯한 느낌이 든다. 하지만 독자들에게 이 전기에서 나의 책임이 아닌 빈틈들이 있다는 것을 알려 두어야겠다. 나는 다시 떠올리고 싶지 않을 만큼 강한 목소리와 애절한 편지로 그 빈틈을 메우고자 노력했으나 허사였다.

프로이트의 글의 공개를 허락할 권리는 지크문트 프로이트 저작권 사무소가 갖고 있지만, 프로이트의 수많은 미공개 자료를 열람하는 것은 뉴욕의 '지크문트 프로이트 아카이브사(社)'의 허락을 얻어야만 한다. 이 기관은 쿠르트 R. 아이슬러 박사가 세웠고, 또 오랫동안 단호한 태도로 운영해 왔다. 지금은 해럴드 P. 블룸 박사가 그 자리를 이어받았다. 아이슬러 박사는 자칫 흩어지거나 사라졌을 수도 있었던 수많은 자료를 수집했다. 또 프로이트의 분석 대상자, 동료, 친구, 지인 수십 명을 인터뷰하여, 이 방대하고 귀중한 자료를 의회도서관의 원고부에 맡겼다. 그가 대체로 혼자서 이런 일을 하면서 근면하고 주도면밀한 모습을 보여주었기 때문에, 프로이트나 정신분석사를 연구하는 모든 학자들이 그에게 고마워했다. 그러나 분명한 예외들이 있기는 했지만 프로이트 자료를 수십 년 동안 묻어 두는 것이 아이슬러 박사의 방침이었다. 그는 제한을 풀 날짜들을 여럿 설정했는데(기증자들이 이것에 늘 기뻐한 것은 아니다), 이 날짜들은 21세기에 들어서도 한참 시간이 지나야 다가올 것이며, 현재 작업을 하고 있는 학자들의 수명을 넘기는 경우도 많다. 아이슬러 박사는 어떤 것이든—정말로 **어떤** 것이든—프로이트가 공개하지 않으려 했던 것은 공개해서는 안 된다는 견해를 여러 번 공개적으로 밝혔다.

나는 기회가 있을 때마다 여러 번 좀 더 대범한 입장을 대변하여 반론을 제기했다. 몇 년 전에는 미국 정신분석협회(내가 협회에 가입한 지 몇 년이 지났을 때였다)의 '역사와 자료 위원회' 회의 석상에서 이 문제를 놓고 아이슬러 박사와 논쟁을 벌였다. 그는 심지어 프로이트와 융이 주고받은 서신도 프로이트를 모욕하는 데 이용되었기 때문에 프로이트에게 피해를 주었다는 의견을 밝혔다. 나의 반론은 아주 간단했다. 나쁜 역사나 나쁜 전기는 더 나은 역사나 더 나은 전기로 몰아낼 수 있으며, 그런 더 나은 것은 학자들이 자료를 마음껏 이용할 수 있을 때만 쓸 수 있다는 것이었다. 아이슬러 박사가 과거나 지금이나 마치 중독이라도 된 것처럼 그렇게 강력하게 비밀을 지키려 하기 때문에 오히려 그가 평판을 지켜주려고 하는 사람에 관한 터무니없는 소문들이 들끓게 되었다. 나는 또 가능한 한 최대로 솔직해지려는 학문인 정신분석이 속임수를 쓰지는 않는다 해도 마치 은밀한 것처럼 세상에 보일 수도 있다는 분명한 모순을 지적했다. 물론 그는 나의 주장에 흔들리지 않았다. 나는 지금까지 거의 20년 동안 이 까다로운 문제를 두고 아이슬러 박사와 편지를 주고받았으며, 이 전기를 쓰는 일이 가능하다고 생각했을 때부터 그가 관장하는 자료를 요청했다. 그러나 결과는 늘 똑같이 완전한 좌절뿐이었다.

아마 아이슬러 박사의 방침의 가장 중요한 피해자는 프로이트와 약혼녀가 5년이라는 긴 약혼 기간, 함께 있기보다는 떨어져 있는 시간이 더 많았던 기간에 주고받은 편지일 것이다. 그들은 거의 매일 서로 편지를 썼기 때문에, 아마 한 사람이 천 통 정도는 썼을 것이다. 이 이른바 혼약서한집(Brautbriefe)은 플리스에게 쓴 편지들이 1890년대에 정신분석이 형성되던 과정을 보여주듯이 1880년대 초 젊은 프로이트의 일과 사랑을 내밀하게 보여줄 것이다. 1986년 역사와 자료 위원회 회의에서 블룸 박사는 이 편지들이 서양 문화사에서 가장 위대한 연애 편지라고 말했다. 그것을 어떻게 아십니까? 그렇게 대꾸할 수 있을 뿐이다. 1960년에 에른스트 프로이트와 루시 프로이트는 이 편지 백 통 정도가 포함된 프로이트의 상당한(그러나 여전히 부분적이었다) 서신을 편집했다. (본서 '문헌 해제' 총론 참조.) 이 수는 1968년 2판에서 늘어나지 않았다. 나는 여러 번 남은 편지들을 보게 해 달라고 요청했으나 아이슬러 박사는 정중하지만 단호하게 그 요청을 물리쳤다. 그 결과 공개된 편지를 보완하기 위해 내가 얻을 수 있었던 미공개 편지 몇 통(마르타 베르나이스가 프로이트에게 보낸 편지들을 포함하여)에 의지해야만 했다.

블룸 박사가 이끄는 지크문트 프로이트 아카이브사의 현재 정책은 과거보다 예측이 힘들어졌다는 점에서 오히려 희망이 생긴다. 작업 초기에 나는 프로이트와 아브라함 사이의 모든 서신(카를 아브라함 서류로서 의회도서관 원고부에 보관되어 있다)만이 아니라, 프로이트가 어니스트 존스에게 보낸 귀중한 편지 대부분을 포함하는 프로이트 컬렉션의 D 시리즈 전체를 볼 수 있었다. 1986년 7월 17일 〈뉴욕 리뷰 오브 북스〉는 '상임 이사' 자격으로 쓴 블룸 박사의 편지를 소개했는데, 그는 이 편지에서 "지크문트 프로이트 아카이브사가 소유하고 관장하고 있는 모든 서류와 문건 가운데 공개 절차를 밟고 있거나 이미 공개된 것들은 공평하게 모든 학자들에게 열람이 허용될 것"이라면서, "법적이고 윤리적인 기준과 의무에 맞추어 모든 편지와 문서를 가능한 한 빨리 제약 없이 공개할 것"이라고 약속했다. 독자에게 공개되지 않을 유일한 자료는 환자의 신분을 알려주거나, 알 수 있는 정보를 제공하는 문장이나 문단이 될 것이라고 블룸 박사는 여러 번 힘주어 말했고, 나에게 보낸 편지에서도 확인했다. 나는 환자의 신분을 드러낼 수도 있는 특정 구절이나 편지를 공개하거나 어떤 식으로든 이용하지 않겠다고 약속하는, 의회도서관에서 만든 엄격한 문서에 서명하게 한 뒤 지금까지 열람이 제한되어 있던 자료를 학자들에게 공개할 것을 제안했다. 그러나 지크문트 프로이트 아카이브사는 대중에게 공개하지 않을 구절을 표시하기 위해 자신들이 지정한 신뢰할 만한 사람들에게 아직까지 공개되지 않은 편지를 모두 읽게 할 것이라며 이 제안을 거부했다. 그리고 이 과정은 지금까지 매우 느리고 어설프다는 것이 드러났다. 물론 공정하게 말하자면, 프로이트 자료는 많은 부분이 학자들에게 공개되어 있고, 일부는 오래전부터 열람이 가능했으며, 앞으로 세월이 흐를수록 더 많은 부분을 열람할 수 있게 될 것이라고 말할 수 있을 것이다. 하지만 역사가에게 가장 흥미로운 것은 아직도 열람이 제한되어 있는 바로 그 자료들이다. 제한되어 있기 때문에 흥미로워 보일 수밖에 없다.

이제 다시 즐거운 이야기로 돌아가자. 이전의 책들과 마찬가지로 나는 이번에도 지식이 많은 독자들에게 많이 의존했다. 제자였지만 지금은 좋은 친구인 행크 기번스는 지성사의 요구에 아주 민감하게 반응하는 역사가로서, 크고 작은 문제들, 특히 큰 문제들에 관해 다정하고 매우 귀중한 조언을 해주었다. 딕 쿤스와 페기 쿤스 부부는 각각 정신분석학과 관련이 있는 철학자와 심리학자의 훈련된 눈으로 이 원고를 주의 깊게 검토해주었다. 그 결과는 우리가 오랜 세월에 걸쳐 프로이트나 정신분석에 관하여 나눈 멋진 대화들과 더불어 이 책에 분명한 자취를 남겼다. 웨스턴 뉴잉글랜드 정신분석 연구소에서 함께 공부했던 제리 마이어는 현업 분석가이자 교양 있는 독자로서 이 전기에 포함된 전문적이고 의학적인 쟁점들에 특히 세밀한 관심을 기울였는데, 그런 부분이 조금이라도 명료하게 보인다면 그의 도움이 큰 역할을 한 것이라고 보면 된다. 숙련된 정신분석가이자 노련한 교사인 조지 말에게 특별히 감사하고 싶다. 그는 너그럽게도 프로이트에 관한 자신의 책을 쓰던 중이었음에도 이 텍스트를 꼼꼼하게 읽어주었다. 그는 정신분석의 역사를 아주 잘 알고 있고, 정확성을 무한히 존중하는 사람으로서 친절하면서도 단호하게 실수를 교정하고, 개선책과 적절한 재정리 방식을 제안했다. 이렇게 나는 그에게 도저히 갚을 수 없는 신세를 지게 되었다. 아내 루스는 뛰어난 감식력과 요령으로 평소와 마찬가지로 최종적으로 텍스트를 읽는 역할을 해주었다. 이 텍스트를 읽어준 모든 사람들에게 감사하며, 완성된 원고가 그들이 들인 시간과 정성에 값하는 것이기를 바라마지 않는다.

P. G.
코네티컷 주 햄던
1987년 12월

• **감사의 말**

3부 문명의 해부학자 1915~1939

8장 | **전쟁과 인간** · 27

"인간은 자신이 믿는 것보다 훨씬 부도덕할 뿐 아니라
자신이 아는 것보다 훨씬 도덕적이기도 하다."

충동, 억압, 무의식 · 28

전쟁과 평화 · 49

에로스와 타나토스 · 75

이드, 자아, 초자아 · 98

9장 | **프로이트의 안티고네** · 121

"나는 유명하지 않습니다. 악명이 높지요."

구강암에 걸리다 · 121

안나, 안티고네 · 142

프로이트주의의 대유행 · 175

정신분석의 분화 · 199

10장 | 여성과 정신분석 • 217

　　"해부학이 운명이다."

　　랑크와 출생 트라우마 • 217

　　정신분석 자격 논쟁 • 250

　　여자, 암흑의 대륙 • 268

11장 | 문명 속의 불만 • 307

　　"인간은 문명 없이 살 수 없지만, 문명 안에서 행복하게 살 수도 없다."

　　종교라는 환상 • 307

　　문명의 딜레마 • 341

　　미국을 혐오하는 사람 • 359

　　괴테상을 받다 • 388

12장 | 인간 모세의 최후 • 419

　　"나는 학생 때부터 늘 용감한 반대자였고,
　　대개 그 대가를 치러야 했다."

　　히틀러라는 재앙 • 419

　　무신론자 유대인 • 434

　　빈을 떠나다 • 458

　　금욕주의자의 죽음 • 493

• **약어 설명** • 533

• **주석** • 535

• **문헌 해제** • 587

• **프로이트 연보** • 691

• **옮긴이 후기** • 702

• **찾아보기** • 707

머리말 · 7　**들어가는 글 스핑크스의 정복자, 오이디푸스** · 15

1부 무의식의 탐험가 1856~1905

1장 | 앎의 의지 · 29
　　"지식에 대한 욕망 때문에 마음이 의학으로 기울었다."
　　위대함을 향한 갈망 · 31　신을 믿지 않는 의학도 · 65　사랑에 빠지다 · 93

2장 | 무의식의 탐사 · 129
　　"나에게 가장 중요한 환자는 바로 나 자신이었다."
　　친구 그리고 적 · 129　히스테리 환자들 · 156　오이디푸스 전투 · 189

3장 | 정신분석의 탄생 · 217
　　"내가 높은 곳에 있는 권세들을 굴복시키지 못한다면 지옥을 움직이리라."
　　《꿈의 해석》 · 218　햄릿들의 시대 · 240　미켈란젤로의 〈모세〉 · 266　성욕과 리비도 · 284

2부 정신의 정복자 1902~1915

4장 | 투사와 정신분석가 · 299
　　"우리는 새로 발견된 땅의 개척자들 같았고, 그 지도자는 프로이트였다."
　　스핑크스의 문제를 풀다 · 300　정신의 고고학자 · 317
　　수요심리학회 · 337　정신분석의 씨족 구성원들 · 347

5장 | 정신분석 정치학 · 381
　　"우리가 진리를 소유하고 있으니, 저들이 학문의 운명을 바꾸지 못할 걸세."
　　황태자, 융 · 381　1909년, 미국 방문 · 397　아들러 추방 · 409　융과 결별하다 · 431

6장 | 정신분석의 환자들 · 463
　　"인간은 입을 다물고 있다 해도 손가락 끝으로 수다를 떤다. 모든 구멍을 통하여 비밀이 드러난다."
　　도라의 사례 · 465　꼬마 한스와 쥐 인간 · 481　레오나르도 다빈치 분석 · 501
　　늑대 인간의 정치 · 531　정신분석의 기법 · 544

7장 | 정신의 지도 그리기 · 567
　　"정신 생활은 대체로 지속적인 전쟁 상태다."
　　문화의 정신분석 · 567　아버지 살해와 어머니 정복 · 598
　　나르시시즘과 리비도 · 618　문명의 자기 파괴 · 630

약어 설명 · 657　**주석** · 659　**찾아보기** · 708

3부

문명의
해부학자

1915~1939

8장

전쟁과 인간

"인간은 자신이 믿는 것보다 훨씬 부도덕할 뿐 아니라
자신이 아는 것보다 훨씬 도덕적이기도 하다."

프로이트도 다른 수백만 명과 마찬가지로 제1차 세계대전을 끝날 것 같지 않은 파괴적 와해로 경험했다. 그러나 모든 우울함과 너울거리는 걱정에도 불구하고, 그 흥분과 불안의 시절이 자신의 작업에는 도움이 되는 결과를 낳았다는 사실에 그는 약간 놀랐다. 진료할 환자도 거의 없었고, 편집 일도 아주 가벼워졌으며, 국제 정신분석가 대회에 참석할 일도 없었다. 지지자들이 거의 모두 군대에 가 있었기 때문에 그는 외로웠다. "주변에 사막만 있던 초기 10년처럼 외로움을 느끼는 일이 많습니다." 그는 1915년 7월에 루 안드레아스-살로메에게 그렇게 탄식했다. "하지만 그때는 지금보다 젊었고, 아직 무한한 인내심이 있었지요."[1] 환자가 없다는 것이 아쉬웠다. 보통 환자들이 주는 자극이 이론화라는 펌프의 마중물이 되었고, 그들이 내는 진료비 덕분에 가족의 민음직한 부양자로서 의무를 이행할 수 있었기 때문이다. 그는 1916년 말에 카를 아브라함에게 말했다. "내 정신적 기질이 가족을 위해 돈을 벌고 쓸 것을 다급하게 요구하고 있네. 나도 너무 잘 알고 있는 나의 아버지 콤플렉스를 이행하라는 것이지."[2] 그러나 전쟁 시기가 결코 황폐

하지는 않았다. 바라지도 않았고 환영하지도 않았던 여가는 프로이트의 사기를 낮추었지만, 동시에 대규모 기획을 위한 시간을 허락했다.

충동, 억압, 무의식

1914년 11월 루 안드레아스-살로메에게 전쟁에 관해, 또 인간이라는 동물이 문명에는 부적합하다는 점에 관해 이야기할 때 프로이트는 이미 "포괄적이고 어쩌면 중요한 것들" 때문에 "은근히" 바쁘다고 암시했다.[3] 정신분석의 근본 개념들에 관하여 권위 있는 발언을 하는 문제를 고려하기 시작한 것일 가능성이 높았다.[4] 12월에 그는 아브라함에게 자신의 저조한 기분이 마침내 일에 대한 의욕까지 망치지 않는다면, "충동, 억압, 무의식의 운명에 관한 장들로 이루어진 신경증 이론을 준비"하게 될지도 모른다고 말했다.[5] 이 간결한 발언에 그의 비밀 계획의 윤곽이 들어 있다. 한 달 뒤 프로이트는 루 부인에게 사람들이 자신의 "나르시시즘(자기애) 묘사"를 "언젠가는 **메타심리학적**(metapsychological)"으로 부르게 될 것이라고 말하여 베일을 한 꺼풀 더 벗겼다.*[6] 그가 나르시시즘과 메타심리학을 연결시킨 것은 중요했다. 전쟁 전에 처음 나르시시즘을 생각했을 때는 아직 자신이 열어젖힌 문으로 들어가지 않은 상

---

* 프로이트는 1896년 2월 13일 플리스에게 보내는 편지에서 처음 사용했던(*Freud-Fliess*, 181[172]) '메타심리학'이라는 조어를 점점 더 엄격하게 규정하여, 결국 역학적 관점, 경제학적 관점, 지형학적 관점 등 세 가지 관점에서 정신 작용을 분석하는 심리학으로 제시하였다. 이 가운데 첫 번째 관점은, 주로 충동에서 유래하고—충동에 국한되지는 않지만—갈등에 지배되는 무의식적인 힘들이 있는 곳까지 정신 현상의 뿌리를 파 들어가는 것이다. 두 번째 관점은 정신 에너지의 양과 변화를 명시하려는 것이다. 세 번째 관점은 정신의 서로 다른 영역들을 명확히 구분하려는 것이다. 이런 관점들이 합쳐져서 정신분석을 다른 심리학과 분명하게 구분해주었다.

태웠기 때문이다. 이제 그는 더 넓은 함의를 탐사할 준비를 하고 있었다.

프로이트는 1915년 초에 "신경증 이론"의 초고를 빠르고 힘차게 써 나가기 시작했는데, 이 글들은 나중에 한 묶음으로 메타심리학 논문들로 알려지게 되었다. 현재 살아남은 단편적인 글보다도 그가 계획하고 있던 책이 겪은 고난의 역사를 보면 그가 뭔가 중요한 작업을 하고 있었음을, 또는 뭔가 중요한 것이 그의 내부에서 작용하고 있었음을 알 수 있다. 1915년 2월 중순 프로이트는 페렌치에게 "우울증에 관한 글을 직접 아브라함에게" 전달해 달라고 요청했다.[7] 앞으로 나올 책에 우울증에 관한 한 장이 포함될 예정이었기 때문이다. 프로이트는 평소에 늘 좋아하던 방식대로—특히 플리스하고 친할 때 애용하던 방식이었다.—가까운 사람들에게 초고를 돌렸다. 4월 초에는 페렌치에게 두 장을 완성했다고 알리면서, 자신의 "생산성은 아마도 장(腸) 활동이 놀랍도록 개선된 것" 때문인 듯하다고 말했다. 물론 그는 다른 사람에게 하는 분석적 정밀조사를 자신에게만 면제하지는 않았다. "이것이 '전쟁 빵'의 딱딱함이라는 기계적인 요인 탓인지, 아니면 어쩔 수 없이 변해버린 돈과의 관계라는 심리적인 요인 때문인지는 결론을 내리지 않은 채로 그냥 남겨 두려네."[8] 그의 기분은 그대로 유지되었다. 그는 4월 말에 페렌치에게 첫 세 장인 '충동, 억압, 무의식'은 준비가 되었으며, 그해에 〈국제정신분석저널〉에 실리게 될 것이라고 알렸다. 그는 "머리말 역할을 하는" 충동에 관한 논문이 "아주 유혹적"이라고 생각하지는 않지만 대체로 만족스럽다고 생각했으며, 다른 논문, 즉 꿈을 조발성 치매와 비교하는 논문이 필요하다고 말했다. "그것도 이미 초고를 잡았네."[9]

곧 다른 논문 몇 편이 뒤따랐다. 하나는 프로이트가 오래전부터 좋아하던 주제인 꿈에 관한 것이었고, 또 하나는 〈애도와 우울증(Trauer und Melancholie)〉이라는 제목의 짧지만 중요한 논문이었다. 이 두 논문에서 프로이트는 나르시즘 논문에서 제시했던 일련의 풍부하면서도 당혹스러운 생각을 증폭시켰다. 이 논문들은 잠잘 때나 우울할 때 리비도가 외적 대상으로부터 거두어지는 방식을 다룬다. 1915년 6월 중순이 되자 프로이트는 페렌치에게 이렇게 말할 수 있었다. "사실 나는 지금 침울하지만 꾸준히 일을 하고 있네. 12 가운데 10은 준비가 되었어. 하지만 그 가운데 2(의식과 불안)는 수정이 필요해. 방금 전환 히스테리[에 관한 논문]를 마쳤네. 강박 신경증, 그리고 전이 신경증의 통합이 아직 빠져 있네."[10] 7월 말에 그는 루 안드레아스-살로메에게 자신 있게 이 몇 달 동안의 "열매"가 "곧 책이 될 것 같은데, 이 책은 에세이 12편으로 이루어져 있고, 충동과 그 운명[에 관한 장]이 머리말 역할을 합니다."라고 말할 수 있었다. 그러면서 "손을 더 봐야겠지만, 어쨌든 지금 막 끝났다"고 덧붙였다.[11] 메타심리학에 관한 프로이트의 책이 전쟁과는 관계없이 머지않아 출간될 것 같았다.

프로이트가 1898년 3월에 플리스에게 말했듯이, 메타심리학은 그의 심리학 가운데 의식을 넘어서는, 또는 프로이트의 표현대로 하자면 의식 "뒤"에 있는 부분을 해명하려고 계획된 것이었다.[12] 물론 프로이트는 이 용어가 논쟁적인 날카로움을 드러내기를 바랐다. 메타심리학은 거창하고 쓸모없는 철학적 몽상인 형이상학(metaphysics)과 경쟁하여 그것을 이겨야 했던 것이다.[13] 그러나 프로이트는 2년 전에 그 말을 처음 사용했을 때는 아직 정확한 의미를 규정하지 못했다. 그가 1896년 12월에 쓴 바에 따르면, 메타심리학은 그의 "이상(理想)이자 문제아"였다.[14] 그러나 1915년 초에는 이상적인 면에서는 덜할 것이 없지만, 이제는 그렇게 문제가 많지도 않고 또 아이도 아닌 메타심리학을 결정적이고 공식적으로 제시할 준비가 된 것 같았다. 프로이트가 5월에 아브라함에게 말한 바에 따르면, 이 책에는 "메타심리학 서설"이라는 제목을 달 것인데, "더 차분한 시대라면 세상이 이해를 못할" 것이다.[15] 프로이트는 확실히 자신감에 찬 듯한 인상을 주었지만, 제목을 보면 마지막까지 망설이고 심하게 주저했던 듯하다. 우리가 알다시피 프로이트는 겸손한 사람이 아니었다. 그는 이 논문들을 쓰면서 페렌치에게 솔직하게 말했다. "겸손이라. 나는 진리의 친구, 아니 이렇게 말하는 게 더 좋을 듯한데, 나는 객관성의 친구이기 때문에 겸손이란 덕목은 무시하네."[16] 그는 아브라함에게 곧 나올 책을 규정하면서, 《꿈의 해석》의 7장과 같은 유형이자 수준"이라고 분류를 해주었다. 그러나 그는 같은 편지에서 이렇게 말했다. "전체적으로는 발전을 한 것 같아."[17] 분명히―그가 제안한 조심스러운 제목이 확인해주다시피―그는 자신이 마무리하고 있는 이 책이 새로운 출발이자 과거의 이론으로의 복귀라는 느낌을 받았다. 이 책은 출간되는 순간 이미 낡은 것이 될지도 몰랐다.

사실 메타심리학에 관한 프로이트의 논문들에는 역사적 관심 이상의 것이 담겨 있다. 만일 그가 1920년대에 이것을 썼다면 표현이 많이 달라졌을 것이고, 심지어 많은 것을 다르게 보기도 했을 것이다. 새로운 자료를 보태기도 했을 것이다. 그러나 그 모든 개축 작업에도 불구하고, 정신분석이라는 집 자체는 알아볼 수 있는 상태를 유지하고 있었을 것이다. 프로이트가 결국 발표하겠다고 결정한 논문들 가운데 첫 번째인 충동에 관한 논문이 아마 가장 철저한 수정이 필요했을 것이다. 〈나르시시즘 입문〉이 불편할 정도로 분명하게 보여주었듯이, 충동을 자아 충동과 성 충동으로 나누는 방식은 계속 유지할 수가 없었기 때문이다. 사실 충동에 관한 1915년 논문에서 프로이트는 자신의 "배치"를 다시 생각해볼 필요가 생길 가능성이 높다고 솔직하게 인정했다. "이것은 필수적인 전제라는 지위를 요구할 수 없으며, 어디까지나 보조적인 추정에 불과하다. 이것은 유용성이 증명되는 동안만 유지될 것이다."[18]

머리말을 이루는 이 논문에서 그가 기본적으로 한 일은 10년 전《성욕에 관한 세 편의 에세이》에서 내렸던 충동에 관한 정의를 개괄하는 것이었다. 충동은 "몸 안에서 일어나 정신에 도달하는 자극들"의 "심리적 대표"다. 자주 인용되는 그의 말을 빌리자면 "몸과 연결됨으로써 정신에 부과되는, 활동에 대한 요구"다. 프로이트는 충동의 작용을 추적하면서 여전히《성욕에 관한 세 편의 에세이》를 따라, 그 "압력"(끊임없는 힘찬 활동), "목표"(자극을 없앰으로써 성취되는 만족), "대상"(자신의 몸과 쾌락 경험의 가르침들을 포함하여 거의 모든 것이 만족에 이르는 길을 제공할 수 있기 때문에 매우 다양해질 수 있다), "출처"(자극이 일어나는 신체적 과정이며, 심리학이 다룰 수 있는 범위 밖에 있다)를 구별할 수 있다고 말한다.[19]

프로이트는 충동, 특히 성 충동의 유동성을 설명하려고 특히 애를 쓴다. 프로이트는 사랑이 나르시시즘적인 자기 도취에서 시작하여, 발달의 복잡한 사다리를 올라가 성 본능과 연결되면서 상당히 다양한 만족을 제공한다는 점을 지적한다. 또 사랑의 대립물이자 동반자로서 그 부속물이라고 할 수 있는 증오는 훨씬 다양하고 많은 재료를 제공한다. 동일한 대상에 대한 사랑과 증오가 공존하는 양가감정이 가장 자연스럽고 가장 흔한 상태인 것도 놀랄 일은 아니다. 인간은 사랑과 증오, 사랑과 무관심, 사랑하기와 사랑받기 등 대립물들 사이를 항해할 운명인 것처럼 보인다. 간단히 말해서 충동의 운명은 "정신 생활을 지배하는 세 쌍의 커다란 양극", 즉 활동성과 수동성, 자기와 외부 세계, 쾌감과 불쾌 사이의 긴장에 의해 결정된다고 이 논문은 결론을 내린다.[20] 프로이트로서는 지도의 이 부분을 다시 그릴 필요가 없었을 것이다.

프로이트는 본능적 에너지의 변화를 추적하면서 이 에너지의 변화 때문에, 그가 감질나도록 간략하게 "충동에 대한 **방어 양식**"이라고 부른 것에 의해 직접적인 만족이 막힐 때도 부분적인 만족은 얻을 수 있다고 말한다.[21] 그는 충동에 관한 이 논문에서 1890년대 말의 이론 작업으로 돌아가 방어 전술 몇 가지를 나열한다. 그리고 나중에 이 전술들을 더 설명하고 명확하게 구분한다. 그러나 1915년에 쓴 다른 논문 〈억압(Die Verdrängung)〉에서는 억압이라는 이름 하나로 그 모든 방어 전술을 표현한다. 1920년대 중반에 '방어'라는 옛 표현을 되살리고 '억압'은 몇 가지 기제 가운데 하나의 이름으로 축소했을 때조차, 억압은 그의 마음 속에서 여전히 방어 활동의 모델이었다. 그의 강렬하고 시각적인 언어에서 억압은 정신분석이라는 집의 초석이고 기초였다. 즉 "가장 핵심적인 부분"이었다.[22]

프로이트는 언제나 이 발견을 자랑스러워했다. 그는 자신이 정신 기능의 기초까지 처음으로 파내려 간 사람이라고 믿었다. 랑크가 이미 수십 년 전에 프로이트의 생각을 예고한 듯한 쇼펜하우어의 글을 보여주자, 프로이트는 무뚝뚝하게 자신은 "빈약한 독서량" 덕분에 독창성을 발휘할 수 있었다고 대꾸했다.[23] 그의 무교양(Unbelesenheit)은 어떤 면에서는 그가 얼마나 혁신적인지 강조해줄 뿐이었으며, 그는 자신의 통찰이 자신이 가장 좋아하는 정보의 원천, 즉 분석 시간에서 나왔다는 점을 이야기하며 특별히 흡족해했다. 그는 환자들의 저항을 언어로 번역하면서 억압 이론을 파악했다고 말했다.[24]

프로이트가 1915년에 '억압'이라는 표현을 사용한 방식을 따르자면, 이 말은 주로 본능적인 소망을 의식에서 배제하기 위해 고안된 다양한 정신 활동을 뜻한다. 프로이트는 물었다. 애초에 왜 억압이 일어나는가? 충동의 요구를 충족시키는 것은 사실 쾌락을 주는 일이다. 따라서 정신이 만족을 주지 않으려 하는 것은 이상해 보인다. 프로이트는 그 답을 자세하게 밝히지는 않지만, 답은 정신을 전장으로 보는 그의 입장에 함축되어 있다. 예상되는 쾌락 가운데 많은 수는 고통으로 변한다. 인간 정신은 한 덩어리로 이루어진 돌이 아니기 때문이다. 정신은 자신이 몹시 원하는 것을 동시에 몹시 경멸하거나 두려워하는 경우가 많다. 다양하게 나타나는 오이디푸스 콤플렉스는 그런 내적 갈등의 가장 분명한 예다. 어머니를 향한 소년의 충동은 부도덕하고, 허용될 수 없고, 많은 위험을 수반하는 것처럼 보인다. 아버지에 대한 죽음의 소망 또한 자기 비난이나 재앙에 가까운 다른 결과를 초래할 위험이 있는 충동이다.

프로이트는 이런 이론적인 쟁점들에 관해서는 마치 회피하듯 슬쩍 스쳐 지나가기만 한다. 그러나 일반적인 논점은 임상 사례를 들어 가면서 아주 구체적으로 설명한다. 불안 히스테리로 고생하던 한 환자는 아버지에 대한 성적 갈망과 공포가 의식 속에 뒤섞여 있었는데, 그것이 사라지자 동물 공포증이 자리를 잡는다. 전환 히스테리 치료를 받던 다른 여자 환자는 수치스러운 욕망들보다는 원래 거기에 달라붙어 있던 감정들을 억압하려 한다. 마지막으로 어떤 강박 신경증 환자는 사랑하는 사람들을 향한 적대적 충동들을 지나친 꼼꼼함, 자책, 사소한 것에 몰두하는 태도 등 온갖 종류의 묘한 대체물로 바꾼다. 이런 놀라운 예에서는 프로이트의 가장 유명한 환자 몇 명—늑대 인간, 도라, 쥐 인간—도 증인석에 앉아 증언을 한다.

억압의 원초적 형태는 유아의 삶의 초기에 생기는데, 이후에 가지를 뻗어 나가며 그 검열 작업 속에 표현을 거부당하는 충동들만이 아니라 그 파생물들도 포함하게 된다. 프로이트는 정력적인 작업이 계속 반복될 필요가 있다고 강조했다. "억압은 끊임없는 에너지의 소비를 요구한다."[25] 억압된 것은 지운 것이 아니다. 눈에서 멀어지면 마음에서도 멀어진다는 옛 속담은 틀린 것이다. 억압된 자료는 접근 불가능한 무의식의 다락방에 저장되며, 이곳에서 계속 번성하면서 만족시켜 달라고 다그친다. 따라서 억압의 승리는 기껏해야 일시적이며, 늘 의심스러운 것이다. 억압된 것은 대체물 형성 또는 신경증 증상으로 돌아온다. 그래서 프로이트는 인간이라는 동물을 괴롭히는 갈등이 기본적으로 완화 불가능하고 영속적이라고 본 것이다.

메타심리학에 관하여 프로이트가 발표한 논문들 가운데 세 번째이자 의미심장하게도 가장 긴 〈무의식(Das Unbewußte)〉에서 그는 그런 갈등 대부분이 벌어지는 무대의 지도를 그린대로 자세하게 그렸다. 무의식 이론은 일반 심리학에 대한 프로이트의 가장 독창적인 기여로 꼽히지만, 정신에 대한 그의 관점에는 길고 존엄한 전사(前史)가 있다. 플라톤은 영혼을 날개가 달린 기운찬 두 마리 말로 보았다. 한 마리는 고상하고 아름다우며, 또 한 마리는 상스럽고 무례하다. 이 두 마리는 서로 다른 방향으로 마차를 끌려고 하며, 마차를 모는 사람은 이들을 거의 제어하지 못한다.[26] 기독교 신학자들은 이와는 약간 다른 의도에서 인간은 아담과 하와가 타락한 이후로 거룩한 창조자에 대한 의무와 육신의 욕구 사이에서 갈등을 겪는다고 가르쳤다. 물론 무의식에 관한 프로이트의 생각들은 19세기에 널리 퍼져 있었으며, 이미 상당히 세련된 모습을 갖추고 있었다.* 시인과 철학자들은 의식의 영역 너머에서 이루어지는 정신 활동의 개념에 관하여 추측을 해 왔다. 프로이트가 무의식에 몰두하기 백 년 전 콜리지 같은 낭만주의자는 "의식의 불가사의한

---

* 《프로이트 I》 3장 261~262쪽 참조.

영역"을 이야기했으며,[27] 낭만적 고전주의자 괴테는 마음의 깊은 곳 너머 더 깊은 곳이라는 개념이 대단히 매력적이라고 생각했다. 워즈워스(William Wordsworth, 1770~1850)는 〈서곡〉에서 마음의 깊고 후미진 곳이 그가 즐겁게 사는 나라라고 찬양했다. "나는 아름다움과 무의식적인 교제를 했다./ 내 마음속에 있는 **동굴들**은 태양도/ 절대 뚫고 들어갈 수 없다."[28] 탁월한 요한 프리드리히 헤르바르트(Johann Friedrich Herbart, 1776~1841)를 포함한 19세기의 영향력 있는 심리학자들 몇 명도 이런 생각을 중시했다. 쇼펜하우어와 니체—프로이트는 이들의 영향력에 저항했지만 완전히 피할 수는 없었다.—는 정신의 무의식적인 힘들을 무시하고 의식을 과대 평가하는 것에 계속 주의를 주었다.

그러나 프로이트의 이론이 비길 데 없는 설명 범위를 갖게 된 것은 그가 무의식에, 이 뿌연 영역에서 가능한 가장 정확한 방식으로, 심리적 갈등을 만들어내고 지속시키는 중요한 역할을 부여했기 때문이다. 1915년에 프로이트는 아직 무의식적 메커니즘을 적합한 정신적 작용들에 할당할 수 없었다. 이 작업은 그가 이른바 구조적 체계를 완성하는 1920년대까지 기다려야 했다. 그러나 정신은 엄격한 법칙을 따르기 때문에 은밀한 정신적 영역을 가정하는 것이 거의 필수적이라고 그는 분명히 주장**할 수 있었다**. 이것만으로도 최면, 꿈, 말이나 글의 실수, 증후적 행동, 자기 모순적이고 겉으로는 비합리적으로 보이는 행동 등 다양한 현상을 설명할 수 있었다. 그는 역동적 무의식을 가정하는 것이 단지 정당할 뿐 아니라 필수적이라고 주장했다.

프로이트는 진짜 무의식적인 것과 그 순간에 우리 정신에 존재하지 않는 것을 명확하게 구별하기 위해 《꿈의 해석》에서 이미 했던 구분, 즉 전의식과 무의식의 구분을 다시 꺼내들었다. 억압된 생각과 감정, 나아가서 충동들을 그 원시적 형태로 보존하고 있는 곳은 무의식, 즉 오래된 것과 새로운 것을 막론하고 가장 폭발력이 강한 자료들을 보관하고 있는 지저분한 창고였다. 프로이트는 충동이 매개 또는 위장 없이는 절대 의식이 될 수 없다고 단호하게 말했다. 역동적인 무의식은 이상한 곳이다. 소망들이 꽉 차서 넘칠 것 같으면서도, 의심을 환영하지 못하고 지연을 참지 못하고 논리를 이해하지 못한다. 무의식은 직접적인 조사로는 접근 불가능하지만, 정신분석가는 곳곳에서 무의식의 흔적을 발견한다. 프로이트는 빠른 속도로 써내는 메타심리학 논문에서 무의식의 핵심적인 중요성을 확실히 못 박아 두려 했다.

그러나 어디에 문제가 있는지는 분명치 않지만, 그의 책은 잘못된 방향으로 나아갔다. 1915년 6월 중순 프로이트는 페렌치에게 자신이 논문들에 완전히 만족하지 못하며, 적절한 마무리를 못했다고 암시했다.[29] 두 달 뒤에는 다시 페렌치에게 이렇게 말했다. "글 열두 편이 말하자면 준비가 되었네."[30] 여기에서 "말하자면(sozusagen)"이라는 작은 유보가 의미심장하다. 그는 말끔하게 가시지 않는 불만을 해소하지 못해 수정하고, 다시 생각하고, 망설이는 것 같았다. 충동, 억압, 무의식에 관한 세 논문은 예고한 대로 1915년에 발표되었다. 그 뒤에는 침묵이었다.

물론 프로이트는 포괄적인 개관을 위해 임상적인 세부 사항들로부터 물러서는 것은 위험한 기획이라고 생각했다. 이것은 족쇄를 풀어버리고 생각을 날아가게 하고 싶다는 충동을 다시 일깨웠다. 그는 사변을 향한 욕망을 길들이는 것이 거의 불가능하다는 것을 알았다. 그는 4월에 억압에 관한 논문을 완성한 뒤 페렌치를 위하여 자신의 글—자신의 〈생산 메커니즘〉—을, "대담하게 구사하는 상상력과 무자비하게 현실주의적인 비판의 연속"이라고 정의했다.[31] 그러나 봄이 깊어지면서 그는 비판은 누르고 상상력의 고삐는 풀어주었다. 7월에는 페렌치에게 그가 〈계통 발생적 공상〉[32]이라고 부른 글의 초고를 보냈다. 이 공상은 그가 《토템과 터부》에서 처음 연습했던, 상상력을 바탕으로 한 추측을 더 밀고 나간 것이었다. 이 글이 메타심리학 논문 가운데 열두 번째이자 마지막이었다. 이 논문은 오랜 세월에 걸쳐 전해진 현대의 욕망과 불안이 인류의 어린 시절에 기초하고 있다는 것을 보여주려는 과감한 시도였다. 이런 라마르크주의적인 공상*의 매우 포괄적인 함의 가운데 한 가지는 연속되는 신경증들을 그에 상응하는 역사적—아니, 선사적—흐름에 대응시키려는 프로이트의 제안에 구체화되어 있었다. 그는 현대인이 신경증에 걸리는 상대적인 연령이 인간의 먼 과거에 벌어진 사건들의 흐름을 반복하는 것일 수도 있다고 추측하고 있었다. 예를 들어 불안 히스테리는 초기 인류가 엄청난 추위의 위험 때문에 리비도를 불안으로 전환시킨 빙하 시대의 유산임이 증명될 수도 있다는 것이다. 이런 공포 상태는 그런 추운 환경에서는 생물학적 재생산이 자기 보존의 적이라는 생각을 낳았을 것이며, 이런 원시적인 산아제한 노력이 히스테리를 만들어낸 것이 틀림없다는 이야기였다. 이런 식으로 정신 장애의 목록이 계속 나열된다.[33] 페렌치는 그 생각을 지지했다. 사실 열광적으로 지지했다. 그러나 결국 그들 공동의 사변은 무너졌다. 이 가설이 경험적 증거와는 거리가 멀다는 점이 너무 분명해지는 바람에 신뢰성이 모두 무너져버린 것이다. 그러나 무너지기 전까지는 이 계통 발생적 공상이 프로이트를 고양하는 동시에 괴롭혔다.

---

* 아브라함에게도 말했듯이 프로이트는 전쟁 기간에 라마르크의 '필요(need)'라는 개념이 "무의식적 관념들이 몸을 지배하는 힘, 간단히 말해 '생각의 전능함'"에 다름 아니며, "우리는 히스테리에서 이 힘의 잔재를 본다"는 것을 보여줌으로써 라마르크를 정신분석 대의에 끌어들일 가능성을 고려했다. (프로이트가 아브라함에게 쓴 편지, 1917년 11월 11일. *Freud-Abraham*, 247 [261-62].

프로이트가 이론 작업과 공상으로만, 또는 불안하게 신문을 읽거나 그에 못지않게 불안한 마음으로 전선에서 아들들이 보내오는 소식을 기다리는 것으로만 시간을 보낸 것은 아니다. 1915~1916, 1916~1917 겨울에는 점점 늘어나는 상당한 규모의 청중을 앞에 놓고 일반적인 입문적 성격의 강의를 세 차례 시리즈로 했으며, 강의 내용을 출판하는 것도 염두에 두고 있었다. 그는 늘 하던 시간인 토요일 저녁에, 늘 하던 장소인 빈 대학에서 "의사와 비전문가가 섞인 남녀 청중"[34]에게 정신분석의 기본적인 사항을 알리는 것을 목표로 삼았다. 가장 관심을 기울인 청중 가운데는 그의 딸 안나도 있었다.[35] 프로이트는 실수에 관한 네 번의 강연을 짧게 묶어 시작한 뒤, 꿈에 관한 좀 더 무거운 시리즈로 옮겨 갔으며, 신경증 이론에 관한 가장 긴 시리즈로 마무리를 했다.

프로이트는 거의 20년 동안 자신의 이론을 대중화하는 데 스스로 가장 훌륭한 역할을 해 왔다. 길고 어려운 《꿈의 해석》을 명료한 축약판 《꿈에 관하여》로 압축하기도 했다. 정신의학에 관한 논문집에 기고를 하기도 했다. 백과사전의 항목을 쓰기도 했다. 브나이 브리트(B'nai B'rith)의 회원들에게 정신분석을 강의하기도 했다. 1909년에는 클라크 대학에서 다섯 번의 연설로 자신이 발견한 것의 핵심을 뛰어나게 정리하기도 했다.

그러나 고급 저널리즘을 향한 이런 활동 가운데 이 입문 강연들만큼 포괄적이고 성공적인 것은 없었다. 이 강연은 널리 읽히고 널리 번역되었다. 그의 생애 동안 독일어로는 5만 부가 팔렸을 것이며, 중국어, 일본어, 세르보크로아티아어, 히브리어, 이디시어, 브라유 점자를 포함해 적어도 15개 번역판이 존재했다.[36] 오랜 경험을 통해 단련된 프로이트는 자신이 가진 모든 설득력을 이 강연에 쏟아부었다. 까다로운 이론적 문제들은 그냥 스쳐감으로써 청자와 독자의 지적인 부담을 덜어주

었고, 적절하게 선택한 일화와 적합한 인용을 사용했고, 친절하게 이의
제기를 예상했고, 여기저기서 자신이 무지하거나 자기의 지식이 단편적
이라는 것을 인정했다. 강연의 순서 자체가 유혹하기 위한 교묘한 노력
이었다. 프로이트는 '실수'에서 시작함으로써, 흔하면서도 종종 재미있
는 일상적 사건들을 통하여 청중을 정신분석 개념으로 끌어들였다. 그
다음에는 실수와 마찬가지로 모두에게 익숙한 정신적 경험인 '꿈'으로
옮겨 가, 상식이라는 견고한 터전에서부터 서서히, 차근차근 출발했다.
그는 정신의 합법칙성과 무의식의 보편성을 설명한 뒤에야 신경증과 정
신분석적 치료를 개관하기 시작했다. 아브라함을 비롯한 여러 사람이
이 강연이 가장 좋은 의미에서 "초보적"이라고 찬사를 보냈다. 다시 말
해서 청중에게 그리 많지 않은 한정된 부담만 지운다는 의미였다. 아브
라함은 메시지를 전달하는 프로이트의 능숙하고 자신감 넘치는 방식
은 효과를 발휘하지 않을 수 없다고 생각했다.[37]

아브라함의 말이 옳았지만, 프로이트는 자신의 생각을 이렇게 솜씨
좋게 요약하는 데 매우 엄격하게 구는 경향이 있었다. 그 또한 오래전
부터 이 강연들이 "초보적"이라고 말했지만,[38] 그에게 이 말은 루 안드
레아스–살로메처럼 아는 것이 많은 독자들에게는 "새로운 것이 전혀 담
겨 있지 않다"는 뜻이었다.[39] 프로이트는 교묘함이나 혁신적인 정리 방
식을 부당하게 낮추어 보았기 때문에, 자신이 제시한 것에서 좋아할 만
한 점을 거의 발견할 수 없었다. 그가 루 부인에게 한 말에 따르면, 그
것은 "다중을 위해 준비한 거친 것"이었다.[40] 아브라함에게 한 말에 따
르면, 그가 "아주 피로할" 때 하는 일이었다.[41]

이제 프로이트는 피로하다고 불평하는 일이 많아졌다. 그는 일찍이
1915년 4월에 페렌치에게 이렇게 말했다. "전시의 절대 이완되지 않는

긴장이 사람을 기진맥진하게 만드는군."[42] 60세가 된 1916년 5월에는 막스 아이팅곤의 축하에 감사하면서 자신이 "노망기(Greisenalter)"에 들어서고 있다고 말했다.[43] 이듬해에 아브라함은 노화를 더 강조하는 이야기를 들었다. 그는 프로이트의 61세 생일을 맞아 축하를 하면서 프로이트의 "신선한 창조성이 주는 기쁨"을 열렬히 찬양했다.[44] 그러자 프로이트는 아브라함이 자신에 대해 이상화된 이미지를 구축하고 있다고 가볍게 꾸짖고 나서 불평을 되풀이했다. "사실 나는 좀 늙고, 약간 약해지고, 지쳤네."[45]

그러나 세상이 끊임없이 제공하는 흥미로운 변화 덕분에 주기적으로 피로가 가시곤 했다. 1916년 11월 21일 거의 68년 동안 재위했던 프란츠 요제프 황제의 죽음은 프로이트에게 거의 아무런 영향을 주지 않았다. 그가 이틀 뒤에 루 부인에게 전한, 전선의 아들들이 보낸 좋은 소식이 훨씬 큰 관심을 끌었다. 그의 "전사들"은 잘 있었다.[46] 얼마 후에는 1917년 2월 1일에 시작된 독일의 무제한 유보트 공격이 그의 관심을 끌었다. 아브라함은 이 공세가 곧 승리와 평화를 가져올 것이라고 확신했다.[47] 그러나 아브라함보다 덜 낙관적이었던 프로이트는 잠수함들이 능력을 보여줄 시간을 반년 더 주는 쪽을 택했다. 그는 4월에 페렌치에게 말했다. "만일 9월에도 유보트의 압도적 능력이 증명되지 않으면, 독일은 끔찍한 결과를 맞이하여 환상에서 깨어나게 될 걸세."[48] 독일이 잠수함을 풀어놓고 나서 여섯 주가 지난 뒤 프로이트는 보통 생일과 기념일을 적어놓는 가족 달력에 '러시아에서 혁명'이라고 간단하게 적어놓았다.[49] 2월 혁명으로 로마노프 왕조는 무너졌으며, 그 자리에 임시 정부가 들어서서 자유주의적 약속을 늘어놓고 단독 강화를 시도했다.

프로이트는 전쟁 소식에 늘 귀를 곤두세우고 있었지만, 놀랍게도 《정신분석 강의(Vorlesungen zur Einführung in die Psychoanalyse)》에서는 전쟁에 관해 거의 아무런 말도 하지 않았다. 요약하고 대중화하는 작업에 집중함으로써 한동안 일상의 부담에서 벗어났던 것 같기도 하다. 그러나 청중에게 그들이 죽음과 파괴의 비를 뿌릴 먹구름 밑에서 자신과 만나고 있다는 사실을 일깨워주고 싶은 유혹을 완전히 물리치지는 못했다. 프로이트는 예외적으로 수사적인 구절에서 이렇게 말했다. "개인으로부터 눈을 돌려 지금도 유럽을 휩쓸고 있는 저 엄청난 전쟁을 보라. 지금 문명화된 세계를 뒤덮고 있는 야만, 잔혹, 허위를 생각해보라." 이런 공포를 볼 때 "이 모든 악한 영을 풀어놓은" 책임을 "소수의 양심 없고 야심에 찬 인물들"에게만 물을 수 있을 것인가? "그들에게 끌려가는 수백만 명 또한 어느 정도는 죄가 있는 것 아닐까?" "인간의 정신적 구성"에 악이 어느 정도 포함되어 있지 않다고 감히 주장할 수 있을까?[50] 전쟁의 온전한 의미가 분명하게 떠오르면서 특히 공격성에 관하여 프로이트가 다시 생각하게 된 것은 몇 년 뒤의 일이다. 그러나 '꿈 검열'에 관한 강연에 거의 주제와 관계없이 끼어든 이 강력한 구절은 이 기간에 인간의 호전성이 얼마나 집요하게 프로이트의 마음을 잡고 놓아주지 않았는지 보여준다.

1917년에 이르자 프로이트는 이제 학살이 끝나기를 간절히 바라게 되었다. 4월에 미국이 연합국 쪽으로 참전하면서 동맹국의 승리 가능성은 더 멀어졌다. 10월에 프로이트는 어느 때보다 비관적이 되어 독일의 잠수함 공세는 실패라고 선언했다.[51] 전쟁이 점차 후방에도 영향을 끼치자 그의 우울은 더 깊어졌다. 빈 생활은 점점 어려워졌다. 식량이 부족했고, 연료는 더 부족했다. 사재기와 생필품 가격 인플레이션 때문에 그런 부족이 더 심각하게 다가왔다. 공시 가격도 이미 엄청나게 높았지만 번창하는 암시장 가격은 물론 그보다 훨씬 높았다. 프로이트는 특히 겨울에는 그의 가족이 충분히 먹지도 못하고, 자신은 난방이 안 되

1916년 군에서 휴가를 나온 아들 에른스트(왼쪽), 마르틴과 함께. 두 아들이 전쟁터에 있는 동안 프로이트의 관심은 아들들의 안전에 쏠렸다. 당시 그가 동료들에게 쓴 편지에는 감동적인 부정(父情)이 느껴지는 이야기가 많았다.

는 서재에서 언 손으로 글을 쓴다고 가까운 사람들에게 투덜거렸다. 1918년 1월 그는 아브라함에게 쓴 편지 서두에서 극적으로 말했다. "**추워서 떨림!**(Kältertremor!)"[52] 부다페스트의 페렌치나 네덜란드의 친구들이 보내주는 식량이 이따금 도움이 되었지만, 기껏해야 임시변통일 뿐이었다.[53]

이런 음울한 상황에서 프로이트는 자신이 노벨상을 받을지도 모른다는 소문을 신중하게 평가해보았다. 생리학·의학 분야의 가장 최근 수상자인 오스트리아의 의학자 로베르트 바라니(Robert Bárány, 1876~1936)가 프로이트를 추천했지만, 1914년 이래 이 분야에서는 수상자가 나오지 않았다. 그런데도 프로이트는 계속 주시했다. 1917년 4월 25일에는 달력에 간단하게 적었다. "1917년 노벨상 없음."[54] 물론 그가 예상하는 저항에 비추어볼 때 만일 선정되었다면 그 자신도 크게 놀랐을 것이다.[55] 그러나 프로이트는 이 명예를 간절히 원했다. 그렇게 인정받는 것도 환영할 만한 일이었고, 상금도 유용하게 쓸 수 있었기 때문이다.

전쟁이 시작되고 나서 3년 뒤인 1917년까지는 거의 모든 일이 그의 화를 돋우려고 계획된 것 같았다. 그는 전쟁에 관한 저질 농담을 모으면서 사기를 유지했는데, 대부분이 번역이 불가능한 원초적인 말장난이었다. 굳이 언급할 가치가 없기는 하지만, 한두 개는 뜻이 통할지도 모르겠다. 한 가지 예는 이런 것이다. "러시아군에 들어간 유대인이 집에 편지를 보냈다. '부모님께, 우리는 아주 잘하고 있습니다. 매일 몇 킬로미터씩 퇴각하고 있거든요. 하느님의 뜻이라면, 로슈 하샤나*에는 집까지 갈 수 있을 것 같습니다.'"[56]

그런데 어니스트 존스가 전쟁 예측 발언으로 계속 프로이트의 화를

---

* 유대교의 신년제. (역주)

돋웠다. 1917년 가을에 존스가 경솔하게 독일의 저항 때문에 전쟁이 길어질 것 같다고 말하자, 프로이트는 그것이 존스의 "진짜 영국인다운 사고방식"이라고 말했다.[57] 물론 그는 1917년 11월에 아브라함에게 "상황은 아직 매우 흥미롭다."고 썼다. 하지만 바로 뒤에 이렇게 덧붙였다. "나는 빨리 늙고 있네. 살아서 전쟁이 끝나는 것을 보게 될지, 박사를 다시 보게 될지 가끔 의심이 들곤 해." 어쨌든 그는 "모든 일의 끝이 임박한 것처럼" 행동하고 있었으며, 막 메타심리학 논문 가운데 두 편을 더 발표하기로 결정했다.[58] 자연스럽게 그의 관심을 불러일으킨 한 가지 사건은 볼셰비키 혁명과 레닌(Vladimir Il'ich Lenin, 1870~1924)의 권력 장악이었다. 이 사건으로 러시아는 전쟁에서 빠져나왔다. 그는 12월에 볼셰비키 정권과 동맹국 사이에 휴전이 체결되었다는 소식에 몹시 기뻐했다. 유대인에게 이스라엘의 독립을 인정한 벨푸어 선언도 마찬가지였다.[59]

이 무렵 프로이트는 '그의' 대의가 내세우는 정의와 독일군의 막강한 능력과 관련하여 남아 있던 모든 환상을 버렸다. "나는 이 시대를 매우 비관적으로 판단하네." 그는 10월에 페렌치에게 그렇게 말했다. 그는 "만일 독일에 의회 혁명이 없다면", 전쟁이 아픈 종말을 맞이하게 될 것이라는 입장으로 옮겨 갔다.[60] 프로이트는 연합국이 전쟁 목표에 관하여 거짓말을 했다고 믿어 왔다. 그러나 이제 자기편도 그들 못지않은 거짓말쟁이라고 확신했다. 1917년 말에 아브라함에게 말했듯이, 프로이트는 글쓰기에도, 또는 "자네의 귀한 조국 독일"을 포함한 다른 것에도 전시 체제로 임하고 있었다.[61] 1918년 3월의 독일 대공세에도 그는 냉정을 잃지 않았다. "솔직히 고백하는데 이제 싸움은 지겹고 피곤하다네." 프로이트는 여전히 독일의 승리가 가능하다고 보았고, 그것이 아브라함의 기분은 좋게 해줄지도 모른다고 생각했다. 그러나 자신의 기분을 좋게 해주지는 않았다. 그는 삶을 안락하게 해주는 것들을 몹시 갈망하고 있었다. "나는 육식동물이었네. 어쩌면 익숙지 않은 식단 때문에 늘쩍지근해진 것인지도 모르네."[62]

독일 최고사령부는 예외였겠지만, 그들을 제외한 모두가 평화가 오기를 열렬히 기다리고 있었다. 우드로 윌슨(Woodrow Wilson, 1856~1924) 대통령의 계획, 즉 그가 1918년 1월에 의회와 세계에 보여준 '14개조'는 학살이 끝날 것이라는 새로운 희망을 주었다. 프로이트 또한 오래전부터 평화의 날을 "열렬히 고대하는 날"로서 기다리고 있었다.[63]

이 기간 내내 프로이트는 메타심리학에 관한 자신의 책을 언급하여 친구들을 감질나게 했다. 1916년 봄에는 루 안드레아스-살로메에게 자신의 생각을 이야기하며, "전쟁이 끝나기 전에는 인쇄에 들어갈 수 없다"고 말했다. 평소와 다름없이 프로이트는 일반적인 죽음을 생각하다가 자신의 죽음을 생각했다. "수명은 미리 계산할 수가 없지요." 그러면서 그도 책이 인쇄되는 것을 간절히 보고 싶다고 말했다.[64] 흥미롭게도 그는 1917년 말에 마침내 내놓은 메타심리학 논문 두 편 가운데 한 편인 〈애도와 우울증〉에서 죽음을 두드러진 주제로 삼았다. 이 논문은 프로이트가 이 시절에 쓰던 다른 어떤 것보다도 그가 생각하던 수정(修正)—전쟁 후에 열매를 맺게 된다.—을 암시하며, 이런 점에서 〈나르시시즘 입문〉에 필적할 만하다.

프로이트는 우울이 외부 세계에 대한 관심 상실, 지속적인 의기소침, 일과 사랑에 대한 무관심이 특징이라는 점에서 애도와 닮았다고 주장했다. 그러나 우울증 환자들은 그것을 넘어서 자책, 낮은 자존감이라는 짐에 눌리며, 피해망상적으로 어떤 벌을 예상한다. 그들은 애도를 하지만, 방법이 특수하다. 그들은 크게 애착을 품고 자신과 동일시하던 대상을 잃은 것이다. 프로이트는 그 몇 년 전부터 거의 모든 사랑의 정서는 양가적이며, 거의 모든 경우 분노와 적대의 요소를 포함하고 있다고 말해 왔다. 우울증 환자의 자신에 대한 분노, 그들의 자기 혐오와 자기 고문은 잃어버린 대상에 대한 가학적 분노를 즐길 만한 방식으로 표현한 것이다. 이 병으로 고생하는 사람들은 자아가 자기 자신을 전혀 봐주지 않고 증오의 대상으로 가혹하게 대할 때에만 자살—우울증의 가장 극단적인 결과임이 분명하다.—에 의지할 것이다. 프로이트는 공식적으로 공격성을 리비도와 맞먹는 충동으로 격상시키기 오래전에 이미 공격성의 힘을 분명히 인식하고 있었다. 이 경우에는 자기 자신을 향한 공격성이었다.

이것이 〈애도와 우울증〉의 예언적인 면이었다. 자기 처벌에 관한 프로이트의 짧은 논의 또한 예언적이었다. 그는 우울증 환자의 자기 비하와 자기 모욕은 환자의 자아가 자신의 일부를 분리해냈다는 설득력 있는 증거라고 썼다. 그들의 자아는 말하자면 재판을 하기 위한—보통 유죄 판결을 내린다.—특별한 정신적 기관을 만들어낸 것이다. 프로이트는 이것이 사람들이 보통 양심이라고 부르는 것의 극단적인, 사실은 병적인 형태라고 보았다. 그는 아직 이 검열 기관에 특별한 이름을 붙이지는 않았지만, 이것이 그가 당시에는 '자아 이상'이라고 부르고 나중에는 '초자아'라는 이름으로 탐사하게 될 것과 긴밀한 관계를 맺고 있다는 점에는 의심의 여지가 없다.*

---

* 프로이트는 아직 이름을 붙이지 않은 이 특별한 기관의 자기 처벌 작업을 1916년에 발표한 다른 짧은 논문 두 편에서 논의했다. 〈성공에 파괴당한 사람들〉에서는 승리의 순간에 신경증적 문제가 발생하는 사람이 징벌적 양심 때문에 그 승리를 즐기지 못한다는 것을 보여주었다. 〈죄책감으로 인한 범죄자들〉에서는 처벌에 대한 신경증적 욕구를 분석했다. 두 논문에서 현실이라기보다는 상상 속에서 벌어진, 아이의 오이디푸스적인 범죄가 중요한 선동 요인으로 드러난다.

따라서 〈애도와 우울증〉은 과도기의 프로이트를 보여준다. 하지만 다른 논문들 일곱 편, 모두 써놓기는 했지만 아직 발표 시기를 확정하지 않은 논문들은 어떨까? 1917년 11월에 프로이트는 페렌치에게 나머지는 "억압받고 침묵을 강요당해 마땅하다(Der Rest darf verschwiegen werden)"고 말했다.[65] 그는 그 전부터 신뢰하는 아브라함에게 지금은 어쩐지 그 책을 내기에 좋은 시기가 아닌 것 같다고 암울한 비밀을 털어놓았다.[66] 그러나 몇 달이 지나도 상황이 나아지는 것 같지는 않다. 1918년 초여름 프로이트는 이 논문들을 발표하라고 오래전부터 압력을 넣어 온 루 안드레아스-살로메에게 발표를 안 하는 것은 단지 피로 때문만이 아니라, "다른 조짐들" 때문이기도 하다고 약간 모호하게 말했다.[67] 그 조짐들이 무엇이었든, 그것이 우세했다. 간헐적으로 이런 암시와 변명을 하다가 어느 시점에 이르자 프로이트는 남은 논문들을 없애 자신의 불확실한 태도를 끝내버렸다.

그것은 당혹스러운 행동이었고, 지금 보아도 그 점은 마찬가지다. 전에는 프로이트가 이론적 난제 때문에 입을 다문 적이 없었다. 제시의 어려움에 겁을 먹은 적도 없었다. 물론 전쟁이 많은 것을 설명해준다. 그의 "전사들"인 마르틴과 에른스트가 매일 위험에 처한 상황에서 프로이트는 독창성을 발휘하기가 쉽지 않았다. 그러나 사실 프로이트가 메타심리학의 열두 장에서 독창적이고자 했던 것은 아니다. 게다가 자신이 원하는 것보다, 또는 생산적으로 사용할 수 있는 것보다 더 많은 시간이 수중에 있었으며, 일은 자신을 채찍질하여 하기만 하면 진통제 역할을 한다는 것도 알고 있었다. 메타심리학에 관한 책은 신문들로부터 탈출할 수 있는 반가운 기회가 될 수도 있었다. 따라서 그의 기획이 붕괴한 진짜 이유는 기획 자체에 감추어져 있다.

소리를 내지 않으면서도 웅변적인 이 책의 드라마, 결코 끝나지 않은 드라마는 무엇보다도 이 책이 쓰인 시기에 있다. 프로이트가 지지자들을 위하여 또 경쟁자들에 대항하여 결정적으로 닦아놓으려 했던 토대는 그의 수중에서 변화를 일으키고 있었다. 그렇다고 그가 개종을 하고 있는 것은 아니었다. 정신분석의 핵심적 근거—역동적인 무의식, 억압의 작용, 오이디푸스 콤플렉스, 충동과 방어의 갈등, 신경증의 성적 원인—는 그대로였다. 그러나 다른 많은 것이 의문의 대상이 되었다. 나르시시즘에 관한 논문은 중요한 재고가 이루어지고 있다는 초기의 화려한 증거이며, 메타심리학에 관한 논문 일곱 편을 없앤 것은 그 나름으로 또 증후적인 행동이었다. 그러나 전시의 프로이트는 아직 무엇이 필요한지 명확하게 보지 못했다. 그는 1890년대 말과 마찬가지로 드러나지 않는 창조적 단계에 들어가 있었다. 이 단계의 고뇌는 위대한 것들이 나올 것이라는 신호였다. 그는 다시 잉태를 했다(프로이트라면 이렇게 표현했을지도 모른다)고 희미하게 느끼고 있었다.

전쟁과 평화

1918년 가을 내내 빈은 평화에 관한 소문으로 떠들썩했다. 1917년 봄에 오스트리아 외교관들이 단독 강화를 노리고 시작한 비밀회담은 아마추어 같은 서툰 행동 때문에 예측대로 아무런 성과를 내지 못했다. 그러나 많은 희생을 치르는 전투를 일 년 더 벌인 뒤인 1918년 9월 초 빈의 정부는 국내의 기아, 그리고 전선에서의 거의 확실한 패배에 직면하여 연합국에 더 광범한 제안을 했다. 여기에는 교전국들이 전쟁 종식을 위해 만나서 협상하자는 제안이 담겨 있었다. 그해에 파업과 폭동을 간신히 진압한 오스트리아는 다민족 제국이라는 원칙을 버리지는 않지만, 영토는 대폭 양보할 의사가 있었다. 그러나 승리를 향해 다가가던 연합국은 10월 중순에 그 제안을 거부했다. 오스트리아가 제시한 안이 충분하지 않다고 본 것이다. 내각은 혼돈에 빠져들다시피 했다. 어떤 역사가는 이 상황을 "물에 빠진 사람이 미친 듯 아무 생각 없이 팔을 휘둘러대는 것"에 비유했다.[68] 혼란은 일반 대중에게도 퍼져 나갔다. 프로이트는 10월 25일에 아이팅곤에게 쓴 편지에서 이 시대가 "무시무시한 전율"을 일으킨다고 썼다. 그러면서 "낡은 것이 죽는 것은 좋지만, 새로운 것은 아직 태어나지 않았다."고 덧붙였다.[69]

이제 전장은 축소되었다. 서부전선에서는 여전히 학살이 계속되었지만, 동부의 전투는 서서히 잠잠해졌다. 원한을 품은 냉혹한 동맹국이 미숙한 신생 소비에트 정권에게 가혹한 브레스트-리토프스크 조약을 강요한 1918년 3월 초 이후 러시아는 전쟁에서 확실하게 빠져나갔다. 동맹국은 오랫동안 부분 점령하고 있던 루마니아와 5월에 강화조약을 체결하여 다시 작은 승리를 거두었다. 한편 교전국들 사이에서 우왕좌왕하다 1915년 말에 독일과 오스트리아 쪽에 운명을 걸었던 불가리아는 1918년 9월 말에 연합국과 휴전을 할 수밖에 없었다. 다음 달 영국은 근동의 사막에서 거의 전설적인 화려한 승리를 거둔 뒤 투르크마저 굴복시켰다.

결국 제1차 세계대전을 끝낸 것은 민간인들이 기도하는 마음으로 바라던 소망이 아니라, 연합국의 무기와 우드로 윌슨이 만들어낸 거창한 비전이었다. 영국군과 프랑스군, 그리고 나중에 미군은 프랑스에서 독일의 강력한 봄 공세를 막아냈다. 그들은 1918년 6월 초에 파리에서 60킬로미터 정도 떨어진 곳에서 독일군을 저지했으며, 7월 중순에는 대대적으로 반격을 시작했다. 그다음부터는 어떤 것으로도 연합국의 진격을 막을 수 없었다. 어떤 대가를 치르더라도 연합군을 독일 땅에 들어오지 못하게 하려던 루덴도르프(Erich Ludendorff, 1856~1937) 장군은 9월 말이 되자 협상을 요구했다. 역사상 가장 막강한 전쟁 기계였던 카이저 군대의 붕괴가 눈앞에 이른 것이다. 더불어 평화도 눈앞에 이르렀다.

루덴도르프가 불가피한 사태를 인정한 9월에 프로이트는 부다페스트에서 열린 국제 정신분석가 대회 때문에 기분이 한층 더 좋아졌다.* 지난 모임은 1913년 뮌헨에서 열렸다. 프로이트에게는 그런 회의를 통한 기분 좋은 재회가 간절히 필요했다. 예를 들어, 전쟁이 발발한 이후 4년 동안 아브라함을 한 번도 못 보았기 때문이다. 8월에 프로이트는 아브라함에게 "너무 화가 나고 너무 굶주려서"[70] 그의 지난 편지에 답장을 못했다고 말했다. 이 지칠 줄 모르고 편지를 쓰는 사람이 얼마나 사기가 떨어졌는지 보여주는 분명한 증거였다. 처음에 브레슬라우(현재 브로츠와프)에서 열려고 했던 대회는 결국 9월 28일과 29일에 부다페스트에서 열렸다. 물론 참석자가 많이 줄고 범위도 좁아졌다. 참석자 42명 가운데 네덜란드 출신이 2명, 독일 출신이 3명, 오스트리아-헝가리 출신이 37명이었다. 그렇더라도 대회는 대회였다. 프로이트는 평소와는 달리 자유로운 담화가 아니라 공식 강연을 하여, 치료 기술의 새로운 발전을 개략적으로 설명한 뒤 가난한 사람들이 치료 혜택을 받을 수 있는 정신분석 진료실의 설립을 요구했다. 대회는 축제 같은 행사였는데, 연회도 열렸고 편의 시설도 호화로웠다. 분석가들은 부다페스트 중심가에 있는 우아한 겔레르트 호텔에 묵었다. 한 달 뒤에도 프로이트는

---

* 1918년 여름, 프로이트가 기분이 좋은 이유가 또 하나 있었다. 부다페스트의 부유한 양조업자 안톤 폰 프로인트(Anton von Freund)가 암 수술을 받은 뒤 신경증을 일으켰고, 그것을 프로이트가 어느 정도 고쳐주었던 것 같다. 폰 프로인트는 암이 재발할지도 모른다고 걱정하면서도 이 일에 감사하여 정신분석 출판사에 보조금을 주기로 했으며, 그 덕분에 프로이트와 정신분석 전체가 다른 출판사들로부터 독립할 수 있었다. 이렇게 일이 진행되자 출판사를 감독하는 것도 프로이트의 일 가운데 하나가 되었다.

이 기억을 음미했다. 그는 아브라함에게 쓴 편지에서 만족감을 감추지 않고 "부다페스트의 아름다운 날들"을 회고했다.[71]

어니스트 존스가 말했듯이, 이 대회는 "정부의 공식 대표자가 참석한" 첫 대회였는데, 그 대표자들은 "오스트리아, 독일, 헝가리 정부에서 왔다." 그 이유는 철저하게 실용적인 것이었다. "군사 계획에서 '전쟁 신경증'*이 중요하다는 평가가 많아졌다."는 것이다.[72] 이 사실은 정신분석의 역사에서 삶과 죽음의 묘한 방정식을 그 나름으로 보여준다. 평화의 시기에 정신의학자들은 프로이트의 생각을 진지하게 받아들이기를 망설였지만, 이제 야전 병원에 배속되어 전쟁 신경증에 걸린 병사들과 마주하게 된 의사들이 그의 생각을 점차 강력하게 지지하게 된 것이다. 그들 가운데 일부에게 제1차 세계대전은 정신분석의 명제들을 입증할 수 있는 거대한 실험실이었다. 영국의 정신의학자 W. H. R. 리버스(W. H. R. Rivers, 1864~1922)는 1917년에 이렇게 말했다. "운명은 현재 우리에게 프로이트의 무의식 이론의 진실성을 검증할 수 있는—적어도 정신적이고 기능적인 신경 질환의 발생에 관한 한—유례없는 기회를 제공한 것으로 보인다."[73]

과거에 정신과 의사들은 군 당국으로부터 압력을 받았을 때 '전쟁 신경증' 증상을 보이는 병사를 군법회의에 보내지는 않는다 해도, 꾀병을 부린다고 여겨 인정사정없이 전선으로 돌려보내야 한다는 경솔하고 편의적인 생각에 저항하지 않았을 뿐 아니라, 대체로 그런 생각을 공유하고 있었다. 그러나 동맹국만이 아니라 연합국에서 근무하는 의사들

---

* **전쟁 신경증**(war psychoneurosis) 전시에 군인들에게 나타나는 신경증을 통틀어 일컫는 명칭. 신경증이 나타나는 상황 조건에 따라 이름을 붙인 경우다. 정신이 몽롱해지는 의식 장애, 전환 히스테리, 극도의 불안, 마비나 떨림 증상 등이 있다. 유럽에서는 제1차 세계대전 때 많이 나타났다. 때로 만성 신경증으로 이행하기도 한다. (편집자 주)

사이에도 프로이트의 말에 따르면 "전쟁 신경증 환자 가운데 극소수만이…… 꾀병을 부리는 것"[74]이라는 인식이 늘었다. 부다페스트 대회는 시의적절하게 전쟁 신경증의 정신분석에 관한 심포지엄을 열었으며, 페렌치, 아브라함, 에른스트 지멜(Ernst Simmel, 1882~1947)이 논문을 준비했다. 독일 의사 지멜은 특히 환영받은 신입 회원이었다. 전쟁 기간에 병사들을 위한 정신병원에서 정신분석을 발견한 사람이었기 때문이다. 그러나 부다페스트의 동맹국 대표들이 제안한 야심만만한 기획, 즉 순수하게 심리학적인 방법으로 전쟁 신경증 환자들을 치료할 센터를 설립하자는 기획은 아무런 성과를 내지 못했다. 패전국들을 휩쓰는 혁명이 저항할 수 없는 속도로 밀려들었기 때문이다.

프로이트가 느낌표를 찍으며 간결하게 적어 넣는 달력 항목들은 거의 매일 급변하는 상황을 기록하고 있었다. 10월 30일, "빈과 부다페스트 혁명." 11월 1일, "독일과 헝가리 간 교통 차단." 11월 2일. "올리[버] 귀향. 불가리아에 공화국?" 11월 3일, "이탈리아와 휴전. 전쟁 끝!" 11월 4일에는 자신의 개인적인 일을 생각할 여유를 찾았다. "노벨상은 제쳐두자." 11월 6일, "킬에서 혁명." 11월 8일, "바이에른에 공화국!! 독일과 교통 차단." 11월 9일, "베를린에 공화국. 빌헬름 퇴위." 11월 10일, "에베르트 독일 총리. 휴전 조건." 11월 11일, "전쟁 종결. [오스트리아의] 카를 황제 퇴위." 11월 12일, "공화국. 독일과 합병"—이것은 약간 때 이른 발언인 것이 전승국들은 오스트리와 독일이 합쳐지는 것을 결국 허락하지 않기 때문이다.—"공황 상태에 진입." 나흘 뒤인 11월 16일, "헝가리에 공화국."[75] "전쟁 악몽"[76]이 마침내 끝난 것이다.

그러나 악몽이라는 점에서는 이에 못지않은 다른 꿈들이 기다리고 있었다. 이탈리아 전선에 있던 마르틴은 몇 주 동안 가족과 연락이 끊졌다. 11월 21일에 되어서야 프로이트는 달력에 이렇게 적을 수 있었다. "10월 27일 이후 마르틴 포로 상태."[77] 이탈리아인들은 전쟁이 실질적으로 끝이 난 뒤 마르틴의 부대 전체를 포로로 잡은 것이다. 정치 상황 또한 프로이트에게 평온을 줄 수 없었다. 오래된 로마노프 왕조를 끝장낸 살육은 호엔촐레른 왕가도 합스부르크 왕가도 그대로 내버려 두지 않았다. 프로이트는 오스트리아-헝가리 제국이 발가벗겨지는 것을 보며 약간 잔혹한 만족을 느꼈다. 그는 제국의 생존 가능성에 관해 어떤 환상도 없었으며, 그 무렵에는 아쉬움도 전혀 없었다. 그 운명이 결정되기 전인 10월 말에 그는 이미 아이팅곤에게 이렇게 말했다. "나는 이 오스트리아와 이 독일을 위해서는 눈물 한 방울도 흘리지 않을 걸세."[78]

프로이트는 새로운 독일이 볼셰비키의 나라로 바뀌지 않을 것이라고 생각하며 안도감을 느꼈지만, "대책 없는 낭만주의자" 빌헬름 2세가 오랫동안 그렇게 오만하게 이끌었던 독일 제국이 붕괴한 뒤에는 유혈 충돌이 벌어질 것이라고 정확하게 예측했다.[79] 그러나 그가 가장 분노한 대상은 그의 평생을 지배했던 왕조였다. "합스부르크는 거름더미밖에 남긴 게 없네."[80] 10월 말에는 이런 경멸이 담긴 입장에 맞추어 "헝가리 애국자"인 페렌치에게 충고를 하면서, 정신적 균형을 위해 조국에서 리비도를 거두어들여 정신분석으로 넘기라고 말했다.[81] 프로이트는 그 주에 또 보낸 편지에서 짓궂게도, 헝가리 사람들을 위해 동정심을 발휘하려 했지만 그럴 수 없다는 것을 알았다고 말했다.[82] 프로이트가 아는 사람들 가운데는 오직 한스 작스만이 다른 곳의 혁명보다는 살벌함이 훨씬 덜했던 오스트리아 혁명을 소재로 유머를 발휘할 수 있었을 뿐이다. 작스는 존스를 위해 이런 펼침막을 내거는 상상을 했다. "혁명은 내일 2시 30분에 열릴 예정입니다. 날씨가 나쁠 경우엔 실내에서 열립니다."[83]

실제로 전쟁이 끝난 뒤 몇 달 동안은 재미있는 일이 없었다. 전선의 격전은 거리의 급진파 투사와 반동적 투사들 사이의 격전으로 바뀌었다. 몇 달간 무질서가 이어지면서 독일, 오스트리아, 헝가리의 정치적 미래를 두고 온갖 추측과 암담한 전망이 나돌았다. 아이팅곤은 11월 말경 프로이트에게 이렇게 말했다. "아주 견고해 보였던 낡은 것들은 완전히 썩어서, 없애버려도 아무런 저항을 하지 않습니다."[84] 1918년 12월 말, 이제 전쟁이 끝났기 때문에 다시 영어로 돌아온 프로이트는 "친애하는 존스"에게 "나나 우리 가운데 누가 다음 봄에 영국에 갈 것이라고 기대하지" 말라고 알렸다. "6월이나 7월까지 평화가 미루어진다면 우리가 몇 달 안에 여행을 하게 될 가능성은 거의 없네." 프로이트는 믿을 만한 친구에게 편지를 쓰고 있었기 때문에, 사교적인 보고와 더불어 허물없는 부탁도 했다. "여기 우리의 상태가 정말로 어떠한지 상상도 못할 걸세. 가능한 한 빨리 건너와 과거에 오스트리아였던 곳을 한번 보게나." 그는 잊지 않고 덧붙였다. "그리고 내 딸아이 물건들도 가져오게."[85]

1919년 1월 프로이트는 새로운 상황을 간결하게 정리했다. "돈과 세금은 지금 아주 혐오스러운 화제일세. 지금 우리는 우리 자신을 잡아먹고 있는 것이나 다름없네. 이 몇 달의 혹심한 위기에 비하면 4년의 전쟁은 장난이었어. 다음 몇 달도 마찬가지겠지."[86] 프로이트는 중유럽의 무질서한 정치 상황을 생각하면서 존스에게 자신이 전에 영국의 쇼비니즘이라며 거부했던 경고가 사실은 옳았다는 것이 입증되었음을 인정했다. "전쟁과 그 결과에 관한 자네의 모든 예측이 현실이 되었네." 프로이트는 "운명이 불의를 보여준 것은 아니며, 독일이 승리했다면 인류의 이익 전체에는 더 큰 타격이 되었을 것임을 인정할 준비"가 되어 있었다. 그러나 이렇게 산뜻하게 인정한다고 해서 프로이트와 그의 가족에게 닥친 운명이 견디기 쉬워지는 것은 아니었다. "자신의 행복을 전쟁에서 진 쪽이 좌우하는 상황에서 이긴 쪽에 공감한다는 것은 위로가 되지 않는군." 그 행복은 꾸준히 침식당하고 있었다. "우리 모두 건강이나 체중이 서서히 안 좋아지고 있네." 그러면서 프로이트는 얼른 "장담하건대, 이 도시에서" 그와 그의 가족만 그런 것이 아니라고 덧붙였다. "전망은 어두워."[87]

논란을 일으키며 천천히 진행되는 강화 조약 체결 작업도 전망을 더 밝게 해주지 않았다. 1919년 1월에 파리에 모여 중유럽의 지도를 다시 그리기 시작한 전승국들은 회의 탁자에서는 전쟁을 할 때만큼 단결하지 않았다. 영국 총리 데이비드 로이드 조지(David Lloyd George)는 독일 황제를 교수형에 처하고, "죽는 소리를 낼 때까지" 독일 사람들을 조이겠다는 결의를 공표했다. 그는 그래도 협상 자리에 앉으면 약간은 물러서는 맛이 있었으나, 프랑스의 조르주 클레망소(Georges Clemenceau)는 무자비했다. 그는 1871년 프로이센-프랑스 전쟁 뒤에 독일로 넘어간 알자스-로렌은 프랑스로 돌아오는 게 당연하다고 말했다. 그뿐만 아니라 자연 자원이 풍부한 독일의 라인란트도 얻어내려 했다. 그러나 승전국은 서쪽에서 온 자기 도취적 예언자 우드로 윌슨을 고려해야 했다. 그는 유럽 전역에서 열변을 토하며 민족 자결, 민주주의, 열린 외교, 그리고 무엇보다도 희망이라는 메시지를 던지고 있었다. 그는 1918년 12월 맨체스터에서 특유의 방식으로 연설을 했다. "사람들은 황금시대는 아니겠지만, 어쨌든 세월이 흐를수록 점점 밝아지는 시대를 보고 있으며, 언젠가는 저 높은 곳으로 올라가 그곳에서 인류의 심장이 갈망하는 것을 볼 수 있을 것입니다."[88]

그러나 다른 사람들은 미래에 대한 이런 숭고한 비전이 없었다. 프로이트는 윌슨의 예언이 불편했고, 그의 성격은 더 불편했다. 프로이트는 구세주를 전혀 좋아하지 않았다.* 그러나 윌슨의 유럽 순방 초기에는 프로이트도 다른 대부분의 사람들과 마찬가지로 당황했고, 또 그들 못지않게 감명을 받았다. 그는 1919년 초에 아브라함에게 말했다. "최근에 윌슨의 참모진에 속한 미국인이 찾아왔네." 프로이트는 국제적 명성이 있는 석학이 된 것이 분명했다. "먹을 것 두 바구니를 들고 와 《[정신분석] 강의》,《일상생활[의 정신병리학]》과 바꾸어 가더군." 더욱이 "그 사람 덕에 미국 대통령에게 믿음이 생겼네."[89] 프로이트의 미국인 조카 에드워드 베르나이스(Edward Bernays)를 통해 우리가 알고 있듯이, 그 먹을 것에는 그가 "사랑하는 아바나 시가"[90]도 한 상자 들어 있었다. 프로이트가 궁핍과 불확실성의 와중에도 4월에는 매우 평온한 목소리를 낼 수 있었던 것도 놀랄 일이 아니다. 그는 어니스트 존스에게 이렇게 말했다. "우리를 가둔 우리에 첫 창문이 열려 자네한테 직접 봉함 편지를 보낼 수 있게 되었네." 전시 검열이 끝난 것이다. 게다가 프로이트는 이제 고립감을 느끼지 않았다. 그는 존스에게 덧붙였다. "5년간의 전쟁과 이별도 우리를 향한 자네의 따뜻한 마음을 식히지는 못했다는 이야기를 듣고 정말 기뻤네." 더 좋은 일도 있었다. "정신분석이 번창하고 있다는 이야기를 어디에서나 듣게 되어 기쁘군."[91]

1919년 일 년 동안 일련의 조약들이 공식적으로 체결되면서 중유럽 제국들의 붕괴가 확정되었다. 독일은 6월에 베르사유 조약에 서명할 수밖에 없었다. 이 조약으로 알자스-로렌은 다시 프랑스로 넘어가게 되었다. 작지만 전략적으로 중요한 외펜과 말메디는 벨기에로 넘어갔다. 아프리카와 태평양의 식민지들은 연합국의 감독을 받는 위임 통치령이 되었다. 전승국들은 포젠(포즈난) 동부 지방과 서프로이센의 일부를 합

---

* 윌슨에 관한 프로이트의 태도는 본서 11장 359~370쪽 참조.

치고, 부족한 부분은 오스트리아와 러시아 영토에서 가져와 폴란드를 소생시켰다. 새로운 독일은 지리학적 괴물이 되었다. 동프로이센이 폴란드 영토에 둘러싸인 섬이 되어, 나라가 둘로 갈린 것이다. 그러나 전쟁 발발의 책임을 모두 감당하는 강화조약의 악명 높은 231조에 서명을 한 것이 독일인의 사기에 훨씬 큰 타격을 주었을 것이다.

오스트리아의 차례는 1919년 9월에 찾아왔다. 그들은 생제르맹에서 독일의 경우와 거의 비슷할 정도로 가혹한 조약을 받아들였다. 오스트리아는 축소된 헝가리로 독립하게 될 땅을 내놓았고, 보헤미아와 모라비아는 합쳐서 신생 체코슬로바키아로 독립했다. 오스트리아는 또 트렌티노와 남티롤 같은 영토도 잃었는데, 이 땅은 이탈리아로 갔다. 바쁘게 지도를 그리던 사람들은 오스트리아 남부의 보스니아와 헤르체고비나를 흡수하려고 발칸에 유고슬라비아라는 혼합물을 만들어놓았다. 우리가 알다시피, 프로이트는 생제르맹 조약으로 확정이 되기 거의 일 년 전부터 낡은 오스트리아가 해체될 것이라는 전망에 상당히 만족을 느꼈다.[92] 독일 공화국과 통합이 금지된 그의 새로운 조국은 묘한 구조물이 되어, "오스트리아는 뇌수종에 걸린 괴물이 되었다."는 신랄한 평가를 듣게 되었다. 이 말은 곧 지겨워졌지만, 정확한 표현이었다. 인구 200만의 도시 빈이 인구가 꼭 500만 명 더 많은 쪼그라든 뒷마당을 관장하는 꼴이었기 때문이다. 강화조약을 최종 체결하기 전 몇 달 동안 연합국은 그들의 의도를 분명히 밝혔다. 프로이트는 1919년 3월에 이렇게 말했다. "오늘 우리는 독일과 합쳐질 수 없고, 남티롤을 내놓아야 한다는 것을 알게 되었네. 물론 나는 애국자는 아니지만, 온 세상이나 다름없는 곳이 외국 영토가 될 것이라고 생각하니 고통스럽군."[93]

프로이트가 그 무렵 알게 된 슈테판 츠바이크는 나중에 전후의 오스트리아를 바로 그런 식으로, "모호한 잿빛에 생명도 없는, 이전 제국의 그림자"로 기억했다. 체코인을 비롯한 다른 민족이 땅을 잘라가버렸다. 남은 것은 "동맥마다 피를 흘리는 절단당한 엉덩이"뿐이었다. 춥고, 배고프고, 가난한 독일계 오스트리아인은 이제 "한때 나라를 부자로 만들어주었던 공장들"이 외국 영토에 가 있고, "철도는 애처롭게도 그루터기만 남았고", "국립은행은 금을 다 빼앗겼다"는 사실을 받아들이고 살아야 했다. "밀가루도, 빵도, 석탄도, 석유도" 없었다. "혁명은 불가피해 보였다. 아니면 어떤 다른 파국적 해법이 찾아올 것 같았다." 그 시절에 "빵에서는 피치(pitch, 기름 찌꺼기)와 풀 냄새가 났고, 커피는 볶은 보리를 달인 것이었고, 맥주는 노란 물이었고, 초콜릿은 색을 칠한 모래였고, 감자는 얼어 있었다." 사람들은 고기 맛을 완전히 잊지 않으려고 토끼를 기르고 다람쥐를 잡았다. 전쟁 말기와 다름없이 번창하는 암시장에서 폭리를 취하는 사람들이 생겼다. 사람들은 몸과 영혼을 유지하려고 가장 원시적인 물물교환으로 돌아갔다.[94] 안나 프로이트는 나중에 츠바이크의 이런 묘사를 확인해주었다. 그녀는 빵에 "곰팡이가 피었고", "감자는 구할 수 없었다"고 회고했다.[95] 프로이트는 한번은 헝가리의 어떤 정기간행물에 논문을 기고하면서 돈이 아니라 감자로 고료를 달라고 요청했다. 빈에 살던 편집자는 감자를 어깨에 메고 베르크 가세 19번지를 찾아갔다. "아버지는 늘 그 논문을 '카르토펠슈마른(Kartoffelschmarrn)'*이라고 불렀어요."[96] 1919년 3월 프로이트는 페렌치에게 정부가 "고기 없는 주간을 폐지하고, 그것을 고기 없는 달로 대체할" 계획이라고 전하면서, "굶주림에서 나온 멍청한 농담!"이라고 덧붙였다.[97]

---

* 감자 요리의 일종. 후주 8장 96번 참조. (역주)

프로이트는 그의 가장 큰 불안으로 꼽던 것, 즉 아들 마르틴에 대한 걱정이 행복하게 해소되었기 때문에 이런 짜증 나고 기운 빠지는 전쟁의 결과들을 다른 많은 사람들보다는 침착하게 받아들일 수 있었다. 마르틴은 10월 말에 이탈리아군에 포로가 된 뒤 한동안 시야에서 벗어났다. 그러다가 거의 한 달이나 지난 뒤 비록 입원 상태이기는 하지만 살아 있다는 소식이 전해지자, 프로이트는 수소문을 해서 돈을 보내고, 편지에 포로가 된 아들에 관한 짧은 보고를 담았다. 1919년 4월 그는 아브라함에게 마르틴이 전하는 소식이 많지는 않지만 나쁘지 않다고 말했으며,[98] 5월에는 영어로 조카 새뮤얼에게 마르틴이 "아직" 포로로 제노바 근처에 있기는 하지만, "편지로 볼 때 상태가 좋은 것 같다."고 알릴 수 있었다.[99] 마르틴은 몇 달 뒤에 "아주 좋은 상태로"[100] 석방되었다. 마르틴은 운이 좋았다. 전쟁 동안 오스트리아-헝가리 병사 80만 명 이상이 전선에서 또는 병으로 죽었던 것이다.

그러나 프로이트 자신과 그의 옆에 있는 가족의 상태는 절망적인 편이었다. 오로지 생존에 매달리는 일이 2년 이상 그의 생활과 그의 편지까지 지배했다. 전쟁의 마지막 2년과 비교할 때 빈의 식량은 맛으로나 영양으로나 나아진 것이 없었고, 난방 연료를 구하는 일도 쉬워지지 않았다. 정부는 모든 필수품 배급을 빡빡하게 통제했다. 우유조차 얻기 힘들었다. 어떤 주에는 쇠고기가 병원, 또는 소방관이나 전차 차장 같은 공익 분야 근무자에게만 제공되기도 했다. 고기 대신 쌀이 나왔으며, 감자 대신 자우어크라우트*를 먹어야 했다. 비누 배급표를 손에 쥐어도 막상 가게에 가면 비누를 찾아볼 수 없었다. 석유나 석탄은 거의 구할 수가 없었으며, 1919년 1월에는 집 전체가 초 반 토막으로 버텨야

---

* 양배추를 싱겁게 절여 발효시킨 독일식 김치. (편집자 주)

했다. 오스트리아 정치가들의 필사적인 호소에 응답하여 서방 세계의 마음씨 따뜻한 개인이나 조직, 또 여러 나라의 위원회들이 구호품을 모았다. 1919년 초에는 전시의 적들이 필수품을 화물 열차에 실어 보냈다. 그러나 그것으로는 어림도 없었다. "연합국의 아량에도 불구하고 우리의 식량은 빈약하고 우리의 영양 상태는 비참하네." 프로이트는 1919년 4월에 그렇게 썼다. "정말이지 단식요법(Hungerkost)과 다름없네."[101] 유아 사망률이 엄청나게 치솟았다. 결핵도 마찬가지였다. 오스트리아의 두리히라는 생리학자는 1918~1919년 사이 겨울에 1인당 하루 칼로리 섭취량이 746킬로칼로리였을 것이라고 추정했다.[102]

프로이트의 편지들은 일반적인 궁핍이 자신의 집에 끼친 영향을 솔직하게 기록한다. 그는 "몹시 추운 방"[103]에서 편지를 쓰고 있으며, 쓸 만한 만년필을 찾아보았지만 눈에 띄지 않았다.[104] 1920년이 되어서도 프로이트는 종이 부족에 시달렸다.[105] 프로이트는 자신이 결코 불평을 하지 않는다고 생각했다. "여기 우리 모두는 굶주린 거지들이 되었네." 그는 1919년 4월에 어니스트 존스에게 그렇게 썼다. "하지만 불평을 하지는 않겠네. 나는 여전히 곧으며, 세상의 말도 안 되는 일의 어떤 부분에도 책임이 없네."[106] 그는 자신의 태도를 "명랑한 비관주의"라고 부르곤 했는데, 비관주의가 점차 명랑함을 몰아냈다.[107] 물론 프로이트는 구걸하는 것이 무엇보다 싫었지만, 전후 빈에서 생존에 급급하다 보니 남들에게 자신의 위태로운 상황을 드러내는 것을 망설이지 않았다. 그는 입술을 깨물며 버티는 고행과는 전혀 관계가 없는 사람이었으며, 정보가 부족할 것이 분명한 외부 사람들에게 바로 자기 가족의 곤경을 알렸다. 1919년 5월에는 약간 분개하여 존스를 꾸짖기도 했다. "올해 여름이나 가을에 우리가 어디서 언제 만날지, 일반 대회를 열지 아니면 위원회를 개최할지 알려 달라고 나를 다그친다면, 자네는 우리가 사는 조건에 관해 전혀 모르고, 그쪽 신문은 오스트리아 소식을 전혀 전하지 않는다고 생각할 수밖에 없겠군." 그는 언제 다시 정상적인 여행을 할 수 있을지 전혀 알 수 없었다. "그 모든 것이 크게는 유럽의 상황, 작게는 이 무시당하는 불행한 지역의 상황에 달려 있는 것이고, 강화조약의 체결, 우리 경제 사정의 개선, 국경 개방 등에 달려 있는 것이지."[108] 이러면서도 그는 자신이 불평을 하지 않는다고 생각하였다!

사실 불평할 것이 많았다. 정신분석이 확산된다는 위로가 되는 소식에도 불구하고, 그의 지략과 금욕적 태도에도 불구하고, 프로이트는 인생이 전혀 즐겁지 않다는 것을 인정할 수밖에 없었다. "우리는 힘든 시절을 통과하고 있다." 프로이트는 1919년 봄에 조카 새뮤얼에게 그렇게 말했다. "신문을 봐서 알겠지만, 사방에 궁핍과 불확실성뿐이야."[109] 마르타 프로이트가 1919년 4월에 어니스트 존스에게 쓴 감동적인 감사 편지는 궁핍이 얼마나 심했는지 보여준다. 존스는 그녀에게 "아주 아름다운 재킷"을 보내주었는데, 이 재킷은 그녀에게 완벽하게 맞았을 뿐 아니라 "안네를"에게도 잘 맞았다. 그래서 마르타와 막내딸은 여름에 이 재킷을 번갈아 입기로 했다.[110] 그러나 5월 중순에 마르타 프로이트는 "진짜 독감-폐렴"에 걸렸다. 의사들은 프로이트에게 걱정하지 말라고 했지만,[111] 인플루엔자는 마르타 프로이트처럼 오랜 세월 어려운 환경에서 버티느라 지친 사람이 영양 부족 상태에서 싸우기에는 매우 위험한 병이었다. 사실 치명적인 폐렴으로 이어지곤 하던 '에스파냐 독감'은 그 전 겨울부터 헤아릴 수 없이 많은 사람을 죽였다. 이미 1918년 가을부터 빈의 학교와 극장은 전염의 위험을 줄이기 위해 이따금씩 문을 닫곤 했다. 그러나 모두 소용이 없었다. 인플루엔자는 큰 파도처럼 약한 사람들을 공격했다. 여자가 남자보다 잘 걸렸지만, 남자들도 엄청나게 많이 죽었다. 2년 이상이 흘러 인플루엔자 전염병이 사라질 때까지 빈 시민 약 1만 5천 명이 사망했다.[112] 그러나 마르타 프로이트는 인플루엔자를 이겨냈다. 쉽지는 않았다. 인플루엔자에 걸린 뒤 두 주가 지나서도 그녀는 여전히 "독감으로 자리에 누워 있었고, 폐렴은 이겨냈지만 기운을 회복하지는 못했으며, 오늘도 다시 열이 올랐다."[113] 7월이 되어서야 프로이트는 아내가 완전히 회복되었다고 알릴 수 있었다.[114]

1919년 여름, 아내가 요양소에서 몸을 추스르는 동안 프로이트는 좋아하던 오스트리아의 온천 바트 가슈타인에서 한 달을 보낼 수 있었다. 처제 미나가 동행했다. 프로이트는 그렇게 비싼 휴양지를 고른 것에 조금 미안해하는 기색이었지만, 눈앞에 다가온 추운 계절에 대비해 가능한 한 회복력을 비축해 둘 필요가 있다는 이유로 자신의 결정을 옹호했다. 그는 아브라함에게 말했다. "많은 난관이 예상되는 이번 겨울을 우리 가운데 몇 명이나 버텨낼 수 있을지 누가 알겠나."[115] 7월 말에 그는 기쁜 마음으로 존스에게 "올해의 삶의 상처와 멍에서 거의 완전히 회복되었다."고 보고할 수 있었다.[116] 그는 예순세 살이었지만, 여전히 회복력이 뛰어났다.

그러나 빈으로 돌아오자 다시 엄혹한 현실과 마주쳤다. "우리 생활은 몹시 힘들다." 프로이트는 10월에 조카 새뮤얼의 안부에 답장을 보내면서 그렇게 말했다. "영자 신문들이 뭐라고 하는지 모르겠구나. 어쩌면 과장을 하지 않을지도 모르지. 식량 부족과 화폐 가치 하락은 중간계급과 지적인 작업으로 생계를 유지하는 사람들에게 가장 큰 타격을 준다. 우리 모두가 현금 소유의 19/20을 잃어버렸다는 사실을 잊지 말아야 해." 오스트리아의 크로네는 이제 페니보다 값이 나가지 않았으며, 가치가 계속 떨어지고 있었다. 게다가 "오스트리아(Deutsch-Oesterr.)는 절대 원하는 만큼 생산을 할 수가 없었다." 프로이트는 조카에게 "이전 제국의 영토만이 아니라 우리나라의 다른 지방들조차 가장 무모한 방식으로 빈을 보이코트하는 바람에, 석탄과 재료 부족으로 산업은 완전히 멈추었고, 외국에서 사거나 수입하는 것도 불가능하다."는 사실을 지적했다.[117] 수입이 지나치게 많은 무역 불균형, 자본 이탈, 점점 비싸지는 원료와 식량을 수입해야만 하는 상황, 오스트리아의 남은 영토 내에서 생산되는 수출품의 급감으로 인해 물가 폭등과 더불어 엄청난 인플레이션이 찾아왔다. 전쟁 발발 전에 1달러에 5크로네였던 환율이 1922년 12월에는 1달러에 약 9만 크로네가 되었다. 국제 은행가들과 외국 정부와 복잡한 협상을 거친 뒤에야 통화 가치 폭락이 멈추었다.

맨체스터의 부유한 상인 새뮤얼 프로이트는 프로이트가 마음먹고 하소연하는 가장 중요한 상대가 되었다. 프로이트는 새뮤얼에게 자신의 가족이 "얼마 안 되는 식량으로 살고 있다"고 말했다. "며칠 전에 처음 먹어본 청어는 나에게 특별한 것이었지. 고기도 없고, 빵도 충분하지 않고, 우유도 없다. 감자와 달걀은 크로네로 사기에는 아주 비싸다." 다행히도 미국에 사는 프로이트의 처남 엘리가 "큰 부자가 되어," 그의 도움 덕분에 "여자 식구들이 살 수 있게 되었다." 프로이트는 자기 가족이 "급속히 해체되고 있다"고 덧붙였다. 누이 가운데 돌피와 파울리, 그리고 그의 어머니는 덜 옹색한 환경에서 겨울을 나고 이슐의 온천에 보냈다. 처제 미나는 너무 추운 빈을 견딜 수가 없어서 그래도 좀 나은 독일로 탈출했다. "우리에게 남은 유일한 자식이 될" 안나를 제외하면 자식들은 모두 집에 없었다. 프로이트는 자신에 관해서는 당연하다는 투로 이렇게 말했다. "알다시피 나는 명성이 있고 할 일도 많지만, 충분히 벌지를 못해 비축해놓은 것으로 먹고살고 있다." 그는 새뮤얼의 "친절한 제안"에 응답하여 "우리에게 가장 필요한 품목"을 나열했다.

"기름, 콘비프, 코코아, 차, 영국 케이크 등."*[118]

한편 부자인 데다 사려 깊기도 했던 베를린의 막스 아이팅곤은 프로이트에게 돈을 빌려주었다. 그러나 프로이트가 솔직하게 말했듯이, 오스트리아 화폐로 주는 것은 아무런 소용이 없었다. 그 자신도 가치 없는 크로네는 "십만 크로네 이상" 갖고 있었다. 그러나 아이팅곤은 독일인들이 적절하게 "생명의 재료(Lebensmittel)"라고 표현한 먹을 것도 보냈다. 프로이트가 고맙게 여겼듯이, 아이팅곤은 적절한 신조어인 "일의 재료(Arbeitsmittel)"라는 말까지 만들어내면서 시가를 보내는 것도 잊지 않았다. 이 재료는 프로이트가 더 잘 버틸 수 있도록 지탱해주었다.[119]

프로이트는 지칠 줄 모르고 외국의 친척들을 동원하여 빈으로 보급품이 계속 흘러들게 했다. 1920년 초에는 "마르타가 내린 지침에 따라" 조카 새뮤얼에게 "봄과 여름"에 입기 적당한 "부드러운 셰틀랜드 천을 양복을 지을 수 있을 만큼" 골라주되, "색깔은 희고 검은 점이 뒤섞였거나, 쥐색이거나, 짙은 검은색"으로 해 달라고 부탁했다.[120] 프로이트는 몇 년 동안 영국과 미국으로 계속 그런 지령을 내렸다. 1922년이 되어서도 그는 맨체스터에 있는 친척에게 "**최고 품질**"의 "질긴 장화"를 사 달라고 부탁했다. 빈에서 산 것은 다 해졌기 때문이다.[121] 그는 우편물이 도착했는지 꼼꼼히 확인하고 지령이 담긴 편지와 내용물을 대조했다.

프로이트에게는 이런 식으로 실제적인 일에 몰두하는 것이 심리적으로 필요했다. 정치 상황이 계속 흥미진진하게 전개되고 있는데, 이것

---

* 프로이트는 식단에 큰 관심을 쏟았는데, 여기에는 이유가 없지 않았다. 1919년 말 그는 아이팅곤에게 "저널리스트이자 정치가이자 저술가이자 아주 잘생긴 남자인 퍼레크 씨가 나에게 심지어 '먹을 것'까지 제공했네. 나는 그것을 받으면서 고기가 나의 생산력을 다시 높여줄 것이 틀림없다고 말했지." ("먹을 것food"이라는 말은 영어로 썼다. 프로이트가 아이팅곤에게 쓴 편지, 1919년 11월 19일. Sigmund Freud Copyrights, Wivenhoe의 허락을 받고 인용.)

이 그에게 사태를 조금이라도 통제하고 있다고 주장할 기회를 주지는 않았다. "예상컨대 다음 달에는 극적인 일들이 많이 일어날 걸세." 그는 1919년 5월에 아이팅곤에게 그렇게 예측을 했다. "하지만 우리는 관중도 아니고, 배우도 아니고, 사실 심지어 합창단도 아니고, 단지 피해자일 뿐일세!"[122] 프로이트는 그 사실을 견딜 수가 없었다. "나는 지쳤네." 그는 1919년 초여름에 페렌치에게 그렇게 고백했다. "그러나 그보다 더 심각한 것은 무력한 분노에 침식되어 심술만 는다는 걸세."[123] 가족을 돌보는 것은 그런 무력함에서 탈출하는 일이었다.

프로이트는 유능한 부양자임을 보여주었다. 아내에게 모든 집안일을 맡겨버리는 탈속한 교수님(Herr Professor)이기는커녕 부지런히 물품 목록을 작성하고, 항목별로 요청하는 편지를 보내고, 짐을 쌀 때 적절한 재료—음식에는 새지 않는 용기—를 추천하고, 시원찮은 우편 사정을 저주했다. 외국과 모든 통신이 단절되다시피 했던 혁명기 몇 달 동안 프로이트는 현실적인 태도로 국외의 후원자들에게 빈으로 선물을 보내는 것은 위험하다고 경고했다. 소포는 빈의 영국 주둔군을 통해서 보내야 했다. 일반적인 식량 소포는 "세관 직원이나 철도 노동자"의 입으로 들어갈 뿐이었다.[124] 1919년 말 프로이트는 "우리 상황은 네덜란드와 스위스의 친구들, 아니 친구들과 제자들이라고 해야 하나, 어쨌든 그들이 보낸 것이 아니라 직접 가져온 선물들 덕분에 약간 나아졌다."고 보고할 수 있었다. 그는 언제든 이 비참한 시절에서 어떤 작은 위안이라도 찾아낼 준비가 되어 있었다. 그는 맨체스터의 조카에게 말했다. "이 비참한 시대에 그래도 한 가지 좋은 일은 우리가 다시 연결되었다는 것이로구나."[125]

외국에서 보내는 물건이 제대로 도착할 것이라고 믿을 수 없다는 사실 때문에 그는 계속 짜증이 났다. 1919년 12월 8일, 프로이트는 조카에게 마르틴이 전날 결혼을 했다고 알리면서, 거의 쉬지도 않고 약속한 소포가 도착하지 않았다고 덧붙였다. 그는 감상에 빠질 여유가 없었다. "기다리면 올 것이라는 희망도 없구나."[126] 며칠 뒤에는 "너는 가난한 친척들에게 아주 다정하구나." 하고 새뮤얼의 관심에 충심으로 감사한 뒤, 소포가 확실히 빈에 도착했다는 말을 듣기 전에는 물건을 더 보내지 말라고 말했다. "너는 D[독일] O[오스트리아]의 정부가 얼마나 어리석은지 잘 모르는 것 같구나."[127] 프로이트의 영어는 약간 공식적이고 뻣뻣할지 모르지만, 독일 오스트리아 관료제의 성격을 규정하는 웅변적이고 신랄한 형용사를 충분히 보여주고 있다.

프로이트에게 비난은 행동의 한 형태였다. 그가 좋아하는 독일 시인 실러는 어리석음은 신이 와서 싸워도 소용없다고 말한 적이 있지만, 오스트리아 관료제의 어리석음조차 프로이트를 절망에 빠뜨리지는 못했다. "네 소포는 하나도 오지 않았다." 그는 1920년 1월 말에 새뮤얼에게 말했다. "하지만 소포가 오는 데 석 달 이상이 걸리는 경우도 많으니까 아직 더 기다려보라는 이야기를 들었다."[128] 그는 모든 경우를 생각했다. 1920년 10월에는 "하나의 내용물이 완전히 사라지기는" 했지만, 그래도 "네 소포 세 개가 다 도착했다."고 알렸다. 적어도 새뮤얼 프로이트가 손해를 보는 일은 없어야 했다. "여기 우체국에 신고를 했더니(Protokoll), 발송자에게 알리라고 하더구나. 그러니 네가 보험을 받게 되기를 바란다." 늘 그렇듯이 포장이 문제였다. "기쁘게도 무사히 도착한 소포 두 개는 마포로 싸여 있어서 잘 보존되어 있었다. 그 덕분에 반갑게도 우리 비축분이 늘어나게 되었지." 그러나—이 시절에는 늘 '그러나'가 많았다.—"거의 모든 것의 상태가 최상이지만, 오직 치즈만 종이에 싸여 있었기 때문에 곰팡이가 피어 막대 초콜릿 같은 맛이 나더라."[129]

가끔은 화를 터뜨리기도 했다. 1920년 5월에는 '행정 당국'—빈 주재 미국 구호협회—에 신랄한 편지를 보내 미국에서 아내(당시 빈에 없었다) 앞으로 온 식량 소포를 아들인 "엔지니어 O〔올리버〕 프로이트"가 "위임장까지 가지고" 갔는데도 주지 않았다고 불평했다. 당국의 행동은 경직된 것처럼 보이지만, 미국 구호협회 직원들은 모든 소포를 실제 수령인에게만 전달한다는 지침을 따르고 있었다. 수많은 이른바 친척들이 위조 신분증을 가지고 사무실로 몰려들었기 때문이다. 프로이트는 그런 변명에 흔들리지 않았다. 올리버는 "2시 30분부터 5시까지 서서 기다리다가" 소포 없이 돌아왔다. "그의 시간에도 가치가 있기" 때문에 "똑같은 경험을 몇 번 더 반복하는 것"은 그에게 너무 큰 부담이 될 것이다. 소포에 명시된 수령인만이 소포를 받을 수 있다고 하니, "이 선물을 보낸 사람의 의도가 어떻게 하면 실현될 수 있는지 알려주시기 바랍니다." 그러나 프로이트의 말은 거기에서 끝나지 않았다. 그는 화가 나서 자신의 국제적 지위를 자랑했다. "나는 미국 대중에게 어느 정도 알려진 사람으로서, 그들에게 귀 협회의 부적절한 일처리에 대해 반드시 알릴 것입니다."[130] 이 사건에는 희극적인 동시에 애처로운 에필로그가 있다. 구호협회 회장인 엘머 G. 벌랜드(Elmer G. Burland)는 몇 년 전 버클리 대학에서 프로이트의 책을 공부하기도 했던 사람이었기 때문에, 먹을 것이 든 소포를 기쁜 마음으로 직접 갖다주었다. 그러나 절묘하게 무례한 대접을 받았다. 프로이트는 그가 올리버에게 영어로 이야기를 하고(그때 벌랜드의 독일어는 최고 수준이었는데도), 올리버가 그 말을 자신에게 독일어로 통역하게 한 것이다(프로이트가 벌랜드의 영어를 다 이해했음은 말할 필요도 없다). 그러면 프로이트는 독일어로 대답을 하고, 아들이 그 말을 영어로 통역했다(벌랜드 또한 통역자가 전혀 필요 없었는데도).[131] 이 계산된 작은 연극 같은 복수는 프로이트의 분노와 좌절이 어느 정도였는지 보여준다.

이 시기 프로이트의 편지들은 그에게 생각과 저술을 계속할 시간이 부족했음을 보여준다. 정말로 생각해야 할 것이 많았던 가장 독립적인 사람이 자신과 가족에게 생필품을 계속 공급하는 일에 몰두해 있었다는 것은 가슴 아픈 일이다. 그러나 그는 오랫동안 시혜를 받는 입장에만 머물지는 않았다. 그는 기회가 오자마자 아이팅곤에게 빚을 갚았으며, 매우 효율적으로 꾸준하게 들여오던 보급품의 값을 치르기 시작했다. 1920년 2월에는 조카에게 "동봉한 4파운드 수표(한 영국인 환자가 낸 치료비)를 받아라."라고 말했다.[132] 다섯 달 뒤에는 8파운드를 보냈다.[133] 10월에는 약간 의기양양하게 말했다. "네가 관심을 가지고 애를 써준 데 진심으로 감사한다. 하지만 이렇게 보내는 일을 계속하려면, 비용이 얼마나 드는지 나에게 알려주어야겠구나. 외국인 환자들을 치료해서 나도 어느 정도 회복이 되었고, 헤이그에 돈을 꽤 예치해놓기도 했다."[134]

이제 오스트리아 상황도 약간 나아졌고, 그에 따라 프로이트의 상황도 나아졌다. 슈테판 츠바이크는 1919년에서 1921년 사이가 가장 힘들었던 것으로 기억한다. 그래도 폭력은 많지 않았으며, 간헐적으로 약탈이 약간 있었을 뿐이다. 1922년과 1923년에는 식량 사정이 좋아졌다.[135] 오스트리아의 정신분석학자 리하르트 슈테르바(Richard Sterba, 1888~1989)는 전쟁이 끝나고 5년이 지나서야 "오스트리아인에게는 필수적인 휩트 크림이 '커피하우스'에 처음 나타났다."고 기억한다.[136] 식량과 연료가 일반 시장에 다시 등장하자, 츠바이크의 표현을 빌리면, "사람들은 살아났다. 자신의 힘을 느꼈다."[137] 프로이트도 마찬가지였다. 임상 작업과 지지자들이 계속 보내주는 선물 덕분에 그럭저럭 생활을 할 수 있었다. "나는 늙어가고 있네. 나태해지고 게을러지고 있다는 것도 부정할 수 없지." 그는 1920년 6월에 아브라함에게 그렇게 썼다. "또 사람들이 보내주는, 받지 않으면 살 수 없기 때문에 받아야 하는 식량, 시가, 돈 등 많은 선물 때문에 나약한 응석받이가 되었네."[138] 1921년 12월이 되자 인생이 다시 매력적인 모습을 되찾아서 아브라함에게 베르크 가세 19번지에 와서 묵도록 권할 수도 있게 되었다. 프로이트는 자기 집의 손님방이 호텔보다 훨씬 쌀 뿐 아니라 난방도 된다는 유혹적인 말로 미끼를 던졌다.[139]

그러나 우리가 알다시피 인플레이션이 오스트리아 화폐로 이루어진 프로이트의 저축을 갉아먹고 있었다.* 국내 정치도 그다지 매혹적이지 않았다. 1920년 가을에 프로이트는 이전에 자신이 정신분석을 하기도 했던 헝가리 친구 커터 레비(Kata Levy)에게 이렇게 말했다. "오늘 선거가 있었는데, 혁명의 물결이 기분 좋은 일을 전혀 가져오지 못한 뒤에 이제 이곳에도 반동의 물결이 자리를 잡는가 봅니다. 어느 쪽 어중이떠중이가 더 나쁠까요? 물론 늘 이제 막 우위에 선 자들이지요."[140] 정치에서 프로이트는 중도파였는데, 전후의 불안정한 시기에는 매우 위태롭고 또 계속 위협을 받는 위치였다. 1922년 여름 아이팅곤이 베를린에 와서 정착하라고 권유했을 때 프로이트가 그 말에 상당히 끌린 것도 놀랄 일은 아니다. 그는 오토 랑크에게 보내는 편지에서 이렇게 술회했다. "우리가 빈에 살 수 없고 외국인들이 분석을 받으러 이곳으로 오고 싶어 하지 않기 때문에 결국 빈을 떠나야만 하는 사태에 대비해 아이팅곤

---

* 인플레이션은 다른 사람들의 저축도 갉아먹고 있었다. 한참 뒤인 1924년 1월 20일에 페렌치는 프로이트에게 편지를 보냈다. "헝가리 화폐의 평가 절하가 급속하게 이루어지고 있습니다. 곧 오스트리아의 저점에 도달할 겁니다. 궁핍이 중간계급을 지배하여, 의료는 거의 완전한 정지 상태입니다. 사람들은 아플 돈이 없어요." (Freud-Ferenczi Correspondence, Freud Collection, LC.)

이 처음으로 피난처를 제시했네. 내가 열 살만 젊었더라면 이 제안에 관해 온갖 계획을 짰을 걸세."[141]

전쟁의 혼란으로 인해 프로이트의 자손 대부분은 프로이트의 부양 가족이 되었다. 그는 1919년 여름에 어니스트 존스에게 "전쟁으로 인해 생계 수단을 박탈당한 함부르크의 자식들에게 남는 것을 모두 보내고 있다."고 말했다. "내 아들 가운데 엔지니어 올리만 한동안 할 일을 찾았고, 에른스트는 뮌헨에서 보수 없이 일하고 있고, 이제 몇 주 후면 돌아올 마르틴은 훈장은 잔뜩 받았지만, 아직도 일을 하는 늙은 아버지가 아니면 거리에 나앉게 될 걸세."[142] 프로이트가 아이팅곤에게 고백한 바에 따르면, 올리버 때문에 "걱정을 많이 하네." 사실 "그 아이는 치료가 필요해."[143]

물론 프로이트의 일이 그를 경제적으로 구원해주었다. 늘어나는 외국인 환자들은 경화(硬貨), 그것도 현금으로 지불할 수 있었다. 프로이트는 1921년에 교육 분석을 받고 싶어 하는 뉴욕의 의사 리언하르 블룸가트(Leonhard Blumgart)에게 구체적으로 "한 시간에 10달러(달러로, 수표 불가)"라고 말했다.[144] 당시 그의 분석을 받고 있던 미국인 정신의학자이자 인류학자인 어브램 카디너(Abram Kardiner)에게는 분석 비용으로 받는 10달러를 "수표가 아니라 현금으로" 내야 하는 이유를 설명했다. 수표는 "크로네로만 환전할 수 있는데", 크로네의 가치는 매일 떨어지고 있기 때문이다.[145] 프로이트가 어니스트 존스에게 한 말에 따르면, 그가 "이 연합국(Entente) 사람들"이라고 부른 영국인과 미국인 분석 대상자들이 아니면 그는 "수지를 맞출 수"가 없었다.[146] 달러와 파운드를 들고 오는 "연합국 사람들"과는 달리 독일이나 오스트리아 환자들은 별로 반갑지 않았다. 프로이트는 1921년 초에 존스에게 이렇게 말했다. "지금 비는 시간이 네 시간 있는데, 동맹국 환자들

(Mittelmächtepatients)을 뜯어먹으며 살고 싶지는 않네." 그는 "서쪽의 외화"에 맛을 들였다.[147] 커터 레비에게 말했듯이, 그는 "빈, 헝가리, 독일 사람으로는 이제 먹고살 수가 없습니다." 그러나 그는 자신의 편견을 창피하게 여겨 그녀에게 이 문제를 비밀로 해 달라고 요청했다. "이 것은 정말이지 위엄 있는 노인이 할 일이 아닙니다. 이게 다 전쟁 탓이지요(C'est la guerre)."[148] 정신분석 기법에 관한 논문에서 동료들에게 자신처럼 하라고 조언하기도 했지만, 프로이트는 자신의 재정 문제에 관해 매우 솔직한 사람이었다.

이렇게 분석 대상자의 출신지가 바뀌면서 프로이트가 진료에서 사용하는 주된 언어도 그가 오래전부터 좋아했던 영어로 바뀌었다. 그랬기 때문에 영어에서 자신의 약점들이 드러나면 자신과 영어에 화가 났다. 급기야 1919년 가을에는 "내 영어를 다듬어줄"[149] 선생을 들였다. 그러나 그는 학습 결과에 만족하지 않았다. 1920년에는 이렇게 말했다. "영국인이나 미국인이 말하는 것을 매일 4~6시간씩 듣고 있다. 그러면 내 영어도 나아져야 마땅한데, 예순네 살 때 배우는 것이 열여섯 살 때 배우는 것보다는 무척 힘들구나. 어떤 수준에 이르면 거기에서 더 올라가지를 못해."[150] 그는 특히 말을 할 때 웅얼거리거나 유행하는 속어를 사용하는 분석 대상자들 때문에 애를 먹었다. "내 영어 때문에 불안하네." 그는 어니스트 존스에게 그가 보낸 환자 두 명에 대한 이야기를 하며 그렇게 말했다. "두 사람 모두 혐오스러운 관용어를 사용하거든." 그들을 보면서 프로이트는 데이비드 포사이스(David Forsyth)의 "뛰어난 정확성"을 그리워했다. 포사이스는 1919년 가을에 한동안 프로이트와 함께 일했는데, 프로이트는 그의 세련된 어휘와 분명한 발음을 무척 고마워했다.[151]

언어의 약점은 사실 프로이트가 상상했던 것만큼 피해를 준 것이 결코 아니었는데도, 그에게 강박관념 비슷한 것이 되었다. 1921년 7월에는 조카에게 이렇게 썼다. "매일 영어 사용자들과 4~5시간씩 대화를 하는데도 그 빌어○을 언어를 절대로 정확하게 배우지 못할 것 같구나."[152] 그 직전 프로이트는 분석을 받으려고 빈으로 올 준비를 하던 리언하드 블룸가트에게 약간 자기 방어적인 협정을 제안했다. "박사가 독일어를 하시면 나는 참 편할 것 같습니다. 그러나 그러지 못한다면 내 영어를 비판하시면 안 됩니다."[153] 프로이트가 1920년 말에 페렌치에게 고백한 바에 따르면, 이런 영어 진료 때문에 너무 피곤하여 "저녁이면 아무것도 못했다."[154] 프로이트는 이 문제 때문에 무척 힘들었는지 편지에서도 이 이야기를 많이 했다. 1920년 말에 커터 레비에게 말한 바에 따르면, 그는 영어로 듣고 말을 하는 "5시간, 가끔은 6시간 내지 7시간"이 너무 "힘들어서" 밤에 편지에 답장도 할 수 없기 때문에 편지 쓰는 일들을 일요일로 미루었다.[155]

그러나 프로이트는 "연합국 사람들"과 분석 작업을 하여 버는 돈 덕분에, 그가 남에게 받는 일보다 더 즐기던 것, 즉 베푸는 일을 할 수 있었다. 그는 자식들이 곤궁해지지나 않을까 평생 걱정을 하며 살았던 사람치고는, 자신이 애써 모은 돈을 쓰는 데 놀라울 정도로 인색함이 없었다. 1921년 가을 루 안드레아스-살로메가 베르크 가세 19번지로 그와 그의 가족을 방문해 달라는 초대를 수락했을 때—그들은 한동안 만나지 못했다.—프로이트는 "오해를 살 걱정을 하지 않고, 부인의 여행과 관련하여" 한 가지 과감한 제안을 하겠다고 말했다. 간단히 말해 그녀에게 여행 경비를 대겠다는 것이었다. "좋은 외국 화폐(미국인, 영국인, 스위스인의 화폐)를 얻어 비교적 **부유해졌습니다.**" 그는 요령 있게, 이런 식으로 자원을 사용하는 것이 **그 자신에게** 기쁨을 주는 일이라고 분명히 말했다. "나 또한 이 새로운 부에서 뭔가를 얻고 싶으니까요."*[156]

그는 그녀가 괴팅겐에서 정신분석 진료로 얼마 벌지 못한다는 것을 알고 있었다. 독일에게 무척 힘든 시기였던 1920년대 초반 프로이트는 그녀가 미국 달러를 적당히 공급받도록 돌보았고, 그녀는 마음 편하게 이 지속적인 지원을 받아들였다.[157] 1923년 여름 확실한 정보원—그의 딸 안나였다.—에게서 루가 하루에 분석을 무려 열 건이나 한다는 이야기를 듣고, 프로이트는 자신이 오랜 세월 빡빡한 일과를 보내온 것은 잊고 아버지처럼 "친애하는 루"를 꾸짖었다. "물론 나는 그것이 거의 노골적인 자살 기도라고 생각합니다." 그는 진료비를 올리고 환자를 적게 보라고 간청했다.[158] 그리고 돈을 더 보냈다.

프로이트 자신도 분석 시간을 줄이는 문제를 이야기하고 있었다. 1921년에는 블룸가트에게 "매우 제한된 수의 제자나 환자"만 받아들인다면서, 여섯 명이라고 말했다.[159] 그러나 그는 지친 몸을 이끌고 그해 몇 달 동안 실제로는 열 명을 보았다.[160] "나는 노인이고, 방해받지 않고 휴가를 즐길 권리가 있습니다." 그는 몇 년 동안 그래 왔듯이, 자신의 노년에 관해 블룸가트에게 그런 식으로 이야기하면서 일종의 마조히즘적 쾌락을 맛보았다.[161] 그는 존스에게 '예술보다는 빵이 먼저(Die Kunst geht nach Brot)'라는 독일 속담을 이야기하면서 간결하게 덧붙였다. "일이 과학을 삼키고 있네."[162] 그러나 프로이트는 은퇴할 생각이 없었다. 그는 미래 분석가들의 "자기 분석"—그는 이렇게 부르기를 좋아했다.—을 감독하여 미래의 정신분석에 중요한 기여를 하고 있었다. 더 중요한 것은 주위의, 그리고 내부의 혼란 와중에도 5년 전에 정리하기 시작했던 정신분석 체계의 과감한 수정을 완료했다는 것이다.

---

* 1922년 9월 프로이트는 루 안드레아스-살로메에게 2만 마르크를 보냈다. 인플레이션을 감안하더라도 상당한 금액이었다. (프로이트가 안드레아스-살로메에게 쓴 편지, 1922년 9월 8일. Freud Collection, B3, LC.)

에로스와 타나토스

프로이트는 임박한 노쇠와 소멸을 이야기하면서도 일에 대한 의욕을 보였는데, 이것은 단지 더 나은 음식, 새로운 환자, 수입 시가에 대한 본능적인 반응만은 아니었다. 일은 애도에 대처하는 방법이기도 했다. 역설적으로 프로이트는 전쟁 동안에는 오히려 거의 전적으로 벗어나 있었던 것, 즉 죽음과 여러 번 직면할 수밖에 없었다. 이 때문에 그의 모든 물질적인 불편은 사소하게 느껴졌다. 1920년 초 프로이트는 어니스트 존스의 아버지의 죽음을 조문하며 수사적으로 물었다. "지금만큼 죽음이 가득했던 때를 기억할 수 있겠나." 그는 존스의 아버지가 "암에 조금씩 삼켜지는 과정"을 견딜 필요 없이 빨리 죽은 것이 "행운"이었다고 생각했다. 동시에 존스 앞에 놓인 힘든 시간에 대해 따뜻하게 주의를 주었다. "곧 그것이 자네한테 어떤 의미인지 확인하게 될 걸세." 이 일을 접하면서 프로이트는 거의 25년 전 자신의 아버지의 죽음을 애도하던 일을 떠올렸다. "아버지가 돌아가셨을 때 나도 자네 나이(43)였지. 그 일은 내 영혼에 혁명을 일으켰네."[163]

그러나 프로이트의 측근 가운데 첫 번째 사망자라고 할 수 있는 제자 빅토어 타우스크의 끔찍한 자살은 그의 영혼에 전혀 "혁명"을 일으키지 않았다. 프로이트는 임상적이고 사무적인 거리를 두고 그 사건을 받아들였다. 타우스크는 원래 법과 저널리즘 쪽에서 일을 시작했다가 정신분석으로 옮겨 온 후 프로이트가 공식적인 조사(弔詞)[164]에서 언급하기도 한 몇 편의 중요한 논문과 뛰어난 입문 강의로 빈의 정신분석계에서 빠르게 인정을 받았다. 그러나 타우스크는 전쟁을 특히 힘들게 겪었다. 그래서 프로이트는 그의 정신적 쇠약이 병역으로 인한 긴장 때문이라고 공개적으로 말했다. 그러나 피로만이 문제가 아니었다. 여자가 많았던—아마 전쟁 전에는 루 안드레아스-살로메와도 사귀었을 것이다.—타우스크는 이혼을 하고 몇 명의 여자와 약혼을 했으며, 당시에는 다시 결혼을 하기 직전이었다. 오랫동안 우울증에 시달리면서 괴로움이 심해졌던 타우스크는 프로이트에게 분석을 해 달라고 요청했으나 프로이트는 거절했다. 그전에 몇 년 동안 프로이트는 경제적으로 또 감정적으로 타우스크를 관대하게 지원했으나, 이번에는 자신에게 분석을 받고 있던 젊은 지지자 헬레네 도이치(Helene Deutsch)에게 보냈다. 그 결과 복잡한 삼각 관계가 생겨나면서 일이 꼬였다. 타우스크는 도이치에게 프로이트에 관해 이야기했고, 도이치는 프로이트에게 타우스크에 관해 이야기했다. 결국 타우스크는 우울증을 견디지 못해, 1919년 7월 3일 도착적인 독창성을 발휘하여 목을 매다는 동시에 총을 쏴 자살을 했다. 프로이트는 사흘 뒤 아브라함에게 "타우스크가 며칠 전에 총으로 자살을 했다."고 알렸다. "자네도 대화에서 그의 행동을 기억할 걸세." 9월 부다페스트 대회에서 타우스크는 발작을 일으키듯이 심하게 토한 적이 있었다. "그는 자신의 과거와 지난 전쟁 경험에 짓눌려 있었으며, 이번 주에 결혼할 예정이었지만 더 버티지를 못했네. 중요한 재능에도 불구하고 그는 우리에게 쓸모가 없었네."[165]

프로이트는 며칠 뒤 마찬가지로 냉정한 태도로 페렌치에게 타우스크 자살의 "병인"은 "모호한데, 아마 심리적 무능이었을 것이고, 그것이 아버지의 유령과 벌이는 유아적 전투의 마지막 장이었을 것"이라고 말했다. 프로이트는 "그의 재능은 높게 평가하지만", 자기 내부에서 "진정한 동정심은 전혀" 찾아볼 수 없다고 고백했다.[166] 실제로 프로이트는 거의 한 달이나 지난 뒤에야 루 안드레아스-살로메에게 "가엾은 타우스크"의 종말을 알리면서, 아브라함에게 했던 말을 거의 그대로 되풀이했다.[167] 그녀는 그 소식에 놀랐지만 프로이트의 태도를 이해했고, 또 사실 대체로 공유했다. 그녀도 그동안 타우스크가 프로이트에게, 또 정신분석에 왠지 위험하다고 생각하게 됐던 것이다.[168] 프로이트는 다른 사람들에게 말했던 것과 마찬가지로 그녀에게도 타우스크가 자신에게는 쓸모가 없었다고 말했다. 그러나 프로이트가 이 편지에서 타우스크의 자살 이야기에서 자신의 작업 이야기로 훌쩍 건너뛴 방식으로 판단해보건대, 타우스크가 사후에는 쓸모가 있었던 것이 틀림없다. "나는 은퇴 자금 가운데 내 몫으로 죽음이라는 주제를 챙겼는데, 충동이라는 개념을 통해 묘한 생각과 마주치게 되어 여기에 관련된 온갖 것들, 예를 들어 쇼펜하우어를 처음으로 읽어보게 됩니다."[169] 그는 곧 타우스크나 다른 개인에게 닥친 일로서가 아니라 보편적 현상으로서 죽음에 관하여 많은 이야기를 하게 된다.

  궤도를 벗어난 애처로운 제자에 관해서는 무척 냉담한 태도를 보이는 것 같았지만, 다른 죽음, 즉 안톤 폰 프로인트의 죽음에 대한 반응을 보면 상실감을 느끼는 그의 능력이 위축된 것이 아님을 알 수 있다. 폰 프로인트는 걱정하던 암이 재발하여 1920년 1월 말 마흔의 나이로 빈에서 죽었다. 정신분석 운동, 특히 출판 사업에 대한 프로인트의 아낌없는 지원이 그의 기념비로 남았다. 그러나 프로이트에게 폰 프로인트는 정신분석의 후원자가 아니라 친구였다. 프로이트는 그가 아플 때 매일 병문안을 갔으며, 아브라함, 페렌치, 존스에게 그의 불가피한 소멸과 관련된 소식을 계속 알렸다. 프로이트는 그가 죽은 다음 날 아이팅곤에게 이렇게 말했다. "우리의 대의에는 심각한 손실이요, 나에게는 매우 아픈 일이지만", 폰 프로인트가 죽어가는 것이 분명하던 "지난 몇 달 동안 그 사실을 천천히 받아들이게 되었네…… 그는 영웅처럼 분명한 태도로 자신의 절망적 상태를 감당했고, 분석을 욕되게 하지 않았지." 간단히 말해서 프로이트의 아버지처럼, 프로이트 자신이 죽고 싶은

프로이트와 1920년에 인플루엔자로 죽은 "일요일의 아이" 조피. 프로이트는 사랑하는 딸 조피의 죽음을 결코 완전히 극복하지 못했다.

것처럼 죽었다는 것이다.[170]

몇 달 전부터 예측했다고는 하지만, 폰 프로인트의 죽음은 충격으로 다가왔다. 그러나 폰 프로인트가 죽고 나서 닷새 뒤에 딸 조피, "꽃처럼 피어나는 사랑하는 조피"[171]가 인플루엔자에 걸렸다가 폐렴으로 갑자기 죽은 일은 훨씬 큰 충격이었다. 그때 조피는 셋째 아이를 임신한 상태였다.[172] 조피 할버슈타트는 전선에서 죽은 군인과 마찬가지로 전쟁의 희생자였다. 전쟁 때문에 수많은 사람들이 인플루엔자에 감염되기 쉬운 상태가 되었기 때문이다. 프로이트는 2월 말에 커터 레비에게 이렇게 말했다. "명랑한 분위기가 다시 우리를 찾아올 수 있을지 모르겠습니다. 집사람은 가엾게도 너무 심한 충격을 받았습니다." 그는 할 일이 너무 많아 "나의 조피를 제대로 애도할" 수 없는 것이 차라리 다행이라는 생각이 들었다.[173] 그러나 시간이 지나면서 제대로 충분히 애도를 하게 된다. 사실 프로이트는 딸을 잃은 이 사건을 결코 완전히 극복하지 못했다. 8년이 지난 1928년 마르타 프로이트는 딸을 잃은 어니스트 존스의 부인 캐서린에게 조문 편지를 쓰면서 자신이 당했던 일을 회고했다. "우리 조페를이 죽은 지 벌써 8년이 지났지만, 친구들에게 비슷한 일이 일어날 때마다 나는 흔들리고 맙니다. 그래요, 당시에 나는 지금의 부인만큼 충격을 받았지요. 모든 안정과 모든 행복을 영원히 잃어버린 것 같았답니다."[174] 그 뒤로 다시 5년이 흐른 뒤인 1933년, 이미지즘파 시인 힐다 둘리틀(Hilda Doolittle)이 프로이트의 분석을 받던 시간에 제1차 세계대전의 마지막 해 이야기를 하자, "그는 사랑하는 딸을 잃었기 때문에 그 전염병을 잊을 수가 없다고 말했다. '그 아이는 여기 있지요.' 프로이트는 그렇게 말하면서 시곗줄에 연결된 작은 로켓을 보여주었다."[175]

프로이트는 스스로 철학적 사색과 정신분석학적 언어의 도움을 받았다. 그는 오스카어 피스터에게 이렇게 말했다. "아이를 잃는 것은 커다란 나르시시즘적 모욕으로 보여. 어떤 애도가 찾아오든, 그것은 분명히 나중에 오네." 그는 "우리 시대의 노골적인 야만성"을 극복할 수가 없었으며, 이 때문에 프로이트 가족은 함부르크에 있는 사위와 두 손자에게 갈 수가 없었다. 기차가 없었던 것이다. "조피는 여섯 살과 13개월 된 아들 둘과 남편을 남기고 떠났네. 그애 남편은 이제 지난 7년의 행복에 비싼 대가를 치러야 할 거야. 사실 그 행복은 그들 둘 사이의 것이었을 뿐, 외적인 것이 아니었네. 전쟁, 침략, 부상, 재산 축소 등의 일이 벌어졌지만, 그들은 늘 용감하고 명랑했지." 이제 "내일이면 일요일에 태어난 우리의 가엾은 아이를 화장하네!"[176] 그는 사돈인 할버슈타트 부인에게 이렇게 말했다. "사실 자식을 잃은 어머니는 위로를 해도 아무 소용이 없지요. 그리고 지금 알았습니다만, 아버지도 거의 마찬가지입니다."[177] 프로이트는 아내를 잃은 사위에게 진심에서 우러나오는 조문 편지를 쓰면서 "우리에게서 우리의 조피를 빼앗아 간 운명의 무감각하고 야만적인 행동"에 관해 이야기했다. 탓할 사람도 없고, 곰곰이 생각할 것도 없었다. "더 높은 권세를 가진 존재들이 가지고 노는 무력하고 가엾은 인간으로서 이런 타격 앞에서는 머리를 숙일 수밖에 없네." 프로이트는 할버슈타트에게 사위에 관한 자신의 감정은 변함이 없으며, 그가 원하는 한 그 자신을 프로이트의 아들로 여겨도 좋다고 말했다. 그러면서 마지막에 슬프게도 "아빠"라고 서명했다.[178]

프로이트는 이렇게 깊이 생각에 잠긴 분위기를 한동안 유지했다. 그는 부다페스트에 있는 커터 레비의 남편인 정신분석학자 러요스 레비(Lajos Lévy)에게 이렇게 말했다.

그것은 우리 모두에게 커다란 불행이고 부모에게는 아픔이지만, 우리는 할 말이 거의 없습니다. 사실 우리는 죽음이 삶에 속한다는 것, 죽음은 피할 수 없으며 그것이 원할 때 찾아온다는 것을 압니다. 우리는 이런 상실 이전에도 별로 즐겁지 않았습니다. 하물며 자식보다 오래 산다는 것은 유쾌한 일이 아니지요. 운명은 이런 선후의 질서마저 지키지 않는군요.[179]

그러나 프로이트는 버티고 있었다. 그는 페렌치에게 말했다. "내 걱정은 하지 말게. 약간 더 피곤하기는 하지만 전과 다름없으니까." 조피의 죽음이 고통스럽기는 했지만 그 일 때문에 삶에 대한 그의 태도가 바뀌지는 않았다. "몇 년 동안 아들을 잃는 사태를 각오하고 있었는데, 이제 딸을 잃고 말았네. 나는 가장 뿌리 깊은 불신자이기 때문에 비난할 존재도 없어. 비난할 곳이 없다는 것을 잘 알고 있지." 그는 일상이 힘을 발휘하여 자신을 달래주기를 기대했지만, "깊은 곳에서는 앞으로도 결코 극복하지 못할 깊은 나르시시즘적 상처를 느끼고 있네."[180] 그는 여전히 가장 단호한 무신론자였으며, 신념을 위로와 바꿀 생각은 추호도 없었다. 대신 그는 일을 했다. 그는 어니스트 존스에게 이렇게 말했다. "나에게 일어난 불행은 알고 있겠지. 정말 우울하네. 잊을 수 없는 상실이야. 하지만 그것은 잠시 옆으로 제쳐 두세. 우리가 버티는 한 삶과 일은 계속되어야 하니까."[181] 피스터에게도 비슷한 입장을 보여주었다. "최대한 일을 많이 하고 있고, 그렇게 정신을 팔 수 있는 일이 있다는 데 감사하고 있네."[182]

프로이트는 실제로 일을 했고, 거기에 감사했다. 1920년 9월 초 헤이그에서 열린 전후 첫 국제 정신분석가 대회에서는 자신의 꿈 이론을 다듬으면서 약간 수정하는 논문을 발표했다. 프로이트는 미래를 예고하는 모습으로 등장했다. 우선 곧 정신분석가가 되는 딸 안나를 데려왔고, 논문에서는 그가 발표를 준비하고 있던 이론에서 큰 자리를 차지하게 되는 '반복 강박'이라는 개념의 윤곽을 보여주었던 것이다. 헤이그 대회는 불과 2년 전만 해도 전쟁 때문에 공식적으로는 불구대천의 원수 사이로 나뉘어 있던 프로이트파의 감동적인 재결합의 장이었다. 이 모임에는 감동적인 면이 있었다. 관대한 네덜란드 주최측은 오찬과 연회로 패전국 출신의 반쯤 굶주린 분석가들을 먹여주고 즐겁게 해주었다.* 어니스트 존스의 회고에 따르면, 영국인들은 프로이트와 그의 딸 안나에게 오찬을 베풀었고, 안나는 그 자리에서 "아주 훌륭한 영어로 우아하고 짧은 연설을 했다."[183] 사람들이 북적거리는 유쾌한 집회였다. 회원이 62명, 내빈이 57명이었다. 쇼비니즘에서 헤어나오지 못한 정신분석가는 거의 없었다. 따라서 미국과 영국의 분석가들은 독일, 오스트리아, 헝가리의 동료와 함께 앉고 어울리는 것을 지극히 자연스럽게 여겼다. 물론 베를린에서라면 1920년에 회의가 열릴 수 없었을 것이다. 실제로 아브라함이 정력적으로 로비를 했지만 결국 열리지 못했다.[184] 영국과 미국의 분석가들은 외국인 혐오에서 자유로워지기는 했지만, 독일인에 대해서는 여전히 감정이 좋지 않았기 때문이다. 그러나 불과 2년 뒤에는 아브라함의 촉구에 따라 국제정신분석협회의 다음 대회 장소로 베를린을 선택했는데, 정치적 반대는 찾아볼 수 없었다. 결국 그 대회가 프로이트가 마지막으로 참석한 대회가 된다.

전쟁 직후 시기에 프로이트의 생산물은 단어 수로만 보자면 빈약했다. 그는 동성애에 관한 논문, 그리고 늘 관심을 끌던 묘한 주제인 텔레파시에 관한 논문을 썼다. 그밖에 짧은 책, 사실 브로슈어라고 할 수 있는 책을 세 권 냈다. 1920년에는 《쾌락 원칙을 넘어서(Jenseits des Lustprinzips)》, 1921년에는 《집단심리학과 자아 분석(Massenpsychologie und Ich-Analyse)》,** 1923년에는 《자아와 이드(Das Ich und das Es)》

---

* 오스트리아, 헝가리, 독일의 분석가들은 이 대회에서 거의 잊고 지냈던 풍요의 세계를 기억할 수밖에 없었다. 안나 프로이트는 나중에 자신과 아버지는 돈이 거의 없었다고 회고했다. "그러나 아버지는 늘 그렇듯이 아주 관대했어요. 아버지는 매일 제게 과일(바나나 등)을 사라고 특별히 돈을 주셨죠. 빈에서는 몇 년 동안 먹어보지 못하던 것들이었어요. 또 돈을 아끼지 말고 새 옷도 사라고 했어요. '필요한 것은 무엇이든'…… 하지만 아버지가 자신을 위해 뭘 샀다는 기억은 나지 않아요. 시가 말고는." (안나 프로이트가 어니스트 존스에게 쓴 편지, 1955년 1월 21일. Jones papers, Archives of the British Psycho-Analytical Society, London.)

를 낸 것이다. 이 책들은 다 합쳐도 아마 200페이지를 넘지 않을 것이다. 그러나 양만 보고 가볍게 여기면 안 된다. 이 책들은 그의 구조적 체계를 제시하고,*** 프로이트는 여생 동안 여기에서 벗어나지 않기 때문이다. 프로이트는 전쟁이 끝날 무렵 영국에 코코아와 천을 주문하고 형편없는 만년필을 욕하면서 이 체계를 발전시켰다. "내 메타심리학[에 관한 책]은 어디에 있을까요?" 그는 루 안드레아스-살로메에게 수사적으로 물었다. 그는 전보다 더 힘을 주어 말했다. "우선, 그 책은 아직 쓰지 않았습니다…… 내 경험이 단편적이고 내 생각이 산발적이기" 때문에 체계적인 제시를 할 수가 없었다. 그러나 그는 달래듯이 덧붙인다. "하지만 내가 10년을 더 살고, 그 시간 동안 계속 일을 할 수 있고, 굶지 않고, 맞아 죽지 않고, 가족의 가난이나 내 주위의 비참한 상황 때문에 너무 진이 빠지지만 않는다면—전제조건이 너무 많네요.—거기에 더 기여를 하겠다고 약속할 수 있습니다." 그 가운데 첫 번째가 《쾌락 원칙을 넘어서》가 될 터였다.[185] 이 얇은 책과 그 뒤에 나오는 두 권의 책은 그가 왜 여러 번 공표하고 여러 번 미루었던 메타심리학에 관한 책을 출간할 수 없었는지 보여준다. 생각이 매우 복잡해지면서 수정이 이루어지고 있었기 때문이다. 또 한 가지 중요한 이유는 거기에 죽

** 이 책의 부적절한 제목은 짚고 넘어갈 필요가 있다. 프로이트가 정한 독일어 제목은 *Massenpsychologie und Ich-Analyse*이기 때문이다. *Standard Edition*의 편집자들은 Masse(말 그대로 옮기면 대중mass)를 번역하면서 '집단(group)'이라는 말을 택했는데, 이것은 너무 약하다. 프로이트 자신도 어니스트 존스에게 쓴 편지에서 자신의 '대중심리학(Psychology of Mass)'에 관해 이야기했다(프로이트가 존스에게 쓴 편지, 1920년 8월 2일. 영어로 씀. Freud Collection, D2, LC.). 그 말이 어색하다면, '군중심리학(crowd psychology)'이라는 말이 '집단심리학'이라는 말보다는 원래의 의미와 가까울 것이다.

*** 이 전후의 체계를 전쟁 전의 '지형학적(topographic)' 체계와 대비해 '구조적(structural)' 체계라고 부르는 것이 관례이다. 그러나 이 책에서도 곧 분명해지겠지만 둘 사이에는 많은 관련과 연속성이 있다. 더욱이 이런 이름들은 언어학적 우연이며 순수하게 관습적인 것이다. 두 체계 모두 정신의 지형학과 구조론을 동시에 보여주기 때문이다.

음에 관한 이야기가 충분히 들어가 있지 않았다는 것이다. 더 정확하게 말하자면, 죽음에 관해 해야 할 이야기를 아직 이론에 통합하지 않았다는 것이다.

공격성과 죽음을 강조하는 프로이트 말년의 정신분석 체계는 이 시기에 그가 겪은 슬픔에 대한 반응으로 읽고 싶은 유혹이 들기 마련이다. 당시 프로이트의 첫 전기 작가 프리츠 비텔스도 그런 이야기를 했다. "1920년에 〔《쾌락 원칙을 넘어서》에서〕 프로이트는 살아 있는 모든 것에는 그리스 문화 이후로 에로스(Eros)라고 불러 온 쾌락 원칙 외에 다른 원칙이 있다는 발견으로 우리를 놀라게 했다. 살아 있는 것은 다시 죽고 싶어 한다는 것이다. 흙에서 나왔기 때문에 다시 흙이 되고 싶어 한다. 그 안에는 생명 충동이 있을 뿐 아니라 **죽음 충동**도 있다. 프로이트가 자신의 말을 경청하는 세상을 향해 이런 말을 했을 때, 그는 피어나던 딸의 죽음의 영향 속에 있었다. 그는 전쟁에 나간 가장 가까운 친족 몇 명의 생사를 걱정하던 시기가 지난 직후에 그 딸을 잃었다."[186] 이것은 환원주의적 설명이기는 하지만 매우 그럴듯하다.

프로이트는 즉시 이의를 제기했다. 사실 그는 3년 전부터 위와 같은 이야기를 예상했다. 1920년 초여름, 그는 아이팅곤을 비롯한 몇 사람에게 필요할 경우 그들이 조피 할버슈타트가 죽기 전에 《쾌락 원칙을 넘어서》의 초고를 봤다는 증언을 해 달라고 요청했다.[187] 프로이트는 1923년 말 비텔스의 전기를 읽으면서 이런 해석이 "매우 흥미롭다"는 것은 인정했다. 만일 그가 이런 상황에 처한 다른 사람을 분석적으로 연구했다면, 자신도 "내 딸의 죽음과 《쾌락 원칙을 넘어서》에서 옹호한 일련의 생각들 사이에 연관성이 있다고 생각했을 것입니다. 그러나 이 생각은 잘못된 것입니다. 《쾌락 원칙을 넘어서》는 내 딸이 아직 건강하게 잘 살고 있던 1919년에 쓴 것입니다." 그는 확실하게 매듭을 지으려고 일찍이 1919년 9월에 거의 완성된 원고를 베를린의 친구들에게 회람하게 했다는 사실을 되풀이했다. "그럴듯해 보이는 것이 늘 사실은 아닙니다."[188]

프로이트에게는 이런 이의 제기를 강력하게 뒷받침해주는 증거가 있었다. 실제로 프로이트는 가족 내의 죽음 때문에 쾌락 원칙을 넘어선 것이 아니었다.[189] 그러나 이 점을 흠 없이 입증하고자 하는 그의 아주 간절해 보이는 태도는 오히려 그가 단지 그의 새로운 가설들의 보편적 타당성을 확인받기만 바랐던 것이 아니었음을 암시한다. 사실 그는 자주, 아무런 변명 없이, 자신의 내밀한 경험에서 정신 작용에 관한 일반적 명제를 끌어내곤 했다. '죽음 충동(Todestrieb)'이라는 표현이 조피 할버슈타트가 죽고 나서 일 주일 뒤에 그의 편지에 나타난 것은 우연일까?[190] 이 표현은 딸을 잃은 일이 그에게 얼마나 큰 고통을 주었는지 감동적으로 보여준다. 이 상실 때문에 그가 파괴적인 면에 분석적으로 몰두하게 되었다고 말할 수는 없겠지만, 그것이 파괴적인 면의 무게를 결정하는 데 보조적인 역할을 했다고 말할 수는 있을 것이다.

1914년부터 1918년까지 이루어진 대학살은 전장의 실제 전투에서뿐만 아니라 신문 지상의 호전적인 논설에서도 인간의 잔혹성에 관한 가혹한 진실을 보여주었으며, 프로이트도 그것을 보면서 공격성에 더 높은 지위를 부여하지 않을 수 없었다. 그는 1915년 겨울 학기에 빈 대학에서 강연을 하면서 청중에게 문명화된 세계에 확산되고 있는 야만성, 잔혹성, 허위를 생각해보고, 기본적인 인간 본성에서 악을 배제할 수 없다는 사실을 인정할 것을 촉구했다.* 그러나 중요한 것은 그가 1914년 전쟁이 시작되기 한참 전부터 공격성의 힘을 알고 있었다는 점이다. 사

---

* 본서 8장 41~42쪽 참조.

실 프로이트야말로 플리스에게 쓴 편지를 통해 사적으로, 또 《꿈의 해석》을 통해 공개적으로 자기 내부에서 작용하는 공격성을 드러낸 사람이었다. 프로이트가 책에서 고백을 하지 않았다면, 그가 동생의 죽음을 소망한 것, 아버지에게 적대적인 오이디푸스적 감정을 품은 것, 그의 인생에서 늘 적이 필요했다는 것을 우리는 영원히 몰랐을지도 모른다.* 일반적인 예로는, 일찍이 1896년에 강박 신경증 환자들을 괴롭히는, "**유년의 성적 공격성**"에 대한 자책을 공식적으로 언급하기도 했다.[191] 조금 뒤에는 공격 충동이 오이디푸스 콤플렉스의 강력한 구성 요소임을 발견했으며, 1905년 《성욕에 관한 세 편의 에세이》에서는 "대다수 남자들의 성욕이 **공격성**과 섞여 있음을 보여준다."고 주장했다.[192] 사실 이 구절에서는 공격성을 남자에게 한정된 것으로 여겼지만, 이것은 편협한 태도의 잔재로 수정이 필요한 사항이었다. 그는 10여 년이 지난 후 제1차 세계대전 직전 공격성이 어디에나 존재하며, 성생활에도, 심지어 여자들에게도 존재한다는 사실을 분명하게 보게 되었다. 그는 전쟁 때문에 정신분석이 공격성에 관심을 갖게 된 것은 아니라고 되풀이해 주장했으며, 여기에는 어느 정도 타당성이 있다. 사실 전쟁은 분석가들이 공격성에 관하여 그동안 해 오던 이야기를 확인해주었을 뿐이다.**

따라서 다른 사람들과 마찬가지로 프로이트가 혼란을 느꼈던 점은 오직 왜 그가 그동안 공격성을 리비도의 경쟁자라는 위치로 격상시키는

---

* 특히 《프로이트 I》 1장 43~45쪽, 2장 129쪽 참조.
** 프로이트가 1914년 12월에 네덜란드의 시인이자 정신병리학자인 프레데릭 판 이던 (Frederik van Eeden)에게 쓴 편지 참조. 그는 전쟁이 "신경증 환자들의 증상만이 아니라, 정상적인 사람들의 꿈과 정신적 실수의 연구에서" 분석가들이 이미 배운 것, 즉 "인류의 원초적이고 야만적이고 악한 충동들은 어떤 개인에게서도 사라지지 않고, 비록 억압된 상태이기는 하지만 계속 존재하면서…… 자신의 활동을 과시할 기회를 기다리고 있다는 사실"을 확인해주었을 뿐이라고 말했다. (*Jones* II, 368에서 인용.)

것을 망설여 왔느냐 하는 것뿐이었다. 훗날 그는 뒤돌아보며 물었다. "왜 우리는 공격 충동을 인정하는 데 그렇게 오랜 시간이 걸렸을까?"[193] 그는 약간 후회하는 듯한 목소리로 그런 개념이 처음 정신분석 문헌에 나타났을 때 그 자신이 방어적으로 그런 충동을 거부했다고 회고하면서, "그것을 받아들이기까지 많은 시간이 걸렸다."고 덧붙였다.[194] 이때 프로이트는 개척자 역할을 하던 시기인 1911년 베르크 가세 19번지에서 열린 수요일 밤의 모임에서 총명한 러시아인 분석가 사비나 슈필라인(Sabina Spielrein, 1885~1942)의 발표,[195] 그리고 일 년 뒤에 나온 그녀의 선구적인 논문 〈생성의 원인인 파괴〉를 염두에 두고 있었다.***[196] 그 시절에는 프로이트가 아직 준비가 안 되어 있었던 것이다.

프로이트가 지체한 데에는 물론 다른 이유도 있었다. 하필이면 아들러가 남성적 저항이라는 개념—프로이트의 훗날의 정의와 많이 다르기는 하지만—을 주창하였다는 사실 때문에 선뜻 파괴적 충동을 받아들이지 못한 것이다. 마찬가지로 프로이트보다 앞서 리비도가 삶 못지않게 죽음도 목표로 삼는다는 점을 밝혔다는 융의 주장[197] 또한 프로이트가 그것을 선뜻 받아들이지 못하게 하는 방해 요소가 되었다. 또 그가 주저한 데에는 개인적인 이유도 있었을 것이다. 그런 주제가 자신의

*** 사비나 슈필라인의 글 "Die Destruktion als Ursache des Werdens", *Jahrbuch für psychoanalytische und psychopathologischen Forschungen*, IV(1912), 465-503 참조. 이 글에서 그녀는 성적 충동 자체에 포함된 파괴적 충동의 작용에 관해 추측했다. 사비나 슈필라인은 젊은 분석가들 가운데 가장 뛰어난 사람으로 꼽혔다. 러시아인인 그녀는 의학을 공부하러 취리히에 갔다가, 심각한 정신적 고통에 빠져 융에게 정신분석 치료를 받았다. 그녀는 분석가 융을 사랑하게 되었으며, 융은 그녀의 의존적 상태를 이용하여 그녀를 정부로 삼았다. 그녀는 고통스러운 투쟁—프로이트도 여기에서 작지만 훌륭하다고는 할 수 없는 역할을 했다.—끝에 융과 헤어지고 난 후 분석가가 되었다. 그녀는 빈에 잠깐 머무는 동안 수요 모임에 나와 토론에 정기적으로 참여했다. 러시아에 돌아간 뒤에는 정신분석 진료를 했으나, 1937년 이후 소식이 끊겼다. 1941년 나치의 소련 침공 후 독일군은 그녀와 어른이 된 두 딸을 냉혹하게 총살했다.

공격적 태도에 맞서 자기 보호적인 방어 작전을 구사한 것일지도 모른다는 것이다. 그는 공격성을 근본적 충동으로 보는 것이 인간 본성을 모독하는 낮은 평가라며 거부한다는 이유로 현대 문화를 비난했다. 맞는 말일 것이다. 그러나 그 자신의 주저하는 태도 또한 그 자신의 부인(否認)을 다른 사람들 탓으로 돌리는 투사의 한 조각처럼 읽힌다.

인간의 야수적 성격이 매일 경악스럽게 드러나면서 프로이트의 재정리 속도도 빨라졌겠지만, 그가 충동을 재분류한 것에는 정신분석 이론의 내적인 문제들이 더 큰 요인으로 작용했다. 앞서 보았듯이, 나르시시즘에 관한 그의 논문은 충동을 성적인 것과 자기 중심적인 것으로 나누는 초기의 구분이 부적절하다는 것을 드러냈다. 그러나 이 논문도, 또 그 뒤에 나온 논문들도 더 만족스러운 구도를 제공하지는 못했다. 그러나 프로이트는 리비도를 보편적 에너지로 희석할—그는 융이 그렇게 했다고 비난했다.—의도는 전혀 없었다. 또 리비도의 자리에 보편적인 공격적 힘을 대신 앉혀놓고 싶지도 않았다. 사실 그것이 아들러의 치명적인 실수라는 것이 프로이트의 주장이었다. 프로이트는 《쾌락 원칙을 넘어서》에서 융의 '일원론적' 리비도 이론을 분명하게 집어내, 이것을 자신의 '이원론적' 구도와 대비하고 비판했다.[198)]
프로이트는 임상적, 이론적, 미학적 이유 때문에 끝까지 확고한 이원론자의 자세를 유지한다. 그의 환자들의 사례는 갈등이 기본적으로 심리적 활동을 지배한다는 그의 주장을 풍부하게 확인해주었다. 더욱이 정신분석 이론의 초석인 억압이라는 개념 자체가 정신 작용의 근본적인 분리를 전제한다. 프로이트는 억압하는 에너지와 억압당하는 내용을 분리했기 때문이다. 마지막으로 그의 이원론에는 금방 파악되지 않는 미학적인 영역이 있다. 프로이트가 서로 죽을 때까지 베어 대는 성난 두

검객의 이미지에 무력하게 강박되어 있는 것은 아니었다. 예를 들어 오이디푸스 삼각 관계의 분석이 보여주듯이 그는 증거가 요구하기만 하면 양극성을 버릴 수 있었다. 그러나 극적 대립이라는 현상이 프로이트에게 만족감과 종결의 느낌을 준 것은 사실인 듯하다. 그의 글에는 능동적인 것과 수동적인 것, 남성적인 것과 여성적인 것, 사랑과 갈망, 그리고 전쟁 뒤에 등장한 삶과 죽음 등 대립들이 넘쳐난다.

물론 프로이트가 자신의 이론을 수정한다고 해서 정신 구조와 정신 작용에 관해 전쟁 전에 세운 일반화의 핵심까지 내버린 것은 아니었다. 당시 정신분석가들이 불평을 했고, 그 이래로 지금까지 불평하고 있듯이, 프로이트는 자기 수정의 정확한 의미를 분명히 밝히는 경우가 거의 없었다. 그는 이전에 정리한 것에서 무엇을 버리고, 무엇을 수정하고, 무엇을 그대로 가져가는지 구체적으로 밝히지 않고, 겉으로 보기에는 화해 불가능한 진술들을 조정하는 일을 독자에게 맡겼다.* 《쾌락 원칙을 넘어서》에서 재정리가 되었다 해도, 전통적인 정신분석에서 사고와 소망을 의식과의 거리에 따라 배치하던 방식이 그대로 남아 있다는 데에는 의심의 여지가 없다. 무의식, 전의식, 의식이라는 익숙한 트리오도 그 유용성을 유지했다. 그러나 프로이트가 1920년에서 1923년 사이에 그린 정신 구조의 새로운 지도는 예를 들어 죄책감 같은, 이제까지 생각지도 못했던 정신적 기능과 기능부전의 광범한 영역들을 정신분석적 이해의 범위로 끌고 들어왔다. 아마 가장 흥미로운 점은 프로이트가 이렇게 수정을 함으로써, 분석적 사고가 지금까지 둔감하게 무시해 오고, 부정확하게 이름을 붙이고, 거의 이해하지도 못한 정신 영역, 즉 자아(ego)에 접근할 수 있게 되었다는 사실일 것이다. 프로이트는 전후에

---

* 여기에는 몇 가지 예외가 있는데, 1926년 불안 이론에서 일어난 프로이트의 변화를 논의할 때 한 예를 보게 될 것이다. 본서 10장 244~247쪽 참조.

자아심리학을 다듬으면서 옛 야망의 실현에 한층 가까이 다가갈 수 있었다. 초기의 제한된 서식지인 신경증을 넘어서서 정상적인 정신 활동을 아우르는 일반 심리학의 윤곽을 그려내겠다는 야망이었다.

《쾌락 원칙을 넘어서》는 어려운 텍스트다. 글 자체는 평소와 마찬가지로 명료하지만, 불온한 새로운 구상들을 대단히 좁은 범위 안에 응축하는 바람에 내용을 빨리 파악하기가 어렵다. 더 혼란스러운 점은 프로이트가 그때까지 활자로 발표한 어느 글 못지않게 억제되지 않은 상상력을 분방하게 발휘했다는 점이다. 프로이트의 논문에서는 아무리 이론적인 것이라 해도 대부분 임상 경험과 밀착해 있다는 점이 안심을 시켜주는 요소였는데, 이 책에서는 그런 점이 희미해진 듯하다. 거의 없다고도 볼 수 있다.* 더욱 곤혹스러운 것은 프로이트가 예의 그 불확실성에 대한 주장을 전에 볼 수 없을 정도로 길게 끌고 가고 있다는 점이다. 그는 거의 결론에 가서 이렇게 말했다. "사람들은 나에게 내가 여기서 제시한 가설들을 나 자신은 확신하는지, 확신한다면 얼마나 또 어디까지 확신하는지 물을지도 모른다. 내 답은 나 자신도 확신하지 않으며, 다른 사람들에게 믿으라고 강요하지도 않겠다는 것이다. 더 정확하게 말하면, 나도 이것을 내가 어디까지 믿는지 모른다." 그는 약간 교활하게 자신이 "단지 과학적 호기심에서, 또는 이렇게 표현해도 좋다면, 악마의 변호인(advocatus diaboli)—그렇다고 나 자신을 악마에게 팔았다는 것은 아니지만—으로서" 생각의 흐름을 가는 데까지 따라가

---

* 프로이트에게 공감하지 않는다고 말할 수 없는 막스 슈어조차 단호하게 말했다. "우리는 프로이트의 결론이 …… 이미 형성된 가설을 입증하는 특별한 추론의 한 예 …… 라고만 가정할 수 있을 뿐이다. …… 프로이트의 일반적인 연구 스타일과는 매우 다른 이런 사고방식은 《쾌락 원칙을 넘어서》 전체에서 드러난다." (Max Schur, *The Id and the Regulatory Principles of Mental Functioning* [1966], 184)

보았다고 말했다.[199]

동시에 프로이트는 충동 이론에서 최근의 세 가지 진전 가운데 두 가지—성 개념의 확대와 나르시시즘 개념의 도입—가 "관찰을 이론으로 직접 번역한 것"이라는 점에 만족한다고 고백했다. 그러나 프로이트의 새로운 이원론에서 핵심적인 세 번째, 충동의 퇴행적 본성의 강조는 나머지 둘보다 훨씬 불안정해 보였다. 물론 여기에서도 프로이트는 관찰한 자료에 의지하고 있다고 주장했다. "그러나 어쩌면 내가 그 의미를 과대 평가한 것인지도 모른다." 그러나 그는 독자들이 자신의 "사변"을 적어도 고려는 해주어야 한다고 생각했다.[200] 실제로 독자들은 이것을 고려해주었는데, 가끔 열광했지만 대개는 조롱했다. 1919년 초봄, 이 에세이 초고를 완성하여 페렌치에게 보낼 준비를 하면서 그는 이 작업이 "무척 …… 재미있었다"고 말했다.[201] 그러나 그의 지지자들은 함께 재미있어 하지 않았다.

《쾌락 원칙을 넘어서》는 당시 정신분석 이론에서 이의 제기를 받지 않던 당연한 것에서 출발한다. "정신적 사건들의 흐름은 자동적으로 쾌락 원칙의 규제를 받는다." 그러나 프로이트는 불쾌감을 만들어내는 정신적 과정이 아주 많다는 사실을 곰곰이 생각해본 뒤 두 페이지 뒤에서 이 단정적인 주장의 강도를 낮춘다. "정신에는 쾌락 원칙으로 나아가는 강한 경향이 있다."[202] 이렇게 다시 정리를 해놓은 뒤 프로이트는 본론에 다가간다. 그는 정신에는 쾌락 원칙을 의미심장한 방식으로 침해하는 근본적인 힘들이 존재한다는 것을 보여주려 한다. 그리고 그 증거로 현실 원칙을 제시한다. 이것은 즉각적 만족을 향한 조급한 욕구를 미루고 억제하는 후천적 능력이다.

이렇게 고쳐 말하는 것 자체는 전통적인 정신분석가에게 아무런 어려움을 주지 않는다. 모든 인간에게 벌어지는 갈등, 특히 정신적 기관이 성숙하면서 벌어지는 갈등이 일반적으로 쾌감보다는 불쾌감을 생산한다는 프로이트의 주장도 마찬가지다. 그러나 프로이트가 그 뒤에 이것을 뒷받침하려고 제시하는 몇 가지 예는 익숙하지도 않고 별로 설득력도 없다. 그런데도 그는 이것을 이제까지 있다고 생각하지도 않았던 정신적인 힘들, 즉 쾌락 원칙을 "넘어서는" 힘들의 존재를 입증하는 증거로, 적어도 인상적인 예로 제시한다.

이런 예들 가운데 하나, 장난스럽지만 결정적이지는 않은 예는 매우 유명해졌다. 그것은 프로이트가 18개월 된 손자, 즉 조피의 맏아들에게서 관찰한 '없다-있다(fort-da)' 놀이다. 어린 에른스트 볼프강 할버슈타트(Ernst Wolfgang Halberstadt)는 엄마에게 무척 애착을 가졌지만 어머니가 잠깐 자리를 비워도 절대 울지 않는 "착한" 아이였다. 그럴 때면 아이는 혼자서 수수께끼 같은 놀이를 했다. 실이 달린 나무 실패를 집어 커튼이 쳐진 요람 가장자리 너머로 던지며 오-오-오-오 하는 소리를 내는 것이다. 아이 엄마와 할아버지는 이것을 "사라졌다(fort)"는 의미로 이해했다. 아이는 이윽고 실패를 다시 잡아당기며 행복하게 "저기(da)"라고 외쳐 실패의 재등장을 환영했다. 이것이 놀이의 전부였다. 프로이트는 이것을 아이가 자신을 압도하는 경험에 대처하는 한 방법이라고 해석했다. 어린아이는 어머니의 부재를 수동적으로 받아들이다가, 어머니의 사라짐과 돌아옴의 능동적 재연으로 옮겨간 것이다. 아니면 이제 어머니가 필요 없다는 듯이, 말하자면 던져버림으로써 어머니에게 복수를 하는 것인지도 몰랐다.

프로이트는 아이의 이런 놀이를 보며 궁금했다. 왜 이 어린아이는 자신에게 강한 불안을 주는 상황을 끊임없이 재연하는 것일까? 프로이트는 하나의 사례에서 일반적 결론을 끌어내는 것을 망설이면서, 정신분석계의 오래되고 익살맞은 가르침을 꺼내들었다. 하나의 사례로 일반화하지 말고, 두 개의 사례로 일반화하라! 에른스트 할버슈타트가 관찰력이 예민한 할아버지에게 제시한 예는 비록 단편적이고 곤혹스러운 것이었지만, 정신 생활에서 쾌락 원칙의 지배력이 정신분석가들이 생각해 온 것만큼 정말로 그렇게 확고한가 하는 흥미로운 문제를 제기했다.[203]

또 다른 증거는, 적어도 프로이트가 보기에 이것보다는 튼실했다. 정신분석 치료 과정에서 분석가는 환자가 억압해 온 불행하고 종종 외상적인 유년의 경험이나 공상을 의식으로 끌어올리려 한다. 이때 억압을 하는 행동과, 그 억압을 푸는 것에 대한 분석 대상자의 저항은 도착적인 방식으로 쾌락 원칙을 따른다. 어떤 것은 기억하는 것보다는 잊는 것이 기분이 좋기 때문이다. 그러나 프로이트는 많은 분석 대상자들이 전이에 사로잡혀, 절대 쾌락을 줄 수 없는 경험으로 자꾸 되돌아가는 것을 관찰했다. 물론 무의식적인 것을 의식하게 하려고 분석가가 그들에게 모든 것을 자유롭게 말하라고 요구하는 것은 사실이다. 그러나 여기에서는 더 괴로운 힘이 작용하는 것처럼 보인다. 즉, 고통스러운 경험을 되풀이하려는 강박이다. 프로이트는 "운명 신경증(fate neurosis)"에 걸린 환자들, 즉 똑같은 재앙을 여러 번 겪어야 할 운명인 사람들에게서 이런 단조롭고 파괴적인 방식으로 불쾌가 되풀이되는 예를 보았다.

프로이트는 다른 대부분의 작업의 경우와는 달리 이 에세이에서는 임상적 자료에서 증거를 끌어오고 싶어 하지 않기 때문에, 운명 신경증의 예로 토르카토 타소(Torquato Tasso)의 낭만적 서사시 〈해방된 예루살렘〉의 한 장면을 예로 든다. 주인공 탄크레드는 결투에서 적군의 갑옷으로 변장한 사랑하는 클로린다를 죽인다. 탄크레드는 그녀를 묻은 뒤 신비한 마법의 숲으로 들어가 검으로 나무를 하나 베는데, 그 나무에서 피가 흐른다. 그때 클로린다의 목소리가 들린다. 마법에 걸린 그녀의 영혼이 그 나무 안에 갇혀 있다가 그가 그의 사랑에 다시 한 번 상처를 준다고 비난하는 것이다.[204] 운명 신경증으로 고생하는 사람들의 행동, 그리고 전쟁 신경증으로 고생하는 참전 군인의 분석 치료에서 나타나는 반복적인 몰입은 프로이트가 보기에는 쾌락 원칙의 지배에서 진정한 예외였다. 그 밑바닥에 있는 반복 강박은 어떤 쾌락도 기억하거나 제공하지 않는다. 사실 프로이트는 이런 강박을 보여주는 환자들이 비참한 상태와 상처를 유지하고, 분석을 중간에 중단시키려고 온 힘을 기울인다는 점에 주목했다. 그들은 자신이 경멸당한다는 증거를 찾으려고 한다. 자신의 질투심에 현실적인 근거를 제공하는 방법을 찾아낸다. 자신에게 실망감을 안겨줄 수밖에 없는 비현실적인 계획을 공상한다. 그들은 이 모든 강박적 반복이 아무런 쾌락을 주지 못한다는 사실을 배우지 못하는 것 같다. 그들의 행동에는 뭔가 "악마적"인 것이 있다.[205]

"악마적"이라는 말은 프로이트의 전략에 의심의 여지를 남기지 않는다. 그는 반복 강박을 가장 원초적인 정신 활동으로 보았으며, 이것이 "본능적" 성격을 "높은 수준에서" 보여준다고 생각했다. 아이가 간청하는 반복—어떤 이야기를 세부 하나 바꾸지 않고 전과 똑같이 다시 하는 것—은 분명히 쾌락을 주는 일이지만, 무시무시한 경험이나 어린 시절의 재앙을 분석의 전이 과정에서 끊임없이 되풀이하는 것은 다른 법칙들을 따른다. 이것은 쾌락을 향한 욕망과는 독립된, 또 종종 그것과 갈등을 일으키곤 하는 어떤 근본적 욕구에서 나오는 것이 틀림없다. 프로이트는 이런 식으로 추론을 하여 적어도 어떤 충동들은 보수적이라는 발견에 이르렀다. 이 충동들은 새롭고 전례 없는 경험을 향한 압박이 아니라, 반대로 이전의 무기물 상태를 복원하고자 하는 압박에 복종한다. 간단히 말해서, **"모든 생명의 목표는 죽음이다."** 프로이트가 오랜 세월에 걸쳐 실험해 온, 원초적 충동의 지위에 오를 만한 다른 후보들과 더불어 지배의 욕망은 이제 빛을 잃고 상대적으로 하찮은 존재가 되고 말했다. 이제 할 수 있는 말은 이것뿐이다. "유기체는 그 나름의 방식으로 죽기만 바랄 뿐이다."[206] 프로이트는 죽음 충동이라는 이론적 개념에 이른 것이다.

프로이트는 계속 앞으로 나아가면서 교묘하게 망설임을 드러내며 자신의 놀라운 발견이 수상쩍은 것이라고 단언했다. "하지만 생각해보자. 그럴 수는 없다!" 삶이 죽음의 준비에 불과하다는 것은 생각도 할 수 없는 일이다. 성 충동은 정말 그럴 수는 없다는 것을 증명한다. 성 충동은 생명의 하인들이기 때문이다. 아무리 양보하더라도 죽음으로 가는 길을 길게 늘이려 한다. 좋게 보면 일종의 불멸을 얻으려고 노력한다.[207] 따라서 마음은 전쟁터다. 이 명제가 만족스럽게 확립되자 프로이트는 이를 뒷받침하는 증거를 구하려고 사변적인 근대 생물학의 숲으로, 심지어 철학으로 뛰어든다. 1919년 여름 프로이트가 친구 루 안드레아스-살로메에게 한 말을 기억할 것이다. 그는 충동들을 통해 이상한 생각과 만나면서 쇼펜하우어를 포함하여 온갖 종류의 책들을 읽고 있다고 말했다. 그 결과는 마음의 두 가지 기본적이고 호전적인 힘인 에로스(Eros)와 타나토스(Thanatos)가 서로 영원히 싸운다는 비전이었다.

프로이트는 1920년에는 자신이 그려놓은 무시무시한 전투의 그림을 자신이 정말로 믿는 것인지 약간 자신이 없었던 것 같다. 그러나 점차 자신이 동원할 수 있는 모든 에너지를 동원하여 이 이원론에 매진하게 되었다. 그는 큰 소리로 이 이원론을 옹호하면서 동료 분석가들의 저항을 제압했다. 그는 나중에 이렇게 회고했다. "처음에 나는 여기 제시한 견해를 잠정적으로만 옹호했을 뿐이다. 그러나 시간이 흐르면서 그것이 나를 엄청난 힘으로 압도하는 바람에 이제는 다르게 생각할 수가 없다."[208] 1924년 〈마조히즘의 경제적 문제〉라는 논문에서는 전혀 논란의 여지가 없다는 듯이 아주 태연하게 이 구도를 활용했고, 이후 여생 동안 아무런 변화 없이 그대로 유지했다. 이것은 1930년의 《문명 속의 불만》이나 3년 뒤의 《새로운 정신분석 강의(Neue Folge der Vorlesungen Zur Einführung in die Psychoanalyse)》만큼이나 사후 1940년에 출간된 《정신분석학 개요》에도 영향을 끼치고 있다. 그가 1937년에 쓴 바에 따르면, 이것은 "삶에 대한 낙관적 이론과 비관적 이론"을 대비시키는 문제가 아니었다. "오직 두 가지 원초적인 충동인 에로스와 죽음 충동 사이의 협력과 갈등으로만 삶의 현상들의 다채로운 다양성을 설명할 수 있다. 둘 가운데 하나로만은 안 된다."[209] 그러나 이런 단호한 비전을 확신했으면서도, 늘 교조적인 태도를 보인 것은 아니었다. 그는 1935년 어니스트 존스에게 쓴 편지에서 삶과 죽음의 갈등을 다시 이야기하면서 이렇게 말했다. "당연히 이 모든 것은 더 나은 것이 나오기 전까지 더듬더듬 추측해보는 것에 불과하네."[210] 프로이트의 권위에도 불구하고 모든 정신분석 운동이 그의 지도를 따르지 않은 것도 당연한 일이었다.

정신분석가들은 본능의 이원론에 관한 프로이트의 새로운 이론을 두고 토론하면서, 프로이트가 소리 없는 죽음 충동과 화려한 공격성을 구분한 것에 도움을 받았다. 죽음 충동은 살아 있는 물질을 무기물 상태로 환원하는 것이었다. 공격성은 임상 경험에서 매일 만나, 실증할 수 있는 것이었다. 분석가들은 거의 예외 없이 공격성이 인간이라는 동물의 타고난 한 부분이라는 명제를 받아들일 수 있었다. 전쟁과 약탈만이 아니라, 적의에 찬 농담, 질투심에서 나온 비방, 가정 내의 다툼, 운동 시합, 경제적 경쟁, 그리고 정신분석가들의 반목은, 공격성이 세상에 널리 퍼져 있으며 마르지 않는 강물과 같은 본능적인 압박에서 나오는 것일 가능성이 높다는 사실을 확인해주었다. 그러나 대부분의 분석가들에게 죽음을 향한 감추어진 원시적 욕구, 원초적 마조히즘이라는 프로이트의 관념은 완전히 다른 문제였다. 그들은 이것이 정신분석 쪽이든 생물학 쪽이든 증거와 관련된 문제로 시달릴 것으로 보았다. 그래도 프로이트가 죽음 충동을 단순한 공격성과 구분한 덕분에 지지자들은 이 두 가지를 떼어놓고, 에로스에 대항하는 타나토스라는 거대한 비전은 거부하면서도 서로 싸우는 두 가지 충동이라는 개념은 유지할 수 있었다.*

프로이트는 자신이 어떤 모험을 하는지 잘 알고 있었지만 전혀 물러서지 않았다. 그는 1925년에 그려낸 자화상에서 이렇게 말했다. "후기의 작업에서 나는 오랫동안 억눌렀던 사변적인 경향을 풀어버렸다." 그러면서 그의 새로운 구성물이 쓸모가 있는지는 두고 봐야 한다고 덧붙였다. 중요한 이론적 난제 몇 가지를 해결하고자 하는 것이 그의 야망이었지만, 그는 그 과정에서 자신이 "정신분석을 넘어 멀리 갔다"는 사실

---

* 반면 프로이트의 지지자들 가운데도 일부, 특히 아동 분석가인 멜라니 클라인(Melanie Klein, 1882~1980)과 그녀의 학파는 이 쟁점에 관해 프로이트 자신보다 비타협적인 태도를 보였다. 클라인은 1933년에 이렇게 썼다. "인류를 개선하려는, 특히 인간을 더 평화롭게 만들려는 반복적인 시도는 실패했다. 각 개인에게 내재한 공격성이라는 본능의 깊이와 힘을 온전히 이해하는 사람이 없었기 때문이다." ("The Early Development of Conscience in the Child" [1933], in *Love, Guilt and Reparation and Other Works, 1921-1945* [1975], 257.) 여기서 클라인이 말하는 "공격성이라는 본능"은 프로이트가 말하는, 모든 본원적인 힘을 지닌 죽음 충동이다. 이와는 대조적으로 1920년대 프로이트의 단편적인 구조적 이론을 훌륭하게 설명해낸 가장 유명한 자아심리학자 하인츠 하르트만(Heinz Hartmann, 1894~1970)은 "임상적 정신분석 이론에서 우리가 실제로 만나는 충동들의 개념"에 집중하고, "프로이트의 다른 가설, 즉 주로 생물학적 지향이 있는 '생명'과 '죽음 본능' 가설"은 폐기하는 쪽을 택한다. ("Comments on the Psychoanalytic Theory of the Instinctual Drives" [1948], in *Essays on Ego Psychology: Selected Problems in Psychoanalytic Theory* [1964], 71-72.)

을 인정했다.[211] 그런 멀리 벗어난 일탈에 동료들이 얼마나 불편해했는지는 몰라도, 프로이트는 이것을 그의 과학의 진전으로, 또 엄연히 부차적이기는 하지만, 자신의 지적 활력이 아직 위축되지 않았다는 증거로 받겼다. 프로이트는 《쾌락 원칙을 넘어서》가 출판되던 1920년 가을 어니스트 존스에게 이렇게 말했다. "지금은 잠들어 있는 과학적 관심이 시간이 지나면서 깨어나게 되면 우리의 미완의 작업에 어떤 새로운 기여를 할 수 있을지도 모르겠네."[212] 그는 이 에세이가 우호적인 반응을 얻자 크게 놀랐고, 심지어 후회하기까지 했다. 그는 1921년 3월 아이팅곤에게 이렇게 보고했다. "《쾌락 원칙을 넘어서》에 대해서는 이미 충분한 벌을 받았네. 이 책이 아주 인기가 좋아 편지와 찬사가 대량으로 쏟아지니까 말이야. 내가 이 책에서 뭔가 아주 멍청한 짓을 한 것이 틀림없어."[213] 프로이트는 곧 이 작은 책이 더 큰 기획의 첫 단계에 불과하다는 점을 분명히 밝혔다.

이드, 자아, 초자아

프로이트의 활력은 변함이 없었는지 몰라도, 그는 글 쓰는 기계가 아니었다. 영감이 자유롭게 흐를 때까지 기다려야 했다. 그는 1920년 8월에 바트 가슈타인에서 어니스트 존스에게 이렇게 말했다. "지금 나는 우리 알프스에서 가장 아름다운 곳에 있네. 상당히 지쳐서 방사성 물과 달콤한 공기의 유익한 효과를 기다리고 있지. '대중심리학과 자아 분석' 자료는 가져왔네. 하지만 지금까지 내 머리는 이런 심오한 문제들에는 관심을 보이려 하지 않는군."[214] 그는 몇 달 동안 천천히, 간헐적으로 그 일을 해 왔다. 그러나 일단 머리가 맑아지자 '대중심리학' 작업에 속도가 붙었다. 10월이 되자 베를린의 제자들은 초고를 읽을 수 있었으며, 1921년 초에 프로이트는 최종 수정에 들어갔다.[215] 3월에는 존스에게 이렇게 말했다. "나는 지금 힘이 넘쳐 대중심리학(Mass-Psychology)에 관한 작은 책을 수정하느라 바쁘다네."[216] 프로이트는 그답게 이 "작은 책"에 의심을 품었다. 그는 로맹 롤랑(Romain Rolland, 1866~1944)에게 이 책을 보내면서 자기 비판으로 상대의 비판을 미리 차단했다. "이 작업이 그다지 성공적이라고 생각하지는 않지만, 어쨌든 개인의 분석에서 사회의 이해로 나아가는 길을 가리키고 있습니다."[217]

프로이트의 《집단심리학과 자아 분석》의 주된 목표는 그렇게 한 문장으로 요약할 수 있다. 프로이트는 귀스타브 르봉(Gustave Le Bon, 1841~1931)에서 윌프레드 트로터(Wilfred Trotter, 1872~1939)에 이르기까지 군중심리학자들이 그 전 30년 동안 출간한 에세이와 논문을 섭렵했으며, 그것들을 자극제로 이용하여 자신의 생각을 펼쳐 나갔다. 그러나 결국에는 르봉의 《군중심리》보다 그 자신의 《토템과 터부》가 그의 결론에 훨씬 큰 영향을 주었다. 프로이트가 관심을 두었던 문제는 자기 이익이라는 투명한 합리적 동기 외에 집단을 지탱하는 것이 무엇이냐 하는 것이었다. 이 문제에 대해 그가 내린 답 때문에 프로이트는 사회심리학으로 밀고 들어갈 수밖에 없었다. 그러나 그의 '대중심리학'에서 가장 눈길을 끄는 것은 프로이트가 사회적 결합을 설명하면서 정신분석학적 명제를 마음껏 사용하고 있다는 점이다. 그는 이렇게 시작하고 있다. "개인심리학과 사회심리학 또는 대중심리학의 차이는 언뜻 보기에는 매우 큰 것 같지만, 꼼꼼히 살펴보면 그렇게 선명하지 않다." 사실 "개인의 정신 생활에서 '타자'는 이상, 대상, 조력자, 적으로 꾸준히 밀고 들어온다. 따라서 개인심리학은 출발점부터 사회심리학이기도 하다."[218]

이 주장은 포괄적이지만, 정신분석학이라는 관점에서 보자면 완벽하게 논리적이다. 사실 그는 1890년대에 그랬던 것처럼 1920년대에도 생물학적 자질이 정신 생활에 끼치는 영향을 인정할 준비가 되어 있었다. 그러나 프로이트의 사회심리학에서는 그가 개인심리학과 사회심리학의 기본적 동일성을 주장하면서, 정신분석이 그 비타협적 개인주의에도 불구하고 외적 세계에 의지하지 않고는 내적인 삶을 설명할 수 없다는 사실을 분명히 밝혔다는 점이 더 중요하다. 유아는 태어나는 순간부터 폭격처럼 퍼붓는 다른 사람들의 영향에 노출되는데, 이런 영향은 유년 시절을 거치면서 더 넓어지고 다양해진다. 세월이 흐르면서 아이는 다른 사람들의 중요한 격려와 비난, 칭찬과 꾸중, 부럽거나 혐오스러운 본보기와 접한다. 성격 발달, 신경증적 증상, 사랑과 증오를 둘러싼 갈등은 내적 요구와 외부의 압력 사이의 타협에서 형성되는 것이다.

그래서 프로이트는 집단을 유지하는 힘들을 분석하는 사회심리학자는 결국 개인의 정신적 특질, 정확하게 말해서 25년 동안 정신분석가들이 관심을 가져온 특질에 대한 연구로 돌아갈 수밖에 없다고 확신했다. "한 개인이 부모와 형제, 사랑의 대상, 교사와 의사와 맺는 관계, 다시 말해서 지금까지 정신분석 연구의 주요 주제를 이루어 왔던 모든 관계는 사회적 현상으로 인정받을 자격이 있다."[219] 물론 집단 행동은 틀림없이 그 나름의 특징을 보여준다. 프로이트는 군중(crowds)이 개인보다 편협하고, 비합리적이고, 부도덕하고, 무정하고, 무엇보다도 억제가 덜하다는 르봉의 말에 동의했다. 그러나 군중은 군중으로서 아무것도 만들어내지 않는다. 개별 구성원들의 특질을 드러내고, 왜곡하고, 과장할 뿐이다. 따라서 정신분석이 개인과 관련하여 개발한 개념—동일화, 퇴행, 리비도—이 없으면 사회심리학적 설명은 완전해질 수도 없고, 피상적인 수준을 벗어날 수도 없다. 간단히 말해서, 군중심리학, 그리고 그와 더불어 모든 사회심리학은 개인심리학에 기생한다. 이것이 프로이트의 출발점이며, 그는 여기에 집요하게 매달렸다.

따라서 프로이트의 집단적 심리학(collective psychology)으로의 일탈은 실제로는 정신분석 이론의 보편적 타당성을 입증한다. 이 점에서 프로이트는 조직, 대중, 무질서한 군중(mobs)을 연구한 이전 학자들과는 근본적으로 달랐다. 군중심리학자들은 대체로 아마추어, 그것도 편향적인 아마추어였다. 사명을 띤 사람들이었던 것이다. 프랑스 혁명의 역사에서 혁명적 군중을 해부한 이폴리트 텐(Hippolyte Taine, 1828~1893)은 문학 평론가, 역사가, 철학자였다. 광부들의 파업을 소재로 한 감동적인 소설《제르미날》에서 군중을 주요한 행위자로 설정한 에밀 졸라는 싸움을 좋아하는 저널리스트이자 다작의 소설가였다. 군중심리학자들 가운데 가장 널리 읽히는 귀스타브 르봉은 당대 과학을 절충하여 대중화한 사람이었다. 오직 윌프레드 트로터만 심리학 분야에서 약간의 전문적인 능력을 주장할 수 있었다. 트로터는 어니스트 존스의 아주 가까운 친구였고 나중에 처남이 되는데, 정신분석을 많이 읽어 깊이 알게 되었지만, 결코 무비판적 태도를 취하지는 않았다.

이 모든 선전가들이 군중 심리에 매혹된 것은 현대 군중의 고삐 풀린 행동을 관찰했기 때문이다. 전쟁 동안 '무리 본능'에 관하여 쓴 영국인 트로터에게 군중(mob)이란 독일인이었다. 프로이트는 그가 1916년에 쓴 "지적인" 책《평화 시기와 전쟁 시기의 무리 본능》이 "최근의 큰 전쟁으로 인해 널리 퍼지게 된 반감에서 완전히 벗어나지는 못했다."고 아쉬워했다.[220] 그 전에, 사라진 옛 시절을 그리워하며 애도하는 반동적인 인물과는 거리가 멀었던 졸라는 흥분 상태에서 종종 폭력을 휘두르는 파업자 무리를 위험과 희망이 곧 타오를 듯 섞여 있는 존재로 묘사했다. 그러나 졸라의 선배나 동시대인들은 그보다 분명한 태도를 취했다. 그들은 축하하기보다는 경고를 하려고 책을 썼다. 그들에게 대중은, 특히 흥분했을 때는, 원한에 차고, 피에 굶주리고, 술에 취한 비합리적인 현대적 현상, 즉 행동하는 민주주의였다. 프로이트도 그가 한때 "어리석은 보통 사람들(das blöe Volk)"[221]이라고 불렀던 집단을 결코 좋아하지 않았다. 그의 구식 자유주의에는 귀족의 물이 들어 있었기 때문이다. 그러나 군중 심리에 관한 책을 쓸 때 정치는 프로이트의 마음에서 전혀 두드러진 요소가 아니었다. 그는 정신분석을 적용하고 있을 뿐이었다.

프로이트는 정신분석 진료를 하는 사람으로서, 유동적이건 안정적이건 집단, 군중, 무리는 그 안에 퍼진 성적 감정들—"목표 달성이 억제된" 리비도—에 의해 유지된다고 보았다. 그것은 가족을 결합하는 강한 감정들과 비슷했다. "사랑 관계(중립적으로 표현하자면 감정적 유대)도 군중 심리의 핵심을 구성한다." 이런 에로스적 유대는 집단의 구성원들을 두 가지 방향으로, 말하자면 수평과 수직으로 연결한다. 프로이트가 교회와 군대를 어느 정도 자세히 생각해본 뒤에 쓴 바에 따르면, "인위적인 군중"의 경우에는 "각 개인이 리비도에 의해 한편으로는 지도자(그리스도, 사령관)에게, 다른 한편으로는 군중 속의 다른 개인들에게 연결되어 있다."[222] 이런 이중적 연결의 강도가 군중 속으로 가라앉는 개인의 퇴행을 설명해준다. 개인은 군중 속에서는 후천적인 억제를 안전하게 버릴 수도 있다. 따라서 프로이트는 에로스적인 관계가 군중을 만들듯이 이 관계의 실패는 군중의 해체를 낳는다는 결론에 이른다. 따라서 그는 공황이 집단 내의 감정적인 유대를 약화한다고 보는 사회심리학자들에게 동의하지 않는다. 오히려 프로이트는 공황이 리비도적인 유대가 약화된 뒤에 발생하는 것이라고 주장한다.

이런 승화된 에로스적 동맹은 또 구성원들을 사랑의 사슬로 묶어주는 집단성이 어떻게 해서 동시에 외부인에 대한 증오로 가득 차 있는지 설명해주기도 한다. 소가족 단위에서 경험했건 아니면 더 큰 집단(사실 확대된 가족이다)에서 경험했건, 사랑은 배타적이며, 그 그림자인 적대감이 따라다닌다. "정신분석의 증거에 따르면, 어느 정도 지속되는 두 사람 사이의 거의 모든 친밀한 감정적 관계"—예를 들어 결혼 관계, 친구 관계, 부모와 자식 관계—"는 부정적이고 적대적인 감정들의 침전물을 포함하는데, 이것은 억압되었을 때만 지각되지 않는다." 여기에서 프로이트는 진정한 신자들을 저격할 기회를 놓치지 않고 한마디 한다. 따라서 "종교는 스스로 사랑의 종교라고 부를 때조차 거기에 속하지 않은 사람들에게는 사랑 없는 매정한 태도를 보일 수밖에 없다."[223]

사회 안의 정신에 관하여 생각하는 새로운 방식을 훑어본 프로이트의 《집단심리학과 자아 분석》의 시사점들은 아직도 완전히 탐사되지 않았다. 그러나 프로이트가 사회적 결합이라는 복잡한 쟁점을 거의 숨 가쁠 정도로 간결하게 다루는 바람에 이 연구에는 어딘지 즉흥적인 분위기가 묻어난다. 프로이트가 에세이의 본문에 통합하지 못한 다소 잡다한 자료를 모은 후기 때문에 잠정적이고 과도기적인 성격은 더 두드러진다. 여러 가지 점에서 프로이트의 《집단심리학과 자아 분석》은 《토템과 터부》나 《쾌락 원칙을 넘어서》 같은 이전의 연구들을 되돌아보고 있다. 그러나 동시에 앞을 보고 있기도 하다. 1922년에 발표한 호의적인 서평에서 페렌치는 다른 사람에게 반한 상태를 최면과 비교한 대목이 특히 독창적인 부분이라고 평가했다. 그러나 의미심장한 것은 그가 프로이트의 "두 번째로 중요한 혁신"이 개인심리학의 영역에, 즉 **자아와 리비도에서 새로운 발달 단계를 발견**한 것에 있다고 생각했다는 점이다.[224] 프로이트는 자아의 성장에서 여러 단계를 구분하고, 자아와 자아 이상—곧 이것을 초자아라고 부르게 된다.—사이의 긴장된 상호작용에 주목하기 시작했다. 프로이트가 사회심리학으로 일탈한 것은 자아에 관한 더 결정적인 진술을 하기 위한 연습이었다. 그러나 이것은 아직 2년이나 남은 일이었다.

돌이켜보면 1923년에 출간된 《자아와 이드》는 프로이트가 10년 전에 시작하여 전쟁 후부터 속도를 낸 재평가의 불가피한 절정인 것 같다. 그러나 이것은 프로이트의 인식이 꾸준히 진전해 왔다는 주장이 될 수 있는데, 이는 프로이트의 시야 밖에 있던 일로 사실과는 거리가 있다. 1922년 7월 프로이트는 페렌치에게 자신이 약간의 사변적인 작업을 하고 있는데, 그것은 《쾌락 원칙을 넘어서》의 후속작이라면서, "결국 작은 책이 되거나 아무것도 되지 않을 것"이라고 덧붙였다.[225] 다음 달에는 오토 랑크에게 이렇게 말했다. "나는 정신적으로 맑은 상태이고 일을 할 기분이네. 나 스스로 자아와 이드라고 부르는 것에 관하여 쓰고 있지." 이것은 "논문이 될 수도 있고, 아니면 심지어 《쾌락 원칙을 넘어서》처럼 작은 브로슈어가 될 수도 있는데, 사실 그 책의 후속작이기도 해." 그러나 프로이트는 그의 방식대로 자신을 추동할 영감이 와주기를 기다리고 있었다. "초고로는 상당한 진전이 이루어졌지만, 나머지는 분위기와 아이디어를 기다리고 있네. 그것이 없으면 완성될 수가 없겠지."[226] 프로이트가 격식을 차리지 않고 모호하게 하는 이야기는 그의 작업 습관을 들여다볼 특별한 기회를 제공한다. 그는 자신의 마지막 수십 년의 세월에서 아주 중요하다고 손꼽힐 텍스트를 쓰고 있었지만, 언제 어떻게 끝을 낼지 확실히 알지 못했고, 또 그것이 짧은 논문이 될지, 아니면 《쾌락 원칙을 넘어서》의 짝을 이룰지도 확실히 알지 못했다.

《자아와 이드》는 처음에 분석가들에게 약간 당혹감을 일으켰지만 저항에 부딪힌 적은 거의 없었으며, 대부분의 경우 강한 지지를 받았다. 이것은 놀라운 일이 아니다. 이 책은 그들의 임상 경험과 일치했고, 또 그 경험을 심화했으며, 정신을 세 부분—이드, 자아, 초자아—으로 나눔으로써 그 전보다 정신 구조와 그 기능의 분석이 훨씬 자세해지고 명료해질 수 있었기 때문이다. 오직 《자아와 이드》가 "그로데크의 후원을 받았다"[227]는 프로이트의 말만이 가벼운 저항을 불러일으켰을 뿐이다.

자칭 "난폭한 분석가"인 게오르크 그로데크(Georg Groddeck, 1866~1934)는 정신분석을 향해 불편해질 정도로 많이 몰려오기 시작하던 이단자들 가운데 한 사람이었다. 그로데크나 그의 동료들은 분석가들이 열망하던 정신 말짱하고 책임감 있는 의학계 사람들이라는 평판을 훼손할 지경이었다. 프로이트는 그가 "과장, 표준화, 약간의 신비주의"의 경향이 있다고 생각했다.[228] 그로데크는 바덴바덴에 있는 요양소의 소장으로서 일찍이 1909년부터 정신분석적 개념들—유아 성욕, 상징, 전이, 저항—을 활용했지만, 프로이트에 관해서는 전해 듣기만 했다. 1912년에는 지식이 더 늘어난 것도 아니었는데, 책을 써서 경솔하게 정신분석을 비판했다. 그러다 《일상생활의 정신병리학》과 《꿈의 해석》을 읽고 압도당하여 개종을 했다. 그가 자신의 생각이라고 나열했던 것을 다른 사람들이 이미 그 전에, 더 깊이 생각하고 있었던 것이다. 그로데크는 1917년 프로이트에게 장문의 편지를 보냈다. 오래 지체된 "뒤늦은 정직"의 상징이었던 셈이다. 여기에서 그로데크는 자신의 이런 과실들을 모두 고백하고, 앞으로는 자신을 프로이트의 제자로 여기겠다고 다짐했다.[229]

프로이트는 그로데크에게 매력을 느꼈으며, 그로데크가 겸손하게 자신은 분석가가 아니라고 말했는데도 그것을 무시하고 그를 분석가의 반열에 올려놓았다. 그로데크가 종종 도발적인 행동을 했는데도 프로이트는 계속 그를 좋아했다. 그의 기백, 독창적인 의견을 내놓으려 하고 별나게 굴고 싶어 하는 태도에서 뭔가 신선한 면을 발견했기 때문이다. 가끔 그로데크는 새로운 동료들이 관대한 태도로 받아줄 수 있는 선을 넘었다. 그는 1920년 헤이그에서 열린 정신분석가 대회에 정부를 데려왔으며, 논문을 낭독할 때 "나는 난폭한 분석가"라는 유명한 말을 남겼다.[230] 그는 청중석에 있는 분석가들이 바로 그렇게 되지 않으려고, 그렇게 보이지 않으려고 안간힘을 쓴다는 것을 알고 있었던 것이 분명하다. 그의 논문도 난폭해 보였다. 이것은 나중에 정신신체의학*이라고 부르게 되는 것에 관한 산만한 자유연상 연습이었다. 그로데크는 기질성 질환, 심지어 근시조차 무의식적인 감정적 갈등의 표현일 뿐이며, 따라서 정신분석 치료를 받을 수 있다고 주장했다. 온건하게 표현하기만 한다면 분석가들은 원칙적으로 그런 관점을 거의 문제 삼지 않았다. 사실 정신분석 치료에서 고전적인 신경증인 전환 히스테리 증상이 그로데크의 전체적 입장을 뒷받침하기도 했다. 그러나 그로데크는 열광적인 어조로 이야기를 했으며, 결국 이것이 설득력을 떨어뜨려 지지자를 몇 사람 얻지 못했다. 그러나 프로이트가 그 지지자 가운데 한 사람이었다. 나중에 프로이트는 그로데크에게 정말로 사람들이 그의 이야기를 진지하게 받아들일 것이라고 생각했느냐고 물었다. 그러자 그로데크는 그렇게 생각했다고 자신만만하게 대답했다.[231]

그로데크에게는 또 보여줄 것이 있었다. 그는 1921년 초 프로이트의 출판사에서 《영혼의 탐구자》라는 '정신분석 소설'을 출간하여 난폭한 분석가라는 지위를 확인했다. 그런 알맞은 제목을 붙인 사람은 랑크였다. 프로이트는 원고 상태로 그 소설을 재미있게 읽었다.[232] 조금 뒤에

---

* **정신신체의학**(Psychosomatic medicine) 신체의 질병도 감정에 영향을 받는다는 것에 입각하여 질병 치료에 심리학의 원리와 방법을 적용한 것으로서 심신의학이라고도 한다. (편집자 주)

는 그로데크의 가까운 친구가 된 페렌치도 읽었다. 페렌치는 〈이마고〉에 이 책의 서평을 쓰면서 이렇게 말했다. "나는 문학 평론가가 아니므로 소설의 미적 가치를 판단하겠다고 나설 생각은 없다. 하지만 이 책처럼 처음부터 끝까지 독자를 사로잡는 데 성공하는 책이 형편없는 책일 수는 없다고 믿는다."[233] 그러나 프로이트의 동료 분석가들은 대부분 이보다 엄격했다. 어니스트 존스는 이 책이 "추잡한 구절들이 있는 외설적인 책"이라고 혹평했다.[234] 피스터는 분개했다. 점잔 빼는 태도와는 불구대천의 원수인 정신분석가들은 그 나름의 방식으로 그런 태도의 피해자이자 옹호자가 된 것처럼 보였다. 프로이트는 확고했다. 그는 아이팅곤이 그로데크를 좋아하지 않는 것을 알고 섭섭하게 생각했다. "그 사람이 좀 별나기는 하지." 프로이트도 그 점은 인정했다. "하지만 명랑함이라는 보기 드문 재능을 지닌 독창적인 사람이야. 나는 그와 헤어지고 싶지는 않은데."[235] 피스터에게 말한 바에 따르면, 프로이트는 일 년 뒤에도 여전히 "자네의 품위를 내세우는 태도에 반대하여 그로데크를 정력적으로 옹호하네. 자네가 라블레와 같은 시대에 살았다면 뭐라고 했을까?"[236] 그러나 피스터는 그렇게 쉽게 넘어가지 않았다. 그는 1921년 3월에 프로이트에게 솔직히 말했다. 자신은 "신선한 버터"를 좋아하는데, "그로데크는 부패해서 고약한 냄새가 나는 버터를 떠올리게 하는 일이 너무 많습니다." 게다가 그는 라블레와 그로데크의 차이를 알았다. 라블레는 풍자가였으며 학자인 척하지 않았다. 반면 그로데크는 카멜레온 같아서 과학과 문학 사이를 왔다 갔다 했다.[237] 피스터와 다른 사람들이 무척 불안하게 여긴 것이 바로 이런 장르 혼합이었다.

그러나 그로데크는 프로이트에게 너무 엄숙하기만 한 이 직업의 분위기를 가볍게 해주는 면허를 얻은 어릿광대 이상의 존재였다. 그로데크가 《영혼의 탐구자》를 출간할 무렵 그는 일반인도 이해할 수 있는 언어로 정신신체의학에 관한 혁신적인 가르침들을 요약하는 책을 쓰고 있었다. 그는 이것을 이해력이 빠른 여자 친구에게 일련의 편지로 보냈다. 또 몇 장이 완성될 때마다 프로이트에게 보내곤 했다. 프로이트는 그 유창함과 음악적인 언어에 즐거움을 느꼈다. "편지 다섯 통은 매혹적이로군." 그는 1921년 4월에 그로데크에게 그렇게 말했다.[238] 그 편지들은 매혹적인 것 이상이었다. 혁명적이었다. 임신과 출산, 자위, 사랑과 증오에 관한 노골적인 일화와 사변을 섞은 글을 쓰면서 그로데크는 계속 그가 오래전에 만들어낸 '그것(Es)'이라는 개념으로 돌아가곤 했다. 니체로부터 빌려온 이 순진하게 들리는 용어는 정신분석가들이 전통적으로 무의식의 영역에 할당했던 것보다 더 넓은 스펙트럼을 포괄하기 위해 고안한 것이었다. 그로데크는 두 번째 편지에서 이렇게 썼다. "나는 인간이 '미지의 것'에 의해 활기를 얻는다고 생각합니다. 사람에게는 '그것'이 있지요. 사람이 하는 모든 일과 사람에게 일어나는 모든 일을 규제하는 놀라운 것입니다. '나는 산다'는 문장은 제한적으로만 옳을 뿐입니다. 이것은 근본적인 진리, 즉 '그것'이 인간을 살게 한다는 진리의 작고 부분적인 현상을 표현한 것일 뿐입니다."[239]

프로이트도 한동안 전혀 똑같다고 할 수는 없지만 비슷한 방향으로 생각을 하고 있었다. 1921년 4월 그로데크에게 쓴 편지에서 프로이트는 정신 구조를 보여주는 시사적인 작은 다이어그램으로 자아에 대한 그의 잠정적인 새로운 관점을 설명한 뒤 이렇게 말했다. "자아도 그 깊은 곳에서는 매우 무의식적이며, 억압당하는 것들의 핵심과 함께 계속 흘러갑니다."[240] 프로이트가 이 스케치의 수정판을 장장 2년 뒤에 《자아와 이드》에 집어넣은 것은 때때로 생각들이 그의 내부에서 싹이 트는 데 얼마나 오래 걸렸는지 보여주는 또 하나의 증거다. 그러나 이런 인식 덕분에 프로이트는 정신에 관한 최종적 관점에 이르는 길로 나아갈 수 있었다.

그러나 프로이트의 '이드'는 그로데크의 '그것'과 상당히 다르다는 것이 드러났다.* 일찍이 1917년 프로이트는 루 안드레아스-살로메에게 그로데크의 "'그것'은 우리의 Ucs[무의식] 이상의 것이고, 둘의 경계가 분명하지는 않지만 그 뒤에는 진짜인 뭔가가 있다."고 말했다.[241] '그것'과 '이드'의 차이는 1923년 초 그로데크가 《그것의 책》을 내고, 그로부터 불과 몇 주 뒤 프로이트가 《자아와 이드》를 냈을 때 더욱 분명하게 드러났다. 그로데크는 프로이트가 새로운 입장을 간결하고 분명하게 진술한 것을 읽고 약간 실망했으며 적잖이 화가 났다. 그는 프로이트에게 자신은 쟁기이고 프로이트는 그 쟁기를 이용하는 농부라고 비유적으로 이야기했다. "한 가지 점에서 우리는 일치합니다. 우리가 땅을 간다는 것이죠. 하지만 교수님은 씨를 뿌리고 싶어 하고, 또 아마 하느님과 날씨가 허락한다면 거두고 싶어할 것입니다."[242] 개인적인 자리에서 그는 별로 관대하지 않아, 프로이트의 책이 "예쁘기는" 하지만 "대단치 않다"고 깎아내렸다. 기본적으로 그는 이 책을 슈테켈과 자신에게서 빌린 구상을 독차지하려는 시도로 보았다. "그런데도 그의 이드는 신경증에는 제한적 가치밖에 없어. 그는 슈테켈과 슈필라인에게서 가져온 죽음 또는 파괴 충동의 도움을 받아 기질(器質)적인 것으로 몰래 들어서고 있어. 그는 나의 '그것'의 건설적인 면은 제쳐 두었어. 아마 다음에 몰래 써먹을 거야."[243] 이것은 이해할 만하고, 또 완전히 비합리적이라고는 할 수 없는 불쾌감이다. 또 이것은 심지어 스스로 제자를 자처한

---

* 프로이트는 매우 일반적인 독일어 단어를 자신의 전문적인 용어로 활용했다. 사실 프로이트의 용어 *das Es, das Ich, das Überich*는 문자 그대로 번역하면, '그것', '나', '위의 나'이다. 그러나 *Standard Edition*의 라틴어화된 조어에 아무리 결함이 많다 해도, 나는 그대로 'id(이드)', 'ego(자아)', 'superego(초자아)'를 사용하기로 했다. 오랜 세월이 흐르면서 이 세 용어에서 그 위압적이고 이질적인 면이 사라졌기 때문이다.

그로데크에게도 그 역할을 유지하는 것이 얼마나 어려웠는지 보여준다.

프로이트 자신은 자신의 사고에 그로데크의 글들이 비료 역할을 했다는 사실을 어려움 없이 인정했다. 쟁기와 농부의 비유가 적절했던 것이다. 그러나 프로이트는 그들의 개념 사이에 갈등이 있다고 주장했고, 이 주장은 정당했다. 물론 프로이트는 1890년대 말 이후 여러 번 인간은 자신이 이해하기는커녕 알지도 못하는 정신적 요소들—자신이 가지고 있다는 것을 의식조차 하지 못하는 요소들—에 농락당한다는 사실을 지적했다. 프로이트의 무의식과 억압에 관한 입장은 정신분석이 이성을 그 자신의 집의 논란의 여지 없는 주인으로 존중하지 않는다는 사실을 분명하게 보여주었다. 그러나 프로이트는 '그것'이 우리를 살게 한다는 그로데크의 경구를 받아들이지 않았다. 프로이트는 결정론자이지 숙명론자가 아니었다. 그는 아무리 부분적이라 해도 사람들에게는 자기 자신과 외부 세계에 대한 지배력을 제공하는 힘들이 정신에 내재해 있으며 자아에 집중되어 있다고 믿었다. 프로이트는 그로데크의 예순 살 생일을 축하하면서 장난스러운 문장으로 그들 사이의 거리를 표현했다. "나의 자아와 나의 이드가 소장의 '그것'을 축하합니다."*²⁴⁴⁾

프로이트는 《자아와 이드》의 마지막 대목에서 진지하게 그 거리를 극화하기도 했다. "우리가 마지막에 다시 이드로 돌아가본다면, 이드는 자아에게 사랑이나 증오를 보여줄 수단이 없다. 자신이 무엇을 원하는지 말할 수 없다. 통일된 의지를 갖추지 못했다. 그 안에서 에로스와 죽음 충동이 싸운다." 이드는 "말은 없지만 강력한 죽음 충동의 지배하에 있는 것으로" 표현할 수 있을지도 모른다. "죽음 충동은 평화를 얻고 싶어 하며, 쾌락 원칙의 암시에 따라 문제아 에로스를 쉬게 한다. 그러

---

* 이것은 물론 두 사람이 3년 전 불과 한 달 간격으로 출간한 책의 제목에 대한 우아한 암시이기도 하다.

나 우리는 이런 식으로 에로스의 역할을 과소 평가하는 것 같다."[245] 프로이트의 에로스에 대한 설명은 항복이 아니라 투쟁에 대한 보고였다.

프로이트는 《자아와 이드》의 교정쇄를 읽은 뒤 '익숙한 우울증'에 빠져들어, 이것이 "불명료하고, 인위적으로 통합되어 있고, 표현도 엉망"이라고 비하했다. 그는 페렌치에게 장담했다. "다시는 이런 미끄러운 얼음 위에 올라가지 않겠다고 나 자신에게 맹세하는 중이네." 여러 가지 아이디어들로 가득 차 있고 잘 씌어지기도 했던 《쾌락 원칙을 넘어서》 이후로 자신이 가파르게 쇠퇴하고 있다고 그는 생각했다.[246] 그러나 종종 그랬듯이 프로이트는 자신의 작업을 오판했다. 《자아와 이드》는 프로이트의 가장 핵심적인 텍스트로 꼽히기 때문이다. 그의 저작 가운데 늘 최고의 자리를 유지하는 것은 《꿈의 해석》과 《성욕에 관한 세 편의 에세이》라고 할 수밖에 없지만, 프로이트가 뭐라고 비난을 하든 《자아와 이드》는 명료한 정신적 에너지의 승리를 보여준다. 전쟁 전에 그가 노인이 되었다고 단언한 것, 개인적인 상실과 고통스럽게 씨름한 것, 전후 빈에서 자신이 살아남고 가족이 살아남는 것을 돕기 위해 안간힘을 쓴 것 등은 그에게 은퇴를 할 만한 많은 핑곗거리를 제공해주었다. 그러나 다른 발견자들이라면 제자들에게 맡겼을 만한 일을 그는 스스로 해야 한다고 느꼈다. 《자아와 이드》가 혹시 모호해 보인다면, 그것은 그의 전후 작업이 극도로 압축적이기 때문이다.

이 작은 책의 서문은 고무적인 분위기다. 프로이트는 독자들에게 《쾌락 원칙을 넘어서》에서 시작했던 생각의 사슬을 더 연결해 나가는데, 이 생각은 이제 "분석적 관찰에서 얻은 다양한 사실들"로 풍부해졌으며, 그가 전에 빠져들었던 생물학에서 빌려온 것들로부터 자유롭다고 말한다. 따라서 이 에세이는 《쾌락 원칙을 넘어서》보다 "정신분석에 더 가깝다"는 것이다. 그는 정신분석가들이 전에 연구한 적이 없는 이론들에 손을 대고 있으며, 따라서 "비분석가나 전직 분석가가 정신분석에서 물러나면서 제시한 몇 가지 이론들을 짚고 넘어가는 것"을 피할 수 없었다고 덧붙였다. 그러나 그가 약간 공격적으로 한 말에 따르면, 그는 늘 이전의 연구자들에 대한 고마움을 기꺼이 인정해 왔지만 이제는 감사의 짐을 느끼지 않는다고 강조했다.[247]

프로이트는 《자아와 이드》의 본문에서 "개인적인 동기에서 자신이 가혹하게 높은 수준을 요구하는 과학과는 아무런 관계가 없다고 겸손하게 주장한 저자" 그로데크가 다음과 같이 "제언"한 공로를 인정했다. 곧 "미지의 통제 불가능한 힘들"이 우리 정신을 "살리고" 있다는 제언이었다. 프로이트는 그 통찰에 불후의 명성을 제공하기 위해, 비록 의미는 다르지만 그로데크의 명명법을 따라 무의식의 중요한 부분을 "이드"라고 부르자고 제안했다.[248] 그로데크 본인은 프로이트가 이런 식으로 자신의 공로를 인정한 것을 관대하지 못하다고 생각할지도 몰랐다. 그러나 프로이트는 이런저런 머뭇거림에도 불구하고 자신의 작업이 매우 독창적이라고 자신했다. 이것은 "사변이라기보다는 종합"이었다.[249] 우리는 여기에 '그래서 더욱 잘된 것'이라고 덧붙일 수도 있을 것이다.

프로이트의 작업은 이미 알려진 것의 연습에서부터 시작된다. 의식 영역과 무의식 영역이라는 오래된 정신분석적 구분은 정신분석에 절대적이고 근본적이라는 것이다. 이것이 의문의 여지 없이 "첫 번째 기준"이며,[250] 결코 무시될 수 없다. "결국 의식적이냐 아니냐 하는 특성이 심층심리학의 어둠을 비추는 유일한 등불이다."[251] 더욱이 무의식은 역동적이다. 분석가들이 처음에 억압을 연구하다 이것을 우연히 발견한 것도 놀랄 일이 아니다. "억압된 것은 우리에게 무의식의 원형이다."[252]

여기까지 프로이트는 그의 생각을 아는 누구에게나 익숙한 땅에 서 있었다. 그러나 그는 이 땅을 미지의 영토를 탐험하기 위한 발사대로만 이용하고 있을 뿐이었다. 억압은 억압하는 자를 내포하며, 분석가들은 이 억압자를 "정신적 과정의 일관된 조직", 즉 자아에서 찾게 되었다. 그러나 모든 정신분석 치료에서 만나는 저항이라는 현상은 프로이트가 오래전에 밝혀낸 어려운 이론적 수수께끼를 제기한다. 저항을 하는 환자는 비참한 신경증 상태에 빠져들어 자신이 분석 과정을 방해하고 있다는 사실을 전혀 의식하지 못하거나, 희미하게만 짐작하고 있는 경우가 많다는 것이다. 따라서 저항과 억압의 발생지인 자아가 완전히 의식적일 수는 없다는 결론이 나온다. 만일 그렇다면, 의식적인 것과 무의식적인 것 사이의 갈등에서 신경증을 끌어내는 전통적인 정신분석 공식에 결함이 있을 수밖에 없다. 프로이트는 무의식에 관한 중요한 논문에서 이미 자신의 신경증 이론에 수정이 필요하다고 암시했다. "사실 심리적으로 억압된 부분만 의식에 이질적인 상태를 유지하는 것이 아니다. 우리 자아를 지배하는 충동들의 일부도 마찬가지다." 간단히 말해서, "정신 생활에 관한 메타심리학적 관점으로 가는 길을 찾아내려고 노력하는 한, 우리는 '의식'이라는 증후의 의미에서 해방되어야 한다."[253] 1915년에 쓴 이 구절은 프로이트의 이론화 속에서 낡은 것과 새로운 것이 얼마나 밀접하게 얽혀 있는지 보여준다. 그러나 그가 그의 통찰의 전체적 결과물을 끌어내게 된 것은 《자아와 이드》에 와서였다.

그 결과물은 매우 혁신적이었다. 정신분석은 이제 무의식이 억압된 것과 일치하지 않는다는 점을 인정하게 되었다. 억압된 것은 모두 무의식적이지만, 무의식적인 것이 반드시 억압된 것은 아니었기 때문이다. "자아의 일부 또한, 그것이 자아의 얼마나 중요한 부분인지는 모르지만, 무의식이 될 수 있고, 또 틀림없이 무의식이다." 자아는 발달하는 개인에게서 이드의 침전물로부터 출발했으며, 점차 자신을 구분해 나갔고, 나중에는 외부 세계의 영향에 의해 수정되었다. 이것을 좀 지나치다 싶게 단순화하여 표현하면, "자아는 이성과 숙고라고 부를 수 있는 것을 대표하며, 감정을 포함하는 이드와 대비된다."[254] 프로이트가 그에게 남겨진 15년 동안 자아와 이드에 각각 어떤 힘을 할당한 것인지 결정하는 데 항상 일관된 태도를 보였던 것은 아니다. 그러나 보통 이드가 우세하다는 점을 의심한 적은 거의 없다. 그는 《자아와 이드》의 유명한 비유에서 자아는 "말의 우월한 힘을 통제해야 하는 기수와 닮았지만, 차이가 있다면 기수는 자신의 힘으로 그 일을 하는 반면 자아는 빌려온 힘"—이드에게 빌려온 힘—"으로 한다는 것"이라고 썼다. 프로이트는 이 유추를 끝까지 밀고 나갔다. "기수가 낙마하고 싶지 않다면 말이 가고 싶어 하는 곳으로 말을 이끌고 갈 수밖에 없는 경우가 많듯이, 자아 또한 이드의 의지를 마치 자신의 의지인 것처럼 행동으로 번역하는 데 익숙하다."[255]

자아의 골치 아픈 적은 이드만이 아니다. 우리는 프로이트가 전쟁 전 나르시시즘에 관한 논문에서, 그리고 나중에 《집단심리학과 자아 분석》에서 자아를 비판적으로 감시하는 자아의 특별한 부분을 인식했음을 알고 있다. 그는 이것을 초자아라고 부르게 되었으며, 《자아와 이드》 전체에 걸쳐 이것을 설명하는 데 몰두했다. 기수인 자아는 단지 명령을 잘 듣지 않는 말인 이드를 제어하느라 정신없이 바쁠 뿐 아니라, 동시에 자기 주위로 떼를 지어 몰려드는 성난 벌떼인 초자아와도 싸워야 한다고 말할 수 있다. 프로이트가 말한 바에 따르면, 우리는 자아를 "세 겹으로 예속되어 있으며, 그 결과 세 겹의 위험에 시달리는 가엾은 존재"로 본다. 자아는 "외부 세계, 이드의 리비도, 가혹한 초자아에 시달리는 것이다." 프로이트가 보기에, 이런 위험에 상응하는 불안에 시달리는 자아는 자신을 위협하면서 서로 전쟁을 벌이는 힘들 사이에서 중재를 하려고 진지하게 노력하는 전능한 협상가와는 거리가 멀다. 자아는 이드가 세상과 초자아의 압력에 유순하게 굴복하게 하려고 애쓰는 동시에, 세상과 초자아가 이드의 소망을 따르게 하려고 노력한다. 자아는 이드와 현실 중간에 있기 때문에 "아첨을 하고, 기회주의적인 태도를 보이고, 거짓말을 하고자 하는 유혹에 굴복"할 위험에 처해 있다. "훌륭한 통찰력에도 불구하고 여론의 지지를 받는 상태를 유지하고 싶은 정치가와 비슷한 것이다."[256] 그러나 이 굴종적이고 유순한 기회주의자는 방어 기제, 불안이라는 모호한 재능, 합리적 담론, 경험으로부터 배우는 능력 등을 통제한다. 자아는 가엾은 존재일지 모르지만, 내부와 외부의 요구에 대처하는 인류 최고의 도구인 것이다.

이런 비유의 함의는 프로이트가 당시 인식했던 것보다 훨씬 광범했다. 프로이트는 자아가 "무엇보다도 신체적 자아"라고 주장했다. 즉 자아는 "궁극적으로 신체 감각으로부터 파생된다"는 것이다.[257] 그러나 자아는 바깥 세계와의 교류를 통해, 즉 본 광경, 들은 소리, 만진 몸, 탐사한 쾌감의 경험으로부터 지식의 많은 부분만이 아니라 그것의 형태도 많이 얻어낸다. 《자아와 이드》에서는 이 방향으로 연구해 나아가는 면이 뚜렷하게 드러나지 않지만, 《집단심리학과 자아 분석》에서 프로이트는 자아가 외부의 영향과 관련을 맺는 방식 몇 가지를 조사했다. 그리고 최후의 글 몇 편에서는 이런 생각들을 더 큰 영역으로 끌고 나아간다.* 그의 자아심리학은 전쟁 전 정신분석이라는 밀실에서 벌어지던 희비극을 훨씬 폭넓은 관련을 가진 연극으로, 즉 화려한 의상을

---

* 정신분석의 영향을 받은 인류학자, 사회학자, 역사학자들은 1930년대 이후 프로이트의 제안에 따라 연구를 해 왔다. 그들은 자아가 내부 세계만이 아니라 외부 세계와도 맞서며, 이드와 초자아만이 아니라 환경과도 싸우고, 거래하고, 타협한다는 프로이트의 새로운 견해가 자신들을 지지한다고 느꼈다.

입은 역사 드라마로 바꾸는 데 기여했다. 자아가 이드를 길들이는 동시에 초자아를 달래는 이중의 과제에 아무리 시달리더라도 동시에 늘 주변의 풍경에 눈을 뜨고 있고, 더욱이 말을 달리면서 경험에서 배우는 기수라고 보는 그의 인식 덕분에 예술, 종교, 정치, 교육, 법, 역사, 전기 등 프로이트가 아주 매혹적으로 느꼈던 분야들에 대한 분석적 연구가 한결 수월해졌다.

자아를 규정하는 것은 에세이 한 편으로도 충분했겠지만, 프로이트는 제목을 넘어서 더 나아갔다. 이 에세이의 제목은, 조금 더 길기는 하지만 더 정확한 '자아, 이드, 초자아'가 되었어야 마땅하다. 우리가 이미 보았듯이, 프로이트는 정신 구조의 윤곽을 그리면서, 그가 '자아 이상'이라고 부르던 것의 자리를 찾아야 했기 때문이다. 만일 관습적인 기준을 사용한다면, 정신 활동의 척도에서 "더 높은" 곳으로 올라갈수록 의식에 더 가깝게 다가간다고 말해야 할 것이라고 프로이트는 썼다. 그러나 결과는 사뭇 다르다. 《자아와 이드》에서 자주 그러듯이 프로이트는 임상 경험에 호소했다. 임상 경험은 가장 고양된 도덕적 상태 가운데 일부, 예를 들어 죄책감 같은 것은 결코 의식으로 들어오지 않을 수도 있다는 것을 가르쳐 준다. "자아에서 가장 낮은 것만이 아니라 가장 높은 것도 무의식이 될 수 있다." 이런 주장을 뒷받침하는 가장 강력한 증거는 어떤 분석 대상자들에게는 "자기 비판과 양심, 다시 말해서 가장 높이 평가받는 정신적 성취가 무의식적이라는 점이다." 따라서 정신분석가들은 마지못해 **"무의식적인 죄책감"**에 관해 말할 수밖에 없다.[258] 프로이트는 독자에게 초자아를 들이대고 있는 것이다.

양심과 초자아는 똑같은 것이 아니다. 프로이트는 이렇게 썼다. "정상적이고 의식적인 죄책감(양심)은 해석에 어려움을 주지 않는다." 그것은 본질적으로 "비판적 재판관에 의한 자아 심판의 표현이다." 그러나 초자아는 더 복잡한 정신적 장치다. 의식적이든 무의식적이든 초자아는 한편에서는 개인의 윤리적 가치를 품고 있으며, 다른 한편에서는 행위를 관찰하고 판단하고 승인하고 벌한다. 강박 신경증 환자와 우울증 환자의 경우 그 결과로 초래된 죄책감이 의식에까지 떠오르지만, 다른 대부분의 경우에는 추측해볼 수 있을 뿐이다. 따라서 정신분석가는 상대적으로 접근이 어려운 괴로운 도덕적 불편함의 원천을 인식하게 되는데, 이것은 무의식적이기 때문에 간신히 판독할 수 있는 단편적인 자취만 남긴다. 프로이트는 인간의 도덕 생활은 도덕주의자들이 흔히 믿는 것보다 훨씬 멀리 떨어져 있는 양극단에 이른다고 주장했다. 따라서 정신분석가는 "정상적인 인간은 자신이 믿는 것보다 훨씬 부도덕할 뿐 아니라 자신이 아는 것보다 훨씬 도덕적이기도 하다."는 언뜻 보기에 역설적인 진술을 기쁜 마음으로 인정할 수 있다.[259]

프로이트는 분석을 받는 환자들의 예를 통해 무의식적인 죄책감이라는 현상을 보여준다. 이 환자들은 분석가가 결국 나을 것이라는 희망을 보여주거나 그들이 진전을 보이고 있다고 칭찬하면 증상이 더 심해진다. 겉으로 좋아지는 것처럼 보일수록, 실제로는 더 나빠지는 것이다. 이것이 악명 높은 '**부정적 치료 반응**(negative therapeutic reaction)'이다. 예상할 수 있는 일이지만 프로이트는 이런 반응을 도전의 일종이라거나, 환자가 의사보다 우월하다는 것을 보여주려는 허세에 찬 시도라고 무시해버리는 것은 잘못이라고 주장했다. 다소 도착적인 이 반응은 오히려 진지한 메시지로, 심지어 간절한 메시지로 읽어야 한다. 이런 부정적 치료 반응의 기원은 프로이트가 보기에는 의심의 여지가 없었다. 이것은 무의식적 죄책감, 벌을 받고 싶은 욕망에서 나온다. 그러나 이것은 환자가 절대 손댈 수 없는 것이다. "이런 죄책감은 말이 없다. 그에게 그가 죄를 졌다고 말하지 않는다. 그는 죄책감을 느끼는 것이 아니라 아프다."[260]

프로이트는 《자아와 이드》 이후 10년 뒤에 쓴 정신분석 이론에 관한, 일관성 있는 마지막 진술인 《새로운 정신분석 강의》에서 이런 분석을 명료하게 요약했다. 아기는 초자아를 갖고 태어나지 않으며, 따라서 초자아가 나타나는 것은 분석적으로 매우 흥미로운 일이다. 프로이트의 관점에서 볼 때 초자아의 형성은 동일시의 발달에 달려 있다. 프로이트는 자신이 오이디푸스 콤플렉스의 운명과 깊이 얽힌 복잡한 쟁점을 논의하려 한다고 독자들에게 경고한다. 전문적으로 말하자면, 그 운명은 대상을 선택하던 것에서 동일시로 바꾸는 것과 관련되어 있다. 아이들은 처음에 부모를 사랑의 대상으로 선택하고, 그 다음에는 이런 선택이 받아들여지지 않는다고 단념하고 나서 그들의 태도—그들의 규범, 명령, 금지—를 자기 내부로 받아들여 그들과 동일시할 수밖에 없다. 간단히 말해서 부모를 **갖**고 싶다는 마음에서 시작하여 결국 그들처럼 **되**고 싶다는 것으로 끝난다는 말이다. 그러나 정확히 그들처럼 되는 것은 아니다. 프로이트가 표현한 바에 따르면, 아이들은 "그들의 부모를 모델로 삼는 것이 아니라 부모의 초자아를 모델로 삼아" 동일시를 구축한다. 이런 식으로 초자아는 "전통, 즉 세대에서 세대로 전해지는 모든 불변의 가치를 전달하는 매개체"가 된다.[261] 따라서 초자아는 문화적 가치를 보전함과 동시에 그 가치를 담아내는 개인을 공격함으로써 삶과 죽음 양쪽의 동인이 된다.

이것은 매우 복잡하지만 상황은 더 복잡하다. 부모의 요구와 이상을 내재화한 초자아는 이드의 최초의 대상 선택이나 동일시의 단순한 잔여물로만 이루어지는 것이 아니다. 초자아에는 프로이트가 그 양자에 대한 "정력적인 반응 형성"이라고 부른 것도 담겨 있다. 프로이트는 전과 마찬가지로 《자아와 이드》에서 전문적인 명제들을 쉬운 말로 설명했다. 초자아는 "'저것(아버지와 같은 존재)이 네가 **반드시 되어야 하는** 모습'이라는 명령으로 다 설명되지 않으며, '저렇게(아버지처럼) **되어서는 안된다**'—즉, 너는 아버지가 하는 모든 일을 할 수 없고, 어떤 것들은 아버지만 할 수 있는 것이다.—라는 금지도 포함한다." 초자아는 아버지의 인상을 유지하여, "양심 또는, 어쩌면, 무의식적인 죄책감"을 생산할 것이다. 한마디로, "자아 이상"은 "오이디푸스 콤플렉스의 상속자"가 된다.[262] 따라서 인간의 '고귀한' 본성과 문화적 성취가 심리학적 수단으로 설명된다. 프로이트는 이런 설명이 그동안 철학자들, 나아가서는 다른 심리학자들의 눈에도 잘 보이지 않았는데, 그것은 바로 이드, 자아의 대부분, 그리고 사실상 초자아의 대부분이 무의식 상태로 남아 있기 때문이라고 암시했다.*

적어도 그 자신의 증언에 따르면 늙고, 노쇠하고, 쇠퇴하던 프로이트는 국제 정신분석 공동체에 생각하고 토론할 거리를 많이 제공했다. 그는 많이 변했고 많은 것을 분명하게 밝혔지만, 어떤 것들은 불확실하게 남겨 두었다. 1926년 어니스트 존스가 초자아에 관한 논문을 보내오자, 프로이트는 "박사가 지적한 모호함과 어려움이 모두 실제로 존재한다."고 인정했다. 그러나 존스의 의미론적인 방향의 노력이 해법을 제공할 것이라고 생각하지는 않았다. "필요한 것은 완전히 새로운 연구, 축적된 인상과 경험일세. 이런 것들을 얻는 것이 얼마나 힘든 일인지 내가 잘 알지." 그는 존스의 논문이 "곤란한 문제를 향한 불확실한 출발"

---

* 또 한 가지 골치 아픈 문제 때문에 프로이트는 소년과 소녀의 감정 발달을 재고해야 했다. 프로이트는 이 시기에 이 문제에 관심을 쏟기 시작했다. 앞으로 보겠지만 그의 결론은 두 성 사이에 초자아가 상당히 다르다는 것이었다. 본서 10장 297~299쪽 참조.

이라고 생각했다.[263)]

많은 것이 《자아와 이드》를 어떻게 읽느냐에 달려 있었다. 1930년 피스터는 프로이트에게 다시 그 에세이를 통독했다면서 이렇게 말했다. "아마 열 번째일 겁니다. 교수님이 전에는 인류의 집의 기초와 하수도를 연구하더니, 이 작업부터는 정원으로 향하셨다는 것을 알게 되어 기뻤습니다."[264)] 이것도 프로이트의 새로운 공식을 이해하는 합리적인 한 가지 방식이었으며, 일부는 그 텍스트에 의해 뒷받침되기도 한다. 사실 피스터는 '죽음 충동'을 믿지 않는 프로이트의 많은 지지자들 가운데 한 사람이었다.[265)] 그러나 피스터보다 어두운 쪽으로 해석한다고 해서 정통성이 떨어지는 것은 아니다. 실제로 프로이트는 논문 〈애도와 우울증〉이후 일반적으로 공격적이고 징벌적이라고 할 수 있는 초자아가 삶보다는 죽음에 봉사하는 일이 흔하다고 암시했다. 따라서 논란은 가라앉기는커녕 계속되었다.

9장

프로이트의 안티고네

"나는 유명하지 않습니다. 악명이 높지요."

구강암에 걸리다

《자아와 이드》를 발표한 1923년 죽음이 다시 프로이트를 찾아와 손자 한 명을 죽이고 프로이트도 한껏 위협했다. 잔인하면서도 놀라운 참사였다. 프로이트는 가끔 배나 장이 안 좋다고 불평했지만, 일을 하는 동안에는 충분히 힘을 낼 수 있었다. 그는 과거처럼 긴 여름 휴가를 갈망했고, 이 몇 달만큼은 신성하게 보호하고 싶었다. 그는 이 기간을 이용하여 산을 걷기도 하고, 온천에서 치료를 하기도 하고, 이탈리아에서 관광을 하기도 하고, 정신분석 이론을 탐사하기도 했다. 이제 많은 사람들이 큰돈을 주겠다며 분석을 원했지만, 이 휴가 기간을 분석 상담으로 망치는 일은 거의 없었다. 베르히테스가덴에서 휴가를 보낸 1922년에 랑크에게 말한 바에 따르면 "내 체재 비용을 얼마든지 댈 용의가 있는 성공한 구리 사업가 부인의 제안을 거절했고", 또 "뉴욕에서 브릴에게 **30분**에 20달러를 냈으니 나에게는 틀림없이 하루에 50달러는 낼" 다른 미국 여자의 제안도 거절했다. 그의 태도는 분명했다. "여기서는 내 시간을 팔지 않을 걸세." 친구들에게 여러 번 말했듯이 그에게는 휴식과 회복에 대한 요구가 간절했다. 그래서 "휴식을 하고 일을 할 힘을 얻기 위해" 대체로 확고한 태도를 보여주었다.*[1]

프로이트의 하소연에도 불구하고 줄어들 줄 모르는 편지와 계속 흘러나오는 중요한 발표, 그리고 빡빡한 일정은 그가 남들이 부러워할 만한 에너지를 지니고 있었으며, 전반적으로 건강이 좋았다는 사실을 증언한다. 그러나 1922년 여름 그는 전보다 불길한 어조로 이야기를 하기 시작했다. 6월에는 어니스트 존스에게 "이제 정치적 상황의 우울한 전망이 분명하게 눈에 보이기 시작하자" 피로를 느끼게 되었다고 말했다.[2] 프로이트는 빈에서 벗어남으로써 정치에서 벗어났다. 오스트리아 사회주의자들(사회민주당)과 가톨릭교도(기독교 사회당) 사이의 돌이킬 수 없는 분열과 정치적 광신자들의 고함 소리에서 잠시나마 벗어나게 된 것이다.** 실제로 7월에는 한결 안심한 목소리로 바트 가슈타인에서 보내는 시간의 "달콤한 고요"를 이야기할 수 있었다. 이 시간은 "상쾌한 공기, 물, 네덜란드 시가, 좋은 음식" 덕분에 "자유롭고 아름다웠으며", "이 중유럽이라는 지옥에서 보자면 모든 면에서 목가적인 풍경에 가장 가까이 다가간 상태"였다.[3] 그러나 8월에 베르히테스가덴에서 랑크에게 보낸 편지에서 엄격하게 비밀을 지킬 것을 당부하며 이야기할 때는 그렇게 들뜬 목소리가 아니었다. 랑크가 어떻게 지내냐고 묻자, 프로이트는 랑크에게 선의의 거짓말을 해 달라고 솔직하게 부탁했다.

---

 * 그러나 가끔 결심을 깨기도 했는데, 특히 '환자'보다는 '제자'—미래의 분석가—의 분석 요청을 받은 경우에 그런 일이 많았다. 예를 들어 1928년에는 여름에 "제메링 산(빈에서 두 시간 반 거리)에서" 미국인 의사 필립 레어먼을 분석하기로 했는데, "이것은 나에게 예외적인 일입니다." (프로이트가 레어먼에게 보낸 편지, 1928년 5월 7일. 영어로 씀. A. A. Brill Library, New York Psychoanalytic Institute.)
** 본서 9장 175~177쪽 참조.

1921년 무렵의 프로이트. 니코틴 중독이었던 프로이트는 거의 모든 사진에서 손에 시가를 들고 있다. 그의 담배 사랑은 결국 구강암이라는 고통스런 결과를 가져온다.

다른 사람들에게는 프로이트가 여전히 건강하다고 이야기해 달라는 것이었다. 사실은 전혀 건강하지 않았다. "지금까지 한동안 내가 건강에 별로 자신이 없었다는 것을 자네도 알아챘을 걸세."[4] 그러면서도 프로이트는 몸 상태에 관한 자신의 생각이 얼마나 정확한 것인지 잘 모르고 있었다.

그러나 프로이트는 곧 다른 이유로 슬픔에 빠져들었다. 8월 중순 그의 "가장 훌륭한 조카딸"인 "스물세 살의 사랑스러운 처녀"[5] 체칠리에 그라프가 자살을 한 것이다. 미혼인데 임신을 한 그녀는 베로날을 과용하여 곤경을 해결했다. 그녀는 약을 먹은 뒤 어머니에게 휘갈겨 쓴 애정이 넘치는 감동적인 유서에서 연인을 포함한 누구도 탓하지 않았다. "죽는 것이 이렇게 쉽고 사람을 이렇게 즐겁게 해주는지 미처 몰랐어요."[6] 프로이트는 어니스트 존스에게 이 사건으로 "큰 충격을 받았다"

고 말했다. 거기에 "우리나라의 어두운 전망과 이 시대와 관련된 모든 불확실성"도 그의 우울한 기분을 달래는 데 도움이 되지 않았다.[7] 그러나 그를 배반한 것은 그 자신의 몸이었다. 1923년 봄, 구개암에 걸린 것일지도 모른다는 당혹스러운 증거가 나타난 것이다.

1923년 2월 중순 프로이트는 "턱과 입천장에서 백반(白斑)"을 찾아냈다. 구강 백반증은 심한 흡연과 관련된 양성 종양이었으며, 프로이트는 의사들이 시가를 끊으라고 명령할까 봐 공포에 사로잡혀 이 사실을 한동안 모든 사람에게 비밀로 했다. 그러나 두 달 뒤인 4월 25일, "병(수술)으로 일 주일 정도 잃어버리고 나서" 어니스트 존스에게 보낸, 반은 안심을 시키고 반은 놀라게 하는 편지에서 종양을 막 제거했다고 알렸다.[8] 몇 년 전인 1917년 말 처음으로 입천장이 아프게 부어오른 적이 있었다. 그러나 어떤 환자가 그가 아주 탐내던 시가 한 상자를 선물하여 그 가운데 한 대에 불을 붙여 입에 물자 묘하게도 붓기가 곧 가라앉았다.[9] 그러나 1923년에는 종양이 너무 클 뿐만 아니라 사라지지 않아 그냥 놓아둘 수가 없었다. "양성이라고 믿지만, 알다시피 더 커지도록 놓아두면 그 결과를 아무도 장담할 수 없지 않은가." 사실 프로이트는 처음부터 비관적이었다. "나 자신의 진단은 에피텔리오마", 즉 악성이지만, "받아들여지지 않는군." 그러면서 그는 정직하게 덧붙였다. "흡연이 이런 조직 폭동의 원인으로 비난받고 있네."[10] 프로이트는 마침내 시가 없는 미래의 공포와 마주할 준비가 되었다고 느끼자, 친한 사이인 피부과 전문의 막시밀리안 슈타이너(Maximilian Steiner)에게 진찰을 받았다. 아니나 다를까, 슈타이너는 담배를 끊으라고 말했다. 그러나 종양은 대단치 않다고 거짓말을 했다.

며칠 뒤인 4월 7일 한동안 프로이트의 주치의였던 펠릭스 도이치(Felix Deutsch, 1884~1964)가 찾아왔을 때 프로이트는 그에게 입을 봐 달라고 했다. 그는 도이치에게 말했다. "마음에 들지 않는 것을 보게 될 각오를 하세요." 프로이트의 말이 옳았다. 도이치는 "첫눈에" 프로이트의 병변이 암임을 알았다고 회고한다. 그러나 도이치는 그 두려운 말을 입 밖에 내거나 프로이트도 생각하고 있던 에피텔리오마라는 전문적인 진단을 내리는 대신, 상황을 회피하여 "심한 백반"이라고 말했다. 그는 프로이트에게 담배를 끊고 종양을 제거하라고 권했다.[11]

프로이트는 의사들에게 둘러싸인 의사였다. 그런데도 저명한 전문가의 의견을 구하지도 않았고, 신뢰할 수 있는 구강외과 의사를 찾아가보지도 않았다. 대신 비과(鼻科) 전문의인 마르쿠스 하예크(Marcus Hajek, 1861~1941)—또 다른 플리스라고 말할 수도 있을 것이다.—를 선택했는데, 과거 프로이트 자신도 그의 능력에 의구심을 표명한 적이 있었다. 하예크를 선택한 것—잘못된 선택—은 딸 안나가 나중에 한 이야기에 따르면 프로이트 혼자 결정한 일이었다.[12] 결국 하예크는 프로이트의 의구심이 옳았다는 것을 분명하게 확인해주었다. 그는 자신이 권하는 절차가 미용 상의 처치에 불과하여 실제로 소용이 없다는 것을 알고 있으면서도, 자기 병원의 외래 환자를 받는 곳에서 가볍게 수술을 했다. 펠릭스 도이치만 프로이트와 동행을 했는데, 그는 수술이 끝날 때까지 함께 있지도 않았다. 마치 이 일을 가볍게 처리하면 암이 사라져주기라도 할 것 같은 태도였다. 그러나 수술대에서 일이 크게 잘못되었다. 프로이트는 수술 과정에서만이 아니라 수술 후에도 심하게 피를 흘렸으며, "다른 병실을 쓸 수 없었기 때문에 병동의 아주 작은 병실에 있는" 간이 침대에 누워 있어야 했다.[13] 옆에 있는 유일한 사람은 다른 환자였는데, 안나 프로이트는 나중에 그 사람이 "착하고 친절한" 난쟁이 정신지체자였다고 말했다.[14]

사실 이 난쟁이가 프로이트의 목숨을 구했다고 해도 좋을 것이다.[15]

마르타와 안나 프로이트는 프로이트가 병원에서 밤을 보내야 할지도 모르니 필요한 물건을 챙겨 오라는 이야기를 들었다. 그들이 병원에 갔을 때 프로이트는 주방 의자에 앉아 피를 뱉고 있었다. 점심시간에는 병동 면회가 허용되지 않았기 때문에, 마르타와 안나는 프로이트의 상태가 만족스럽다는 다짐만 받고 집으로 돌아가야 했다. 그러나 이른 오후에 다시 가보니 그들이 없는 동안 프로이트가 다량 출혈로 심각한 상태에 이르렀다는 것을 알게 되었다. 프로이트가 도와 달라고 벨을 눌렀으나 벨은 고장이었다. 말을 할 수 없는 프로이트는 속수무책이었다. 다행히도 난쟁이가 간호사를 부르러 갔고, 가까스로 지혈을 할 수 있었다.

안나 프로이트는 이 끔찍한 일을 알게 되자 아버지 곁을 떠나려 하지 않았다. 그녀는 이렇게 회고한다. "벨이 울리지 않은 일에 떳떳할 수 없었던 간호사들은 무척 친절했다. 그들은 나에게 블랙커피와 의자를 주었으며, 나는 아버지, 난쟁이와 함께 밤을 보냈다. 아버지는 출혈 때문에 기운이 없었고, 약에 반쯤 취한 상태였으며, 통증이 심했다." 밤에 안나와 간호사는 프로이트의 상태가 걱정되어 당직 의사를 부르러 갔지만, 의사는 꼼짝도 하지 않았다. 아침에 안나 프로이트는 "하예크와 조수들이 평상시처럼 회진을 하는 동안 숨어 있어야 했다."[16] 하예크는 자신의 어설프고 거의 치명적인 수술을 뉘우치는 기색이 전혀 없었으며, 그날 바로 프로이트를 퇴원시켰다.

프로이트는 이 일을 더 비밀로 할 수 없었기 때문에, 자신의 병에 대한 낙관적인 보고를 하여 편지를 주고받는 친구들, 그리고 어느 정도는 자기 자신을 오도했다. 생일을 맞이하고 나서 나흘 뒤인 5월 10일에 "친애하는 루"에게 쓴 편지에서는 이렇게 말했다. "내가 다시 말할 수 있고, 씹을 수 있고, 일할 수 있다고 보고를 드릴 수 있게 되었습니다. 실제로 흡연도 허락을 받았습니다. 온건하고 조심스럽게, 말하자면 소부르주아적인 방식으로 피워야 하기는 하지만." 그는 예후가 좋다고 덧붙였다.[17] 같은 날 아브라함에게 좋은 소식을 되풀이하면서, "자네가 즐겨 쓰는 낙관적인 표현을 한번 원용해보겠네."라고 제안했다. "많은 행복한 날들이 찾아오고, 새로운 종양은 찾아오지 않기를!"[18] 얼마 뒤에 맨체스터에 있는 조카에게 편지를 쓸 때는 스스로 만들어낸 낙관적인 표현을 사용해보았다. "두 달 전 연구개에서 종양을 제거했는데, 종양은 나쁘게 변질될 수도 있지만 아직 그렇게 되지는 않은 상태였다."[19]

아무도 프로이트에게 사실을 이야기해주지 않았지만, 사실 프로이트는 그렇게 어리석지 않았다. 하예크는 고통스럽고 무익한 엑스레이와 라듐 치료를 처방했는데, 프로이트는 이 처방을 병변이 사실은 암이라는 자신의 의심을 확인해주는 것으로 해석했다. 그러나 공식적인 기만은 계속되었다. 하예크는 평소와 다름없이 여름 휴가를 보내도 좋다고 허락하면서, 단지 자주 상태를 보고하고 7월에는 돌아와 흉터를 살펴보자는 말만 덧붙였다. 프로이트는 바트 가슈타인으로 갔다가, 그곳에서 국경을 넘어 이탈리아의 라바로네로 갔다. 그러나 여름이 지나도 차도가 없었다. 통증이 계속되는 바람에 비참한 상태에 빠지자, 프로이트는 안나의 고집에 굴복하여 도이치에게 바트 가슈타인으로 와서 진찰을 해 달라고 요청했다. 도이치는 지체 없이 달려왔다. 그는 더 근본적인 2차 수술이 필요하다는 것을 알았지만, 여전히 프로이트에게 모든 이야기를 해주지는 않았다.

선한 의도이기는 하지만 상대를 잘못 고른 이런 신중한 태도는 도이치만이 아니라 다른 사람들에게서도 드러났다. 이것은 위대한 인물 앞에서 느끼는 어떤 경외감과 더불어 그가 결국은 죽는다는 사실을 받아들이고 싶지 않다는 소망을 보여준다. 그러나 도이치가 솔직하지 못했던 데에는 다른 이유도 있었다. 프로이트의 심장이 진실을 감당하지 못할지도 모른다고 걱정했던 것이다. 그리고 두 번째 수술로 걱정의 원인을 모두 제거하면 프로이트가 자신에게 암이 있었다는 사실조차 모른채 살아갈 수 있을 것이라는 희망도 어느 정도 품고 있었다. 그러나 그것 말고도, 도이치는 프로이트의 말 가운데 자살을 할 준비가 되어 있다고 해석할 만한 부분이 있었기 때문에 불안했다. 4월 7일, 그들의 중요한 만남에서 프로이트는 도이치에게 만일 자신이 장기간 고통을 겪어야 할 운명이라면 "품위 있게 이 세상에서 사라질" 수 있도록 도와달라고 부탁했다.[20] 만일 프로이트가 자신이 암에 걸렸다는 사실을 공개적으로 통보받으면, 이 암묵적인 위협을 현실로 바꾸고 싶은 유혹을 느낄 수도 있었다.

이것으로도 충분하지 않았는지, 도이치에게는 1923년 여름 환자의 예민한 상태를 고려해야 할 이유가 한 가지 더 생겼다. 프로이트가 6월에 죽은 사랑하는 손자 하이넬레를 애도하고 있었던 것이다. 프로이트의 딸 조피의 둘째 아들인 네 살 난 하이넬레는 몇 달 동안 빈에 머물고 있었다. 가족 모두 그 아이를 귀여워했다. 애정이 넘치는 할아버지는 1923년 4월에 페렌치에게 이렇게 말했다. "여기 내 어린 손자는 그 나이(4살)에서 가장 재치 있는 아이일세. 또 나이에 어울리게 앙상하고 연약하네. 눈, 머리, 뼈밖에 안 보이지."[21] 이것은 손자에 대한 애정이 담긴 보고이기는 하지만, 불길한 의미가 내포되어 있었다. 프로이트는 6월 초 이 아이가 죽어 갈 때 부다페스트에 있는 친구들에게 말했다. "내큰 아이 마트(마틸데), 그리고 그애의 남편은 이 아이를 양자로 여겨 완전히 사랑에 빠졌기 때문에 이런 일을 예측할 수가 없었지요. 그 아이는 정말이지 매력적인 녀석이었습니다." 프로이트는 체념을 했는지 과거

딸 조피의 두 아들인 하이넬레(왼쪽), 에른스틀과 함께 찍은 사진. 조피에 이어 손자 하이넬레마저 병으로 사망했을 때 프로이트는 비통에 잠겼다.

시제를 썼다. "나는 아이는 물론이고 어떤 인간도, 그 아이만큼 사랑한 적이 없습니다."[*22)]

한동안 하이넬레는 고열과 두통에 시달렸지만 구체적인 증상이 없었기 때문에 진단이 나오지 않았다. 그러나 6월이 되자 속립성 결핵이라는 것이 확실해졌다. 이것은 한마디로 "아이를 잃는다"는 뜻이었다. 프로이트가 편지를 쓰는 동안 하이넬레는 혼수 상태로 누워 있다가 이따금씩 깨어났으며, "그러다가는 다시 완전히 의식을 회복하기 때문에, 아이가 아프다는 것을 믿기가 힘듭니다." 프로이트는 전혀 예상도 못했을 만큼 큰 고통을 겪고 있었다. "나는 이 상실을 매우 아프게 받아들이고 있습니다. 이보다 더 힘든 일은 겪어본 적이 없는 것 같습니다." 그는

---

* 1896년에 아버지가 거의 죽음에 이르렀을 때도 그는 과거 시제를 사용했다. 이것은 그가 불가피한 일을 받아들였다는 증후였다.

기계적으로 일을 하고 있었다. "근본적으로 모든 것이 가치를 잃었습니다."[23]

프로이트는 자신의 병 때문에 충격이 더 증폭되었다고 생각했지만, 자신보다는 손자 때문에 더 괴로워했다. 그는 버나드 쇼(George Bernard Shaw)가 《의사의 딜레마》 머리말에서 한 말을 인용하여 이렇게 썼다. "영원히 살려고 노력하지 마세요. 성공하지 못할 테니까요."[24] 6월 19일에 마침내 끝이 났다. "사랑하는 아이"[25] 하이넬레가 죽은 뒤 눈물을 흘리지 않는 사람 프로이트는 울고 말았다.*[26] 7월 중순 자기중심적이고 약간 둔감한 페렌치는 프로이트에게 왜 자신의 쉰 살 생일을 축하해주지 않느냐고 물었다. 그러자 프로이트는 낯선 사람에게라면 그런 예의를 생략하지 않았을 것이라고 대답했다. 그는 자신이 페렌치에게 어떤 복수를 하는 것은 아니라고 생각했다. "오히려 현재 내가 삶에 혐오감을 느끼는 것과 관련이 있네. 나는 전에는 우울한 상태에 빠진 적이 없는데, 아마 이것이 우울증인가 보네."[27] 이것은 주목할 만한 발언이다. 프로이트는 되풀이하여 우울한 기분에 빠져들었던 사람이었기 때문에, 이번 것은 예외적으로 심각한 상태라는 이야기가 될 수밖에 없기 때문이다. 그는 8월 중순에 아이팅곤에게 말했다. "아직도 내 주둥이 때문에 괴롭네. 그리고 사랑하는 아이에 대한 무력한 갈망에 강박되어 있어."[28] 그는 이제 자신이 삶에는 나그네이며 죽음의 후보자가

---

* 하이넬레가 마지막 몇 달을 보낸 마틸데와 로베르트 홀리처의 집에서 어린 학생 시절에 공부를 했던 정신과 의사 힐데 브라운탈(Hilde Braunthal)은 프로이트가 "손자를 자주 보지는" 않았다고 생각한다. "프로이트 가족은 홀리처의 집에서 모퉁이를 돌면 나오는 가까운 곳에 살았다. 나는 프로이트가 개와 함께 거리를 걸어가는 모습을 자주 보았다. 그는 생각에 완전히 몰두해 있는 것처럼 보였다." (본인이 직접 한 말, 1986년 1월 4일.) 그러나 프로이트가 손자를 가끔씩만 보았다 해도, 그가 몰두한 생각 가운데 일부는 손자와 관련되어 있었을 것이다.

되었다고 묘사했다. 그는 평생 소중하게 여기던 친구 오스카어 리에게 편지를 쓰면서, 아이를 잃은 것을 극복할 수 없다고 고백했다. "그 아이는 나에게 미래를 뜻했으니, 그 아이와 함께 미래가 사라진 거야."[29]

어쨌든 그 시절에 그는 그런 기분이었던 것 같다. 3년 뒤 루트비히 빈스방거가 결핵성 수막염으로 여덟 살 난 아들을 잃고 애절한 편지로 프로이트와 슬픔을 나누었을 때 프로이트는 1923년을 회고했다. 그는 답장에서 "불필요한 조의를 표하려고 하는 말이 아니라, 그래요, 실제로 내부의 충동 때문에" 쓰는 것이라고 말했다. "박사의 편지가 내 안의 기억을 일깨웠기 때문입니다. 아니, 그건 말도 안 됩니다. 사실 그 기억은 한 번도 잠든 적이 없기 때문입니다." 그는 자신이 잃은 사람들을 모두 회고했다. 특히 스물일곱 살에 죽은 사랑하는 딸 조피를 떠올렸다. 그러면서 이렇게 덧붙였다. "하지만 나는 놀랄 만큼 잘 버텼습니다. 그때는 1920년이었습니다. 비참한 전쟁에 지쳐 있었고, 앞으로 몇 년 동안 아들이 하나, 아니 심지어 셋 다 죽었다는 소식을 들을 수도 있다고 각오를 하던 때였지요. 따라서 운명에 체념하는 태도가 잘 갖추어져 있었던 셈입니다." 그러나 조피의 둘째 아이의 죽음은 그에게 큰 충격을 주었다. 하이넬레는 그의 마음에서 "내 모든 자식과 손자들"을 대표했으며, "그 이후로, 하이넬레가 죽은 뒤로, 나는 이제 손자들을 좋아하지 않게 되었으며 삶에서 기쁨을 느끼지도 못합니다. 이것이 또 나 자신의 생명을 위협하는 일에 무관심—사람들은 이것을 용기라고 부릅니다만—을 보일 수 있는 비결이기도 합니다."[30] 그는 빈스방거에게 감정을 이입하면서 그의 기억들이 오랜 상처들을 되풀이하여 다시 찢어서 드러낸다는 것을 알았다. 프로이트에게는 여전히 많은 활력, 그리고 많은 애정이 남아 있었다. 그러나 하이넬레는 언제까지나 논란의 여지 없이 그가 가장 사랑하는 아이로 남을 터였다. 1923년 여름 하이넬레의

형 에른스트가 프로이트의 집에 두 달 동안 묵었을 때, 다른 사람들은 어떨지 몰라도 프로이트는 "그 아이에게서 전혀 위로를 받을 수가 없었다."[31]

이것이 1923년 여름 도이치가 직면했던, 그리고 직시할 수 없었던 프로이트의 상황이었다. 프로이트는 다른 사람들과 마찬가지로 약하고, 죽어야 할 운명이었던 것이다. 도이치는 랑크에게, 그리고 나중에 프로이트의 근위대인 '위원회'에 속을 털어놓았다. 프로이트의 측근—아브라함, 아이팅곤, 존스, 랑크, 페렌치, 작스—으로 이루어진 이 작은 그룹은 당시 돌로미테 알프스의 산크리스토포로에서 만나고 있었다. 프로이트가 머물던 라바로네에서 긴 언덕을 따라 내려가면 나오는 곳이었다. 그들 사이에는 불화가 있었는데, 이것은 전쟁이 끝난 후부터 상당 기간 쌓여 온 것이었다. 1920년 10월경에 회람하기 시작한 주간 회람 서한인 〈룬트브리페(Rundbriefe)〉도 별 도움이 되지 않았다. 이 회람 서한은 빈, 부다페스트, 베를린, 런던에 있는, 프로이트의 가장 가까운 지지자들이 서로 꾸준히 연락을 하려고 만든 것이었다. 프로이트는 회람 서한이 막 나오려 할 무렵 어니스트 존스에게 이렇게 말했다. "이 제도가 어떻게 움직일지 알고 싶은 마음이 간절하네. 매우 쓸모가 있을 것이라고 기대하고 있어."[32] 그러나 거의 같은 시기에 존스가 영어판 〈국제정신분석저널(International Journal of Psycho-Analysis)〉을 창간했는데, 이 잡지를 운영하는 방식 때문에 존스와 랑크의 관계가 나빠졌다. 존스는 랑크의 행동을 자신의 편집 관행에 대한 오만한 개입으로 여겨 분개했다. 영국에 아직 반(反)독일 정서가 강한 상황에서 정신분석 문헌에 대한 게르만의 기여를 최소화하고 싶은 마음이 간절했고, 또 미국의 기여를 끌어들이고 싶은 마음 또한 간절했기 때문에, 존스는 빈 사람들이 필수적이라고 생각하는 높은 기준에 미치지 못하는 논문 몇 편을 받아들였으며, 랑크는 망설이지 않고 존스의 선택에 이의를 제기했다. 프로이트는 이런 불화가 그들에게 꼭 필요한 평화에 위협이 된다고 여겼다. 프로이트는 정신분석 사업 문제를 랑크에게 맡기고 있었기 때문에 존스에게 보낸 편지에서 여러 번 랑크를 찬양했으며, 존스의 급한 성격을 가볍게 꾸짖었다. "랑크가 옆에 없으면 나는 무력하여 불구가 된 느낌이 드네." 프로이트는 1919년에 그렇게 썼다.[33] 조금 뒤에는 "랑크에 관한 박사의 말에서 가혹한 면이 느껴지는데, 그 말을 들으니 아브라함과 관련하여 비슷한 분위기가 조성되었던 일이 떠오르네. 박사는 전쟁 동안에도 이보다 부드러운 언어를 사용했지. 박사와 우리들 사이가 잘못되는 일이 없기를 바라네."[34] 그는 존스가 감정과 기분을 통제하지 못한다고 비난했으며, 앞으로 좋아지기를 바란다고 덧붙였다.[35]

그러나 '위원회' 구성원들 사이에서는 노여움이 부글부글 끓어올랐다. 존스는 1922년 여름 회람 서한에서 불평했다. "랑크의 망치가 다시 한 번 떨어졌습니다. 이번에는 런던에 떨어졌습니다. 내가 보기에는 매우 불공평하게 떨어졌습니다."[36] 이와는 대조적으로 존스와 아브라함 사이에는 화해가 이루어졌다. 아브라함은 랑크가 정통적인 분석 기법에서 벗어난 것에 점차 불안을 느끼기 시작했다. 일곱 명으로 이루어진 이 긴밀한 집단에서 프로이트는 랑크, 페렌치와 특히 가까웠지만, 다른 사람들도 그들과 마찬가지로 필요한 존재들이었다. 1923년 한여름, 자신의 병과 손자를 잃은 슬픔에 시달리던 프로이트는 싸우고 있는 '위원회'가 적어도 겉으로는 우호적인 모습을 보여주기를 바랐다. "나는 오랜 친구들을 잃기에는 너무 늙었네. 젊은 축에 속하는 사람들이 인생의 이런 변화를 생각하기만 한다면, 자기들끼리 좋은 관계를 유지하는 것이 쉬워질 걸세."[37]

그러나 젊은 축에 속하는 지지자들이 평화적인 태도를 취해주기를 바라는 프로이트의 희망은 적어도 당장은 비현실적이었다. 8월 26일 어니스트 존스는 아내에게 소식을 전하면서 산크리스토포로의 분위기를 분노와 불안이라고 묘사했다. "주요한 소식은 F.〔프로이트〕가 진짜로 암에 걸렸다는 거요. 병의 진행이 느려서 몇 년 계속될 수도 있소. 그는 이것을 모르니, 매우 치명적인 비밀인 셈이지." 자신과 오토 랑크의 싸움에 관해서는 이렇게 말한다. '위원회'는 "랑크-존스 사건을 검토하느라 하루 온종일을 보냈소. 매우 고통스러웠지만, 이제 우리 관계가 나아지기를 바라고 있소." 그러나 그는 관계 개선이 당장 가시화되지 않을 것임을 알고 있었다. 불쾌한 사건이 일어나 관계가 더 악화되었기 때문이다. "F〔페렌치〕가 나에게 말을 하지 않을 거라고 예상을 하고 있소. 브릴이 방금 거기에 들렀는데, 내가 R〔랑크〕이 유대인 사기꾼이라고 말했다고 F에게 떠들어댔기 때문이오." 존스는 자신이 그런 편협한 태도를 보였다는 사실을 일부 부인했다. 그 말이 "매우 과장되었다(stark übertrieben)"는 것이었다.[38]

존스가 무슨 말을 했든, 모욕적인 말을 한 것만은 분명했다.* 이틀 뒤 존스는 다시 아내에게 '위원회'의 위원들이 "몇 시간 동안 이야기를 하고 소리를 지르는 바람에 꼭 정신병원에 들어와 있는 느낌이 들었다."고 보고했다. 그들은 "랑크-존스 사건에서 내가 틀렸으며, 사실은

---

* 현재 찾아볼 수 있는 단편적인 문서 증거만으로는 존스가 한 말을 재구성하는 것이 불가능하다. 1924년 랑크가 존스만이 아니라 프로이트를 포함한 다른 모든 사람의 노여움을 사고 난 뒤, 프로이트는 그동안 랑크에 관한 존스의 말이 다 맞았다고 쓸쓸하게 인정했다. 존스는 아브라함에게 쓴 편지에서 프로이트의 그 말을 인용하고 나서 이렇게 말했다. "따라서 내가 브릴에게 한 유명한 말, 산크리스토포로에서는 변호할 용기를 내지 못했지만, 어쨌든 그 말도 옳았다는 것이 입증된 셈입니다.(물론 브릴이 거기에 잘못 덧붙인 부분을 이야기하는 것이 아닙니다.)" (존스가 아브라함에게 쓴 편지, 1924년 11월 12일. Karl Abraham papers, LC.)

프로이트와 소수의 충성파로 구성된 '위원회'. 이 위원회는 정신분석 진영의 분열을 막고 프로이트를 '호위'하기 위해 1912년에 만들어졌다. 1922년에 찍은 이 사진에는 1919년에 합류한 막스 아이팅곤도 포함되어 있다. 뒷줄 왼쪽에서 오른쪽으로 오토 랑크, 카를 아브라함, 막스 아이팅곤, 어니스트 존스. 아랫줄은 왼쪽부터 프로이트, 산도르 페렌치, 한스 작스.

내가 신경증 환자"라고 판결했다. 존스는 이 집단에서 유일하게 비유대인이었으며, 그것을 절실하게 느꼈다. "죄인 한 명을 조사하겠다고 유대인 친족 회의를 연 것도 대단한 일이지만, 그 다섯 명이 죄인을 그 자리에서 모두 함께 분석하겠다고 고집하는 경우를 상상해보시오!" 그는 자신이 "영국인이라 이 모든 일을 선선하게 받아들이고", 짜증을 내지 않았다고 하면서도, 이 하루가 "굉장한 경험(Erlebnis)"이었다고 인정했다.[39)]

이런 반목의 와중에 위원들은 프로이트가 암에 걸렸음을 알고 충격을 받았다. 그들은 심각한 딜레마에 빠졌다. 프로이트에게 근본적 수술이 필요하다는 것은 분명했지만, 그에게 어떻게, 얼마나 이야기를 해야 하는가 하는 문제는 분명하지 않았다. 프로이트는 딸 안나에게 로마를 구경시켜줄 계획을 세워놓고 있었으며, 그들은 오래전부터 계획된 이 휴가를 망치거나 무산시키고 싶지 않았다. 결국 '위원회'의 의사들—아브라함, 아이팅곤, 존스, 페렌치—이 양식(良識)에 따라 설득을 하여 대체로 성공을 거두었다. 프로이트에게 이탈리아 소풍 뒤에 빈으로 돌아와 추가로 수술을 받으라고 엄숙하게 촉구한 것이다. 그러면서도 프로이트에게 진단 결과를 완전히 공개하지는 않았다. 심지어 펠릭스 도이치조차 진실을 있는 그대로 밝히지 못했다. 그러나 이렇게 그릇된 판단에 따라 엉뚱하게 마음을 쓰는 바람에 도이치는 프로이트의 신뢰와 주치의 자리를 모두 잃게 된다. 그는 프로이트가 나쁜 소식이라도 충분히 소화할 수 있고, 남이 자신을 보호해주는 척하는 것에 분노를 느낀다는 점을 제대로 파악하지 못했다.* 프로이트는 위원들의 태도에도 불쾌해했다. 나중에 그들의 선의의 기만을 알고 격노했다. "무슨 권리로 (Mit welchem Recht?)" 그는 어니스트 존스에게 그렇게 소리쳤다.[40] 프로이트의 눈으로 볼 때는 아무리 인정 어린 동기를 지닌 사람이라 해도 그에게 거짓말을 할 권리는 없었다. 아무리 무시무시하다 해도 진실을 말하는 것이 최고의 친절이었다.

도이치가 프로이트의 상태에 관해 보고를 한 '위원회' 회의 뒤에 안나 프로이트는 이 사람들과 함께 식사를 했다. 그녀는 저녁에 달빛을 받으며 도이치와 함께 라바로네로 가는 언덕을 오르면서 정보를 얻어냈

---

* 안나 프로이트는 세월이 흐른 뒤 도이치가 아버지의 "진실을 대면하는 능력과 독립성"을 "과소 평가했다"고 말했다. (안나 프로이트가 존스에게 쓴 편지, 1956년 1월 4일. Jones papers, Archives of the British Psycho-Analytical Society, London.) "아버지는 자신을 '보호해주는 척하는 태도(Bevormundung)'를 용서하지 않았습니다." (안나 프로이트가 존스에게 쓴 편지, 1956년 1월 8일. 같은 곳.) 둘 사이에는 한동안 긴장이 흘렀고, 도이치는 이 때문에 많이 힘들어했다. 결국 둘의 우정은 회복되었지만, 프로이트는 전문적인 진찰을 받을 때는 다른 의사들에게 의지했다.

다. 안나는 "반 농담으로" 만일 그녀가 아버지와 로마에서 특별히 좋은 시간을 보내게 된다면 계획대로 돌아오지 않고 조금 더 머물러도 좋지 않겠냐고 물었다. 도이치는 경악을 하며 그런 생각은 하지도 말아 달라고 간청했다. 그는 힘을 주어 말했다. "'그런 생각은 하면 안 돼. 무슨 일이 있어도. 안 그런다고 약속해 다오.'" 안나 프로이트는 오랜 세월이 지난 후에 그것으로 모든 것이 "분명해졌다"고 말했다.**[41] 프로이트가 갈망하던 막내딸과의 로마 여행은 계획대로 진행되었다. 프로이트가 예상한 대로 딸은 과거 자신이 그랬던 것처럼 이 도시를 유심히 관찰했고 열광했다. 그는 9월 11일에 로마에서 아이팅곤에게 "안나가 로마를 완전히 음미하고 있으며, 총명하게 길을 찾아 돌아다니고, 다차원적인 로마의 모든 면을 빠짐없이 잘 받아들인다."고 보고했다.[42] 돌아온 뒤에 프로이트는 어니스트 존스에게 "로마에서 멋진 시간"을 보내는 동안 막내딸이 "정말로 돋보였다"고 말했다.[43]

마침내 프로이트가 오래전부터 생각하던 진실이 그에게도 전달되었다. 9월 24일 프로이트는 맨체스터의 조카에게 약간 베일에 싸인 언어로 그 이야기를 했다. "나는 지난 입 수술의 결과를 극복하지 못했다. 통증이 있고 삼키기가 어려워. 미래는 아직 확실치 않구나."[44] 이틀 뒤 그의 입장은 분명해졌다. 그는 그 사실을 아이팅곤에게 자유롭게 모두 이야기했다. "오늘은 나에 관한 소식을 알고 싶어 하는 박사의 요구를 충족시켜줄 수 있게 되었네. 두 번째 수술을 받아야 한다고 결정이 내려졌거든. 위쪽 턱을 부분 절제해야 하네. 친애하는 새로운 형성물이 그곳에 나타났기 때문일세. 수술은 피흘러 교수가 할 거야." 피흘러 교수

** 이 상황에 대한 그녀의 느낌은 단순하지 않다. "그 덕분에 나는 잊을 수 없는 로마 여행을 할 수 있었으며, 지금도 그것을 고마워합니다." (안나 프로이트가 존스에게 쓴 편지, 1956년 1월 8일. 같은 곳.)

는 저명한 구강외과의였다. 그는 가능한 최고의 선택이었으며, 펠릭스 도이치가 추천한 사람이기도 했다. 프로이트가 아이팅곤에게 한 말에 따르면 한스 피흘러(Hans Pichler)는 "이런 일에 최고의 전문가"였다. "피흘러 교수는 나중에 필요한 인공 기관도 만들 걸세. 교수는 나에게 네댓 주 정도면 먹거나 말하는 데 문제가 없을 거라고 장담했네."[45]

수술은 10월 4일과 12일 두 번에 걸쳐 진행되었다.[46] 대체로 성공적이었지만, 매우 거친 수술이어서 프로이트는 한동안 말을 하지도 먹지도 못했다. 코에 튜브를 넣어 음식물을 섭취해야 했다. 그러나 두 번째 수술을 받고 나서 일 주일 뒤, 아직 입원을 한 상태였지만 충동을 억누를 수 없어 아브라함에게 전보 형식의 짧은 편지를 썼다. "교정 불가능한 낙관주의자에게. 오늘 지혈 마개를 새로 갈고, 일어나고, 여전히 남은 것은 옷에 찔러 넣었음. 모든 소식, 편지, 안부, 신문 스크랩에 감사. 주사 없이 잠을 잘 수 있으면 바로 집에 갈 것임."[47] 그는 아흐레 뒤에 퇴원했다. 그러나 죽음과의 씨름은 아직 끝난 것이 아니었다.

그 씨름은 격렬했다. 그리고 적은 교활하고 무자비했다. 프로이트는 최악을 각오했다. 10월 말에는 자신의 "현재 상태" 때문에 돈을 버는 일을 계속하지 못할지도 모른다고 생각하여, 아들 마르틴에게 보내는 편지 형식으로 유언장에 추가 조항을 달았다. 그가 주로 걱정한 사람은 아내와 딸 안나였다. 그는 자식들에게 그들의 어머니를 위하여 "어차피 얼마 되지도 않는 유산"에서 그들의 몫을 포기하고, 안나의 지참금을 2000파운드로 올리자고 말했다.[48] 그 뒤 11월 중순에 프로이트는 매우 다른 조치를 취했다. 유언을 구체화하는 것보다는 덜 합리적이지만, 그래도 이해할 만한 행동이었다. 고환에 작은 수술을 받은 것이다. 전문적으로는 '양측 정관 결찰'이라고 부르는 것으로,[49] 논란을 일으켰던 내분비학자 오이겐 슈타이나흐(Eugen Steinach, 1861~1944)가 주도하던 수술이었다. 이 수술은 시들어 가는 성적 능력을 회복하는 데 도움을 준다고 하여 어느 정도 인기를 얻었지만, 일부 권위자들은 몸의 자원을 끌어내는 수단으로 이 수술을 추천하기도 했다. 이 수술의 효과를 믿었던 프로이트는 이것이 암의 재발을 막는 데 도움을 주고, 심지어 그의 "성욕, 몸의 전체적 상태, 일을 하는 능력"을 개선해주기를 바랐다.[50] 막상 수술이 끝난 뒤에는 그 효과에 대해 모호한 태도를 보였지만, 적어도 얼마 동안은 이 수술 덕분에 실제로 젊어지고 힘도 생겼다고 느꼈던 것 같다.[51]

더 중요했던 일은 같은 달 피흘러가 암 조직이 약간 남아 있는 것을 발견하고, 용감하게 프로이트에게 수술이 한 번 더 필요하다고 말한 것이다. 프로이트 또한 용감하게 수술을 받았다. 그러나 프로이트는 그 소식에 무척 실망했음을 인정했다. 그러면서 수술을 하는 의사에게 마법적인 전능함을 기대하여 부담을 주었던 것 같다. 그는 11월 말에 랑크에게 "감정적으로 피흘러 교수에게 매우 의존하고 있다."고 말했다. 그러나 이 수술은 냉혹하게 프로이트를 각성시켰으며, "동성애적 유대의 이완"을 가져왔다.[52] 그러나 프로이트의 의사에 대한 감정이 얼마나 복잡했건, 현실 속의 피흘러는 1936년에 가서야 또 다른 암 종양을 발견했다.

어쨌든 1923년부터 양성 종양이나 암으로 발전할 수 있는 백반이 되풀이하여 나타났으며, 이것은 치료나 절제를 해야 했다. 피흘러는 솜씨가 좋고 친절했지만, 수십 번이나 프로이트의 인공 기관을 맞추고, 닦고, 다시 맞추는 일은 둘째치고라도, 30회 이상의 작은 수술─어떤 수술은 그렇게 작지도 않았다.─자체가 몸에 칼을 대는 넌더리나는 과정이었다. 종종 그에게 심한 상처를 남기는 일도 있었다.* 줄담배가 주는 쾌락, 아니 불치의 흡연 욕구는 프로이트를 압도했던 것이 분명하다. 그러나 시가를 한 대 피우는 것은 새로운 자극물을 투여하는 것과 마찬가지였으며, 결국 또 한 번의 고통스러운 수술을 향해 한 걸음 더 나아가는 과정이 되고 말았다. 그는 자신이 시가에 중독되었음을 인정했고, 흡연이 궁극적으로 모든 중독의 원형인 자위의 대체물이라고 생각했다는 것을 우리는 알고 있다. 결국 그의 정신에는 그의 자기 분석도 결코 이르지 못했던 깊은 곳, 그의 분석으로도 해소할 수 없었던 갈등이 있었던 것이 분명하다. 프로이트는 담배를 끊지 못함으로써, 그가 알지만 알지 못하는 것이라고 부른 너무나 인간적인 상황, 이성적으로 이해는 하면서도 적절하게 행동하지는 못하는 상태가 실제로 존재한다는 사실을 그 스스로 생생하게 보여준 셈이다.

1923년 말 프로이트는 부상을 당하여 철저한 신체적 재활이 필요한 운동선수 같은 상태였다. 한때 탁월한 강연자이자 뛰어난 좌담가였던 프로이트는 다시 말을 하는 훈련을 해야 했다. 그러나 그의 목소리는 과거의 명료함과 울림을 회복하지 못했다. 수술은 프로이트의 청력에도 영향을 주었다. "늘 윙 하는 소리"가 들린다고 불평했으며,[53] 실제로 오른쪽 귀가 점점 안 들리게 되었다. 그래서 왼쪽 귀로 이야기를 들을 수 있도록 소파를 다른 쪽 벽으로 옮겼다.[54] 먹는 것도 불쾌하고 괴로웠다. 그래서 이제 사람들이 있는 자리에서 식사하는 것을 피했다. 구강과 비강을 분리하는 장치—존스는 이것을 거대한 괴물 같은 물

---

* 프로이트가 받아야 했던 수술은 그 방식이 보여주듯이 세 가지 유형이었다. 하나는 피흘러의 진료실에서 국부 마취를 하는 것이었다. 또 하나는 아우어슈페르크 요양소에서 국부 마취를 하여 "미리 잠을 유도"하고 진행하는 수술이었다. 또 하나는 요양소에서 전신 마취를 하고 진행하는 수술이었다. (안나 프로이트가 존스에게 쓴 편지, 1956년 1월 8일, 같은 곳.) 더욱이 프로이트는 그의 진료실 옆에 마련한 작은 방에서 정기적으로 검진을 받았다.

건, "일종의 확대된 틀니"라고 불렀다.[55]—를 끼고 빼는 것도 고역이었으며, 종종 그것에 살이 쓸려 염증이 생겼다. 실제로 대단히 고통스러웠다. 프로이트는 여생 동안 이 확대된 틀니를 여러 번 교체했다. 1920년대 말에는 다시 새로 맞추러 베를린에 가기도 했다. 프로이트는 늘 어딘가 불편했다. 그러나 페이소스에 굴복하지는 않았다. 상당히 명랑하게 새로운 조건에 적응해 나갔다. 1924년 1월 딸 안나에게 구술하여 맨체스터에 보낸 편지에서는 이렇게 말했다. "샘에게. 빠르게 회복이 되어 새해와 더불어 일을 할 수 있게 되었다고 알릴 수 있어 기쁘구나. 말은 제대로 안 나오는데, 가족이나 환자들은 잘 알아들을 수 있다고 하더라."[56]

그가 힘겹게 얻은 정신분석적 균형이 큰 도움이 되었다. 또 가족의 죽음을 목격하기는 했지만, 운 좋게도 그 뒤에 아기가 많이 태어났다. 세 아들은 프로이트 가족을 확대했다. 에른스트가 "4월 24일에 셋째 아들이 태어났다고 알려왔다." 그는 1924년 봄 새뮤얼 프로이트에게 그렇게 알렸다. "아이 둘이 더 태어날 예정이다. 마르틴의 둘째와 올리버의 첫째야(뒤셀도르프에서). 따라서 식물과 마찬가지로 가족 안에도 성장과 부패가 있는 것이지. 늙은 호메로스에게서 이 비유를 찾아볼 수 있을 게다."[57] 1924년 10월 차가운 눈으로 정신분석의 현장을 관찰하던 재능 있는 앨릭스 스트레이치(Alix Strachey, 1892~1973)는 베를린에서 런던 집에 있는 남편에게 헬레네 도이치가 "프로이트의 건강과 관련하여 최고로 뜨거운 소식—사실 이와 관련된 모든 소식이 그렇지만—을 나에게 전해주었다."고 말했다. "프로이트가 다시 회합(Vereinigungen)에 참석하고, 평소처럼 이야기도 하고, 기분이 아주 좋은 것 같아요."[58] 다섯 달 뒤인 1925년 초 그녀는 남편에게 프로이트가 여전히 말하는 데 어려움을 겪고 있지만, "안나 말로는 전반적인 건강은 최고"라고 전했다.[59]

안나, 안티고네

안나 프로이트가 아버지를 지배하는 입장에 서게 된 것은 1923년 전부터 눈에 띄었다. 그러나 그해에 프로이트가 여러 번 수술을 받은 뒤에 이런 지배는 논란의 여지도 없고, 도전도 불가능한 일이 되었다. 4월에 프로이트가 하예크의 진료소에서 경악스러운 날을 보낸 뒤 밤새 그의 곁에 있었던 사람은 부인이 아니라 딸 안나였다. 이 사건을 계기로 가족의 감정적인 닻인 안나를 중심으로 프로이트 가족의 배치가 완전히 바뀌어버렸다.* 그 전해인 1922년 3월 말 안나가 형부 막스 할버슈타트와 그의 두 아들을 돌봐주러 집을 비웠을 때,[60] 프로이트는 페렌치에게 "우리 집은 지금 황량하다"고 말했다. "자연스럽게 집을 점차 지배하게 된 안나가 넉 주 동안 함부르크에 가 있기 때문일세."[61] 석 주 전 안나가 불과 일 주일 동안 집을 비웠을 때, 프로이트는 애정 어린 편지를 보내 "너를 몹시 그리워한다"고 '공인'해주었다. "네가 없으니까 집안이 아주 쓸쓸하구나. 어디에도 너를 완전히 대신해줄 수 있는 것은 없다."[62]

안나도 마음으로는 아버지와 함께 있고 싶었을 것이다. 그녀는 아버

---

* 그렇지만 집안일은 안나의 어머니가 확고하게 통제했다. 1920년에 여행을 떠난 안나가 나란히 붙은 방에서 일도 하고 생활도 할 수 있도록 베르크 가세 19번지에서 그녀가 쓰던 방 두 칸 가운데 하나를 다른 방과 바꾸고 싶다고 편지를 썼을 때, 프로이트는 그녀의 제안에 공감하면서도 어머니와 상의해보라고 말했다. 이모 미나는 기꺼이 안나와 방을 바꾸어주고 싶어 하지만, 어머니는 방의 갑작스러운 재배치에 관한 이야기는 듣고 싶어 하지도 않는다는 것이었다. 그녀의 어머니는 새로 벽지를 바르는 데 돈을 쓰고 싶어 하지 않았다. 사실 교외로 이사하고 싶은 마음이 있었기 때문이었다. 프로이트는 안나에게 이사가 전혀 현실적이지 않다고 말했다. 그런데도 안나는 어머니에게 직접 편지를 써야 했다. "내가 네 어머니에게 강요를 할 수는 없어. 늘 집안일은 네 어머니 뜻대로 하게 해 왔기 때문이야." 프로이트는 그렇게 말했다. (프로이트가 안나 프로이트에게 쓴 편지, 1920년 10월 12일. Freud Collection, LC.) 그러나 결국 안나가 이겼다.

지를 돌보고 싶은 마음이 간절했다. 사실 사춘기 이후로 그랬다. 1920년 여름에 그녀는 시간을 내 아우스제에 가서, 아버지의 오랜 친구 오스카어 리가 중병에서 회복되는 동안 간병을 도운 적이 있었다. 리는 더 비밀을 유지할 수 없게 되자 마지못해 가족에게 자신의 상태를 알렸다. 리의 이런 과묵한 태도, 그리고 그녀가 보기에는 상대를 잘못 고른 배려로 보이는 행동을 지켜보면서 안나는 그 무렵 거의 모든 사건에서 그랬던 것처럼 아버지를 생각하게 되었다. 안나는 프로이트가 리처럼 입을 다물고 있도록 놓아두지 않겠다고 결심했다. 그녀는 아버지에게 호소했다. "언젠가 병에 걸렸는데 제가 그 자리에 없더라도 저에게 즉시 편지로 알려주겠다고 약속해주세요. 제가 달려갈 수 있도록 말이에요." 그녀는 그렇게 해주지 않으면 어디에 가더라도 마음의 평화를 찾을 수 없을 것이라고 덧붙였다. 그녀는 아우스제로 떠나기 전 빈에서 이 문제에 관해 이야기하고 싶었지만, 결국 너무 수줍어서 이야기를 못하고 말았다.[63]

3년이 흘러 아버지가 첫 번째 수술을 받은 뒤에는 수줍어할 여유가 없었다. 그녀는 고집스럽게 그 제안을 되풀이했다. 프로이트는 부드럽게 항변하면서도 그 말을 따랐다. "네 소망에 바로 굴복하고 싶지는 않구나. 어린 나이에 늙고 병든 부모를 간호하는 슬픈 역할을 떠맡아서는 안 돼." 그는 빈에서 하예크에게 입천장 검진을 받던 시기에 그렇게 말했다. 프로이트는 한 가지는 기꺼이 양보하겠다고 덧붙였다. "하예크가 어떤 이유에서든 빈에서 나가지 못하게 하면, 즉시 전보로 너를 부르마."[64] 이제 안나 프로이트는 아버지를 책임지는 일에서 마르타를 훨씬 앞서게 되었다.

따라서 1923년 여름 집안에서 아버지의 암에 관한 진실을 처음 알아낸 사람도 당연히 안나였던 것으로 보인다. 이 시절 프로이트의 편지는 안나가 그에게 큰 의미를 지니게 되었다는 사실을 풍부하게 증언해준다. 8월 중순 프로이트는 오스카어 리에게 쓴 편지에서 아내와 처제 이야기를 할 때는 그들의 건강 문제만 거론했다. 그러나 안나 이야기가 나오자 말투가 바뀌었다. "그 아이는 아주 잘 있어. 모든 일에서 중요한 대들보야."[65] 9월에 안나가 아버지와 함께 로마에서 보낸 휴가, 프로이트로서는 2차 수술 전에 기분을 한번 내보는 일이었던 이 휴가에서 안나는 우리가 알다시피 자신의 장점을 발휘했다.

프로이트는 의심의 여지 없이 모든 자식을 사랑했고, 그들 모두에게 관심을 가지고 있었다. 우리는 앞서 사춘기에 들어선 아들 마르틴이 스케이트장에서 모욕을 당해 부모의 다독거림이 필요했을 때, 프로이트가 곁에서 비난을 삼가고 참을성 있게 아들의 요구에 응해준 것을 본 일이 있다.* 1912년 여름 딸 마틸데가 갑자기 아팠을 때는 또 한 번의 영국 방문을 무척 고대했으면서도 당연하다는 듯이 런던 여행을 취소했다. 그는 또 매력적인 "일요일의 아이" 조피를 눈에 띄게 좋아했으며, 아들 올리버의 신경증적 고통을 은근히 걱정하기도 했다.** 우리가 알다시피 전쟁 중에는 전선의 아들들로 인한 공포를 안에 억누르지 않고, 마치 자신의 편지를 받는 사람들도 그 일에 관심을 가져야 한다는 듯 아이들의 소재와 상태를 자세하게 써 보냈다.

프로이트는 그의 분석을 받았던 미국인 의사 필립 레어먼(Philip Lehrman)에게 철학자처럼 이렇게 말한 적이 있다. "대가족 안에서는 늘 불운한 일이 일어나기 마련입니다. 누가 당신과 같은 역할, 즉 가족 내의 전반적인 조력자 역할을 떠맡았건—나에게도 익숙한 역할입니다만—평생 걱정하고 근심하게 되지요."[66] 그는 아버지의 역할에 관해서

---

* 《프로이트 I》 4장 315~316쪽 참조.

도 약간이기는 하지만 농담을 할 수 있었다. 그는 레러먼에게 이렇게 말했다. "가족 내에서 평화를 얻을 수 없다니, 당신네 나라에서 흔히 말하듯이, 참으로 안된 일입니다! 하지만 언제 우리 유대인이 가족 안에서 평화를 얻은 적이 있나요? 영원한 안식에 이르기 전에는 결코 평화를 얻지 못합니다."[67] 프로이트는 아이들이 그의 감정에 어떤 요구를 하든 편애를 하지 않으려고 노력했다.

그러나 이런 공평한 태도에도 불구하고 프로이트는 막내인 안네를이 아주 특별하다는 사실을 인정하게 되었다. "꼬맹이"—그는 전쟁 중에 페렌치에게 자신이 애용하던 안나의 별명을 사용하며 말했다.—"는 특별히 사랑스럽고 흥미로운 아이일세."[68] 프로이트는 안나가 어쩌면 오빠나 언니들보다 사랑스러울 수도 있다고 생각했고, 그들보다 흥미로운 아이라는 것은 분명하게 인정하게 되었다. 1914년에는 안나에게 이렇게 말했다. "너는 마트[마틸데]나 조피하고는 약간 다르게 컸구나. 지적인 관심도 더 많고, 순수하게 여성적인 활동으로는 만족할 줄을 몰라."[69]

안나가 남달리 뛰어난 지능을 가졌으며, 그의 인생에서 특별한 자리를 차지하고 있다는 사실을 프로이트가 인정한다는 것은 그가 그녀에게 사용하는 특별한 말투—거의 정신분석적인 해석이 담긴 애정 어

** 1920년대 초에 올리버 프로이트는 베를린에서 프란츠 알렉산더(Franz Alexander)의 분석을 받았다. 몇 년 뒤에 프로이트는 아르놀트 츠바이크에게 쓴 편지에서 올리버의 "특별한" 재능, 그리고 그의 지식의 범위와 신뢰성을 높이 평가했다. "그 아이의 성격은 흠잡을 데가 없습니다. 그런데 신경증이 아이를 덮쳐 모든 꽃이 다 시들어버렸습니다." 올리버는 "안타깝게도 신경증적으로 강하게 억제되어 있기" 때문에 "운이 아주 나쁜" 인생을 살아야 했다. 프로이트는 츠바이크에게 올리버의 불확실한 삶이 감당하기 어려운 무거운 짐이라고 말했다. (프로이트가 아르놀트 츠바이크에게 쓴 편지, 1934년 1월 28일. Sigmund Freud Copyrights, Wivenhoe의 허락을 받고 인용.)

린 자문이었다.―에도 반영되었다. 이것은 그가 다른 자식들하고 대화할 때는 거의 사용하지 않는 말투였다. 반대로 아버지와 특별히 친밀한 관계를 유지하고 싶다는 안나의 요구 또한 집요하고 강했으며, 날이 갈수록 더 강해졌다. 어린 시절 안나는 몸이 약했기 때문에, 프로이트는 푹 쉬고 산책을 하면 여윈 몸에 살이 좀 붙을까 해서 그녀를 휴양지에 자주 보냈다. 이 시기에 안나가 쓴 편지에는 일 주일에 1킬로그램, 일 주일이 더 지나 0.5킬로그램이 늘었다는 소식이 가득하다. 그와 더불어 아버지를 향한 갈망이 배어 있다. 열네 살 때인 1910년 여름 온천에서 "사랑하는 아빠"에게 쓴 편지에서는 자신이 좋아지고 있으며, "몸무게가 늘어 이미 튼튼하고 뚱뚱하다."고 아버지를 안심시켰다. 또 이 어린 나이에도 아버지에게 어머니 같은 역할을 하려 했다. "하르츠 산맥에서 다시 배탈이 나는 일은 없겠죠?" 그녀는 "남자아이들", 즉 오빠들이 아버지를 감시하기를 바라면서도, 자신이 오빠들보다 아버지를 잘 돌볼 수 있다는 사실을 의심하지 않았다. 다른 모든 면에서도 그녀는 형제들과 가차 없이 경쟁했다. "저도 에른스트와 올리처럼 아버지하고 단둘이 여행하고 싶은 마음이 간절해요." 또 안나는 조숙하여 일찍부터 프로이트의 글에 관심을 보였다. 그녀는 "아주 마음씨 좋은" 예켈스(Ludwig Jekels) 박사에게 〈그라디바〉 논문을 읽게 해 달라고 부탁했지만, 그는 프로이트가 허락을 해야만 그렇게 해주겠다고 대답했다.[70] 안나는 프로이트가 그녀에게 지어준 애정이 담긴 별명들을 무척 좋아했다. 그녀는 다음 여름에 이렇게 썼다. "아빠에게. 누가 나를 '검은 악마'라고 불러준 지가 꽤 오래됐어요. 그 별명을 몹시 듣고 싶어요."[71]

요통 같은 안나가 겪는 가벼운 질병 대부분이 그녀의 아버지에게는 심인성으로 보였다. 그녀 자신도 의미 없다고 비난한, 우울하게 생각에 잠기는 상태가 뒤따르곤 했기 때문이다.* 프로이트는 딸에게 그녀의 증상들을 알려 달라고 했다. 딸은 그를 실망시키지 않았다. 1912년 초, 여전히 힘든 상황에서도 안나는 아버지에게 자신의 정신 상태를 상세하게 이야기했다. 그녀는 아프지도 건강하지도 않다면서, 무엇 때문에 힘든 것인지 잘 모르겠다고 말했다. "어쨌든 어떻게 된 일인지 몰라도 저한테 무슨 일이 생기고 있어요." 그러면서 그녀는 자주 피곤하고, 자신의 게으름을 포함한 온갖 일을 걱정하게 된다고 덧붙였다.** 안나는 큰언니 마틸데처럼 합리적인 사람이 되기를 갈망했다. "저는 분별력 있는 인간이고 싶어요. 앞으로라도 그렇게 되고 싶어요." 그러나 그녀는 힘든 시절을 겪었다. 안나는 아버지에게 말했다. "사실 아버지한테 이런 이야기를 다 쓰지 않는 게 좋았을 것 같아요. 아버지를 괴롭히기 싫으니까요." 그러나 프로이트는 안나에게 쓰라고 말했다. 그녀는 후기에 이렇게 덧붙였다. "이 이상은 저 자신을 모르기 때문에 아버지한테 더 쓸 수도 없어요. 물론 아버지한테 비밀은 없어요." 그러고는 아버지가 곧 다시 자신에게 편지를 써주기만 바란다고 말했다. "그럼 저는 분별력을 갖추게 될 거예요. 아버지가 조금만 도와주시면요."[72]

프로이트는 기꺼이 도우려 했다. 1912년, 이제 마틸데는 결혼을 했고 조피도 언니의 뒤를 따를 준비가 되자, 안나는, 그가 부르기 좋아한 대로, "사랑하는 외동딸"[73]이 되었다. 11월에 안나가 이탈리아 북부의 인기 있는 휴양지 메라노에서 몇 달을 보내기로 하자, 프로이트는 안나

---

* 생리 불순 같은 이런 건강 문제 몇 가지는 나중에도 계속되었다. 안나는 1920년에 아버지에게 이렇게 말했다. "어제 어떤 비정상적인 약물의 힘을 빌리지 않고도 생리가 시작되어서 정말 기뻐요. 이번에는 잘 견디고 있어요." (안나 프로이트가 프로이트에게 쓴 편지, 1920년 11월 16일. Freud Collection, LC.)
** 이것도 아버지에게 보내는 편지에서 끈질기게 계속되는 주제였다. "할 일이 아무것도 없는데도 왜 저는 늘 이렇게 행복한 건지 모르겠어요." 안나는 1919년 여름에 시름에 잠긴 목소리로 그에게 그렇게 물었다. "사실 저는 일하는 것을 좋아해요. 아니면 그냥 그렇게 보이는 것뿐일까요?" (안나 프로이트가 프로이트에게 쓴 편지, 1919년 8월 2일. 같은 곳.)

에게 긴장을 풀고 즐겁게 지내라고 권했다. 게으름과 햇빛에 익숙해지면 몸무게도 늘고 건강도 좋아질 것이라는 이야기였다.[74] 안나는 아버지가 몹시 보고 싶다고 말했다. "늘 최대한 많이 먹고 분별력 있게 행동하고 있어요." 그녀는 메라노에서 보낸 편지에서 그렇게 말했다. "아버지 생각을 많이 해요. 아버지가 짬이 날 때 편지를 써주시기를 고대하고 있어요."[75] 이것은 계속 되풀이되는 말이었다. 그녀의 아버지는 그 **렇게** 바쁜 사람이었던 것이다! 그녀가 집에 오겠다고 하자, 프로이트는 1913년 1월 중순으로 잡혀 있던 조피의 결혼식에 참석하지 못하더라도 더 있으라고 권했다.[76] 이것은 치료를 위한 빈틈없는 제안이었다. 안나는 조피와 "끝없이 싸우게 되는 것"이 자신에게는 "끔찍한" 일이라고 말한 적이 있었기 때문이다. 조피를 좋아하고 존경했지만, 조피는 자신을 상대도 해주지 않는다는 것이었다.[77] 이런 자기 모독은 그녀의 특징이었으며, 그 뒤로도 오랫동안 변함이 없었다. 종종 결정적인 영향력을 행사했던 아버지조차 그녀가 생각을 바꾸도록 완전히 설득할 수 없었다.

그러나 프로이트는 노력했다. 그는 안나가 정신분석학적 진실들을 어느 정도 받아들일 만큼 나이가 들었다고 판단했다. 어쨌든 그녀는 자신의 정신 상태를 살피고 있었다. 눈앞에 닥친 언니의 결혼식이 그녀에게서 서로 모순되는 강력한 감정들을 자극한 것이 분명했다. 안나는 집에 가서 조피의 결혼식을 보고 싶은 마음과 멀리 떨어져 있고 싶은 마음이 공존한다는 사실을 인정했다. 한편으로는 메라노에서 호사스럽게 쉴 수 있어서 좋았다. 다른 한편으로는 조피가 부모의 집을 떠나기 전에 만나지 못해 아쉬웠다. 그러나 어쨌든 간에 안나는 전보다 "훨씬 분별력을 갖추었다." "얼마나 많이 달라졌는지 아시면 놀랄 거예요. 하지만 멀리서는 알지 못하시겠지요." 그녀는 한숨이 들릴 듯한 말투로 편지를 맺었다. "하지만 아버지가 생각하시는 만큼 분별력을 갖추기는 너무 힘들어요. 그걸 배울 수 있을지 모르겠어요."[78] 안나의 이런 자기 점검이 프로이트에게 기회를 주었다. 그는 딸에게 그녀의 여러 통증과 고통이 심리적인 데서 나온다고 말했다. 조피의 결혼식과 조피의 미래의 남편인 막스 할버슈타트에 대한 복잡한 감정들로부터 나온다는 것이었다. "사실 너도 네가 약간 이상하다는 걸 알잖니." 그러나 프로이트는 "조피에 대한 해묵은 질투심"이 안나 탓이라고 말하고 싶지 않았다. 프로이트가 보기에 그것은 조피가 유발한 면이 많았기 때문이다. 그러나 안나가 그 질투심을 막스에게 전이했고, 그것 때문에 괴로운 것이라고 생각했다. 그리고 안나는 부모에게, "또 어쩌면 자신에게도" 뭔가를 감추고 있었다. 그는 다정하게 "비밀을 만들지" 말라고 타일렀다. "부끄러워할 것 없다." 그는 분석 대상자에게 자유롭게 말하라고 조언을 하는 분석가처럼 이야기를 했다. 그러나 결론을 내리는 모습은 아버지다웠다. "사실 영원히 아이로 남아 있을 수는 없다. 인생을, 그리고 인생이 가져오는 모든 것을 용감하게 정면으로 바라볼 용기를 얻어야 하는 거야."[79]

프로이트가 안나에게 철이 들라고 격려하는 것과 실제로 철이 들도록 **허용**하는 것은 완전히 다른 문제였다. 그녀는 오랫동안 "꼬맹이"였다. 조피가 약혼을 한 뒤부터 프로이트가 장난스럽게 불렀던 다정한 별명 "사랑하는 외동딸"은 조피가 결혼을 한 뒤에도 자주 나타났다. 1913년 3월에 안나는 그가 봄의 짧은 휴가 때 베네치아에 데려갔던 "어린 딸, 이제는 외동딸"이고,[80] "어린 외동딸"이었다.[81] 안나는 가슴을 죄며 이 여행을 고대했고, 또 여행을 가서는 무척 즐거워했다. 그녀는 이 탈리아 여행이 "아버지와 함께하기 때문에 그렇지 않았을 경우보다 훨씬 아름답다."고 말했다.[82] 그해에 프로이트는 페렌치에게 "어린 딸" 안

1913년 돌로미테에서 여름 휴가를 보내는 프로이트. 당시 열일곱 살이던 막내딸 안나와 다정하게 팔짱을 끼고 있다.

나를 보면 리어 왕의 막내딸 코딜리아가 떠오른다고 고백했다.[83] 이런 생각은 그해에 출간된, 남자의 삶과 죽음에서 여자의 역할에 대한 감동적인 명상인 〈세 개의 작은 상자라는 주제〉를 낳았다. 이 무렵 돌로미테에서 찍은 사진은 프로이트와 안나가 친하게 지내는 모습을 보여준다. 프로이트는 멋진 모자, 허리띠가 있는 재킷, 니커보커 바지, 튼튼한 장화 등 하이킹 차림이다. 차분한 안나는 그녀의 가는 몸에 어울리는, 앞치마가 달린 소박한 던들 드레스 차림으로 아버지의 팔짱을 끼고 있다.

1914년 여름, 안나가 거의 열아홉 살이 되었을 때도 프로이트는 어니스트 존스에게 보내는 편지에서 안나를 여전히 "나의 어린 딸"이라고 부르고 있다.[84] 그러나 이번에는 그에게 감추어진 동기가 있었다. 안나를 존스의 호색적인 경향으로부터 보호하고 있었던 것이다. 프로이트는 7월 17일 안나가 영국으로 떠날 준비를 하고 있을 때 경고했다. "확실한 정보원으로부터 존스 박사가 너에게 구애를 하려는 진지한 의도가 있다는 사실을 확인했다." 그는 일단 안나의 두 언니가 누렸던 선택의 자유에 개입하는 것이 꺼려진다는 사실을 분명히 밝혔다. 그러나 안나는 "짧은 인생"에서 아직 청혼을 받은 적이 없고 마틸데나 조피보다부모와 "훨씬 친밀하게" 살았기 때문에, 프로이트는 그녀가 "미리 우리의(이 경우에는 나의) 동의를 얻지" 않고 중대한 결정을 내리는 것은 옳지 않다고 생각했다.[85]

프로이트는 조심스럽게 존스가 친구이자 "매우 귀중한 동료"라고 칭찬했다. 그렇지만 이것 때문에 결국 "너에게 더 큰 유혹이 될 수도 있다." 따라서 프로이트는 존스와 "외동딸"의 결합과 관련하여 자신이 생각하는 두 가지 문제점을 이야기할 수밖에 없다고 느꼈다. 첫째로, "네가 조금 더 보고, 배우고, 살아본 뒤에 연애를 하거나 결혼을 하면 좋겠다는 것이 우리의 소망이다." 당연히 적어도 5년 동안은 결혼 생각을 하지 말아야 한다. 이어 프로이트는 마르타 베르나이스를 기다리던 길고 괴로웠던 시간에 대한 고통스러운 기억에 근거하여 긴 약혼 기간은

---

* 프로이트는 막내딸이라는 주제에 늘 매력을 느꼈다. 1933년 어니스트 존스가 부인의 임신을 알렸을 때 프로이트는 이렇게 대답했다. "혹시 그 아이가 막내가 된다 해도, 우리 가족에서 볼 수 있듯이 막내가 절대 최악은 아닐세." (프로이트가 존스에게 쓴 편지, 1933년 1월 13일, Freud Collection, D2, LC.)

피해야 한다고 말했다. 둘째로, 프로이트는 존스가 서른다섯 살이라는 점을 지적했다. 그녀의 나이의 거의 두 배였다. 존스가 "아내를 무척 사랑하고 아내의 사랑에 매우 감사할 부드럽고 선량한" 남자인 것은 분명하지만, 그에게는 나이가 더 많고 세속적인 여자가 필요했다. 프로이트는 존스가 "아주 소박한 가족 출신으로서 어려운 인생 환경에서 시작하여" 열심히 일해 온 사람이라는 점에 주목했다. 그는 대체로 학문에 꽁꽁 둘러싸여 있어 "요령과 섬세한 배려가 부족"한데, 안나처럼 '응석받이'이고 "아주 어리고 약간 수줍은 아가씨"는 남편에게서 그런 배려를 받을 권리가 있었다. 프로이트는 여기서 한마디 덧붙여 칼을 더 깊이 찌른다. 존스는 첫인상과는 달리 "독립적이지 않으며 정신적 지원이 많이 필요한" 사람이다. 따라서 안나는 존스 앞에서 얌전하고 다정하고 상냥해야 하지만, 그와 단둘이 있는 것은 피하라고 결론을 내렸다.[86)]

물론 숙고 끝에 나온 이런 세심한 지침을 준 것만으로는 프로이트의 불안이 가라앉지 않았다. 닷새 뒤인 7월 22일 안나가 영국에 상륙한 뒤, 그는 간결하지만 다정하게 이전의 지침을 다시 전달했다. 존스와 함께 있는 것을 피하면 안 된다. 가능한 한 쑥스러워하지 말고 자유롭게 그와 어울려야 한다. "우정과 평등이라는 발판" 위에 서서 어울려야 한다. 프로이트는 그렇게 하는 것이 영국에서는 특히 쉽다고 말했다.[87)] 그러나 이렇게 두 번째로 주의를 주었는데도 프로이트의 걱정은 진정되지 않았다. 같은 날 그는 존스에게 "몇 줄" 써 보내고, 즉시 안나에게 "그것으로 그가 모든 구애를 단념할 것이고, 개인적으로 불쾌한 일은 생기지 않을 것"이라고 알렸다.[88)]

이 "몇 줄"은 사실 흥미로운 문건이다. 프로이트는 존스에게 이렇게 말했다. "자네는 아마 그 아이를 잘 모를 걸세. 내 자식들 가운데 재능과 교양이 가장 뛰어난 아이지. 게다가 귀한 성품도 갖추었네. 또 공부하고, 관광하고, 세상을 이해하는 것에도 관심이 많아."[89] 이것은 그가 이미 안나에게 직접 말했던 것의 반복에 불과하다.[90] 그러나 여기에서 프로이트의 말은 빅토리아 여왕 시대의 이상화라고밖에 부를 수 없는 것으로 바뀐다. "그 아이는 여자로 대접받는 것을 요구하지 않아. 아직 성적 갈망으로부터 멀리 있고, 남자를 거부하는 편이지. 그 아이는 두세 살 더 먹기 전에는 결혼이나 그 예비 단계를 고려하지 않기로 나와 분명히 약속했네. 그 아이가 이 약속을 깨지 않을 것이라고 생각하네."[91] 우리가 알다시피 이 "약속"은 허구다. 남자를 진지하게 고려하는 것은 뒤로 미루라는 프로이트의 확고한 제안만 있었을 뿐이다. 물론 그의 전략은 억지스럽지도 비합리적이지도 않았다. 프로이트는 다른 사람들에게, 또 안나 자신에게 그녀가 나이에 비해 감정적으로 어리다고 말하곤 했다. 더 중요한 것은 프로이트가 꽤 노골적으로 존스에게 자기 딸을 가만히 놓아두라고 통고했다는 점이다. 그러나 완전히 성인이 된 젊은 여자 안나가 아무런 성적 감정이 없다고 주장하는 것은 프로이트를 전혀 읽지 않은 관습적인 부르주아가 하는 말처럼 들린다. 이 말을 존스가 안나에게 손을 대는 것은 아동 학대에 준하는 일이라는 프로이트의 암시로 받아들일 수도 있을 것이다. 1900년대에 존스가 영국에서 쫓겨났을 때 받은 혐의가 무엇이었는지 생각해보면, 그가 이 드러나지 않은 경고에 매우 예민할 수밖에 없었다는 것도 짐작이 갈 것이다. 그렇다 해도 프로이트가 딸의 성욕을 부정한 것은 정말 그답지 않는 태도였다. 결국 이것은 어린 딸이 늘 어린 딸, **그의** 어린 딸로 남아 있기를 바라는 소망이 표출된 것처럼 읽힌다.*

아버지의 호소에 대한 안나의 반응은 결국 또 한 번의 자기 비하가 되고 말았다. 안나는 영국에서 아버지에게 이렇게 썼다. "아버지는 제가 집안에서 존중을 받는다고 말씀하셔요. 그것은 아주 기분 좋은 말이지만, 사실이라고 믿을 수는 없어요. 예를 들어 제가 집에 없다고 해서 우리 집이 크게 달라지지는 않을 거라고 생각해요. 아마 저 혼자만 그 차이를 느끼겠지요."[92] 어니스트 존스가 본인은 원치도 않는데 주인공 역할을 하게 된 이 작은 드라마를 얼마나 알고 있었는지는 알 수 없다. 그러나 그는 프로이트가 막내딸에게 개입하는 것을 그 나름대로 아주 분명하게 파악하고 있었다. 존스는 프로이트에게 답장을 보내면서 안나가 "성격이 아름다우며, 성적 억압이 피해를 주지만 않는다면 틀림없이 놀라운 여자가 될 것"이라고 말했다. 그러면서 이렇게 덧붙였다. "안나는 물론 교수님에게 아주 단단히 묶여 있습니다. 현실의 아버지가 아버지-이마고**와 일치하는 드문 경우이니까요."[93] 이것은 뛰어난 관찰이었으며, 아마 프로이트도 놀라지 않았을 것이다. 그러나 프로이트는 그 함의를 받아들일 준비가 되어 있지 않았다.

우리가 알다시피 안나 프로이트의 영국 모험은 무사히 끝이 났다. 그녀는 몇 번 인상 깊은 관광을 한 뒤 집으로 돌아왔다. 어니스트 존스와 함께 다니기도 했지만, 결혼은 물론 접촉도 없었다. 돌이켜 보면 그녀의 다음 몇 년—전쟁, 혁명, 느린 재건—은 정신분석학자로서 경력을 쌓아 나가기 위한 리허설처럼 읽힌다. 그러나 그녀는 프로이트주의

---

* 프로이트가 글에서 이렇게 단호한 태도로 자기 자신의 통찰을 부정한, 이와 비견될 만한 순간은 《꿈의 해석》에서 어린아이에게 성적인 감정이 없다고 말하는 대목이다. (《프로이트 I》 3장 288~289쪽 참조.)

** 이마고(imago) 주체가 타인을 파악하는 방식을 결정하는 무의식적 인물의 원형. 주체의 내부 상태에 따라서 타인의 주관적인 이미지가 생성된다는 것을 강조하기 위해 쓰이는 용어다. 이마고는 많은 이미지들(예를 들어, 부모의 이미지)이 부모와의 실제적인 개인 경험에서 생기는 것이 아니라, 무의식적 환상에 기초하거나 원형들의 활동에서 유래한다는 사실을 강조한다. 이 개념은 카를 융에게서 나온 것이다. (편집자 주)

자가 되기 전에 약간 우회를 했다. 교사 훈련을 받았고 시험에 합격했으며 20대 초에 여학교에서 가르쳤다. 그러나 그녀가 영원히 교사로 남을 운명이 아닌 것은 분명했다.

안나가 나중에 회고한 바에 따르면, 그녀는 어린 시절 베르크 가세 19번지에 있는 아버지의 서재 바깥에 앉아 아버지가 "손님들과 토론하는 것에 귀를 기울이곤" 했다. "그것이 큰 도움이 되었다."[94]아버지가 쓴 책을 직접 공부하는 것은 훨씬 큰 도움이 되었다. 그녀는 1912~1913 겨울 동안 메라노에 오래 머물면서 그 가운데 "몇 권"을 읽었다고 보고했다. "그랬다고 충격 받으시면 안 돼요." 안나는 약간 방어적으로 그렇게 말했다. "사실 저도 이제 어른이잖아요. 따라서 거기에 관심을 갖는 건 당연한 일이라고요."[95] 안나는 계속 책을 읽으면서 아버지에게 '전이' 같은 전문적 용어를 설명해 달라고 했다.[96] 1916년에는 대학에서 열린, 꿈에 관한 프로이트의 2차 입문 강좌 시리즈에 참석했다.[97] 이 교육적인 행사는 정신분석가가 되겠다는—아버지처럼—그녀의 싹트는 야망을 굳히는 데 큰 역할을 했다. 이듬해에 신경증에 관한 프로이트의 마지막 강연 시리즈를 청강할 때 안나는 청중 가운데 직업의 상징처럼 하얀 의사 가운을 입고 있는 헬레네 도이치를 보았다. 그 모습에 감명을 받은 안나는 집으로 와서 아버지한테 분석가의 소명을 받아들이기 위해 의대에 가고 싶다고 말했다. 프로이트는 그녀의 장기적인 계획에는 반대하지 않았지만, 의사가 되겠다는 욕망은 저지했다. 사실 프로이트의 지지자 가운데 그의 설득에 따라 의학을 전공하지 않고 분석가의 길을 걸은 사람은 안나 프로이트가 처음도 아니었고 마지막도 아니었다.[98]

프로이트는 호의적인 측근들의 동의를 얻어 안나를 그의 직업적 가족 안으로 서서히 끌어들이기 시작했다. 1918년에는 안나를 분석했다.

그녀는 그해에 부다페스트에서 열린 국제 정신분석가 대회에 초대받았으나, 교사로서의 의무 때문에 참석할 수가 없었다.[99] 2년 뒤 헤이그에서 정신분석가들이 모였을 때는 운 좋게도 딸을 자랑스러워하는 아버지와 함께 과학적 회의와 화기애애한 식사 자리에 참석할 수 있었다. 안나의 편지는 그녀가 정신분석가로서 수준이 높아지는 것을 보여준다. 그녀는 몇 년 동안 아버지한테 가장 흥미로운 꿈—주로 무서운 꿈이었다.—을 써 보냈다. 이제 그녀는 자기 꿈을 분석했고, 프로이트도 답장에서 해석을 해주었다.[100] 그녀는 자신이 글을 쓰다 실수하는 것을 관찰했다.[101] 또한 아버지가 새로 발표하는 글을 처음 읽는 사람들 가운데 한 명이 되었다.* 안나는 정신분석 모임에 참석했다. 빈에서만이 아니었다. 그녀는 1920년 11월에 베를린에서 아버지에게 편지를 쓰면서 아버지의 지지자들을 빈틈없이 날카롭게 평가하고, 노골적으로 그들을, 예를 들어 이미 아동을 분석하고 있던 "어린 쇼트 양" 같은 사람들을 부러워했다. 그녀는 자신을 책망하면서 이렇게 덧붙였다. "보시다시피 모두들 저보다 훨씬 많은 일을 할 수 있어요."[102] 이 무렵 그녀는 착잡한 심정으로 교사 일을 그만두고,** 정신분석가의 길로 본격적으로 나아가기 시작했다.

안나의 첫 '환자'는 조카들, 즉 언니 조피의 고아가 된 두 아들 에른스트와 하이넬레였다. 1920년에 안나는 함부르크에서 두 아이와 많은

---

* 안나는 1920년 11월 16일 베를린에서 아버지에게 말했다. "아버지의 새 책(《쾌락 원칙을 넘어서》)을 아주 재미있게 읽고 있어요. 자아 이상은 저한테 잘 맞는 것 같아요." (Freud Collection, LC.)

** 8월에 안나는 "지금까지 나는 학교를 그만둔 것을 잠시도 후회한 적이 없었다."고 말했다. (안나 프로이트가 프로이트에게 쓴 편지, 1920년 8월 21일. 같은 곳.) 그러나 10월에는 자신이 비참한 상태이며 학교가 그립다고 하소연했다. (프로이트가 안나 프로이트에게 쓴 편지, 1920년 10월 25일. 같은 곳 참조.)

시간을 보냈으며, 여름에는 아우스제에서 함께 지냈다. 프로이트는 병약하지만 매혹적인 하이넬레를 훨씬 좋아한 반면, 안나가 특별히 관심을 둔 아이는 이제 막 여섯 살이 지난 에른스틀이었다. 안나는 아이에게 이야기를 하게 했으며, 아이와 함께 아기가 어디서 생기는가, 죽음의 의미는 무엇인가 같은 묵직하고 신비한 문제들을 검토했다.[103] 많은 정보를 얻을 수 있는 이런 내밀한 대화 덕분에 안나는 어린 소년의 어둠에 대한 공포가, 만일 계속 "고추를 만지며 놀면 심하게 아플 것"이라는 어머니의 경고—사실은 협박—의 결과라고 분석해낼 수 있었다.[104] 조피가 아들한테 그런 말을 한 것을 보면, 프로이트의 가족이 모두 그의 교육 지침을 따르지는 않았던 것으로 보인다.

안나는 이런 시험적인 아동 분석에 머물지 않았다. 그녀는 다른 사람들의 꿈을 분석하기 시작했다.[105] 1922년 봄에는 정신분석 논문을 썼는데, 이 논문이 빈 정신분석협회에 들어가는 입장권이 되기를 바랐다.—아버지가 동의한다는 전제하에. 그녀는 아버지에게 협회의 회원이 되기를 무척 바라고 있다고 말했다.[106] 5월 말에 그녀의 소망은 현실이 되었다. 매 맞는 환상에 관한 그녀의 논문은 어느 정도 그녀 자신의 내면 생활에서 끌어낸 것이기도 하지만,[107] 그녀의 주장이 주관적인 곳에서 나왔다고 해서 글의 과학성이 떨어지는 것은 아니었다. 그녀의 아버지는 매우 흡족하여 6월 초에 어니스트 존스에게 말했다. "내 딸 안나가 지난 수요일에 훌륭한 강연을 했네."[108] 공식적 의무를 이행한 그녀는 두 주 뒤 협회의 정식 회원이 되었다.

그 뒤로 프로이트의 측근들 사이에서 안나 프로이트의 평판은 급속히 높아졌다. 1923년 초 루트비히 빈스방거는 프로이트에게 그의 딸의 문체를 프로이트의 문체와 구별할 수 없다고 말했다.[109] 1924년 말, 베를린의 아브라함, 아이팅곤, 작스는 안나를 중앙위원회에 받아들이자고 제안하는 편지를 썼다. 그녀가 몇 년 동안 해 온 것처럼 "아버지의 비서로만 일할 것이 아니라" 그들의 토론, 또 때때로 회합에도 참석하게 하자는 것이었다.[110] 물론 이것이 프로이트를 기쁘게 해주는 딸 칭찬이라는 것을 편지를 보낸 사람들도 알고 있었다. 그러나 이 제안은 프로이트가 가장 귀중하게 생각하는 동료들이 안나 프로이트의 판단을 신뢰하게 되었다는 사실을 반영하는 것이기도 했다.

프로이트는 딸의 직업적인 갈망을 무조건 장려한 반면, 그녀가 개인적인 삶을 만들어 나가는 방식에 관해서는 여전히 양보가 없었다. 그녀의 감정은 위축되거나 지하로 밀려 내려가지 않았다. 안나 프로이트는 인생이나 우정이 주는 기쁨을 무척 반겼다. 그녀의 아버지는 친구에 대한 그녀의 요구를 알아보고, 그것을 충족시킬 계획을 세웠다. 1921년 말 루 안드레아스-살로메를 베르크 가세 19번지로 초대한 것은 무엇보다도 딸을 위한 일이었다. 그는 아이팅곤에게 이렇게 말했다. "안나는 영국인 루, 헝가리인 커터, 그리고 자네의 미라(Mirra)가 떠난 후, 여자들과의 우정을 무척 갈망하고 있네." 한때 어니스트 존스의 정부였고 프로이트의 환자였던 루 칸은 영국으로 돌아갔다. 커터 레비는 프로이트의 분석을 받은 후 부다페스트에 살고 있었다. 그리고 아이팅곤의 부인 미라는 남편과 함께 베를린에 살았다. "하여간 그 아이가 명랑하게 피어나고 있어 기쁘다네." 프로이트는 그렇게 덧붙였다. "나야 그 아이가 늙은 아버지에 대한 애착을 더 지속적인 애착으로 바꿔야 할 이유를 빨리 찾기를 바랄 뿐이지만."[111] 프로이트는 영국의 조카에게는 안나가 "모든 면에서 성공을 거두었지만, 다만 자신에게 맞는 남자를 만나는 행운을 누리지 못했다."고 한탄했다.[112]

딸에게 훌륭한 여자 친구를 찾아준다는 프로이트의 자비로운 계획

프로이트가 인생 후반기 25년 동안 점점 더 친해졌던 친구 루 안드레아스–살로메. 정신분석의 역사는 초창기부터 '루'를 비롯해 여러 명의 지적인 여성들이 참여했다는 점에서 다른 학문의 발전상과는 달랐다. 특히 '루'는 아버지의 뒤를 이어 정신분석가의 길을 택한 안나의 성장에 크게 도움을 주었다.

은 그의 가장 애정 어린 소망을 충족시키고도 남을 만큼 효과를 보았다. 1922년 4월 안나는 괴팅겐으로 새로 사귄 친구―"정말 훌륭한 분이에요."―를 장기간 방문하여, 그 전해에 루 안드레아스–살로메가 빈을 찾아왔을 때 시작한 내밀하고 유사 정신분석적인 대화를 계속 이어 나갔다. 이들의 친밀한 관계에는 신비주의적인 분위기가 감돌았다. 안나는 "초자연적인 이상한 방식"으로 루 부인이 도와주지 않았다면, 매

맞는 환상에 관한 논문을 아예 쓰지도 못했을 것이라고 말했다.[113] 프로이트는 자신의 계획이 성공한 것에 의기양양했다. "안나는 이제" 루 부인에게 "깊이 애착을 느낀다"고 프로이트는 1922년 6월에 존스에게 보고했다.[114] 다음 달에는 "친애하는 루"에게 "아이"에 대한 "애정 어린" 태도에 감사한다고 말했다. 그는 안나가 오래전부터 그녀를 잘 알고 싶어 했다고 말했다. "만일 안나가 뭔가 될성부른 사람이라면—일단 시작해볼 만한 소질은 있는 것 같지만—높은 요구를 충족시킬 만한 영향과 관계가 필요합니다. 남성 쪽으로는 나 때문에 억제되어 있었고, 여자 친구들과는 지금까지 운이 아주 나빴습니다. 그애는 발달이 느렸지요." 그는 이렇게 덧붙였다. "단지 생긴 것만 나이보다 어린 것이 아니랍니다." 프로이트는 거의 억누르지 않고 자신의 갈등하는 욕망들이 표면에 나타나도록 내버려 두었다. "때로는 그 아이에게 좋은 남자가 나타나기를 다급한 마음으로 바라기도 하고, 때로는 아이를 잃을까 움츠러들기도 합니다."[115] 나이는 상당히 차이가 났지만 정신분석적인 관심에서 마음이 맞고 또 프로이트에 대한 존경심에서 하나가 되었던 두 여자는 곧 친근하게 말을 놓는 사이가 되었으며, 그들은 그 뒤로도 계속 아주 친하게 지냈다.[116]

그러나 안나가 독신이라는 괴로운 현실 때문에 프로이트는 영 마음이 편치 않았다. 1925년 그는 이번에도 새뮤얼 프로이트에게 보내는 편지에서 다시 그 문제를 거론했다. "마지막으로 작지 않은 용건인 안나. 우리는 당연히 그 아이를 자랑스러워해야 한다. 그 아이는 아동 분석가가 되어, 개구쟁이 미국 아이들을 치료하면서 큰돈을 벌고 있거든. 또 너그럽게도 그 돈을 여러 가난한 사람들을 돕는 데 쓰고 있지. 그 아이는 국제정신분석협회의 회원이다. 글로 명성도 얻었고, 동료들의 존경도 받고 있지. 얼마 전에는 서른 살 생일을 맞이했다. 그런데도 결혼하고 싶은 마음이 없나 보구나. 그 아이가 아버지 없는 인생에 직면해야 하는 세월이 왔을 때도 현재의 관심이 그애를 행복하게 해줄 것이라고 누가 장담할 수 있겠니?"[117] 그것은 좋은 질문이었다.

안나는 되풀이하여 아버지에게 자신이 아버지를 얼마나 좋게 생각하는지 알렸다. "아버지는 제가 줄곧 아버지 생각만 한다는 것을 상상도 하지 못하실 거예요." 그녀는 1920년대에 그렇게 썼다.[118] 안나는 어머니 아니, 어쩌면 부인이라고 해도 좋을 것처럼 근심하는 태도로 그의 소화 기관, 즉 위를 살폈다. 1922년 7월 중순에는 명민하게도 희미한 암시들을 모아 그의 건강이 나쁠지도 모른다고 추측했다. "아버지의 두 논문이 무엇에 관한 거예요?" 그렇게 묻고는, 이어 안달을 하며 주요 관심사로 넘어갔다. "기분이 안 좋으신 거예요, 아니면 아버지 편지를 보고 제가 지레짐작을 하는 거예요? 가슈타인이 전만큼 아름답지 않던가요?"[119] 이것은 프로이트가 랑크에게 비밀리에 자신의 건강이 불확실하다고 인정하기 두 주 이상 전에 쓴 편지다. 안나는 프로이트가 탐나는 달러를 벌지 못하더라도 쉬면서 몸을 회복할 권리가 있다고 간절하게 호소했다. "환자들한테 괴롭힘을 당하실 필요 없어요." 그녀는 아버지에게 말했다. "백만장자들은 모두 그냥 미친 채로 놓아두세요. 그 사람들은 어차피 달리 할 일도 없어요."[120] 안나는 분석을 시작하기 오래전인 1915년부터, 그리고 분석을 하는 동안에도 아버지를 위해 심한 혼란을 드러내는 꿈들을 열심히 기록했다. 그녀의 "밤 생활"—그녀는 꿈을 그렇게 불렀다.—은 종종 "불편했지만",[121] 그보다는 무서운 경우가 더 많았다. 안나는 1919년 여름 아버지에게 이렇게 알렸다. "요즘은 꿈에서 나쁜 일이 많이 일어나요. 죽이거나 쏘거나 죽는 것 같은 일들 말이에요."[122] 그녀의 꿈에서는 오래전부터 나쁜 일이 일어나고 있었다. 그녀는 맹인이 되는 꿈을 여러 번 꾸었으며, 그것 때문에 겁을 먹었다.[123] 그녀는 자신과 아버지에게 속한 농장을 지켜야만 하는 꿈을 꾸었다. 그러나 검을 뽑아 들었지만 부러진 검이어서 적 앞에서 창피를 당했다.[124] 타우스크 박사의 신부가 권총으로 아버지를 쏴 죽이려고 아버지의 집 건너편인 베르크 가세 20번지에 이사하는 꿈도 꾸었다.[125] 이 모든 꿈은 아버지에 대한 그녀의 뜨거운 감정과 관련된 해석을 유도한다. 그러나 아버지에 대한 가장 투명한 고백, 그 직접성에서 거의 아이의 꿈과 같은 고백은 1915년 여름에 나타났다. 안나는 이렇게 보고했다. "최근에 아버지가 왕이고 저는 공주로 나오는 꿈을 꾸었어요. 사람들은 정치적 음모로 우리를 갈라놓고 싶어 했죠. 기분이 좋지 않았고 몹시 불안했어요."*[126]

　프로이트는 오랜 세월에 걸쳐 딸이 자신과 맺고 있는 다정하고 명랑한 관계가 적당한 남편을 찾는 그녀의 능력을 저해할 수도 있다는 증거를 아주 많이 보았다. 그는 딸의 분석을 시작하기 전, 딸의 꿈 보고에 거의 경박하다 싶을 정도로 부담 없이 대응하곤 했다. 그러나 프로이트 자신에 대한 안나의 애착에 눈을 감는 것은 불가능하다는 것을 알았다.[127] 1919년 그는 아이팅곤에게 가벼운 말투로 안나의 "아버지 콤플렉스" 이야기를 했다.[128] 그러나 프로이트는 가족 내 정치의 숙련된 연구자였는데도 결혼에 대해 머뭇거리는 딸의 태도에서 자신의 역할이 얼마나 큰지는 제대로 보지 못했다. 오히려 다른 사람들이 그보다 더 분명하게 보았다. 1921년 프로이트의 미국 "제자"들이 왜 "매우 매력

---

* 안나는 이 무렵 자신의 꿈이 아이 같은 면을 드러낸다는 사실을 충분히 인식하고 있었다. 이 보고서를 보내기 사흘 전에는 커피와 거품 크림이 중요한 역할을 하는 꿈 이야기를 했다. 그녀는 이것이, 생후 19개월이었을 때 꾸었고 나중에 《꿈의 해석》에서 읽게 되었던 '딸기' 꿈으로의 '복귀'나 다름없다는 점에 주목했다. (안나 프로이트가 프로이트에게 쓴 편지, 1915년 8월 3일. 같은 곳.)

적인 처녀" 안나 프로이트가 결혼을 하지 않는가 하는 문제를 제기했을 때, 이 제자들 가운데 한 사람인 어브램 카디너가 그의 눈에는 분명해 보이는 답을 내놓았다. "안나의 아버지를 보십시오." 그는 친구들에게 말했다. "이분은 대부분의 사람은 도달하지 못할 수준에 있는 이상적인 존재입니다. 안나는 이분보다 못한 사람에게 애착을 갖는 것을 당연히 자신의 수준이 낮아지는 것으로 여기지 않겠어요?"[129] 프로이트가 딸을 지배하는 자신의 권력이 어느 정도인지 제대로 인식했다면, 딸을 정신분석하는 것을 망설였을지도 모른다.

안나에 대한 분석은 매우 이례적인 일이었으며, 프로이트도 딸과 마찬가지로 그 점을 틀림없이 인식했을 것이다. 분석은 시간도 오래 끌었다. 1918년에 시작해 3년 이상 계속되었으며, 1924년에도 다시 1년 이상 계속되었다.[130] 그런데도 프로이트는 공개적으로 이 분석을 언급하지 않고 아주 드물게 사적인 자리에서만 이야기했다. 안나 프로이트 또한 입을 다물었다. 그녀는 분석가–아버지에게 꿈을 계속 제공하고 있었지만, 이제 그것을 가끔 한데 모아 괴로운 몽상, 즉 혼자 꾸며내는 이야기들과 함께 아버지가 이끄는 분석 시간에 들고 갔다.[131] 그러나 다른 사람에게는 이런 내밀한 일을 거의 이야기하지 않았다. 분석을 일 년 정도 받고 난 다음인 1919년 친구 마르가레틀과 함께 바이에른의 시골에서 여름 온천을 할 때, 마르가레틀이 의학적 치료를 받은 이야기를 털어놓자 안나도 자신의 비밀을 털어놓았다. 안나는 아버지에게 이렇게 보고했다. "그애한테 아버지에게 분석을 받는다는 이야기를 했어요."[132] 물론 루 안드레아스–살로메는 이 비밀을 알고 있었고, 막스 아이팅곤도 알았다. 그리고 나중에 몇 명이 더 알게 되었다. 그러나 계속 철저하게 사적인 일로 취급되었다.

당연한 일이었다. 분석 대상자의 전이와 분석가 자신의 역전이를 다루는 분석가의 방법에 관한 프로이트의 가르침은 분명했기 때문이다. 딸 안나를 분석 소파에 앉히겠다는 그의 결정은 그 자신이 힘주어 정확하게 제정한 규칙—다른 사람들이 따르라고 정한—에 대한 계산된 조롱처럼 보인다. 1920년 커터 레비의 분석이 끝난 뒤 그녀에게 쓴 편지에서 프로이트는 "분석 시간의 가르치려 드는 오만함 없이, 나의 진정어린 우정을 감출 필요 없이" 있는 그대로 따뜻하게 편지를 쓸 수 있어 흡족하다고 말했다.[133] 2년 뒤 조앤 리비에르(Joan Riviere, 1883~1962)가 어니스트 존스와 힘겨운 분석 과정을 거친 뒤 프로이트에게 분석을 받으러 왔을 때는 그녀를 분석할 때 존스가 한 행동을 엄하게 책망하는 편지를 여러 통 잇따라 보냈다. 그녀가 존스를 사랑하게 되었고, 존스는 전이 관계를 망쳐버렸다는 것이었다. 프로이트는 이렇게 말했다. "자네의 암시를 보고 의심했지만, 그녀와 성관계가 없었다니 그래도 정말 다행이네. 물론 그녀의 분석이 끝나기 전에 그녀와 사귄 것은 기법상의 오류였네."[134]

그렇다면 같은 시기에 그가 막내딸을 분석하면서 저지른 기법상의 오류는 어떻게 된 것인가? 프로이트 자신은 물론 오류를 범했다고 생각하지 않았다. 정신분석 초기에는 많은 분석가들이 그가 제시한 규칙들을 대충 적용하고 자주 어겼다. 분석적 거리라는 이상은 여전히 유동적이고 불완전했다. 융은 프로이트파에 속했을 때 자기 부인을 정신분석하려 했다. 막스 그라프는 프로이트를 뒤에 자문으로 둔 상태에서 아들 꼬마 한스를 분석했다. 프로이트는 친구 아이팅곤과 페렌치를 분석했고, 페렌치는 직업적 동료 어니스트 존스를 분석했다. 그뿐만이 아니었다. 프로이트가 기법을 다룬 논문에서 분석가가 환자를 대하는 태도는 외과의의 냉정하고 전문적 태도와 비슷하다고 말하고 나서 몇 년이 지난 1920년대 초에도 선구적인 아동 분석가 멜라니 클라인은 자신

1925년경의 안나 프로이트. 안나는 프로이트가 암에 걸린 후 그의 삶에서 가장 귀중한 존재가 되었고, 죽음에 맞서 그의 동맹자가 되었다.

의 두 자식을 분석했다. 이탈리아의 정신분석가 에도아르도 바이스의 장남이 아버지와 같은 직업을 갖겠다고 하면서 아버지에게 자신의 분석가가 되어 달라고 했을 때, 바이스는 프로이트의 자문을 구했다. 프로이트는 답장에서 그런 분석을 "미묘한 일"이라고 불렀다. 그는 관련된 두 사람과 두 사람 사이의 관계에 모든 것이 달려 있다고 말했다. 동생의 경우라면 더 쉬울 수도 있지만, 아들의 경우에는 특별한 문제가 있을 수도 있다. "내 딸의 경우는 잘 되었습니다만."[135]

그랬을지도 모른다. 그러나 프로이트도 인정했듯이 분석 과정은 쉽지 않았다.

1924년에 재개했을 때도 마찬가지였다. 프로이트는 환자의 수를 여섯 명으로 줄였다. 그러나 5월에 루 안드레아스–살로메에게 썼듯이 "특별한 감정으로 일곱 번째 분석을 했습니다. 나의 안나를 분석했지요. 그 아이는 늙은 아버지에게 매달릴 만큼 비합리적입니다." 그는 이제 친애하는 루에게 솔직하게 말하고 있었다. "이 아이는 나에게 상당한 걱정거리를 줍니다. 이 아이가 어떻게" 프로이트가 죽은 뒤의 "외로운 삶을 견딜까, 내가 과연 이 아이의 리비도를 지금 숨어 있는 곳에서 그것이 마땅히 가야 할 곳으로 몰아갈 수 있을까 하는 생각들 때문입니다." 프로이트는 "그 아이가 불행해지는 데에는 특별한 재능이 있지만, 그런 불행에 자극을 받아 승리를 거둔 결과물을 내어놓을 만큼의 재능은 아마도 없는 것 같다."고 인정했다. 그는 루가 살아 있는 한은 그의 안나가 "외롭지는 않을 것"이라고 스스로 위로했다. "하지만 그 아이는 우리 둘보다 한참 어리지요!"[136]

1924년 여름에는 한동안 분석이 중단되어야만 할 것처럼 보였지만, 그래도 계속되었다. 프로이트는 8월에 루 안드레아스-살로메에게 말했다. "안나의 삶의 가능성들에 관해 해주신 이야기는 전적으로 타당하며, 내가 괜히 걱정한 것이 아님을 분명하게 증명해줍니다." 그는 딸이 자신에게 지속적으로 의존하는 것이 결국 "예비 단계에 불과할 수밖에 없는 상태에 머물면서 미적거리는 용납할 수 없는 행동"임을 알고 있었다.[137] 그런데도 안나는 미적거렸다. 프로이트는 이듬해 5월에 "친애하는 루"에게 보고했다. "안나의 분석은 계속되고 있습니다. 그 아이는 단순하지 않고, 자신이 이제 다른 사람들에게서 분명하게 보게 된 것을 자신에게 적용하는 길을 쉽게 찾지 못합니다. 노련하고, 참을성 많고, 공감하는 분석가가 되는 길에서는 훌륭한 진전을 보이고 있습니다." 그러나 안나의 삶의 전체적인 경향이 만족스러운 것은 아니라고 덧붙였다. "그 아이의 억눌린 성기 욕구가 언젠가는 그애한테 비열한 수를 쓸지도 모른다는 걱정이 듭니다. 나는 그애를 나한테서 자유롭게 해줄 수가 없습니다. 사실 이 문제에서는 아무도 나를 도와주지 못합니다."[138] 그 얼마 전에 프로이트는 자신의 고민을 최대한 생생하고 강렬하게 표현했다. 루 안드레아스-살로메에게 쓴 편지에서, 만일 안나가 집을 떠난다면 마치 담배를 끊어야 하는 경우처럼 허전한 느낌이 들 것이라고 말한 것이다.[139] 실제로 프로이트가 가장 아끼는 자식과의 관계에 무력하게 얽혀 있는 것은 분명했다. 마음의 갈등이 생기고, 삶에 진저리가 났다. 그는 자신의 욕구에 사로잡혀 빠져나올 수가 없었다. 그는 일찍이 1922년에 루 안드레아스-살로메에게 이렇게 고백했다. "이 모든 해소 불가능한 갈등을 짊어지고 가야 하다니, 삶이 언젠가는 끝이 난다는 것이 다행스러운 일입니다."[140]

물론 프로이트가 "안네를"을 좋아하는 것만큼이나 자랑스러워하는 것도 당연했다. 그러나 그녀를 정신분석가로 훈련하는 데 든 감정적 비용은 계산한 적이 없었다. 이 딸은 그의 여생 동안 늘 가장 가까운 동맹자였으며 거의 동등한 동료였다. 1920년대 말 안나의 아동 분석에 관한 견해가 심한 공격을 당하자 프로이트는 사납게 딸을 방어했다.* 반대로 안나 프로이트는 1930년대 중반에 발표한 자아심리학과 방어 기제에 관한 고전적인 논문에서 자신의 임상 경험에 의존하기는 했지만, 아버지의 글을 자신의 이론적 통찰의 주요한 권위적 전거로 삼았다. 그녀는 아버지에 대한 소유욕이 강했으며, 남들이 아버지의 작업에 비판을 하는 기미만 있어도 민감하게 반응했고, 자신의 특권을 축소시킬 수도 있는 사람들—형제, 환자, 친구—을 질투했다.** 1920년대 초에 두 사람은 지적으로나 감정적으로 떨어질 수 없는 사이가 되었고, 그 뒤로도 계속 그런 관계를 유지하게 된다.

말년에 프로이트는 딸 안나를 그의 안티고네라고 부르기를 좋아했다.[141] 그러나 이 애정 어린 이름을 너무 무리하게 해석하는 것은 도움

---

* 본서 9장 212~216쪽 참조.

이 안 될 것이다. 프로이트는 교육받은 유럽인으로서 다른 교육받은 유럽인에게 이야기하는 것이었으며, 소포클레스를 뒤져 사랑스러운 비유를 찾아낸 것일 뿐이다. 그렇다 해도 '안티고네'의 의미는 너무 풍부하여 완전히 무시하고 갈 수는 없다. 이 이름은 프로이트와 오이디푸스의 동일시를 강조한다. 오이디푸스는 인류 비밀의 대담한 발견자였으며, 정신분석의 '핵심 콤플렉스'에 이름을 빌려준 영웅이며, 아버지를 죽이고 어머니를 사랑한 자였다. 그것만이 아니었다. 오이디푸스의 자식들이 모두 예외적으로 그와 가까웠던 것은 다 아는 사실이다. 자신의 어머니와 결혼하여 낳은 자식들이었으므로, 그들은 오이디푸스의 후손인 동시에 형제이기도 했다. 안티고네는 오이디푸스의 자식들 가운데 특출했다. 그녀는 오이디푸스의 용감하고 충성스러운 동반자였다. 안나가 오랜 세월에 걸쳐 아버지에게 선택된 동지 역할을 했던 것과 마찬가지다. 《콜로노스의 오이디푸스》에서 장님이 된 아버지의 손을 잡고 이끌던 사람이 바로 안티고네다. 마찬가지로 1923년에 이르러 상처 받은 아버지의 비서, 속을 털어놓는 친구, 대리인, 동료, 간호사로 확고하게 자리를 잡은 사람이 안나 프로이트였다. 그녀는 프로이트의 삶에서 가장 귀중한 존재가 되었고, 죽음에 대항하여 그의 동맹자가 되었다.

안나 프로이트는 아버지가 몸이 안 좋을 때 편지를 타자로 쳐준다

** 어니스트 존스가 프로이트의 전기를 쓰면서 안나 프로이트의 자문을 구했을 때 그녀는 솔직한 태도로 자신의 질투를 회고했다. "저는 박사님이 아버지의 삶의 여자들' 가운데 한 사람으로 분석가이자 뛰어난 번역가인 "리비에르 부인을 언급한 것을 약간 의아하게 생각했어요. 리비에르 부인이 어떤 역할을 하기는 했죠. 제가 그 부인을 질투한 게 기억나는 걸 보면 말이에요.(이것이 확실한 증거입니다!)" 또 존스가 1909년에 프로이트가 "비서의 도움"을 받았다고 말했을 때, 안나는 그 비서가 도대체 누구냐고 물었다. 이모 미나? 아니었다. 그것은 오래전 일일 터였다. 언니 마틸데? 그녀도 아닐 것이다. "정말 모르겠네요. 그 이야기를 들으니 질투심이 치솟는데." (안나 프로이트가 존스에게 쓴 편지, 195년 2월 14일과 4월 24일. Jones Papaers, Archives of the British Psycho-Analytical Society, London.)

거나, 대화나 기념식에서 아버지의 논문을 대독하는 일만 한 것이 아니다. 그녀는 1923년부터 가장 친밀한 방식으로 그의 몸을 돌보았다. 공개적인 자리에서 프로이트는 안나 외에 다른 사람들도 자신을 잘 돌보아준다고 말했다. "아내와 안나가 나를 잘 간호해주었네." 프로이트는 1923년 봄에 첫 수술을 받은 뒤에 페렌치에게 그렇게 말했다.[142] 두 번째 수술을 받고 나서 얼마 지나지 않은 12월에는 새뮤얼 프로이트에게 이렇게 말했다. "이번 붕괴에서 내가 건져낸 신체적인 힘이 있다면 그것은 모두 집사람과 두 딸이 친절하게 돌봐주었기 때문이야."[143] 그러나 사실은 딸 안나가 그의 수간호사였다.*** 인공 기관을 끼우는 데 어려움이 생기면 그는 딸을 불러 도와 달라고 했다. 그녀는 적어도 한번은 이 볼품없는 장치를 들고 30분 동안 씨름을 해야 했다.[144] 이런 신체적인 친밀함 때문에 원한이나 혐오가 일어나기는커녕 오히려 부녀의 유대는 극도로 긴밀해졌다. 딸이 아버지에게 꼭 필요한 존재가 된 것처럼, 아버지도 딸에게 대체 불가능한 존재가 되었다.

프로이트의 유혹 책략은 물론 대부분 무의식적인 것이었다. 때때로 그는 안나가 그와 함께 사는 것에 대한 양가적 감정을 순진할 정도로 솔직하게 표현했다. "그런데 안나는 아주 잘 지내고 있네." 그는 1921년 4월에 "친애하는 막스" 아이팅곤에게 그렇게 말했다. "명랑하고, 근면하고, 활기가 넘치지. 그애가 자기 집을 가지기를 바라는 것만큼이나 그애를 내 집에 두고 싶네. 그애도 똑같은 마음이라면 얼마나 좋을까!"[145] 그러나 이보다는 안나가 결혼하지 않은 상태를 걱정하는 일이

*** 1926년 프로이트는 심장병 때문에 요양소에서 몇 주를 보낼 때 옆방에 '간호인'을 두었다. 이 간호인은 "낮에는 아내와 딸로 나뉘지만, 밤에는 어김없이 늘 딸만 남네." (프로이트가 아이팅곤에게 쓴 편지, 1926년 3월 6일. Siginund Freud Copyrights, Wivenhoe의 허락을 받고 인용.)

더 많았다. "안나는 아주 건강해." 그는 1921년 12월에 조카에게 그렇게 말했다. "계속 집에 살면서 26번째 생일(어제였네)을 맞이하지만 않았다면 흠 하나 없는 축복이었을 텐데."[146] 소포클레스의 안티고네와 마찬가지로 프로이트의 안티고네도 결혼을 하지 않았다. 그러나 프로이트가 일찍부터 그렇게 결론을 내리고 있었던 것은 아니다. 프로이트의 서류 가운데는 1920년대 중반에 쓴 것으로 보이는 봉투가 하나 있는데, 여기에는 선물로 주는 돈이 들어 있었던 것이 분명하며, 그 선물은 안나 프로이트의 생일에 준 것 또한 분명하다. 이 봉투 앞에는 이렇게 적혀 있다. "지참금이나 독립에 보태도록."[147]

프로이트가 텔레파시 실험에 막내딸을 참여시킨 것은 두 사람의 그런 친밀함 때문이었다. 1925년 프로이트가 안나에게 "텔레파시적 감수성"이 있다고 아브라함에게 말했을 때[148] 이것은 반 농담이었다. 안나 프로이트도 어니스트 존스에게 적절하게 표현한 적이 있듯이, "아버지는 그 주제에 매혹되는 동시에 역겨움을 느꼈어요."[149] 존스는 프로이트가 이상한 우연의 일치나 신비한 목소리에 관해 이야기를 하는 것을 좋아했으며, 비록 전면적이라고 할 수는 없지만 어느 정도는 마법적인 사고가 그를 지배했다고 증언한다.[150] 프로이트는 1905년 딸 마틸데가 중병에 걸렸을 때 그가 아끼던 골동품 하나를 "우연히" 깨 신들을 달랬다고 말한 적이 있는데, 이것은 그런 지배 상태를 매우 극적으로 보여주는 사례였다.[151] 그러나 그가 가장 관심을 가진 것은 비록 그 스스로 결정적인 증거는 없다고 생각했지만 텔레파시였다.

프로이트는 1921년에 쓴 편지에서 자신이 "이른바 초자연적인 현상들에 대한 연구를 비과학적이고, 무가치하고, 심지어 위험하다고 무작정 거부하는 사람"은 아니라고 고백했다. 오히려 그는 자신이 그 분야의 "완전한 문외한이자 신참자"라고 말하면서, 그런데도 "어떤 회의적이고 유물론적인 편견을 없앨" 수는 없는 사람이라고 덧붙였다.[152] 같은 해에 그는 '위원회' 위원들—아브라함, 아이팅곤, 페렌치, 존스, 랑크, 작스—끼리 비공개로 토론하기 위하여 '정신분석과 텔레파시'라는 비망록의 초고를 잡았는데, 여기에서도 같은 태도를 보여주었다. 그는 약간 짓궂게 정신분석이 초자연적인 현상을 경멸하고 비난하는 기존의 의견들을 따라야 할 이유는 없다고 말했다. "정신분석이 교육받은 사람들의 아는 체하는 오만에 맞서 보통 사람들의 흐릿하지만 확고한 추측을 지지한다 해도 그것이 처음 있는 일은 아닐 것이다." 그러나 프로이트는 이른바 정신 현상의 어두운 부분에 관한 연구는 결코 과학적이지 않은 반면, 정신분석가들은 "근본적으로 완강한 기계론자이고 유물론자"라는 점을 기꺼이 인정했다.[153] 과학자로서 프로이트는 이성으로부터 도피하는 태도나 미신을 부추길 마음이 없었다. 그러나 또 과학자로서 불가사의해 보이는 현상, 세속적인 해법에 도전하는 것처럼 보이는 현상을 연구할 준비가 되어 있었다. 그는 그런 현상 거의 모두가 자연적으로 설명이 가능하다고 주장했다. 놀라운 예언, 경악할 만한 우연의 일치는 보통 강력한 소망의 투사로 확인된다는 것이다. 그러나 어떤 신비한 경험, 특히 생각 전이의 영역에서 겪은 경험은 진짜일 수도 있었다. 1921년 프로이트는 이 문제에 결론을 내리지 않을 용의가 있다고 선언했다. 그러나 동시에 이 문제는 가장 핵심적인 서클에서만 다루는 것이 좋겠다고 말했다. 텔레파시에 대한 솔직한 논의가 정신분석으로 가야 할 관심을 빼앗아 가지 못하게 하려는 고려였다.

그러나 이듬해에 프로이트는 이런 신중한 태도를 다는 아니라 해도 어느 정도는 벗어버리고, 꿈과 텔레파시에 관하여 약간 시험적인 글을 발표했다. 빈에 있는 동료들을 위해 쓴 글이었다. 그는 이 글에서 내내 자신을 불가지론자라고 불렀다. 그는 청중에게 경고했다. "이 강연에서는 텔레파시의 수수께끼에 관해서 알 수 없을 것이다. 내가 '텔레파시'의 존재를 믿는지 안 믿는지도 알 수 없을 것이다."[154] 결론에 가서도 그는 마찬가지로 불친절했다. "내가 신비주의적 의미에서의 텔레파시라는 현실을 일부라도 받아들이는 경향이 있다는 은근한 인상을 주었는가? 그런 인상을 피하는 것이 무척 어렵다는 것은 매우 아쉽다. 나는 정말로 완전히 공평한 입장에 서고 싶기 때문이다. 나는 그래야 마땅하다. 나는 아무런 의견도 없고, 이것에 관하여 아무것도 모르기 때문이다."[155] 그렇다면 왜 이런 글을 발표했는지 궁금하지 않을 수 없다. 그가 이 글에서 보고하는 꿈들은 텔레파시적 소통의 진정성을 증명하는 것이 아니라, 사실 상당 부분 회의적인 태도를 뒷받침하기 때문이다. 예언적인 꿈이나 원거리 의사소통은 결국 무의식의 활동에 불과할지도 모른다고 그는 말한다. 마치 그냥 단지가 계속 끓게 놓아두고 싶어 하는 것 같다. 어니스트 존스가 적절하게 표현했듯이, "믿고 싶은 소망이 믿지 말라는 경고와 열심히 싸우고 있었다."[156]

실제로 1920년 내내 프로이트는 동료들에게 이 문제에 관해 너무 긍정적인 태도를 취하지 말라고 주의를 주었다. 우선, 좋게 보아도 결정적인 증거가 없었다. 또 정신분석가가 텔레파시를 진지하게 연구할 가치가 있는 대상으로 공개적으로 받아들이는 데에는 위험이 있었다. 1925년 초 페렌치는 가까운 동료들에게 다음 국제 정신분석가 대회에서 자신이 프로이트, 안나와 해 왔던 생각 전이 실험에 관한 논문을 읽으면 어떻겠냐고 물었다. 프로이트는 단호하게 반대했다. "하지 말라고 충고하겠네. 하지 말게."[157]

그러나 이 모든 신중한 예방책—별로 내키지 않았지만 프로이트 자신도 따랐다.—은 서서히 무너졌다. 1926년 프로이트는 어니스트 존스에게 자신이 오래전부터 "텔레파시에 우호적인 편견"을 품고 있었지만, 정신분석이 신비주의에 너무 가깝게 다가가는 것을 막기 위해 눌러왔을 뿐이라고 말했다. 그러나 그 무렵 "페렌치, 딸과 한 실험들이 아주 설득력 있게 다가왔기 때문에, 그런 외교적 고려는 뒤로 밀어놓아야 했네."* 프로이트는 자신이 텔레파시를 흥미롭게 생각하는 것은 거기에 몰두하다 보니 축소된 규모이기는 하지만 정신분석의 발견자로서 대중의 비방에 맞서야 했던 "내 인생의 위대한 실험"이 떠올랐기 때문이라고 덧붙였다. 그때도 그는 지배적인 점잖은 의견을 무시해야 했다. 그러나 그는 존스를 안심시켰다. "내가 '죄에 빠졌다'는 이유로 누가 자네를 비난하면, 자네는 내가 텔레파시를 지지하는 것이 내가 유대인이라는 것, 담배를 몹시 좋아하는 것 등과 마찬가지로 나의 개인적인 일이라고 대답해도 좋네. 텔레파시라는 주제는 정신분석에서는 비본질적인 것이라고 말일세."158) 누구보다 아버지의 마음을 잘 알고 있던 안나 프로이트는 나중에 아버지의 믿고자 하는 의지가 대단한 것이 아니었다고 말했다. 그녀는 어니스트 존스에게 텔레파시 문제에 관하여 "아버지는 '공평'하게 다가가려고, 즉 그것을 다른 사람들이 정신분석을 다루는 것처럼 다루지 않으려고 노력했다."고 말했다. "아버지는 두 사람의 무의식적인 정신이 의식적인 교량의 도움 없이 서로 소통을 할 수 있을 가능성이 있다는 것 이상으로 나아가실 생각은 없었던 것 같아요."159) 일리 있는 옹호이지만, 무엇보다도 안나는 그 전에 오랫동안 그래왔고 그

---

* 안타깝게도 페렌치는 이런 실험이 무엇인지 상세하게 밝히지 않았다. 안나 프로이트도 마찬가지다. 그러나 세월이 지난 뒤 안나 프로이트는 어니스트 존스에게 자신이 아버지와 함께 버섯을 따러 나가서 어떤 "미신"을 실행에 옮겨 보았으며, 이런 "터무니없는 짓"이 "그때는 아주 재미있었다"고 말했다. 그녀는 이 실험이 "생각 전이"와 관계가 있다는 점에는 의심의 여지를 남기지 않았다. (안나 프로이트가 존스에게 쓴 편지, 1955년 11월 24일. Jones papers, Archives of the British Psycho-Analytical Society, London.)

뒤로도 그랬던 것처럼 아버지를 보호하고 있었다.

　프로이트는 딸이 자신을 뒷받침하는, 정말로 필요한 파트너라고 생각했지만, 이해할 수 있는 일이다시피 그의 마음은 동요했다. 그는 1924년 4월에 오토 랑크에게 편지를 쓰면서 아브라함에게 자신의 상황에 대한 통찰이 완전히 결여되어 있다고 약간 짜증을 부렸다. "그는 내가 '저조한 상태'를 곧 극복하기를 바라고 있네." 그러면서도 "전보다 축소된 새로운 방식으로 인생을 살고 일을 해 나간다는 것을 믿지 않으려" 했다.[160] 프로이트는 9월에 어니스트 존스에게 자신이 일을 하고 있다는 것을 인정했지만, 그 일은 "부차적"인 것—〈나의 이력서〉였다.—이라고 덧붙였다. "새로운 학문적 관심은 전혀 생기지 않네."[161] 실제로 1925년 5월, 그는 루 안드레아스 살로메에게 자신이 점차 무감각이라는 껍질에 싸여 가고 있다고 말했다. 이것은 사물의 본성으로, "무기물이 되는 과정의 시작이라고 보아야 하겠지요." 그가 당시 몰두해 있던, 삶과 죽음의 충동들 사이의 균형은 점차 죽음에 무게가 실리는 쪽으로 바뀌었다.[162] 그는 막 69회 생일을 "축하했다." 그러나 8년 뒤인 77세 때도 그는 여전히 환자 힐다 둘리틀에게 활력으로 감명을 줄 수 있었다. 힐다 둘리틀은 일기에 이렇게 적었다. "교수님은 며칠 전에 자신이 50년을 더 산다면 그때도 여전히 인간 정신이나 영혼의 기발함과 다양성에 매혹되고 호기심을 느낄 것이라고 나에게 말했다."[163] 물론 프로이트가 암 수술 뒤에도 계속 작업을 해 나갔던 것—작업을 하고, 그럼으로써 살아 있었던 것—은 호기심 때문이었다. 수술하고 나서 얼마 지나지 않은 1923년 10월 중순, 그는 11월부터는 다시 분석을 할 수 있기를 바랐다. 그러나 피흘러의 후속 수술 때문에 그 바람은 실현되지 못했다. 프로이트는 1924년 1월 2일이 되어서야 환자를 보기 시작했으며, 그것도 하루에 "겨우" 여섯 명만 보았다. 그는 곧 여기에 일곱 번째 환자인 안나를 추가하게 된다.

프로이트주의의 대유행

1925년 초 안나 프로이트는 아브라함에게 아버지의 건강과 나라의 상태를 전하면서 실감 나는 비유를 사용했다. "피흘러는" 인공 기관을 확실하게, "그의 표현을 빌리면, 재건(sanieren)하기를 바라고 있어요. 그동안" 그녀의 아버지는 "그것 때문에 고생을 하고 있습니다. 재건 중인 오스트리아처럼 말이에요."[164] 그녀는 그 무렵 오스트리아 통화의 재건(Sanierung)을 염두에 두고 있었다. 이것은 경제 회복을 위한 합리적이고 필수적인 조치로 보이기는 했지만, 높은 실업률, 어떤 지역에서는 재앙에 가까운 실업률로 고통을 주었다.

가끔 화창한 시기가 없었던 것은 아니지만, 1920년대는 다른 곳과 마찬가지로 오스트리아에서도 폭풍우가 몰아친 10년이었다. 중유럽 국가들은 박살난 경제를 복구하기 위해 안간힘을 써서, 간헐적으로 약간의 성공을 거두기도 했다. 그들은 대체로 줄어든 영토와 겪어보지 못한 정치 제도를 견디며 살아가야 했다. 그들의 이전의 적들 또한 내키지 않았지만, 때로는 구차하게 그런 식으로 버티며 살아갔다. 자그마한 오스트리아 공화국은 1920년대에 독일보다 6년 먼저 국제 연맹에 가입할 수 있었다. 이것은 오스트리아로서는 외교의 승리였는데, 패전국 가운데는 거의 처음이자 마지막으로 들어간 것이나 다름없었다.

이 시기에 오스트리아는 사회적 실험이 정치적 긴장에 의해 좌절되는 들뜬 시기를 겪었다. '붉은 빈'과 가톨릭적인 지방 사이, 사회민주당과 기독교사회당 사이의 교착 상태는 결코 완전히 해소되지 않았다. 강력한 정치 집단들이 의회와 거리에서 선동을 했다. 예를 들어 범독일 인민당은 오스트리아가 독일과 분리된 것은 참을 수 없는 일이라는 불만을 감정적으로 능란하게 표현해냈다. 분파적 정당들―군주제주의자, 국가사회주의자 등―은 선동적인 수사, 도발적인 행진, 유혈 충돌로 정치 분위기에 독을 끼얹었다. 빈의 사회주의적 시 정부는 공공주택, 집세 통제, 학교 건설, 빈민 구제 등의 야심만만한 프로그램을 법령으로 제정했으나, 나라의 나머지 지역을 통제하는 기독교사회당은 건설적인 프로그램보다는 증오로 사회민주당과 차이를 두려 했다. 기독교사회당은 필요하다면 무력을 이용하여 사회민주당을 권좌에서 몰아내려 했으며, 그 구성원들은 반유대주의에 사로잡혀 있었다. 이런 반유대주의는, 다 그렇지는 않지만 유대인 학살을 피해 폴란드, 루마니아, 우크라이나에서 이주한 불운한 유대인 이민자들과 맞서는 것으로 표현되는 경우가 많았다.

돌이켜보면 이 회복기의 바이마르 공화국은 탐나는 문화적 풍요라는 황금빛 아지랑이로 자신을 감싸게 되지만, 오스트리아는 그렇게 빛나는 자화상을 만들어내려는 시도조차 하지 못했다. 그들이 매달리는 전설의 중심은 전쟁 전 오스트리아-헝가리 제국의 화려한 문화였다. 오스트리아는 물론 그 시대에도 기여를 하기는 했지만, 사실은 주로 현대의 야만에 기여했다. 오스트리아가 세상에 준 선물 가운데는 아돌프 히틀러(Adolf Hitler, 1889~1945)도 있었다. 1889년에 브라우나우 암 인이라는 작은 도시에서 태어난 히틀러는 반유대주의 시장 카를 뤼거―히틀러에게는 "모든 시대를 통틀어 가장 강력한 시장"이었다.―시절에 빈의 하수구 정치를 배웠다. 그가 정치 '철학'을 흡수한 곳도 빈이었다. 그 철학이란 인종적 반유대주의, 노련한 포퓰리즘, 야만적으로 바꾸어놓은 사회 다윈주의, '아리아인'의 유럽 지배에 대한 막연한 갈망 등에 적의를 넣어 뒤섞은 것이었다. 음악, 매력적인 아가씨, 자허 토르테*, 대체로 신화적이라고 할 수 있는 '푸른 도나우'―실제로는 푸르지 않고 진흙탕의 갈색이다.―로 열렬히 찬양되던 땅 오스트리아는, 히틀러에게 그가 나중에 독일이라는 더 큰 무대에서 세계를 향해 풀어놓게 될 생각을 심어주고, 정치적 활동 방법에 대한 힌트를 주었다.

1919년 종전을 얼마 앞두고 부상으로 제대한 히틀러는 뮌헨에서 반자본주의적 생각에 물든 민족주의적 괴짜들이 모인 잘 알려지지 않은 단체에 들어갔다. 이듬해 이 단체가 국가사회주의독일노동자당―줄여서 나치―이라고 개명을 했을 때 히틀러는 카리스마를 발휘한 덕분에 지도자 자리에 앉게 되었다. 그는 새로운 종류의 정치가였다. 권력에 대한 굶주림은 늘 채워지지 않았으며, 전통적인 방식을 경멸했고, 빈틈없는 동시에 광적이었다. 1922년 선동정치가들 가운데 가장 화려했던 베니토 무솔리니(Benito Mussolini, 1883~1945)가 이탈리아에서 허세와 무력을 지저분하게 결합하여 개인 독재를 확립했다. 그러나 여러 면에서 나치의 모델이자 스승이기도 했던 무솔리니는 무자비함과 기회주의를 오가는 치명적인 능력, 대중 집회와 재계 지도자들 양쪽을 다 주무를 수 있는 재능이라는 면에서 히틀러의 경쟁 상대가 되지 못했다. 이탈리아 파시즘이 아무리 과장되고 부패하고 연극적이고 냉혈하다 해도, 히틀러가 가장 미천한 시절부터 꿈꾸어 온 '나치 신질서(Neuordnung)'**에 비하면 온건하다고 역사는 판단한다.***

히틀러는 청중에게 적당한 수사를 구사하는 데 불가사의할 정도로 능숙했지만, 자신의 원수를 결코 잊지 않았다. 그 적은 자유주의 문화,

---

* 초콜릿과 살구잼을 곁들여 만드는 스펀지 케이크의 일종. (역주)

민주주의자, 볼셰비키, 그리고 그 무엇보다도 유대인이었다. 1923년 11월에 그가 뮌헨의 맥줏집에서 주도한 쿠데타는 굴욕적인 실패로 끝났다. 그러나 히틀러는 이 실패를 전화위복의 기회로 삼았다. 그는 란츠베르크 요새에 갇힌 채 편하게 여덟 달을 보내면서 나치 운동의 성서가 될 책, 《나의 투쟁》을 썼다. 그러나 바이마르 공화국이 1923년 말에 마침내 인플레이션을 극복하면서 이례적인 수준의 공공질서를 확립하고 새로 외교적 품위를 얻게 되자, 히틀러는 영향력 있는 동조자와 헌신적인 지지자 집단을 자랑하기는 했지만 몇 년 동안은 주변부의 이류 연설가 신세로 세월을 보내야 했다.

따라서 1920년대 중반의 독일은 광적인 몽상가 아돌프 히틀러보다는 유화적인 외무장관 구스타프 슈트레제만(Gustav Stresemann, 1878~1929)의 시대였다. 슈트레제만은 독일이 국제 공동체에 다시 들

** **나치 신질서** 나치가 유럽, 궁극적으로 전 세계에 강제하려 했던 새로운 정치 질서. 1933~1945년까지 독일이 점령했던 유럽 지역에서 실시되었다. 나치는 우선 국가사회주의 이념에 따라 조직된 범게르만 인종 국가의 확립을 꾀했다. 여기에는 동유럽으로 영토를 확장해 독일 정착자들이 식민 지배를 한다는 계획도 포함되어 있었다. 또한 유대인과 불치병 환자, 장애인 같은 "살 가치가 없는 존재들"의 물리적 제거, "열등 인종"인 슬라브족의 절멸, 추방, 노예화 정책이 신질서의 중요한 내용이었다. (편집자 주)

*** 파시즘 이탈리아는 새로운 체제들을 휩쓸던 반유대주의에서 예외 같은 존재였다. 무솔리니는 1930년대 말에야 히틀러를 뒤쫓아 반유대주의 법을 도입했다. 이탈리아의 정신분석가 에도아르도 바이스가 전하는 바에 따르면, 프로이트는 무솔리니와 한 번 간접적으로 접촉했다. 1933년에 "나는 습관대로 아주 아픈 환자를 데려가 프로이트의 진찰을 받게 했다. 환자의 아버지가 동행했는데, 그는 무솔리니의 가까운 친구였다. 진찰이 끝난 뒤 그 아버지는 프로이트한테 무솔리니에게 줄 선물을 부탁했다. 헌사를 하나 써 달라는 것이었다. 나는 입장이 매우 난처했다. 이런 상황에서 프로이트가 부탁을 거절할 수는 없다는 것을 잘 알고 있었기 때문이다. 분명히 의도가 있었겠지만 프로이트가 선택한 책은 《왜 전쟁인가?》로, 알베르트 아인슈타인과 주고받은 편지를 모은 작은 책이었다." 이것은 프로이트의 평화주의적 정서를 드러낸 책이었다. 헌사는 "통치자에게서 문화의 영웅다운 면모를 알아본 한 노인이 헌신하는 마음으로 인사를 보내며"였다. 바이스 말에 따르면 이것은 무솔리니의 **"대규모 고고학적 발굴"**을 염두에 둔 말이었는데, 거기에 **프로이트는 큰 관심을 갖고 있었다.**" (Edoardo Weiss, "Meine Erinnerungen an Sigmund Freud", in *Freud-Weiss Briefe*, 34-35.)

어가고 전쟁 배상의 진창에서 벗어나려고 애쓰는 과정에서 전체적인 기조를 잡아 나갔다. 이 시절 프로이트의 편지에는 히틀러의 이름이 등장하지 않는다. 너무 하찮은 존재였기 때문이다. 독일 거리에서는 여전히 간헐적으로 폭동이 일어났고, 연합국은 독일이 지불할 능력도 없는 배상을 받아내려 계속 압박을 가하고 있었지만, 소설, 영화, 연극, 오페라, 오페레타, 춤, 무용, 건축, 조각은 크게 번창했다. 정신분석도 마찬가지였다. 그러나 프로이트는 전후 오스트리아와 마찬가지로 바이마르 공화국에도 감명을 받지 않았다. 1926년 그는 조지 실베스터 비어렉(George Sylvester Viereck)과 인터뷰를 하면서 이렇게 말했다.

내 언어는 독일어입니다. 내 교양, 내 학문도 독일어로 이루어져 있습니다. 나는 지적으로 나 자신이 독일인이라고 생각했습니다. 그러다 독일과 독일계 오스트리아에 반유대주의적인 편견이 확대되는 것을 보게 되었지요. 그 이후로 나는 나 자신을 유대인이라고 부르는 쪽을 더 좋아합니다.[165]

프로이트는 제1차 세계대전 뒤 넓은 세상으로부터 고개를 돌려 정신분석의 운명을 바라보며 약간 위안을 얻었을지도 모른다. 그러나 그는 여전히 뻐딱하고 불만이 많았다. 1920년 크리스마스에는 피스터에게 편지를 쓰면서 몇 나라로부터 정신분석 대중화와 관련된 훌륭한 작업 몇 가지를 보고받았으며, "우리의 대의가 도처에서 진전을 이루고 있다."는 사실을 인정할 수밖에 없는 기분이었다고 말했다. 그러나 그는 바로 뒤에, 이렇게 낙관주의에 양보한 것을 후회했다. "내가 그 일에서 느끼는 기쁨을 과대 평가하는 것 같군. 나는 분석에서 얻을 수 있는 개인적 만족은 나 혼자 있던 시절에 이미 다 누렸고, 다른 사람들의 지지를 얻은 뒤부터는 기쁘기보다는 괴로웠네." 프로이트는 정신분석이 점점 받아들여진다고 해서 사람들에 대한 자신의 낮은 평가가 바뀌지는 않는다고 덧붙였다. 이런 평가는 사람들이 그의 생각을 단호하고 우둔하게 거부하던 시절에 생긴 것이었다. 그는 이런 태도가 그 자신의 심리적 역사의 일부, 그의 이른 고립의 결과일지 모른다고 생각했다. "물론 그 시기에 나와 다른 사람들 사이에는 메울 수 없는 균열이 생겼지."[166] 그 전해에 프로이트는 이미 아이팅곤에게 자신이 작업을 처음 시작하여 아주 외로웠을 때부터 "미래와 관련하여" 그를 "짓누르던 걱정"은 "내가 이 세상 사람이 아닐 때 어중이떠중이들"이 정신분석을 어떻게 할 것인가 하는 점이었다고 말했다.[167]

이것은 약간 우울한 이야기지만, 어떤 면에서는 아주 인색하게 들리기도 한다. 사실 프로이트는 매우 전문적인 일군의 관념, 더욱이 매우 불쾌하고 매우 수치스러운 관념을 퍼뜨리고 있었다. 정신분석은 보통 남녀의 근거 없는 자존감은 물론이고, 다름 아닌 심리학과 정신의학의 지배적인 학파의 전복을 목표로 삼았다. 프로이트는 《정신분석 강의》에서 약간 신파조로 정신분석은 인류의 과대망상에 역사적인 세 가지 상처 가운데 세 번째 상처를 입혔다고 말했다. 코페르니쿠스는 지구가 우주의 중심이 아님을 입증했다. 다윈은 인류를 동물의 왕국으로 불러들였다. 이제 그, 프로이트는 세상을 향하여 자아란 대체로 정신의 무의식적이고 통제 불가능한 힘들의 하인이라고 가르치고 있었다.[168] 그런데 세상이 그런 메시지를 이해하기를—환영은 말할 것도 없고—기대할 수가 있을까?

정신분석의 명제들은 차가운 날빛 속에서는 그럴듯하지 않게, 심지어 터무니없게 들렸다. 그것을 뒷받침하는 증거들은 멀리 있고 접근하기도 어려웠다. 이 명제들은 믿음의 도약을 요구했으나, 많은 사람들이 그것을 꺼렸다. 1919년 전후의 굶주린 빈이 이국적인 급진적 관념들로 웅성

거리고 있을 때, 정신분석도 카페에서 뜨거운 논란의 대상이 되었다. 철학자 칼 포퍼(Karl Popper, 1902~1994)는 이렇게 회고한다. "혁명적 구호, 관념, 새롭고 종종 황당한 이론들이 넘쳐나고 있었다."[169] '정신분석은 자신이 치료하겠다고 나선 바로 그 병'이라는 카를 크라우스의 널리 인용되는 심술궂은 경구는 이미 그 무렵에 나온 지 몇 년이 지난 것이었지만, 정신분석에 대한 널리 또 오랫동안 변함없이 유행하는 반응을 요약하고 있었다. 예컨대 당시 고작 열일곱 살이었던 포퍼는 자신이 아들러주의의 심리학, 마르크스주의와 더불어 정신분석도 결정적으로 논박했다고 생각했다. 이런 체계들은 너무 많은 것을 설명한다. 즉 너무 부정확하게 정리되어 있어, 어떤 사건, 어떤 행동, 어떤 사실도 증거로 사용될 수 있다. 포퍼는 이들이 모든 것을 증명함으로써 아무것도 증명하지 못했다고 주장했다. 사실 포퍼는 많은 무자격 민간 전문가들 가운데 가장 세련된 사람일 뿐이었다. 정신분석의 존재를 위협하는 이런 의견이 지배하는 분위기에서 정신분석이 힘겹게 전진하고 있다는 것이 프로이트에게는 결코 놀랄 일이 아니었을 것이다.

카페나 칵테일 파티나 무대에서 프로이트의 사상을 차분하게 이해해보려는 의도로 그를 받아들이는 경우는 거의 없었다. 유행하는 흐름에 따라서 그의 전문적인 용어나 근본적인 사상을 오독하였으며, 또 대개 변조했다. 미국의 작가이자 편집자였던 토머스 L. 메이슨(Thomas L. Masson)은 1923년 이 주제에 관한 책 네 권의 전형적인 리뷰에서 이렇게 말했다. "정신분석은 우리의 문학을 물들이고 있을 뿐 아니라, 자연스러운 결과이지만 다른 많은 방향에서 우리 삶에 들어와 영향을 주고 있다." 메이슨은 그런 영향의 한 예로 업체가 직원을 고용할 때 정신분석을 사용하는 일이 늘고 있다는 점을 들면서, 정신분석이 마침내 "큐

클럭스클랜(KKK)이 제기한 문제들을 해결"해주기를 바랐다. 그러나 그는 금세 이런 희망을 뒤엎으면서, 꽤 정중한 말투이기는 하지만, "우리는 솔직히 그 궁극적 가치에 회의적"이라고 결론을 내렸다.[170] 1920년대에 정신분석에 관해 의견을 피력하고자 한 다른 사람들도 대부분 메이슨 못지않게 솔직하게 회의적인 태도를 드러냈다.

대중 매체, 신문, 잡지는 모두 인간 프로이트를 희극적이면서 또 종종 다소 위협적인 캐리커처로 다루어 혼란과 경솔한 판단을 퍼뜨리는 데 한몫을 했다. 불안정한 전후 시대의 많은 사람들에게 이런 캐리커처는 매혹적으로 다가갔다. 프로이트는 턱수염을 기른 엄숙한 교수님(Herr Professor)이었으며, 중유럽 억양이 강한 우스꽝스러운 말투를 사용했고, 지도에 섹스를 집어넣은 사람이었다. 어떤 사람은 그의 가르침이 전혀 억제 없는 성적 자기 표현을 허가하는 것이라고 들었다. 일요판 신문 부록에서 그의 글을 붙들고 씨름하는 소수의 예의 바른 평론가들도 그의 작업에서 가르침을 얻기보다는 당황하게 된다고 고백했다. 그런 평론가 가운데 한 사람인 메리 케이트 아이샴(Mary Keyt Isham)은 프로이트의 《쾌락 원칙을 넘어서》와 《집단심리학과 자아 분석》을 이해하려고 노력하다가, 〈뉴욕타임스〉의 서평 섹션에서 다음과 같이 고백했다. "프로이트의 작업은 평론가에게 많은 어려움을 안겨주는데, 최근에 나온 이 두 권은 더 심하다." 아이샴이 보기에 그 이유는 특히 이 두 권이 "이전의 연구 결과를 '메타심리학적' 형태로 제시하려" 하기 때문이었다. 그러면서 그녀는 메타심리학이 "새로 발명된 학문"이라고 잘못 이야기했다.[171]

학식을 갖춘 사람들 가운데 프로이트에 관한 중상이나 정신분석에 대한 오해를 교정하려고 하는 사람은 거의 없었다. 설교자, 저널리스트, 교육자는 그의 외설적인 관념들을 비난하고, 그의 해로운 영향을 개탄했다. 1924년 5월 《내적인 정신의 힘》의 저자 브라이언 브라운(Brian Brown) 박사는 뉴욕의 세인트 마크스-인-더-바워리 교회에서 개최된 심포지엄에서 연사로 나서, 프로이트의 무의식 해석을 "타락한 것"이라고 규정했다. 같은 심포지엄에서 뉴욕 대학의 연설 클럽 지도자 리처드 보든(Richard Borden) 박사가 "영혼의 병, 리비도, 콤플렉스, '옛 아담'" 등 프로이트의 근본 개념을 설명하려고 씩씩하게 노력했지만, 브라운 박사는 "프로이트는 심리학을 가르치지 않았다."는 말로 반격을 했다. 사실상 프로이트가 "하고자 하는 말은 해로운 생각들이 저장된 외부의 방이 있으며, 이 생각들은 의식으로 밀고 들어올 준비가 되어 있다."는 것이었다. "나아가 프로이트는 모든 것을 성으로 풀어냈다."[172] 프로이트가 성에 강박되어 있다는 오랜 비난은 지울 수 없는 낙인 같았다.

브라운 박사가 프로이트의 생각이 타락했다고 말하고 나서 일 년 뒤, 뉴욕 개혁파 랍비이자 시오니즘의 옹호자인 스티븐 S. 와이즈(Stephen S. Wise)는 내용은 똑같지만 좀 더 세련된 언어로 공격했다. 그는 인터내셔널 하우스에서 학생들에게 연설을 하면서 H. L. 멩켄*에게서 고개를 돌려 매슈 아널드**의 달콤함과 빛을 재발견하라고 촉구했다. 그러면서 그는 "옛 신들을 대체하는 새로운 신들" 가운데 멩켄의 냉소주의보다 훨씬 심각한 것은 "프로이트주의의 유행"이라고 말했다. 다른 많은 불안한 관찰자들의 경우와 마찬가지로 와이즈에게도 프로이트는 있는 그대로 풀려난 본능을 옹호하는 유혹적인 예언자였다. "나

---

* 멩켄(Henry Louis Mencken, 1880~1956) 미국 문화 전반에 관한 신랄한 비판으로 유명한 작가, 비평가, 언론인. 1914~1923년 조지 네이선과 공동으로 당시 미국 문학의 성장에 가장 큰 영향을 끼친 잡지 〈스마트 세트〉를 편집했다. 무신론자로 유명하다. (편집자 주)
** 아널드(Matthew Arnold, 1822~1888) 영국의 시인, 비평가, 교육자. 자신의 시대에 산업주의와 과학 발전으로 신앙이 쇠퇴함으로써 정신적인 불안에 직면한 세계의 참상에 대해 작품을 통해 개탄했다. (편집자 주)

는 프로이트를 칸트 옆에 나란히 놓고 싶다." 와이즈는 그렇게 말했다. "'너는 해야 한다'는 칸트의 가르침에 대해 프로이트는 '너는 해도 좋다'를 내세우고 있다." 와이즈는 우렁차게 결론을 내렸다. 프로이트주의는 "우리의 기분과 욕구, 꿈과 정열의 하수구를 파 들어가고 있다."[173] 어떤 사람들은 경거망동의 유혹을 느꼈다. 1926년 여름 필라델피아 제10 장로교회의 영리한 성직자 존 맥닐(John MacNeill) 목사는 스토니 브룩에서 열린 회의에서 이렇게 말했다. "오늘날 세 명 가운데 한 명은 정신분석이라는 주제에 발광한다. 그들을 빨리 제거하고 싶으면 그들에게 정신분석의 철자를 한번 말해보라고 하면 된다."[174]

이런 종류의 비난은 이 시대에 전형적인 것이었으며, 미국에만 국한된 것이 아니었다. 1922년 11월 아이팅곤은 그가 사랑하는 파리에서 프로이트에게 쓴 편지에서 정신분석이 그곳에서 시끄러운 반대와 맞서 싸우고 있다고 말했다. 프로이트의 《일상생활의 정신병리학》의 프랑스어 번역판이 나온 "바로 그날 〈프로이트와 교육〉이라는 선동적인 글이 나온 것은 우연이 아닐 것입니다. 이 글에서 아마르(Amar) 교수는 정부에 정신분석으로부터 어린이를 보호하라고 요구했습니다. 이 아마르 씨란 사람은 무척 분노하고 있더군요."[175] 분노 또한 프로이트의 메시지에 대한 방어의 한 형태였던 것이다.

따라서 프로이트의 사상을 둘러싸고 소용돌이치던 논의는 공감하는 쪽이건 적대하는 쪽이건 종종 경악스러울 정도로 수준이 낮았던 셈이다. 1922년 런던의 〈타임스〉에서 한 평론가는 프로이트의 《정신분석 강의》를 평가하면서, 정신분석이 "그 사도들의 지나친 열정 때문에 불우한 시절을 만났다."고 주장했다. 처음에는 "정신의 과학에 기여"했지만, 그 뒤에는 안타깝게도 '대유행'이 되었다는 것이다. "즉 그 의미를 잘 알지도 못하는 사람들이 열을 띠고 논의하게 되었다는 것이다."[176] 이것

1924년 10월 〈타임〉 표지 인물이 된 프로이트.

은 사태의 원인을 프로이트의 지지자들 탓으로만 돌리는 약간 편향적인 발언이었다. 그러나 정신분석이 그것을 모르는 사람들 사이에서 일종의 대유행이 되었다는 발언은 사실이었다. 프로이트가 지지자로 여기던 스웨덴의 의사 포울 비에르(Poul Bjerre)는 1925년에 프로이트주의가 마치 "새로운 연구 영역이 아니라 새로운 종교에 관한 문제"이기라도 한 것처럼 "감정을 자극했다"고 썼다. "특히 미국에서는 정신분석 문헌이 늘어나 사태가 날 정도였다. '정신분석을 받는' 것이 유행이 되었다."[177] 일 년 뒤 미국의 저명한 심리학자로 많은 책을 낸 윌리엄 맥두걸(William McDougall)도 비에르의 평가를 뒷받침했다. "전문적인 지지자들 말고도 많은 일반인, 교육자, 예술가, 딜레탕트들이 프로이트의 고찰에 매료되어 그것을 엄청난 유행으로 만들었다. 그 결과 프로이트가 사용한 전문적인 용어 몇 가지는 미국과 영국의 대중적인 속어가 되었다."[178]

유럽 대륙도 프로이트의 어휘의 유혹에 굴복했다는 면에서는 크게 뒤처지지 않았으며, 반응이라는 면에서도 똑같이 양가적이었다. 아브라함, 아이팅곤, 작스는 1925년 5월 베를린에서 쓴 회람 서한에서 이렇게 말했다. "일간지에는 정신분석에 관하여 읽을 것이 많이 나온다. 대개 부정적인 방향이지만, 늘 그런 것은 아니다." 좋은 소식도 있었다. 1920년에 설립된 베를린 정신분석 연구소가 개설한 강좌는 많은 청중을 모았고, 정신분석가 지망자들도 만족스러울 만큼 늘었다. 더욱이 아브라함과 그의 동료들은 슈테판 츠바이크가 전기적 에세이들을 모은 새 책을 프로이트에게 헌정한 사실 덕분에 "언론의 종종 불친절했던 분위기에 대한 보상을 받은" 기분이었다. 그들은 재미있는 이야기도 잊지 않고 전했다. 프리드리히 조머(Friedrich Sommer)라는 사람이 그 무렵에 〈영적 에너지의 측정〉이라는 브로슈어를 냈는데, 그는 여기에서 "어느 날 나는 정신분석을 알게 되었으며, 그 뒤로 이것 때문에 기독교에 더 가까이 다가가게 되었다."고 말했다는 것이다.[179] 10월에 아브라함은 소식지를 또 보냈다. "독일에서는 신문과 기타 정기간행물에서 정신분석 논의가 끊이지 않는다고 보고할 수 있다. 어디에서나 언급되는 것을 본다." 물론 "공격도 많다. 그러나"—아브라함은 달래듯이 덧붙였다.—"분명한 것은 지금처럼 관심이 강했던 적이 없다는 것이다."[180] 관심이라고는 하지만 정신분석에 관한 지식이라는 면에서는 많은 부분 프리드리히 조머가 프로이트의 사상을 알게 된 것을 계기로 신에게 더 가까이 가게 되었던 경우보다 크게 나을 것이 없었다.

주로 부정적이라고는 해도 복합적이었던 이런 신호들은 빈의 여론의 분위기이기도 했다. 정신분석에 혹한 학생들의 부류에 속하지 않았던 엘리아스 카네티(Elias Canetti, 1905~1994)는 1920년대 중반 빈에 살 때

"프로이트라는 이름이 등장하지 않는 대화는 거의 없었다."고 회고한다. "대학의 주요한 인물들은 여전히 오만하게 그를 거부했다." 그러나 '실수'의 해석은 "일종의 파티 게임이 되었다." 오이디푸스 콤플렉스 또한 비슷하게 유행했다. 모두 자기 나름의 오이디푸스 콤플렉스를 원했다. 고고하게 유행을 경멸하는 사람들도 이 면에서는 거리낌이 없었다. 실제로 오스트리아에는 프로이트의 공격성 이론이 절박한 시대적 관련성을 갖고 있다고 생각하는 사람들이 많았다. "사람들이 목격한 잔혹한 살육은 뇌리에서 사라지지 않았다. 적극적으로 가담했던 많은 사람들이 이제 돌아와 있었다. 그들은 자신들이 명령을 받으면 무슨 짓을 할 수 있을지 잘 알았으며, 정신분석이 제공하는 살인의 경향에 대한 모든 설명을 탐욕스럽게 붙잡았다."[181]

프로이트를 찬양하는 많은 사람들도 그를 비방하는 사람들 대부분과 마찬가지로 그의 분명한 메시지를 어렴풋이 알고 있을 뿐이었다. 이런 막연함은 교육을 제대로 받지 못한 사람들만이 아니라 모두의 문제였다. 포울 비에르 같은 학식이 높은 심리학자도 정신분석에 대한 대중적인 해설서에서 '무의식'이라는 말 대신 '잠재의식(Unterbewusstsein)'이라는 말을 썼던 것이다.[*182] 미국의 출판사 B. W. 휴브시가 1920년에 윌리엄 베이어드 헤일(William Bayard Hale)의 "우드로 윌슨의 정신분석적

---

* 이것은 지금까지도 눈에 잘 띄는 흔한 실수다. 예를 들어 비에르와 같은 시대의 의사였던 W. Schmidt-Mödling의 *Der Ödipus-Komplex der Freudschen Psychoanalyse und die Ehegestaltung des Bolschewismus*(날짜 불명 [1928?]), 1 참조. 이 책 뒤쪽에서 그는 "무의식"을 "잠재의식"과 동의어로 사용한다. 이틀 전 프로이트의 70세 생일을 맞아 〈뉴욕타임스〉는 "Psychology Knows He Has Lived"라는 제목의 기사에서 프로이트의 "잠재의식 이론"은 매우 논란이 많다고 말했다. ("Topics of the Times", *New York Times*, 1926년 5월 8일, 16.)

연구"인 《문체 이야기》를 광고하기 위해 제작한 전단에서는 이런 말을 볼 수 있다. "빠르게 늘어가는 정신분석 문헌을 읽어 오지 않은 사람들은 프로이트와 융의 제자들이 인간 정신과 영혼의 작용을 드러내는 솜씨에 놀랄 것이다."[183] 이런 종류의 부정확성은 프로이트에게는 몹시 짜증 나는 일이었다. 그래서 그는 가끔, 적은 내가 알아서 할 테니 친구로부터 보호해 달라는 속담에서 위안을 얻곤 했다.

프로이트의 이런 태도가 완벽하게 공정한 것이라고는 할 수 없었다. 정신분석을 올바르게 이해되도록 보급하는 데 가장 큰 위협은 일시적 유행에 편승한 사람들과 그것으로 이득을 보려는 사람들이었다. 이렇게 정신분석을 이용하는 사람들 가운데 일부는 완전히 사기꾼들이었다. 1926년 5월에 〈뉴욕타임스〉가 적절하게 지적했듯이, "프로이트의 평판에는 매우 불행한 일이지만, 그의 이론은 무지를 이용한 엉터리 치료에 너무 쉽게 이용된다." 프로이트 자신은 "이런 엉뚱한 짓을 비난했지만", 그의 항의는 "일반 대중과 관련된 곳에서는 거의 효과가 없다."[184] 이것은 충분히 예상되는 일이었다. 정신분석 치료라는 거대한 흙탕물 웅덩이는 허가 없이 낚시를 하려는 자칭 치료사들을 불러들였다. 어니스트 존스가 한번은 '영국 정신분석 출판사'가 낸 광고를 보았다. 그 광고는 이런 내용이었다. "정신분석가로서 일 년에 1000파운드를 벌고 싶습니까? 우리가 방법을 알려드릴 수 있습니다. 한 강좌당 4기니를 내고 8회의 우편 학습을 받으시면 됩니다!"[185]

프로이트를 둘러싼 흥분의 많은 부분은 이보다는 훨씬 덜 해로운 어리석음이었는데, 분노를 부르기보다는 민주 세계에서 인간 희극을 보는 즐거움을 주었다. 1924년 여름, 가공할 변호사 클레런스 대로(Clarence Darrow)가 변호 책임을 맡은 네이선 레오폴드(Nathan Leopold)와 리처드 로브(Richard Loeb)의 선정적인 살인 사건* 재판이 미국 전역의 신문 1면 머리기사로 떠올랐다. 〈시카고 트리뷴〉의 오만한 발행인 로버트 매코믹(Robert McCormick) 대령은 프로이트에게 전보를 보내, "시카고에 와서" 이 두 젊은 살인자를 "정신분석하면" 2만 5천 달러라는 엄청난 돈, 또는 "얼마든 그가 원하는 액수"를 주겠다고 제안했다.[186] 대중은 부유하고 유명한 집안 출신으로 친구를 상대로 완전범죄를 저지르겠다는 막연한 충동밖에는 다른 동기가 보이지 않는 레오폴드와 로브에 매료되었다. 대중은 이들의 이유 없는 행동에 신비감을 느꼈고, 어느 정도 무의식적이기는 하지만 이들에게 작용한 동성애적인 감정들의 암시에 안달을 했다. 매코믹은 프로이트가 나이가 많고 건강이 좋지 않다는 것을 알았기 때문에 심지어 이 유명한 분석가를 미국에 모셔 오기 위해 기선을 전세 내겠다고 제안하기도 했다. 프로이트는 사양했다.[187]

얼마 후, 이미 할리우드에서 가장 강력한 영화 제작자로 꼽히는 존재가 된 샘 골드윈(Sam Goldwyn)은 유럽에 가는 길에 〈뉴욕타임스〉 기자에게 "세계 최고의 사랑 전문가"인 프로이트를 찾아가겠다고 말했다. 그의 목적은 매코믹 대령이 제시했던 것보다 훨씬 많은 10만 달러라는 거금을 프로이트에게 제안하는 것이었다. "사랑과 웃음은 새뮤얼 골드윈이 영화를 제작할 때 가장 중시하는 두 가지다." 기자는 그렇게 말한 뒤에 골드윈이 "이 정신분석 전문가에게 그의 연구를 상업화하여 영화로 만들 이야기를 쓰거나, 미국에 와서 이 나라의 핵심을 '파고드는' 데

---

* 1924년 5월, 시카고에서 열네 살의 로버트 바비 프랭크라는 유대인 소년이 유괴당한 뒤 끔찍하게 살해당한 변사체로 발견되었다. 수사 결과, 범인은 피해자의 친구의 형이었던 리처드 로브(19세)와 로브의 친구 네이선 레오폴드(20세)로 밝혀졌다. 두 살인자는 모두 부유한 유대인 집안 출신에다 열다섯 살에 법대에 입학할 정도로 머리가 좋은 청년들이었는데, 순전히 '완전범죄'를 위해 재미 삼아 살인을 저질렀다는 점에서 충격을 주었다. 이들은 클레런스 대로의 변호로 사형을 면하고 종신형을 선고받았다. 이 사건은 지금까지 여러 차례 영화, 연극, 소설, 뮤지컬 등의 소재로 다루어져 왔다. (편집자 주)

도움을 달라고" 설득할 작정이라고 덧붙였다. 사실 골드윈이 말한 대로, "진짜로 위대한 사랑 이야기만 한 오락은 없다." 그렇다면 프로이트보다 그런 이야기를 잘 쓰거나, 더 나은 조언을 해 줄 사람이 어디 있겠는가? 골드윈은 이렇게 생각했다. "시나리오 작가, 감독, 배우는 일상생활을 진짜로 깊이 연구하여 많은 것을 배울 수 있다. 그들이 진정한 감정적 동기와 억눌린 욕망을 표현하는 방법을 안다면 그들의 창조물은 훨씬 강력한 힘을 발휘할 것이다."[188] 프로이트는 한 시간에 20달러, 나중에는 25달러를 받으며 잘살고 있었다. 그러나 그는 나이가 들었고 늘 달러에 굶주려 있었다. 따라서 이것은 흔히 말하듯이, 그가 거절할 수 없는 제안이었다. 그러나 1925년 1월 24일자 〈뉴욕타임스〉 표제는 완전히 다른 결과를 간결하게 보도했다. "프로이트, 골드윈을 거부./빈의 정신분석가 영화 제안에 관심을 보이지 않다." 실제로 빈의 선정적인 신문 〈디 스툰데〉는 프로이트와 인터뷰를 하여 쓴 기사라고 주장하면서, 프로이트가 골드윈의 인터뷰 요청에 한 문장짜리 편지로 응답했다고 보도했다. "나는 골드윈 씨를 만날 생각이 없습니다."[189]

이런 사건들은 1920년대 중반에 이르면 프로이트가 일반인도 알 만한 인물이 되었음을 증언해준다. 《쾌락 원칙을 넘어서》나 《자아와 이드》 같은 비의적인 텍스트를 완전히 이해하기는커녕 읽기라도 하는 사람의 수는 적을 수밖에 없었다. 따라서 프로이트의 가르침을 정당하게 평가할 수 있는 사람은 극소수에 불과했다. 안타깝게도 이 무렵 정신분석에 관하여 의견을 표명한 사람들 대부분은 그런 소수에 속하지 않았다. 그러나 그의 이름과, 어김없이 시가를 물고 엄격한 표정과 꿰뚫을 듯한 눈으로 바라보는, 세심하게 차려 입은 신사의 모습이 나오는 사진은 수백만 명에게 알려졌다. 그러나 매코믹과 골드윈 사건은 이 모든 것에 프로이트가 들뜨기보다는 짜증을 낸 이유를 보여주기도 한다. "나는 인기 그 자체에는 철저하게 무관심해." 그는 1920년 말에 새뮤얼 프로이트에게 목소리를 높였다. 인기는 "기껏해야 더 진지한 성취에 위협이 되는 요소에 불과한 것으로 간주해야 한다."[190] 그는 일 년 뒤에 다시 이 문제를 이야기하면서 '현재의 인기'는 그에게 '짐'이라고 말했다.[191] 이것은 그의 편지에 따라붙는 후렴구가 되었다. 1922년 초, 이번에는 아이팅곤에게 인기가 '역겹다'고 다시 목소리를 높였다.[192] 기껏해야 조롱의 웃음만 불러올 뿐이었다. 그는 일 년 전에는 아이팅곤에게 이렇게 말했다. "영국과 미국에서는 지금 정신분석에 관해 한참 떠벌이고 있네. 하지만 나는 이런 것이 마음에 들지 않아. 나한테는 신문 스크랩과 인터뷰 하겠다는 사람들이 찾아오는 일만 생길 뿐이야. 하지만 그래도 재미있기는 하네."[193] 이것은 명성이었지만, 그가 원하는 명성이 아니었다.

우리가 알다시피 프로이트는 대중의 승인에 무관심하지 않았다. 사실 그는 자신이 정신의 과학에 기여한 부분의 독창성을 주장했고, 이 기여를 인정받기를 기대했다. 그러나 도움이 되지 않는 기자와 무지한 신문 기사, 그의 건강과 관련하여 지면에 오르내리는 소문, 그의 사상에 대한 오류투성이 요약, 그에게 쏟아져 들어오는 편지—그는 거의 모든 편지에 답을 해야 한다는 의무감을 느꼈다.—는 학문적 작업을 할 시간을 빼앗았으며, 그 자신과 그의 대의는 스스로 두려워하고 혐오하는 저속화의 위협에 시달렸다. 그러나 가끔 자신의 새로운 인기가 보탬이 되는 측면도 있다는 점은 인정할 수밖에 없었다. "나는 유명 인사로 여겨지고 있어." 그는 1925년 말에 영국의 조카에게 말했다. "온 세상의 유대인이 아인슈타인과 짝지어서 내 이름을 자랑하고 있단다."[194] 이런 자랑은 그가 꾸며낸 것이 아니었다. 또 유대인만 그를 아인슈타인과 짝짓는 것이 아니었다. 영국의 늙은 정치가 밸푸어 경(Arthur James Balfour, 1848~1930)은 1925년 예루살렘 히브리 대학의 개교 기념식에서 연설을 하면서 프로이트를 베르그송, 아인슈타인—모두 유대인이다.—과 더불어 현대 사상에 매우 유익한 영향을 준 사람으로 꼽았다.[195] 이 칭찬은 프로이트가 매우 존경하던 사람에게서 나왔기 때문에 의미가 컸다. 1917년 말 밸푸어는 영국 외무장관으로서 영국이 팔레스타인에 유대인의 나라를 세우는 것을 지지한다고 선언했으며, 프로이트는 "영국인이 선택받은 민족과 벌이는 실험"을 환영했다.[196] 1925년에 느낀 기쁨은 세월이 가도 줄지 않았다. 프로이트는 신문에 보도된 밸푸어 경의 연설을 보고, '명예로운 언급'에 감사하는 뜻으로 어니스트 존스를 통하여 자신의 '자전적 연구'의 발췌 인쇄물을 전달했다.[197]

이런 분위기에서 그는 자신의 명성에 관하여 달관한 태도를 유지할 수 있었다. 그는 새뮤얼 프로이트에게 이렇게 말했다. "결국 나는 얼마 남지 않은 내 삶을 불평하거나 겁에 질려 바라볼 이유가 없다. 오랜 가난을 겪은 뒤에 나는 어려움 없이 돈을 벌고 있고, 감히 아내를 부양하고 있다고 말할 수 있지 않느냐."[198] 그가 존중할 수 있는 명예도 한두 번 얻게 되었다. 1921년 11월에는 네덜란드 정신의학 및 신경학회가 그를 명예회원으로 임명했다. 그는 이 명예를 흡족하게 받아들였다.[199] 그럴 만도 했다. 1909년 클라크 대학으로부터 명예 법학박사 학위를 받은 이후 대학으로부터 공식적으로 인정받은 것은 처음이었기 때문이다. 프로이트는 사기꾼에 불과하다는 이야기가 계속 들렸지만, 그의 명성은 헌신적인 프로이트주의 분석가들의 좁은 범위를 넘어 퍼져 나가고 있었다. 그는 저명인사들, 특히 로맹 롤랑, 슈테판 츠바이크, 토마스 만, 싱클레어 루이스(Sinclair Lewis, 1885~1951) 등 유명한 작가들과 편지를 교환하기 시작했다. 1929년부터는 2년 전 《그리샤 상사에 관

한 논쟁》이라는 반전(反戰) 소설로 이름을 얻은 아르놀트 츠바이크와
도 편지를 교환했다. "빈을 거쳐 가는 작가와 철학자들이 나를 찾아와
이야기를 나눈다."[200] 프로이트는 맨체스터의 조카에게 그렇게 말했다.
고립의 시절은 이제 희미한 기억으로 남게 되었다.

그러나 계속 그를 만족시켜 주지 않는 것이 한 가지 있었다. 바로 노
벨상이었다. 1920년대 초, 다른 사람들이 전에 그랬던 것처럼 게오르
크 그로데크가 프로이트를 추천했을 때, 프로이트는 자신의 이름이 몇
년 동안 떠돌았지만 늘 아무런 성과가 없었다고 체념한 말투로 그로데
크의 부인에게 말했다.[201] 몇 년 뒤인 1928년, 그리고 1930년에도 파울
페데른에게 분석을 받은 적이 있는 젊은 독일 정신분석가 하인리히 멩
(Heinrich Meng, 1887~1972) 박사가 프로이트를 위하여 조직적인 캠페
인을 벌였다. 그는 수많은 저명인사들로부터 서명을 받았다.
멩 박사의 요청에 응한 사람들 가운데는 독일에서 프로이트를 지지
하는 소설가 알프레트 되블린(Alfred Döblin, 1878~1957)과 야코프 바
서만(Jakob Wassermann, 1873~1934) 등이 있었다. 또 저명한 외국인들
로는 버트런드 러셀(Bertrand Russell, 1872~1970) 같은 철학자, 서머힐
학교를 세운 A. S. 닐(A. S. Neill, 1883~1973) 같은 교육자, 리턴 스트레
이치(Lytton Strachey, 1880~1932) 같은 전기 작가, 줄리언 헉슬리(Julian
Huxley, 1887~1975) 같은 과학자를 비롯하여, 교육받은 대중에게 그
들보다 지명도가 약간 떨어지는 다른 많은 사람들이 있었다. 몇 년간
의 불장난 끝에 프로이트의 구애를 외면한 셈이었던 오이겐 블로일러
도 서명을 했다. 노르웨이의 소설가이자 노벨상 수상자인 크누트 함순
(Knut Hamsun, 1859~1952), 독일의 민족주의 작곡가 한스 피츠너(Hans
Pfitzner, 1869~1949)―둘 다 나중에 나치에 동조한다.―같은 뜻밖의 인

물들도 멩의 호소에 동참했다. 토마스 만은 자신의 텃밭을 보호하고자 의학 분야의 노벨상이라면 자신도 서명을 하겠다고 말했다.*[202] 그러나 멩은 의학상이야말로 바랄 수 없는 분야임을 알고 있었다. 스웨덴 학술원이 권위자로 여기고 자문을 구한 정신의학자가 프로이트를 사기꾼이자 위험한 인물로 치부해버렸기 때문이다. 따라서 프로이트에게 열린 유일한 분야는 문학이었다. 그러나 이 방향을 향한 멩의 우회적인 작전도 실패했다. 결국 프로이트는 프루스트에서 조이스, 프란츠 카프카에서 버지니아 울프에 이르기까지 스톡홀름에 가지 못한 문장가들의 긴 명단에 이름을 넣게 되었다.

프로이트는 이런 좋은 의도에 기초한 노력들이 틀림없이 반가웠겠지만, 중단시키려고 노력했다. 그는 멩의 활동을 모르고 있었다고 고백하면서 어니스트 존스에게 수사적으로 물었다. "어떤 바보가 이런 일에 관여하겠습니까?"[203] 그러나 이런 질문을 할 때 유난히 강한 어조를 보면, 만일 상을 주었을 경우 그가 두 손으로 덥석 잡았을 것임을 알 수 있다. 1932년 프로이트는 전쟁의 본질과 전쟁을 예방할 가능성에 관하여 공개를 염두에 두고 아인슈타인과 편지를 교환하고 있다고 아이팅곤에게 말했다. 그러면서 이것으로 노벨 평화상을 받기를 기대하지는 않는다고 덧붙였다.[204] 이 말에는 뭔가 동경하는 듯한, 심지어 약간은 애처로워 보이는 면이 있다. 그러나 그도 자신이 서구 문화에 깊은 인

---

* 프로이트의 노벨상 후보 추천에 지지를 거부한 사람 가운데는 알베르트 아인슈타인이 있다. 그는 1928년 2월 15일에 멩에게 편지를 써, 프로이트의 가르침의 진위에 관해 믿을 만한 의견을 내놓을 수 없으며, "하물며 다른 사람들에게 전거가 될 만한 평결은 내릴 수 없다."고 말했다. 나아가서 아인슈타인은 프로이트 같은 심리학자가 과연 노벨 의학상—"내 생각에 고려할 수 있는 분야는 그것뿐이지만"—을 탈 자격이 있는지 의심스러워 보인다고 말했다. (Prof. Dr. Helmut Lück와 Prof. Hannah S. Decker가 나에게 이런 이야기를 해주었다.)

상을 남기고 있다는 점은 부정할 수 없었다. 서구만이 아니었다. 1920
년대에 프로이트는 인도의 의사 기린드라세카르 보스(Girindrasehkhar
Bose)와 서신 교환을 시작했다.[205] 1929년에 슈테판 츠바이크는 프로
이트의 영향을 이렇게 요약했다. "나는 세상의 심리학적이고 철학적인
구조, 나아가 전체적인 도덕적 구조에 교수님이 일으킨 혁명이, 교수님
의 발견 중에서 단순히 치료와 관련된 면을 훨씬 능가한다고 봅니다.
오늘날 교수님에 관해 전혀 모르는 사람들, 1930년에 살아 있는 모든
인간, 심지어 정신분석가의 이름을 들어본 적이 없는 사람조차 이미 간
접적으로 교수님이 이루어낸 영혼의 변화에 물들어 있습니다."[206] 츠바
이크는 자주 열광에 사로잡히는 사람이었지만, 이런 평가는 있는 그대
로의 진실과 크게 다르지 않다.

다행스럽게도 프로이트에게 쏟아진 관심 가운데 적어도 일부는 그
렇게 고상하지 않았으며, 상당히 재미있기도 했다. 아주 재치 있는 세계
주의자인 헝가리의 극작가 페렌츠 몰나르(Ferenc Molnár, 1878~1952)는
희곡을 쓸 생각으로 플롯을 잡으면서 프로이트의 사상에 대한 대중적
인 희화화를 시도했다. 몰나르는 희곡의 자료는 아주 쓸 만하다고 말
했다. "이것이 어떻게 발전할지는 모르겠습니다. 하지만 모든 위대한 비
극이 그렇듯이 기본적인 구상은 아주 간단합니다. 어머니와 행복한 결
혼 생활을 하는 젊은 남자가 자기 부인이 사실은 어머니가 아니라는
것을 알고 총으로 자살을 하는 것입니다."[207] 1920년대 말 영국의 사제
이자, 성경 번역가이자, 교양 있는 풍자가인 로널드 녹스(Ronald Knox,
1888~1957)는 유사 정신분석적 진단을 점잖게 가지고 놀았다. 한 작품
에서는 독일 아동 문학의 고전인 《더벅머리 페터》를 프로이트적인 전
문 용어를 이용해 고쳐 쓰기도 했다.[208] 이 무렵 미국에서는 제임스 서

버(James Thurber)와 E. B. 화이트(E. B. White)가 《섹스가 필요한가? 아니면, 왜 그런 식으로 느끼는가?》라는 책으로 미국 서점들에 넘쳐나는 수많은 섹스 책들을 비아냥거렸다. 이 작은 책의 짐짓 엄숙한 체하는 장들 가운데는 "미국 남성의 본질 : 토대의 연구"와 "아이들은 부모에게 무슨 말을 해야 하는가?" 등도 있었다. 이 전문용어집들이 보여주듯이 그들은 주로 프로이트를 염두에 두고 있었다. 그들은 "중핵 콤플렉스"를 "이성에게서 자신과 본질이 같은 인간을 발견했을 때 받는 충격, 일반적인 신경쇠약의 시작"이라고 규정했다. "노출증"은 "지나치게 나아가지만, 사실 그럴 의도는 없는 것"이라고 설명했다. "나르시시즘"은 "자족적이려는 시도, 다만 함축적인 의미가 있다."고 묘사했다. 서버와 화이트는 편리하게도 "쾌락 원칙"의 의미를 알고 싶어 하는 사람에게는 "리비도"를 참조하라고 하고, "리비도" 항목에서는 "쾌락 원칙"이라고 적어놓았다.[209] 이 가운데 일부는 철없는 짓이라 할 수 있었지만, 그렇다고 엄숙한 척하는 담론 가운데 이보다 책임감을 보여주는 경우가 많았던 것은 아니다. 오히려 이런 무해한 농담보다 훨씬 해가 되는 경우도 많았다.

프로이트에게는 일찍부터 책임감 있는 제자들이 있었다. 그러나 정신분석을 믿음직하게 대중화하려는 그들의 사려 깊은 시도는 대부분의 사람들이 프로이트를 읽지도 않고 받아들이는 통념들에 묻혀버렸다. 1912년 "프로이트의 심리학"을 "아주 열심히" 공부하던 젊은 월터 리프먼(Walter Lippmann, 1889~1974)은 영국의 사회심리학자 그레이엄 월러스에게 "사람들이 《종의 기원》을 읽고 느꼈을 만한 것!"을 느낀다고 말했다. 프로이트를 발견한 뒤에 윌리엄 제임스를 다시 읽으면서 리프먼은 "세상이 1880년대에는 아주 어렸던 것 같다는 묘한 느낌"을 받았다.[210] 그는 그 영웅적인 시절을 돌아보면서 "진지한 젊은이들은 프로이트를 아주 진지하게 받아들였으며, 사실 프로이트는 그럴 만한 자격이 있었다. 프로이트를 이용하는 것이 따분한 유행으로 바뀐 것은 뒷날의 일이며, 일반적으로 그를 공부하지 않고 그냥 주워듣기만 한 사람들에게서 생겨난 것이다."[211]

정신분석가들은 자기 방어에 나서 기회가 있을 때마다 프로이트의 사상을 선전했으며, 신학자나 의사와 이야기를 나누고, 대체로 수준이 높다고 여겨지는 정기간행물에 기고를 했다. 1920년대에 오스카어 피스터는 독일과 영국으로 강연 여행을 다니며 청중에게 프로이트주의 메시지를 전달하고, 사적인 대화에서는 프로이트주의의 진리를 학생들에게 퍼뜨릴 수 있는 영향력 있는 교수들을 설득했다.[212] 피스터와 다른 분석가들은 이해하는 데 도움이 되는, 믿을 만하고 가독성이 있는 자료를 만들어냈다. 피스터의 포괄적이지만 쉽게 접근할 수 있는 《정신분석 방법》은 1913년에 나왔고, 4년 뒤에는 뉴욕에서 영어판이 나왔다. 이 책이 이 분야의 첫 번째 책은 아니었다. 1911년 에두아르트 히치만은 훨씬 간결한 해설서인 《프로이트의 신경증 이론》을 냈으며, 이것은 곧 영어로 번역이 되었다. 1920년 (나중에 아서 경이 되는) G. A. 탠슬리(G. A. Tansley)는 《새로운 심리학과 그것이 삶에 끼치는 영향》을 출간했다. 이 우아하게 쓴 개관서는 2년 만에 7쇄를 찍었다. 1926년에는 파울 페데른과 하인리히 멩이 '대중을 위한' 정신분석 개론서 《정신분석 논문집》을 편집하면서 다수의 동료를 끌어들였다. 이 책은 약 37편의 짧은 글에 예술과 문화에 대한 분석을 포함하여 정신분석 분야 전체를 망라했으며, 전문 용어는 피하고, 외국어 단어는 번역하고, 프로이트의 가르침을 실감나게 전달하기 위해 일상적인 예를 사용했다.

프로이트는 비웃었을지 모르지만, 이 모든 노력이 결코 쓸모없었던 것은 아니다. 1926년 5월 여러 나라의 신문과 정기간행물은 프로이트의

70세 생일을 기억하면서 그의 업적을 폭넓게 평가했다. 그 가운데 일부는 상당한 지식을 바탕으로 쓴 글이었다. 아마 가장 지적이고 교양 있는 찬사는 〈뉴욕타임스〉에 실린 미국 에세이스트이자 전기 작가 조지프 우드 크러치(Joseph Wood Krutch)가 쓴 글일 것이다. 크러치는 프로이트가 "정신분석 이론의 아버지"이며, "아마 아인슈타인을 제외하면 오늘날 가장 많이 거론되는 살아 있는 과학자"일 것이라고 썼다. 이 반가운 '과학자'라는 말은 프로이트가 갈망하면서도 좀처럼 얻지 못하던 칭호였다. 크러치는 "물론 오늘날에도 행동주의자를 비롯한 비타협적인 반프로이트주의자들이 있다."고 인정하면서도, "그의 주된 개념들이 중요한 심리학자나 정신의학자 대부분의 글에 점점 더 강하게 반영되고 있다고 말해도 무리는 아니"라고 덧붙였다. 크러치는 다윈과 그의 사상이 현대 문화를 뚫고 들어왔듯이, "우리는 이미 프로이트의 개념들을 널리 이용하고 있으며, 시간이 지나면 그런 개념들은 진화의 개념과 마찬가지로, 모든 생각하는 사람이 당연하게 여기는 지적 장비의 일부를 이루게 될 것"이라고 생각했다.*[213] 비슷한 시기에 브라운 대학의 한 교수가 대학이 도입하고 있는 심리 카운슬링 때문에 학생들이 "설익은 과학의 이름으로 단순한 분석"을 받을 위험이 있다고 걱정하자, 〈뉴욕타임스〉의 논설위원은 이 회의주의자의 발언을 논박했다. 그가 쓴 글의 표제는 "'설익었다'는 말은 잘못 고른 것으로 보인다"였다.[214] 거리를 두고 냉소적으로 이 모든 일을 지켜보던 프로이트는 아르놀트 츠바이

---

* 이런 종류의 일은 적어도 1920년대에는 이루어진 적이 없는 것으로 보인다. 예를 들어 미국에서는 1927년 필립 레어먼이 미국 의학협회의 회의에서 〈미국 의학협회지〉의 막강한 편집자 모리스 피시바인(Morris Fishbein)의 공격에 맞서 정신분석을 옹호하며, 용감하게 그리고 정당하게 그가 "잘못 알고 있다"고 말했다. ("Presses the Value of Psychoanalysis / Dr. Lehrman Presents Present-Day Status of This Aid to the Mentally Ill", *New York Times*, 1927년 5월 22일, sec. 2, 4.)

크에게 말했다. "나는 유명하지 않습니다. '악명이 높지요.'"[215] 그러나 그의 말은 반만 옳았다. 그는 유명하기도 하고 악명이 높기도 했기 때문이다.

정신분석의 분화

비관주의자인 프로이트조차 1920년대 말에는 그 모든 다툼과 논란에도 불구하고 정신분석 기관들이 번창한다는 사실을 인정할 수밖에 없었다. 1935년에 이 시절을 돌이켜보면서 그는 자랑스럽게 "빈, 베를린, 부다페스트, 런던, 네덜란드, 스위스의 현지 그룹들"을 거론했다. 여기에 "파리와 캘커타, 일본에 둘, 미국에 여럿, 최근에는 예루살렘과 남아프리카에 하나, 스칸디나비아에 둘" 등 새로운 그룹들이 보태졌다. 물론 프로이트는 의기양양하게 정신분석이 이제 자리를 잡았다고 결론을 내렸다.[216]

프로이트가 이 요약문을 쓸 때 이미 몇몇 기관은 흥미로운 역사를 만들어 오고 있었다. 아브라함은 일찍이 1908년에 빈 정신분석협회의 모델을 베를린에 이식하여, 그의 숙소에서 정기적으로 모여 토론을 하고 논문을 발표했다. 이것이 1910년 뉘른베르크 대회에서 설립된 국제 정신분석협회 베를린 지부의 핵심이 되었다. 미국에서는 1911년 정신분석에 관심이 있는 의사들이 자발적으로 모여, 약간 긴장된 순간들을 거치면서 동맹이자 경쟁 관계인 뉴욕 정신분석협회와 미국 정신분석협회가 등장했다. 2년 뒤 페렌치가 부다페스트 정신분석협회를 세웠으나, 이 단체는 전후에 잠깐 번창하다가 1919년 여름 볼셰비키 정권이 무너지고 반유대주의적—그리고 반(反)정신분석적—호르티 정권이 들어서면서 장애에 부딪혔다. 그런 상황에서도 부다페스트는 정신분석 분야에서 걸출한 재능을 지닌 사람을 몇 명 배출했다. 페렌치 외에 프란츠 알렉산더, 산도르 러도(Sándor Radó), 미하엘 발린트, 게저 로하임(Geza Róheim), 레네 슈피츠(René Spitz) 등이 그런 인물이다. 영국 정신분석협회는 1919년에 결성되었으며, 주로 지칠 줄 모르는 조직자 어니스트 존스가 중심이 되어 활동한 런던 정신분석 연구소는 1924년 말에 공식적으로 창립되었다. 그로부터 2년 뒤에 프랑스에서는 의학계와 정신의학계의 기존 단체들의 완강한 저항을 극복하고 정신분석 연구소가 설립되었다.* 이탈리아에서는 1932년에 생겼다. 네덜란드에서는 긴 준비 과정을 거쳐 1933년에 설립되었다. 그해 말 아이팅곤은 분석가들 가운데는 거의 최초로 히틀러의 독일을 떠났다. 베를린에서 팔레스타인으로 이주한 아이팅곤은 예루살렘에 도착한 직후 정신분석 연구소를 세웠다. 프로이트가 생각한 대로 정신분석이 자리를 잡은 것이다.

1920년대에 이 모든 조직 가운데 가장 활력인 넘치는 곳은 베를린에 있었다. 아브라함의 협회는 출발할 때부터 아주 작지만 용감한 집단이었다. 초기 지지자들 가운데 몇 명(예를 들어 정신분석이 아니라 성 해방에만 관심이 있었던 성과학자 마그누스 히르슈펠트)은 탈퇴했다. 그러나 초기에 엄청난 인플레이션, 정치적 암살, 간헐적인 외국의 점령, 또 이따금

---

* 프랑스에서는 그 몇 년 전부터 사적인, 따라서 비조직적인 활동이 있었다. 영국에서 연구소가 설립되기 전에 그랬던 것과 마찬가지다. 1923년 10월 25일 프랑스의 정신분석가 르네 라포르그는 프로이트에게 편지를 썼다. "이제 프랑스에서 정신분석 운동이 생겨나 첫 성공을 거두었으니, 정신분석의 대가를 비롯한 빈 학파와 더 가깝게 지낼 필요를 느낍니다." (Freud-Laforgue correspondence에서, 피에르 코테Pierre Cotet가 프랑스어로 번역, 앙드레 부르기뇽André Bourguignon 등 엮음, in "Mémorial", *Nouvelle Revue de Psychanalyse*, XV [1977년 4월], 251.)

거의 내전에 가까운 상황 등으로 젊은 바이마르 공화국의 정치적 건강이 위태로웠는데도, 베를린은 세계 정신분석의 신경 중추로 자리를 잡아 나갔다. 독일 자체의 이런 격동하는 상황에 비추어볼 때, 베를린의 분석가들이 다른 곳의 더 큰 곤경과 박해의 득을 본 것은 아이러니다. 한스 작스는 1920년에 빈에서 베를린으로 왔다. 그 직후 산도르 러도와 프란츠 알렉산더, 미하엘 발린트와 알리스 발린트도 호르티 치하의 헝가리에서는 살 수 없다고 판단하고 베를린으로 왔다. 멜라니 클라인과 헬레네 도이치 같은 사람들도 분석을 받고 분석을 하러 베를린으로 왔다.

아브라함에게 분석을 받기 전 프로이트에게 분석을 받았던 앨릭스 스트레이치는 상대적으로 활기 없는 빈보다 베를린의 고동치는 열띤 분위기를 훨씬 좋아했다. 그녀는 또 분석가로도 프로이트보다 아브라함을 좋아했다. 그녀는 1925년 2월에 남편에게 말했다. "내 마음에는 아브라함이 내가 함께 일할 수 있는 최고의 분석가라는 데 의심이 전혀 없어요." 그녀는 실제로 "지난 5개월 동안 프로이트와 15개월 했던 것보다 더 많은 심리학적 작업을 했다."고 확신했다. 스트레이치는 이것이 이상하다고 생각했지만, "클라인 부인" 같은 다른 사람들도 아브라함이 프로이트보다 더 확실한 분석가라고 생각한다는 것을 알았다.[217] 그러나 그녀는 무엇보다도 베를린에 사로잡혔다. 여기에서는 정신분석가와 분석가 지망생들이 회의에서, 카페에서, 심지어 파티에서도 이야기와 토론과 말다툼을 했다. 밤새 패스트리를 열심히 먹고 춤을 추면서도 동시에 오이디푸스 콤플렉스와 거세 공포에 관해 진지하게 이야기를 나누었다. 한스 작스의 분석을 받았던 정신분석가 루돌프 뢰벤슈타인(Rudolph Loewenstein, 1898~1976)은 베를린 연구소가 "차갑고, 매우 독일적"이라고 생각했다.[218] 그러나 그조차도 베를린에 훌륭한 전문가와 영감을 주는 교사가 몇 명 있다는 사실은 인정했다. 1920년대의 분석가에게 베를린은 반드시 찾아가야 할 장소가 되었다.

우선 베를린에서 나오는 회람 서한이 보여주듯이, 정신분석에 냉랭하던 이 도시의 분위기가 점차 달라지고 있었다. 아브라함, 작스, 아이팅곤은 1924년 12월에 이렇게 말했다. "올겨울에는 정신분석에 대한 관심이 부쩍 늘었습니다. 여러 그룹에서 대중 강연을 조직하고 있습니다." 피스터를 포함한 많은 외부 연사들이 강연을 하러 왔다. 그는 '과학적 종교 연구 학회'에서 강연을 했는데, "몇 군데만 약점이 있고 서툴렀을 뿐 전체적으로 좋았으며, 주로 신학자로 이루어진 150명의 청중으로부터 따뜻한 반응"을 얻었다.[219] 석 달 후 아브라함은 더 "좋은 소식"을 전해주었다. 베를린 부인과학회에서 부인과 의학(gynecology)과 정신분석이라는 주제의 논문을 읽은 직후였다. 대학병원 강당은 만원이었다. 참석한 의사들은 "처음에는 워낙 정보가 부족했기 때문에 우리가 잘 알고 있는 태도, 즉 회의적인 표정으로 미소만 짓는 태도"를 보였지만, 시간이 지나면서 연사에게 점점 우호적으로 변해 갔다.[220] 강연이 끝나고 나서 얼마 후에 부인과학회는 아브라함에게 학회지에 싣겠다며 논문 사본을 요청하기도 했다. "성공의 표시지요!"[221] 아브라함은 그렇게 소리쳤다.

베를린에서 정신분석가들에게 가장 인기가 있는 인물은 카를 아브라함이었다. 그는 믿을 만하고, 자신감 있고, 지적이었으며, 젊고 상상력이 풍부한 사람들을 꾸준히 뒷받침해주었다. 한때 프로이트가 아브라함의 "프로이센적인 면"이라고 불렀던 것은 열광적이고 활발한 베를린 분위기에서는 전혀 약점이 아니었다. 아브라함 말고도 베를린에는 또 하나의 매력이 있었다. 아이팅곤의 자금 지원을 받아 에른스트 지멜과 막스 아이팅곤이 1920년에 세운 병원이었다.[222] 병원 설립자들은 프로이트에게 핵심적인 생각들을 빚지고 있다고 말했는데,[223] 이것은 단순한 충성심에서 나온 말이 아니었다. 프로이트는 1918년 부다페스트 대회에서 연설을 할 때, 청중 대부분에게 환상적으로 들릴 수도 있겠다고 인정하면서도, 미래의 어떤 모습을 상상해보았다. 세상에 분석가는 한 줌밖에 없는 반면 신경증으로 고생하는 사람들은 아주 많았다. 게다가 그런 증상들은 가난한 사람들에게 집중적으로 나타났다. 그때까지는 분석가들의 손이 닿지 않는 곳에 있는 사람들이었다. 그러나 "언젠가 사회의 양심이 깨어나 가난한 사람들도 생명을 구하는 외과적인 도움을 받듯이 정신 문제에서도 도움을 받을 권리가 있으며, 신경증이 결핵과 마찬가지로 사람들의 건강을 위협하고 있다고 사회를 질책할 것이다." 이런 점이 인정되면, 정신분석 훈련을 받은 의사들을 고용하여 알코올 중독에 빠질 수도 있는 남자, 고난을 못 이기고 무너질 수도 있는 여자, 비행(非行)과 신경증 외에 다른 선택이 없어 보이는 아이들을 돕는 공공기관이 생길 것이다. "이 치료는 무료로 이루어질 것이다." 프로이트는 국가가 이런 의무를 긴요하다고 받아들이기까지는 시간이 오래 걸릴 것이라고 예상했다. "사설 자선단체가 먼저 그런 기관을 세울 수도 있다. 그러나 언젠가는 결국 그렇게 될 것이다."[224] 이것은 관대한 전망이었으며, 프로이트가 구식 자유주의자임을 생각하면 놀라운 전망이기도 했다.

'신경 질환의 정신분석적 치료를 위한' 베를린 병원과 그 관계 기관은 프로이트의 유토피아적 전망이 처음 실현된 모습이었다. 이 연구소의 구성원들은 10주년을 맞이하여 발간한 작은 기념문집에서 지난 세월을 돌아보며 어느 정도 성취를 이루었다고 자평했다. 지멜은 베를린의 정신분석가들이 치료와 전문적인 활동만이 아니라, 연구소의 진료소와 교육 시설을 이용하여 "여론의 정신분석적 치료"에 종사했다고 썼다.[225] 통계 수치들은 이런 자화자찬이 자신의 머리에 월계관을 씌우는 자족적인 사람들의 환상만은 아님을 보여준다. 당시 베를린의 젊은 분석가였던 오토 페니헬은 통계를 이용한 간단한 개관에서 1920년에서 1930년 사이에 연구소가 1955회 진찰을 했는데, 그 가운데 721회는 정신분석에까지 이르렀다고 보고했다. 이 분석 가운데 117건은 여전히 진행 중이며, 241건은 중단되었고, 47건은 실패했다고 기록할 수밖에 없었다. 나머지 316건 가운데 116건은 증상이 완화되었으며, 89건은 확실하게 호전되었고, 111건은 치유되었다.[226] 정신분석에서 호전과 치유는 확실하게 단정할 수 없는 것으로 악명이 높다. 그러나 페니헬의 수치에 과학적 확실성이 부족하다 해도, 10년 전에는 상상도 할 수 없었던 수준으로 확대된 정신분석 활동을 증언해주는 것은 분명하다. 베를린 연구소와 진료소에서는 총 94명의 치료사들이 분석을 했으며, 이 가운데 60명은 국제정신분석협회의 회원이었거나 회원이 되었다. 간단히 말해서 치료를 받으러 온 가난한 신경증 환자들을 정신분석가 지망생의 연습용으로 넘긴 것이 아니라, 노련한 현직 정신분석가들이 적어도 어느 수준까지는 치료에 참여했다는 뜻이었다.[227]

한편 연구소는 정신분석가 지망생들을 교육하기도 했다. 학습 프로그램이 세심하게, 비판자들의 말에 따르면 엄격하게 짜인 것은 1920년대 베를린에서였다. 여기에는 정신분석 일반 이론, 꿈, 기법, 일반 개업의를 대상으로 한 분석 지식 보급, 정신분석을 법, 사회학, 철학, 종교, 예술에 적용하는 문제 등의 특별한 주제를 다루는 강좌들이 포함되었다. 예상할 수 있는 일이지만, 연구소의 프로그램이 아무리 다양하다 해도 교육 과정 내내 프로이트의 저작을 읽는 것이 기본이었다. 그러나 모든 학생이 프로이트를 읽었지만, 모두가 분석가가 되지는 않았다. 연구소는 지망생과 청강생 사이에 구분을 두었다. 지망생들은 정신분석가의 길로 나아가기 위한 전체적 훈련을 받은 반면, 청강생들—대부분 교육자들로, 관심 있는 일반인도 소수 있었다.—은 그곳에서 얻게 되는 분석적 지식을 자신의 직업에 응용하기를 원했다.

연구소의 지침에 따라 교육 분석은 필수였다. 이런 요구 조건은 다른 곳에서는 여전히 논란이 되었지만, 베를린에서는 분석을 받아본 적이 없는 사람은 다른 사람을 분석할 수 없었다. 지침에 따르면 이런 교육 분석은 "적어도 일 년"이 걸리는 과정이었다.[228] 지금 보면 치료에 대하여 경솔해 보일 정도로 낙관적인 태도를 드러내는 것이지만. 이런 짧은 분석이었지만, 교육 기간은 한스 작스의 표현을 빌리면 "교회의 수련 수사 교육"에 해당하는 시험 기간이었다.[229] 이렇게 연구소를 종교 기관과 비교한 작스의 비유는 편리하기는 하지만 안이하다. 정신분석에 대한 일반적인 비난을 반영한 것이기 때문이다. 그러나 그가 왜 그런 비유를 사용했는지는 알 수 있다. 프로이트는 어니스트 존스에게 이의를 제기하곤 했다. "나는 최고 제사장 노릇을 좋아하지 않습니다."[230] 그러나 이런 항변은 소용이 없었다.

베를린 정신분석 연구소의 명성이 널리 퍼지면서 분석가 지망자들이 몰려들었다. 그들 가운데 다수는 영국인, 프랑스인, 네덜란드인, 스웨덴인, 미국인 등 외국인이었다. 그들은 형식에 구애받지 않는 교과 과정에 기뻐했고, 참가자들의 열의와 서로 영향을 주는 진지함에 놀랐다.[231] 시간이 지나면서 졸업생들은 고국으로 돌아가 진료실을 열거나 그들 나름의 연구소를 세웠다. 프랑스의 초기 정신분석가인 샤를 오디에(Charle Odier, 1886~1954)는 베를린에서 프란츠 알렉산더의 분석을 받았다. 결국 런던에 정착한 미하엘 발린트는 한스 작스의 분석을 받았다. 나중에 뉴욕으로 이주한 하인츠 하르트만은 산도르 러도의 분석을 받았다. 카를 아브라함의 분석을 받은 사람들의 명단은 정신분석계의 저명인사 명단처럼 읽힌다. 영국의 주요한 분석가인 에드워드 글로버(Edward Glover, 1888~1972)와 제임스 글로버(James Glover, 1882~1926), 프로이트의 분석을 받기도 했으며 나중에 여성의 성에 관한 글로 명성을 얻게 되는 헬레네 도이치, 논리 정연한 이론적 혁신가 카렌 호르나이(Karen Horney, 1885~1952)와 멜라니 클라인, 나중에 프로이트의 번역자가 되는 영국의 재치 있는 관찰자 앨릭스 스트레이치 등이 그 사람들이다.

베를린은 정신분석의 미래를 짊어진 중심들 가운데 가장 화려할 뿐이었다. 프로이트는 계속 빈에서 분석을 하면서, 수습 정신분석가들에게 점점 더 집중을 했다. 전후 프로이트의 '제자들' 가운데는 미국의 대표단은 말할 것도 없고 잔 랑플-드 그로(Jeanne Lampl-de Groot)와 마리 보나파르트 공주 같은 중요한 지지자들이 있었다.* 60년 이상이 지난 뒤 잔 랑플-드 그로는 여전히 애정이 식지 않은 목소리로 1922년 4월, 자그마하고 음악을 좋아하고 나이보다 어려 보이는 신출내기 의사인 자신이 처음 베르크 가세 19번지를 찾아갔을 때 프로이트가 어떤 모습이었는지 회고했다. 당시 프로이트는 예순여섯 살을 바라보고 있었다. 그녀는 프로이트가 정중하고, "매력적이고 사려 깊은 구식" 신사라고 생각했다. 프로이트는 그녀가 정착을 하는 데 자신과 딸 가운데

---

* 1921년에 프로이트의 분석을 받았던 어브램 카디너는 프로이트가 분석 대상자들을 일 주일에 여섯 번 만나다가 다섯 번으로 줄였다고 회고한다. 프로이트는 다른 분석가의 분석은 거부하겠다며 아우성치는 미국인들 때문에 "수학자 비슷했던" 안나 프로이트의 자문을 구했다. 안나 프로이트는 예전의 일정대로 하면 다섯 명밖에 볼 수 없지만, 각각에게 다섯 시간씩 할애하면 여섯 명을 볼 수 있다고 말해주었다. (A[bram] Kardiner, *My Analysis with Freud: Reminiscences* [1977], 17~18.)

누가 도와주었으면 좋겠냐고 물었고, 그녀는 피아노가 필요하다고 말했다. 그러자 프로이트는 바로 그 자리에서 자신은 음악에 관심이 없다고 고백했다. 그녀가 나중에 그의 이런 결함을 발견하면 분석에 방해가 될까 봐 한 말이었다. 그녀는 프로이트가 "자비롭고" 쉽게 다가갈 수 있었으며, "품위 없는 사람들"에게만 단호했다고 덧붙였다. 그녀가 사랑하는 언니가 평소에는 건강했는데 임신 중에 에스파냐 인플루엔자에 걸려 닷새 만에 죽었다고 말하자, 프로이트는 딸 조피의 죽음에 관해 이야기해주었다.[232] 그녀가 네덜란드로 돌아온 뒤에도 그들은 다정한 편지를 주고받았으며, 그녀는 곧 그의 "친애하는 잔"이 되었다.[233] 분석을 받은 사람들이 모두 프로이트를 그렇게 매력적인 인물로 경험한 것은 아니었지만, 1920년대 말에는 프로이트의 영향이라는 실들이 복잡한 그물을 이루며 유럽과 미국에 퍼져 나갔다.

정신분석은 왕성한 활력의 다른 증거들도 보여주었다. 1933년 나치가 권좌에 오르기까지 2년마다 열린 국제 정신분석가 대회는 확실하게 정착을 하여, 많은 사람들이 고대했고 또 충실하게 참석을 했다. 프로이트는 집을 떠나지 않겠다는 결정을 내리기가 힘들기는 했지만, 인공기관 때문에 고생을 하여 도저히 참석할 수 있는 형편이 아니었다. 그런데도 결정을 최대한 미루었다. 프로이트는 바트 홈부르크 대회를 준비하던 1925년 3월에 아브라함에게 이렇게 말했다. "내가 다시 계획을 세우고 있다는 자네 말은 맞네. 하지만 막상 결정적인 순간에 이르면 계획을 실행할 용기가 나지 않아. 예를 들어 대회가 열릴 때쯤 되면, 인공기관 때문에 그 전주보다 몸이 편치가 않을 것이고, 당연히 여행은 하지 못할 거야. 따라서 나를 염두에 두지 말고 준비를 하게."[234] 그는 대신 딸 안나를 보냈으며, 그런 식으로 적어도 마음으로는 참석을 했다.

시간이 흐르고 연구소들이 세워지면서 정신분석 정기간행물들이 나라마다 등장하여, 제1차 세계대전 전에 나오던 간행물들을 보완했다. 1926년에는 〈프랑스 정신분석 리뷰(Revue Française de Psychanalyse)〉가 나왔고, 1932년에는 〈정신분석 평론(Rivista Psicanalisi)〉이 나왔다. 프로이트의 글을 다른 언어로 읽을 수 있게 되었다는 것도 고무적인 일이었다. 이것은 프로이트에게 큰 의미가 있었다. 1920년대 그의 서신에는 계획된 번역에 대한 강한 관심 표명과 완성된 번역에 대한 논평이 자주 등장한다. 가장 널리 보급된 《일상생활의 정신병리학》은 그의 생전에 12개 외국어로 출간되었다. 《성욕에 관한 세 편의 에세이》는 9개 외국어, 《꿈의 해석》은 8개 외국어로 나왔다. 최초의 번역판들이 늘 적절했던 것은 아니다. 영웅적인 시기에 프로이트의 영역을 거의 독점하다시피 했던 A. A. 브릴은 세심하지 못했으며, 가끔 끔찍한 오역을 했다. 예를 들어 브릴은 '농담'과 '재치'의 차이를 몰랐거나, 그런 차이에 관심을 두지 않았다.[235] 그러나 그는 영어권 세계가 전쟁 전부터 프로이트의 이론을 불확실하게나마 대충은 훑어볼 수 있게 해주었다. 그는 《성욕에 관한 세 편의 에세이》의 영역판을 1910년에, 《꿈의 해석》을 3년 뒤에 냈다.*

시간이 지나면서 번역은 개선되었다. 1924년과 1925년에는 소규모의 영국 팀이 프로이트의 《저작집》을 네 권으로 발행했다.** 이것은 제임스 스트레이치와 앨릭스 스트레이치, 그리고 발군의 번역자인 조앤 리비에르—"타조 깃털이 달린 커다란 모자를 쓰고 주홍색 양산을 들고 다니는 키가 큰 에드워드 왕조 시대의 미인"[236]—의 작업이었다. 리비에르의

---

* 프로이트는 브릴이 번역자로서 약점이 있다고 느꼈다. 1928년에 프로이트는 헝가리의 정신분석가 지망생 산도르 로런드(Sándor Lorand)에게 쓴 편지에서 다소 우회적으로 그 점을 암시했다. "《꿈의 해석》에는 내가 아는 한 영어 번역판은 브릴 박사의 것밖에 없습니다. 내 생각에는 그 책을 읽고자 한다면 독일어로 읽는 것이 최선인 것 같습니다." (프로이트가 산도르 로런드에게 쓴 편지, 1928년 4월 14일. Freud Collection, B3, LC.)

번역은 다른 누구의 번역보다 프로이트 문체의 에너지를 많이 보존하고 있었다. 프로이트는 감명을 받아, 1924년 말 어니스트 존스에게 쓴 편지에서 이렇게 감탄했다. "'저작집'의 첫 권이 왔는데, 아주 훌륭하네! 존경할 만해!" 그는 자신의 "낡은" 논문들 몇 가지가 영국 대중에게 정신분석을 소개하는 최선의 방법은 아닐지도 모른다고 우려했지만, 몇 주 뒤에 나올 둘째 권에는 사례사들이 들어 있으므로 좀 나을 것이라고 기대했다. 어쨌든 "영국에 정신분석 문헌을 확보하겠다는 자네의 의도를 실현한 것 같으니 그 성과를 축하하네. 나는 이 이상은 감히 바라지도 못했네."[237] 일 년 뒤에는 4권을 받고 진심으로 감사하면서도 평소의 회의적 태도를 버리지 않았다. "이 책의 영향력이 아주 느리게 나타난다 해도 놀라지 않을 걸세."[238]

그러나 프로이트는 평소와 마찬가지로 필요 이상으로 애처롭게 굴고 있었다. 프로이트의 글이 이렇게 영어로 번역된 것은 정신분석 사상의 보급에서 중요한 사건이었다. 이 논문들은 곧 독일어를 모르는 분석가들에게 표준 텍스트로 자리를 잡았다. 이 번역본에는 1890년대 중반부터 시작하여 1920년대 중반에 이르기까지, 기법에 관한 필수적 논문들, 정신분석 운동의 논쟁사, 메타심리학과 응용 정신분석에 관하여 발표한 모든 논문, 도라, 꼬마 한스, 쥐 인간, 슈레버, 늑대 인간 등 중요한 다섯 개 사례사 등 프로이트의 짧은 글들이 거의 모두 포함되어

** 이 번역의 분명한 결함 한 가지는 프로이트가 애용하던 평범한 독일어를 비의적인 신조어로 대체해버렸다는 것이다. 특히 터무니없는 예는 지금은 영국과 미국의 정신분석 용어로 완전히 자리를 잡은 '카섹시스(cathexis)'라는 말이다. 이것은 프로이트의 Besetzung을 옮긴 것인데, 독일어 일상 회화에서 많이 사용되는 이 말은 암시적인 의미가 풍부하여, '점령', '충전' 등도 연상시킨다. 번역자들에게 전달은 하지 않은 것으로 보이지만, 프로이트 자신의 해결책은 교묘하면서도 적절했다. 어니스트 존스에게 보낸 초기 편지에서 말한 'interest(Besetzung)'가 그것이다. (프로이트가 존스에게 쓴 편지, 1908년 11월 20일. 영어로 씀. Freud Collection, D2, LC.)

있었다. 젊은 축에 속하는 영국이나 미국 분석가들 가운데 다수는 어니스트 존스, 스트레이치 부부, 조앤 리비에르와는 달리 독일어를 배우는데 재능이 없거나 그런 수고를 하지 않았기 때문에, 프로이트를 번역하는 것, 아주 잘 번역하는 것은 국제적인 정신분석 씨족의 유대를 강화하는 하나의 방법이었다.

지금까지 분명하게 보았듯이, 이 씨족이 완전한 행복을 누리는 것은 아니었다. 1920년대 초부터 이 운동을 괴롭히던 분열 가운데 일부는 그 본질이 개인적인 것이었다. 많은 분석가들이 그로데크는 대회에서 쓸 만한 연사가 되기에는 너무 거슬린다고 생각했다. 너무 신경을 건드리고 너무 경솔하다는 것이었다.* 어니스트 존스는 오토 랑크에게 원한이 있었고, 페렌치는 존스가 반유대주의자라고 생각했다. 프로이트는 아브라함이 정신분석에 관한 영화를 만드는 일에 끼어들었다는 소식에 화를 냈다. 뉴욕에서 왕좌에 오른 브릴은 편지에 답을 하지 않아 모든 사람의 인내심을 시험했다. 런던 회의에서 아동 분석가 멜리타 슈미데베르크(Melitta Schmideberg, 1904~1983)는 자신의 어머니이기도 한 선구적인 아동 분석가 멜라니 클라인과 꼴사나운 공개 논쟁을 벌였다.

---

* 1925년 3월 15일 아브라함, 작스, 아이팅곤 등 베를린 3인조는 회람 서한에서, 가끔 베를린에 와서 강연을 하는 그로데크가 3회로 이루어진 강연을 했으며, 이를 통해 "불쾌한" 관심을 끌었다고 보고했다. 한 강연에서는 거리에서 자동차 경적 소리가 들리자 강연을 멈추고 그 소리와 관련된 자유연상을 했던 것으로 보인다. "믿을 만한 보고에 따르면, 그는 한 시간이 넘도록 자기 사생활의 아주 내밀한 내용을 모두 까발렸는데, 무엇보다도 그 내용에는 그 자리에 참석한 그의 부인과 관련된 부분도 포함되어 있었습니다. 게다가 그는 계속 가장 심한 표현들만 골라서 사용했지요." 그로데크는 자신의 자위 행동도 논의했던 것으로 보인다. 4월 13일 아브라함과 아이팅곤은 아는 사람이 바덴바덴으로 그로데크를 찾아갔으며, 그로데크는 "자발적으로" 자신이 청중 앞에서 자유연상을 한 것에 관해 이야기했다고 덧붙였다. "그외의 다른 많은 세부 사항들은 그가 그 순간에 자신의 입맛에 맞게 정신분석을 주무른다는 것을 보여줍니다." (둘 다 Karl Abraham papers, LC.)

그러나 정신분석 이론과 기법을 둘러싼 견해들이 서로 충돌하고 각자 자신의 견해를 격렬하게 방어한 것이 단순히 개인적 적대감, 경제적 불안, 매우 경쟁이 치열한 분야에서 자신의 흔적을 남기려는 이해할 만한 야망을 위장하는 가면만은 아니었다. 이런 논란은 한편으로는 프로이트의 텍스트를 서로 반대로 읽어서 일어나기도 했고, 또 한편으로는 분석 치료와 이론의 새로운 방향을 여는 기반인 임상 경험의 다양성에서 생겨나기도 했다. 이것은 독창성을 발휘할 기회이기도 했으며, 프로이트는 이것을 장려했다. 늘 테두리 안에서.

1920년대에 가장 혁신적인 이론가라면 두말할 필요 없이 멜라니 클라인이었다. 그녀는 1882년에 빈에서 태어났으나, 스물여덟 살에 부다페스트로 이주하고 나서야 프로이트를 발견했다. 그녀는 분석 문헌들을 읽었으며, 페렌치에게 분석을 받았고, 아동 분석을 전문 분야로 삼기 시작했다. 그녀의 어린 환자들 가운데는 그녀 자신의 자식들도 있었으며, 그녀는 그들에 관하여 거의 위장을 하지 않은 임상 논문을 썼다. 여전히 아동 분석이 매우 문제가 많은 분야로 여겨지던 시기였지만, 페렌치, 그리고 나중에 아브라함은 클라인의 시도에 매혹되었으며, 의문을 품는 동료 분석가들에 맞서서 그런 시도를 옹호했다. 그녀에게는 이런 지원이 몹시 필요했다. 모델로 삼을 만한 것이 없었기 때문이다. 사실 프로이트의 꼬마 한스 분석도 대개 간접적으로 이루어진 것이었다.** 1919년에 이르자 클라인은 어린아이를 대상으로 한 임상 작업 결과를 발표하기 시작했으며, 1921년에는 아브라함이 자신의 생각들을 받아들여주는 데 마음이 끌려 베를린에 정착을 하여 분석을 하고, 논쟁을 하고, 글을 발표했다.

** 《프로이트 I》 6장 481~488쪽 참조.

앨릭스 스트레이치는 멜라니 클라인을 알게 되면서 그녀를 무척 좋아하게 되었다. 스트레이치는 클라인과 함께 카페와 무도장을 다녔고, 그녀의 화려함, 매력적인 에로틱한 활기, 현란한 존재감을 비꼬면서도 거기에 감탄했다. 앨릭스 스트레이치는 남편 제임스에게 보내는 편지에서 습관대로 익살맞은 독일어 조각들을 여러 군데 집어넣으며 클라인을 둘러싼 특유의 소동을 묘사했다. 이 편지는 당시 베를린의 분석 문화에 널리 퍼져 있던 논쟁적인 분위기만이 아니라 순수한 지적 자극에 대해서도 생생하게 찬사를 보내고 있다. 스트레이치는 베를린 정신분석협회의 "어젯밤 회의(Sitzung)"는 매우 흥미진진했다고 말했다. "클라인(die Klein)은 아동 분석(Kinderanalyse)에 관한 견해와 경험을 제시했지만, 마침내 반대가 진부한 머리를 내밀었어요. 정말 **너무** 진부했죠. 물론 사용된 **말**은 정신분석적인 거였어요. 자아 이상(Ichideal)을 약화시킬 위험이 있다는 둥 말이에요. 그러나 내 생각에 그 **의미**는 완전히 반분석적이었어요. 예를 들어 아이들한테 그들의 억압된 경향에 관한 무서운 진실을 이야기해서는 안 된다는 거였죠. 클라인이 이 아이들(2살 9개월 이상)은 이미 그들의 욕망과 가장 무서운 죄의식(Schuld bewusstsein)의 억압에 시달리고 있다(=이것이 너무 크든가, 아니면 초자아Ueberich에 부당하게 억압을 당하든가)는 점을 분명히 보여주었는데도 그러는 거예요." 앨릭스 스트레이치는 계속해서 "반대파는 알렉산더 박사와 러도 박사였는데, 아주 감정적이고 '이론적'이었다."고 말했다. 사실 "멜라니"를 제외하면 어린이에 관해 아는 사람은 아무도 없었다. 다행히도 연사들이 한 명씩 "달려나와 클라인을 방어했다." 결국 모두가 "멜라니를 도우러 나서서 그 가무잡잡한 헝가리인 두 명을 공격했다."[239]

앨릭스 스트레이치에 따르면, 이 난폭한 회의에서 클라인이 자신의 주장을 뒷받침하기 위해 제시한 두 가지 사례는 "특히 눈부셨다." 실제로 **"만약** 클라인이 정확하게 보고하는 것이기만 하다면, 그녀의 주장은 내가 보기에 압도적이에요. 클라인은 빈에 가서 논문을 읽을 거예요. 하지만 베른펠트와 아이히호른*이 반대할 거라고 예상하고 있어요. 그 대책 없는 교육자들 말이에요. 그리고 안됐지만 그 공공연하고도 은밀한 감상주의자인 안나 프로이트도." 앨릭스 스트레이치의 이런 충동적인 편들기는 멜라니 클라인이 1926년에 영국으로 이주하여 자신의 이론으로 놀란 동료들을 매혹시킨 뒤에 찾아올 논란을 예고하는 것이었다. 앨릭스 스트레이치는 이렇게 보고서를 마무리했다. "뭐, 아주 자극적인 회의였고, 평소보다 훨씬 많은 감정이 드러났어요."[240]

그것은 사실이었다. 멜라니 클라인이 가는 곳마다 감정들이 치솟았다. 그녀의 이론적 혁신을 따르기를 거부하는 사람들조차 그녀가 아이들을 분석할 때 사용하는 놀이 기법에 매혹되었다. 클라인은 놀이야말로 해석을 위하여 아이의 환상들을 끌어내는 가장 좋은 방법이며, 또 종종 유일한 방법이라고 주장했다. 그 환상의 중심에는 성교에 관한 호기심이 있을 수도 있고, 형제에 대한 죽음의 소망이 있을 수도 있고, 부모에 대한 증오가 있을 수도 있었다. 해석은 클라인의 손에서 강력한 무기가 되었지만, 그녀는 이것이 궁극적으로 유익한 무기라고 주장했다. 그녀는 비판자들과는 반대로, 어린 환자들에게 환상의 의미를 해석해줄 때 최대한 솔직해질 각오가 되어 있었다. 그러나 그녀는 상상력이 풍부한 기술자 이상의 존재였다. 임상 기법에서 그녀의 새로운 시도는 메타심리학의 새로운 시도에 의존하고 있었고, 다른 한편으로는 그런

---

* "베른펠트와 아이히호른"은 빈의 젊은 세대 가운데 가장 장래가 촉망되는 인물이었던 지그프리트 베른펠트(Siegfried Bernfeld)와 아우구스트 아이히호른(August Aichhorn)이다. 베른펠트는 훗날 중요한 전기적 자료를 모으고 또 그에 못지않게 중요한 전기적인 글들을 발표하여, 어니스트 존스가 프로이트의 생애를 쓰는 데 도움을 준다. 아이히호른은 비행 아동에 대한 정신분석 작업으로 유명해진다.

시도를 촉발했다. 클라인은 영국에 머무는 동안 자신의 체계를 다듬으면서, 어린아이에게 오이디푸스 콤플렉스와 초자아는 프로이트가 가능하다고 생각했던 것보다 훨씬 일찍 나타난다고 생각했다. 클라인에 따르면 어린아이의 내적 세계는 파괴적이고 불안한 환상들의 덩어리이며, 여기에는 무차별 폭력이나 죽음과 관련된 무의식적 이미지들이 가득하다. 프로이트에게 어린아이는 이기적인 야만인이다. 클라인에게 아이는 살인을 일삼는 식인종이다. 프로이트의 죽음 충동의 모든 함의를 진지하게 받아들인 사람이 있다면, 그 사람이 바로 멜라니 클라인이었다.

그러나 클라인은 유아기를 이론화하면서 프로이트, 그리고 그의 분석가 딸이 가장 그럴듯하다고 생각한 발달 진행표에서 벗어났다. 처음에 프로이트는 불가지론적 입장을 취했다. 그는 1925년에 어니스트 존스에게 말했다. "멜라니 클라인의 작업은 많은 의심과 모순에 부딪혔네. 나 자신은 교육적 문제에는 판단을 내릴 만한 능력이 부족하네."[241] 그러나 2년 뒤에는 입장을 정했다. 그는 존스에게 보내는 감동적인 편지에서 멜라니 클라인과 안나 프로이트 사이에서 공정한 태도를 취하려고 노력한다고 주장했다. 한편으로는 클라인의 가장 강한 적이 결국 자신의 딸이기 때문이고, 또 한편으로는 안나 프로이트의 작업이 자신의 작업과는 완전히 독립적이기 때문이었다. 그러면서 이렇게 덧붙였다. "어쨌든 한 가지는 밝힐 수 있네. 아이의 자아 이상 행동에 대한 클라인 부인의 생각은 내가 보기에는 전혀 말이 되지 않으며, 나의 모든 가설과 모순되네."[242] 그는 아이들이 "우리가 생각하던 것보다 성숙하다."는 클라인의 주장은 환영했다. 하지만 그것도 "한계가 있으며, 그 자체로는 아무런 증거가 아니다."[243]

당연한 일이지만, 멜라니 클라인과 안나 프로이트의 논쟁은 더 큰 갈등을 일으켰으며, 이 또한 당연한 일이지만, 프로이트는 자신이 공언한 대로 중립을 지킬 수가 없었다. 그러나 그는 가장 강렬한 분노는 주로 어니스트 존스에게 보낸 사적인 편지에서 분출했다. 이 편지에서는 약간 신랄한 표현을 쓰기도 했다. 그는 존스가 자신의 딸의 아동 분석 방법에 반대하는 캠페인을 벌인다고 비난했고, 멜라니 클라인의 임상 전략에 대한 딸의 비판을 옹호했으며, 안나가 불충분하게 분석을 받았다는 비난에 분개했다. 마지막 비난은 프로이트의 민감한 곳을 건드렸다. 그는 이런 암시가 위험하고 용납할 수 없는 것이라고 생각했다. "결국 충분히 분석을 받지 못한 사람은 누구인가?" 그는 사적인 정보는 물론이고 약간의 흥분까지 담아 대답했다. "내 장담하는데 안나는 예를 들어 자네보다도 오래, 그리고 철저하게 분석을 받았네."[244] 그는 딸의 견해가 신성하기 때문에 비판하면 안 된다고 여기는 것은 아니라고 말했다. 실제로 만일 누가 멜라니 클라인의 표현의 통로를 막으려 한다면, 그 자신이 직접 나서서 열어놓을 것이었다. 그러나 클라인과 그녀의 동맹자들은 프로이트의 짜증을 심하게 돋웠다. 그들은 심지어 안나 프로이트가 분석을 할 때 원칙적으로 오이디푸스 콤플렉스는 피한다고 주장하기까지 했다. 프로이트는 딸에 대한 이런 공격이 사실은 자신에 대한 공격이 아닌가 하는 생각을 하기 시작했다.[245]

그러나 프로이트는 활자로는 거의 말을 하지 않았다. 죄책감에 대한 클라인의 견해에 짧게 논평을 하고, 초자아의 가혹함은 아이가 받는 대우의 가혹함에 결코 비례하지 않는다는 그녀의 주장에 긍정적으로 논평을 하는 정도였다.[246] 이렇게 정치적으로 신중한 태도는 나이든 정치가, 전투를 초월한 지도자 역할을 하는 프로이트를 보여준다. 그는 1935년 〈나의 이력서〉에 추가한 메모에서 아동 분석은 "멜라니 클라인 부인과 내 딸 안나 프로이트의 작업"을 통하여 강한 추동력을 얻었다고 언급했다.[247] 1930년대 초부터 상당한 규모의 클라인주의자들이 형성되어, 그들의 지향이 특히 영국, 아르헨티나, 또 일부 미국의 분석 연구소에서 상당한 영향력을 행사하게 된다. 그러나 프로이트는 다른 과녁에 사격을 하는 데 집중하고 있었다. 그의 개입이 더 필요하다고 판단되는 논쟁적인 쟁점을 위해 에너지를 아낀 것이다. 불안의 재규정과 관련된 논쟁, 의사 출신이 아닌 분석가를 둘러싼 논란, 가장 골치 아픈 문제였던 여성의 성 등이 그런 사안들이었다. 이런 쟁점들이 일으킨 논란에 적극적으로 참여하는 것은 삶의 활력을 유지하는 하나의 방법이기도 했다.

10장

여성과 정신분석

"해부학이 운명이다."

1920년대 중반부터 프로이트를 사로잡았던 문제들은 그에게는 순수하게 추상적인 것들이 아니었다. 자신의 개인 생활의 사건들로부터 비롯된 절박한 문제들이었다. 이 문제들은 다시 한 번 프로이트의 정신 속에서 개인 감정과 과학적 일반화 사이에 지속적인 교류가 이루어진다는 사실을 보여주었다. 이 교류는 그의 감정의 강도도 과학과의 관련성도 줄이지 않았다. 그의 합리적인 논증이라는 표면 밑에는 실망한 아버지 프로이트, 우려하는 스승 프로이트, 불안한 아들 프로이트가 숨어 있었다.

랑크와 출생 트라우마

오토 랑크는 프로이트가 귀하게 여겼고 또 완전히 믿을 만하다고 여겼던 정신분석의 아들이었다. 프로이트는 랑크가 자신을 괴롭힐 것이라고는 전혀 예상도 하지 못했다. 그러나 1923년 랑크는 갈등의 고

조를 암시하는 몇 가지 비참한 증후를 보여주었다. 안나 프로이트는 8월에 산크리스토포로에서 '위원회'와 식사를 할 때 그의 발작을 목격했고, 나중에 이것을 "히스테리적 흥분"이라고 묘사했다.[1] 이와 마찬가지로 불길한 것으로, 랑크는 그 자신이 지난 20년간 몰두하고 또 확산시키려고 그렇게 노력했던 사상과는 거리가 먼 기법과 이론적 입장을 지지하게 되었다. 한때 가장 정통파 프로이트주의자였던 랑크는 이제 랑크주의자가 되었다. 전후에 랑크는 아주 마음에 드는 보좌관—빠르고, 능률적이고, 자식처럼 효성스러운—의 모습을 보여주었기 때문에, 프로이트는 그를 여러 명으로 복제할 방법이 있었으면 하고 바랄 정도였다.[2] 그러나 불과 몇 년 뒤 프로이트는 랑크를 "타고난 사기꾼(Hochstaplernatur)"이라고 비난하게 된다.[3] 프로이트의 대응은 욕을 하는 것에서 끝나지 않았다. 그는 말년의 이 예기치 않은 실망을 완전히 이해하고 철저하게 검토하여, 불안에 관한 정신분석 이론을 근본적으로 수정하겠다고 제안했다. 프로이트가 1926년에 발표한 에세이 《억제, 증후, 불안(Hemmung, Symptom und Angst)》은 손실로부터 이윤을 짜내는 그의 능력이 줄지 않았음을 보여준다.

프로이트는 랑크에게 오랫동안 인색하지 않게 투자해 왔다. 그는 1905년 《예술가》의 원고를 들고 찾아온 젊은 독학자의 재능을 금방 알아보았다. 프로이트는 랑크가 학교 교육을 받도록 지원하고, 그에게 수요일 밤 모임의 의사록을 기록하고 회의에 참여하도록 격려했으며, 편집 보조자로 고용하고, 학비와 휴가 여행비를 보조했다. 1912년에는 자신보다 불우한 사람들에게 습관적으로 보여주던 세심한 마음 씀씀이로 영국 방문에 자신의 손님으로 동행하자고 랑크를 초대하면서, 이 초대를 "자네가 최근에 낸 훌륭한 책에 대한 나의 감사 표시"로 생각해 달라고 말했다.[4] 가장 중요한 점은 "꼬마 랑크"가 의사가 아닌 분석가로 훈련을 해 나가도록 강력하게 격려하고, 그를 책임 있는 자리에 임명하여 계속 신뢰하는 태도를 보여주었다는 것이다. 랑크는 1912년에는 〈이마고〉, 그 다음 해에는 〈국제정신분석저널〉의 창간자이자 편집인으로 등장했다. 1919년 폰 프로인트가 정신분석 운동에 준 너그러운 선물 덕분에 정신분석 출판사를 세울 수 있게 되었을 때, 랑크는 발기인이자 편집장이 되었다. 그 몇 년 전부터 랑크는 측근 그룹의 한 사람이었다. 1912년 프로이트를 둘러싼 긴밀한 친위대인 '위원회'가 만들어졌을 때, 그는 당연히 위원이 되었다.

프로이트는 젊은 제자에게 부모처럼 다정한 태도를 보여주었다. 그는 랑크를 걱정하는 경향이 있었다. 1918년 12월에는 랑크가 전시(戰時) 임무를 맡아 크라쿠프에서 편집자 일을 하고 있을 때 만나 11월에 결혼한 젊은 여자에 관해 아브라함에게 이렇게 말했다. "랑크는 정말이지 이 결혼으로 큰 피해를 입은 것 같네. 이 작은 폴란드계 유대인 부인은 아무도 좋게 생각하지 않고, 또 고상한 관심을 드러낸 적도 없어. 정말 슬프고, 도무지 이해할 수 없는 일이야."[5] 이 발언은 프로이트가 가끔 저질렀다가 바로 철회하던 무책임한 즉결 재판 중 하나였다. 그는 곧 이 매력적이고 사려 깊은 젊은 여자 베아타 랑크(Beata Rank)에 관해 생각을 바꾸게 되었다.* 이듬해에 프로이트는 그녀가 그의 "불가사의한" 것에 관한 논문에 유용한 제안을 해준 것에 활자로 감사를 표시했다.[6] 또 그녀가 그의 서클의 사교 생활에 기여하는 것을 환영하게 되었으며, 1923년에는 빈 정신분석협회에 가입 신청을 하도록 도와주었다. 베아

---

* 안나 프로이트의 베아타 랑크에 관한 의견 또한 아버지의 의견을 쫓아갔다. 그녀는 어니스트 존스에게 랑크의 "성격 변화" 이야기를 하면서 이렇게 말했다. "한때는 그것이 그의 부인 탓이라고 생각하곤 했지요. 하지만 시간이 지나면서 그의 부인이 외려 피해자로 보였습니다." (안나 프로이트가 존스에게 쓴 편지, 1955년 2월 8일. Jones papers, Archives of the British Psycho-Analytical Society, London.)

타에 관한 일시적인 우려는 특이한 경우였지만, 프로이트는 랑크의 경력에 관해서는 훨씬 걱정을 많이 했다. 그는 딸 안나와 친구 피스터에게 충고했듯이 결국 랑크에게도 정신분석가가 되기 위해 의대에 갈 필요는 없다고 충고했다. 그러나 1922년에 랑크에게 보내는 편지에서는 이렇게 말했다. "당시에 자네에게 의학 공부를 하지 말라고 한 것이 옳았는지 지금은 잘 모르겠네. 의학을 공부할 때 나 자신이 지루했던 것을 생각하면 전체적으로는 내가 옳았다고 생각하네만." 그는 마치 안도의 한숨을 내쉬듯이, 랑크가 분석가들 사이에서 정당한 자리를 확보한 것을 보았으므로 이제는 그 충고를 정당화할 필요가 없다고 결론을 내렸다.[7]

물론 랑크는 속 편하게 호의를 받아들이기만 하는 사람이 아니었다. 열심히 봉사하고, 아무것도 묻지 않고 충성하고, 많은 글을 발표하여 자기 할 바를 했다. 활동의 양과 다양성—편집, 저작, 분석—을 볼 때, 그는 장시간의 일, 노력, 다작이라는 면에서 빠지고 싶어 하지 않는 초기 분석가들 가운데서도 예외적으로 두드러진다. 심지어 랑크를 몹시 싫어했던 어니스트 존스조차 랑크가 관리 업무에는 탁월하다고 인정을 했다. 그러나 이런 바쁜 활동과 불가결한 지위는 1920년대 중반에 시련에 부딪혀 무너지고 만다.

프로이트는 랑크를 의심하지 않으려 했다. 1922년에 랑크와 페렌치가 기법에 관한 책을 써서 분석가들 사이에 소란이 일어났을 때도 프로이트는 두 사람을 응원했다. 그는 랑크에게 이렇게 말했다. "자네도 알다시피 나는 자네가 페렌치와 협력하는 것에 전폭적으로 공감하네. 두 사람의 공동 작업으로 나온 초고의 신선하고 과감한 독창성이 정말 마음에 드는군." 그러면서 프로이트는 혹시 자신이 가장 가까운 사람들의 독립적인 입장 채택을 막고 있는 것은 아닌가 늘 걱정한다고 덧붙였다. 이제 그 "반대의 증거를 보게 되어 기뻤다."[8] 이 공동 작업의 결과물인 《정신분석의 발전(Entwicklungsziele der Psychoanalyse)》은 1924년 초에 출간되었다. 여기에는 기법에 관한 흥미로운 자료가 많이 포함되어 있었지만, 분석을 줄이기 위하여 분석 대상자의 유년 경험을 어느 정도 무시했다는 암시가 있었다. 또 치료 문제에서 보여준 낙관적인 태도는 지루한 장기간의 분석 작업이 필요하다는 프로이트의 인식과 배치되었다. 이 무렵 랑크는 《출생의 트라우마(Das Trauma der Geburt)》를 발표했는데, 이 책은 프로이트에게 헌정되었지만 잠재적으로 페렌치와 공동 작업을 한 결과물보다 훨씬 큰 파문을 일으킬 수 있었다. 이 책은 정신의 역사에서 출생의 트라우마와 어머니의 자궁으로 돌아간다는 환상이 훗날의 다른 트라우마나 환상보다 훨씬 중요하다고 지적했다. 그러나 프로이트는 여전히 흔들림이 없었다.

프로이트의 차분함은 수동적으로 받아들이는 것과는 달랐다. 그는 조심스럽게 랑크를 믿어주려고 애쓰면서, 랑크가 또 한 사람의 아들러, 또는 융이 될지도 모른다는 증거가 늘어나는 것을 막으려고 최선을 다했다. 그는 줄곧 지지자들 사이의 긴장을 단지 개인적인 적대감 탓으로 보려 했다. 그러나 다른 사람들은 이 문제를 가볍게 받아들지 않았다. 오직 천성적으로 낙천적이고 프로이트의 의견을 따라가는 경향이 강했던 아이팅곤만이 한동안 이 문제를 심각하게 받아들이려 하지 않았다. 그는 1924년 1월 프로이트에게 랑크와 아브라함을 갈라놓는 쟁점들은 "물론 불쾌하기는 하지만, 전체 운동에서 보자면 R〔랑크〕과 존스 사이의 갈등보다 훨씬 사소한 것"이라고 말했다.[9] 같은 달에 프로이트는 '위원회'에 자신이 이미 랑크의 출생-트라우마 책 헌정을 받아들였다는 사실을 다시 강조했다. 물론 그는 랑크와 페렌치가 퍼뜨리는 새로운 기법에 대한 암시, 특히 랑크의 출생 트라우마 이론에 문제를 느끼기는 하지만, 동료들 사이의 기본적인 유대가 훼손 없이 유지되기를 바랐다.[10] 2월 초에는 랑크와 페렌치가 그 무렵 발표한 것을 아브라함이 심각하게 생각하고 있다는 사실에 놀라움을 표시했다. 프로이트는 여전히 논란에 끼어들고 싶어 하지 않았다. 그는 아이팅곤에게 이렇게 말했다. "나는 나의 권위가 친구나 지지자들의 독립성을 억제하는 데 남용되지 않도록 최대한 노력하고 있네. 나는 그들이 생산하는 모든 것이 내 동의를 받아야 한다고 요구하지 않아." 그러면서 그는 신중하게 덧붙였다. "물론 이것은 그들이 우리의 공동의 영토를 떠나지 않는다는 것을 전제로 하지. 사실 R[랑크]이나 F[페렌치]가 그럴 것이라고 예상할 수는 없잖나."[11] 랑크는 프로이트의 반응에 약간 실망감을 표시했다. 그는 프로이트에게 예의를 갖추면서도 솔직하게 말했다. 완전히 "갰다는", 즉 오해가 없다는 느낌은 받지 못했다고 말이다. 그러면서도 평화를 지키려는 프로이트의 입장에 감사한다고 덧붙였다.[12]

이제 아브라함이 바리케이드에 올라섰다. 2월 말 아브라함은 프로이트에게 "몇 주 동안 계속 다시 자기 점검을 해보았지만 걱정이 점점 심해질 뿐"이라고 말했다. 그는 이단자 사냥을 조직할 생각은 없다고 말했다. "정통적인 분석 방법으로 도달한 것이라면 어떤 결과든 절대 심각한 우려를 낳지는 않을 것입니다." 하지만 이것은 뭔가 달랐다. "정신분석의 핵심적인 문제들과 관련된 몹시 불행한 사태가 전개될 조짐들이 보입니다. 따라서 내가 정신분석 일을 해 온 이래 처음 있는 일은 아니지만, 몹시 안타깝게도 경고를 하는 자의 역할을 맡을 수밖에 없습니다."[13] 아브라함은 랑크와 페렌치가 《정신분석의 발전》에서 퍼뜨린 생각, 그리고 더 나쁜 것으로, 랑크 혼자서 《출생의 트라우마》에서 퍼뜨린 생각이 무시하거나 너그럽게 봐주기에는 너무 제멋대로라고 보았다.

그러나 프로이트는 당장은 아브라함이 베를린에서 울리는 경종에 귀를 기울이려 하지 않았다. 이 모든 "과감한" 독창성을 못 견뎌하는 질문이 쏟아지는 와중인 3월에도 프로이트는 여전히 측근 가운데 랑크의 가장 일관된 지지자인 페렌치에게 이런 편지를 썼다. "자네와 랑크에 대한 나의 신뢰는 무조건적일세. 15년 내지 17년을 함께 산 뒤에 자신이 속고 있다는 것을 알게 된다면 슬플 걸세." 그러면서 랑크의 작업은 "귀중하며, 랑크는 다른 사람으로 대체 불가능하다"고 덧붙였다. 프로이트는 랑크와 페렌치가 추천하는 단기 분석 치료에 관해서는 회의적임을 인정했다. 그러나 그는 랑크와 다른 사람들 사이에 틈이 벌어지는 것에 괴로워했다. "나는 나의 후계자로 계획된 '위원회'보다 수명이 길었네. 어쩌면 '국제 협회'보다도 수명이 길지 모르지. 하지만 정신분석은 나보다 오래 살기를 희망해보세." 다행히도 랑크가 융과 닮은 면은 피상적일 뿐이었다. "융은 나쁜 사람이었지."[14]

프로이트는 외교적인 태도로 참을성 있게 달랬지만, 붕괴를 재촉하는 주역들은 싸우고 싶어 안달인 것 같았다. 페렌치는 랑크 대신 화를 내며 아브라함의 "고삐 풀린 야망과 질투"를 비난했다. 그는 랑크에게, 그런 야망과 질투가 아니라면 아브라함이 자신들의 글을 "이반의 표현"이라고 "감히 모욕"하는 것을 달리 설명할 수 없다고 말했다.[15] 프로이트는 자기 기만에 빠져 계속 페렌치가 "아브라함에 대한 랑크의 분노"를 공유하지 않았다고 믿었다. 아니, 그러기를 바랐다.[16] 그러나 그 과정 내내 늙은 전사 프로이트는 자신의 병과 주위에서 벌어지는 마찰에 총체적인 혐오를 내세우며, 평화를 유지하고 랑크를 가족 안에 잡아두려고 책략을 썼다. 그러나 이런 시도는 용감하기는 했지만 소용은 없었다. 3월 중순 랑크는 페렌치에게 편지를 보내 비공개를 전제로 프로이트와 나눈 대화를 보고했다. 랑크는 프로이트와 이야기를 하고 나서 약간 놀랐다. 프로이트는 랑크가 그 무렵에 제시한 이론을 비판하는 논문을 쓰고 있는 것 같았지만, 그 이야기를 잘 하려 하지 않았고, 또 정확한 정보를 갖고 있는 것 같지도 않았기 때문이다. "교수님은 아직 내 책을 안 읽었습니다." 또는 "반만 읽었습니다." 프로이트는 전에는 감명을 받았다고 이야기했던 랑크의 주장 몇 가지를 이제는 믿지 않는 것 같았다. 그러면서도 타협적인 태도를 보여주었다. 자신이 쓰고 있는 비판을 언제 발표할지, 나아가 발표할지 말지를 결정하는 문제를 랑크에게 맡겼던 것이다.[17] 그러나 의견 차이가 워낙 근본적이라 쉽게 눌러놓을 수가 없었다. 결국 프로이트는 '위원회'가 모여 모든 쟁점을 토론해보자고 제안했다. 그는 이제 자신이 랑크의 최신 저작들을 비판적으로 보게 되었음을 인정했다. "하지만 뭐가 그리 큰 위험이 될 수 있는 것인지 한번 들어보고 싶습니다. 그런 것은 보이지 않거든요."[18] 그러나 그는 점차 그것을 볼 수밖에 없게 된다.

랑크는 3월 초에 빈 정신분석협회의 회원들과 《출생의 트라우마》를 토론하면서 이 책이 "분석의 인상들을 경구 형식"으로 적어놓은 일기에서 비롯되었다고 말했다. "말하자면 모자이크처럼 그것을 합친 것이었다." 랑크는 이것이 분석가들을 위해 쓴 것이 아니라고 덧붙였다.[19] 그러나 분석가들은 이것을 길게 토론하고 격렬하게 비판할 만큼 의미가 있다고 여겼다. 나중에 랑크는 출생의 트라우마를 결정적인 사건으로 제시하는 그의 중심 논지는 사실 프로이트 자신의 생각, 분석가들이 오래전부터 잘 알고 있던 생각을 정교하게 다듬은 것이라고 주장하게 된다. 그에게는 자신의 주장을 뒷받침할 증거도 몇 가지가 있었다. 1908년 랑크가 영웅적 인물의 출생을 둘러싸고 생겨나는 신화에 관한 논문을 냈을 때 프로이트는 간결하게 "불안의 원천인 출생 행위"라고 말한 것으로 기록에 남아 있었다.[20] 1년 뒤에 프로이트는 빈 정신분석협회에서 아이를 괴롭히는 일련의 트라우마들을 나열하면서 "불안의 경우 아이는 출생 행위부터 이후 계속해서 불안을 가진다는 점을 염두에 두어야 한다."고 말했다.[21] 1909년에는 또 《꿈의 해석》에 추가한 주석에서 활자로 그 점을 다시 강조했다. **"그런데 출생 행위는 불안의 첫 번째 경험이며, 따라서 불안이라는 정서의 원천이자 모델이다."**[22] 그래서 프로이트는 처음에 랑크의 논지에서 기본적으로 받아들일 수 없는 부분이 없다고 생각했던 것이다.

사실 이 명제는 정신분석적 사고에서 후퇴한 것이라기보다는, 비록 약간 일방적이기는 해도 분석 이론의 미래의 발전을 예언적으로 예고한 것이었다. 랑크는 아버지의 역할을 낮추는 대신 어머니의 역할을 높였으며, 오이디푸스 콤플렉스의 역할을 낮추는 대신 원형적인 출생 불안을 높였다. 처음에 프로이트는 이것이 자신의 생각에 진짜로 도움이 될지도 모른다고 생각했다. 그는 랑크의 헌정을 받아들이면서 호라티우스의 우아한 구절을 인용했다. "나는 완전히 죽지는 않을 것이다(Non omnis moriar)."[23] 실제로 1924년 3월 초에는 아브라함에게 이렇게 제안했다. "가장 극단적인 경우를 예로 들어보세. 우리가 오이디푸스 콤플렉스에서 멈추는 것은 틀렸으며, 진짜 결정은 사실 출생 트라우마에서 이루어진다고 페렌치와 랑크가 직접적으로 주장하고 나선다면 어떨까." 만일 그들이 옳다는 것이 증명되면, 신경증의 기원은 "우리의 성적 병인론"이 아니라 생리학적인 우연에서 구해야 하고, 그럴 경우 분석가들은 분명히 기법을 수정해야 할 터였다. "그러면 어떤 해악이 생길까? 그래도 완전히 평온한 마음으로 같은 지붕 밑에 함께 묵을 수 있을 걸세." 프로이트는 몇 년간 연구를 하면 이론가들 가운데 누가 옳았는지 결정이 날 것이라고 생각했다.[24]

프로이트는 랑크에 대한 아버지 같은 느낌 때문에 인내심을 더 발휘할 수 있기도 했지만, 자신이 가장 좋아하는 발견인 오이디푸스 콤플렉스가 오랫동안 믿어 왔던 것과는 달리 정신 발달에 그렇게 중요하지 않을 수도 있다는 추측을 기꺼이 환영하는 과학자로서 이야기를 하는 것이기도 했다. 그는 '위원회'의 위원들에게 "과학적으로 세밀하게 파고드는 모든 문제와 새로 제시되는 모든 주장에 대한 완전한 만장일치"는 "성격이 다른 대여섯 명 사이에서는 가능하지" 않다고 말했다. 또 바람직하지도 않았다.[25] 그러나 프로이트는 몹시 주저했고, "경고를 하는 사람들", 그 가운데도 특히 아브라함에 대해서는, 랑크에 반대하는 캠페인의 절차가 너무 성급하고 요령 없다고 비난하기도 했지만, 관대함은 조금씩 줄어들어 갔다. 프로이트는 상황의 심각성을 인정하지 않으려 하면서, 소식을 전하는 사람들을 탓했다. 랑크가 자신을 표현하는 방식이 조급하고, 둔감하고, 서툴고, 거칠며, 또 유머도 없다는 점은 쉽게 인정했다. 현재 겪고 있는 문제를 거의 모두 자초한 것도 틀림없었다. 그러나 프로이트는 동료들 또한 랑크에게 친절하지는 않다고 생각했다.[26] 몇 달이 지나는 동안 프로이트는 이런 초연한 중립성을 지키면서, 공평하게 양쪽을 비난했다. 그는 1924년 9월에는 어니스트 존스에게 이렇게 말했다. "[랑크]가 자네나 베를린 사람들에게서 실제로 겪었고, 또 상상해보기도 했던 적대감이 그의 마음에 불온한 영향을 주었네."[27]

프로이트가 이끄는 가장 핵심적인 그룹에 속하는 정신분석가들은 우유부단한 선회와 예기치 않은 반전(反轉)이라는 어색한 춤을 추게 되었다. 그러나 아브라함은 계속 가차 없었다. 그는 페렌치, 그리고 더 심한 경우인 랑크가 "과학적 역행"을 하는 중이라고 걱정했다.[28] 일부 영국 정신분석가들, 특히 어니스트 존스, 에드워드 글로버와 제임스 글로버 형제는 아브라함의 의견에 전적으로 동의했다. 랑크가 심리 발달에서 아버지의 역할을 부인했다는 것이었다. 존스는 흥분하여 아브라함에게 출생 트라우마라는 학설은 "오이디푸스 콤플렉스로부터의 도주"에 불과하다고 말했다. 사실 반(反)랑크 진영의 구성원들은 자신들이 이제 노쇠한 스승보다 더 일관성이 있으며, 프로이트보다 더 프로이트주의적이라고 생각했다. 존스는 이렇게 말했다. "나이, 병, 집 근처에서 벌어지는 음험한 선전 등 모든 요인을 고려할 때 교수님의 상황을 짐작하기는 어렵지 않습니다." 그들이 "교수님의 작업에 대한 너무 큰 충성심" 때문에 "교수님"으로부터 소외되면 안타까운 일일 터였다. 그러나 정신분석과 "개인적 고려" 사이에서 선택을 해야 한다면, 당연히 정신분석이 우선이라고 존스는 엄숙하게 선언했다.[29]

그러나 그렇게 걱정할 필요는 없었다. 프로이트가 랑크의 새로운 구상의 가치에 점점 의문을 품게 되었기 때문이다. 그는 깊이 생각한 끝에 랑크가 힘주어 거의 광적으로 되풀이하는 출생 트라우마가 시간의 시험을 거친 정신분석적 통찰을 내버리는 용납할 수 없는 시도이며, 단기 분석을 선전하는 것은 치유해야 할 해로운 유행의 한 증상이라고 생각하게 되었다. 1924년 3월에는 페렌치에게 랑크의 《출생의 트라우마》가 전에는 3분의 2가 옳다고 생각했지만, 이제는 3분의 1만 인정할 수 있겠다고 말했다.[30] 오래지 않아 그가 인정하던 이 얼마 안 되는 부분도 너무 많다고 여기게 되었다.

1924년 4월 랑크는 미국에 갔으며, 싸움은 편지로 계속 진행되었다. 랑크는 강연을 하고, 세미나를 진행하고, 환자를 분석하고, 분석가 지망자를 지도했다. 그는 미국 방문이 처음이어서 매우 정신없고 혼란스러웠다. 랑크는 이 경험을 편안하게 받아들일 준비가 되어 있지 않았다.

미국의 일부 분석가들은 랑크의 메시지에 당황했다. 정신과 의사 트리건트 버로(Trigant Burrow)는 의사와 괴짜와 정신분석의 변덕스러운 지지자가 묘하게 혼합된 인물—프로이트는 그를 "정신없는 수다쟁이"라고 생각했다.[31]—이었는데, 프로이트에게 랑크가 미국에서 위험한 이단을 퍼뜨린다고 일렀다. 프로이트는 그를 안심시켰다. "그것은 시도해볼 가치가 있는 기법상의 혁신일 뿐입니다. 그는 분석의 단축을 약속하고 있는데, 과연 그 약속을 지킬 수 있는지는 경험이 알려줄 것입니다." 프로이트는 속으로는 의심을 하고 있었지만 여전히 힘을 내어 랑크에 대한 믿음을 선언할 수 있었다. "랑크 박사는 나와 너무 가까운 사람이라 나는 그가 이전의 다른 사람들과 같은 방향으로 갈 것이라고는 생각할 수 없습니다."[32]

랑크는 미국에서처럼 아첨을 받아본 적이 없었다. 이런 영향력을 꿈꾸어본 적도 없었고, 그렇게 큰돈을 본 적도 없었다. 그는 양다리를 걸쳤다. 강연에서는 출생 불안과 단기 분석 치료가 프로이트의 생각이라는 사실을 강조했다. 동시에 놀란 청중에게 그가 굉장한 소식을 전해주었다는 인상을 남겼다. 인간 동물의 형성에서 중요한 것은 아버지가 아니라 어머니라는 것이었다. "반대로, 어머니입니다(Im Gegenteil, die Mutter)!"[33] 그는 공식 대변인이자 과감한 수정주의자였다. 그는 이런 자리에 특별한 유혹을 느꼈다.*

그러나 랑크는 빈을 완전히 떠날 수 없었다. 프로이트는 편지로 그를 미국까지 쫓아가, 자신이 최근에 분석한 환자 여섯 명—그 가운데

---

* 뉴욕 정신분석협회의 의사록은 랑크의 발표에 사람들이 뜨거운 관심을 보이고 활발한 토론이 이어졌음을 보여준다. 그는 열렬한 지지자들과 더불어 똑같이 열렬한 비방자들을 만났다. (1924년 5월 27일, 10월 30일, 11월 25일 의사록 참조. A. A. Brill Library, New York Psychoanalytic Institute.)

다섯 명은 랑크의 생각을 알고 있었다.—이 출생 트라우마 테제를 전혀 입증해주지 못했다고 알리는 수고를 아끼지 않았다. "종종 자네가 많이 걱정되네." 7월에 프로이트는 전처럼 아버지 같은 태도로 랑크에게 말했다. 그는 적대감을 가진 것이 아니었다. 속으로도 마찬가지였다. 그는 랑크에게 경직되면 안 된다고 호소했다. "자네 자신의 퇴로를 열어 두게."[34] 그러나 랑크는 프로이트의 거의 필사적인 호소를 못마땅함과 의사소통 단절의 표시로만 읽었다. 랑크는 답장 초안에 이렇게 썼다. "내가 그동안 쭉 모르고 있었다 해도, 오늘 교수님의 편지를 보고 서로 이해가 완전히 불가능하다는 사실을 의심의 여지 없이 분명하게 확인할 수 있었을 것입니다."[35] 결국 부치지 않은 이 편지에는 상처 받은 감정이 그대로 드러나 있다. 이 시점에서 프로이트는 랑크보다 더 화해를 원했다. 여름 휴가지인 제메링에서 보낸 긴 편지에서 프로이트는 아직 정신분석 단계에 속해 있던 융을 포함하여 다른 분석가들도 중요한 쟁점에서 그와 의견이 달랐지만 어떤 냉대도 받지 않았다고 말했다. 그는 자신의 목소리가 메아리치는 것만을 바라지는 않았다. 오히려 페렌치가 "내 판단으로는, 나와 의견이 완전히 일치하는 데 너무 큰 가치를 두네. 나는 그렇지 않아." 프로이트는 랑크를 안심시켰다. "자네에 대한 나의 감정은 어떤 것으로도 흔들리지 않았네."[36]

그러나 사실은 흔들렸다. 그것도 크게 흔들렸다. 여름 한철의 낙관적 태도는 사실 매우 제한적이었으며 그나마 오래가지도 않았다. 프로이트는 측근들의 반(反)랑크 정서에 가까이 다가가고 있었으며, 그들은 화해의 문을 닫기를 간절히 바랐다. 9월에 아이팅곤은 그에게서는 찾아보기 힘든 신랄한 어조로 말했다. "우리 친구 랑크는 정말이지 아주 빨리 달려가고 있습니다." 아이팅곤은 랑크에 반대하는 "베를린 음모"가 있다는 소문에 격분해 있었다.[37] 안나 프로이트가 베를린 사람들 진영에 확고하게 자리를 잡은 10월에 프로이트는 아이팅곤에게 이렇게 말했다. "안나는 랑크 이름이 나오기만 하면 불을 뿜네."[38] 그러나 프로이트는 여전히 동요하면서 모순되는 메시지를 보냈다. 한편으로는 아직 인간 랑크를 포기하고 싶지 않았다. "랑크라는 인간을 출생 트라우마와 분리하고 싶네." 그는 10월 중순에 약간 수심에 잠긴 목소리로 아브라함에게 그렇게 말했다.[39] 다른 한편으로, 며칠 뒤 랑크가 빈에 돌아오자마자 만사 제치고 신속하게 프로이트를 만나러 오겠다고 했을 때, 프로이트는 이 만남을 앞두고 상당히 걱정을 했다. 그는 어니스트 존스에게 이렇게 말했다. "이 면담 결과에 아무런 환상을 품지 않고 있네."[40] 이런 일관되지 못한 태도는 그가 얼마나 괴로워했는지를 보여준다.

빈 사람들은 새로운 랑크를 보고 어리둥절했다. "우리는 그의 행동을 우리 자신에게 설명할 수 없네." 프로이트는 11월에 어니스트 존스에게 말했다. "하지만 이것 한 가지는 분명하네. 그는 아주 쉽게 우리 모두를 제쳐놓고, 우리와는 독립적으로 새로운 삶을 준비하고 있었네." 그런 목적을 위하여 랑크는 우선 프로이트가 그를 형편없이 대접했다고 주장할 필요를 느낀 것이 분명하다고 덧붙였다. "랑크 자신의 적대적인 발언들을 제시하자, 그는 그것이 소문이고 날조라고 하는군." 프로이트는 이제 랑크가 언행이 일치하지 않아 더는 믿을 수가 없다고 생각했다. "몹시 안타깝지만, 친애하는 존스, 자네가 결국 옳았던 셈이네."[41] 프로이트가 이런 편지를 존스에게, 또 아브라함에게 쓴 것은 이번이 처음이 아니었다.

랑크는 빈에 돌아온 뒤에도 그 무렵 미국에서 거둔 승리에 계속 취한 상태에서 여러 공적인 자리에서 물러났다. 그리고 돌아온 지 얼마 되지 않았는데도 다시 미국으로 여행을 갈 계획을 세웠다. 랑크의 불안은 이해할 만한 것이었다. 적들이 그의 마지막 동맹자인 페렌치를 붙잡는 데 성공했던 것이다. 어니스트 존스는 11월 중순에 "친애하는 카를" 아브라함에게 말했다. "산도르 (페렌치)가 내내 의리를 지킨 것에는 놀라지 않았습니다." 존스는 이것이 "산도르에게서 예상할 수 있는 일"이라고 말했다. "그는 적어도 늘 신사이기 때문입니다."[42] 그러나 랑크는 우유부단하기 짝이 없었으며, 우울과 죄책감에 시달렸다. 11월에는 부인이 미국에 가는 기차까지 태워주었으나, 랑크는 곧 집에 다시 나타났다. "그는 극심한 양식의 가책을 받고 있습니다." 프로이트는 루 안드레아스–살로메에게 랑크를 그렇게 묘사했다. "아주 비참하고 당혹스러운 표정"으로 돌아다니기 때문에 꼭 "매타작을 당한 사람 같은 인상"을 주지요.[43] 프로이트는 이런 곤경에 처했을 때 보통 그러듯이 모든 책임을 단호하게 부인했다. 그는 랑크의 변절을 보고도 아주 차분했다고 말했다. 나이가 들고 무관심해지고 있었기 때문만이 아니라, 무엇보다도 자기 자신에게 조금도 책임을 물을 일이 없었기 때문이기도 했다.[44] 그에 비하면 랑크는 몹시 흥분한 상태였다. 그는 11월 말에 다시 미국을 향해 출발하여 파리까지 갔지만, 이번에도 되돌아왔다. 12월 중순에는 과거의 충성심과 새로운 기회 사이의 갈등을 견디지 못하고 정신적 위기에 빠져 매일 프로이트의 자문을 구했다.

12월 20일에는 회람 서한을 통해 놀랍게도 동료들에게 자신의 상태를 밝혔다. 랑크는 회개하고, 사과하고, 자기를 낮추었다. 그는 이제 '위원회'에 자신의 행동이 신경증적이었으며, 무의식적인 갈등의 지배를 받았다고 인정했다. 그는 "교수님의" 암을 트라우마로 경험한 것이 분명했으며, 그와 그의 친구들을 모두 실망시켰다. 그는 자신의 고통을 해부하면서 전통적인 정신분석적 지혜에 의존했고, 가장 정통적인 프로이트주의적 용어로 자신의 개탄할 만한 정신 상태를 분석했다. 자신이 오이디푸스 콤플렉스, 거기에 덤으로 형제 콤플렉스까지 행동으로 옮기고 있었다는 것이다.[45] 이런 정신분석적 고백을 들은 사람들 가운데 우선 어니스트 존스는 그 말을 믿지도 않았고 마음이 누그러지지도 않았다. "나는 솔직히 랑크에게 반감이 없습니다." 존스는 12월 말에 아브라함에게 보낸 비밀 편지에서 그렇게 말하면서, 랑크가 "통찰력을 되찾은 것"을 보니 기쁘다고 고백했다. 그러나 그는 이것을 단순한 **"지적인 통찰"**로 평가절하하고 싶어 했다. 간단히 말해서, "나는 랑크를 깊이 불신한다"고 인정한 것이다. 랑크가 이전에 보인 신경증적인 행동을 간과하고, 과거의 랑크가 완전히 회복되기를 기대하는 것은 눈이 먼 것과 다름없을 터였다. "현실 원칙이 조만간 쾌락 원칙에 복수를 할 방법을 찾을 것입니다." 따라서 랑크가 예전의 책임 있는 자리를 다시 맡지 못하게 하는 것이 필수적이었다.[46]

프로이트는 덜 가혹하여, 랑크의 회람 서한을 좋은 소식으로 받아들였다. 그는 랑크의 거의 마조히즘적인 자기 분석을 받아 보고 나서 두 주 뒤에 어니스트 존스에게 이렇게 말했다. "자네가 랑크와 한동안 거리가 멀었다는 것은 잘 알지만, 자네의 통찰력과 자비심을 볼 때 이쯤에서 지난 일은 청산하고 과거를 잊기를, 그를 새로 신뢰해주기를 기대하네." 프로이트는 자신과 동료들이 "우리 가운데 한 사람을 치명상을 입은 부상자나 약탈자처럼 길에 버릴" 수밖에 없는 상황이 벌어지지 않아 "만족스럽게" 생각하며, 랑크가 다시 전우들과 함께 용감하게 싸우는 모습을 보기를 기대했다.[47] 프로이트는 랑크가 자신의 입장을 철회한 것에 감명받아, 1925년 1월에 신뢰하는 아이팅곤에게 랑크의 이전의 잘못된 행동을 평가하면서 이렇게 말했다. "그런 일이 다시 벌어질 거라고는 생각하지 않네."[48]

그러나 프로이트의 지지자들은 잊기는커녕 용서하고 싶은 마음도 별로 없었다. 그들은 어니스트 존스와 똑같은 의심을 품고 있었다. 크리스마스에 베를린 그룹—아이팅곤, 작스, 아브라함—은 "친애하는 오토"에게 울타리 안으로 돌아온 것을 환영하는 편지를 보냈다. 그러나 그들의 따뜻한 환영 인사도 신랄한 면을 다 감추지는 못했다. 베를린의 세 사람은 랑크의 신경증적 행동을 지적하며, 그가 이제 정신분석의 진실로 돌아와 자신의 수정 이론을 수정하느라 바쁠 테니 그동안에는 아무것도 발표하지 않는 것이 좋겠다고 강하게 주장했다. 그 휴지 기간에 동료들과 논의하고 그들의 비판을 받으라는 것이었다.[49] 며칠 뒤 어니스트 존스는 우호적이지만 약간 생색을 내는 듯한 편지에서 비슷한 이야기를 했다. 존스는 랑크의 "더 분명해진 자기 통찰과 그 결과로 나온, 우정을 다시 세우고자 하는 욕망"이 반갑다고 말했다. 이어 5년간의 말다툼과 적대를 능숙하게 피하면서, "친애하는 오토"에게 우정을 "내 쪽에서 깨는 일은 결코 없을" 것이라고 약속하고, "따라서 박사의 진전을 망설임 없이 충심으로" 환영한다고 말했다. 그러면서도 존스는 약간의 엄격함을 드러낼 필요가 있다고 생각했다. 말만으로는 과거를 지워버릴 수 없기 때문이다. 그는 《파우스트》에 나오는 괴테의 유명한 말—프로이트가 《토템과 터부》를 끝맺은 말이기도 하다.—을 조금 바꾸어 이렇게 말했다. "마지막은 행동이다(Am Ende ist die Tat)."[50] 이런 불친절하게 친절한 메시지들—그 비슷한 예들이 또 있었다.—에 대한 랑크의 대응은 1월 초에 미국으로 돌아가는 것이었다. 그는 빈에 머물려 하지 않았고, 머물 수도 없었다. 프로이트는 여전히 참을성 있게, 랑크가 새로운 미국 여행에서는 처음 체류하는 동안 "저지른 잘못을 고칠" 것이라고 기대했다.[51]

실제로 1925년 겨울과 봄 내내 프로이트는 랑크에 대한 과거의 태도로 돌아가려고 노력했다. 3월에 랑크가 두 번째 미국 여행에서 돌아오자 프로이트는 아브라함에게 "다시 한 번" 랑크를 "완전히 신뢰한다"고 알렸다.[52] 7월이 되어서도 프로이트는 여전히 예측할 수 없는 제자에 대한 신뢰의 불꽃을 작게나마 살려 두고 있었다.[53] 그러나 프로이트 자신의 희망적 사고에도 불구하고 그의 지지자들 몇 사람이 혐오감을 드러내며 랑크와 융을 비교하는 것이 슬프지만 타당하게 여겨졌다.[54] 융 또한 미국에 가서 강연을 하면서 프로이트에 대한 지지를 고백하는 동시에 자신의 독창성을 선언했다. 또 자신의 용기에 두려움을 느끼고 정도를 벗어난 행동을 여러 번 사과했지만, 결국은 그 사과를 철회했다. 프로이트가 돌이켜볼 때, 결과적으로 융은 프로이트의 비타협적 이론을 거부하여 큰 이득을 보았다. 물론 랑크는 누가 자신을 융과 비교하면 격분했다. 랑크와 그의 소수의 지지자들에게 이런 의심과 불쾌한 비교는 욕이나 다름없었다.

사실 부분적으로는 욕이기도 했다. 전에 랑크의 친구였던 사람들은 그가 불충하다고 비판하거나 더 심한 말도 했으며, 그를 '난폭한' 분석의 대상으로 삼았다. 이것은 새로운 일은 아니었다. 심지어 프로이트조차, 랑크에게 아버지 노릇을 할 때도, 마치 그가 적대적인 인물인 것처럼 진단하고 싶은 유혹에 저항하지 못했다. 그는 랑크를 오이디푸스적인 아들로 보는 태도와 탐욕스러운 흥행주로 보는 태도 사이에서 왔다 갔다 했다. 일찍이 1923년 11월에는 랑크의 어떤 꿈에 대해, "어린 다윗", 즉 랑크가 "거만한 골리앗", 즉 프로이트를 죽이고 싶어 한다는 의미라고 해석했다. "자네는 출생 트라우마로 내 작업을 무효로 만들 무서운 다윗일세."[55] 이듬해 여름 프로이트는 랑크에게 강건하고 솔직한 태도로 "아버지 제거"를 포함하는 출생 트라우마라는 이론은 랑크 자신의 비참한 어린 시절을 거창한 이론적 용어로 오역(誤譯)한 것이라고 말했다. 그러면서 랑크가 분석을 받기만 했다면, 신경증 위에 야심만만한 구조물을 세우는 대신 그런 초기의 영향을 극복했을 것이라고 말을 맺었다.[56] 그 뒤 11월에 랑크가 공적인 자기 분석을 하기 전, 프로이트는 랑크가 "나의 병으로 인해 자신의 생계가 위험해질지도 모른다는 사실에 위협을 느껴 구원의 섬을 찾다가 미국에서 그것을" 발견한 사람이라고 가혹하게 묘사했다. "이것은 사실 가라앉는 배를 떠나는 쥐의 사례지요." 랑크는 심각하게 신경증적인 아버지 콤플렉스에 시달리다가 뉴욕이 그에게 약속한 달러에 저항할 수 없었던 것이 분명했다.[57] 결국 이것이 프로이트가 랑크에게 최종적으로 내리게 된 적대적 진단이었다.

프로이트가 랑크와 의절하도록 밀어붙이던 정신분석가들은 이런 분석 남용에 이의를 제기하지 않았다. 어니스트 존스는 프로이트에게 제1차 세계대전이 1913년에 나타난 랑크의 "분명한 신경증"을 덮어주었지만, 그 신경증이 "점차 신경증적 성격이라는 형태로 돌아왔다"고 주장했다. 여기에는 무엇보다도 "오이디푸스 콤플렉스의 거부"와 "적대감이 형제(나 자신)로부터…… 아버지—아마도 프로이트이겠지만—에게로 퇴행하는 과정"이 수반되었다.[58] 아브라함은 한술 더 떴다. 그는 아무런 악의도 없다고 부인하면서, 랑크의 "신경증 과정"이 오랜 전사(前史) 위에서 발전한 것이라고 매몰차게 진단했다. 아브라함이 보기에 랑크는 부정적인 감정들을 지나치게 꼼꼼한 일처리와 우정에 대한 요구를 줄이는 것으로 보상하려 했다. 그는 오만하게 굴고, 지나치게 민감해지고, 돈에 대한 관심을 점점 노골적으로 키워 나가는 것을 스스로 용인했다. 간단히 말해서, "항문—사디즘기로의 분명한 퇴행"이 일어났던 것이다.[59]

이런 인격 살해 시도는 프로이트를 필두로 한 정신분석가들이 입으로는 개탄하면서도 실제로는 실행에 옮긴 공격적 분석의 한 사례다. 이것은 우리가 앞에서도 관찰했듯이, 분석가들이 다른 사람들에 관해, 그리고 자신들에 관해 생각하던 방식이었다. 프로이트는 융이 정신분석에서 이반한 것이 "강력한 신경증적이고 이기주의적인 동기" 때문이라고 보았다.[60] 동시에 그는 자기 자신도 거의 비슷할 정도로 가혹하게 심판하여, 자신이 분석가들의 다툼에 거리를 두기 위해 나쁜 건강을 알리바이로 이용할 만큼 "이기주의적"임을 인정했다.[61] 그러나 프로이트가 그런 진단을 다른 사람들에게만 한 것이 아니라 해도, 이것 때문에 정신분석의 남용이 타당성을 얻는 것도 아니고 유쾌해지는 것도 아니다. 이것은 분석가들의 풍토병이며, 그들에게 공통된 직업적 기형이었다.

1925년 6월 프로이트는 냉혹하게 파국을 향해 나아가던 랑크 사건에서 순간적이지만, 묘하게 감동적인 방식으로 벗어나게 된다. 그가 삼십대 때 아버지 같았던 친구, 그러나 25년 전에 절연했던 친구 요제프 브로이어가 83세로 죽은 것이다. 프로이트의 품위 있는 조문 편지를 받은 브로이어의 장남 로베르트는 아버지가 정신분석의 발달을 계속 따라가면서 상당한 공감—프로이트는 그런 공감이 가능하지 않다고 생각했을 것이다.—을 표명했다고 말했던 것 같다. 프로이트는 바로 답장을 보냈다. "부친과 나의 최근 작업에 관한 이야기는 나로서는 처음 듣는 것이지만, 결코 아물지 않는 아픈 상처에 향유를 바르는 것 같습니다."[62] 이 편지가 보여주듯이 프로이트는 그렇게 오랜 세월이 지났는데도 브로이어와 소원해진 상태를 완전히 극복하지 못했다. 브로이어는 그를 감정적, 재정적으로 지원해준 사람이었으며, 안나 O. 이야기를 해주어 정신분석적 발견을 향해 나아갈 수 있도록 밀어주는 등 많은 일을 해준 사람이었다. 그러나 프로이트는 그의 친절에 가혹하고 무례하게 대응했다. 프로이트는 자신이 그동안 쭉 브로이어의 태도를 오해하고 있었으며, 마침내 브로이어가 멀리서 자비로운 눈으로 그를 지켜 보고 있었음을 알고 매우 만족했을 것이 틀림없다. 더군다나 지금은 랑크가 무척 실망을 주고 있는 상황이었기 때문이다.

1925년 여름이 지나가면서 프로이트는 랑크의 변절보다 훨씬 중요한 문제 때문에 걱정해야 하는 상황에 처했다. 카를 아브라함의 건강 문제였다. 6월 초 아브라함은 병상에서 프로이트에게 편지를 썼다.[63] 네덜란드에서 강연을 하고 돌아오면서 기관지염 증세가 현저하게 나타났다. 외부에는 생선 가시가 기관에 걸렸다고 알렸다. 그러나 실제로는, 아직 확진되지는 않았지만, 폐암에 걸린 듯했다. 7월에 아브라함은 몸이 좀 나아져서 가족과 함께 스위스로 여름 휴가를 떠났다. 8월에는 산에서 가벼운 하이킹을 할 수 있었으며, 9월 초에는 바트 홈부르크에서 열린 국제 정신분석가 대회에 참석할 만큼 몸이 좋아졌다. 그러나 약해진 몸에 대회는 큰 부담이었기 때문에 계속 연락을 하던 프로이트는 걱정을 하기 시작했다. "결국 내가 걱정하던 일이 일어났군요." 프로이트는 9월 중순에 아브라함에게 그렇게 말했다. "대회 때문에 완전히 탈진했나 보네요. 박사의 젊음이 곧 병을 극복하기를 바랄 뿐입니다."[64]

베를린에서 오는 보고서들은 계속 낙관적이었다. 10월 중순 아브라함은 위안을 주는 회람 서한을 보냈다. 건강이 상당히 좋다는 것이었다. 프로이트는 좀 불쾌했겠지만, 아브라함은 플리스에게 치료를 받고 있다면서, 그가 "의사로서 뛰어난 자질"을 갖추고 있다고 칭찬했다. 아브라함은 플리스가 어느 내과의든 세 명을 합쳐 놓은 것만 한 가치가 있는 사람이라고 생각했다. 그러면서 이렇게 덧붙였다. "그런데 내 병의 과정 전체가 아주 놀라운 방식으로 그의 주기 이론을 확인해주었습니다."[65] 그러나 몸이 계속 좋아지지는 않았다. 갑자기 고열, 통증, 담낭 장애가 찾아왔다. 이것은 병이 위중하다는 것을 보여주는 증거들이었다. 12월 초에 프로이트는 극히 불안해했다. "우리는 이번 달에는 회람 서한을 쓸 기분이 아닙니다." 그는 12월 13일에 어니스트 존스에게 말했다. "아브라함의 병 때문에 우리는 계속 긴장하고 있으며, 들려오는 소식은 매우 불분명하고 불길하게 느껴져서 몹시 기분이 언짢네."[66] 사흘 뒤 그는 존스에게 펠릭스 도이치가 아브라함을 만나고 난 뒤, "이번 주가 고비이며 최악의 사태를 각오해야 한다"고 경고했다고 전해주었다. 그러나 프로이트는 희망을 버리려 하지 않았다. "우울한 전망이기는 하지만, 그가 살아 있는 한 우리는 그의 성정이 여러 번 회복의 기회를 줄 것이라는 희망을 버리지 않네." 프로이트 자신은 베를린에 갈 만큼 건강이 좋지 않았지만, 페렌치는 가주기를 기대했으며, 존스에게도 다녀올 만한 건강이 되는지 물었다. 프로이트는 눈앞에 보이는 현실을 거부하고 있었다. "나는 엄청난 사건이 일으키는 결과를 일부러 상상하지 않고 있네."[67]

며칠 뒤인 12월 21일에는 낙관적 태도를 가질 만한 여유가 생긴 것 같았다. "오늘은 아브라함에게서 소식이 없네." 프로이트는 존스에게 그렇게 말했다. 그러나 가장 최근에 들어온 소식은 "위안이 되었네." 프로이트는 앨릭스 스트레이치도 허파의 종기가 나았으며, 아브라함의 심장이 잘 움직이고 있다는 사실에서 위안을 얻었다.[68] 도이치가 프로이트를 찾아왔다. 도이치가 떠날 때만 해도 아브라함은 열도 없고 괜찮은 상태였지만, 방금 들어온 소식에 따르면 아브라함의 상태가 다시 나빠져서 위독하다는 것이었다. 나흘 뒤인 크리스마스에 모든 것이 끝났다. 아브라함은 마흔여덟 살이었다.

프로이트는 아브라함의 죽음에 큰 충격을 받았다. 분별력 있는 조직가, 명성 높은 교육 분석가, 없어서는 안 될 낙관주의자, 흥미로운 이론가, 의리 있는 친구가 가버린 것이다. "자네가 한 말을 되풀이할 수 있

카를 아브라함. 프로이트의 초기 제자로서 가장 믿을 만한 친구이자, 베를린에서 정신분석이 자리를 잡도록 고군분투한 탁월한 조직가, 이론가였다.

을 뿐이네." 프로이트는 12월 30일에 어니스트 존스에게 그렇게 말했다. 그는 진짜로 큰 충격을 받았는지 이 편지를 독일어로 썼다. "아브르[아브라함]의 죽음은 아마 우리에게 닥칠 수 있는 가장 큰 손실일 것이고, 실제로 그런 일이 닥치고 말았네. 나는 편지에서 농담으로 그를 나의 청동 바위(rocher de bronze)라고 부르곤 했지. 나는 다른 사람들과 마찬가지로 그에게 절대적 신뢰를 느꼈고, 그래서 든든했네." 그는 짧은 부고 통지문을 쓰고 있다고 덧붙이면서, 호라티우스가 성실하고 악덕 없는 인간에게 바쳤던 유명한 찬사—악이 없는 곧은 삶(Integer vitae scelerisque purus)—를 원용하여 아브라함을 기릴 것이라고 말했다. 그것은 진심이었다. 그는 보통 다른 사람의 죽음을 맞이했을 때 하게 되는 과장된 고백이 "늘 나에게는 매우 어색했다"고 존스에게 말했다. "나는 지금까지 그런 것을 피하려고 주의했지만, 이 인용문의 경우에는 진실이 담겨 있다고 느끼네."[69] 프로이트가 쓴 가슴 저미는 조사에는 실제로 호라티우스의 구절이 포함되어 있으며, 또 아브라함과 더불어 정신분석 운동은 "아직도 많은 공격을 받고 있는 우리 어린 과학의 가장 큰 희망, 어쩌면 다시 찾을 수 없는 미래의 일부"를 묻어버리게 되었다는, 마찬가지로 진심이 어린 비통한 주장도 포함되어 있다.[70] 프로이트는 이런 재앙을 만나면서 랑크를 잃을 가능성을 큰 그림 속에서 보게 되었다.

랑크는 계속 자기 길을 가, 한동안 파리와 뉴욕을 왔다 갔다 하다가 결국 미국에 정착했다. 프로이트는 다른 일로 정신이 없었다. 1926년 초에는 심장에 문제가 생겼다. 오래전부터 있었던 문제가 갑자기 커진 것인데, 요양소에 갈 만큼 심각했다. 3월에 프로이트는 아이팅곤에게 자신이 죽어 가고 있는지도 모른다고 초연한 태도로 말했다. 그러나 "내가 정말 두려움을 느끼는 것은 일을 하지도 못하면서, 더 정확하게 말하자면 돈도 벌지 못하면서 오래 환자 노릇을 하는 것일세."[71] 그는 이제 부유해졌는데도 여전히 가족 부양을 걱정했다. 그러나 4월에 랑크가 프로이트를 마지막으로 찾아갔을 때, 프로이트는 회복이 되어 집에 돌아와 환자들을 분석하고 있었다. 랑크는 아직 자신의 최종적 이론들을 완전히 다듬지 않았다. 그는 인간의 일차적인 힘이 의지라는 개념을 발전시키는 중이었다. 자아의 한 부분인 의지는 한편으로는 충동을 지배하고 다른 한편으로는 환경을 지배한다. 그의 이론이 정식으로 등장하는 것은 2, 3년 뒤의 일이었다. 그러나 1926년 봄에는 이미 프로이트 진영으로부터 빠져나온 상태였다. 그가 프로이트에게 작별 인사를 하러 갔을 때 프로이트는 그와의 관계를 끝냈다. "랑크는 병에서 큰 것을 얻었는데, 그것은 물질적인 독립이었다." 프로이트는 그렇게 판단했다.[72] 6월이 되자 그는 최종적인 균형을 잡았다. "랑크에 대한 분노를 끌어낼 수가 없네." 그는 아이팅곤에게 고백했다. "그에게 마음대로 자기 길을 갈 권리를 주었지. 이제 그는 사람들 눈에 독창적으로 보일 거야. 하지만 그가 이제 우리에게 속하지 않는 것은 분명하네."*[73]

랑크 사건은 오랫동안 고통스럽게 질질 끌었지만, 프로이트는 랑크의 이단적인 생각들을 곰곰이 짚어보면서 몇 가지 중요한 교훈을 얻었다. 그 결과로 나온 책《억제, 증후, 불안》에서 프로이트는 이렇게 말했다. "내가 처음 주장했듯이 불안이라는 감정은 출생 과정의 결과이며 그때 경험한 것의 반복이라는 사실을 랑크가 일깨웠기 때문에 불안이라는 문제를 새로 정밀하게 검토할 필요가 생겼다. 그러나 출생이 트라우마라는 개념, 불안 상태가 그 처리 반응이라는 개념, 모든 새로운 불안 감정이 트라우마를 더욱더 완전하게 '정화'하려는 시도라는 랑크의 개념으로는 아무런 성과도 거둘 수 없었다."[74] 그렇더라도 프로이트는 랑크가 몇 가지 흥미로운 쟁점을 제기했다고 고백할 수밖에 없었다.

프로이트는 일흔 살 생일을 기념할, 아니, 기념하기를 주저할 참이었지만, 문제를 해결하고자 하는 익숙한 압박감은 여전했다. 불안에 대한 그의 새로운 생각을 담고 있는 작은 책은 정신분석가들에게 새로운 수

---

* 프로이트는 뉴욕 정신분석협회에서 중요한 자리를 차지하고 있는 회원으로서 랑크를 존경하던 프랭크우드 윌리엄스(Frankwood Williams) 박사에게 편지를 쓰면서 매우 통명스러운 말투로 윌리엄스가 스스로 정신분석가라고 말하는 바람에 놀랐다고 이야기했다. "나는 박사에 관해서 박사가 랑크의 지지자였다는 사실, 또 랑크와 불과 몇 달 일을 해본 것만 가지고는 우리가 말하는 의미의 분석과 무슨 관계가 있다고 할 수 없고, 게다가 R.[랑크]은 이미 분석가가 아니라는 사실을 알려주기 위해 박사와 대화를 나누었지만 아무 소용이 없었다는 사실밖에 아무것도 모릅니다. 만일 박사가 그 이후로 철저하게 변하지 않았다면, 박사가 그런 명칭을 사용할 권리에 대해서도 이의를 제기할 수밖에 없습니다." (프로이트가 프랭크우드 윌리엄스에게 쓴 편지, 1929년 12월 22일. 타자로 친 사본, Freud Museum, London.)

수께끼를 약속했다. 그들은 또 한 번 대규모 이론 수정을 소화해야 할
터였다. 프로이트는 분명한 만족감을 드러내며 루 안드레아스-살로메
에게 말했다. "최근에 나온 내 책은 상황을 복잡하게 만들겠지요. 그것
은 충분히 예측할 수 있는 일입니다. 하지만 시간이 지나면 다시 말끔
히 정리가 되겠지요. 우리가 아직 교조적 엄격성을 가질 권리가 없다는
것, 우리가 다시 포도밭을 갈 준비가 되어 있어야 한다는 것을 사람들
이 안다고 해서 나쁠 것은 없습니다." 그는 달래듯이 덧붙였다. 그러나
"그 책에서 제안한 변화들이 사실 그렇게 전복적인 것은 아닙니다."[75]
루 안드레아스-살로메에게 말한 대로 《억제, 증후, 불안》에서 프로이트
의 전술은 이전의 이론적 입장을 버렸음을 인정하면서도, 거기서 더 나아
가는 거리는 최소화하는 것이었다. "이 에세이에서 제시한 불안 개념은 이
제까지 나에게 정당해 보였던 것과 어느 정도 거리를 두고 있다."[76] 그러
나 "어느 정도 거리를 둔다"는 말은 그가 새로 들여온 혁신의 중요성을
전혀 전달하지 못한다.

　이 책은 미학적으로는 프로이트의 다른 대부분의 책만큼 만족스럽지
못하다. 생각들 사이의 불가피한 관련을 입증하기보다는 그냥 연결만
해놓았기 때문이다. 이후 정신분석적 사고에 지속적인 영향력을 행사하
는 주장 몇 가지, 예를 들어 억압과 방어에 관한 구절은 불안에 관한
구절들과 마찬가지로 텍스트 여기저기에 흩어져 있거나 부록 한 곳에
끼워져 있다. 이것을 보면 마치 프로이트가 자신의 분석적 구조를 혁신
하는 고된 일에 짜증을 내고 있는 듯한 느낌을 받게 된다. 재건이라는
작업을 이것으로 완전히 끝내고 싶어 안달하는 듯하다. 오래전 프로이
트는 "분명하고 모호하지 않은 글쓰기 방식은 저자가 자기 자신과 하
나가 되었음을 우리에게 가르쳐준다."고 말한 적이 있다. 반대로 "긴장
되고 비틀린 표현이 있는 곳에서" 우리는 "불충분하게 정리된 복잡한

생각"의 존재를 인식하게 되거나 "저자의 자기 비판이라는 짓눌린 목소리를 듣게 된다."[77] 이것은 문학 탐정에게 문체를 실마리로 이용하는 방법을 알려주는 말이었다. 그러나 이 책의 경우에는 이 도구가 쓸모없다. 프로이트는 자신의 새로운 발상과 관련하여 자기 비판적이지 않았기 때문이다. 그러나 자신의 엄청난 양의 자료를 어떻게 정리할 것이냐를 두고 지쳐서 우유부단한 태도를 보이는 것은 분명했다. 《억제, 증후, 불안》이라는 제목 자체가 단조로운 나열에 불과하여, 그의 불확실한 태도를 보여준다. 이 에세이는 억제를 증후와 구분하는 데서 시작하지만, 프로이트는 사실 방어 기제에 더 관심이 있었고, 불안에는 그보다 더 큰 관심이 있었다. 실제로 미국에서는 이 책이 《불안이라는 문제(The Problem of Anxiety)》라는 제목으로 나온 일도 있었다. 그렇더라도 이 에세이는 이렇게 헝클어져 있기는 하지만, 그의 사고에는 매우 중요하다.

랑크라는 이름은 몇 번밖에 안 나오지만, 프로이트는 내내 그와 소리 없는 논쟁을 벌인다. 이것이 그가 빗나간 제자를 다루는 방법이었다.* 그러나 개인적인 원한 해결만으로는 이 책이 중요한 의미를 지닐 수 없었을 것이다. 사실 1890년대 중반부터 프로이트는 불안에 관심을 두었다. 불안을 임상적으로만이 아니라 이론적으로도 고려해야 한다는 것을 포착한 그의 감각은 다른 연구자들이 무시하고 있는 현상을 놓치지 않는 기민하고 빈틈없는 정신을 보여준다. 프로이트가 처음 정신분석학적으로 생각하기 시작했을 때, 그러니까 히스테리와 불안 신

* 랑크도 응답을 했다. 그는 미국의 전문 잡지 〈정신 위생(Mental Hygiene)〉에 발표한 《억제, 증후, 불안》에 관한 긴 서평에서 다시 출생 트라우마라는 정신분석적 개념의 기원, 그리고 이 사건과 그 결과에 대한 자신의 인식과 프로이트의 인식의 차이에 관해 자세히 이야기했다. (E. James Lieberman, *Acts of Will: The Life and Work of Otto Rank* [1985], 263-267 참조.)

경증에 관한 초기 논문을 쓰기 시작했을 때, 기존의 정신의학은 불안에 관하여 할 말이 거의 없었다. 교과서와 논문은 주로 형식적인 생리학적 묘사에 머물렀다. 1890년경의 전문적인 지식을 정리한 D. 핵 튜크 (D. Hack Tuke)의 권위적인 《심리의학 사전(Dicitionary of Psychological Medicine)》은 아주 빈약한 정의로 불안 항목을 끝내버렸다. "어떤 슬픔이나 시련을 예상할 때 생기는 정신적 고통. 흉부가 팽팽해지고 아파오는 느낌을 동반하는 흥분과 우울 상태."[78] 그것이 다였다.

프로이트는 더 이야기를 할 필요가 있다고 생각했다. 그의 최초의 신경증 환자 몇 명은 현란한 불안 증상들을 보여주었다. 그는 모든 신경증이 성적인 장애에 기원을 두고 있다고 믿었기 때문에 불안 또한 성적인 뿌리를 갖고 있다고 결론을 내렸다. 따라서 프로이트의 관점에서 그 기원은 별로 신비할 것이 없었으며, 공식 또한 간단했다. 방출되지 않고 남는 성적 흥분이 불안으로 바뀐다는 것이었다. 제1차 세계대전 직후 오이겐 블로일러가 널리 읽힌 그의 《정신의학 교과서》에서 짧게 말했듯이 "물론" 불안은 "어떤 식으로든 성과 연결되어 있으며, 우리는 이 사실을 오랫동안 알고 있었지만 프로이트가 처음으로 분명하게 정리했다."[79] 프로이트가 밝힌 한 가지는 불안의 등장이 맹목적인 생리학적 과정일 뿐 아니라, 심리 메커니즘에도 의존한다는 점이었다. 그의 표현대로 억압은 불안의 원인이 된다. 이 교차점에서 《억제, 증후, 불안》의 두 가지 주요한 주제, 즉 불안과 방어 기제 사이의, 긴밀하기는 하지만 눈에 잘 드러나지 않는 고리가 나타난다. 그러나 프로이트는 이 관계에 대한 자신의 첫 번째 설명을 수정하기만 한 것이 아니었다. 그것을 역전시켰다. 프로이트는 이제 억압이 불안을 만드는 것이 아니라, 오히려 불안이 억압을 만든다고 말하게 되었다.

이런 새로운 이론적 정식화 과정에서 프로이트는 그 전에는 그 자신도 다른 심리학자도 인식하지 못했던 과제를 불안에 할당했다. 어린아이는 발달 과정에서 프로이트가 위험 상황이라고 부른 것을 예측하고, 이런 상황의 도래에 불안이라는 반응을 보인다는 것이다. 말을 바꾸면 불안은 미래에 닥칠 수 있는 트라우마의 신호 역할을 할 수 있다. 따라서 프로이트는 이제 불안을 단지 수동적인 반응이 아니라, 하나의 정신적 작용으로 보고 있었다.

이런 역전은 놀라워 보이지만, 프로이트는 수십 년 동안 불안을 진지하게 연구하면 틀림없이 엄청나게 복잡한 일이 벌어질 것임을 알고 있었다. 가장 초기에 쓴 정신분석 논문 몇 편에서 그는 이미 신경증적 불안과 현실적 불안을 구별하고, 불안 발작은 내적인 압박이나 외적인 위험에 대한 반응일 수도 있다는 데 주목했다. 어느 쪽이든 불안은 정신이 자신을 공격하는 자극들을 다룰 수 없을 때 생겨난다. 남은 일은 불안의 성격을 규정하고, 원인을 분류하고, 또 가능하다면 유형을 구별하는 것이었다. 이것이 프로이트가 1926년 에세이에서 몰두한 과제가 되었다. 우리가 알다시피 랑크에게는 사실 출생의 경험이 의미 있는 불안의 유일한 원인이었다. 훗날의 모든 불안 발작은 단지 정신이 이 원(原)-외상(Ur-trauma)을 다루는 방식에 불과했다. 프로이트는 단순한 도식과 단일한 원인을 의심하여, 랑크의 설명이, 풍부하고 다양한 불안 경험에서 한 측면에 특권을 부여한 편향적 과장이라고 보았다.

프로이트의 정의에 따르면 불안은 분명한 신체적 감각을 동반하는 고통스러운 감정이다. 출생 트라우마는 모든 불안 상태의 원형이다. 이것은 훗날의 불안들이 모방할 반응—뚜렷한 생리적 변화—을 일으킨다. 프로이트는 유아가 불안에 대해 어떤 준비를 갖추고 있다는 점을 의심하지 않았다. 불안 반응은 한마디로 타고나는 것이다. 그러나 어린아이들은 어둠에 대한 공포, 그들의 요구를 보살펴줄 사람의 부재에 대한 공포 등 출생 경험에서만 원인을 찾을 수 없는 많은 불안을 겪는다. 프로이트는 정확한 시간표를 그리지는 않았지만, 정신 발달의 각 단계에는 그 단계 특유의 불안이 그림자를 드리운다고 믿었다. 출생 트라우마 뒤에는 분리 불안이 따르고, 그 뒤에는 사랑의 상실에 대한 공포, 거세 불안, 죄책감, 죽음에 대한 공포 등이 나타난다. 따라서 징벌적인 초자아가 만들어내는 불안은 다른 불안들이 이미 자기 할 일을 한 뒤에만 나타난다.[80]

프로이트는 한 유형의 불안이 다른 모든 유형을 대체한다고 생각하지 않았다. 반대로 각 유형은 평생 무의식 속에 집요하게 살아남아 언제라도 다시 살아날 수 있다. 그러나 일찍 나타나든 나중에 나타나든 모든 불안은 공포, 소망, 감정 등 압도적인 자극을 감당할 수 없다는 느낌, 즉 무력감이라는 매우 불편한 느낌을 공유한다. 다시 요약하면, 프로이트가 가장 중시하는 공식은 이런 것이다. 불안은 앞에 위험이 있다는 경고다. 이 위험이 현실이냐 상상한 것이냐, 합리적으로 평가한 것이냐 히스테리 때문에 과장한 것이냐 하는 문제는 느낌 자체와는 상관이 없다. 그 원인은 엄청나게 다양하며, 생리학적, 심리학적 결과도 마찬가지다.

프로이트는 불안의 정의를 완전히 고쳐 쓰면서 특수한 것에서 일반적인 것으로 옮겨 갔다. 그는 분석 대상자들의 이야기를 듣다가 처음으로 불안에 관심을 갖게 되었다. 그러나 이제 불안을 인간이 삶의 위험들을 헤쳐 나가도록 안내하는 신호로 묘사하면서 전문화된 정신병리학 탐사에서 끌어낸 결론들을 신경증 환자든 아니든 모두에게 적용 가능한 심리학적 법칙으로 번역했다. 프로이트의 관점에서 볼 때 순수하고 용감무쌍한 지크프리트가 두려움을 배우러 나선다는 전설은 인간 성숙에 핵심적인 요소에 대한 비유가 될 수 있었다. 교육을 정의하는 한 가지 방법은, 그것이 공포의 용도를 발견하고 두려워할 것과 피할 것과 믿을 것을 구별하는 법을 배우는 과정이라고 보는 것이다. 불안이 전혀 없다면 인간은 내적인 충동과 외적인 위협에 맞서 무방비 상태가 될 것이다. 실제로 인간 이하가 될 것이다.

프로이트가 《억제, 증후, 불안》 여기저기에 흩어놓은 방어에 관한 발언은 불안에 관한 그의 생각을 근본적으로 바꾼 것만큼이나, 아니 어쩌면 그 이상으로 정신분석 이론을 위한 비옥한 토양이 되었다. 그러나 이 발언들은 그의 생애 동안 또 그 이후에도 그의 지지자들에게 많은 과제를 안겨주었다. 방어에 관한 이야기들은 커다란 이론적 가능성에 관하여 빠르게 스케치를 해놓은 힌트들에 지나지 않기 때문이다. 프로이트가 1926년에 분명하게 이야기한 것은 불안과 방어가 공통점이 많다는 사실 정도였다. 불안이 경보음을 내는 탑의 보초라면, 방어는 침입자를 확인하기 위해 동원된 부대다. 방어 작전은 불안보다 파악이 훨씬 힘들 수도 있다. 이것은 전적으로 무의식이라는 거의 뚫고 들어갈 수 없는 보호 덮개 밑에서 이루어지기 때문이다. 그러나 방어도 불안과 마찬가지로 자아 안에 자리를 잡고 있다. 또 불안과 마찬가지로 꼭 필요하면서도, 동시에 너무나 인간적이면서 너무나 오류가 많은 관리 방법이다. 사실 방어에 관하여 말할 수 있는 가장 중요한 점 한 가지는 이것이 적응의 부지런한 하인이 되었다가 반대로 적응의 비타협적 방해물이 될 수도 있다는 것이다.

프로이트는 자아가 이드, 초자아, 세계라는 세 가지 적으로부터 어떻게 자신을 방어하느냐 하는 문제를 오랫동안 무시해 왔음을 인정했다. 그는 약간 뉘우치는 듯한 말투로 이렇게 말했다. "불안의 문제를 논의하는 것과 관련하여 나는 다시 한 번 30년 전에 내가 연구를 시작할 때 배타적으로 이용했으나 훗날 버렸던 개념—아니, 겸손하게 용어라고 하는 것이 좋겠다.—을 다시 집어들었다. 그것은 '방어 과정'이다. 나는 나중에 이것을 '억압'이라는 용어로 대체했지만, 둘의 관계는 여전히 불명확한 채로 남아 있다." 이것은 온건하게 표현한 것이다. 사실 프로이트는 처음에는 다양한 방어 기제를 분명하게 구분해놓고, 그다음에 가서 어떤 생각들이 의식에 접근하는 것을 거부하는 정신적 기법과 더불어 불쾌한 자극을 막는 다른 모든 방법까지 그가 애용하던 정신분석 개념 가운데 하나인 억압으로 포괄하여 쟁점을 흐려놓았다. 그러나 이제 "'방어'라는 낡은 관념"으로 돌아가 그런 부정확성을 교정할 준비가 되어 있었다. 방어는 신경증을 낳을 수도 있는 갈등에서 자아가 이용하는 "모든 기법을 일반적으로 가리키는 명칭"이 되었고, 반면 "'억압'은 방어의 한 가지 방법의 이름으로 남게" 되었다.[81]

프로이트가 초기의 공식으로 돌아가면서 얻은 이익은 분명했다. 억압은 방어 전략 가운데 그가 특권을 부여한 지위와 더불어 정신분석 이론에서 역사적으로 중요한 자리를 그대로 유지했다. 대부분의 방어 전술은 심리적 재료가 의식에 접근하는 것을 거부하려 한다는 점에서 억압을 모방하지만, 그들 나름의 자원을 활용한다. 프로이트는 이 방어 전술 가운데 일부를 이전의 논문과 사례사에서 묘사했다. 자아는 받아들일 수 없는 본능적 충동에 대항하여, 그런 충동들이 가려지고 무장해제되었던 이전의 정신적 통일의 단계로 퇴행하여 자신을 방어할 수도 있다. 신경증 환자는 허용할 수 없는 증오를 과장된 애정으로 전환하여 사랑하는 사람에 대한 적대적이고 파괴적인 감정에서 벗어나려 할 수도 있다. 이것이 다가 아니다. 정신은 다른 방어 무기도 사용한다. 그 가운데 다수는 투사처럼 이미 프로이트의 독자에게 익숙하다. 그리고 이제 《억제, 증후, 불안》에서 그는 전에 언급한 적이 없던 전술 두 가지

'취소(undoing)'와 '분리(isolating)'를 추가한다. 취소는 경험의 결과만이 아니라 경험 자체를 "날려버리고자" 하는 일종의 "부정적 마법"이다. 벌어진 일이 벌어진 적이 없는 일이 되는 기적이 일어나는 것이다. 프로이트가 강박적 신경증 환자의 특징으로 여기던 '분리'는 외설적이고 무시무시하고 수치스러운 환상이나 기억을 본래 거기에 속하는 감정들로부터 차단하려는 노력이다.[82] 프로이트는 예전에 사용하던 집합적인 용어인 '방어'를 다시 들여와야만 정신이 다른 것에 대항해, 또 자기 자신에게 대항에 자신을 방어하는 많은 방법을 정당하게 평가할 수 있다고 생각했다.

불안에서도 그렇지만 방어에서도 프로이트의 이야기는 그가 가장 좋아하는 위치, 즉 소파에 앉은 환자 뒤의 안락의자에서 이루어진 관찰에서 많은 전거를 끌어왔다. 《억제, 증후, 불안》에서 그는 노스탤지어에 젖은 듯이 꼬마 한스, 쥐 인간, 늑대 인간 등 그가 가장 귀중하게 여기는 사례 몇 가지를 다시 한 번 회고했다. 그에게는 이런 정보 출처를 무시할 아무런 이유가 없었다. 사실 분석 대상자들이 신경증적 습관에서 변화를 막으려고, 고통스러운 통찰을 얻기보다는 현재의 괴로움을 그냥 고수하려고 펼치는 저항이야말로 방어가 가동되는 과정이기 때문이다. 그러나 프로이트가 잘 알았듯이, 신경증 환자들이 그런 전략을 독점하는 것은 아니었다. 환자들은 일반 사람들의 관행을 눈에 금방 띄는, 쉽게 판독할 수 있는 캐리커처로 과장할 뿐이다. 한 가지 예만 보자. 분리는 강박 신경증 환자의 전공 분야일지 모르지만, 집중의 신경증적 대응물이기도 하다. 경쟁하는 자극들로부터 관심을 거두어들이고 한 가지에만 관심을 모으는 것은 일을 이루어내기 위해 고안된, 완벽하게 정상적인 정신적 과정이기 때문이다. 따라서 불안과 마찬가지로 방어도 모든 인간에게 보편적이고 핵심적인 것이다. 이것이 《출생의 트라우마》를 곰곰이 생각해본 결과 프로이트가 배운 것이다. 랑크는 프로이트로부터 자신을 떼어내려는 바로 그 행동을 통해 그 자신도 모르는 사이에 프로이트에게 도움을 준 것이다.

정신분석 자격 논쟁

프로이트의 방어와 불안에 관한 책이 반복과 형식적인 부적절성으로 다소 단정치 못한 외양을 띠고 있다는 점은 무엇보다도 그의 일반적인 작업 수준과 비교해보면 금방 눈에 들어온다. 그렇더라도 이런 결함이 그의 문학적인 능력의 영원한 상실을 예고하는 것은 아니었다. 《억제, 증후, 불안》이 나온 해인 1926년에 프로이트는 다른 작은 책 《비전문가 분석의 문제(Die Frage der Laienanalyse)》를 내는데, 이 책은 그의 과거의 문체적인 기백, 독자들에게 익숙한 건조한 재치를 모두 보여주고 있기 때문이다. 이 책은 논쟁과 대중화를 섞어놓은 것으로서, 쉽게 읽을 수 있는 정신분석학 입문서이며 설득을 위한 프로이트의 노력 가운데 가장 만족스러운 성과로 꼽을 만하다. 프로이트는 의미심장하게도 대화의 형식으로 자신의 주장을 담아냈는데, 평이한 설명이 가능한 이런 문학적 형식은 그가 전에도 여러 번 사용한 것이었다.

이 팸플릿을 쓴 계기가 된 당시의 논쟁에 자극을 받아 프로이트는 한때 그의 전형적인 특징이었던 자신만만하고 호전적인 문체를 다시 사용하게 된 것이 분명했다. 1924년 말 프로이트는 오스트리아 의학계의 고위 인사로부터 비전문가 분석 문제에 관한 전문적인 의견을 내 달라는 요청을 받고 나서, 낙관적인 태도로 아브라함에게 "이런 문제에서는 권위자들도 내 말을 경청하기를 바란다"고 말했다.[83] 그러나 이 문제는 상당히 골치 아프게 전개되었다. 이듬해 초 빌헬름 슈테켈로부터 빈에 비전문 분석가들이 있다는 이야기를 들었다는 시의 관료들이 테오도어 라이크를 "허가받지 않은 의료 행위"로 고발한 것이다.[84) 프로이트의 젊은 지지자였던 라이크는 시 치안판사 앞에 출두하여 자신의 진료 방법을 설명했다. 그 뒤에 열띤 논의, 전문가의 증언, 법적 논쟁이 뒤따랐으며, 라이크는 분석을 중단하라는 명령을 받았다. 그러나 라이크는 변호사의 자문을 구하고, 프로이트의 지원을 확보하고, 평결에 항소하면서 한동안 진료를 계속했다.[85) 그러나 이듬해 봄 라이크는 미국인 환자 뉴턴 머피(Newton Murphy)에게 엉터리 치료를 했다는 이유로 고소를 당했다. 의사인 머피는 프로이트에게 분석을 받으러 빈에 왔다. 그러나 프로이트는 비는 시간이 없어 그를 라이크에게 보냈으며, 머피는 몇 주 동안 라이크의 분석을 받았던 것으로 보인다. 그 결과가 무척 불만족스러웠던 것 같다. 그렇지 않았다면 원칙적으로 정신분석에 적대적인 사람이 아닌 것이 분명한 머피가 라이크를 법정까지 끌고 가지 않았을 것이기 때문이다. 프로이트는 망설이지 않았으며, 그로부터 한 달 내에 쓴 《비전문가 분석의 문제》가 그 결과물이었다.

프로이트는 당시의 사건들 때문에 이 팸플릿을 쓰고자 하는 충동이 생겼다는 사실을 감추지 않았다. 그는 쉽게 납득하지는 않지만 공감을 하는 관료를 대화 상대로 설정해놓았다. 그 관료는 프로이트와 함께 사건에 개입을 하고, 프로이트에게 이 사건에 대한 신중한 견해를 묻는 사람이었다. 프로이트는 물론 그냥 프로이트였다. 프로이트에게서 《비전문가 분석의 문제》를 증정받은 피스터는 프로이트가 쓴 것 가운데 이렇게 쉽고, 이렇게 포괄적인 것은 없었다고 열렬하게 외쳤다. "그러면서도 모든 것이 아주 깊은 곳으로부터 용솟음칩니다." 물론 늘 스위스의 의사 출신 정신분석가들과 싸우면서 프로이트의 "첫 비전문가 제자"[86] 가운데 한 사람이라는 사실을 자랑스러워했던 피스터이니만큼 어떤 편견이 있었을 것이라고 의심해볼 수도 있을 것이다. 그러나 프로이트의 텍스트는 그의 말을 증명해준다.

프로이트는 마치 자신을 위해 싸우듯이 라이크를 위해 싸웠다. 그는 빈 정신분석협회에서 비전문가 분석에 관한 논쟁이 불타오르던 1926년 3월에 파울 페데른에게 이렇게 말했다. "회원들에게 내 견해를 지지해 달라고 말하지는 않겠지만, 개인적으로, 공적으로, 또 법정에서 그 견해를 옹호할 것입니다." 그는 이렇게 덧붙였다. 결국 "비전문가 분석을 위한 투쟁은 언젠가는 해야만 합니다. 그렇다면 나중보다 지금이 낫습니다. 내가 살아 있는 한 의학이 정신분석을 삼키는 것을 보고 그냥 물러서지는 않을 것입니다."[87] 실제로 프로이트는 자신의 대의를 위해 싸우고 있었다. 라이크가 빈 법원에서 곤경을 겪는 바람에 비전문가 분석을 활자화하는 일에 나서기는 했지만, 이 문제에 관해서는 오래전부터 관심을 두고 있었다. 또 자신이 라이크의 곤경에 다소간 직접적인 책임이 있다고 생각했기 때문에 더 강하고 집요하게 나서게 되었을 것이다.

두 사람은 프로이트가 라이크의 박사 논문—플로베르의 기괴한 이야기인 《성 앙투안의 유혹》에 관한 논문이었다.—을 읽고 난 뒤인 1911년에 만났다. 라이크는 프로이트를 처음 만난 일을 결코 잊지 못했다. "나는 교수들과 싸움을 벌였다." 그들은 문학과 심리학을 공부하면서 프로이트의 노선을 따라 논문을 쓰는 학생이 못마땅했던 것이다. 라이크는 심리학 교수 한 명이 비방하는 것을 우연히 듣고 프로이트의 《일상생활의 정신병리학》을 읽었으며, 그 뒤로 굶주린 듯이 프로이트가 쓴 것 가운데 손에 넣을 수 있는 것은 모두 읽었다. 오토 랑크가 몇 년 전에 그랬던 것과 똑같았다. 라이크는 자신의 박사 논문 원고를 프로이트에게 보냈으며, 프로이트는 흥미를 느껴 한번 만나자고 라이크를 초대했다. 라이크가 오랜 세월이 흐른 뒤에 회고한 바에 따르면 그는 베르크 가세 19번지 층계를 올라갈 때 "데이트를 하러 나가는 젊은 처녀 같은 느낌이었다. 심장이 아주 빠르게 뛰었다." 라이크가 진찰실로 들어갔을 때, 프로이트는 그곳에서 "그가 무척 사랑하는 이집트와 에트루리아의 작은 조각상들에 둘러싸여" 일을 하고 있었다. 결국 프로이트가 "나보다 플로베르의 책을 훨씬 잘 안다는 것"이 드러났으며, "우리는 그 책에 관해 오랫동안 이야기를 나누었다."[88]

곧 그들은 더 묵직한 문제에 관해 이야기하게 되었다. 라이크는 의대에 갈 계획이었으나, 프로이트는 "가지 말라고 했다. 그는 나와 관련하여 다른 계획이 있었다. 그는 정신분석과 정신분석적 연구에 인생을 바치라고 권했다."[89] 우리가 알다시피 프로이트는 이런 종류의 조언을 상당히 거침없이 여러 사람에게 했다. 그러나 라이크의 경우에는 조언을 하는 것에 그치지 않았다. 확실하게 뒷받침을 해주었다. 그는 무일푼 신세인 라이크에게 몇 년 동안 정기적으로 돈을 보내고 일자리도 구해주었다. 또 빈 정신분석협회에도 소개했으며, 말이나 글에 막힘이 없었던 라이크는 그곳에서 곧 논평을 하고 발표를 하게 되었다. "분명히 결함은 있는 사람이지." 프로이트는 자신의 권고에 따라 베를린에서 라이크를 위해 길을 닦아주고 있던 아브라함에게 그렇게 말했다. "하지만 강한 헌신적 태도와 확고한 신념을 갖춘 착하고 겸손한 아이고, 글을 잘 쓰네."[90] 프로이트의 권고에 따라 또 한 명의 비전문 분석가가 탄생한 것이다. 그리고 라이크는 자신의 진료에 대한 문제 제기를 견디고 살아남았다. 〈뉴욕타임스〉는 "빈, 1927년 5월 24일"이라고 날짜를 표시하며 라이크에 대한 재판 결과를 정리하는 표제를 달았다. "미국인, 프로이트에 대한 재판에서 패소하다/ 정신분석의 발견자, 정신분석은 의학과 관계없이 효과를 발휘한다고 말하다." 프로이트(이 표제의 주장과는 달리 물론 피고가 아니었다)는 다음과 같이 말한 것으로 인용되었다. "의사가 늘 의학을 염두에 두고 있다고 해서 정신분석 진료를 할 수 있는 것은 아니다. 나의 치료가 효과를 발휘할 수 있는 사례에서는 의학이 필요하지 않다."[91] 라이크에 대한 고발은 취하되었고, 비전문가 분석은 일단 구원을 받았다.

프로이트는 30년 전인 1895년 유명한 이르마의 주사 꿈에서 의사가 아닌 사람의 분석 진료에 따르는 위험을 처음 언급했다. 그는 자신의 환자인 이르마가 어쩌면 기질성 질환으로 고생하는 것인지도 모른다는, 그런데 자신이 이것을 심리적 증상으로 진단했다는—정확히 말하면 오진했다는—내용의 꿈을 꾸었다. 이것이 비전문가 분석의 반대자들이 주요한 우려 사항으로 되풀이하여 제시하는 부분이었다. 그러나 프로이트는 이것이 관리 가능한 문제라고 생각했다. 1913년 피스터의 책의 앞자리에 실릴 글을 보내면서, 정신분석 치료자에게 의학적 훈련은 필요 없다고 단호하게 주장하며 공세로 나아갔다. 그 반대라는 이야기였다. "정신분석 진료는 의학 교육보다는 심리학적 소양과 자유로운 인간적 통찰이 필요하다." 그러면서 그는 짓궂게 덧붙였다. "의사 다수는 정신분석 작업을 할 준비가 되어 있지 않으며", 서툴게 시도를 한다 해도 대부분의 경우 실패하고 말 것이다.[92] 따라서 프로이트의 가장 유명한 지지자들—그의 집안의 정신분석가인 딸 안나는 말할 것도 없이, 오토 랑크에서부터 한스 작스, 루 안드레아스-살로메, 멜라니 클라인에 이르기까지—이 의사가 아닌 것은 당연한 일이었다. 게다가 정신분석의 대의를 향해 몰려드는 재능 있는 젊은 사람들도 문학 교사인 엘라 프리먼 샤프(Ella Freeman Sharpe), 교육자 아우구스트 아이히호른, 미술사가 에른스트 크리스처럼 의사가 아닌 사람들이 많았다. 이들은 유능한 임상의이자 상상력이 넘치는 이론가가 되었다. 그러나 초기의 텍스트들은 비전문 분석가들에 대한 프로이트의 옹호가 그들을 위하여 특별히 호소를 할 필요에서 나온 것은 아님을 분명히 보여준다. 그것은 그가 정신분석의 핵심적 본질이라고 파악하는 것에서 자연스럽게 나오는 결론이었다. 프로이트는 테오도어 라이크가 오스트리아 법과 갈등을 일으키기 오래전부터 비전문가 분석에 깊은 관심을 두고 있었던 것이다.

프로이트의 비전문가 분석 옹호는 가벼운 마음으로 아마추어처럼 진단하라는 뜻이 아니었다. 그는 잠재적인 분석 대상자는 우선 의사의 진찰을 받아야 한다는 입장을 일관되게 유지했다. 실제로 그는 《비전문가 분석의 문제》에서도 그 점을 다시 힘주어 강조했다. 사실 의욕이 넘치는 비전문 분석가가 히스테리성 전환 탓이라고 본—그가 이르마의 꿈에서 그랬던 것처럼—신체적 증상이 실제로는 신체적인 병의 표현으로 판명날 수도 있기 때문이다. 그러나 이런 경우가 아니라면, 의학 훈련은 불리한 조건이 될 가능성이 높다고 프로이트는 생각했다. 프로이트는 평생 철학자들만큼이나 의사들로부터도 정신분석의 독립성을 유지하려고 노력했다.

전후에 그의 '제자' 가운데 5분의 4가 의사였던 것은 사실이지만, 그는 지칠 줄 모르고 "의사는 역사적으로 보아 분석의 독점을 요구할 권리가 없다."고 주장했다. 준비되어 있지도 않으면서 분석 놀이를 하는 의사는 돌팔이와 다름없었다. 물론 프로이트는 의사가 아닌 분석가가 정신분석의 모든 요소를 철저하게 파악하고 또 의학도 어느 정도 알아야 하는 것은 말할 필요도 없다고 덧붙였지만, "다른 사람을 공포증이

나 강박증의 고통에서 해방시키고 싶어 하는 사람이 의학 공부라는 우회로를 걷도록 강요하는 것은 부당하고 불편하다." 간단히 말해서 "정신분석이 의학에 삼켜져"—이것은 프로이트가 애용하던 비유였음이 분명하다.—"정신의학 교과서가 최종적인 정착지가 되는 것은 전혀 바람직하지 않다고 생각한다."[93]

프로이트는 자신의 주장을 펼치는 데 열심이었기 때문에, 망설임 없이 반대자의 동기에 의문을 제기했다. 그는 비전문가 분석에 대한 저항은 사실 정신분석 전체에 대한 저항이라고 공격했다. 그러나 그 반대편에 있는 정신분석가들의 수준이나 주장을 고려할 때, 그런 평결은 안이하고 편향적으로 보인다. 적어도 논쟁의 지적인 면에서는 프로이트가 승리를 거두었지만, 반대자들이 단순히 무책임하거나 이기적이었던 것은 아니다. 25년 뒤 어니스트 존스는 영국인의 관점에서 이 문제와 씨름할 때 이 문제를 "정신분석 운동의 중심 딜레마"라고 부르며, "아직 해법을 찾지 못했다"고 말했다. 존스는 프로이트가 남자답게 모든 당사자들에게 공정한 태도를 유지하려고 노력하면서, "바깥 세계의 소동과 거리를 두었다"고 썼다. "그가 장기적인 관점에서 먼 미래를 떠올려본 것은 적절한 행동이었다."[94] 물론 프로이트는 당연히 의사 출신이 아닌 분석가들에게 생물학과 정신의학을 소개하는, 정신분석가들을 위한 대학 같은 환상적인 계획에 빠져들기도 했다.[95] "그러나 낮은 지위에 있던 우리 같은 사람들은 단기적인 관점에서 당면한 사건들에 대처할 수밖에 없었다." 존스는 프로이트의 웅장한 계획에 매혹될 수도 있지만, 세속적인 현실에도 대처해야 했다고 결론을 내렸다.[96]

이런 세속적인 현실은 눈에 너무 거슬려서 무시할 수가 없었다. 정신분석가들은 분석가들의 주장을 전적으로 신뢰하지 않는 대중을 달래야 한다는 압박감을 느꼈으며, 자신의 지역의 의학이나 정신의학 기관들을 요령껏 다루어야 했다. 때로는 약간 굴종적인 태도를 보일 수밖에 없었다. 1925년 당시 미국 과학진흥협회 회장이던 심리학자 제임스 매킨 커텔(James McKeen Cattell, 1860~1944)은 정신분석이 "과학이라기보다는 취향의 문제이며, 프로이트 박사는 꿈이라는 동화의 나라에서 성도착적 괴물들 가운데에서 살고 있는 예술가"라고 비난했다.[97] 커텔이 모두를 대변한 것은 아니었지만, 전문가로 인정을 받고자 하는 정신분석가들의 열망에 찬물을 끼얹을 수도 있는 영향력 있는 동맹자들이 그에게는 충분했다.

정신분석가를 자칭하는 돌팔이들이 급격히 늘면서 커텔의 주장에는 더 힘이 실렸다. 그가 그렇게 조롱하는 발언을 하던 해에 호머 티렐 레인(Homer Tyrell Lane)이라는 이름의 미국인이 '위험한 사기꾼'이라는 혐의로 런던 법정에 끌려왔다. 그는 블룸스버리의 고급 주택가인 고든 스퀘어에 진료실을 차려놓고 한 시간에 2기니를 받으면서 진료를 하고 '개인주의 철학'을 강연했다.[98] 링컨 주교를 포함한 저명인사들이 레인의 성격 증인으로 출정했으며, 검사는 "그가 관련을 맺은 여학교의 학생들과 부적절한 행동"이 있었음을 어렴풋이 암시했다. 레인은 한 달 징역형을 받았지만, 결국 판결은 파기되었다. 40실링의 벌금을 내고, 한 달 안에 영국을 떠나 다시 돌아오지 않는다는 약속을 하는 것으로 일이 매듭 지어졌다.[99] 레인은 법정 기록에는 정신분석가로 남았다.

또 1925년 맨해튼 웨스트사이드 유니테리언 교회의 목사인 찰스 프랜시스 포터(Charles Francis Potter)는 '정신분석과 종교'에 관해 이야기하면서 "정신분석의 돌팔이들"이 "사취"를 하고 다닌다고 경고했다. 그는 분석가들에게 면허를 부여하는 것이 해법이라고 주장했다. "의사는 10년 이상 교육을 받고 준비를 하고 나야 사람의 몸을 치료할 수 있는

데 반해, 분석가는 그보다 섬세한 인간 정신을 치료한다고 하면서 고작 열흘 동안 프로이트와 융을 읽고 나서 간판을 내걸고 한 번 상담에 25달러를 받는다는 것이 믿어지지 않지만 현실이다."[100] 레인 같은 사기꾼이 신문에 나고, 포터 같은 비방자가 의견을 말하고, 그 결과 사람들의 저항이 강해지는 것, 이것이야말로 정신분석가들이 두려워하던 상황이었다.

따라서 1920년대 중반에 이르자 프랑스, 영국, 그리고 다른 어디보다도 미국의 분석가들 사이에서 너무 많은 자칭 치료사들이 정신분석이 그동안 간신히 쌓아놓은 위신을 이용해 먹고살면서 그것을 뒤집어엎게 되었다고 한탄하는 소리가 들렸다. 이런 상황은 한편으로는 분석가들이 자초한 면도 있었다. 미국의 유명한 정신분석가 스미스 엘리 엘리프(Smith Ely Jelliffe)가 1927년 어니스트 존스에게 말했듯이, "'의사'가 담당을 했다면 크리스천 사이언스, 정신요법(Mental Healing), 쿠에이즘*을 비롯한 헤아릴 수 없이 많은 유사 의학 치료들"이 "종파들"처럼 행세하지는 않았을 것이다.[101] 이런 시끄러운 혼돈의 책임이 누구에게 있건, 진짜 정신분석가들은 모든 사기꾼들과 단호하게 거리를 두어야 한다. 진료를 하러 고향으로 돌아가는 프로이트의 외국인 '제자'들은 체면이라는 보답을 생각하면서 자신들을 보호해줄 직업적 조직을 건설하기 시작했다. 이러한 기획에서 비전문 분석가들은 혼란을 일으키는, 어떤 면에서는 당혹감을 안겨주는 방해자들로 등장할 가능성이 높았다.

프로이트는 생각이 달랐다. 그 자신이 의사였기 때문에 훈련받은 비

---

* 에밀 쿠에(Émile Coué)가 시도한 자기 암시라는 최면 요법. 환자의 병을 낫게 하는 최대 조건은 자기 암시이며, 약물이나 다른 것은 암시의 매개물에 지나지 않는다고 생각했다. "나는 좋아지고 있다." "나는 고통이 줄어들고 있다." 같은 언어 암시가 중심이었다. (편집자 주)

전문 분석가들을 사심 없이 옹호할 여유가 있었다. 그러나 용감하게 캠페인을 조직했지만 승리는 간헐적이고 제한적이었다. 이 문제는 매우 논쟁적으로 흘러갔다. 정신분석 정기간행물에서 결론이 나지 않는 토론을 유발했고, 1920년대와 그 이후 국제 정신분석가 대회들에서는 미봉책에 불과한 결의안들이 나왔다. 서구의 기관들은 다양한 진료를 시행했지만, 대부분은 가입 조건으로 의학 학위를 요구하거나, 비전문 분석가 훈련에 부담스러운 제약을 두었다. 프로이트를 신격화하고, 마치 신성한 문서처럼 그의 글에 의지하던 정신분석가들이 이 문제에서만큼은 그의 소망을 조롱하고 그의 비위를 거스르는 모험을 하고 있었다. 많은 분석가들에게 유일무이한 경우였다. A. A. 브릴이 1927년에 한 말은 이렇게 날 선 충성파 다수의 입장을 대변한다. "오래전 나는 나 자신의 지식으로 확신하기 전에도 스승이 제시하는 것은 그냥 받아들이게 되었다. 경험을 통해 스승의 어떤 말이 무리하다거나 부정확하다고 생각될 때마다 곧 내가 틀렸다는 것을 알게 되었기 때문이다. 의심을 했던 것은 내가 경험이 부족했기 때문이었던 것이다. 그러나 비전문가 분석 문제만큼은 스승의 생각에 동의를 하려고 오랜 기간 무척 노력을 했는데도, 나는 그의 의견을 받아들일 수 없었다." 그 견해를 뒷받침하는 "스승"의 주장은 "눈부셨지만", 결국 설득력이 없었다.[102]

이 쟁점이 매우 뜨거워지자 1927년 아이팅곤과 존스는 국제 심포지엄을 열고, 그 결과를 독일어로 〈국제정신분석저널〉에, 영어로 영문판 〈국제정신분석저널〉에 동시에 게재하기로 결정했다. 대여섯 개 나라에서 온 저명한 분석가들 20명 이상이 참석하여 간결한 선언이나 짧은 에세이로 자신의 입장을 발표했다. 이런 글들은 아마 한 가지 점만 제외하면 특별하다고 할 수 없을 것이다. 그것은 프로이트가 자신의 관할 지역 부대도 통제하지 못했다는 점이었다. 물론 테오도어 라이크는 약간 짓궂게 자신의 입장은 공평무사하다고 보기는 힘들다고 고백하면서, 사제나 시인이 제시하는 심리학적 지혜에 비추어 비전문가 분석을 옹호했다. 그러나 프로이트의 가장 오래된 지지자들 몇 명을 포함한 다른 빈 사람들은 이런 추론을 거부했다. 1905년에 프로이트의 수요일 밤 모임에 참여하기 시작하여 이제 빈의 정신분석 진료소 소장을 맡고 있던 에두아르트 히치만은 단호하게 말했다. "나는 정신분석이 의사가 할 일이라는 입장에서 보건 당국이 정한 법적 기준을 강력하게 지지한다."[103] 히치만과 마찬가지로 가장 오래된 지지자 가운데 한 사람으로 꼽히는 이지도어 자드거도 그에 못지않게 단정적이었다. "아픈 사람은 오직 의사가 치료해야 하며, 비전문 분석가가 그런 사람을 분석하는 일은 피해야 한다고 나는 원칙적으로 단호하게 주장한다."[104]

펠릭스 도이치도 그 나름의 이유로 프로이트의 비위를 맞추고자 열심히 노력하는 사람이었지만, 왜곡된 갖가지 정의로 자신의 진짜 의견을 감추는 데 급급하다가 결국 "치료하는 일은 의사의 일"이라고 결론을 내릴 수밖에 없었다.[105] 물론 심포지엄에 참가한 사람들 가운데 프로이트를 지지한 사람들도 있었다. 에드워드 글로버와 존 릭먼(John Rickman) 등 영국 정신분석가들 몇 명은 의사 출신이 아닌 치료사들이 분석을 한다고 해될 것은 없다고 보았다. 단지 하나의 조건이 있었는데 그것은 치료를 "진단과 분명히 구분하는 것"이었다. "진단은 의학적으로 자격을 갖춘 사람들에게 맡겨야 했다."[106] 사실 영국은 비전문 분석가들이 계속 번창하던 나라였다. 존스의 회고에 따르면 영국 분석가들 가운데 약 40퍼센트가 의사가 아니었다.[107] 이들과 더불어 프로이트를 고무했던 것은 부다페스트의 '헝가리 정신분석협회'가 통과시킨 결의안이었다. 이 결의안에 따르면, 비전문가 분석은 "프로이트의 책에서 이론적으로 정당화되었을 뿐 아니라, 우리 과학의 진보라는 면에서 바람직하기까지 하다. 또 실제로 헝가리의 '비전문가 분석'은 지금까지의 경험으로 볼 때 환자들에게 아무런 피해도 주지 않았다."[108] 빈의 젊은 사람들 가운데 가장 재능 있는 인물로 꼽혔던 헤르만 눈베르크 (Hermann Nunberg)는 심포지엄에 기고를 하면서 비전문가 분석의 반대자들이 완전히 이기적이라고 비난하기까지 했다. "의사가 아닌 사람들의 정신분석 진료에 대한 저항이 늘 순수하게 이론적인 고려에서 나오는 것은 아니라는 인상을 받는다. 내가 보기에는 의학적인 위신이나 경제적인 동기 등 다른 동기들도 작용하는 것 같다. 다른 곳에서와 마찬가지로 우리 사이에서도 경제적 투쟁은 그 이데올로기를 찾아내고야 마는 것이다."[109] 강한 표현이기는 하지만, 프로이트의 관점을 상당히 정확하게 반영하는 말이었다.

나중에 《비전문가 분석의 문제》의 후기로 들어간 프로이트 자신의 기고는 익숙한 주장을 다시 반복했다. 그는 향수에 젖어 자주 인용되는 자전적인 대목을 삽입했다. "나 자신이 관련되어 있기 때문에 나는 그런 문제에 관심이 있는 사람 누구에게나 나 자신의 동기에 관해 약간의 통찰을 제공할 수 있다. 41년 동안 의학적 활동을 해 왔지만, 나의 자기 인식에 따르면 나는 사실 진정한 의사가 아니었다. 나는 원래의 목적에서 어쩔 수 없이 벗어나 의사가 되었으며, 내 인생의 승리는 내가 한참 우회한 끝에 나의 최초의 방향을 다시 발견했다는 사실에 있다." 그는 자신에게 "사디즘적 기질이 별로 강하지 않았기 때문에 그 파생물을 키워낼 필요가 없었다."고 생각했다. 그는 또 의사 놀이를 했던 기억도 없었다. "나의 어린 호기심은 다른 경로를 택했던 것이 분명하다. 어린 시절에 이 세상의 수수께끼 가운데 몇 가지를 이해하고 또 가능하다면 그 해결에 어떤 식으로든 기여해보고 싶은 욕구가 압도적으로 커졌다." 의학을 공부하는 것은 이런 야망을 실현하는 최선의 방법으로 보였다. 그러나 처음부터 그의 관심의 초점은 동물학, 화학, 그리고 마지막으로는 "나에게 영향을 준 최고의 권위자 폰 브뤼케의 영향 아래" 생리학 연구에 맞추어졌다. 그가 결국 의사로서 진료를 하게 된 것은 경제적 이유 때문이었다. 프로이트는 자신의 "물질적 상황"이 "비참했다"고 말했다. 그러나—물론 이것이 그가 젊은 시절의 이야기로 일탈한 주된 이유이지만—"나에게 올바른 의학적 성향이 없다고 해서 그것이 환자에게 큰 피해를 주었다고 생각하지는 않는다."*[110]

프로이트는 자신의 보고서가 비전문가 분석이라는 쟁점을 분명하게 하는 데는 거의 도움을 주지 못한 것이 분명하다고 인정했다. 또 그가 겸손하게 말했듯이 적어도 몇 가지 극단적인 견해를 온건하게 완화했지만, 그의 입장으로 넘어온 사람이 거의 없었다는 것 또한 사실이다.[111] 프로이트는 측근에게든 낯선 사람에게든 편지마다 의사들의 편견에 불만을 토로했다. 1927년 10월에는 이렇게 썼다. "분석가들 가운데 의사들은 심리학적 연구보다는 신체 연구에 가까운 연구에 몰두하는 경향이 너무 강합니다."[112] 1년 뒤 아이팅곤에게 쓴 편지에서는 패배에 대체로 체념했다고 고백했다. 그는 《비전문가 분석》은 "유실물(ein Schlag ins Wasser)"이 되었다고 썼다. 그는 이 쟁점에 관하여 분석가들 사이에 공동체적 느낌을 만들어내고 싶었으나 성공하지 못했다. "나는 말하자면 군대 없는 장군이지."[113]

예상치 못한 일은 아니었지만, 프로이트는 진짜 원흉이 미국인들임

---

* 이 책은 지금까지 이러한 자기 평가에 두 가지 정정이 필요하다는 사실을 보여주었다고 생각한다. 하나는, 궁극적으로 프로이트에게 연구는 치료보다 더 관심이 가는 영역이었지만, 그에게도 인도적인 동기가 있었다는 점이다. 또 하나는, 그의 인생 경로가 원래의 계획에서 한참 우회를 했다고 묘사한 것은 그가 훗날, 그러니까 1920년대 이후만이 아니라 일찍이 1890년대에도 했던 이론적이고 심지어 철학적인 작업을 무시하는 것이라는 점이다.

을 알게 되었다. 확실히 미국 정신분석가들은 어디에서나 비전문가 분석에 대한 가장 양보 없는 반대자였다. 프로이트는 공식적으로 발표한 글에서는 편지에서보다 좀 더 신중하게 분노를 표현했다. 그는 《비전문가 분석의 문제》 후기에서 이렇게 말했다. "우리 미국인 동료들의 비전문가 분석에 반대하는 결의는 기본적으로 실제적인 동기의 지배를 받지만, 내가 보기에는 비실제적이다. 상황을 지배하는 요소를 하나도 바꿀 수 없기 때문이다. 그것은 억압을 하려는 시도와 거의 다름없다." 그런 뒤에 그는 결론에서 비전문 분석가들의 존재를 받아들이고, 그들을 가능한 한 견실하게 훈련시키려고 노력하는 것이 더 낫지 않겠느냐고 물었다.[114]

이 물음은 그가 답을 알고 있는 수사 의문문이었다. 미국인들은 대의에서 대체로 실패하고 있었으며, 처음부터 실패해 온 셈이었다. A. A. 브릴이 1911년 2월에 세운 뉴욕 정신분석협회는 의사들의 결사체였다. 그 정관은 "정신분석에 적극적 관심을 갖는" 사람들에게 준회원 자격을 인정했지만,[115] 회원들의 머릿속에서는 환자의 정신분석이 의사들에게만 허용된다는 사실에 의문의 여지가 없었다. 브릴은 오해의 소지가 없도록 1921년에 그의 인기 있는 《정신분석의 기본 개념》의 머리말에서 그 점을 강조했다. 브릴은 안타깝게도 정신분석 분야에 "이것이 만병통치약이라고 장담하면서 무지한 계급들을 착취하는 도구로 이용하는 사기꾼과 돌팔이들이 모여들었다."고 말했다. 물론 의학의 모든 분야가 이런 유형의 치료자들에게 시달리지만, 그렇다고 해서 자신의 전문 분야에서 말없이 방관해야 한다는 뜻은 아니다. "이 나라의 정신분석에 약간의 책임을 느끼기 때문에, 정신과학에서 정신분석이 의학의 엑스레이와 같은 놀라운 발견이기는 하지만, 이것은 해부학과 병리학 훈련을 받은 사람들만 이용할 수 있다는 이야기를 해주고 싶을 뿐이다."*[116]

브릴 자신은 아마 의식하지 못했겠지만, 그의 비유는 비전문 분석가들을 상대로 한 신경전의 무기였으며, 비전문 분석가에게 치료받을 생각을 하는 사람들에 대한 경고였다. 1921년 아직 브릴의 진영으로 넘어오지 않았던 옐리프가 비전문 분석가들을 지지하여 의사가 아닌 조수들을 고용했을 때 브릴은 옐리프를 신랄하게 비난했다.[117] 그러나 브릴의 비난은 프로이트가 한 말을 한참 벗어나 있었다. 프로이트는 분석 환자들을 훈련받지 않은 치료사들에게 넘기는 것은 상상해본 적이 없었다. 이것은 엑스레이나 외과의의 칼과 아무런 상관이 없는 문제였다. 오히려 의대에서 정신분석 진료에 필요한 최상의 준비를 갖추어 주느냐 하는 문제였다.

이 쟁점은 1925년 캐럴라인 뉴턴(Caroline Newton)이 뉴욕 정신분석 협회에 입회 신청을 했을 때 극적으로 나타났다. 교양 있고 박식한 뉴턴은 1921년에 한동안 프로이트에게 분석을 받았으며,[118] 미국에 돌아와서는 랑케의 글을 번역하고 있었다. 그러나 그녀는 의사가 아니었고, 이 점은 뉴욕 정신분석 기관에서는 치명적인 결함이었다. 협회는 당시 국제정신분석협회 회장이었던 아브라함에게 지체 없이 이 사실을 알렸다.** 아브라함이 3월 회람 서한에서 보고한 바에 따르면 뉴욕 사람들은 뉴턴을 객원 회원으로만 받아들였으며, 그녀가 진료를 하는 것이나 증명서를 발행하는 것에는 반대했다. 나아가서 그들은 국제 협회의 규

---

* 사실 브릴보다 앞서 이사도르 코리엇(Isador Coriat)이 대체로 비슷한 말을 했다. 그는 1917년에 짧은 문답서에서 "정신분석 진료"는 "정신분석 이론과 일반 정신병리학을 철저하게 교육받은 사람들"에게만 제한되어야 한다고 말했다. "훈련받지 않은 사람이 정신분석을 이용하는 것은 방사능의 물리학을 모르는 사람이 라듐을 이용하는 것처럼 비난받을 일이며, 해부학 지식 없이 외과 수술을 시도하는 것처럼 위험한 일이다."(Isador H. Coriat, *What Is Psychoanalysis?* [1917], 22.) 이 대목만 놓고 보면 약간 모호하게 들리지만, 코리엇은 이 텍스트 내내 '의사'에 관해 말한다.

약을 개정하여 한 협회의 회원이 자동적으로 다른 협회의 회원으로 받아들여지는 것을 금지하기를 원했다. 아브라함은 이것이 합리적인 요청이라고 생각했으며,[119] 프로이트도 내키지 않았지만 동의했다. 그러나 프로이트는 이 기회를 이용하여 미국 동료들이 특유의 자기 중심주의를 드러냈다며 비판했다. 그는 9월에 어니스트 존스에게 이렇게 말했다. "내가 보기에 미국인들의 요구는 정말이지 너무 나아간 것이고, 편협하고 이기적인 이해관계에 지나치게 좌우되는 것 같네."[120]

그러나 뉴욕 정신분석협회는 프로이트의 반대에도 흔들리지 않았다. 협회는 깜짝 놀라 방어적인 태도로 돌아서며, 앞으로 모든 신청자를 심사할 교육 위원회를 구성하는 것으로 뉴턴 사건에 대응했다. 1925년 10월 27일 협회 의사록은 "상당한 토론 뒤에 협회는 만장일치로 비전문가가 치료를 위해 정신분석을 이용하는 것에 반대한다고 결정했다."고 간결하게 기록하고 있다.[121] 조직이 성숙해지는 과정에서 불가피한 관료화가 눈앞에 다가오고 있었다. 같은 해에 바트 홈부르크에서 열린 분석가들의 대회에서는 정신분석 기관의 입회 기준을 확립하고 정신분석 교육 방법을 규정할 국제 교육 위원회가 설립되었다. 이 두 가지 모두 그때까지는 각 지역에서 경우에 따라 편하게 결정하던 것이었다. 교육 위원회는 축복인 동시에 저주였다. 자율성 유지를 원하는 기관에서는 언쟁이 벌어졌다. 그러나 입회 자격과 분석가들의 교육을 형식적으로 정리하는 데는 도움을 주었다.

설사 교육 위원회가 존재하지 않았다 해도 미국 분석가들의 생각에

** 1925년 2월 24일 뉴욕 정신분석협회의 의사록은 캐럴라인 뉴턴이 객원으로서 누리던 특권을 취소했으며, 연락 담당 간사는 아브라함에게 "지역적 이유와 다른 이유들 때문에 우리 회의의 참석자를 전문가 회원으로만 제한하는 것이 중요하다."는 내용의 편지를 보내라는 지침을 내렸다고 기록하고 있다. 물론 전문가 회원이란 의사를 가리킨다. (A. A. Brill papers, container 3, LC.)

는 변화가 없었을 것이다. 프로이트는 1926년 가을 어니스트 존스에게 미국의 입장에 관해 논평했다. "물론 정신분석과 의학의 궁극적 관계는 운명이 결정을 하겠지만, 그렇다고 해도 우리는 운명에 영향을 주려고 노력하고 우리 자신의 노력으로 운명을 만들려고 시도해야 하네."[122] 그러나 1926년 11월 30일 뉴욕 정신분석협회는 이듬해에 비전문가 분석에 관한 심포지엄에 추가되어 국제적으로 배포될 결의안을 채택했다. 그중 한 대목은 다음과 같다. "치료를 목적으로 하는 정신분석 진료는 인정받은 의과대학을 졸업하여 정신의학과 정신분석의 특수 훈련을 받고, 그들을 관장하는 의사 진료법의 요구 조건을 따르는 의사(의학박사)에게 한정된다."[123] 이보다 분명할 수는 없었다.

프로이트는 미국인들에게 영향력을 행사하려고 계속 노력했지만, 한동안은 거의 소용이 없는 듯했다. 1927년 여름 프로이트는 브릴에게서 편지를 받았다. 프로이트가 어니스트 존스에게 냉소적으로 한 말에 따르면 그에게서 편지를 받은 것이 "얼마나 오랜만인지 몰랐다." 이 편지에서 브릴은 프로이트에게 "자신과 모든 사람은 그와 그의 원칙에 '언제나 절대적으로 충성할' 것"이라고 다짐했다. 프로이트의 말에 따르면 브릴은 프로이트가 "뉴욕 그룹을 협회에서 몰아낼 의도"가 있다는 이야기를 들었으며, "'그런 일이 일어나면 매우 유감스러울 것'"이라고 말했다. 프로이트는 이것이 근거 없는 불평이라고 이야기했다. 그는 브릴에게 보낸 "엄격하고 진지한" 답장에서 미국인들에게 실망했다고 솔직하게 말했다. 또 마찬가지로 솔직하게 그들이 빠진다 해도 국제정신분석협회는 과학의 영역에서든, 경제의 영역에서든, 동료 관계의 영역에서든 잃을 것이 없다고 말했다. 프로이트는 이렇게 덧붙였다. "아마 그는 지금 불쾌하겠지만, 전에도 그런 적이 있었네. 그가 예민한 태도—떳떳하지 못한 마음에서 나오는 것이지만—를 통제하면 여전히 좋은 관계가 형성될 수 있을 걸세."[124] 1928년 프로이트는 스위스의 분석가 레몽드 소쉬르(Raymond de Saussure, 1894~1971)에게 미국인들이 그들의 일과 관련하여 유럽인의 영향을 완전히 거부하는 먼로 독트린을 확립했다고 말했다. "간단히 말해서 나는 비전문가 분석에 관한 책으로 아무 것도 해내지 못한 것이지요. 그들은 신분에 따른 이해관계를 분석 공동체보다 우위에 놓고 있으며, 자신들이 분석의 미래를 얼마나 위태롭게 하는지 보려 하지 않습니다."[125]

1929년 초, 논쟁이 아직 사그라들지 않은 상태에서 프로이트는 미국 분석가들과 평화적으로 결별하고 비전문가 분석 문제에 관해 확고한 태도를 유지하는 것이 합리적이지 않을까 하는 생각을 했다.[126] 프로이트가 미국인들을 몰아내고 싶어 할지도 모른다는 브릴의 불편한 느낌은 근거 없는 환상이 아니었던 것이다. 그러나 이 시점에서 브릴은 정치가적 자질을 발휘했다. 미국인들을 불안한 독립으로 이끌고 싶지 않았기 때문에 중요한 전술적 양보를 하여 뉴욕 정신분석협회에서 의사가 아닌 사람를 받아들이기로 동의한 것이다. 프로이트는 1929년 8월 옥스퍼드에서 열린 분석가들의 대회가 끝난 뒤 어니스트 존스에게 말했다. "대회가 그렇게 협조적인 방식으로 진행되어서, 뉴욕 사람들이 우리의 관점에 확실하게 접근하게 되어서 매우 기쁘네."*[127] 프로이트가 고

---

* 몇 년 전부터 그랬듯이 안나 프로이트는 이 국제 모임에서도 아버지를 대리했다. 프로이트는 그녀에게 어니스트 존스와 "대회 전체"를 너무 심각하게 받아들이지 말라고 조언했다. "옥스퍼드를 흥미로운 모험으로 여기고, 어쨌든 존스와 결혼하지 않은 것을 기뻐해라." (프로이트가 안나 프로이트에게 쓴 편지, 1929년 7월 25일. Freud Collection, LC.) 안나가 대회에서 보낸 명랑하고 익살맞은 보고들로 판단할 때 그녀는 아버지의 조언을 받아들인 듯하다. 그녀는 7월 27일에 이런 전보를 보냈다. "안락보다는 전통. 항로 유지!" (Freud Collection, LC.) 논문을 발표하고 나서 이틀 뒤에는 두 번째 전보를 보냈다. "성공적으로 연설. 가족에 누가 되지 않았음. 분위기 좋음." (같은 곳.) 안나가 존스와 결혼하지 않았다는 점도 그녀의 명랑함에 일조한 것이 틀림없다.

마위하며 언급했듯이 브릴은 "미국 의학계의 모든 4분의 1짜리, 8분의 1짜리, 16분의 1짜리 분석가들"에 대항하여 훌륭하게 싸우고 있었다.[128] 그해 말 브릴의 화해 노력의 영향을 받은 뉴욕 정신분석가들은 툴툴거리면서도 비전문 분석가들이 아이들을 분석하는 것을 허용했다. 페렌치는 1930년 회람 서한에서 의기양양하게 말했다. "브릴이 미국 비전문가 분석 문제에서 양보를 함으로써 이 문제는 당분간 의제에서 사라졌습니다."[129] 그러나 뉴욕 사람들은 성인 분석에서는 오랫동안 완강한 태도를 유지했다. 프로이트의 권위가 아무리 당당하다 해도 무제한은 아니었다. 그의 말이 법은 아니기 때문이다.

여자, 암흑의 대륙

분석가 지망자의 교육과 자격을 둘러싼 내부의 알력이 프로이트주의 운동의 연약한 통합 상태를 깨뜨릴 것 같던 아슬아슬한 시기에 분석가들은 여자의 심리를 둘러싼 논쟁에도 몰두했다. 이 논란은 전체적으로 정중하고, 심지어 얌전하게 진행되었다고도 말할 수 있지만, 프로이트 이론의 핵심에 가 닿는 것이었으며, 이 쟁점은 그 뒤에도 계속 정신분석을 괴롭혔다. 1920년대 중반 프로이트는 여성에 관한 자신의 관점이 여자들의 갈망에 비우호적이며 남성 편향이라는 비판이 나올 것이라고 예측했다. 그의 예측은 그가 상상했던 것보다 훨씬 격렬한 방식으로 현실이 되었다.

훗날 논평을 한 많은 사람들은 프로이트가 보여준 태도의 복잡성이 기존의 통념, 시험적인 탐사, 비관습적 통찰이 뒤얽힌 것이라며 비난했다. 실제로 프로이트는 여자에 관해 매우 불쾌한 말을 하기는 했지만,

그의 이론적 견해와 개인적 의견이 모두 적대적이거나 생색을 내는 식이었던 것은 아니다. 또 교조적인 면은 전혀 찾아볼 수 없었다. 프로이트는 여성 심리에 관하여 때로는 거의 불가지론적 입장을 택했다. 1924년 말 아브라함이 제기한 음핵과 질의 성감에 관한 수수께끼를 풀려고 하다가 프로이트는 이 문제가 매우 흥미롭기는 하지만 자신은 "이에 관해서는 전혀" 아는 것이 없다고 고백했다. 전체적으로 약간 지나치게 명랑한 태도라는 인상은 주지만, 프로이트는 "문제의 여성적인 측면은 나에게 특히 어두운 영역"이라고 인정했다.[130] 1928년 말에도 어니스트 존스에게 "우리가 여성의 **초기 발달**에 관해 알고 있는 모든 것이 내게는 불만스럽고 불확실해 보인다."고 말했다.[131] 그는 "성인 여성의 성생활"을 이해하려고 진지하게 노력해 왔지만 이것이 계속 흥미와 더불어 당혹감을 준다고 생각했다. 이것은 "**암흑의 대륙**"과 비슷했다.[132]

이 무렵 프로이트는 적어도 두 가지는 확립이 되었다고 보았다. "여성의 성교에 관한 첫 개념은 입을 사용하는 것이다. 어렸을 때 어머니 젖을 빨듯이 음경을 빠는 것이다. 그리고 음핵이 열등한 기관이라는 이유로 음핵 자위를 포기하는 것인데, 여성은 이것을 고통스럽게 인정한다." 이것은 상당한 성과로 보였지만, "다른 모든 것에 관해서는 판단을 유보해야 한다."고 했다.[133] 프로이트는 어니스트 존스에게 당혹감을 고백할 무렵, 마리 보나파르트에게도 "여성의 영혼"을 30년 동안 연구해 왔는데도 보여줄 것이 거의 없다고 말했다. 그는 물었다. "여자는 무엇을 원합니까(Was will das Weib)?"[134] 여자는 암흑의 대륙이라는 말과 짝을 이루는 이 유명한 말은 현대적으로 포장되었지만 사실 오래된 상투적 질문이었다. 남자들은 오랫동안 여자 전체를 불가해하다고 묘사함으로써 여자의 감추어진 힘에 대한 모호한 공포에 대항하여 자신을 방어해 왔다. 그러나 이 표현은 프로이트의 입장에서는 자기 이론의 구멍에 불만을 표시하며 무력하게 어깨를 으쓱하는 것이기도 했다. 그는 1932년이 되어서도 여전히 여성에 관해 할 말은 "물론 불완전하고 단편적"이라고 썼다. 독자들이 더 알고 싶다면, "독자 자신의 삶의 경험을 살피거나 시인에게 물어보거나 과학이 더 깊고 더 일관된 정보를 줄 때까지 기다리라."고 조언했다.[135] 이런 공개적인 기권 선언은 단순한 수사적 장치가 아니었다. 우리가 알다시피 프로이트는 사적인 편지에서도 여러 번 비슷하게 무지를 고백했다. 프로이트는 뭔가를 확신하게 되면 그렇다고 말했다. 그러나 여자의 경우에는 그렇게 확신하지 못했다.

프로이트는 1920년대 초반 단편적인 논평으로 여성심리학에 관한 논쟁을 시작해보려고 노력했으며, 1924년부터 1933년 사이에 그가 발표한 논문들이 이 논쟁을 지배했다. 카를 아브라함 외에 그의 생각들을 가지고 씨름한 주요 인물들로는 우선 그 나름의 입장을 모색하던 어니스트 존스가 있다. 독일의 젊은 정신분석학자 카렌 호르나이는 다름 아닌 프로이트의 영역에서 스승에게 공개적으로 도전할 만큼 거리낌 없고 독립적이었다. 잔 랑플-드 그로와 헬레네 도이치 같은 충성파는 트집을 잡지 않고 프로이트의 최종 입장을 받아들였으며, 사소한 수정만 했을 뿐이다. 죽음 충동 같은 논란의 여지가 많은 관념에는 여전히 저항이 강하게 남아 있었지만, 여성에 관한 프로이트의 견해는 정신분석가들 사이에서 대체로 승리를 거두었으며, 1930년대 초 이후에는 정신분석계에서 대체로 정전으로 자리를 잡았다. 그렇지만 간헐적으로 반대 의견이 강하게 제기되곤 했다. 프로이트가 전후에 제시한 여성에 관한 견해를 수정하려는 시도가 완전히 중단된 적은 없었던 것이다. 그러나 정신분석의 수정주의자들은 훗날의 페미니스트들과는 달리 프로이트에게 분노했던 것은 아니다. 다만 그의 발언이 그들을 불편하게 만들었을 뿐이었다.

여성에 관한 프로이트의 글은 그의 생각들이 중층적으로 결정된다는 것을 보여주는 또 하나의 사례다. 무의식적 환상, 문화적인 노력, 정신분석학적 이론화 작업이 그의 정신 안에서 자유롭게 상호 작용하고 있었다. 우선 환상을 보자면, 프로이트는 아주 어린 시절부터 여자들에게 둘러싸여 있었다. 아름답고 지배적인 젊은 어머니는 그가 아는 이상으로 그의 인간 형성에 큰 역할을 했다. 가톨릭교도인 유모는 유아기 감정 생활에서 약간 수수께끼 같은 역할을 했다. 유모의 영향은 갑자기 중단되었지만 지울 수 없는 자취를 남겼다. 또래였던 조카 파울리네는 그의 어린 시절 에로틱한 공격성의 첫 목표물이었다. 여동생 다섯 명은 빠른 속도로 파울리네의 뒤를 이었다. 역시 파울리네라는 이름을 가진 막내는 그가 여덟 살도 되기 전에 태어났다. 이들은 프로이트가 혼자 있을 때 누리던 독점적 관심을 흩어놓았지만, 불편한 경쟁자인 동시에 그의 말에 홀린 듯 귀를 기울여주는 청중이기도 했다. 어른이 되어서 겪은 유일하게 큰 사랑인 마르타 베르나이스에 대한 열정은 20대 중반의 그를 삼켜, 식을 줄 모르고 사납게 그를 공격했다. 이로 인해 강렬한 소유욕이 생겼고, 때때로 비합리적인 질투에 사로잡히곤 했다. 1895년 말 프로이트의 집안에 들어온 처제 미나 베르나이스는 대화, 산책, 여행에서 그가 귀중하게 여기는 벗이었다. 프로이트는 플리스에게 여자가 남자 동지를 대체한 적이 없다고 말했지만, 그래도 여자들의 영향력에는 매우 민감하게 반응했다.

프로이트의 직업 생활 또한 여자들로 넘쳤으며, 이들은 모두가 정신분석의 역사에서 중요한 인물들이었다. 첫 번째 여자는 말하자면 프로이트가 그녀의 주치의에게서 빌려온 획기적인 인물 안나 O.였다. 그 뒤에는 1890년대 히스테리 환자들이 뒤따랐으며, 이들은 그에게 경청하는 기술에 관해 많은 것을 가르쳐주었다. 또 한 명의 스승은 그가 발표한 다섯 편의 위대한 사례사 가운데 첫 번째 주인공인 도라였다. 프로이트는 도라에게서 실패에 관한, 전이와 역전이에 관한 교훈을 배웠다. 1901~1902년 겨울에 프로이트가 교수 자리를 얻을 수 있도록 계획을 짠 영향력 있는 두 후원자 또한 모두 여자였다.

더욱이 만년에는 세계에서 가장 유명한 정신분석가가 되면서, 루 안드레아스-살로메 같은 잘생기고 흥미롭고 교양 있는 제자들, 또 힐다 둘리틀 같은 분석 대상자들과 교우하고 그들의 존경을 받았다. 이런 여자들 가운데 그가 가장 아끼던 몇 사람—헬레네 도이치, 조앤 리비에르, 잔 랑플-드 그로, 루스 맥 브룬스윅, 마리 보나파르트, 그리고 물론 딸 안나—은 정신분석 분야에 확실한 자취를 남겼다. 1910년 빈 정신분석협회의 회원들이 내규를 검토할 때 이지도어 자드거는 여자들의 가입에 반대했지만, 프로이트는 단호하게 이의를 제기했다. "원칙적으로 여자들을 배제한다면, 그것은 심각한 모순으로 보일 것"이라는 이유였다.*[136] 나중에 프로이트는 잔 랑플-드 그로와 헬레네 도이치 같은 "여성 분석가들"이 자신 같은 남성 분석가보다 여자 환자들의 유아기—"나이가 들면서 잿빛으로 변하고, 어두워지는"—를 더 깊이 파고들 수 있을지도 모른다고 망설임 없이 이야기했다. 전이에서 그들이 남자보다 어머니 대리 역할을 잘 할 수 있었기 때문이다.[137] 따라서 프로이트는 분석 진료의 중요한 측면에서 여자가 남자보다 유능할 수도 있다는 사실을 인정한 것이다. 그 나름의 신랄함이 없지는 않지만, 그렇더라도 이것은 상당한 찬사였다. 굽힐 줄 모르는 반(反)페미니즘적 편

---

* 프로이트 직전에 발언을 한 아들러는 "진지하게 관심을 가지고 있고 또 협력하고 싶어 하는 여성 의사나 여자들"의 가입을 옹호했다는 사실도 덧붙여 두고 싶다. (1910년 4월 13일. *Protokolle*, II, 440.) 첫 여성 회원은 1910년 4월 27일 12 대 2로 선출된 마르가레테 힐퍼딩(Margarete Hilferding) 박사였다.

견과 더불어 그런 편견의 은근한 표현으로 악명이 높은 사람으로서는 주목할 만한 양보였다. 프로이트는 여성 분석가가 생물학이 그녀에게 운명 지운 일, 즉 어머니의 일을 하는 데서 가장 큰 성공을 거둔다고 말하고 있는 셈이었다.

이 주장에는 거의 깊이를 알 수 없는 전기적 암시가 있다. 프로이트에게 의미가 컸던 여자들 가운데 그의 어머니는, 가장 두드러지지는 않지만 아마 가장 강력한 여자였을 것이다. 그녀가 프로이트의 내면 생활을 장악하는 힘은 그의 부인, 처제, 심지어 딸 안나만큼 강력했을 것이다. 어쩌면 더 결정적이었는지도 모른다. 프로이트는 네 살 무렵 기차 여행을 하던 도중 어머니 아말리아 프로이트의 "나신(nudam)"을 흘끗 보고 압도되었다. 프로이트는 아말리아의 사랑을 갈망했고 그녀를 잃을까 봐 두려워했다. 그는 아마 열 살 직전이었을 어린 시절[138] 어머니에 관한 유명한 불안 꿈을 꾸었고, 이것을 《꿈의 해석》에서 착실하게 보고하면서 부분적으로 해석도 했다. "아주 생생한 꿈인데, 사랑하는 어머니가 잠을 자듯 아주 차분한 표정으로 새의 부리가 달린 사람 둘(또는 셋)에 의해 방으로 들려가 침대에 눕혀지는 모습이 보였다." 프로이트는 비명을 지르며 잠에서 깼다.[139] 이 어린 시절의 꿈을 회고하면서 그는 별 어려움 없이 그의 어머니를 들고 가던 인물들의 출처를 찾아냈다. 새의 부리는 성교를 가리키는 독일어의 속된 표현 völgen—"새"를 가리키는 Vogel에서 나왔다.—의 시각적 대응물이었다. 이 순박한 시각적 말장난을 구성하는 또 다른 출처는 그가 어린 시절 즐겨 보던 가족 성경에 나오는, 새의 머리를 가진 이집트 신들의 삽화였다. 따라서 이 꿈에 대한 그의 분석은 여러 가지 잘 감추어진 것들 가운데 특히 어머니에 대한 그의 소년다운 은밀한 욕정을 드러냈다. 물론 가장 무시무시한 종교적 금기의 저항을 받게 되는 욕정이었다.

프로이트의 어머니는 아들에게 매력 있는 존재일 수밖에 없었다. 프로이트 자신의 이론적인 주장에 근거해서 그러할 뿐 아니라, 그녀가 잘 생기고 눈에 두드러지는 존재라는 현실적인 면에서도 그랬다. 그녀는 어느 모로 보나 만만찮은 인물이었다. 할머니를 잘 기억하던 프로이트의 아들 마르틴은 그녀가 "전형적인 폴란드계 유대인 여자로서, 그 말이 포함하는 모든 약점을 갖추고 있었다."고 말했다. "할머니는 확실히 우리가 '숙녀'라고 부를 만한 사람은 아니었으며, 활달한 기질에 짜증을 잘 부렸고, 고집이 셌으며, 빈틈이 없었고, 머리가 아주 좋았다."*140) 어린 시절 외할머니와 많은 시간을 보냈던 프로이트의 조카 유디트 베르나이스 헬러(Judith Bernays Heller)도 마르틴의 말을 강하게 뒷받침해준다. 그녀는 아말리아 프로이트가 성마르고, 기운이 넘치고, 의지가 강하고, 큰일이든 작은 일이든 자기 뜻대로 하려 하고, 아흔다섯 살에 세상을 뜰 때까지도 외모에 대한 허영이 강하고, 능률적이고, 유능하고, 자기 본위적인 사람이었다고 회고했다. "낯선 사람들이 주위에 있을 때는 매혹적이고 웃음을 잃지 않았지만, 친한 사람들과 함께 있을 때면 압제적이고 이기적인 사람이라는 느낌을 주었다." 그러나—이것도 그녀가 권력을 공고하게 다지는 데 도움이 되었겠지만—그녀는 절대 불평을 하지 않았으며, 노쇠하여 행동의 제약이 심했는데도 제1차 세계대전

---

* 마르틴 프로이트는 "전형적인" 폴란드계 유대인이 보여줄 수 있는 "약점"에 관해 솔직하게 말하면서도 같은 글에서 빈 대학 법대에서 반유대인 폭동이 일어났을 때 동유럽 법대생들이 보여준 용기를 언급하며 존경심을 감추지 않는데, 이런 것은 서구화된 유대인이 동유럽의 형제들에 관해 품고 있는 특유의 모순된 태도였다. 빈 대학 폭동 때 "경멸과 조롱을 당하던 '폴란드계 유대인'은 신체적으로 상당히 강인한 면을 보여주며, 훨씬 많은 수의 독일과 오스트리아 학생들의 공격에 저항했다." (Martin Freud, "Who Was Freud?" in *The Jews of Austria: Essays on Their Life, History and Destruction*, Josef Fraenkel 편 [1967], 207).

노년의 아말리아 프로이트. 노환으로 아플 때
조차 그녀는 여전히 활달하고, 성마르고, 고
집 센 성품을 유지했다.

과 그 후 오스트리아에서의 어려운 생활을 감탄할 만큼 꿋꿋하게 견디
어냈다. "그분은 유머 감각이 있었다. 자신을 두고 웃음을 터뜨리고, 심
지어 자신을 조롱할 수도 있었다."[141] 더욱이 그녀는 눈에 띄게, 또 귀에
들리게, 자신의 첫아들을 숭배하며, 전설에 전해지는 그대로 프로이트를
자신의 "황금 같은 아들"이라고 불렀다.[142] 아무리 철저하게 자기 분석
을 한 뒤라도 그러한 어머니의 존재를 탈출하기는 어려웠을 것이다.

사실 프로이트의 체계적인 자기 조사가 가장 무거운 이 애착을 건드
렸다거나, 어머니가 자신에게 행사하는 힘을 탐사하여 그것을 제거하려
했다는 증거는 없다.** 프로이트는 분석가로 살면서 평생 어머니가 아동

** 막스 슈어는 지금 내가 제기하는 문제에 관해 조심스럽게 이야기한 적이 있다. 그는 어니
스트 존스에게 보내는 편지에서 이렇게 말했다. "전체적으로 그가 어머니와 복잡한 전성기
적(前性器的) 관계를 맺고 있다는 증거가 많지만, 그는 그것을 한 번도 깊이 있게 분석하
지 않은 것 같습니다." (슈어가 존스에게 쓴 편지, 1955년 10월 6일. Jones papers, Archives
of the British Psycho-Analytical Society, London.)

의 발달에서 차지하는 핵심적 역할을 인정했다. 그보다 철저하게 인정한 사람은 없을 것이다. 그는 1905년에 이렇게 썼다. "리비도의 근친상간적 고착을 피할 만큼 운이 좋은 사람이라도 그 영향에서 완전히 벗어나지는 못한다. 남자는 무엇보다도 어린 시절이 시작될 때부터 자신을 지배해 온 어머니의 기억상(記憶像)을 찾는다."[143] 그러나 일부러 이런 통찰을 피하려는 것처럼, 프로이트는 어머니들을 그의 사례사의 가장자리로 추방해버렸다. 프로이트가 "가정주부의 정신병"[144]이라고 부른 것에 시달리던 도라의 어머니는 이 가족의 멜로드라마에서 말 없는 조역이다. 꼬마 한스의 어머니는 남편이 보기에는 유혹적인 행동으로 아들의 신경증을 유발한 사람인데도, 프로이트의 해석을 전달하는 보조 분석가인 남편에게 종속적이다. 늑대 인간의 생물학적 어머니는 대리 어머니 역할을 한 여자들이 그가 신경증을 일으킨 원인의 일부라는 것이 분명한데도 그가 관찰하거나 공상한 원초적 장면에 등장하는 한 사람의 파트너라는 극히 제한된 의미만 가진다. 쥐 인간의 어머니는 주로 환자가 분석을 시작하기 전에 상담을 하는 사람으로서 잠깐만 등장한다. 슈레버의 어머니는 살아 있다고 말하기도 힘들 지경이다.[145]

이렇게 환자들의 신경증 역사에서 어머니의 역할을 간략하게 줄여버리는 것은 다른 한편으로는 반갑지 않은 정보 부족을 반영한다. 프로이트는 되풀이하여 그의 시대가 중시하는 체면 때문에 여자 환자들이 입을 다물고, 그 결과 가벼운 입으로 도움을 주는 경우가 남자들에 비해 드물다는 점을 여러 번 개탄했다. 1920년대 초에 그가 말했듯이, 결국 정신분석가들은 여자 아이보다 남자 아이의 성 발달을 훨씬 잘 알게 되었다. 그러나 프로이트의 무지에 대한 고백은 거의 계획적으로 보일 정도다. 마치 여자에 관해 알고 싶지 않은 것이 몇 가지 있는 듯한 느낌을 준다. 프로이트가 감상적으로 다룬 유일한 감정적 유대가 어머니의 아들에 대한 사랑이었다는 점도 눈에 두드러진다. 그가 1921년에 쓴 바에 따르면 결혼이든 우정이든 가족이든 모든 지속적인 친밀한 관계는 적대적 감정의 앙금을 감추고 있지만, "한 가지 예외"가 있을지도 모른다. 그것은 "나르시시즘에 기초하며, 훗날의 경쟁에 의해 훼손되지 않는 어머니와 아들의 관계."[146] 그는 아들에 대한 어머니의 이런 애정을 "모든 인간 관계에서 가장 완벽하고, 양가감정에서 단연 가장 자유로운" 것이라고 말했다.[147] 그러나 이것은 임상 자료에서 얻은 냉정한 추론이라기보다는 소망에 가깝게 들린다.

어니스트 존스는 프로이트의 과감성, 독립성, 타의 추종을 불허하는 생산적인 호기심을 설명하면서 "불굴의 용기"를 "프로이트의 최고 자질이자 가장 귀중한 재능"으로 꼽았다. "그가 어머니의 사랑에 대한 깊은 확신이 아니라면 달리 어디에서 그것을 얻을 수 있었겠는가?"[148] 이런 진단은 의심 없이 어머니로부터 최고의 사랑을 받는 젊은 남자는 의기양양한 자존심과 더불어 나중에 인생에서 성공할 힘도 얻게 될 것이라는 프로이트의 유명한 말—두 번이나 했다.—로도 뒷받침되는 것 같다. 그러나 이 또한 합리적인 확신이나 믿을 만한 자기 평가라기보다는 소망에 가까워 보인다. 아들에 대한 어머니로부터 감정은 어머니에 대한 아들의 감정보다는 갈등에 덜 시달릴 수도 있다. 그렇다고 해서 양가감정, 사랑하는 자식에 대한 실망과 짜증, 심지어 노골적인 적대감에서 자유로운 것은 아니다. 따라서 프로이트는 어머니와의 유대가 어떤 의미에서든 불완전하여, 어머니의 다른 자식들에 대한 사랑에 의해 조금이라도 풀어져버리거나 자신이 어머니에게 품고 있을 수도 있는 부정한 욕망에 오염될 수 있을지도 모른다는 인식에 맞서 자신을 열심히 보호하려고 했을 가능성이 아주 높다. 그가 어머니에 대한 복잡한 감정이 빚어내는 갈등에 대처한 방식은 아예 대처를 하지 않는 것이었던 듯하다.

1931년의 여성의 성에 관한 논문에서 프로이트는 의미심장하게도, 소녀는 적대감을 아버지에게 돌림으로써 어머니에 대한 양가감정을 처리하고 애착을 그대로 유지할 수 있을지도 모른다고 추측했다. 그러면서 이 모호한 점에 관하여 서둘러 결론을 내리지 말고, 오이디푸스 이전 단계의 발달에 관한 연구를 더 기다려보자고 신중하게 덧붙였다.[149] 그러나 그가 이렇게 후퇴했다 해서, 다른 사람들이나 그 자신의 감정 생활과 관련하여 그가 암시한 것들에 포함된 통찰을 놓치면 안 된다.

2년 뒤에 발표한 여성성에 관한 논문에서도 프로이트는 자신의 내면의 삶에 관하여 감질날 만큼만 보여주었다. 어린 소녀가 처음에는 어머니에게 강한 애착을 느끼더라도 결국 어머니에게 등을 돌리고 아버지를 향하는 이유를 정리하면서, 이런 변화는 단지 한 부모를 다른 부모로 대체하는 것으로 끝나지 않는다고 주장했다. 오히려 여기에는 적대감, 심지어 증오가 동반되기도 한다. 소녀의 "어머니에 대한" 가장 의미심장한 불만은 "아기 방에 다음 아이가 나타날 때 폭발한다." 이 경쟁자는 첫 자식에게서 적절한 양육을 받을 기회를 앗아가며, "이상한 말이지만, 나이 차이가 11개월만 되어도, 아이가 너무 어려 상황을 알지 못하는 경우는 없다."[150] 이것은 프로이트 자신의 상황과 유사하다. 동생 율리우스와 나이 차이가 17개월에 불과했지만 동생이 태어났을 때 그는 격분하며 사악한 죽음의 소망을 느꼈다.[151]

프로이트는 계속해서 말한다. "아이는 젖을 빠는 문제만이 아니라 어머니의 보살핌의 다른 모든 면에서도 바라지 않던 침입자이자 경쟁자를 질투한다. 아이는 최우선순위를 찬탈당하고, 권리를 약탈당하고 침해당했다고 느껴, 어린 형제를 질투하고 미워하며, 신의 없는 어머니에 대한 원한을 키워 간다. 이것은 아이 행동의 불쾌한 변화로 표현되는 일이 많다." 아이는 짜증을 내고, 복종하지 않으며, 배변 통제에서 퇴행한다. 프로이트는 이 모든 것이 아주 잘 알려진 사실이라고 말했다. "그러나 이런 질투에 기초한 충동의 힘, 이 충동이 집요하게 지속되는 방식, 나아가서 훗날의 발달에 끼치는 영향에 관해서는 올바른 인식을 하는 경우가 드물다." "유년의 후기에도 이 질투에 꾸준히 새로운 양분이 공급되고 새로 어린 형제가 태어날 때마다 충격 전체가 되풀이되기 때문에" 이 충동은 그만큼 더 강렬해진다. 프로이트는 결론을 내린다. "혹시 어머니가 가장 좋아하는 자식이라 해도 별 차이는 없다. 아이의 사랑 요구는 무절제해서 독점을 요구하고, 공유를 인정하지 않기 때문이다."[152] 프로이트는 여기에서 여자 아이 이야기를 하는 것이라고 하지만, 이 그림은 아무래도 자화상 같다는 느낌이 든다. 그는 약혼녀에게 보내는 편지에서 자신을 질투심 많고, 독점적이고, 경쟁을 못 견디는 사람이라고 묘사하지 않았던가? 프로이트에게는 여자라는 주제를 어느 정도 신비하게, 심지어 약간은 위협을 느끼며 바라볼 이유가 있었던 듯하다.

프로이트가 이 해결되지 않은, 대체로 무의식적인 갈등을 비켜 가게 된 것은 그의 남성적 소유욕이 문화적 보수주의와 짝을 이루었기 때문임이 틀림없다. 프로이트는 사교, 윤리, 복식 스타일에서 전혀 개조되지 않은 19세기 신사였다. 그는 자신의 구식 예절을 새로운 시대에 절대 맞추지 않았으며, 또 마찬가지로 구식인 이상(理想), 말하고 글을 쓰는 방식, 옷, 그리고 많은 경우 철자조차 맞추지 않았다. 그는 라디오와 전화를 싫어했다. 도덕적 쟁점을 놓고 싸우는 것은 터무니없다고 생각했다. 뭐가 품위 있고 품위 없는지, 옳고 그른지는 사실 뻔하기 짝이 없었기 때문이다. 간단히 말해서 눈앞에서 역사가 되어 가고 있는 시대에 대한 지지는 흔들린 적이 없다는 것이다. 플리스에게 쓴 편지나 메모,

1890년대의 사례사는 여성에 관한 전통적 믿음—우리가 지금은 편견이라고 부르게 된 것—을 보여주는 작은 목록과 다름없다. 설사 의학적 형식으로 표현된다 하더라도, 아내를 노골적인 성적 묘사로부터 보호하는 것은 남편의 의무다.*[153)] 똑똑하고 독립적인 여자는 이런 점들에서 거의 남자와 마찬가지로 훌륭하기 때문에 칭찬을 받을 자격이 있다.[154)] 여자는 천성적으로 성적인 면에서 수동적이다.[155)] 그러나 동시에 프로이트는 여자의 성적 수동성 가운데 많은 부분은 타고난 것이 아니라 사회가 강요한 것임을 인식하여, 그런 대중적 통념에 의문을 제기하기도 했다.[156)] 프로이트는 여자들에게서 어떤 정신적 결함이 발견될지 몰라도 그것은 자연적 자질의 차이가 아니라 문화적 억압의 결과라는 오래된, 디포와 디드로와 스탕달만큼이나 오래된 통찰의 힘을 알았다.

여자에 관한 이런 생각들이나 다른 생각들은 불편하게 공존을 하거나 때로는 서로 모순을 일으키면서 오랜 세월에 걸쳐 그의 발언에 등장했다. 게다가 남성 우월성과 관련된 관념 가운데 일부가 그의 마음의 전면을 차지하고 있기도 했다. 1907년에 〈그라디바〉를 분석한 논문에서는 사랑을 나누는 과정에서 남성의 역할이 공격자의 역할일 수밖에 없다고 주장했다.[157)] 10여 년 뒤에는 페렌치에게 부다페스트의 한 부인에게 편지를 전달해 달라고 부탁하면서, 그 무렵 그녀가 자신에게 편지를 보내면서 "진짜 여성(Frauenzimmer)답게 편지에 주소를 적는 것을 잊었는데, 남자라면 잊지 않을 일이지요." 하고 말하기도 했다.[158)] 양성 사이의 작은 차이가 그에게는 매우 커 보였다. 그는 어니스트 존스에게 보내는 편지에서 존경하던 조앤 리비에르에 관해 이렇게 말했다. "내 경험으로는 이른바 남성적인 여자의 피부를 너무 깊이 긁어내 여성성이

---

* 《프로이트 I》 2장 142~143쪽 참조.

겉으로 드러나게 할 필요는 없다고 봅니다."[159] 프로이트의 여성에 대한 태도는 더 넓은 문화적 충성심, 즉 그의 빅토리아 여왕 시대 스타일의 한 부분이었다.**

그러나 이런 스타일이 하나로 통일된 적은 없었다. 보통 세계적으로 사용되는 "빅토리아 여왕 시대"라는 말은 편리하지만 종종 비난하는 데 사용되며, 대체로 오해를 불러일으키는 상투어다. 이 말은 '가정의 천사'라는 이미지를 불러낸다. 성적으로 훨씬 강하고 공격적이며 주인 노릇을 하는 남편이 사악한 사업과 정치의 세계에 나가 싸움을 하는 동안 부엌을 지키며 육아와 바쁜 가사에 몰두하고 있는 온순한 여성의 이미지다. 그러나 여성 문제를 놓고 빅토리아 여왕 시대 사람들을 페미니스트와 반페미니스트, 둘로 나누는 것은 "빅토리아 여왕 시대"라는 말만큼이나 도움이 되지 않는다. 여성 문제가 등장하면 사람들이 쉽게 흥분하고 여러 구호가 난무한 것이 사실이다. 그러나 함부로 딱지를 붙이는 것은 풍부하게 표현되는 다양한 견해들을 설명할 수 없다. 여자의 투표권은 막고 싶어 하면서도, 여자가 더 높은 수준의 교육을 받고 자신의 재산을 관장하고 이혼 법정에 똑같은 자격으로 나갈 권리는 옹호한 반페미니스트도 있었다. 겉으로는 반페미니스트의 적이면서도 그와 비슷한 노선을 걸은 페미니스트도 있었다. 심술궂은 태도로 페미니즘 운동에 대한 불신을 감추지 않았던 프로이트는 이렇게 내세운 입장과 실제 행동이 복잡하게 얽혀 있는 상황의 아름다운 예다. 그

** 1938년에도 그는 슈테판 츠바이크에게 의심할 바 없는 19세기적 어조로 이렇게 말했다. "분석은, 정복당하기를 바라지만 저항하지 않으면 헤프게 보일 것이라고 걱정하는 여자와 같지요." (프로이트가 슈테판 츠바이크에게 쓴 편지, 1938년 7월 20일. Sigmund Freud Copyrights, Wivenhoe의 허락을 받아 인용.)

가 착하고 유능한 주부를 이상으로 여겼는지 모르지만, 여성 정신분석가 지망생은 막은 적이 없고 오히려 육성했다. 그들의 의견을 경시한 적도 없다. 실제로 그는 솔직한 혼란에서부터 오만한 호의에 이르기까지 여자에 관해 우호적이지 않은 발언을 했지만, 그가 여성이 최고의 자리에 오를 수 있는 전문 분야를 관장했다는 사실만으로도 그런 발언의 강도는 약화된다. 물론 그는 일찌감치 그런 신념을 품었고, 계속 그것이 아주 만족스럽다고 여겼다. 그러나 여성이 두드러지는 기여를 하고 또 그 기여를 인정받을 수 있는 국제 운동의, 논란의 여지 없는 창시자이자 지도자로서 그가 보여준 행동은 그의 수사와 모순된다.

따라서 프로이트는 의도와는 전혀 상관없이 그의 생애 동안 파죽지세로 퍼져 나가던 여성 권리 운동의 참가자가 된 셈이다. 페미니스트들은 19세기 중반 이래 서구에서 법적, 사회적, 경제적으로 불리한 조건을 무너뜨리려고 노력해 왔다. 제1차 세계대전 직전 전투적인 영국의 여성 참정권론자들은 소극적 불복종 운동에 의지했고, 때로는 노골적인 폭력에 의존하기도 했지만, 대부분의 페미니스트들은 비록 학대당하는 사람의 언어이기는 하지만 늘 하던 대로 합리적인 언어로 온건한 요구를 내걸고 투쟁을 계속했다. 1848년 뉴욕 주 세니커폴스에서 열린 집회에서 표결로 채택된 최초의 본격적인 여성 권리 선언은 화해적이며 거의 소심하다고 할 수 있는 언어로 작성되었다. 보통선거권 요구는 대회에서 제기되지도 않을 뻔했으며, 제기된 뒤에는 통과되지 않을 뻔했다. 페미니스트가 가족이나 양성 간의 "타고난" 관계를 전복하는 경향이 있는 노골적인 변태라고 호통치던 사람들은 단지 불안에 내몰렸던 것인지도 모른다. 실제로 남자를 잡아먹는 침략적인 여자들과 그들에게 쥐여사는 사내답지 못한 남성 지지자들을 공격하는 엄청난 양의 만화,

사설, 설교, 전단으로 판단하건대, 19세기 남자들 가운데 많은 수는 극도로 불안했던 것이 틀림없다. 오직 프로이트적인 분석만이 세니커폴스 이후 수십 년 동안 이 나라 저 나라에서 터져 나온 이런 여성 차별적인 정서를 설명할 수 있다.[160]

페미니스트들이 위협적으로 보였을지 모르지만, 또 실제로 그들이 용감하고 시끄럽게 싸워 나갔을지 모르지만, 그들은 교회, 국가, 사회에 단단히 뿌리 박고 있는 반대파와 맞서야 했다. 게다가 19세기말에 이 운동은 전략과 최종 목표 문제를 둘러싸고 점점 격렬해지는 내부 불화에 휩싸여 큰 타격을 입었기 때문에, 운동의 전망은 더욱 흐려졌다. 페미니스트들 가운데 사회주의자들은 오직 자본주의의 소멸만이 여성 해방을 가져올 수 있다고 주장했다. 정치적 전술가들은 다른 모든 개혁을 밀어붙이기 위한 쐐기로 보통선거권을 밀어붙였다. 신중한 편에 속하는 페미니스트들은 문을 하나씩 열어 가는 데 집중하여, 의대에 입학할 권리나 은행 계좌를 가질 권리를 청원했다. 이렇게 페미니스트들은 조금씩, 간헐적으로 변화를 확보해 나갔다. 어느 곳에서도 쉽게 승리를 거둔 적이 없었다. 안나 프로이트, 멜라니 클라인 같은 저명한 여성 분석가들은 비록 그런 운동을 중시하지는 않았지만 그들 나름의 방식으로 페미니스트들의 갈망의 살아 있는 구현체였으며, 이전 세대의 외로운 용기로부터, 또 프로이트의 태도로부터 혜택을 입었다.

프로이트가 사는 오스트리아에서 여권 운동의 진행 속도는 다른 어느 곳보다 느렸다. 좌절에 좌절이 쌓여 갔다. 1867년 법은 외국인, 미성년자들과 더불어 "여자들"이 정치 활동에 참여하는 것을 명시적으로 금지했다. 따라서 투표권을 여성에게까지 확대하는 데 헌신하는 여권 운동 결사체라는 것은 그 성격상 상상도 할 수 없는 것이었다. 1890년대 말에 대중 운동으로 성장한 오스트리아 사회주의도 여성 보통투표권을 강령의 두드러진 항목으로 정하기를 망설였다. 이들은 여자들에게 불리한 모든 법을 없앨 것을 요구하면서도 전통적인 불의를 제거하는 데 더 관심을 가졌다. 1898년 사회주의 운동의 지도자 빅토어 아들러(Victor Adler, 1852~1918)는 이런 전통적 불의로 "경제적 착취, 정치적 권리의 결핍, 정신적 굴종"을 들었다.*[161] 이런 것들을 극복하면 아마도 여자들 역시 자유로워질 것이며, 따라서 오스트리아 여자들은 조직이 된다 해도 교육과 자선 등 오랫동안 여자의 관심사와 동일시되어 온 안전한 대의에만 몰두해야 한다는 것이었다. 그들은 공식적으로 남편을 "가장"으로 지정한 1811년의 법률에 이의를 제기하는 것은 꿈도 꾸지 않았다. "가장"은 그 자격으로 "가구의 책임자"가 되고, 부인은 그의 명령을 따르고 이행해야 했다. 따라서 19세기 오스트리아 법률은 여자를 법적으로 살아 있는 사람으로 취급하기는 하지만—어떤 사람들은 프랑스 여자들보다 낫다고 축하를 했다.—여자들은 남편의 승인이 없으면 자식을 교육시키지도 못하고, 집안일을 감독하지도 못하고, 법정에 가지도 못하고, 상업 활동을 할 수도 없었다. 여성 정치인인 헬레네 베버(Helene Weber, 1881~1962)는 1907년에 출간한 가족법에 관한 권위 있는 연구서에서 오스트리아의 규제들은 "현저하게 독일 가부장제적"이라고 지적했다.[162] 실제로 오스트리아 법은 이런 지적을 들어 마땅했다.

이렇게 법적, 정치적으로 쌀쌀한 기후—실제로 지배적인 문화적 태도에 의해 유지되고 있었다.—에서 교육이나 독립을 갈망하는 오스트리아 여자들은 가차 없는 조롱에 직면할 수밖에 없었다. 묘하게도 이런 분위기는 대중적인 오스트리아 소설들이 조장했다. 이 가운데 아르투

---

* 오스트리아-헝가리 법의 묘한 면 때문에 19세기 후반에는 지방의 많은 여자들이 여자가 아니라 재산 소유자로서 투표를 할 수 있었다. 그러나 여성 참정권을 옹호하는 급진주의자들도 이런 묘한 특권에는 반대했다. 어쨌든 이 법이 빈에는 적용되지 않았다.

어 슈니츨러의 자극적이고 에로틱한 이야기들은 가장 뛰어난 예일 뿐이었다. 이 소설들은 보통 하층계급—점원, 웨이트리스, 댄서—의 예쁘고 젊은 여자들이, 한때의 즐거움을 위해 그들을 이용하는 젊은 장교, 지친 미식가, 응석받이 부자 부르주아의 즐겁고, 유순하고, 또 종종 불운한 운명에 처하는 피해자가 되는 이야기들이다. 단편, 장편, 희곡은 사랑스러운 아가씨(süsse Mädel)가 중간계급이나 상층계급 가족의 필수적인 안전밸브 역할을 하는 것으로 묘사했다. 이런 아가씨들은 성적 쾌락—품위 있는 젊은 여자는 결혼 전에, 또 대다수의 경우 결혼 후에도 감히 제공할 수 없는 것이었다.—을 제공함으로써 결혼이 붕괴되는 것을 막아주거나 섹스에 굶주린 남자가 신경증에 걸리는 것을 막아주었다. 물론 적어도 슈니츨러는 명랑하고 무책임한 빈의 가벼운 풍속화를 그린 것은 아니다. 그는 그 잔혹성, 냉담함, 위선에 대한 신랄한 비판자였다. 그러나 피상적인 독자들은 그런 소설을 와인, 여자, 노래—특히 여자—에 몰두한 빈을 열광적으로 지지하는 이야기로 받아들였다. 프로이트도 정력적으로 항의했지만, 빈에 대한 그러한 그릇된 통념 또한 오스트리아 페미니스트들의 전망을 밝게 해주는 데 전혀 도움이 되지 않았다.

중간계급 여자들은 대체로 그들 자신의 대의를 받아들일 준비가 되어 있지 않았다. 슈테판 츠바이크는 빈의 상류사회가 젊은 여자들을 모든 "오염"으로부터 열심히 보호했으며, 책을 검열하고, 외출을 감독하고, 생각이 에로틱한 방향으로 흐르지 않도록 피아노나 그림이나 외국어 교육으로 막아 "완벽하게 위생 처리된 분위기 속에" 그들을 가두어 두었다고 자서전에서 말했다. 그들은 "지나칠 정도로 교육을 받았지만", "어리석고 배운 것이 없으며, 행실이 좋고 의심을 하지 않으며, 호기심이 많지만 수줍으며, 확신이 없고 비현실적이며, 비세속적인 교육에 의해 결혼 생활에서 그들 자신의 의지 없이 남편에게 규정되고 인도되도록 준비가 되어 있어야" 했다.[163] 물론 프로이트의 시대 오스트리아 여자들에게는 이보다 훨씬 많은 것이 있었다. 그러나 츠바이크는 과장과 강렬한 대비의 재능으로, 압력과 반발이 엉킨 직물로부터 실 한 가닥, 그것도 화려한 가닥을 포착해낸 것이다.

오스트리아의 잘 조직된 사회주의자 여성들도 반발을 한 사람들이었다. 그들은 빈의 이야기꾼이나 오페레타 대본 작가들이 주요 소재로 삼았던 에로틱한 놀이, 흥미진진하면서도 불명예스러운 놀이를 할 시간도 의향도 없었다. 수많은 상층 부르주아와 자유주의적인 귀족 여자들도 반발했다. 이들 가운데 다수는 유대인으로서 종종 외국에서 튼실한 교육을 받았으며, 잡담을 경멸하는 문학적 살롱들을 관장했다. 빈의 문인들이 모두 클럽이나 단골 커피하우스 같은 남성의 영역에서 여가 시간을 보낸 것은 아니었다. 취리히에서 박사학위를 받고 1901년에 빈 최고의, 가장 잘 알려진 남녀 공학 학교를 세운 오이게니 슈바르츠발트(Eugenie Schwarzwald) 같은 교육 개혁가는 물론 헌신과 에너지라는 면에서 예외적인 사람이었다. 그렇다 해도 그녀는 프로이트가 정신분석적인 글로 알려지기 시작하던 시기에 여자들, 심지어 유대인 여자들에게도 열려 있던 가능성을 하나의 예로서 보여주었다. 1913년 데 카스트로 부인이라는 여성 대표는 부다페스트에서 열리는 국제 여성회의에 참석하러 가는 길에 예비 모임을 열기 위해 빈에 들렀다가, 그곳에서 만난 페미니스트들의 능력과 활기를 볼 기회를 얻었다. "빈 운동을 주도하는 정신들 가운데 아주 많은 수가 유대인 여성이라는 데 놀랐다. 빈에는 유대인이 아주 많고 부유한데, 이들은 아주 열렬한 지지자로 보인다."[164]

간단히 말해 프로이트에게는 몇 가지 대조적인 여성 모델이 있었다는 것이다. 그는 살롱에 가지는 않았지만, 자신의 서클에서도 여성의 적절한 영역에 대한 열띤 토론을 들을 수 있었다. 카를 로키탄스키(Karl Rokitansky)와 테오도어 빌로트(Theodor Billroth) 같은 저명한 의대 교수들은 중등학교 교육을 개선하라는 페미니스트들의 요구에 노골적으로 반대했다. 여자들의 그 다음 요구가 대학 입학이 될 것을 두려워했기 때문이다. 반대로 이들 못지않게 저명한 고전학자 테오도어 곰페르츠(Theodor Gomperz)는 여성의 교육 개선을 지지하는 입장을 밝혔다. 프로이트는 슈테판 츠바이크의 생생한 희화화에 나오는 어리석은 여자들을 좋아하지 않았으며, 당대의 가장 교양 있는 여자들 몇 명과 대화를 나누고 편지를 교환했다. 1904년 유대인 동맹 단체인 브나이 브리트 집회에서 강연할 때는 여자가 "생리적으로 정신이 약하다"는 파울 율리우스 뫼비우스(Paul Julius Moebius)의 악명 높은 주장에 분명한 반론을 펼쳤다.[165] 4년 뒤에는 뫼비우스에 대한 반론을 활자로 다시 반복했다.[166] 뫼비우스의 그 표현은 그의 마음에 꽉 박혔다. 1927년이라는 늦은 시기에도 그는 여전히 여자가 "'생리적으로 정신이 약하다', 즉 남자보다 지능이 떨어진다."라는 "일반적" 관점과 분명히 거리를 둘 필요를 느꼈다. "그 사실은 논쟁 중이며, 그 해석은 수상쩍다." 프로이트는 여자들 가운데 그러한 "지적인 위축"을 보이는 사람이 있을지도 모른다고 인정하면서도, 그렇다 해도 그것은 사회의 결함이었다. 사회는 여자들의 정신이 가장 관심 있는 것—성—으로 채워지는 것을 막으려 하기 때문이었다.[167]

여성에 관한 프로이트의 궁극적 판단은 부수적으로, 약간 부적절한 맥락에서, 그의 개에 관해 이야기를 하다가 나타나는 것 같다. 그는 베를린에서 루 안드레아스-살로메에게 편지를 쓰다가 중국산 개 요-피가

"거의 시가만큼이나" 그립다고 고백했다. "이 개는 매혹적이지요. 아주 흥미롭고, 또 여성처럼 야성적이고, 본능적이고, 부드럽고, 똑똑하면서도, 다른 개들만큼 의존적이지는 않아요."[168] 그는 또한 여자들이 남자보다 강하다고 거리낌 없이 인정했다. 그는 가족과 함께 무력한 분노에 사로잡혀 독일과 오스트리아의 정치적 분위기의 악화를 지켜보던 1933년 여름에 아르놀트 츠바이크에게 건강에 관한 한 남자보다 "여자가 잘 버틴다"고 말했다. 프로이트는 이것을 놀라운 일이라고 생각하지 않았다. "사실 여자는 그만큼 더 확고부동한 존재지요. 공정하게 말하자면 남성이 생물학적으로 더 무너지기 쉽습니다(einfälliger)."[169] 프로이트는 여자들한테서 힘, 부드러움, 야성, 그리고 지능까지 모든 것을 바라고 있었다. 그러나 그의 목소리에 애정이 담겨 있기는 해도 생색을 내는 듯한 느낌이 나는 것을 보면, 그가 자신의 전문 분야에서 여성의 권리를 위해 하는 일이 있었지만 여권 운동이 그를 끌어들일 수는 없었을 것임을 알 수 있다.

프로이트가 일찌감치 1908년 빈 정신분석협회 전에 내세운 입장에는 한 번도 변화가 없었다. 비텔스는 "여자의 타고난 지위"에 관한 논문을 발표하면서, "현대의 염병할 문화"가 여자를 일부일처제, 덕성, 개인적 아름다움에 대한 강박이라는 우리 안에 집어넣는다고 공격했다. 비텔스는 그 결과의 하나로 "여자는 남자로 태어나지 못한 것을 후회하며, 남자가 되려고 노력한다(여성 운동)."고 말했다. 사람들은 "이 갈망이 얼마나 분별없는 것인지" 보지 못한다. "심지어 여자도 마찬가지다."[170] 흥미를 느낀 프로이트는 즐거운 마음으로 이 논문에 대해 논평했으며, 그 과정에서 그가 25년 전 약혼녀에게 쓴 편지에서 비판했던, 여성의 돈을 버는 능력에 관한 존 스튜어트 밀의 구절을 다시 회고하면서 덧붙였다. "어쨌든 여자들은 하나의 집단으로서 현대의 여성 운동에서 전혀 이익을 얻지 못한다. 기껏해야 소수만 이익을 얻을 뿐이다."*[171] 이 운동이 미국에서 가장 목소리가 높았고 가장 성공을 거두었다는 점(거기에서도 진행은 괴로울 정도로 느렸지만)도 프로이트의 눈에는 탐탁하게 보이지 않았을 것이다.

　여자의 본성과 지위를 둘러싼 논쟁에서, 여자의 성은 다른 무엇보다도 민감한 문제였다. 기록된 역사 어디를 보아도 여자가 욕정을 지닌 피조물임을 의심한 사람은 거의 없었다. 문제는 여자가 남자보다 성교를 더 즐기느냐, 아니면 단지 똑같은 수준으로 즐기느냐 하는 것이었다. 초기 기독교인들은 이 문제를 옆으로 밀어놓고, 여자의 의심할 수 없는 성적 본성이 여자의 인간성이 아니라 여자의 본질적 악의 표시라는 엄격한 태도를 유지했다. 여자는 부패했고 또 부패시키는 존재였다. 교부들은 여자가 죄의 가장 중요한 근원이라고 격렬하게 비난했다. 하와가 사탄과 힘을 합쳐 아담을 유혹하지만 않았다면, 인간은 아마 지금도 낙원에 살면서 정욕 없이 성교를 할 터였다. 이런 경건한 비난을 에덴을 배경으로 한 인간 역사의 시발점에 관한 신앙심 깊은 설명으로 보든 아니면 유치한 우화로 거부해버리든, 이 비난이 여자를 성적 존재로 인식한다는 점에는 논란의 여지가 없었다.

　이 모든 것이 궁극적으로 변하는데, 그런 변화는 19세기에 두드러졌

---

* 프로이트의 옛 친구 플리스도 전통적인 노선을 택한 것은 흥미롭다. 플리스는 그의 주요한 저작인 《인생의 경로》(1906)에서 이렇게 썼다. "여성의 정신 생활은 나태의 법칙이 지배한다. 남자는 새로운 것에 열중하는 반면, 여자는 변화에 반대한다. 여자는 수동적으로 받아들이고 자신의 것을 보태지 않는다. …… 감정이 여자의 영역이다. 공감이 여자의 덕목이다. …… 건강한 여자의 삶의 진정한 특징은 성적인 과제가 모든 것의 중심 참조점이 된다는 것이다. …… 자식에 대한 사랑은 건강한 여자의 뚜렷한 표지다." (Patrick Mahony, "Friendship and Its Discontents", *Contemporary Psychoanalysis*, XV〔1979〕, 61n에 인용.)

다. 그럴듯한 말을 유창하게 잘하여 저서가 널리 읽히고 번역도 되었던 영국의 부인과 의사 윌리엄 액턴(William Acton)은 1857년에 "여성 다수는 (그들에게는 행복한 일이지만) 어떤 종류든 성적 감정으로 고생하는 일이 별로 없다."고 단언했다.[172] 동료들 사이에서 액턴의 평판은 좋지 않았고 반대 의견도 분명하게 드러나 있었지만, 그는 영국과 그밖의 다른 곳에서 다수를 대변하고 있었다. 흔히 그렇듯이, 부정이 최선의 방어임이 드러난 것이다. 남자들은 성에 대한 어떤 관심도 여자의 특성으로 인정하지 않음으로써, 자신들이 두려워하는 은밀한 여성적 욕구에 대한 감추어진 공포를 눌러 둘 수 있었다. 아마 그런 부정의 가장 주목할 만한 사례는 베를린의 전문가 오토 아들러(Otto Adler)의 책일 것이다. 그는 1904년에 **"여자의 성적 충동(욕망, 욕구, 리비도)은 자연발생적인 기원에서나 실제로 발현되는 양에서나 남자의 경우보다 현저하게 적다."**는 점을 증명하려 했다.[173] 프로이트가 이듬해에 출간한 《성욕에 관한 세 편의 에세이》와는 완전히 다른 세계에 속하는 셈이다. 아들러는 자신이 양심적인 연구자임을 과시하려고 여성의 불감 상태에 대한 그의 주장을 뒷받침할 임상 사례를 15가지 제시했다. 그러나 그 가운데 적어도 10가지 예에서 피실험자는 약간 변덕스럽기는 하지만 강렬한 성적 흥분의 표시를 보여주었다. 아들러는 그의 진료실 진찰 탁자에서 피실험자 가운데 둘을 자극하여 오르가슴에 이르게 할 수 있었다. 따라서 액턴의 견해와 마찬가지로 아들러의 견해 또한 시끄러운 비방에 부딪힌 것은 당연했다.

많은 의사들만이 아니라 일부 성직자들도 그렇게 어리석지는 않았다. 심지어 19세기에도 여자에게 성적 욕망이 있다고 묘사하는 작가들의 입을 막거나 그들을 탄압한 적은 없었다. 프랑스 소설가들만 여자를 성적 욕망이 강한 존재로 본 것이 아니었다. 그런데도 불감 상태인 여성이라는 이미지가 그때나 그 후에나 과다한 관심을 얻는 것은 피할 수 없는 일이었다. 이런 이미지는 19세기의 방어적인 반(反)페미니즘 이데올로기의 가장 중요한 요소가 되었으며, 나중에는 빅토리아 여왕 시대 이후 사람들이 자신들의 부모에 맞설 때 편리하게 이용하는 편향적이고 희화화된 이미지가 되었다. 여기에는 여자가 침대에서 얼마나 쾌감을 느끼느냐, 또는 느끼느냐 느끼지 못하느냐 하는 기술적인 문제 이상의 것이 관련되어 있었다. 성적으로 무감각한 여성은, 여자가 집에서 가정적 의무에 집중하고, 프로이트가 딸 마틸데에게 말한 적이 있듯이, 남자의 삶을 쾌적하게 해주기를 바라는 사람들에게 어울렸다.

이미 보았다시피, 프로이트는 보수적인 태도에도 불구하고, 여자가 남자와 마찬가지로 육욕을 지닌 존재라는 점을 당연하게 여겼다. 그가 1890년대 초에 전개한 이론, 즉 모든 신경증의 기원은 성적 갈등이라는 이론은 여자와 남자가 성적 자극에 똑같이 민감하다고 전제한다. 또 이 무렵에 플리스에게 보낸 초고에서는 남자든 여자든 이용자의 만족을 떨어뜨리는 피임기구 때문에 신경 질환이 생긴다고 이야기했다. 물론 제1차 세계대전 이전 프로이트의 정신분석 글들은 남성의 우월성을 가정하고 있음을 보여준다. 1908년에는 한 여담에서 여자의 성적 충동이 남자보다 약하다고 암시했다.[174] 더욱이 원시적이고 근본적인 성적 에너지 리비도는 본질적으로 남성적인 것이라고 보았다. 1905년에는 《성욕에 관한 세 편의 에세이》 초판에서 소녀의 자기성애적 자위 행동에 관해 말하면서 잠정적으로 "어린 소녀의 성욕은 철저하게 남성적인 성격을 띠고 있다."고 말했다.[175] 또 1913년에는 소녀의 성적 쾌감의 자리인 음핵이 남성 기관이라고 말했다. 그들의 성욕이 "종종 소년들의 경우처럼 작용한다"는 것이다.[176] 동시에 그는 이런 어휘가 부정확하고 오해의 소지가 있음을 잘 알고 있었으며, 또 여러 번 그 점을 경고했다.

"남성적" 또는 "여성적"이라는 표현의 의미는 쓰는 사람에 따라 다 달라질 수 있다는 것이었다. 1915년에는 리비도를 "남성적"이라고 부르는 것은 그것이 "능동적"이라는 의미에 지나지 않는다고 분명히 말하기도 했다.[177] 이 시절, 그리고 전쟁 기간 내내 더 중요했던 점은 프로이트가 소년과 소녀의 성생활의 진화를 사회적 압력에서만 차이가 날 뿐, 기본적으로 유사하다고 묘사했다는 점이다. 당시 프로이트가 이 문제를 바라본 방식에 따르면, 남자와 여자는 성적 존재로서 서로를 비추는 거울과 비슷했다. 어쨌든 이것은 전문적인 쟁점으로서, 논쟁보다는 연구의 주제였다.

이것이 1920년대 여성의 성을 둘러싼 내부 토론이 심각해지지 않은 한 가지 이유다. 참가자들은 모두 여성의 성이 정신분석 이론의 한 쟁점이라고 여겼던 것이다. 그러나 프로이트가 소년과 소녀의 상대적 발달 과정을 재검토하게 되자, 비판자들의 입장에서는 자제를 하지 않으면 논쟁을 이런 과학적인 수준으로 유지하기가 힘들게 되었다. 프로이트가 강건하고 통렬한 언어로 가연성 재료에 성냥을 그었기 때문이다. 여자라는 민감한 문제에서 프로이트는 우경화했다. 페미니스트들의 비위에 맞았던 생각, 즉 인간 남성과 여성은 매우 비슷한 심리적 역사를 갖고 있다는 생각을 뒤집어버린 것이다 그러나 프로이트는 정치, 심지어 성 정치에도 관심이 없었다. 1920년대의 분위기를 보나 프로이트의 심리적 전기를 보나 그가 여자에 관하여 논쟁적이고, 때로는 상스러운 견해를 제시할 이유는 아무것도 없었다. 이것은 이론적인 어려움, 특히 오이디푸스 콤플렉스의 출현과 개화와 쇠퇴를 설명하면서 새로 집어넣은 복잡한 면들을 계속 파고든 끝에 나온 결과물이었다.

1920년대 초에 이르면 프로이트는 어린 소녀는 실패한 소년이고, 성인 여자는 일종의 거세된 남자라는 입장을 채택한 것으로 보인다. 1923년에 인간의 성 역사의 단계들을 제시할 때는 구순기와 항문기 다음에 나오는 단계를 남근기라고 불렀다.[178] 어린 소년은 어린 소녀와 마찬가지로 처음에는 어머니를 포함한 모두에게 음경이 있다고 믿으며, 이 문제에서 사실에 눈을 뜨는 과정은 소년에게 트라우마를 남길 수밖에 없다. 따라서 남자가 프로이트의 척도였다. 이 무렵 프로이트는 소년과 소녀의 성 발달을 유사하게 다루던 이전의 방식을 버렸다. 그는 정치에 관한 나폴레옹의 유명한 말을 살짝 바꾸어 도발적인 경구를 남겼다. "해부학이 운명이다."*[179]

프로이트는 이 운명의 가장 분명한 증거가 소년과 소녀의 생식기 사이의 관찰 가능한 차이라고 생각했다. 이것이 양성의 심리적 발달, 특히 오이디푸스 콤플렉스의 진행에서 중요한 차이를 만들어낸다. 따라서 프로이트가 보기에는 오이디푸스 콤플렉스의 쇠퇴 뒤에 나타나는 현상, 특히 초자아의 구축도 당연히 달라지는 것이었다. 소년은 거세의 위협이 오이디푸스적인 정복 프로그램을 파괴한 뒤에 초자아를 얻는다. 이미 "거세된" 소녀는 남성에게는 전형적인 가혹한 초자아를 발달시킬 유인이 적고 약하기 때문에 사랑을 잃는 것에 대한 두려움에서 자신의 초자아를 구축한다.[180]

이듬해인 1925년 프로이트는 자신의 새로운 추측의 함의에 관하여 솔직하게 말할 준비가 되었다. 그러면서도 그가 주저하고 있음을 요령껏 보여주었다. 아니 정확하게 말하자면 의심을 드러내기는 했다. "여자의 윤리적인 정상 상태의 수준"이 남자의 경우와 "달라진다고 대놓

---

* 프로이트는 이미 1912년에 〈사랑의 영역에서 타락으로 흐르는 보편적 경향에 관하여〉 (*SE* XI, 189)에서 이런 이야기를 했지만, 여기에서는 남자와 여자의 차이에 관해서는 말하지 않았다.

고 말하기는 망설여지지만, 그런 생각을 할 수밖에 없다. 여자의 초자아는 결코" 우리가 남성에게 요구하는 것만큼 "냉혹해지지도, 비개성적이 되지도 않고, 감정적 기원과 독립하여 존재하지도 않는다." 프로이트가 보기에, 여자의 초자아가 묘하게도 이렇게 희박하다는 것은 여성 혐오자들이 오래전 옛날부터 여성 인격에 퍼부었던 비난에 무게를 실어준다. "여자는 남자보다 정의감이 부족하며, 삶의 커다란 위기에 복종하는 태도가 약하며, 판단을 할 때 호감이나 반감에 이끌리는 경우가 많다."[181] 바트 홈부르크에서 열린 국제 정신분석가 대회에서 아버지 대신 이 논문을 읽은 사람이 프로이트의 딸 안나라는 것도 약간 얄궂은 일이었다.

프로이트는 이런 말을 하기가 망설여진다고 했지만, 그런데도 말을 했다. 청중이나 독자 가운데 일부에게 불쾌감을 줄 수밖에 없다는 것을 알고 있음을 보여주는 일종의 허세를 부리며 말을 했다. 사실 그는 청중에게 불쾌감을 주는 것은 전혀 개의치 않았다. 처음 연구를 시작하면서 유아 성욕의 기원을 주장할 때도, 말년에 모세가 이집트인이라고 말할 때도, 그런 점을 고려하여 입을 다물지는 않았다. 오히려 반대였다. 반대를 무릅써야 한다는 느낌은 그에게 자극제, 심지어 거의 최음제 역할을 했다. 그는 대부분의 남성에게 초자아는 아쉬운 점이 많다는 것을 인정했다. 또 여성의 약한 초자아라는 결론도 더 확인이 필요하다고 인정했다. 사실 그의 이런 일반화의 근거는 몇 가지 안 되는 사례뿐이었다. 그러나 프로이트는 이런 시험적인 면들에도 불구하고 태도가 확고했다. "지위와 가치에서 양성의 완전한 평등을 밀어붙이고 싶어 하는 페미니스트들의 항의"에 한눈팔거나 당황해서는 안 된다는 것이었다.[182]

프로이트가 예전 같으면 추가 자료를 모을 때까지 기다렸을 만한 것을 발표한 데에는 또 다른 이유가 있었다. 그는 이제 자기 앞에 "바다 같은 시간"이 없다고 느끼고 있었다.[183) 민감한 문제이고 더 연구를 해볼 만하다는 점은 인정했지만, 그래도 기다리고 싶지 않았다. 물론 그가 자신의 노령을 내세우지 않거나, 타당성을 뒷받침하기 위하여 자기 주장의 충격적인 면이 지니는 가치를 이용하기를 거부했다면 더 품위 있게 주장을 펼칠 수도 있었을 것이다. 그러나 프로이트의 반여권론적 입장은 늙었다는 느낌이나 튀고 싶다는 욕망의 산물이 아니었다. 오히려 그는 이것을 남자와 여자의, 서로 다른 성의 역사의 불가피한 결과물로 보게 되었다. 해부학이 운명이라는 것이다. 성 발달의 상대적인 역사가 완벽한 설득력은 갖추지 못했을지 모르지만, 이것은 그가 1920년대에 재규정한 인간 성장의 논리에 의지하고 있었다. 그는 양성 사이의 심리적이고 윤리적인 구분이 인간이라는 동물의 생물적 조건, 그리고 이로 인해 양성에게 서로 다르게 진행될 수밖에 없는 정신적 작업에서 나타난다고 주장했다. 출발선에서는 소년과 소녀의 발달이 동일하다. 프로이트는 어린 소년은 공격성을 보이고 어린 소녀는 순종하는 태도를 보인다는 통념을 믿지 않았다. 오히려 아이들의 성적 모험에서 남성은 종종 수동적이고 여성이 매우 적극적이다. 이런 성의 역사는 프로이트의 양성론(bisexuality), 즉 각 성이 다른 성의 특징 가운데 일부를 보여준다는 생각을 강력하게 뒷받침한다.

그러나 프로이트는 그 다음 단계에서 어떤 일이 생긴다고 주장했다. 한 세 살 때쯤, 또는 그 전에 소녀는 소년에게는 다행스럽게도 면제되는 과제에 직면하며, 이와 함께 남성 우월성이 영향력을 행사하기 시작한다. 유아기에는 남녀 모두 생명의 샘이자 양육, 돌봄, 사랑의 원천인 어머니에게 가장 깊은 애착을 갖는 데서 출발한다. 아버지와의 관련이 추상적이고 상대적으로 먼 시기에, 아기에게 어머니의 힘은 무한하다. 그러나 아기가 성장을 하면서 아버지는 일상생활이나 상상에서 점점 두드러진 역할을 하게 되는데, 이때 소년과 소녀가 아버지에게 대처하는 방식이 결정적으로 달라진다. 아버지가 어머니의 사랑과 관심을 사이에 둔 강력한 경쟁자임을 발견한 소년의 생활에는 폭풍이 몰아친다. 소년은 낙원에서 쫓겨나는 듯한 느낌을 받는다. 그러나 소녀는 소년보다 훨씬 어려운 심리적인 과제를 떠안는다. 소년의 경우 설사 가족의 배치라는 엄혹한 현실 때문에 어쩔 수 없이 어머니에 대한 욕망이 급격히 축소된다 해도 어머니는 계속 그의 평생의 사랑으로 남을 수 있다. 그러나 앞서도 보았듯이 소녀는 주요한 성적 애착을 어머니에게서 아버지에게로 전이하고 트라우마적 순간들을 관리할 수밖에 없는데, 이런 순간들은 그녀의 마음에 사라지지 않는 앙금—대개는 피해를 준다.—을 남긴다.

프로이트는 소녀의 시련이 음경 선망에서 시작된다고 주장했다. 자신에게 음경이 없고, 자신의 생식기는 눈에 보이지 않고, 자신은 소년처럼 당당하게 오줌을 누지 못한다는 사실을 발견하면서 소녀는 열등감과 더불어, 남자 형제나 남자 친구들을 훨씬 뛰어넘는 질투 능력을 갖추게 된다. 물론 소년도 곤혹스럽게 드러난 사실과 씨름해야 한다. 소녀의 성기를 보고 거세 불안을 갖게 되는 것이다. 더욱이 그보다 훨씬 위풍당당한 아버지 또는 자위를 목격한 어머니가 음경을 잘라버리겠다고 협박할 수도 있다. 사실 현대적이고, 자유주의적이고, 정신분석적인 지향이 있는 부부였던 꼬마 한스의 부모도 망설이지 않고 아들에게 계속 고추에 손을 대면 의사를 불러 그것을 잘라내버릴 것이라고 야단을 쳤다. 그러나 소녀는 공포가 아니라 현실, 즉 "절단된" 상태에 대처해야 한다. 프로이트는 남성의 특권인 거세 공포를 특별히 부러워할 만한 것이라고 생각하지 않았다. 그러나 그가 보기에 자신이 갖고 있는 것을 잃어버릴 것이라는 공포보다는 자신에게 잃을 것이 없음을 슬프게 자각하는 것이 피해가 더 큰 것으로 보였다.

어린 소녀가 어머니를 거부하는 것은 나르시시즘적인 수모를 겪은 뒤부터다. 어머니는 애처롭게도 불완전한 상태인 소녀를 낳은 사람이며, 심지어 소녀의 음경을 빼앗아간 사람일 수도 있기 때문이다. 이때부터 소녀는 아버지와 유아적인 연애를 시작하게 된다. 사랑의 대상의 이런 중대한 변화는 고통스럽고 또 금세 끝나지 않는다. 프로이트가 1931년 논문 〈여성의 성〉에서 말하게 되듯이, 소녀의 어머니에 대한 오이디푸스 전 단계의 애착은 매우 강렬하기 때문이다. 프로이트는 소녀의 유아기 속으로 이렇게 깊이 파고들어 간 것에 자부심을 느꼈으며, 분석에서는 포착하기가 매우 어려운, 오이디푸스 전 단계에 대한 이런 "통찰"을 "놀라운 것"으로 여겼다. 어머니에 대한 소녀의 애정은 탐지하기가 어렵다. 보통 훗날의 아버지에 대한 애정에 덮여 있기 때문이다. 프로이트는 평소에 좋아하던 대로 고고학에서 비유를 빌려와 이런 통찰이 "그리스 문명 뒤에 놓인 미노아-미케네 문명의 발견"과 같다고 말했다.[184] 오이디푸스 전 단계는 특히 여자들에게 중요하며, 남자들의 경우보다 훨씬 중요하다.[185] 프로이트는 이 단계로 거슬러 올라감으로써 "전에는 사실 이해할 수 없었던 여성 성생활의 많은 현상들"을 완전히 정리할 수 있었다고 생각했다.[186]

그러나 양성 사이의 눈에 더 잘 띄는 심리적 차이는 조금 뒤에, 오이디푸스 단계에 처음으로 나타난다. 눈에 보이는 것과는 정반대로, 사춘기는 그런 차이를 만들어내는 것이 아니라 강조할 뿐이다. 소년은 신체적 완결성에 복구 불가능한 피해를 입을 위기에 직면하여, 어머니에 대한 정열적인 사랑에서 물러난다. 소녀는 열등한 신체적 상태를 인정하고 아버지에게서 위로를 구하며, 음경에 대한 소망을 아기에 대한 소망으로 대체한다. 프로이트는 이런 대조적인 성의 역사를 그의 전공인 결정적인 공식으로 만들었다. "소년의 오이디푸스 콤플렉스는 거세 콤플렉스에 의해 파괴되는 반면, 소녀의 오이디푸스 콤플렉스는 거세 콤플렉스에 의해 가능해지고 또 시작된다."[187] 간단히 말해, 소년과 소녀 모두 거세 콤플렉스와 오이디푸스 콤플렉스라는 두 콤플렉스를 헤쳐 나가야 하지만, 양성이 이 두 콤플렉스를 만나는 순서는 서로 반대다. 프로이트는 약간 안타까워하는 목소리로 정신분석학자들이 과거에는 소년에게만 집중을 했기 때문에 이런 중요하고 결정적인 사건들이 소녀의 발달에서도 똑같은 흐름을 따른다고 가정했다는 점을 지적했다. 그러나 최신의 작업과 더 많은 생각 끝에 프로이트는 아이들의 정신은 그런 식으로 성장하지 않는다고 믿게 되었다. 양성은 같지 않으며, 여자가 그 차이에서 더 큰 고통을 겪는다는 것이다.

이런 서로 다른 발달 시간표 때문에 프로이트는 여자에게는 부담스러운 초자아를 발달시킬 능력이 없다고 말할 수 있었다. 소년의 오이디푸스 콤플렉스는 부모의 거세 위협의 공격을 받고 박살이 난다. 그런 뒤에 소년은 파괴된 집의 파편을 이용하여 다시 집을 짓는 사람처럼 콤플렉스의 망가진 잔해를 자신의 자아에 통합해 거기에서 초자아를 구축한다. 그러나 어린 소녀에게는 집을 지을 그런 파편이 없다. 프로이트는 파격적일 정도로 지나친 단순화를 감행하여, 소녀는 양육받은 경험과 부모의 사랑을 잃을 것이라는 공포로부터 초자아를 꿰어 맞춘다고 생각했다. 그러나 이 주장은 설득력이 떨어진다. 사실 오이디푸스 콤플렉스를 억압하는 어린 소년은 아버지에게서 그렇게 억압할 힘을 빌리며, "권위, 종교적 가르침, 교육, 독서의 영향" 하에서 행동한다.[188] 그러나 임상적인 관찰이나 일반적인 관찰 양쪽이 증명하듯이, 이런 종류의 영향은 소녀에게도 똑같이 작용한다. 따라서 여자에게 초자아가 발달하지 않았다는 프로이트의 탄식은 비논리적이라기보다는 편파적이다.

정신분석 이론이 정신 형성에 외적인 힘들이 끼치는 영향을 인정한다면, 남자만이 아니라 여자에게도 매우 가혹하고, 심지어 박해를 하기까지 하는 초자아가 존재한다는 생각을 받아들일 수 있기 때문이다. 문화 또한 운명인 것이다.

초자아 발달에 차이가 있다는 프로이트의 주장은 논란의 여지가 많았다. 그리고 성적 쾌감의 자리와 관련된 그의 주장은 그보다 논란의 여지가 더 많았다. 그의 표현대로 하자면 어린아이는 음경을 만져서 격렬한 만족감을 얻는다. 즉, 소녀의 경우에는 음핵을 만져서 얻는다는 것이다. 그러나 사춘기에 들어서면 성인 여성으로 가는 도상에 있는 어린 여자는 "총배설강으로부터 파생된 질"을 "지배적인 성감 발생 구역"으로 격상시켜 "남성적" 기관에서 얻는 쾌감을 늘린다.[189] 따라서 프로이트에 따르면 이미 어머니에게서 아버지에게로 사랑을 전이한 여자는 삶의 이 폭풍의 시기에 또 한 번 힘겨운 심리적 변화, 남자는 부딪히지 않는 변화를 겪어야 한다. 프로이트는 이런 추가 과제를 수행해야 하기 때문에 여자가 성적 난파를 겪을 가능성이 높다고 믿었다. 여자는 마조히즘적이 되고, 유머 감각을 잃고, 섹스를 완전히 포기하며, 자신의 남성적 특질에만 매달리고, 순종적으로 가정일에만 매달린다. 그러나 어른 여자가 성적 만족을 얻는 경우에는 그 매개는 주로 질이며, 음핵은 쾌감에서 기껏해야 보조적 역할을 할 뿐이다. 만일 그렇지 않다면, 성적 즐거움을 얻는 데 남자가 필요하지 않을 것이다.

그러나 성과학자와 생물학자들이 이런 발달 구도에 치명적인 의문을 제기하는 실험적 연구를 하기 오래전에 정신분석가들도 이미 유보적인 태도를 보였다. 그들은 젊은 여자가 성 활동 과정에서 음핵 쾌감으로부터 질 쾌감으로 넘어간다는 프로이트의 명제에 의문을 제기할 만큼 여성 오르가슴에 관한 임상적이거나 실험적 증거를 아직 충분히 모으지 못했다. 오히려 카렌 호르나이나 어니스트 존스 같은 반대자들은 여자의 본성에 집중하면서, 여성성이 기본적으로 남성적 특질의 연속적 포기에 의해 얻어진다는 프로이트의 공식을 따르려 하지 않았다. 사실 프로이트는 음핵을 잔여 음경으로 규정함으로써 미심쩍고 매우 편향적인 유추를 한 셈이었다.

비판자들의 말에는 일리가 있었다. 1922년 베를린에서 열린 국제 정신분석가 대회에서 호르나이는 프로이트가 의장으로 앉아 있는 자리에서 용감하게 일어서서 음경 선망을 수정한 이야기를 했다. 그녀는 음경 선망의 존재를 부정하지는 않았지만, 그것을 정상적인 여성 발달의 맥락 안에서 파악했다. 호르나이는 음경 선망이 여성성을 만들어내는 것이 아니라, 그것을 표현하는 것이라고 주장했다. 그런 입장에서 호르나이는 이런 선망이 여자들을 "여성성의 거부"로 이끌 수밖에 없다는 생각을 거부했다. 정반대로, "음경 선망이 아버지에 대한 깊고 전적으로 여성적인 사랑의 애착을 절대 미리 배제하지 않는다는 것을 알 수 있다."[190] 이런 대회들을 지배한 프로이트의 관점에서 보자면 호르나이는 가장 올바른 방법으로 행동하고 있었다. 그녀는 예의 바르게 창립자의 말을 인용했다. 또 음경 선망이라는 개념 자체를 받아들였다. 호르나이는 다만 약간 건조하게 이런 추측을 해보았을 뿐이다. 어쨌거나 인류의 반을 이루고 있는 여자가 자연이 그녀에게 할당한 성에 만족하지 못한다는 견해를 정신분석학자들이 받아들이게 된 것은 "남성적 나르시시즘" 때문이 아닐까. 남성 분석가들은 이런 견해가 "자명하기 때문에 설명이 불필요하다"고 생각하는 것 같았다. 호르나이에 따르면 이유가 무엇이건 정신분석학자들이 여자에 관해 내리는 결론은 "여성적 나르시시즘만이 아니라 생물학에도 분명히 불만족스럽다."[*191]

독일 태생의 미국 정신분석학자 카렌 호르나이. 프로이트 정신분석에서 출발했으나 프로이트의 주요 개념인 죽음 충동, 음경 선망 등에 반대했고, 환경과 사회적 상황이 신경증과 성격 장애의 주요 원인이 된다고 주장했다.

이것이 1922년이었다. 4년 뒤, 그러니까 프로이트가 양성 간의 해부학적 차이의 결과에 관하여 도발적인 논문을 발표하고 나서 1년 뒤, 호르나이는 정신분석학자들의 남성적 편견에 관해 훨씬 분명한 입장을 밝혔다. 호르나이는 자신의 목적을 위해 프로이트의 말을 인용하며 이렇게 말했다. "프로이트의 최근 몇 가지 작업 때문에 우리는 점점 다급해지는 마음으로 우리의 분석적 연구의 어떤 일면성에 관심을 기울이게 되었다. 내가 지금 말하는 것은 최근까지도 소년과 남자의 정신만이 연구의 대상으로 받아들여졌다는 사실이다." 프로이트의 유명한 여성 환자들의 사례를 볼 때 이것은 잘못 말한 것이라고 볼 수 있지만, 호르나

---

* 1927년 잔 랑플-드 그로는 첫 번째 논문에서 논평 없이 호르나이에 따르면 여성의 성이 계속 그렇게 신비하게 보이는 이유는 "지금까지 분석적 관찰이 주로 남자들에 의해 이루어졌다."는 것이라고 전했다. (Jeanne Lampl-de Groot, "The Evolution of the Oedipus Complex in Women", in *The Development of the Mind: Psychoanalytic Papers on Clinical and Theoretical Problems* [1965], 4)

이는 용감하게 앞으로 돌진했다. "그 이유는 분명하다. 정신분석이 남성 천재의 창조물이고, 그의 생각을 발전시킨 사람들 대부분이 남자들이었기 때문이다." 따라서 정신분석이 "쉽게 남성심리학으로 진화한 것"은 "지극히 당연한 일"이었다.[192] 호르나이는 독일의 철학자, 사회학자, 문화평론가인 게오르크 지멜(Georg Simmel, 1858~1918)—정신분석가들이 인용하는 일은 드문 사람이었다.—의 주장 몇 가지를 빌려 와 현대 문명이 기본적으로 남성적이라고 말했다. 지멜은 여성이 열등한 것이 아니라 여성을 바라보는 현대의 관점이 왜곡되었다고 주장했다.

호르나이는 어린 소년들이 누이를 보면서 갖게 되는, 자신을 크게 여기는 매우 주관적인 관념들을 나열하면서, 이것이 정신분석가들이 여성 발달에 관해 갖고 있는 공통된 입장과 하나하나 일치한다는 점을 지적했다.[193] 여성의 타고난 마조히즘에 관한 이야기는, 자연의 선물로서 여자가 남자보다 분명히 우월한 측면인 모성에 대한 비난만큼이나 편견에 사로잡힌 것이다. 사실 이것은 소년이 소녀에게서 선망하는 능력이다. 호르나이는 음경 선망이 오이디푸스적인 사랑에 진입하는 과정이 아니라 그것에 대한 방어인 경우가 많다고 말했다. 호르나이도 소녀들이 잔혹한 실망감을 맛본 뒤에 성에서 완전히 고개를 돌리는 경우가 많다는 것을 부정하지 않았다. 그러나 소녀도 소년처럼 오이디푸스적 경험을 먼저 겪는다고 주장했다. 거세 콤플렉스와 오이디푸스 콤플렉스의 순서와 관련된 프로이트의 유명한 차별 공식을 지지할 수 없다며 거부해버린 것이었다. 실제로 그녀는 지배적인 정신분석 이론이 겉으로는 공평하고 공정한 척하지만 사실은 자신의 잇속을 차린다고 결론을 내렸다. 즉 정신분석 이론을 퍼뜨리는 남자들에게 봉사한다는 것이었다. "여성이 열등하다는 교조는 무의식적인 남성적 편향에서 유래했다."[194]

이 모든 것이 사나워 보이면서도 효과가 좋았다. 그러나 호르나이에게 중요한 것은 점수를 따는 것이 아니라 원칙을 세우는 것이었다. 프로이트와 그를 무비판적으로 추종하는 여성 분석가들이 어떤 생각을 하고 있건, 여성성은 기본적으로 여자가 타고난 것이었다. 생식기가 감추어져 있다 해도, 사랑을 어머니에게서 아버지에게로 전이하는 작업이 아무리 힘들다 해도, 여자는 남자만큼 가치가 있는 피조물이다. 잔 랑플드 그로 같은 분석가는 프로이트의 결론을 그대로 되풀이할지도 모른다. "어린 여자 아이는 한 개인으로 발달해 나가는 과정의 처음 몇 년 동안 자위의 문제만이 아니라 정신 생활의 다른 면에서도 남자 아이와 똑같이 행동한다. 사랑의 목표와 대상 선택에서 여자 아이는 실제로 작은 남자다."[195] 그러나 호르나이는 여기에 동의할 수 없었다.

어니스트 존스도 마찬가지였다. 존스는 여자 문제에 관하여 프로이트와 편지를 주고받으면서도 결론을 내지 못했으며, 중요한 논문 세 편에서 반대 의견을 되풀이했다. 프로이트는 여성의 성에 관한 논문을 발표한 뒤에 존스가 재고해보기를 바란다는 희망을 피력했다. 이 문제 전체가 "아주 중요하고 또 워낙 정리가 안 되어 있기 때문에 정말이지 새로 작업을 할 만하다."[196] 그러나 존스는 프로이트만큼이나 고집을 부릴 줄 아는 사람이었다. 그는 1935년에 빈 정신분석협회에서 논문을 발표하면서 "박력 있는" 호르나이를 옹호했고, 여자는 "부족한 남자(un homme manqué)"라는 주장, 또한 "본성에 이질적인 부차적 대체물로 자신을 위로하느라 애쓰며 늘 실망 상태에 빠져 있는 피조물"이라는 주장을 공개적으로 배격했다. 그는 "궁극적인 문제는 여자가 태어나느냐 아니면 만들어지느냐 하는 것"이라고 결론을 내렸다.[197] 물론 존스는 여자가 태어난다는 점을 전혀 의심하지 않았다.

존스는 이 논문이 처음 실린 책을 "저자의 감사의 증표로서, 프로이트 교수"에게 헌정했다.[198] 그러나 존스와 호르나이의 주장에서도, 젊고 총명한 분석가 오토 페니헬이 철저한 자료 조사를 바탕으로 신중한 추론을 담아낸 긴 논문 세 편에서도 프로이트는 전혀 감명을 받지 못했다. 페니헬은 프로이트의 명제를 쓰러뜨리기보다는 복잡하게 만들려고 했다. 그는 프로이트의 기본적 명제, 특히 어린 여자 아이가 어머니에게 환멸을 느끼면서 자신의 리비도를 아버지 쪽으로 옮기고 싶어 한다는 명제를 받아들였다. 그러나 여자 아이가 자신의 "절단"을 발견한다는 것을 낮게 평가했고, 또한 남경기가 중요하기는 하지만 결정적인 심리적 경험에는 미치지 못하는 것이라고 평가했다.[199] "'오이디푸스 콤플렉스'와 '거세 불안'은 언어다. 그 언어가 표현하는 심리적 현실은 무한히 다양하다."[200] 그러나 프로이트는 비판자들이 여성의 성의 타고나는 측면과 문화적 측면을 충분히 구분하지 않았다고 생각했다. 존스가 여자에 관해 궁극적 의문을 제기한 해인 1935년, 프로이트는 다시 자신의 입장을 정리했다. 유아의 성은 처음에 남성의 경우가 연구되었고, 남자 아이와 여자 아이가 완전히 비슷하다는 생각은 유지될 수 없다는 것이 밝혀졌다. 여자 아이는 성적 대상과 지배적인 성감대 양쪽에서 변화가 일어날 수밖에 없다. "여기에서 어려움과 억제의 가능성이 나타나는데, 이것은 남자에게는 적용되지 않는다."[201] 이것이 프로이트의 여자에 관한 솔직한 최종 발언이었다.

그러나 그는 더 이야기를 할 수도 있었을 것이다. 우리가 보았듯이, 여자를 암흑의 대륙이라고 부르는 것은 역사적인 통념과 동맹을 맺는 것이었다. 신비한 하와에 관한 이 모든 일반적 통념은 오래전 옛날부터 남자들이 뼛속 깊이 느꼈던 여자에 대한 근본적인 공포, 동시에 성공적으로 억눌러 왔던 공포를 암시한다. 프로이트는 그런 공포를 어렴풋이 눈치 채고 있었다. 한번은 마리 보나파르트가 "남자는 여자를 두려워한다"고 말하자, 프로이트는 "당연하지요!"라고 말했다.[202] 학창 시절 프로이트는 친구 에밀 플루스에게 이렇게 감탄했다. "우리 교육자들이 여성을 과학적 지식으로 괴롭히지 않는 것은 정말 지혜로운 일이야!" 그는 플루스에게 여자들은 "지혜로워지는 것보다 더 나은 일을 하러 세상에 왔다"고 말했다.[203]

그러나 프로이트는 여자라는 대륙의 편리한 어둠을 받아들이는 것으로만 만족하지 않았다. 그 대륙을 탐사하고 지도를 그려보려 했다. 그가 만들어낸 지도는 텅 빈 하얀 공간들도 많고, 그가 죽은 뒤 연구자들이 확인한 대로 잘못 그려진 곳들도 있었다. 그러나 그는 시도를 했다. 많은 사람들에게 모욕적으로 느껴졌던 단호한 말투, 자신이 편향을 넘어서 있다는 단조로운 가정, 페미니스트들에 대한 무례한 공격은 그에게 도움이 되지 않았다. 이런 것들이 그의 생각의 참신함과 그의 결론의 잠정적 성격을 흐려버렸다. 페미니즘적 경향이 있는 분석가들이 그에게 남성적 편견이 있다고 비난하겠지만, 그의 지지자들은 이런 종류의 환원주의에 맞서 반대자들을 역공할 것이라고 프로이트는 생각했다. 그렇게 싸움을 위해 분석을 이용하는 것은 "아무런 결론에도 이르지 못한다"고 그는 지혜롭게 결론을 내렸다.[204] 그러나 그 자신도 그들 못지않게 싸움을 즐긴다는 사실은 보려 하지 않았다. 어쨌든 그는 비록 중요하기는 하지만 제한적이라고 할 수 있는 이 문제에 자신의 에너지를 다 쏟고 싶어 하지 않았다. 1920년대 말부터 그는 다른 문제로 옮겨 가고 싶어 안달을 했다. 더 큰 수수께끼를 고민하고 싶어 했다. 그것은 어린 시절부터 그를 사로잡았던 종교와 문화라는 수수께끼였다.

11장

문명 속의 불만

"인간은 문명 없이 살 수 없지만,
문명 안에서 행복하게 살 수도 없다."

종교라는 환상

프로이트에게 정신분석은 소파 뒤에서 하건 책상에서 하건 보편성을
지닌 것이었다. 물론 분석 상황이 그의 가설을 만들어내고 검증해볼 독
특한 기회를 제공하는 것은 사실이었다. 밀폐되어 있고, 매우 전문적이
며, 거의 복제 불가능한 그 상황은 프로이트에게 언제나 정보의 마르지
않는 원천이자 여러 곳으로 갈 수 있는 출발점이었다.* 그러나 프로이
트 뒤에 등장한 정신분석학자들 대부분과는 달리 그는 자신의 분석적
연구 하나하나가 똑같이 교훈적이고 똑같이 의미 있다고 보았다. 반면
빈약한 사변적 자료에서 문명의 기원을 끌어내는 것은 임상 자료를 평
가하는 것과는 완전히 다른 일이었다.[1] 그러나 프로이트는 정신분석
도구를 손에 들고 예술이나 정치나 선사(先史)의 영역을 침공하는 것을
창피해하지도 않았고 변명하지도 않았다. 그는 1930년에 간결하게 말
했다. "내 평생의 작업은 단 하나의 목표를 향하고 있었다."[2]

오래지 않아 그는 널리 읽히는 사변적인 에세이 두 편으로 이 점을

극적으로 표현했다. 한 편은 1927년에 나온 야심만만하고 논란이 많은 《환상의 미래(Die Zukunft einer Illusion)》이며, 또 한 편은 1930년대 초에 나온, 마찬가지로 야심만만하고 논란은 더 많은 《문명 속의 불만》이다. 그러나 프로이트는 침울한 기분에 사로잡혀 이 말년의 문화 침공을 가치 없는 자기 비판으로 스스로 깔아뭉겠다. 그는 《환상의 미래》가 "유치하고", "분석적으로는 약하며, 자기 고백으로는 부적절하다"고 비판했다.[3] 이런 종류의 말, 다시 말해서 산후 우울증과 약간 미신적인 방어적 태도가 뒤섞인 말은 그에게는 습관이 되다시피 한 것이었다. 그래도 프로이트의 동료들은 번번이 깜짝 깜짝 놀라곤 했다. 그는 수십 년 전 《꿈의 해석》을 세상에 내놓고 난 뒤에도 비슷한 이야기를 했으며, 그보다 뒤에 《자아와 이드》의 교정지를 읽은 뒤에도 "익숙한 우울증"을 인정했다.[4] 그러나 《환상의 미래》에 대한 자기 비판은 격렬함에서 예외적이었다. 이것은 자기 증오에 가까웠다. 1927년 10월, 인쇄소에서 교정지가 오면 바로 한 부 보내주겠다고 아이팅곤에게 약속하면서, 그는 이렇게 말했다. "이 작업의 분석적 내용은 아주 얄팍하며", 다

---

* 프로이트는 사실 연구자들이 실험을 통해 그의 이론을 입증하는 것을 존중했고 또 그것을 인용하기도 했다(특히 오토 푀츨Otto Pötzl의 꿈의 형성에 관한 논문을 읽고 나서 논평한 것이 주목할 만한데, 프로이트는 1919년판 *The Interpretation of Dreams*, SE IV, 181n.2에서 이 논문을 언급했다). 그러나 전체적으로 그는 자신이 분석 대상들과 보낸 수천 시간—여기에 그의 지지자들이 보낸 수천 시간도 보탤 수 있을 것이다.—이 그의 생각의 충분한 증거가 된다고 믿었다. 완전한 호응을 얻어내지 못했던 이런 태도는 아무리 좋게 보아도 전술적인 실수였다.

1934년 미국의 심리학자 솔 로젠츠바이크(Saul Rosenzweig)가 몇 가지 정신분석 명제의 타당성을 검증하기 위한 실험적 연구를 보냈을 때, 프로이트는 정중하지만 약간 무뚝뚝하게 그런 연구가 흥미롭기는 하지만 별 가치는 없다고 여긴다고 대답했다. 정신분석학적 주장이 의지하고 있는 "수많은 믿을 만한 관찰 자료 덕분에 실험적 입증은 불필요하기 때문입니다. 뭐, 그래도 해로울 것은 없겠지요." (프로이트가 로젠츠바이크에게 쓴 편지, 1934년 2월 28일. David Shakow and David Rapaport, *The Influence of Freud on American Psychology* [1964], 129n에 독일어 원문 전문이 인용되어 있다.)

른 측면에서도 "이 작업은 별 가치가 없네."[5]

프로이트는 나이와 암의 영향을 느끼고 있었다. 인공 기관은 착용하는 것이 고통스러웠으며, 설상가상으로 불쾌한 후두염도 여러 번 앓았다. 1927년 3월 아르놀트 츠바이크가 방문하겠다고 제안하자 프로이트는 지체 없이 그렇게 하라고 다그쳤다. "너무 질질 끌지 말아요. 나는 곧 71살이 됩니다."[6] 같은 달에는 건강이 안 좋아 보이니 요양소에서 좀 쉬어야겠다는 이야기를 듣고 아이팅곤에게 신랄하게 쏘아붙였다. "건강을 **위해** 산다는 것이 내게는 견딜 수 없는 일이네."[7] 이제 그에게 죽음에 대한 생각은 낯설지 않았다. 여름에 다른 사람들과 더불어 제임스 스트레이치와 앨릭스 스트레이치 부부를 제메링으로 초대하면서 그들에게도 츠바이크에게 했던 말을 했다. "우리가 다시 만날 기회가 많지 않을지도 모릅니다."[8]

프로이트는 세상에 자신의 건강하지 않은 모습을 드러내는 것을 싫어했다. 하지만 소수의 측근에게는 조금 마음을 풀고 예전의 도전적이고 희극적인 감각이 번득이는 간결한 편지로 소식을 알렸다. 그의 말년의 편지들 가운데 가장 애정이 넘치고 감동적인, 루 안드레아스-살로메에게 보내는 편지들은 그의 들쭉날쭉한 건강 상태와 그에 따른 기분을 하나의 흐름으로 보여준다. 이제 두 사람이 직접 만나는 일은 거의 없었다. 살로메는 나이 든 남편과 함께 괴팅겐에 살면서 여행을 거의 하지 않았다. 프로이트는 빈이나 그 근처에 거의 갇혀 있었다. 그런데도 프로이트는 그녀의 정신을 존중했고, 비록 편지로나마 그녀와 벗하기를 즐겼기 때문에 그들의 우정은 계속 발전했다. 더욱이 살로메는 프로이트와 마찬가지로 안나를 무척 좋아했고, 자신이 사랑하는 교수님과 마찬가지로 자제심이 강했다. 그녀는 사려 깊은 이타적 태도로 자신의 병을 남에게 알리지 않았으며, 따라서 미묘한 실마리를 읽어내는 데 전문가인 프로이트는 그녀의 표현이나 침묵에서 그녀의 상태를 짐작해볼 수밖에 없었다. 1927년 5월 프로이트는 루 안드레아스-살로메가 그의 71세 생일을 축하한 것에 감사하면서 살로메 부부가 여전히 태양을 즐길 수 있는 것이 놀랍다고 말했다. "하지만 나는 노년의 짜증이 자리를 잡았고, 달이 얼어붙은 것에 비교할 만한 완전한 환멸이 찾아와 내면이 얼어붙었습니다."[9] 프로이트는 평생 생각하는 것을 좋아했고, 환상과 싸웠다. 따라서 자신의 내면의 온도를 이런 식으로 인정한 것은 거짓말에 대항한, 생기 없는 겉면에 대항한, 소망을 현실로 착각하는 태도에 대항한 오랜 전쟁의 한 부분이었다. 그는 이제 따뜻한 날씨에도 종종 추위를 느꼈다.

그러나 잘 버티고 있다고 알릴 수 있는 순간들도 있었다. 그러나 그런 순간은 귀중한 예외였으며, 보통 자신의 노쇠에 대한 암시 때문에 빛을 잃었다. 1927년 12월 "친애하는 루"에게 쓴 편지는 자신의 상태에 관한 명랑한 보고로 시작하지만, 그 다음에는 바로 그녀의 오랜 "수다"에 더 빨리 답하지 못한 것을 사과한다. "추레함과 게으름이 나를 사로잡고 있습니다."[10] 평생 신속하게 답장하는 것을 자랑으로 삼고, 편지 받은 사람이 답장하는 데 꾸물거리는 것을 불만의 표시로 해석하던 사람에게 이것은 불길한 증후였다. 몸이 뜻대로 움직여주지 않는다는 깨달음은 《환상의 미래》에 대한 인식에도 우울한 쪽으로 영향을 주었다. 1920년대에 이따금씩 찾아오곤 하던 프랑스 정신분석가 르네 라포르그가 그 에세이를 재미있게 읽었다고 말하자, 프로이트는 칭찬에 기뻤으면서도 버럭 소리를 질렀다. "이건 내 최악의 책이오!" 라포르그는 항변했지만, 프로이트는 굽히지 않았다. 이것은 노인의 작업이라는 이야기였다. 진정한 프로이트는 위대한 사람이었지만, 이제 죽고 없었다. 라포르그가 그 사람을 모르다니 얼마나 아쉬운가! 라포르그는 당황하여 도대체 무슨 의미냐고 물었다. "관통하는 힘이 사라졌다(Die Durchschlagskraft ist verloren gegangen)"는 것이 그의 대답이었다.[11]

프로이트가 아무리 이렇게 자신을 가혹하게 비판해도《환상의 미래》가 그가 써야만 했던 책이라는 사실은 가려질 수 없다. "《비전문가 분석의 문제》와 《환상의 미래》 사이의 비밀 고리를 짐작했는지 모르겠네." 그는 피스터에게 상대방의 기분을 고려하지 않고 이야기했다. "앞의 책에서 나는 분석을 의사들에게서 보호하고 싶었네. 두 번째 책에서는 사제들로부터 보호하고 싶었지."[12] 그러나 《환상의 미래》의 전사(前史)는 그보다 길고 또 내밀하다. 수십 년 동안 원칙적인 무신론을 견지하고 종교에 관한 정신분석학적 사고를 해 오면서 준비해 온 것이기 때문이다. 그는 학창 시절부터 일관되게 전투적인 무신론자로서 신과 종교를 조롱했다. 가족의 신과 종교도 마찬가지였다. 그는 열일곱 살이던 1873년 여름에 친구 에두아르트 질버슈타인에게 말했다. "신이 다니는 어두운 길을 밝혀줄 등을 만든 사람은 아직 없어."[13] 이렇게 어둡다고 해서 신이 프로이트에게 더 매력적으로 다가오지는 않았다. 또 더 그럴듯하게 여겨지지도 않았다. 그가 질버슈타인에게 종교가 형이상학적이고 감각으로는 확인되지 않는다는 이유로 비난하는 것은 부당하다—"오히려 종교는 오직 감각하고만 연결되기" 때문이다.—고 말했을 때, 그는 진지한 생각을 이야기하는 것이 아니라 음식과 관련된 농담을 하고 있었다. "다행히도 적당히 종교적인 가족에서 태어나 '신을 부정하는 사람'이라도 새해 첫날의 식사를 할 때는 명절을 부정할 수가 없지. 따라서 종교는 적절하게 먹으면 소화를 활성화하지만, 과식을 하면 소화에 해롭다고 말할 수 있는 거야."[14]

이것이 프로이트가 가장 편안하게 여기던 불경한 말투였다. 우리가 알다시피, 대학에서 프로이트는 존경하던 철학 교수 프란츠 브렌타노의 영향을 받으며 몇 달 동안 철학적 유신론을 가지고 논 적이 있다. 그러나 그의 진정한 면은 친구 질버슈타인에게 묘사했듯이 "신을 믿지 않는 의대생"의 기질이었다.[15) 그는 한 번도 변한 적이 없었다. "개인 생활에서나 글에서나 내가 철저한 불신자라는 것을 감춘 적이 없습니다." 그는 죽기 전해에 무신론자로 살아온 자신의 인생을 그렇게 정리했다.[16) 그는 평생 설명이 필요한 것은 무신론이 아니라 종교적 믿음이라고 생각했다.

프로이트는 정신분석가로서 바로 그 일을 하기 시작했다. 그가 1905년에 메모해 둔 것들 가운데는 이런 간결하고 암시적인 내용이 있다. "강박 신경증으로서 종교—강박 신경증은 개인적 종교."[17) 2년 뒤 그는 이런 맹아와 같은 생각을 예비적 논문 〈강박 행동과 종교 의식〉으로 풀어냈다. 종교와 신경증을 하나의 굴레에 묶으려는 우아하면서도 감질나는 시도였다. 프로이트는 강박 신경증 환자에게 필수적인 "의식(Ceremonies)"이나 "제의(Rituals)"가 모든 신앙의 핵심 요소인 식전(式典, Observances)과 비슷하다는 점은 금방 눈에 띈다는 것을 알았다. 그는 신경증과 종교, 양쪽의 관행이 충동의 포기와 관련이 있다고 주장했다. 둘 다 방어적이고 자기 보호적인 수단으로 작용한다는 것이다. "이런 일치와 유사성에 비추어 강박 신경증을 종교적 구성물의 병리적 대응물로, 신경증을 개인적 종교로, 종교를 보편적인 강박 신경증으로 과감하게 바라볼 수도 있을 것이다."[18)

세월이 흐르면서 프로이트는 미몽을 깨부수는 이런 분석적 관점을 성스러운 것들로까지 확장했다. 1911년에는 페렌치에게 "다시 한 번 충동들 속에서 종교의 기원"을 찾아보고 있으며, 언젠가는 이 생각을 자세하게 펼쳐볼 수 있을지도 모른다고 말했다.[19) 《환상의 미래》는 그 약속을 이행하는 것이었다. 따라서 정신분석적 무기로 종교를 부수는 것은 오래전부터 프로이트의 계획에 자리 잡고 있는 일이었다. 그는 피스터에게 종교에 대한 자신의 생각이 "분석의 교조를 이루는 것"이 아니라고 주장했다. "이것은 내 개인적인 태도이며, 많은 비분석가나 분석가 지망생의 태도와 일치하는 것이지만, 또 많은 훌륭한 분석가들은 생각이 다를 것이 분명하네."[20] 그러나 이것은 20여 년에 걸쳐 신학에 관하여 유쾌하게 논쟁을 벌여 온, 오랫동안 신뢰하던 동료의 감정을 고려해서 한 말이었다.《환상의 미래》에 암묵적으로 또 종종 명시적으로 나타나는 인간관은 그의 사상 전체에 의해 뒷받침되고 있다. 프로이트의 결론은 결코 독특한 것이 아니지만, 거기에 이르는 방법은 정신분석의 특징을 보여준다.

흔히 그랬듯이 이 에세이를 쓴 시점은 개인적인 상황과 깊은 관련이 있었다. 1927년 10월 프로이트는 피스터에게 곧 나올 "브로슈어"는 "자네와 깊은 관계"가 있다고 알렸다. "오래전부터 이것을 쓰고 싶었지만, 자네를 생각하여 미루어 왔네. 하지만 이제는 욕구가 견딜 수 없을 정도로 강해졌어." 그러면서 프로이트는 이 에세이가 "어떤 형태이든, 아무리 희석된 것이라 하더라도, 모든 종교에 굉장히 부정적인 나의 태도"를 다룬다는 것은 쉽게 짐작할 수 있을 것이라고 덧붙였다. "자네한테는 이것이 새로운 소식이 아니지만, 그렇더라도 그런 공개적인 고백이 자네한테 당혹스러울지 모르겠다고 걱정했고, 지금도 걱정하고 있네."[21] 피스터는 예상대로 반응했다. 프로이트를 격려한 것이다. 피스터는 무가치한 신자 천 명의 글을 읽느니 프로이트 같은 분별력 있는 불신자 한 명의 글을 읽겠다고 말했다.[22] 그러나 피스터가 조금 불편한 기색을 드러냈다 해도, 또는 싸움을 하려고 달려들었다 해도, 프로이트는 자신의 계획을 버리지 않았을 것이고 버릴 수도 없었을 것이다. 우리는 전에도 그런 경우를 보았다. 어떤 생각이 그의 내부에서 움직일 때는 그에게 거의 고통스러운 압박을 가했으며, 그는 글을 쓰는 행동을 통해서만 거기에서 풀려날 수 있었다. 어쩌면 프로이트가 발표한 모든 글 가운데 《환상의 미래》가 가장 불가피하고 또 가장 예측 가능한 글일지도 모른다.

《환상의 미래》는 시작하는 대목부터 커다란 주장을 한다. 내건 주제는 종교지만, 의미심장하게도 문화의 본질에 대한 숙고에서 시작한다. 마치 《문명 속의 불만》을 위한 예행 연습처럼 읽힌다. 이런 식의 출발은 자신의 과제에 대한 프로이트의 인식을 드러낸다. 종교를 최대한 넓은 맥락 안에 자리 잡게 하여, 인간의 모든 행동과 마찬가지로 과학적 연구의 대상으로 삼자는 것이다. 간단히 말해서, 프로이트가 동시대 대부분의 종교심리학자나 종교사회학자와 공유하고 있는 비타협적인 세속주의는 신앙의 문제에 어떤 특권적인 지위를 부여하는 것을 거부하며, 분석에서 면제받을 수 있는 권리를 인정하지 않았다. 그는 성역을 존중하지 않았다. 연구자로서 그가 들어갈 수 없는 신전은 없다고 보았다.
　프로이트에 앞서 150년 전에 그의 지적인 선조 가운데 하나인 드니 디드로는 과감하게 주장했다. "사실들은 신의 행동, 자연 현상, 인간 활동 등 세 가지 범주 사이에 분포할 수 있다. 첫 번째는 신학에 속하고, 두 번째는 철학에 속하고, 세 번째는 진정한 의미의 역사에 속한다. 이 모두가 똑같이 비판의 대상이 될 수 있다."[23] 이것이, 즉 계몽주의의 비판적 정신이 프로이트의 종교 분석이 숨 쉬는 공기였다. 이런 지적 유산에 신비한 것이나 감추어진 것은 없었다. 그의 친구 피스터는 솔직하게 말했다. "교수님의 대체 종교는 본질적으로 당당하고, 신선하고, 현대적인 모습의 18세기 계몽주의 사상입니다."[24] 프로이트는 대체 종교를 내세운다는 생각은 하지 않았지만, 자신이 빚지고 있는 부분을 부정하지는 않았다. 그는 《환상의 미래》의 독자들에게 분명하게 말했다. "내가 하는 모든 말은 나 이전의, 나보다 더 나은 다른 사람들이 훨씬 완전하게, 힘차게, 당당하게 했던 말이다." 그는 이 "잘 알려진" 사람들의 이름은 언급하지 않았다. 혹시나 자신이 "그들의 반열에 들어가려고" 한다는 오해를 받을까 걱정이 되었기 때문이다.[25] 그러나 스피노자, 볼테르, 디드로, 포이어바흐, 다윈의 이름을 짐작하는 것은 어려운 일이 아니다.

종교에 관한 작업에서 프로이트에게는 저명한 선배들만이 아니라 저명한 동시대 사람들도 있었다. 그가 전투적인 무신론의 정신분석학적 근거를 정리하는 동안 인간과 사회를 연구하는 사람들 사이에서도 종교에 관한 과학적 연구가 번창하고 있었다. 제임스 G. 프레이저와 W. 로버트슨 스미스의 비교 종교학과 원시 종교학 연구는 프로이트의 사변적인 저작들, 특히 《토템과 터부》에 매우 직접적인 영향을 주었다. 종교적 개종의 뿌리를 사춘기나 폐경기의 긴장에서 찾고, 종교적 흥분의 뿌리를 성적 갈등에서 찾는 해블록 엘리스의 작업은 프로이트 자신의 작업과 성격이 비슷했다. 그보다 약간 이른 시기에 나온 장 마르탱 샤르코의 작업도 마찬가지였는데, 샤르코는 신비한 "초자연적" 현상에서 자연적 원인을 찾아냈다. 1900년이 지나면서 당대의 가장 저명한 사회학자인 막스 베버와 에밀 뒤르켐(Émile Durkheim, 1858~1917)은 종교에 관한 획기적인 연구를 발표했다. 베버는 1904년과 1905년에 연관된 에세이들을 묶어 발표한 고전적 저작 《프로테스탄트 윤리와 자본주의 정신》에서 어떤 종파들, 특히 금욕적인 프로테스탄트에게서 자본주의 발달에 도움이 되는 정신적 스타일을 찾아냈다. 베버와 마찬가지로 심리학으로부터 독립한 사회학을 확립하는 데 열중했던 뒤르켐은 종교적 믿음을 사회 조직의 표현으로 다루었다. 그는 자살이건 교육이건 종교건 자신의 모든 연구는 개인의 정신적 사건이 아니라 사회적 사실을 향하고 있다고 주장했다. 따라서 그는 많은 논란을 일으킨 자신의 '아노미(anomie)' 개념—사회 규범의 붕괴나 혼란으로, 방향감 상실과 자살의 주요한 원인이 된다.—이 사회적 현상으로 이해되고 연구되기를 바랐다.* 종교 경험과 그 문화적 표현의 관계를 살피는 일에서 베버와 뒤르켐은 물론 프로이트와 동급이었으며, 어떤 면에서는 상급이었다. 그러나 베버의 '세속적 금욕주의'와 뒤르켐의 '아노미' 같은 범주가 강력한 심리학적 함의를 지니고 있기는 했지만, 두 사회학자 모두 그것을 더 깊이 파고들지는 않았다. 두 사람 모두 프로이트가 《환상의 미래》에서 했던 것처럼 종교를 인간 본성에 아주 단단하게 뿌리박지는 않았던 것이다.

프로이트의 에세이는 문화에 관한 논의로 시작한다. 그의 간결한 정의에 따르면 문화는 외적인 자연을 정복하고 인간들의 상호 관계를 규제하려는 집단적 노력이다.** 이것은 모든 사람이 반드시 불쾌하고 어려운 희생에, 소망의 지연과 쾌감의 박탈에 노출된다는 뜻이다. 그 모두가 공동의 생존을 위한 것이다. 따라서 "모든 개인은 문화의 적과 다름없으며", 강제는 불가피하다. 어떤 황금시대에는 힘이나 충동의 억압이 필요하지 않은 상황이 있었을지도 모른다. 그러나 그것은 유토피아일 것이다. "내가 보기에는 모든 인간이 파괴적—즉 반사회적이고 반문화적—성향을 품고 있으며, 많은 사람들의 경우 이것이 인간 사회에서 그

---

* 프로이트는 뒤르켐의 가장 일관되고 영향력 있는 종교 저작인 1912년의 《종교 생활의 기본적 형태》를 읽었으며, 이 책을 "사회학적 이론들"의 하나로 간략하게 논의했다. (*Totem und Tabu*, *GX* IX, 137 / *Totem and Taboo*, *SE* XIII, 113.)
** 이 부분에서 나는 프로이트의 언어 사용법을 따랐다. "나는 '문화'와 '문명'을 나누는 것을 경멸한다." (*Die Zukunft einer Illusion*, *GW* XIV, 326 / *The Future of an Illusion*, *SE* XXI, 6.)

들의 행동을 결정할 만큼 강하다는 사실을 고려해야만 한다."[26]

당대의 민주주의적 경향에 도전하던 구식의 자유주의자 프로이트는 군중과 엘리트를 분명히 구분했다. "대중은 나태하고 비합리적이다. 그들은 충동의 포기를 좋아하지 않는다." 이 점을 직시해야 한다. 인간은 "자발적으로 일을 좋아하는 경우는 없으며, 논리적 주장이 감정을 이길 수는 없다."[27] 이것은 1883년 약혼녀에게 "일반인의 심리는 우리의 경우와 약간 다르다"고 말했던 프로이트의 목소리다. 하층민(Gesindel)은 자신의 욕망에 탐닉하는 반면, 그 자신과 마르타 베르나이스처럼 충분한 교양을 갖춘 사람들은 욕망을 절약하고 자연적인 욕구를 억누른다는 것이다.[28] 프로이트는 하층민이라는 비하하는 표현을 자주 사용했다.*** 그렇다고 당당하게 대중을 경멸한 프로이트가 맹목적으로 기존 사회 질서를 찬미한 것은 아니다. 그는 가난하고 박탈당한 사람들이 희생을 덜 하는 사람들을 증오하고 질투하는 것은 당연하다고 생각

***　프로이트는 이 표현을 초기에도 말기에도 사용했다. 초등학생 시절 기차에서 만난 동유럽 출신 유대인 가족을 묘사할 때도 그랬고(《프로이트 I》 1장 60~61쪽 참조), 70대에 당시 유행하던 유대인 증오에 관해 생각할 때도 그랬다. 그는 아르놀트 츠바이크에게 이렇게 말했다. "반유대주의 문제에서 나는 설명을 구하고 싶은 마음이 없으며, 나의 감정에 굴복하고자 하는 마음을 강하게 느끼고 있습니다. 그래서 결과적으로, 평균적으로, 모든 것을 고려할 때, 인간은 비참한 하층민에 불과하다는, 전적으로 비과학적인 나의 입장이 한층 강해지는 느낌입니다." (프로이트가 아르놀트 츠바이크에게 쓴 편지, 1927년 12월 2일. *Freud-Zweig*, 11 〔3〕.) 2년 뒤인 1929년에 그는 루 안드레아스-살로메에게 이렇게 고백했다. "내 가장 깊은 곳에서 나는 내 친애하는 동료 인간들이 몇 명의 예외를 제외하면 하층민에 불과하다고 진정 확신합니다." (프로이트가 안드레아스-살로메에게 쓴 편지, 1929년 7월 28일. *Freud-Salomé*, 199 〔182〕.) 1932년 페렌치는 일기에 프로이트가 자신에게 이런 말을 했다고 적어놓았다. "신경증 환자들은 하층민이다. 우리를 먹여 살리고 자신들의 사례를 연구 대상으로 제공한다는 점에서만 도움이 될 뿐이다." (1932년 8월 4일, *Klinisches Tagebuch*. 타자로 친 사본, 손으로 쓴 페이지가 몇 장 끼어 있음, Freud Collection, B 22, LC, "Scientific Diary"로 분류.) 페렌치의 회고는 사실일 가능성이 있다. 프로이트는 일찍이 1909년에 그에게 "환자들은 역겹다"거나 "새로운 기법적 연구를 할 기회를 준다"고 말하지 않았던가. (《프로이트 I》 6장 548쪽 참조.)

했다. 그들이 사회적 금지를 내면화하는 것은 기대할 수 없다. "말할 필요도 없지만, 다수의 참여자를 불만족 상태로 만들고 폭동으로 내모는 문화는 자신을 영구적으로 유지할 전망도 없고 그럴 자격도 없다."[29] 그러나 정당하든 부당하든 문화는 자신의 규칙을 강요하려면 강제에 의존해야 한다.

분명한 결함들에도 불구하고 문화는 자신의 주된 과제, 즉 인간을 자연으로부터 방어하는 과제를 이행하는 방법을 상당히 잘 습득했다고 프로이트는 덧붙였다. 그렇다고 해서 "자연이 이미 정복되었다"는 뜻은 아니다. 전혀 그렇지 않다. 프로이트는 인간에 대한 자연의 적대 행위의 놀라운 목록을 나열했다. 지진, 홍수, 폭풍, 질병, 그리고 프로이트 자신의 절박한 관심사에 더 다가가, "죽음이라는 고통스러운 수수께끼"를 들었다. "지금까지는 죽음에 대항할 수 있는 약초가 발견되지 않았으며, 아마 앞으로도 발견되지 않을 것이다. 이런 힘들로 자연은 우리에게 맞선다. 자연은 웅장하고, 잔혹하고, 무자비하다." 이렇게 복수심에 불타는 자연은 동정심 없고 정복할 수 없는 적이며 죽음을 가져오는 존재로서, 우리를 먹여 살리고, 포용하는 에로틱한 '어머니 자연'과는 완전히 다른 여신이다. 프로이트는 이 여신이 앞날이 창창한 어린 학생 시절 그를 의학으로 이끌었음을 기억했다.* 프로이트가 개인적인 소회를 감추지 않고, "인류 전체에게나 개인에게나 삶은 견디기 힘든 것"이라고 결론을 내린 것도 당연하다.[30] 무력함이야말로 공동의 운명인 것이다.

이 지점에서 프로이트는 교묘하게 종교를 그의 분석에 집어넣었다. 교묘하다는 것은, 인간의 무력함을 강조함으로써 종교에 대한 요구를

---

* 《프로이트 I》 1장 69쪽 참조.

어린 시절의 경험들과 연결 지을 수 있었기 때문이다. 그는 이런 식으로 종교를 정신분석이라는 자신의 영토로 몰고 들어갔다. 물론 종교는 예술이나 윤리와 더불어 인류의 가장 귀중한 소유물에 속하지만, 그 기원은 유아의 심리에 있다. 아이는 부모의 힘을 두려워하면서도 부모가 자신을 보호해줄 것이라고 믿는다. 따라서 아이가 성장하면서 부모—특히 아버지—의 힘에 대한 느낌, 위험하면서도 가능성이 있는 자연 세계에서 자신이 차지하는 위치에 관한 생각을 연결하는 것은 자연스럽다. 어른도 아이와 마찬가지로 소망에 굴복하고 가장 공상적인 장식으로 자신의 환상을 꾸민다. 그들은 본질적으로 생존자들이다. 아이의 요구, 취약한 상태, 의존은 어른이 되어서까지 계속 존재하며, 따라서 정신분석가는 종교가 존재하게 된 방식을 이해하는 데 크게 기여할 수 있다.** "종교적인 개념은 다른 모든 문화적 성취와 똑같은 요구, 즉 자연의 압도적 우위에 대항하여 자신을 보호할 필요", 그리고 "고통스럽게 느껴지는 문화의 불완전성을 교정하고자 하는 욕구에서 나왔다."***[31]

이런 경구적인 유추는 깔끔하다. 어쩌면 좀 지나치게 깔끔한지도 모른다. 이 유추의 설득력은 주로 독자가 얼마나 확신을 품고 이 텍스트를 읽느냐에 달려 있다. 그러나 프로이트는 《환상의 미래》에서 자신이 흥미로운 유사점을 지적하는 것 이상의 일을 하고 있다는 **자신의** 확신에 의심의 여지를 남기지 않았다. 사람들이 신을 발명하거나 문화가

** 물론 프로이트는 아주 다양한 종류의 종교가 있고, 각 문화 안에 믿음에 대한 각기 상이한 태도가 있으며, 오랜 세월에 걸쳐 종교적 사고와 감정에 분명하고 맹렬한 진화가 이루어졌다는 사실을 알았다. 그는 《환상의 미래》에서 주로 현대의 보통 사람의 종교를 이야기하며, 종교적 사고의 그런 진화 가운데 일부를 간단히 논의한 것으로는 《토템과 터부》를 권한다.

*** 프로이트는 벌써 《꿈의 해석》에서 만족을 추구하는 일과 관련된 모든 "복잡한 정신적 활동은 경험에 의해 필요하게 된, **소망 충족으로 가는 우회로**를 표현할 뿐"이라고 단정적으로 말했다. "사고는 결국 환각적 소망의 대체물일 뿐이다." (*GW* II-III, 572 / *SE* V, 567.)

그들에게 강제하는 신을 수동적으로 받아들이는 것은 바로 그들이 집 안에 그런 신을 두고 성장했기 때문이다. 타자나 그 자신의 힘과 마주한 아이의 공상과 비슷하고, 또 그런 공상을 모델로 삼았기 때문에, 종교는 근본적으로 환상, 아이의 환상이다. 종교적 교리의 심리학적 분석은 "교리가 경험의 침전물이나 사고의 최종 결과물이 아님"을 보여준다. "그 교리는 환상이며, 인류의 가장 오래되고, 가장 강력하고, 가장 절박한 소망들의 충족이다. 종교의 힘의 비결은 바로 이런 소망의 힘이다."[32] 프로이트는 이런 심리학적 주장을 자랑스러워했으며, 바로 이것이 종교의 과학적 연구에 대한 자신의 독특한 기여라고 생각했다. 인간이 자기 형상대로 신을 만들었다는 생각은 고대 그리스에도 있었겠지만, 프로이트는 여기에 인간이 자기 아버지의 형상대로 신을 만든다는 주장을 보탠 것이다.

종교적 관념을 환상으로 여기고 가면을 벗긴다는 것이 반드시 그 모든 타당성을 부정하는 것은 아니다. 프로이트는 환상과 망상을 힘주어 구분했다. 환상은 그 내용이 아니라 근원에 의해서 규정된다. "환상의 변함없는 특징은 그것이 인간의 소망에서 파생된다는 것이다."[33] 환상은 심지어 실현될 수도 있다. 프로이트는 왕자를 만나 결혼할 꿈을 꾸던 어떤 부르주아 소녀의 기분 좋은 예를 제시한다. 그러나 메시아가 와서 황금시대를 이룰 것이라는 믿음 같은 종교적 환상은 가능성이 훨씬 낮으며 망상적 사고에 접근한다. 이 대목에서, 가장 추상적이고 객관적인 사고를 포함하여 모든 사고 또한 비합리적인 근원에서 나왔다는 것이 프로이트 자신의 이론 아니냐고 지적할 수도 있을 것이다. 사실 과학적 연구의 뿌리가 아이들의 성적 호기심에 있다는 것을 발견한 사람도 프로이트였다. 훗날의 정신분석가들 또한 평생 임상 진료를 한 뒤에도 계속 분석 대상자의 이야기에 관심을 가지는 것을 승화된 관음증이라고 망설임 없이 이야기했다. 어떤 생각의 기원이 결코 그 생각의 가치—또는 가치 없음—를 결정하지 않는다는 규칙은 여전히 유효하다. 물론 프로이트가 종교에 관해 쓴 논문들에서 한 말이 그 규칙을 흔들려는 의도를 지닌 것은 아니었다. 프로이트에게 중요한 것은 그런 기원이 영향력을 얼마나 많이 유지하고 있느냐 하는 것이었다. 프로이트는 과학적 사고 스타일과 종교적 사고의 환상에 지배받는 스타일을 구분하면서, 전자는 검증, 증명, 반박을 향해 열려 있다고 칭찬하고 후자는 과시하듯이 모든 진지한 비판을 면제받고 있다고 비난했다. 가장 과학적인 사고를 포함하여 모든 사고가 소망적 사고에서 태어날 수 있지만, 과학은 믿을 만한 검증에 대한 요구, 그리고 신념이나 믿음이 다듬어지고, 수정되고, 필요하다면 폐기되는 것을 허용하는 공개적 분위기에 의해 규율이 잡힌—사실 극복된—소망이다.

따라서 프로이트는 종교적 신념의 기초만큼이나 종교적인 증거에 관해서도 시간을 쏟는 게 적절하다고 생각했다. 프로이트에 따르면, 신자는 회의주의자에게 세 가지 변론을 한다. 그들의 신앙이 오래되었다는 것, 과거에 제시된 증거들이 믿을 만하다는 것, 신앙이 신성하다는 것이 그것인데, 이러한 변론은 그 본성상 모든 합리적 조사를 불경한 행동으로 만들어버린다. 물론 프로이트는 이 가운데 어느 것에서도 강한 인상을 받지 못했다. 다른 변론들도 마찬가지였다. 예를 들어 종교적 교리의 진실성이 바로 그 터무니없음에 의해 보장된다는 중세의 견해도 마찬가지였고, 신자들이 퍼뜨리는 허구를 믿는 척하며 사는 것이 편리하다는 현대 철학도 마찬가지였다. 전자는 거의 아무런 의미가 없었다. 그런 터무니없는 것이 진실이라면, 다른 터무니없는 것은 왜 진실이 아닌가? 후자에 관해서는 "오직 철학자나 제시할 만한" 요구라고 조롱했다.[34] 이런 것들은 회피였다. "이성의 법정보다 더 높은 법정은 없다."[35]

프로이트는 종교에 대한 실용적 주장, 즉 종교가 자기 역할을 해 왔다는 주장도 믿지 않았다. 또한 종교가 노동계급에게 지옥과 영원한 저주로 겁을 주어 그들이 다른 요구를 하지 못하고 복종을 하게 하려는 음모라는 현대의 급진적 논객들의 이야기에도 동의할 수 없었다. 그런 주장은 프로이트의 입맛에는 너무 합리주의적이었기 때문이다. 그 주장은 수백 년에 걸친 신앙의 막강한 장악력을 설명할 수 없었다. 더욱이 종교는 인류의 거친 충동을 길들이는 데 주목할 만한 기여를 하기도 했지만, 늘 문명화하는 힘, 심지어 질서를 지향하는 힘이었던 것은 아니라는 사실을 역사가 풍부하게, 적어도 그에게는 만족스럽게 보여주고 있었다. 정반대였다. 그는 그의 시대에도 종교가 그들의 문명에 속한 많은 사람들이 불행해지는 것을 막지 못하는 현실을 보았다. 그는 또 그 이전, 신앙심이 더 깊었던 수백 년 동안에도 인간이 더 행복한 것은 아니었다는 증거가 많다고 생각했다. "물론 그들이 더 도덕적이었던 것은 아니다." 사실 "부도덕성은 언제나 종교에서 도덕성 못지않은 토대를 발견했다."[36] 그 함의는 아주 투명하다. 종교가 사람들을 더 행복하거나 더 낫게 만들어주지 못했기 때문에 무종교가 더 나은 상태일 수밖에 없다는 것이다.*

역시 프로이트의 선배들, 특히 계몽주의 철학자들의 주장이 이 책 전체에서 메아리치고 있었다. 그들의 반교권적이고 반종교적인 신념들과

---

* 프로이트가 종교에 해줄 수 있는 가장 좋은 말은 그것이 개인을 길들이고 고독에서 구해준다는 것이었다. 그는 이런 주장을 늑대 인간의 사례사에 끼워 넣었다. "이 경우에 우리는 종교가 개인의 교육에 도입된 모든 목적을 달성했다고 말할 수 있다. 종교는 승화와 견고한 닻을 제공하여 개인의 성적 노력을 길들였다. 종교는 그의 가족적인 관련을 약화시켰으며, 그와 더불어 위대한 인류 공동체와 연결되는 길을 열어주어 엄습하는 고독을 막아주었다. 거칠고 겁이 많은 아이는, 사회적이고 행동이 바르고 교육 가능한 아이가 되었다." ("Wolfsmann" *GW* XII, 150 / "Wolf Man" *SE* XVII, 114-15.)

마찬가지로, 그의 신념 또한 정복 불가능했다. 프로이트는 정치적 전술이나 심리적 진단 문제에서는 볼테르나 포이어바흐와 달랐을지 모르지만, 종교에 대한 궁극적 평결에서는 그들과 하나가 되었다. 종교는 실패했다는 것이다. 그는 완강하고 진지하게 환상과 망상을 구분하려고 시도했다. 마찬가지로 환상이 가끔 현실이 될 수 있다는 점에도 진지하게 주목했다. 그러나 종교 연구 문제에 본격적으로 진입하면서 그의 연구는 논쟁적이 되었으며, 환상과 망상의 구분은 점점 흐릿해졌다.

만일 종교가 프로이트가 믿었던 대로 실패로 판명되었다 해도, 어쩌면 과학은 성공을 거두었을지도 모른다. 이런 희망적인 추측은 프로이트의 과거와 현재의 환상들에 대한 비판의 부속물이다. 사실 프로이트는 과학적 사고방식을 생각하면서 그에게는 드문 잠정적 낙관론에 빠져들었다. 프로이트는 유럽 역사의 계속적 진보를 확고하게 옹호하는 매콜리의 역사적 저술, 그리고 고전시대의 위대한 사상가들을 고대 계몽주의의 창시자로 바꾸어놓은 곰페르츠의 고대 그리스 사상사에 감탄했다. 프로이트는 적어도 교육을 잘 받은 사회 계층에서는 이성이 대체로 미신을 정복했다고 주장했다. 수준 높은 비판자들이 "종교적 문건의 증거로서의 효력을 무력화시켰다. 자연과학은 거기에 포함된 오류를 드러냈다. 비교 연구는 우리가 숭배하는 종교 개념과 원시 민족이나 원시시대의 정신적 산물과의 치명적 유사성과 마주쳤다."[37]

따라서 세속적 합리주의가 계속 세를 얻어 갈 것이라는 기대는 그에게는 완벽하게 현실적으로 보였다. "과학적 정신은 이 세상의 문제를 대하는 어떤 자세를 만들어낸다. 종교라는 문제 앞에서 이 정신은 잠시 발을 멈추고 멈칫거리지만, 마침내 그 문턱도 건너가버린다. 이 과정을 저지할 수는 없다. 사람들이 지식이라는 보물을 이용하게 될수록, 종교적 믿음으로부터 이탈하는 현상은 늘어날 것이다. 처음에는 낡고 불쾌한 제의(祭衣)만 멀리하겠지만, 곧이어 근본적인 전제들도 멀리하게 될 것이다."[38] 이것이 프로이트의 주장의 핵심이다. 과학의 전제 자체가 종교의 전제와 양립할 수 없다는 것이다. 그는 현대의 역사가들이 그 둘 사이에 건설하고자 하는 모든 교량, 현대의 신학자들이 만들어내는 모든 교묘한 주장을 경멸했다. 그런 것들은 그 말의 가장 창피한 의미에서 변명일 뿐이었다. "과학과 종교 사이의 전쟁"이라는 18세기의 전투적 구호는 19세기에 뜨겁게 메아리쳤으며, 20세기 중반의 프로이트에게도 여전히 자명한 진리였다. 그가 여러 텍스트에서 여러 번 말했듯이 종교는 간단히 말해 적(敵)이었다.*

프로이트는 적에 대한 투쟁에 참여하면서 과학의 기치 아래 그의 심리학도 기꺼이 동원했다. 그는 《환상의 미래》에서 이렇게 말했다. "정신분석은 현실적인 연구 방법이며 공정한 도구로서, 대체로 미적분학과 같다고 볼 수 있다."[39] 그는 이 정의가 마음에 들었던 것이 분명하다.

---

* 존 W. 드레이퍼(John W. Draper)가 1874년에 낸 합리주의적 선언 《과학과 종교의 갈등의 역사》나 앤드루 딕슨 화이트(Andrew Dickson White)가 1896년에 낸, 자유로운 연구를 옹호하는 두 권짜리 책 《기독교 나라에서 벌어진 과학과 신학의 전쟁사》를 프로이트가 읽었다는 증거는 없지만, 그들의 비타협적 제목(메시지는 제목보다 훨씬 온건하다)은 프로이트의 합리주의적 자세가 19세기의 반교권적 사고─18세기 계몽주의에 뿌리를 두고 있다.─와 매우 닮았으며, 또 전형적인 방식으로 그것을 따르고 있음을 보여준다. 종교를 적으로 보는 그의 관점은 제1세대 정신분석가들이 철저하게 공유하고 있었다. 정신분석과 종교를 화해시키려는 이후의 몇몇 정신분석가들의 시도는 프로이트나 그의 동료들에게 조금도 공감을 얻지 못했다. 1911년 프로이트가 어니스트 존스에게 종교에 대한 정신분석학적 연구를 하고 있다─나중에 《토템과 터부》가 되는 에세이를 염두에 두고 있었다.─고 말했을 때 존스는 열렬한 반응을 보였다. 종교 연구는 "분명히 반과학적, 반합리적, 반객관적 세계관(Weltanschauung)이라고 부를 수 있는 최후의 가장 단단한 요새이며, 당연히 이곳에서 가장 강력한 저항과 가장 격렬한 전투가 벌어질 것이라고 예상할 수 있습니다." (존스가 프로이트에게 쓴 편지, 1911년 8월 31일. Sigmund Freud Copyrights, Wivenhoe의 허락을 받고 인용.)

그 몇 년 전에는 "연구하고 돕는 것만 제외하면 "우리" 정신분석가들은 객관적이고, 앞으로도 그럴 것"이라고 페렌치에게 말했다."⁴⁰⁾ "객관적(tendenzlos)"이라는 말은 과학적이라는 의미였다. 따라서 정신분석도 당당하게 과학적이라고 고백할 수 있었다. 또는 적어도 그렇게 되기를 갈망할 수 있었다.** 프로이트의 전투적 태도를 고려할 때 이런 고백은 결코 중립적이지 않았다. 정신분석을 포함한 과학을 비편향적이라고 규정하는 것은 정치적 주장을 펼치는 것이었으며, 과학이 이데올로기적이고 자기 보호적인 왜곡에서 자유롭다고 주장하는 것이었다.*** 만일 유아적인 공포, 경외, 수동성이 성인 생활까지 옮겨 간 것이 종교─가장 원시적인 희생에서 가장 정교한 신학에 이르기까지─라면, 과학은, 정신분석가처럼 표현하자면, 아이 같은 상태를 넘어서고자 하는 체계적 노력이다. 경건한 기다림과 제의의 이행을 통하여 기원을 하고, 이교도를 화형에 처하는 것을 통하여 환상을 실현하려는 신자의 애처로운 노력을 과학은 경멸한다.

프로이트는 무신론도 이데올로기에 취약할 수 있다는 것을 어렴풋이 느끼고 있다. 다시 정신분석의 언어를 빌리자면, 무신론도 방어 전략─사춘기에 들어선 아이가 아버지에게 반항할 때의 전형적인 반응─으로 이용될 수 있었다. 집에서 승리하지 못한 오이디푸스적 싸움을 종교의 영역에서 재연하기 위해 하느님과 싸울 수도 있는 것이

** 이런 입장에 대한 가장 강력한 진술은 1933년 《새로운 정신분석 강의》의 맨 끝에 들어간, 세계관에 관한 중요한 논문에서 찾아볼 수 있을 것이다. "The Question of a Weltanschauung," *SE* XXII, 158-182.
*** 《환상의 미래》도 종교에 도전하며 과학을 옹호한다는 점만이 아니라 다른 면에서도 정치적 문건으로 받아들여졌다. 1928년 7월 프로이트는 어니스트 존스에게 소련 검열관들이 이 책의 러시아어 번역을 금지했다고 알렸다(존스는 아이팅곤에게서 이 소식을 이미 들었다). (프로이트가 존스에게 쓴 편지, 1982년 7월 17일. Freud Collection, D2, LC.)

다. 그러나 프로이트는 그런 싸움은 하지 않았다. 그는 키메라와 싸우려 하지 않았다. 그의 머릿속에서 무신론은 그것보다는 나은 어떤 것이었다. 종교적 현상의 가차 없고 보람 있는 연구의 전제 조건이었던 것이다. 우리가 알다시피 프로이트는 사회 개혁가의 망토를 입지 않았다. 그러나 계몽주의 철학의 현대적 상속자로서 그는 과학적 통찰을 이용하여 정신의 고통을 덜어주는 것도 과학의 직무 가운데 하나라고 믿었다. 프로이트의 정신분석적 신앙 비판에는 종교에 관한 진실을 발견하고 퍼뜨려 인류가 종교에서 자유로워지는 데 도움을 주고 싶다는 희망이 감추어져 있었던 것이다.

물론 프로이트가 《환상의 미래》에서 인정하듯이 이런 희망은 다른 환상으로 드러날 수도 있다. 그러나 프로이트는 이 문제를 제기한 뒤에 곧 옆으로 밀어놓는다. "결국 이성과 경험에 저항할 수 있는 것은 없기" 때문이다. "어쩌면 우리의 신 로고스는 그렇게 전능하지 않기 때문에, 그의 선배들이 약속했던 것 가운데 작은 부분만 실현할 수" 있을지도 모른다.[41] 사실 로고스에게 헌신하는 사람들은 어린 시절의 소망 가운데 큰 부분을 포기할 각오가 되어 있다. 그러나 그들이 꿈을 더 많이 포기해야 한다 해도, 그들의 세계는 붕괴하지 않을 것이다. 그들이 실행하는 과학적 방법과 연구를 관장하는 전제들은 그들이 더 나은 증거에 비추어 생각을 고쳐 나가게 해준다. 프로이트의 결론은 유명하다. "아니다, 우리의 과학은 환상이 아니다. 하지만 과학이 우리에게 줄 수 없는 것을 다른 어딘가에서 얻을 수 있다고 믿는다면 그것은 환상일 것이다."[42] 이것은 그가 늘 품고 있던 과학에 대한 신앙 고백이지만, 그 이전에도 이후에도 이렇게 활달하고 기운차게 표현된 적은 없었다. 몇 년 전 그는 로맹 롤랑에게 "인생의 많은 부분을 나 자신의 환상, 그리고 인류의 환상을 파괴하는 데 보낸" 사람이라고 자신을 묘사했다.[43]

그러나 인류 대부분이 자신들의 환상이 파괴되는 것을 허용하느냐 하는 것은 완전히 다른 문제였다.

1928년 1월 프로이트가 알지 못하던 사람, "일개 소박한 노동자"로서 프로이트의 종교에 대한 투쟁을 높이 평가한다고 밝힌 에드바르트 페트리코비치(Edward Petrikowitsch)라는 이름의 식자공이 그에게 〈세인트루이스 포스트-디스패치(St. Louis Post-Dispatch)〉에서 오린 기사를 하나 보내주었다. 이 기사는 프로이트의 새 책이 지지자들 사이에 분열과 센세이션 비슷한 것을 일으켰다고 주장했다.[44] 프로이트는 즉시 정중하면서도 무뚝뚝하게 답했다. 그는 편지를 보낸 사람이 교육받은 사람이라고 생각할 수밖에 없었다. 프로이트는 그가 미국에 산 지 오래된 유럽인이 틀림없다고 보았다. 그래서 "왜 아직도 미국 신문에 난 것을 믿으시는지 궁금하지 않을 수 없습니다." 프로이트의 추측은 부분적으로 옳았다. 페트리코비치는 노동조합 활동가이자 자유사상가이자 사회주의자로서, 제1차 세계대전 후에 세인트루이스로 이주했다. 프로이트는 그가 보내준 기사는 "내가 하지도 않은 말을 했다고 주장하고 있다"고 말했다. 사실 "그곳 사람들은 내 작은 책에는 거의 관심을 두지 않습니다. 아무도 신경조차 안 쓴다고 말할 수 있습니다(es hat kein Hahn nach ihr gekräht)."[45]

그러나 《환상의 미래》는 프로이트가 '아무런 관심도 받지 못하는 사람'이라는 낡고 누더기가 된 망토로 자신을 감싸면서 인정했던 것보다 훨씬 많은 관심을 받았다. 사실 그 자신도 그런 정황을 잘 알고 있었다. 페트리코비치가 보낸 기사는 1927년 12월 말 〈뉴욕타임스〉가 "종교는 망할 운명/ 프로이트 주장하다/ 종교는 과학 앞에서 무너질 수밖에 없다/ 그의 지지자들 분개하다/ 정신분석의 대가의 새 책, 그로 인한 분열 때문에 개탄의 대상이 되다"라는 선정적이고 현혹적인 표제 밑에 처음 실었던 기사를 재수록한 것이었다.*[46] 이것은 《환상의 미래》가 일으킨 소란을 극적으로 상당히 과도하게 표현한 것이었다. 그런데도 프로이트는 1928년 4월에 아이팅곤에게 자신이 "매우 광범하게 불쾌감"을 일으켰다고 말했다. 그에게는 "사방에서 온갖 숨죽인 빈정거림 때문에 으르렁거리는 소리"가 들렸다.[47] 물론 이 책이 제자들의 심각한 분열을 초래하지는 않았지만, 몇 명이 예민해지기는 했다. 사실 종교는 여전히 매우 민감한 주제였기 때문이다. 아이팅곤이 6월에 프로이트에게 보고한 바에 따르면, 베를린에서 논문을 발표했을 때 "안나가 저항에 부딪힌 것은 그 원인이 《환상의 미래》에 있습니다. 안나의 논문이 거기에 기초한 것이었기 때문이지요. 이곳에는 전과 다름없이 지금도 그 책에 반대하는 감정이 많습니다. 사람들이 자기 자신에게도 그 점을 분명히 드러내고 싶어 하지는 않습니다만."[48] 빈의 〈뉴욕타임스〉 기자는 실수와 왜곡에도 불구하고 이런 분위기의 일부를 포착했던 셈이다.

프로이트의 종교 분석—비판자들은 공격이라고 부르지만—이 응답과 반박을 낳은 것은 불가피한 일이었다.** 아마 그 가운데 가장 예의 바른 것은 예상대로 〈이마고〉에 발표된 피스터의 응답 "미래의 환상"일 것이다. 이 글은 예의 바르고, 사리에 맞고, 매우 우호적이었다. 피스터는 프로이트에게 직접 말하듯이, "교수님을 반대하기 때문이 아니라 지

---

* 이 보도에 대한 프로이트의 짜증은 충분히 이해할 만하다. 이 기사는 프로이트의 메시지를 조잡하게 요약했을 뿐 아니라 오류가 많았기 때문이다. 이 기사는 프로이트를 "지기스문트"라고 불렀는데, 이것은 그가 50년 넘게 사용하지 않던 이름이었다. 또 프로이트의 책 제목을 "어떤 암시의 미래"—재미있는 실수다.—라고 번역했다. 피스터는 "피서"라고 불렸으며, 그를 하필이면 "취리히의 신교 교회의 수장"이라고 밝혔다. 또 정신분석 정기간행물 〈이마고〉를 "교회 잡지"라고 묘사하면서, 이 잡지에서 피스터가 프로이트에게 대응할 것이라고 말했다.

지하기 때문에, 또 교수님을 위하여 정신분석의 전투에 참가하는 모든 사람들을 지지하기 때문에" 이 글을 썼다고 말했다.[49] 프로이트가 이 글에 이의를 제기하지 않은 것은 분명하다. 그는 이 글이 "친절한 반론"[50]이라고 생각했다. 이 반론에서 피스터는 오랜 친구와 역할을 바꾸었다. 뿌리 깊은 비관주의자인 프로이트를 근거 없는 낙관주의자로 규정했기 때문이다. 피스터는 지식이 진보를 보장해주지 않는다고 주장했다. 또 박약하고 냉담한 과학이 종교를 대신할 수도 없다. 과학은 도덕적 가치나 지속적인 예술 작품의 영감이 될 수 없기 때문이다.

그러나 프로이트의 브로슈어에 대한 대부분의 반응이 그렇게 정중했던 것은 아니다. 개혁파 랍비 네이선 크라스(Nathan Krass)는 뉴욕 5번가의 유대교 회당 에마누엘 사원에서 회중에게 이야기하면서, 전문가가 생색을 내며 아마추어를 교정해주는 방식을 택했다. "이 나라에서는 어떤 사람이 한 분야에서 주목받을 만한 일을 했다는 이유로 모든 주제에 관해 이야기하는 일이 자주 생기고 있다." 그는 한 예로 에디슨을 들었다. 에디슨은 "전기에 관해 잘 알고 있으며", 그래서 사람들은 그의

** 가장 묘한 "응답"으로 꼽을 만한 것은 J. C. 힐(J. C. Hill)의 《꿈과 교육》이다. 영국의 교육자인 저자는 이 책을 프로이트에게 보내주었다. 힐의 이 작은 책은 《환상의 미래》가 출간되기 1년 전인 1926년에 출간되었지만, 저자―"진료를 하는 정신분석가는 아니고" 또 프로이트의 어떤 글에 대해서는 "의견을 피력할 능력이 없지만"(p. 1) 프로이트를 매우 존경한다고 자신을 소개했다.―는 이것이 답변 역할을 할 수도 있다고 생각했다. 그러나 프로이트는 어리둥절했다. 힐은 소박한 예로 가득 찬 단순한 해설들로 이루어진 이 책에서 자신이 정신분석적 관념이라고 이해한 것을 "정상적인 행동의 연구"(p. 1), 특히 교육의 연구에 적용했다. 그러다가 어떤 중간 단계나 예비 단계도 없이, 프로이트에게서 배우고자 하는 교사라면 "간단히 말해 기독교의 진리를 깨닫게 될 것"(p. 114)이라는 주장으로 이야기를 끝맺었다. 프로이트는 정중하지만 간략한 몇 줄로 이 선물에 감사했다. "귀하의 소책자를 받고 즐겁고 만족스럽게 읽었으며, 이것이 많은 사람들에게 큰 감명을 줄 것이라고 믿습니다. 하지만 딱 한 가지 알 수 없는 점이 있습니다. 귀하가 정신분석에 관해 말씀하시는 것이 기독교의 진실과 어떻게 연결되는 것이죠?" (프로이트가 힐에게 쓴 편지, 1928년 2월 18일. 영어로 씀. Sigmund Freud Copyrights, Wivenhoe의 허락을 받고 인용.)

"신학에 관한 의견"에도 귀를 기울인다. 또는 "비행으로 이름을 얻은" 사람—물론 린드버그를 염두에 두고 한 말이다.—도 "태양 아래 모든 것에 관해 이야기를 해 달라는 요청을 받는다." 크라스가 하고자 하는 말은 긴 설명이 필요 없었다. "모든 사람이 정신분석가 프로이트를 존경한다. 그러나 그것이 우리가 그의 신학을 존경해야 할 이유는 되지 않는다."[51]

프로이트가 크라스의 혹평을 접했다는 기록은 없지만, 이런 혹평은 드물지 않았다. 어떤 비판자들은 프로이트의 종교 분석에서 현대 세계의 도덕적 근간을 갉아먹는 유해한 상대주의의 증후를 탐지해냈다.[52] 실제로 한 익명의 논평가는 독일의 보수적인 월간지 〈남독일 월보(Süddeutsche Monatschefte)〉에 기고한 글에서 프로이트의 종교에 관한 견해를 이 시대에 전염병처럼 번지는 "범돼지주의"—그 자신이 사용하던 재미있는 표현이다.—와 한 묶음으로 보았다.[53] 또 예측할 수 있는 일이지만, 《환상의 미래》는 학계의 반유대주의자들에게 환영할 만한 과녁을 제공했다. 1928년 본 대학의 민족학 교수 카를 크리스티안 클레멘(Carl Christian Clemen)은 이 책이 나온 것을 계기로 정신분석이 모든 곳에서 성(性)을 찾아내는 경향이 있다고 개탄했다. "이것은 정신분석의 주창자, 또 어쩌면 정신분석이 치료하는 환자들까지도 주로 특정 집단 출신이라는 사실로 설명이 가능할 수 있다."[54] 또 한 사람의 저명한 독일 교수 에밀 압데르할덴(Emil Abderhalden)은 다재다능한 생물학자이자 화학자였는데, "유대인"이 아무런 권한도 없이 감히 "기독교 신앙을 심판한다"고 개탄했다.[55] 프로이트는 이런 비방을 알게 되면 경멸로 대응했다. 그러나 그 나름으로, 자신의 글들이 스스로 부과한 기준에 미치지 못한다고 그 어느 때보다 강하게 믿었으며, 자신이 이제는 10년 전의 프로이트가 아니라고 생각하며 슬퍼했다.

프로이트는 그 시절 즐거워할 일이 거의 없다고 생각했다. 그 자신은 말할 것도 없었다. 1928년 4월에는 헝가리의 정신분석가 이슈트반홀로시(István Hollós)에게 정신병 환자를 다루는 데 저항감을 느낀다고 말했다. "마침내 나 자신에게 고백했거니와, 나는 이런 병든 사람이 싫습니다. 그들이 나와, 또 인간적인 모든 것과 아주 멀게 느껴지기 때문에 그들에게 화가 납니다." 그는 이것이 "이상한 종류의 편협함"이라고 생각했다. 그러면서 체념하여 덧붙였다. "시간이 지나면 나 자신에게도 흥미를 잃겠지요. 물론 이것은 분석적으로는 옳지 않습니다만." 그러나 이런 공감의 결핍에 관해 생각해볼 만큼은 자신에게 흥미를 느꼈다. 이것은 혹시 "지성의 우선성을 지지하는 점점 분명해지는 당파성, 이드에 대한 적대감의 결과가 아닐까요? 아니면 달리 뭘까요?"[56)

물론 시대는 지성의 우선성 주장에 우호적이지 않았다. 정치적 선동이라는 꼴사나운 광경과 세계 경제의 위태로움 때문에 비합리성이 우위를 차지하고 있었다. 1928년 4월에 프리츠 비텔스가 다시 미국에서 정신분석을 강연하고 가르치는 문제를 놓고 조언을 구하자, 프로이트는 미국으로 가라고 강하게 권했다. "빈의 엄혹한 경제 상황, 그리고 빠른 시일 안에 뭐가 바뀔 가능성이 없다는 것은 잘 알지 않나?"[57) 프로이트는 도시에서 분석가들이 환자를 찾는 위험한 상황을 자신의 개인적인 책임으로 여기는 것 같았다. 그는 비텔스에게 자신이 "젊은 친구들"을 위하여 휘두를 수 있는 "개인적 영향력"이 줄어들수록 더 "괴로워진다"고 말했다.[58)

그러나 이해할 만한 일이지만, 병약한 상태—먹고 말하는 데 겪는 불편, 통증—가 훨씬 심하게 그를 괴롭혔다. 이것은 신체적인 영향만큼이나 감정적인 영향도 주었다. 프로이트는 1928년 7월에 어니스트 존스에게 "공개하지 말아야 할 작은 비밀"을 고백했다. 1923년 가을에 처음 수술을 맡은 이후로 아주 많은 일을 해준 구강외과의 한스 피흘러를 떠날 생각을 했던 것이다. "작년에 피흘러가 더 나은 인공 기관을 만들려고 노력하면서 나는 엄청나게 고생을 했지만, 그 결과는 매우 불만족스럽네. 그래서 마침내 다른 사람을 알아보라는 여러 사람의 압력에 굴복하고 말았어."[59) 피흘러 자신도 실패했다고 인정했지만,[60) 프로이트는 양심 때문에 괴로워하고 있었다. "나로서는 쉬운 일이 아니었네. 사실 근본적으로 이미 내 수명을 4년이나 연장시켜준 사람을 버리는 것 아닌가." 그러나 견딜 수 없는 상황이 되었다.[61) 이 사례에 관한 피흘러의 메모도 프로이트가 옳다는 것을 증명했다. 피흘러는 4월 16일에 이렇게 썼다. "모든 것이 나쁨. (입의) 안쪽에 통증. 인두(咽頭) 뒤쪽 벽을 따라 붓기가 있고, 민감하고 불그스름한 곳이 발견됨."[62) 새로운 인공 기관은 잘 맞지 않았다. "인공 기관 5(번)는 사용할 수 없음." 피흘러는 4월 24일에 그렇게 썼다. "너무 두껍고 큼."[63) 피흘러는 5월 7일에 그 전의 인공 기관 4번은 "압박감을 주고", 또 "혀를 많이 건드림"이라고 덧붙였다.[64) 그래서 프로이트는 이 "인공 기관 곤경"[65)에서 벗어날 방법을 찾아보라는 베를린의 저명한 슈뢰더 교수의 설득을 받아들였다. 슈뢰더는 예비 조처로 조수를 빈으로 보내 인공 기관을 살펴보게 했으며, 8월 말에 프로이트가 추가 작업을 하러 베를린으로 갔다. 이 일은 비밀리에 이루어졌다. "따라서 아이들을 만나러 간다고 이야기할 걸세. 그러니 신중하게 행동해주시기를!"[66)

그러나 베를린에서 이루어진 진찰, 치료, 시험 장착은 엄청나게 불편했다. 피흘러에 대한 죄책감과 더 나은 인공 기관을 만들 수 없을 것이라는 의심 때문에 고통은 더 심해졌다. 그러나 슈뢰더는 좋아했고 신뢰했다. 낙관적인 기분이 찾아왔을 때는 동생에게 최고의 의사가 보살피고 있다고 말하기도 했다.[67) 프로이트는 몸이 훨씬 나아졌다는 것을

새로운 인공 기관을 맞추러 베를린에 갔던 1928년 가을의 프로이트와 안나.

증명이라도 하려는 듯이 몸 상태가 허락할 때마다 분석 환자 두 명을 보았다. 인생을 더 견딜 만하게 만들기 위해 막내딸도 데려갔다. 그는 동생에게 말했다. "안나는 평소와 마찬가지로 훌륭해. 그애가 없었다면 여기서 나는 어쩔 줄 모르고 헤맸을 거야." 안나는 보트를 빌려, 베를린 북서부의 쾌적한 구역인 테겔의 호수에서 보트를 젓고 수영을 하며 오랜 시간을 보냈다.[68] 당시 베를린에 살던 아들 에른스트도 자주 찾아왔다. 산도르 페렌치 같은 오랜 친구들도 마찬가지였다. 전체적으로 이 치료를 위한 여행은 프로이트에게 조심스러우나마 즐거워할 만한 근거를 제공했다. 예상을 뛰어넘어, 새 인공 기관이 이전 것들보다 훨씬 개선되었기 때문이다.

암 수술 직후인 1923년 가을에 프로이트를 위해 만든 장치는 잘 맞지 않아서, 통증이 없을 때도—그런 경우는 드물었지만—불편했다. 슈뢰더는 통증이 지속되는 시간을 줄였고, 불편을 약간 덜어주었다. 그러나 통증이나 불편에서 영원히 또는 완전히 벗어난 것은 아니었다. 프로이트는 1931년 여름에 "친애하는 루"에게 이렇게 썼다. "그동안 인공 기관 때문에 온갖 불편한 일을 겪었다는 것을 밝힙니다. 평소와 마찬가지로 그것 때문에 중요한 일을 할 수가 없습니다."[69] 일 때문에 괴로움을 잊을 때도 있었지만, 괴로움 때문에 일을 방해받는 경우가 더 많았다. 베를린에 머물 때 루 안드레아스-살로메가 찾아왔다. 그는 딸 안나에게 대화를 맡겼는데, 그 일이 마음에 걸렸다. 그는 나중에 친애하는 루에게 말했다. "그 이유는 청력이 나빠져서 부인이 작게 말하는 소리를 잘 들을 수가 없었고, 내 말하는 능력이 손상되어 부인 또한 내 말을 이해하는 데 어려움을 겪는다는 사실을 눈치챌 수밖에 없었다는 것입니다. 그래서 우울한 일이지만 체념하고 입을 다물게 되는 것입니다."[70] 한때 대화의 달인이었던 사람에게는 잔인한 운명이었다. 1920년대 중반부터 국제 정신분석가 대회에 참석한다는 게 불가능한 일이 되어버렸다. 그는 자극을 받을 이런 기회를 놓치는 것에 매우 큰 타격을 받았다. 1928년에 그의 미국인 분석 대상자 필립 레어먼이 만든 아마추어 영화는 그가 여위고 눈에 띄게 나이 들어 보이는 모습으로 딸 안나와 산책을 하고, 개와 놀고, 기차에 타는 장면들을 보여준다.[71]

그해 말 프로이트는 오래전에 쫓아버렸다고 생각하던 과거를 갑자기 다시 떠올리게 되었다. 빌헬름 플리스가 죽고, 12월에 플리스의 미망인이 죽은 남편의 편지를 돌려 달라고 요청한 것이다. 프로이트는 요청을 들어줄 수가 없었다. 그는 그녀에게 알렸다. "내 기억에 따르면 1904년 이후 언젠가 우리가 주고받은 편지를 많이 없애버렸습니다." 그래도 몇 통 남아 있을지 모르니, 한번 찾아보겠다고 약속했다.[72] 그는 두 주 뒤에, 찾아보았지만 아무것도 나오지 않았다고 알렸다. 다른 편지들, 예를 들어 샤르코에게서 받은 편지들도 사라지고 없었다. 그는 그 시기의 편지들을 전부 없앤 것 같다고 결론을 내렸다. 그러나 그 편지들을 찾는 동안 자신이 쓴 편지에 생각이 미치게 되었다. "오랫동안 친한 친구였던 부인의 남편에게 내가 썼던 편지들이 달리 이용되는 일이 없도록 보호받을 수 있게 되었다는 이야기를 듣고 싶습니다."[73] 말은 하지 않았지만 이 에피소드는 불편한 기억들을 흔들어놓은 것이 틀림 없었다. 이 기억들은 10년 뒤에 다시 불편하게 되돌아오게 된다.

이 불안하고 마음 아픈 시절 프로이트는 예기치 않은 곳에서 기분을 전환하게 되었다. 중국산 차우차우 개, 린 유그였다. 그는 2년 동안 딸 안나의 셰퍼드 볼프가 오랜 산책에서 그녀를 보호하는 것을 즐겁게 지켜보았다. 그러다 아버지로서 안나가 그 개를 좋아하는 마음에 공감하게 되었다. 1927년 4월 안나가 이탈리아로 휴가를 갔을 때 프로이트는 전보로 집안일을 알리면서 이렇게 말을 맺었다. "볼프와 가족의 따뜻한 인사를 전하며."[74] 이제 프로이트도 자신의 개를 갖게 되었다. 개를 준 사람은 도로시 벌링엄(Dorothy Burlingham, 1891~1979)인데, 1925년에 빈으로 온 미국인이었다. 어린 자식 넷을 둔 벌링엄은 조울증에 걸린 남편과 별거 중이었다. 그녀는 빈에 와서 처음에는 테오도어 라이크에 게, 이어서 프로이트에게 분석을 받았으며, 아이들도 분석을 받게 했다. 아이들이 치료를 받게 된 것을 계기로 자신도 전문적인 아동 분석에 뛰어들었다. 벌링엄은 곧 프로이트의 측근이 되었으며, 특히 안나와 가까웠다. 앞서 말한 안나의 이탈리아 휴가 때 동행한 사람도 벌링엄 부인이었다. 안나는 아버지에게 자신과 벌링엄이 "아주 유쾌하고 순수한 동지 관계"를 즐기고 있다고 말했다.[75] 도로시 벌링엄을 무척 좋아하게 된 프로이트는 그녀를 "아주 기분 좋은 미국 여자, 불행한 동정녀"라고 불렀다.[76] 벌링엄의 선물은 최고의 선택이었다. 6월에 프로이트는 아이 팅곤에게 "매력적인 중국산 암캐"를 갖게 되었는데, 그 개가 "우리에게

1920년대 중반 이후 프로이트는 악화된 건강 때문에 마음 아픈 시절을 보냈다. 이때 처음으로 자신의 애완견을 기르면서 기분 전환을 하곤 했다. 사진은 차우차우 요피와 함께 있는 프로이트.

큰 즐거움을 주고 있다."고 말했다.[77] 린 유그는 애완동물이었지만, 책임을 지고 돌봐야 하는 대상이기도 했다. 벌링엄에게 개를 팔았던 헨리에타 브란데스(Henrietta Brandes)는 프로이트에게 개를 돌보는 자세한 지침을 보내주었다. 6월 말에 그녀는 프로이트가 중국산 차우차우와 잘 사귀었다는 이야기를 듣고 기뻐했다.[78] 그때부터 프로이트와 차우차우 여러 마리, 특히 요피와 떼어놓을 수 없는 관계가 되었다. 분석 시간이면 이 개는 소파 발치에 조용히 앉아 있곤 했다.[79]

따라서 모든 것이 어두운 것만은 아니었다. 프로이트는 계속 분석을 하면서 젊은 세대—적어도 그 가운데 일부—의 진보를 정말로 만족스럽게 지켜보았다. 그의 직업적 동료들은 긴밀한 가족을 닮아 갔다. 1927년 오랜 친구이자 동료이자 타로 게임 파트너인 오스카어 리의 딸 마리안네 리(Marianne Rie)가 미술사가이며 나중에 정신분석가가 된 에른스트 크리스와 결혼했다. 당시 의대생이던 그녀는 아동 분석가가 되기 위해 공부하고 있었다.* 같은 해에 훌륭한 교육을 받은 내과 의사이자 정신과 의사이자 심리학자이자 철학에도 상당한 조예가 있는 하인츠 하르트만이 첫 책《정신분석의 기초》를 출간했다. 그가 나중에 자아심리학에 이론적으로 크게 기여할 사람임을 예고하는 책이었다. 프로이트의 딸 안나 또한 정신분석가들 사이에서 명성을 높이고 있었다. 1927년 첫 책《아동 분석 기법 입문》에서 자세히 설명한 아동 발달에 대한 그녀의 견해는 멜라니 클라인의 견해와 충돌하여, 빈과 런던의 분석계에서 활발한, 또 가끔 악의에 찬 논쟁이 벌어지곤 했다.** 정신분석의 미래는 밝아 보였다.

그러나 프로이트는 딸이 정신분석가로서 "빛나게 발전"해 가는 모습을 순수하게 기쁜 마음으로 바라보면서도, 1927년 봄에 루 안드레아스-살로메에게 딸의 감정 생활을 계속 걱정하고 있다고 고백했다. "내가 그 아이의 책에 기여한 것이 얼마나 적은지 믿지 못할 겁니다. 멜라니 클라인에 대한 논박을 짧게 줄인 것밖에 없습니다. 그것만 빼면 완전히 독립적인 작업입니다." 하지만 "다른 면에서는 덜 만족스럽습니다. 그 가엾은 마음에 틀림없이 뭔가가 있기 때문에, 여자 친구들에게만 매달려 계속 친구를 바꾸고 있습니다." 안나에게는 훌륭한 동료들이 필요했다. 프로이트는 안나가 그 무렵 친밀하게 지내는, "그녀가 분석하

---

* 나중에 그녀의 여동생 마르가레테(Margarete)는 분석가 헤르만 눈베르크(Hermann Nunberg)와 결혼하여, 두 가문은 정신분석가 왕조를 이룬다.
** 본서 9장 212~216쪽 참조.

던 아이들의 어머니" 도로시 벌링엄이 딸에게 다른 친구들보다 더 나은 사람인지 의문스러웠다. 그래도 딸이 벌링엄 부인과 아주 잘 지내고 있다는 것은 인정했다. 두 사람이 이탈리아 호수에서 보낸 3주의 부활절 휴가가 딸에게 큰 도움을 주었기 때문이다.[80] 그러나 프로이트의 의심은 사라지지 않았다. 그는 12월에 친애하는 루에게 다시 편지를 썼다. "안나는 여러모로 장하고 지적으로 독립적이지만, 성생활이 없습니다." 프로이트는 다시 한 번 오랫동안 문제가 되어 오던 지점으로 돌아갔다. "아버지가 없으면 그 아이는 어떻게 할까요?"[81]

딸을 빼면 1920년대 프로이트의 가장 주목할 만한 신병(新兵)은 프로이트가 다정하게 "에너지 악마"라고 부른 적이 있는[82] 마리 보나파르트 공주였다. 그녀는 공주라는 칭호가 어울리는 사람이었다. 사실 걸어 다니는 '소망-환상'이라 할 만했다. 나폴레옹의 동생 뤼시앵의 증손녀이자, 그리스 왕 콘스탄티노스 1세의 동생이며 덴마크 왕 크리스티안 10세의 사촌인 게오르기오스 왕자의 부인인 그녀는 왕족 중의 왕족이었다. 부러움을 살 만큼 부유하고 흠잡을 데 없는 인맥을 갖추었는데도, 그녀는 민주주의 시대의 왕족에게 적합하다고 여겨지던, 전통적이고 공허하고 형식적인 사교 행사에 참여하는 생활에 만족하지 못했다. 예리한 지성을 갖추고 부르주아적인 억제를 몰랐으며 독립적이었던 그녀는 젊은 시절 지적이고, 감정적이고, 성적인 만족을 찾아다녔다. 그녀는 침대에서나 대화에서나 실망스러웠던 남편에게 그런 만족을 기대할 수 없었다. 또한 프랑스 총리를 몇 번이나 역임한 정치가 아리스티드 브리앙(Aristide Briand, 1862~1932)이나 기법과 이론 양면에서 뛰어난 정신분석가 루돌프 뢰벤슈타인(Rudolph Loewenstein, 1898~1976)을 포함한 저명한 연인들에게서도 만족을 얻을 수 없었다. 1925년 르네 라포르그가 프로이트에게 처음 "그리스의 게오르기오스 왕자비"를 언급했을

프로이트의 친구이자 속을 털어놓는 상대이자 후원자로서 독일이 오스트리아를 합병한 뒤 위험한 시기에 중요한 도움을 준 마리 보나파르트 공주.

때, 그녀는 라포르그가 진단한 대로 "매우 현저한 강박 신경증"에 걸린 상태였으며, 라포르그는 강박 신경증이 그녀의 지성에는 손상을 주지 않았지만, "정신의 전반적 평형은 약간 흔들어놓았다"고 말했다. 그녀는 프로이트가 자신을 분석해주기를 바랐다.[83]

프로이트는 속으로는 마리 보나파르트의 엄청난 신분에 감명을 받았는지는 몰라도 어쨌든 겉으로는 드러내지 않았다. 그는 라포르그에게 두 가지 조건만 맞으면 그녀를 분석할 용의가 있다고 말했다. 하나는 "그녀의 의도가 진지하고 그녀가 개인적으로 훌륭한 사람임을 보장해 달라"는 것이었다. 또 하나는 자신의 프랑스어를 믿을 수 없기 때문에, 그녀가 독일어나 영어를 할 수 있어야 한다는 것이었다. 그러면서 프로이트는 침착한 부르주아적 말투로 덧붙였다. "그밖에 분석 대상자로서 다른 모든 환자와 똑같은 책임을 그대로 받아들여야 합니다."[84] 몇 가지 미묘한 외교적 협상이 뒤따랐다. 라포르그는 공주가 진지하고 성실하며 우수한 정신을 갖춘 사람이며, 매일 두 시간씩 두 달간의 짧은 분석을 받기를 간절히 원한다고 말했다.[85] 프로이트가 이의를 제기하자, 중개자들에게 짜증이 난 마리 보나파르트가 직접 편지를 썼으며, 7월에는 모든 것이 확정되었다. 1925년 9월 30일 마리 보나파르트는 빈에서 라포르그에게 편지를 썼다. "오늘 오후에 프로이트를 만났습니다."[86]

나머지는 흔히 말하듯이 역사다. 10월 말 프로이트는 아이팅곤에게 자신이 하루에 두 시간씩 바치고 있는 "친애하는 공주, 마리 보나파르트"에 관해 의기양양하게 이야기했다. 그녀는 "매우 걸출한 여성이며, 반 이상은 남성"이었다.[87] 두 주 뒤, 그는 라포르그에게 이렇게 말할 수 있었다. "공주는 아주 훌륭하게 분석을 받고 있으며, 내 생각에는 여기 머무는 데 무척 만족하는 것 같습니다."[88] 마리 보나파르트는 분석으로 불감증이 치료되지는 않았지만, 인생에서 확고한 목적을 찾게 되었으며 평생 처음으로 아버지 같은 친구를 갖게 되었다. 그녀는 파리로 돌아가 프랑스 정신분석 운동을 조직하려고 노력하여, 부지런히 회의에 참석하고 풍부한 자원을 활용해 운동을 아낌없이 지원했다. 지칠 줄 모르고 일기를 쓰는 사람이었던 그녀는 프로이트가 자신에게 한 말을 말한 그대로 자세하게 기록했으며, 정신분석 논문도 쓰기 시작했다. 아마 가장 보람 있는 것은 그녀가 프로이트의 분석 대상자에서 의지할 만한 친구이자 인색하지 않은 후원자로 바뀐 점일 것이다. 마리 보나파르트는 프로이트를 믿고 일곱 살에서 아홉 살 사이에 3개 국어로 쓴 메모, 그녀의 표현으로는 "어리석은 짓"의 결과물을 넘겨주기도 했다.[89] 그녀는 프로이트와 서신 교환을 했으며, 가능한 한 자주 찾아갔고, 늘 파산 위기에 시달리던 정신분석 출판사를 재정적으로 지원했고, 프로이트에게 뛰어난 골동품을 공급했으며, 프로이트가 받아본 사랑 가운데 딸 안나의 헌신 외에는 능가할 것이 없는 사랑을 주었다. 물론 그녀의 신분도 매력의 일부였지만, 그것이 프로이트가 그녀를 좋아한 근거는 아니었다. 프로이트가 보기에 그녀는 한마디로 모든 것을 갖추고 있었다.

공주가 프로이트에게 속을 털어놓았듯이, 프로이트도 공주에게 속을 털어놓았다. 1928년 봄 그녀가 무의식과 시간 문제에 관한 작업을 하고 있다고 이야기하자, 그는 그녀에게 오랫동안 이해를 하지 못했다고 하면서 반복해서 꾸는 이상한 꿈 이야기를 해주었다. 그는 묘하게 조각상들에 의해 지탱되고 있는 야외 맥줏집 대문 앞에 서 있는데 안으로 들어갈 수 없어 돌아가야 했다. 프로이트는 공주에게 자신이 실제로 동생과 함께 파도바에 간 적이 있는데 아주 비슷한 문 뒤에 있는 동굴에 들어갈 수 없었다고 말했다. 오랜 세월이 흐른 뒤 프로이트는 파도바에 다시 갔을 때 꿈에서 보았던 곳을 알아보았으며, 이번에는 동굴에 들어갈 수 있었다. 그러면서 프로이트는 어떤 수수께끼를 풀지 못할 때마다 이 꿈을 다시 꾸게 된다고 덧붙였다. 실제로 시간과 공간은 그가 그때까지 풀지 못해 안타까워하던 신비였다.[90] 그러나 아직은 그 신비를 평생 해결하지 못할 것이라고 생각하고 싶지는 않았다.

문명의 딜레마

"아빠는 뭔가에 관해 쓰고 있어요." 안나 프로이트는 1929년 7월 초에 루 안드레아스-살로메에게 그렇게 밝혔다.[91] 그달 말에 프로이트는 바이에른의 여름 휴양지 베르히테스가덴에서 그 소식을 확인해주었다. "오늘 마지막 문장을 썼습니다. 이것으로 도서관이 없는 여기에서 가능한 만큼은 다 끝냈습니다." 막 《문명 속의 불만》을 끝낸 것이다. 그는 일이 주는 어떤 압박감 같은 것이 자기 안에 여전히 살아 있다고 말했다. "내가 어쩌겠습니까?" 그는 수사적으로 물었다. "하루 종일 담배만 피우고 카드놀이만 할 수는 없잖습니까? 이제는 걸을 만한 지구력이 없습니다. 읽을 수 있는 것도 대부분 흥미가 없습니다. 그래서 글을 썼고, 그것을 쓰면서 아주 유쾌한 시간을 보냈습니다."[92]

《문명 속의 불만》이 유쾌한 소일거리였을지는 모르지만, 프로이트에게는 그 전작인 《환상의 미래》만큼이나 창피하게 느껴졌다. "작업을 하면서 가장 진부한 진실들을 새롭게 발견했습니다."[93] 그가 출간 직후 어니스트 존스에게 고백한 바에 따르면 이 작은 책은 "기본적으로 딜레탕트적인 기초"에 바탕을 두고 있으며, 그 위에 "위로 갈수록 가늘게 좁아지는 분석적 연구가 솟아 있네." 물론 존스처럼 그의 글에 통달한 사람은 이 최신작의 "독특한 성격을 놓쳤을 리 없다."[94] 프로이트는 당시로서는 이 책이 그의 가장 영향력 있는 저작으로 꼽히게 될 것이라고 상상도 못했을 것이다.

《환상의 미래》와 마찬가지로 이 책 또한 불확실한 희망의 분위기로 끝을 맺지만, 이 희망은 훨씬 희박해진 상태다. 《문명 속의 불만》은 프로이트의 가장 침울한 책이며, 또 어떤 면에서는 가장 불안정한 책이다. 그는 자꾸 글을 멈추고 항변하곤 했다. 자기가 사람들이 이미 아는 것을 이야기하고 있으며, 자료를 낭비하고, 결국 인쇄소의 시간과 잉크를 낭비하고 있다는 느낌이 그 어느 때보다 자주 든다고 말이다.[95] 확실히 《문명 속의 불만》의 주요한 이야기 가운데 어느 것도 새롭지는 않았다. 프로이트는 1890년대에 플리스에게 보내는 편지에서 그 생각들의 윤곽을 이야기했고, 10년 뒤에는 논문 〈문명화된' 성도덕과 현대의 신경병〉에서 다시 짧게 이야기를 했으며, 그 무렵에는 《환상의 미래》에서도 되풀이해 말했다. 그러나 이번처럼 맹렬하게 집중해서 분석한 적은 없으며, 이렇게 무자비하게 자기 생각의 함의를 끄집어낸 적도 없었다. 원래 그는 이 에세이에 다른 제목을 붙이고 싶었다. 그는 1929년 7월에 아이팅곤에게 말했다. "내 책에 제목이 필요하다면 아마 '문화 속의 불행(Das Unglück in der Kultur)'이라고 부를 수 있을 걸세." 그는 이 책을 쉽게 쓸 수 없었다고 덧붙였다.[96] 그러나 제목이 그의 주장을 솔직하게 드러낸 것이건 아니면 온화하게 들리도록 완곡하게 약간 누그러뜨린 것이건, 그는 인간의 비참한 상황을 대단히 진지하게 다루고 있었다. 마치 그의 신호라도 기다린 듯, 세상은 그 비참한 상황이 얼마나 끔찍할 수 있는지 생생하게 보여주었다. 프로이트가 《문명 속의 불만》의 원고를 인쇄소에 보내기 일 주일 전쯤인 10월 29일 '검은 화요일'에 뉴욕 주식 시장이 붕괴했고, 그 사건은 곧 전 세계에 영향을 주었다. 그 뒤에 벌어진 일을 사람들은 곧 '대공황'이라고 부르게 되었다.

《문명 속의 불만》은 프로이트의 문화 분석과 이전의 종교 정신분석 사이의 연속성을 강조하려는 듯 믿음에 관한 명상으로 시작된다. 프로이트는 이런 출발점이 노벨문학상 수상자이자 적극적인 평화주의자인 프랑스 소설가 로맹 롤랑이 제안한 것이라고 말했다. 프로이트와 롤랑은 1923년부터 서로 존중하는 따뜻한 편지를 교환해 왔으며, 4년 뒤에 《환상의 미래》가 나왔을 때는 프로이트가 책을 한 부 보내주었다. 롤랑은 답장에서 프로이트의 종교 평가에 전체적으로 동의한다고 하면서도, 프로이트가 진정으로 종교적 정서의 진정한 근원을 발견했는지 의문을 품었다. 롤랑은 그 정서가 끈질기게 널리 퍼져 있다고 보았으며, 이것이 "특수한 감정"이라고 여겼다. 다른 사람들도 그런 정서의 존재를 확인해주었으며, 그래서 롤랑은 수많은 사람들이 분명히 그것을 공유한다고 생각했다. 그것은 "영원"에 대한 감각, 뭔가 가없는 것, 말하자면 "바다 같은" 것에 대한 느낌이었다. 순수하게 주관적이고, 개인의 불멸을 전혀 보장해주지 않지만, 이것이 교회가 포착하고 통로를 뚫어온 "종교적 에너지의 근원"임에 틀림없다는 것이었다.[97] 그러나 자신의 내부에서 이런 느낌을 찾아낼 수 없었던 프로이트는 관례적인 절차를 따랐다. 그것을 분석한 것이다. 그는 이 정서가, 유아가 아직 어머니로부터 심리적 분리를 이루지 못했을 때 생겨난, 아주 초기의 자아 감정의 잔존물일 가능성이 높다고 보았다. 그러나 그것이 종교에 대한 설명으로서 지니는 가치는 거의 없다고 보았다.

이 모든 것은 마치 《환상의 미래》를 느긋하게 요약한 것처럼 읽힌다. 그러나 프로이트는 곧 이것이 문화의 정신분석과 관련이 있음을 보여주었다. 그는 우리 인간이 불행하다고 주장했다. 우리 몸은 아프고 쇠약해지며, 외부의 자연은 우리를 파괴하겠다고 위협하고, 다른 사람들과의 관계는 불행의 원인이 된다. 그러나 우리는 모두 그 불행에서 벗어나려고 필사적으로 최선을 다한다. 우리는 쾌락 원칙의 지배를 받아 "우리의 불행을 가볍게 여기게 해주는 강력한 기분 전환, 불행을 줄여주는 대체 만족, 불행에 둔감해지게 해주는 취하게 하는 물질"을 구한다.[98] 종교는 이런 완화 장치의 하나일 뿐이며, 다른 것들보다 효과가 강하기는커녕 오히려 여러 면에서 효과가 약하다.

프로이트는 이런 장치들 가운데 가장 성공적인 것(아니, 가장 실패 가능성이 낮은 것)은 일이며, 특히 자유롭게 선택한 전문적 활동이라고 예리하게 지적했다. "삶을 영위하는 다른 어떤 기술도 개인을 현실에 그렇게 확고하게 적응시켜주지 않는다." 최소한 "일은 개인을 현실의 한 조각에, 그리고 인간 공동체 안에 확고하게 결합시켜준다." 일중독자로서 프로이트는 이 대목에서 감정을 실어서 이야기하고 있다. 그러나 프로이트는 다시 한 번 《환상의 미래》로 돌아가, 안타깝게도 인간은 일을 행복에 이르는 길로 귀중하게 여기지 않는다고 말한다. 사람들은 일반적으로 어쩔 수 없을 때만 일을 한다. 게다가 일, 사랑, 술, 광기, 아름다움의 향유, 종교의 위안 가운데 어느 것으로 운명을 피하려 하건 결국은 실패할 수밖에 없다. "우리에게 부과되는 삶은 우리에게 너무 힘들다. 너무 많은 고통, 실망, 해결 불가능한 과제를 안겨주기 때문이다."[99] 프로이트는 어떤 의심도 남기지 않으려는 듯 하고자 하는 말을 되풀이한다. "인간이 '행복해진다'는 것은 '창조'의 계획에는 포함되어 있지 않은" 듯하다.[100]

인간의 애처로운 행복 추구, 그리고 예정된 실패는 놀라운 관점을 만들어냈다. 문명 증오라는 관점이었다. 그는 이런 "문화에 대한 놀라운 적대감"을 거부하면서도, 그것을 설명할 수는 있다고 생각했다. 여기에는 긴 역사가 있다. 지상의 삶에 낮은 가치를 부여하는 기독교도 그 가장 화려한 증상 가운데 하나다. 탐험의 시대에 원시 문화와 마주친 항해자들은 그런 이질적이고 문명화되지 않은 부족들의 삶이 소박함과 행복의 모범이며, 서구 문명에 대한 일종의 비난이라고 오해하여 그런 적대감을 강화했다. 현대로 오면서 자연과학과 기술의 발전도 그 나름으로 실망감을 자아냈다. 그러나 프로이트는 그런 기분을 공유하고 싶지 않았다. 현대의 발명품들이 행복을 확보해주지 못했다는 점을 인정할 때 나올 수 있는 결론은 하나여야 한다. "자연을 지배하는 것이 문화적 노력의 유일한 목표가 아니듯이, 인간 행복의 유일한 전제 조건도 아니라는 것이다." 그런데도 문화적 비관주의자들은 모든 과학적, 기술적 발전을 무시한다. 철도의 발명은 우리 아이들이 멀리 가버릴 수 있게 해주는 역할만 하고, 전화의 용도는 우리가 자식들의 목소리를 들을 수 있게 해주는 것뿐이라고 그들은 말한다. 심지어 유아 사망률의 감소도 미덥지 않은 축복이라고 비난한다. 이로 인해 현대 남녀가 피임을 하게 되었고, 결국 아이들의 전체 수는 그전보다 늘지 않았다는 것이다. 게다가 현대인을 신경증 환자로 만들어버렸다. 의문의 여지 없이, "우리는 현대의 문명 안에서 편치가 않다."[101]

그렇다 해도 역사 전체에 걸쳐 문명이 자연의 힘을 정복하려고 엄청난 노력을 기울여 왔다는 사실을 이런 불편 때문에 흐려서는 안 된다. 인간은 도구와 불을 사용하게 되었고, 물을 다스리고 땅을 경작했으며, 무거운 것을 들어올리고 나르기 위해 강력한 기계를 발명했고, 안경으로 약한 눈을 교정했으며, 글과 사진과 축음기로 기억을 보완했다. 또 쓸모는 없지만 화려한 것들을 만들어내고, 질서와 청결과 아름다움을 유지하고, 높은 수준의 정신 능력을 길러내느라 시간과 에너지를 들였다. 한때 신들에게서 찾으려 했던 거의 모든 능력을 이제 인간 스스로 발휘하게 되었다. 프로이트는 이런 상황을 깜짝 놀랄 만한, 또 그 자신이 깊이 공감하는 비유로 압축했다. "인간은 인공 기관을 장착한 신"이 되었다는 것이다.*[102]

인공 기관이 늘 효과를 보지는 못한다. 또 기능 부전이 일어나면 혼란스러울 수도 있다. 그러나 이런 약점들은 사람들이 서로 맺는 관계에서 발생하는 불행에 비하면 아무것도 아니다. "인간은 다른 인간에게 늑대다(homo homini lupus)."[103] 따라서 인간은 제도로 길들여야 한다. 여기서 프로이트는 토머스 홉스(Thomas Hobbes, 1588~1679)의 강인한 정신을 바탕으로 한 정치사상과 연결된다. 홉스는 거의 300년 전에, 압도적인 힘을 바탕으로 한 제어가 없으면 인간은 끊임없는 내전에 빠져

---

* 프로이트는 다음과 같은 설명으로 이 비유의 신랄한 면을 더 돋보이게 했다. 인간은 "보조 기관을 모두 장착하면 아주 당당하다. 그러나 인공 기관은 그에게서 자라난 것이 아니기 때문에 여전히 상당한 고통을 준다." (*Das Unbehagen in der Kultur*, GW XIV, 451 / *Civilization and Its Discontents*, SE XXI, 92.)

들고, 인생은 외롭고, 궁핍하고, 고달프고, 야만적이고, 길지 않을 것이라고 주장했다. 인류는 국가에 독점적 강제 권한을 부여하는 사회 계약에 도달함으로써 비로소 문명화된 인간 관계에 들어설 수 있었다. 프로이트의《문명 속의 불만》은 이런 홉스적인 전통 속에서 탄생했다. 공동체가 권력을 쥐고 개인이 직접 폭력을 행사할 권리를 포기했을 때 문화를 향한 거대한 진전이 이루어졌다는 것이다. 프로이트는 처음으로 적을 향해 창이 아니라 욕을 던진 사람이 문명의 진정한 건설자라고 말한 적이 있다. 그러나 이러한 단계는 불가결하기는 하지만, 이로 인해 불만이 표출될 무대도 마련되었으며, 모든 사회는 이런 불만에 취약할 수밖에 없다. 사회는 개인의 강렬한 욕망에 매우 철저하게 간섭했으며, 본능적 욕구를 억제하고 억압했는데, 이런 욕망과 욕구는 계속 무의식에서 곪으면서 폭발적으로 터져 나올 길을 찾게 된다는 것이다.

정치에 관한 이론화에서 프로이트의 독특한 기여는 문화가 감정을 억압한다는 관점에 있다. 이런 시각이《문명 속의 불만》에 힘과 독창성을 부여하는 것이다. 이 책은 간략하게 서술된, 정치에 관한 정신분석 이론이라고 할 만하다. 프로이트는 종교사가나 고고학자가 아니었듯이 정치 이론가도 아니었다. 그는 정신분석가로서 인간 본성의 다양한 표현을 생각의 자료로 삼았다. 플라톤이나 아리스토텔레스에 이르기까지 모든 위대한 정치 이론가들도 똑같은 일을 했다. 그러나 사회와 정치 생활에 관한 프로이트의 분석의 토대는 인간 본성에 관한 그 자신의 고유한 이론이었다.

돌이켜 보면 프로이트는 수십 년 동안 그런 분석이 자신의 목표라고 밝혀 왔다. 그는 말년의 자전적인 글에서 이렇게 말했다. "일찍이 1912년, 정신분석 작업이 최고조에 이르렀던 시기에 나는《토템과 터부》에서 새로 얻은 분석적 통찰을 활용하여 종교와 도덕의 기원을 연구해보았다." 《환상의 미래》와 《문명 속의 불만》도 같은 맥락에서 이루어진 일이었다. "나는 인간 역사의 사건들, 인간 본성과 문화적 발달과 원시적 경험의 침전(종교가 대표로 그 선두에 서 있다) 사이의 상호 관계는 자아, 이드, 초자아 사이의 역동적 갈등의 반영이며, 정신분석이 개인에게서 연구하는 사건들이 더 넓은 무대에서 되풀이되는 것일 뿐임을 더욱더 분명하게 인식하게 되었다."[104] 프로이트로서는 자기 생각의 본질적인 일관성을 이보다 강력하게 표현할 수 없었을 것이다. 《문명 속의 불만》은 프로이트의 더 큰 생각의 중요한 한 부분이기 때문에 그의 정신분석학적 사고방식을 배경으로 보았을 때에만 그 영향력을 온전히 파악할 수 있다. 이 에세이는 어떤 문화든 문화 속에서 프로이트적인 인간이 형성되는 방식을 요약한다. 프로이트적인 인간은 무의식적 요구에 시달리고, 치유 불가능한 양가적 태도와 원시적이고 정열적인 사랑과 증오를 드러내고, 외적인 제약과 내밀한 죄책감 때문에 간신히 제어되고 있다. 사회 제도는 프로이트에게 많은 의미가 있지만, 무엇보다도 살인, 강간, 근친상간을 막는 댐 역할을 한다.

따라서 프로이트의 문명 이론은 사회 속의 삶을 강요된 타협이자, 본질적으로 해소 불가능한 곤경으로 본다. 인류의 생존을 보장하기 위한 제도 자체가 불만을 만들어낸다는 것이다. 이것을 알았기 때문에 프로이트는 완전하지 않은 상태로, 인간이 나아진다는 점에 관해서는 최소한의 기대만 하고 살 준비가 되었던 것이다. 제1차 세계대전이 끝나고 독일 제국이 붕괴했을 때, 새로운 독일이 볼셰비즘을 거부하는 것을 보고 그가 만족감을 표시했다는 것은 의미심장하다.[105] 정치를 생각할 때 그는 신중한 반(反)유토피아주의자였다. 그러나 간단하게 프로이트에게 보수적이라는 딱지를 붙이는 것은 그의 생각 속의 긴장을 놓치고,

그의 저작 가운데 가장 영향력 있는 작품으로 손꼽히는 《문명 속의 불만》을 발표한 다음 해인 1931년의 프로이트.

그의 생각에 내포된 급진주의를 무시하는 것이다. 그는 에드먼드 버크 (Edmund Burke, 1729~1797)처럼 전통을 존중하는 사람이 아니었다. 프로이트의 사고에 따르면 소심한 전통주의는 무자비한 이상주의만큼이나 분석을 받을 필요가 있다. 그는 존 로크(John Locke, 1632~1704)와 마찬가지로 오래된 것이 곧 옳은 것은 아니라고 말했을 것이다. 프로이트는 심지어 윤리나 종교보다는 "인류의 소유 관계에서 일어나는 진정한 변화"가 현대의 불만을 조금이나마 해소해줄 가능성이 높다고까지 말할 수 있는 사람이었다.[106]

그렇다고 해서 이 점 때문에 프로이트가 사회주의에 매력을 느꼈던 것은 아니다. 우리가 여러 번 보았지만 프로이트는 자신이 '성'이라는 한 분야에서만 급진적인 사회 비판자라고 생각했다. 그러나 혁명적 선언서를 흔들며 성의 영역으로 치고 들어가는 것은 아주 깊은 수준에서 전복적인 행동이었다. 성적 관습은 이상에서나 실제에서 정치의 핵심에 이른다. 성의 개혁가가 되는 것은 프로이트가 인식하던 부르주아 사회의 비판자가 되는 것이었으며, 동시에 거기에서 나아가 프로이트의 말년에 세계를 더 강하게 장악하던 금욕주의적 독재의 비판자가 되는 것이었다. 실제로 프로이트는 리비도에 몰두하면서 사회 이론에서도 예기치 않은 소득을 얻었다. 의사였던 프로이트가 현저하고 광범위한 성적 고통을 보면서 신경증 연구에 들어섰듯이, 그는 같은 현상을 보고 종교와 문명 연구에도 몰두하게 되었다. 앞에서도 보았듯이 그에게 문화란 기본적으로 개인 내부의 역동적인 갈등이 대규모로 반영된 것이었다. 따라서 프로이트는 문명화된 인류의 곤경을 쉽게 이야기할 수 있었다. 인간은 문명 없이 살 수 없지만, 문명 안에서 행복하게 살 수도 없다. 인간은 본질적으로 다급한 감정과 문화적 속박 사이에서 고요나 영원한 평화를 찾을 수 없다. 이것이 행복은 창조의 계획에 들어 있지 않다는 프로이트의 말의 의미였다. 분별력 있는 인간일 경우 기껏해야 욕망과 통제 사이에서 휴전을 유도해볼 수 있을 뿐이다.

문명 생활의 모든 영역, 심지어, 어쩌면 특히, 사랑도 이런 딜레마에서 벗어나지 못한다. 프로이트는 이 사실을 극적으로 표현했다. 아난케,* 즉 필요가 문명의 유일한 부모는 아니다. 에로스, 즉 사랑이 또 하나의 부모라는 것이다. 사랑―인간이 자신의 외부에서 성적 대상을 구하도록 몰아가거나, 목표가 금지된 형태에서는 우정을 키우는 에로틱

---

* **아난케**(ananke) 그리스 신화 속 필요와 운명의 여신. 아난케는 그 요지부동의 본성 때문에 그녀에게 제물이나 희생물을 바치는 것은 소용없는 일로 간주되었다. "필연성보다 더 강한 것은 아무것도 없다."라는 것이 그리스의 격언이었다. (편집자주)

한 본능적인 힘이다.—은 권위와 애정의 근본적 집단, 예를 들어 가족의 형성을 지원한다. 그러나 문명의 부모인 사랑은 그 적이기도 하다. "사랑과 문화의 관계는 발달 과정에서 분명한 성격을 잃어버린다. 사랑은 문화의 이해관계에 저항한다. 다른 한편으로 문화는 엄격한 속박으로 사랑을 위협한다."[107] 사랑은 배타적이다. 부부, 가까운 가족은 외부자를 초대받지 않은 침입자로 여겨 배척한다. 점차 사랑의 수호자가 되어 가는 여자들은 특히 남자들을 돌보고 아이들을 보살피는 일을 빼앗아 가려 하는 문명에 특히 적대적이다. 반대로 문명은 엄격한 터부를 세워 성적인 감정을 규제하고 적법한 사랑을 규정하려 한다.**

역사 전체에 걸쳐 사람들은 대체로 적대적 존재를 부정하는 방법으로 이런 돌이킬 수 없는 적대를 피하려고 노력해 왔다고 프로이트는 생각했다. 이런 책략의 좋은 예가 기독교가 자신의 것이라고 자랑하는 명령, 즉 이웃을 네 몸같이 사랑하라는 명령이었다. 프로이트가 보기에 이런 요구는 끈질긴 만큼이나 비현실적이다. 모두를 사랑한다는 것은 누구도 별로 사랑하지 않는다는 것이다. 더욱이 이웃은 일반적으로 사랑을 받을 자격이 없다. "솔직히 고백하거니와 이웃은 적대감, 나아가서 증오의 대상이 되기 십상이다." 인간의 공격성과 잔혹성에 대한 방어책이 절박하게 필요하다는 바로 그 이유 때문에 보편적인 사랑에 대한 기독교적 요구가 그렇게 끈덕지고 그렇게 광범한 것이다. 인간은 착한 존재도, 사랑하고 사랑받을 만한 존재도 아니다. "오히려 본능적으로 타고나는 것으로 보자면 공격적 성향이 우세할 것이다."[108] 프로이트는

** 프로이트는 잠정적이지만 사랑을 불구로 만드는 요소가, 침입하고 지배하는 문명만은 아닐지도 모른다고 생각했다. 성적 사랑의 본질 자체에 뭔가 그 완전한 만족을 막는 면이 있는 것 같았다. 그러나 프로이트는 이렇게 빈약한 암시만 남기고 생각을 더 펼쳐 나가지는 않았다. (같은 책, 465 / 105 참조.)

현실 속의 인간 본성을 그려보면 이 진실을 부정할 수 없을 것이라고 단호하게 말한다. 그러면서 훈족, 몽골족, 경건한 십자군의 잔혹성과 제1차 세계대전의 참상을 증거로 든다.

인간이라는 동물이 기본적으로 타고나는 자질 가운데 공격성을 포함시키자는 프로이트의 주장은 러시아 공산주의 체제에 대한 그의 비판적 언급에도 영향을 주고 있다. 그의 시대의 일부 미망에 빠진 지식인들은 스탈린에 의한 숙청 뒤에도 러시아 공산주의 체제를 고집스럽게 소비에트 실험이라고 부르고 있었다. 그러나 프로이트는 자본주의 사회의 특징인 소유 관계에 대해서 막연하게나마 대립적인 태도를 보이기는 했지만, 공산주의의 사적 소유 폐지 또한 인간 본성에 대한 그릇된 이상화에서 나온 것이라고 보았다.[109] 그는 공산주의를 확립하려는 소비에트의 시도가 가져온 경제적 결과에 대한 의견을 내놓는 허세를 부리지는 않았지만, "그것의 심리학적 전제가 유지 불가능한 환상임을 알아볼 수 있었다." 사실 공격성은 "소유에 의해 만들어지는 것이 아니기" 때문에, 소유의 폐지가 공격성을 폐지해주지는 않을 것이다. 오히려 공격성은 기쁨의 원천이기 때문에, 인간이 그것을 일단 맛보면 포기하기가 매우 어렵다. "인간은 공격성이 없으면 편치가 않다."[110] 공격성은 사랑의 보완물 역할을 한다. 한 집단의 구성원들을 애정과 협동으로 묶고 있는 리비도적 유대는 이 집단에게 증오할 수 있는 외부인들이 있으면 더 튼튼해진다.

프로이트는 이런 편리한 증오를 "작은 차이에 기초한 나르시시즘"이라고 불렀다.[111] 프로이트는 사람들이 아주 가까운 이웃을 증오하고 박해하는 것에, 거기까지는 아니더라도 적어도 조롱하는 것에 특별한 즐거움을 느끼는 것 같다고 말했다. 에스파냐 사람들은 포르투갈 사람들에게 그렇게 하고, 북독일 사람들은 남독일 사람들에게 그렇게 한다. 그러면서 프로이트는 전 세계에 흩어져 있는 유대 민족의 특별한 사명이 바로 그런 나르시시즘이 애용하는 표적의 역할인 듯하다고 신랄하게 덧붙였다. 유대인은 오랫동안 이산(diaspora) 상태에서 살면서 이웃에게 감사를 받을 만한 일을 했다. 그들 덕분에 기독교인들이 수백 년 동안 공격성을 분출할 기회를 얻은 것이다. 그러나 "안타깝게도 중세의 그 모든 유대인 학살에도 불구하고 그들의 기독교도 동지들은 그 시대에 더 큰 평화와 안전을 누리지는 못했다." 그렇더라도 분명히 불완전하기는 하지만 효과가 있는 공격성 억제 방법은 그것을 선별된 대상에게 집중하는 것이다. 소련에서도 이런 일이 일어났다. 볼셰비키는 부르주아지를 박해하여 새로운 문화 건설 시도에 대한 심리적인 지지를 얻었던 것이다. 프로이트는 무뚝뚝하게 말한다. "소비에트 사람들이 부르주아지를 박멸한 다음에 무엇을 할 것인가 하는 불편한 질문을 해보지 않을 수 없다."[112]

프로이트는 이런 분석이 왜 인간이 문명 안에서 행복하기가 그렇게 어려운지 더 쉽게 이해할 수 있을 것이라고 주장했다. 문명은 "성만이 아니라 인류의 호전적인 경향에도" 큰 희생을 강요한다. 이어 프로이트는 정신분석학의 충동 이론의 복잡하고 구불구불한 역사를 간략하게 되풀이한 후, 근본적인 공격성이 독립적으로 존재한다는 사실을 뒤늦게야 인식하게 되었다고 다시 인정했다. 여기에서 프로이트가 이 주제를 들여오고 난 뒤에야, 《문명 속의 불만》이 그가 몇 년 전에 발전시킨 본능의 이원론과 구조적 체계에 얼마나 굳건하게 기초를 두고 있는지가 분명하게 드러난다. 사랑과 증오라는 두 주요 적대자는 인간의 무의식만큼이나 사회 생활에서도 통제권을 놓고 씨름을 벌이는데, 그 방식도 아주 흡사하고 전술도 흡사하다. 눈에 보이는 공격성은 눈에 보이지 않는 죽음 충동의 외적 표현이다.

따라서 나는 문화 발달의 의미가 이제는 모호하지 않다고 생각한다. 그
것은 인간 종 안에서 벌어지는 '에로스'와 '죽음', 삶의 충동과 파멸의 충동
사이의 투쟁을 보여줄 수밖에 없다. 이런 투쟁은 삶 자체의 기본적인 내용이
며, 따라서 문화의 진화는 인간 종의 삶의 투쟁이라고 간단하게 묘사할 수
있다. 우리의 유모들이 천국의 자장가로 가라앉히려고 하는 것은 거인들의
이런 다툼인 것이다![113]

이런 식으로 프로이트 내부의 무신론자적인 면은 늘 말할 기회를 반
겼던 것이다.

그러나 프로이트의 주된 관심은 문화가 공격성을 억제하는 방식이었
다. 가장 주목할 만한 한 가지 방법은 내면화(internalization), 즉 공격
적인 감정들을 원래 출발지인 정신 속으로 되돌리는 것이다. 이런 행동,
또는 일련의 행동은 프로이트가 "문화적 초자아(Kultur-Über-Ich)"[114]라
고 부르는 것의 기초다. 처음에 아이는 권위를 두려워하며, 아버지로부
터 예상되는 징벌적 보복을 계산하여 딱 그만큼 얌전하게 행동한다. 그
러나 아이가 어른의 행동 기준을 내면화하면 외적인 위협은 불필요해진
다. 아이의 초자아가 아이를 바르게 행동하게 하는 것이다. 따라서 사
랑과 증오 사이의 투쟁은 문명 자체의 기초에 놓여 있듯이 초자아의 기
초에도 놓여 있다. 개인의 이런 심리적 발달은 종종 사회의 역사에서 복
제된다. 문화 전체가 죄책감에 시달릴 수도 있다. 고대 이스라엘 사람
들은 자신의 죄를 비난할 예언자들을 배출했으며, 신의 법을 어겼다는
집단적 느낌으로부터, 가혹한 계명을 갖춘 지나치게 엄격한 종교를 키
워 나갔다.

이것은 매우 역설적이다. 관대하게 키운 아이들에게 종종 가혹한 초자아가 형성되는 것이다. 실제로 실행에 옮긴 공격성만이 아니라 상상만 한 공격성에 대해서도 죄책감을 느낄 수 있기 때문이다. 어디에서 나왔든 간에 죄책감, 특히 무의식적 죄책감은 불안의 한 형태다. 더욱이 프로이트는 모든 경험이 바깥 세계에서 오는 것이 아니라는 그의 주장을 다시 한 번 옹호했다. 오이디푸스 콤플렉스의 격동기에는 계통 발생적인 유산을 포함하여 타고난 것들이 내면의 경찰을 만드는 데 제 역할을 하며, 개인과 그 개인의 문화는 이 경찰을 그 뒤로도 계속 데리고 다니게 된다. 따라서 개인의 초자아만이 아니라 문화의 분석에 불안을 도입하고, 사랑만이 아니라 공격성의 작용을 증명하고, 정신의 성장에서 타고난 것과 환경 각각의 상대적인 몫을 다시 한 번 생각해봄으로써 프로이트는 《문명 속의 불만》에서 그의 체계의 주요한 가닥들을 서로 엮어 나갔다. 이 책은 그의 평생에 걸친 사고의 웅장한 정리였다.

감동적인 동시에 강건한 결론 부분의 사유도 오래된 내적 갈등을 다시 짚어 나간다. 이 사유는 프로이트가 지나침을 경계하면서도 사변의 욕구에 굴복하는 모습을 보여준다. 문화적 초자아라는 관념에 기초하여 신경증적 문화 이야기를 할 수도 있고, 환자에게 하듯이 그런 문화에 치료자로서 권고를 할 수도 있어야 한다고 프로이트는 주장했다. 그러면서도 이 문제에는 아주 조심스럽게 접근해야 한다고 경고했다. 개인과 그가 속한 문화 사이의 유추는 긴밀하고 유익할 수 있지만, 어디까지나 유추에 불과하기 때문이다. 이런 유보적 태도는 중요하다. 이 덕분에 프로이트가 자신을 사회 개혁가라기보다는 연구자로 규정할 수 있었기 때문이다. 그는 병에 대한 처방을 손에 쥔 사회의 의사로 나서고 싶은 마음이 전혀 없다는 점을 더 분명할 수 없게 밝혀놓았다. 프로이트는 자주 인용되는 이런 말을 했다. "나는 동료 인간들 앞에 예언자로 나설 용기가 없다. 그리고 내가 그들에게 어떤 위안도 주지 못한다는 비난 앞에 순순히 고개를 숙인다. 그들이 요구하는 것은 근본적으로 그런 위안이기 때문이다. 이 점에서는 가장 급진적인 혁명가도 가장 순응적인 경건한 신자들과 크게 다르지 않다."

결국 프로이트는 결정적인 문제에는 답을 하지 않았다. 문명은 공격과 파괴를 향한 인간의 충동을 억제할 수 있을 것인가? 현대 과학기술의 발전을 찬양할 기회는 이미 있었기 때문에, 프로이트는 이제 이것이 인류의 생존 자체를 위태롭게 만들었다고 경고했다. "이제 인간은 자연의 힘들을 정복하는 길로 아주 멀리 나갔기 때문에, 이 힘들의 도움을 얻어 인간이 한 명도 남지 않을 때까지 서로 쉽게 없애버릴 수 있다. 사람들은 이것을 알고 있으며, 따라서 지금 불편하고, 불행하고, 불안해하는 것도 많은 부분 그 점 때문이다."[115]

《문명 속의 불만》은 현대 문화 속의 인간의 불안을 분석하려는 글이며 실제로 그런 분석을 하고 있지만, 동시에 프로이트 자신의 기분을 완벽하게 반영하고 있다. 프로이트는 이 책을 마무리한 직후 인공 기관 진료를 위해 베를린으로 가야 했으며, 심장도 다시 큰 문제를 일으켰다. 그는 심계항진에 시달렸으며, 공식적으로 위험이 없다는 진단이 나왔는데도 계속 걱정을 했다. 프로이트는 1929년 11월과 12월에 간결한 일기인 《비망록(Kürzeste Chronik)》에 "신경통", "심장–장 발작", "심장이 나쁜 날들" 등의 기록을 남겼다.[116] 또 11월 초에는 거의 여담처럼 "반유대인 폭동"이라고 적었고, 그 며칠 전인 10월 31일에는 당연한 일처럼 눈에 띄는 감정을 드러내지 않고 "노벨상 탈락"이라고 적었다.[117] 그러나 그 자신은 무척 어두운 생활을 하고, 《문명 속의 불만》의 메시지 또한 무척 어두웠지만, 그는 이 책의 놀라운 인기에서 위안을 얻을 수 있

었다. 1년이 안 되어 프로이트의 책치고는 아주 많이 찍어 초판 1만 2천 부가 매진된 것이다.[118]

여기서 생긴 하나의 부산물은 정신분석가들 사이에서 가장 황량한 지적 버팀목인, 프로이트의 죽음 충동 개념을 둘러싸고 다시 예기치 않게 토론이 벌어졌다는 것이다. 프로이트의 따뜻한 헌사가 적힌 책을 받았고 또 그 전에 이미 조앤 리비에르의 번역으로 이 책을 읽었던 어니스트 존스는 프로이트의 문명에 대한 견해와 '죄책감 이론'을 진심으로 찬양했다. 그는 또 적대감이 삶의 중심에 있다는 점에 관해서도 프로이트와 의견이 같았다. "교수님과 저의 유일한 차이는 제가 여전히 죽음 충동에 관해 자신이 없다는 점입니다." 존스는 죽음 충동이, 공격성이라는 현실로부터 근거 없는 일반화로 비약한 것이라는 느낌을 받았다.*[119] 프로이트는 반론을 펼치기보다는 주장을 했다. "나는 심리학적으로나 생물학적으로 이 근본적인 [죽음] 충동이라는 가정 없이는 버틸 수가 없네. 자네도 거기에 이르는 길을 찾을 수 있으리라는 희망을 아직 버릴 필요는 없다고 봐."[120] 피스터가 이의를 제기하면서 "'죽음 충동'을 단지 '생명력'을 가라앉히는 것"으로 보는 쪽이 더 낫다고 말했을 때,[121] 프로이트는 공을 들여 약간 자세하게 자신의 입장을 되풀이했다. 그는 자신이 단지 개인적인 우울을 정신분석학적 이론으로 번역하

---

* 존스의 편지는 또 영어 제목이 나온 경위를 이해하는 데에도 도움을 준다. "우리는 'Das Unbehagen'의 영어 제목에 관해서도 상당한 토론을 하고 있는데, 교수님이 제안을 해주시면 아주 기쁠 것입니다. 옛날 영어 단어 'dis-ease'가 아주 좋아 보이지만, 분명한 이유들 때문에 이제는 쓸 수가 없지요. 영어에는 'unease'라는 잘 쓰이지 않는 말도 있습니다. 마음에 들지는 않지만 'malaise'도 제안해봅니다. 'discomfort'는 약해 보입니다. 'discontent'는 너무 의식적으로 보이고요." (존스가 프로이트에게 쓴 편지, 1930년 1월 1일. 타자로 친 사본, Freud Collection, D2, LC.) 프로이트는 "Man's Discomfort in Civilization"이라는 제목을 원했지만, 최종 선택된 제목은 번역자 조앤 리비에르가 제안한 것이었다. ("Editor's Introduction" to *Civilization and Its Discontents*, SE XXI, 59–60 참조.)

고 있는 것이 아니라고 항변했다. 인류가 "더 높은 수준의 완전한 상태로 올라갈" 소명을 받았다는 이야기를 의심한다고 해서, 인생이 "에로스와 죽음 충동 사이의 계속적인 투쟁"이며, 또한 그 결과를 예측할 수 없는 투쟁이라고 생각한다고 해서, "내가 나의 타고난 기질이나 후천적 성향"을 표현한 것은 아니라고 보았다. 그는 자신이 "자학하는 사람"도 아니고 또 "심술궂은 사람"—프로이트는 여기에서 오스트리아의 구어적 표현 'Bosnickel'을 사용했다.—도 아니며, 자신이나 다른 사람의 앞길에서 좋은 것을 볼 수 있고, 인류 앞에 있는 영광스러운 미래를 볼 수 있으면 기쁠 것이라고 항변했다. "그러나 이 또한 환상(소망 충족)과 통찰이 갈등을 일으키는 사례로 보이네." 중요한 것은 유쾌하거나 도움이 되는 것이 아니라, "결국 우리 외부에 존재하는 수수께끼 같은 현실"이었다. 그는 "죽음 충동"이 그가 "마음으로부터 바라는 것"이 아니라고 주장했다. "그것이 심리학적 근거와 생물학적 근거에서 피할 수 없는 가정으로 보일 뿐이네." 따라서 "내 눈에 나의 비관주의는 결과로 보이고, 내 적들의 낙관주의는 전제로 보여." 그는 자신의 음침한 이론들과 "정략 결혼"을 한 반면, 다른 사람들은 "그들의 이론과 연애 결혼을 해서 함께 산다"고 말할 수도 있었다. 그는 그들의 행복을 빌었다. "그들이 그런 상태로 나보다 행복하기를 바라네."[122]

그렇지만 프로이트는 약간의 낙관주의를 내비치며 《문명 속의 불만》을 끝맺었다. 죽음 충동과 대결하는 생명의 충동을 응원한 것은 신념이라기보다는 의무감에서 나온 것으로 보이기는 하지만, "따라서 이제 두 가지 '하늘의 힘' 가운데 다른 하나인 영원한 에로스가 불멸의 적과의 싸움에서 승리를 거두려고 노력할 것이라는 기대를 해볼 수도 있을 것이다." 이것이 그가 1929년 여름에 《문명 속의 불만》에 마지막으로 쓴 말이었다. 그러나 책이 잘 팔려서 1931년에 2판을 내게 되자 그는 이 기회를 이용해 불길한 의문을 제기했다. 경제적·정치적 상황이 더 어두워진 데—히틀러의 나치당이 1930년 9월 제국의회 선거에서 눈부신 승리를 거두어, 의원 수를 12명에서 107명으로 늘렸다.—영향을 받은 프로이트는 이렇게 물었다. "하지만 누가 전망이나 결과를 예측할 수 있겠는가?"[123] 프로이트는 어떤 일이 벌어질지 예상하지는 못했지만 환상은 거의 없었다. "우리는 나쁜 시대를 향해 나아가고 있습니다." 그는 그해 말에 아르놀트 츠바이크에게 그렇게 말했다. "나야 노년의 무감각으로 그것을 무시하지만, 내 일곱 손자들이 안쓰럽다는 마음이 드는 것은 어쩔 수 없습니다."[124] 프로이트는 가족에 대한 동정심과 세상에 대한 염려에 마음이 움직여 마지막으로 정리한 것을 글로 쓰기 시작했다.

미국을 혐오하는 사람

프로이트가 이 시기에 쓴 모든 것이 다 기억할 만한 것은 아니다. 1930년 무렵에는 당혹스러운 결과물을 낳은 사업에 말려들기도 했다. 미국의 저널리스트이자 외교관인 윌리엄 불릿(William Bullitt, 1891~1967)과 함께 쓴 우드로 윌슨에 대한 '심리학적 연구'가 그것이다. 불릿은 1920년대 중반 프로이트를 찾아와 자신이 자멸적 행동이라고 생각하는 것에 관해 프로이트의 자문을 구했으며,[125] 한번은 베르사유 조약에 관한 책을 쓰고 있다는 이야기를 했다. 불릿은 주요 참가자를 중심으로 집필할 계획이었으며, 우드로 윌슨은 당연히 그 주인공 가운데 한 명이었다.

불릿이 윌슨의 이름을 언급한 것이 프로이트의 흥미를 자극했다. 불릿의 회고에 따르면 그 이름을 듣자 "프로이트는 눈을 반짝거리며 생기를 띠기 시작했다." 또 시기도 적절했다. 그가 보기에 프로이트는 우울했고 죽을 준비가 된 것 같았다. 프로이트는 "자신의 죽음이 자기에게나 다른 누구에게나 중요하지 않다"고 확신했다. "쓰고 싶은 것은 다 썼고, 정신은 텅 비어 있었기 때문이다."[126] 프로이트가 이 시기에 자신이 하는 일을 두고 잔인하게 이야기하던 것을 생각해보면 불릿의 회고에 어느 정도 신빙성이 있다고 할 수 있다. 프로이트에게는 언제나 자신을 자극해줄 환자들이 필요했다. 그러나 이제는 환자를 많이 볼 수가 없었다. 제1차 세계대전 동안 진료 시간이 많이 줄었을 때도 프로이트는 불릿이 지금 보는 것처럼 비참하고 공허하다는 느낌에 시달렸다. 물론 우드로 윌슨은 이상적인 환자는 아니었다. 그는 소파에 누워 있지 않았다. 더욱이 프로이트는 그의 창조물인 정신분석을 공격 무기로 사용해서는 안 된다고 엄숙하게 선언한 적이 있었다. 그러나 나이도 들고 건강도 안 좋고 기분도 비참했던 프로이트는 우드로 윌슨을 예외로 삼을 생각이 있었다.

베르사유 협상이라는 가혹한 현실을 보면서 프로이트가 윌슨에게 품고 있던 제한적이고 덧없는 희망은 분노에 찬 불만으로 바뀌었다. 프로이트는 미국의 메시아가 자신을 실망시킨 것을 용서할 기분이 아니었다. 1919년 말 전쟁 동안 떨어져 있던 어니스트 존스가 프로이트를 다시 만났을 때, 프로이트는 윌슨을 이미 싫어하고 있었다. 존스는 그런 파괴적인 전쟁 뒤에 작용하는 복잡한 힘들을 한 개인이 지배할 수는 없는 것이며, 윌슨이 평화를 명령할 수도 없는 것이라고 합리적으로 지적했다. "그렇다면 그런 약속들을 하지 말았어야지." 프로이트는 그렇게 쏘아붙였다.[127] 1921년 프로이트는 분노를 공개적으로 표출하여, "미국 대통령의 14개조"는 "공상적인 약속"에 불과한데도 지나치게 신뢰를 얻었다고 비난했다.[128]

그러나 윌슨을 "혐오"[129]—프로이트 자신의 표현이다.—하게 되었다 해도, 호의적 중립이라는 정신분석의 이상을 훼손할 마음은 없었다. 1921년 12월 한때 윌슨의 측근으로서 선거 운동용 전기를 썼던 미국의 정치평론가 윌리엄 베이어드 헤일이 자신이 쓴 《문체 이야기》를 프로이트에게 보내왔다. 이 책은 우드로 윌슨의 문체를 증거로 삼아 그의 성격을 악의적으로 신랄하게—이제 두 사람은 친구가 아닌 것이 분명했다.—분석한 책이었다. 형용사를 자주 사용하고 끊임없이 수사 의문문을 던지는 것을 포함하여, 논쟁의 여지가 있는 윌슨의 웅변적 장치의 창고 전체를 문제 삼은 것이다. 프로이트는 필요하다면 논평을 보내겠다면서도 신중한 태도를 보였다. 그러나 "윌슨 씨가 아름다운 그라디바처럼 시적 공상의 산물이 아니라 살아 있는 인물이라는 점을 고려하여 논평을 삼갈 수도 있습니다. 내 의견으로는—그는 다시 한 번 그 점을 밝혔다.—정신분석은 절대 문학적 또는 정치적 논쟁의 무기로 사용해서는 안 됩니다. 나는 윌슨 대통령에게 깊은 반감을 품고 있다는 사실을 스스로 의식하고 있기 때문에 오히려 입을 다물 수도 있습니다."[130]

실제로 프로이트는 《문체 이야기》에서 비틀린 즐거움을 맛보면서도, 이 책 때문에 자신의 기준을 훼손하지는 않았다. 그는 처음부터 "출판사에서 이 책을 '정신분석학적 연구'라고 선전하여 반감을 품었는데,"*[131] 그런 책은 분명히 아니었다.[132] 그러나 프로이트는 "이 책에서 진정한 정신분석 정신"을 발견했으며, 이러한 "더 수준 높고 더 과학적인 '필적학(Graphologie)'"이 "분석적 연구의 새로운 장을 열어주었다"고 생각했다. 프로이트는 이 책이 헤일이 말한 것과는 달리 냉정한 과학적

---

* 문제의 광고에 관해서는 본서 9장 187~188쪽 참조.

연구는 아닐지 모르지만—프로이트는 "귀하의 연구 뒤에 있는 깊은 감정"을 쉽게 탐지했다.—이것은 부끄러워할 일이 아니라고 그를 격려했다. 그러면서도 프로이트는 "귀하가 한 일은 생체 해부와 비슷한 면이 있으며, 정신분석은 살아 있는 [역사적] 개인에게 시행되어서는 안 된다는 생각"을 버릴 수 없었다. 그러나 프로이트는 윌슨에게는 어떠한 긍정적인 감정도 남아 있지 않다고 고백했다. "이 지역의 참상에 책임을 져야 할 개인이 있다면, 그것은 당연히 그 사람입니다."[133] 그렇다 해도 극기는 책임 있는 정신분석가의 운명이 되어야 한다. 살아 있는 공인에 대한 원거리 분석은 안 된다.*[134]

그러나 불과 8년 뒤 프로이트는 난폭한 분석을 광범위하게 시행하기 시작한다. 불릿은 정신분석의 신중함과 복잡성 존중이라는 곧은길에서 프로이트를 유혹해내는 데 능력을 발휘했다. 필라델피아 교외의 유서 깊은 부유한 가문 출신인 불릿은 매혹적이고 충동적이고 불안한 인물이었으며, 국제 평화나 경제 회복 전략을 요약하는 비망록을 작성하는 일 같은 것을 즉석에서 처리할 수 있는 사람이었다. 그는 저널리즘 일을 하다가 외교 쪽으로 나갔는데, 모르는 사람이 없었다. 우드로 윌슨이 베르사유에서 냉랭하게 결별을 선언하기 전까지 가장 가까운 보좌관이었던 에드워드 M. 하우스(Edward M. House) 대령은 불릿에게 아버지 같은 친구였다. 전쟁 뒤에 불릿은 윌슨의 참모로 일하면서, 베르사유 평화조약 협상에 참여하기도 하고, 국무장관 로버트 랜싱(Robert Lansing)이 맡긴 비밀 임무를 이행하러 혁명 러시아에 가기도 했다. 그러

---

* 이 편지에서 프로이트는 눈에 띄는 실수를 하여, 자신이 스스로의 경고를 잊을 가능성이 있음을 보여주었다. 프로이트는 살아 있는 역사적 인물에 대해서는 정신분석을 하지 말아야 한다고 하면서 이렇게 덧붙였다. "그가 자신의 의지에 반해서 거기에 굴복하는 것이 아닌 이상." 물론 프로이트는 "그 자신의 의지에 따라"라고 쓰려고 했을 것이다.

미국의 저널리스트이자 외교관이었던 윌리엄 불릿. 1930년에 불릿은 우드로 윌슨을 심리학적으로 연구하는 일로 프로이트를 찾아왔는데, 프로이트는 이 기획에 동참함으로써 오명을 남기게 된다.

나 윌슨이 자신의 권고를 무시한 데 감정이 상하고, 다른 많은 사람들과 마찬가지로 베르사유에서의 실패에 경악하여 사임을 했다. 그런 뒤에 외교관으로서는 치명적인 죄를 저질렀다. 자신의 환멸을 공개적으로 드러낸 것이다. 불릿은 1919년 9월에 상원 외교관계위원회에서 랜싱조차 베르사유 조약에 언짢아한다고 증언을 해버렸다. 이런 경솔한 행동으로 바로 국제적 오명을 얻은 불릿은 유럽으로 탈출하여, 글을 쓰고 여행을 하고 저명한 인물들과 사귀었다. 1930년에는 윌슨을 심리학적으로 연구하는 일로 프로이트에게 접근했으며, 불릿이 훗날 주장한 바에 따르면 두 사람은 "몇 년 동안 친구로 지냈다."[135]

사실 그런 친한 관계는 현실이라기보다는 불릿의 상상이었다. 그렇지만 프로이트가 불릿의 은밀한 기획에 동참한 것은 사실이다. 불릿은 극소수에게만 이 기획을 털어놓았는데, 그 가운데는 하우스 대령도 있었다. 불릿은 1930년 7월에 하우스에게 편지를 쓰면서 윌슨의 전기 작가인 레이 스태너드 베이커(Ray Stannard Baker)를 자기 자신과 비교했다. 그는 한 권 한 권 훌륭하게 진행하고 있던 베이커가 "사실을 확보했는지는 몰라도, 변변치 못한 심리학자인 데다가 국제 관계에는 익숙지 않기 때문에 어떤 사실이 중요한지를 모르며, 그의 해석은 신파적"이라고 생각했다. 이런 비교의 의도는 분명하다. 불릿 자신은 국제 관계에 익숙하고, 위대한 심리학자와 동맹을 맺고 있음을 보여주려는 것이었다. 그는 프로이트와 상의를 하고 꼭 필요한 연구를 할 계획이었다. "내 계획은 점점 분명해지고 있습니다." 그는 하우스에게 그렇게 말했다. "F.[프로이트]를 방문하고 막스 폰 바덴(Max Von Baden) 공의 서류를 살펴본 뒤에는 아마 모스크바로 갈 겁니다."[136] 종전 시점에 독일 총리로서 평화 협상을 주도했던 막스 폰 바덴의 문서보관소에는 유익한 정보가 있을지도 몰랐다. 또 모스크바에서는 레닌의 문서가 손짓하고 있었다. 부담스럽고 실현하기 어려운 임무에서도 절대 물러나는 법이 없던 불릿은 그 문서를 보게 될 날을 기다리고 있었다.

불릿의 모스크바 여행은 돈키호테적인 모험이었다. 그러나 프로이트와 협의하는 일은 꽤 만족스럽게 진행되었다. 하우스 대령은 계속 불릿을 격려했다. "불릿 씨는 자신과 친구들에게 명예가 될 뿐 아니라 세상에 유익한 책을 쓰게 될 것이오."[137] 불릿은 일부 자료를 "빈에 있는 친구"에게 보낼 것이라면서 프로이트의 판단과 지혜를 보증했다. "프로이트는 인간 삶의 어떤 면을 바라볼 때 누구보다 과학적이고 초연한 사람입니다." 하우스는 불릿에게 민감한 문제는 온건하게 다룰 것을 호소했으며, 불릿은 그렇게 하겠다고 약속했다. 윌슨 연구에서는 "말을 삼가는 것"이 유일하게 어울리는 스타일이라고 불릿은 동의했다.[138] 9월 초에 프로이트가 아팠지만, 곧 "일을 할 만큼 회복"될 것 같았으며,[139] 중순에 불릿은 "프로이트가 다행히도 심한 병에서 회복되어, 지금은 건강이 아주 좋고 일할 의욕이 넘친다."고 보고할 수 있었다.[140] 그러나 실제로는 걱정스럽게도 일이 다시 지연되고 말았다. 10월 중순에 프로이트는 피흘러의 수술을 받았으며 폐렴과도 싸워야 했다.《비망록》에 따르면 불릿이 10월 17일에 찾아왔을 때 프로이트는 열이 높았다.[141] 10월 26일에야 불릿은 하우스 대령에게 "친전"이라고 표시한 의기양양한 메모를 보낼 수 있었다. "F.[프로이트]와 나는 내일부터 일을 시작합니다."[142]

불릿은 빈틈없이 설명을 덧붙였다. 그는 막스 폰 바덴의 자료를 읽은 뒤에 "F.[프로이트]의 위태로운 건강 상태 때문에" 서둘러 빈으로 갔다.[143] 간단히 말해서 불릿은 프로이트가 두 사람이 의기투합해서 뛰어든 기획을 완성하지도 못하고 죽을지도 모른다는 생각을 했던 것이다. 그러나 사흘 뒤 프로이트는 메모를 했다. "일에 착수."[144] 불릿은 들떴다. 지나치게 들떴다. "이곳 일은 아주 잘되고 있습니다." 불릿은 11월에 하우스 대령에게 그렇게 보고했다. "예상보다는 훨씬 오래 걸리지만", 그는 12월 중순에는 완료되기를 바라고 있었다.[145] 프로이트도 아르놀트 츠바이크에게 약간 수수께끼처럼 더 발표하고 싶은 것은 없지만, "다른 사람이 하고 있는 작업에 머리말을 또 쓰고 있다"고 말했다. "무엇인지는 말을 안 하는 게 좋겠습니다. 이것도 분석이지만 매우 현대적이며, 거의 정치적입니다." 프로이트는 유난스럽게 자제하면서 마무리를 했다. "무엇인지 짐작도 못할 겁니다."[146]

이 책은 느리게 진행되었다. 프로이트는 이렇게 나이가 들지 않았던 시절에 혼자 일을 할 때에는 훨씬 빨리 썼다. 그러나 불릿은 의욕에 넘쳐 쉬지 않고 성명을 발표했다. 1931년 8월에는 하우스 대령에게 "세 번의 수술 뒤에" 프로이트는 다시 "건강이 아주 좋아져" "책의 초고가 거의 완성되었다"고 보고했다. 불럿은 미국에서 편지를 쓰고 있었지만, 11월에는 빈으로 돌아가 그곳에 한동안 머물 계획이었다. "5월까지는 원고가 완성"될 터였다. 1932년 5월이라는 이야기였다. "엄청난 작업이지만 매혹적인 작업이기도 합니다."[147] 1931년 12월 중순에 그는 빈에 정착하여 딸을 학교에 보냈다.

그러나 불럿이 윌슨 책에만 관심을 기울인 것은 아니었다. 그는 대공황의 분위기가 널리 퍼지자, 답답한 동시에 흥분을 느꼈다. 오스트리아가 "서서히 정체와 기아의 심연으로 미끄러져 들어가고" 다른 나라도 별로 나을 것이 없는 상황[148]을 보면서 마음이 급해졌다. 국제적인 경제 위기로 전반적인 정치적 재앙이 다가올 기미가 보이면서 그 상황에 매혹되었기 때문이다. 그의 재능을 요구하는 상황인 것 같았다. 그런 상황에서도 불럿과 프로이트는 끈질기고 신중하게 계속 일을 해나갔다. 불럿은 베이커의 윌슨 전기 후속편을 읽고 형편없다고 생각했다. 하우스 대령은 계속 다그쳤다. "책은 어떻게 되어 가고 있소?" 그는 1931년 12월에 불럿에게 물었다. "어서 보고 싶소."[149] 1932년 4월 말 마침내 하우스는 답을 얻게 되었다. "책이 드디어 끝났습니다." 불럿은 그렇게 말했다. "즉 마지막 장을 썼기 때문에 오늘밤 F.[프로이트]와 내가 죽는다 해도 공개할 수 있을 것이라는 뜻입니다." 그러나 "끝났다"는 말은 출판할 준비가 되었다는 뜻은 아니었다. 참고 문헌을 일일이 확인해야 했다. 게다가 원고는 "여전히 줄일 필요가 있었다." 너무 길었다. 지금은 거리를 두고 보는 것이 불가능했기 때문에 다시 편집하려면 여섯 달 정도 쉴 필요가 있었다. "그래도 이제 완성된 원고가 있으니, 나는 다시 정치를 생각할 수 있습니다."[150] 11월 말 프로이트는 '공저자'의 방문을 기다리고 있으며, 그에게서 언제 "윌슨 책이 공개될 수 있을지" 듣기를 바라고 있다고 밝혔다.[151] 원고는 완성되었지만,《토머스 우드로 윌슨》은 결국 불릿이 죽은 해인 1967년에야 발간된다.

마침내 출간된 책은 몇 가지 흥미로운 문제를 제기한다. 발간이 지연된 이유는 분명하다. 불릿은 1961년 우드로 윌슨의 미망인이 죽을 때까지, 그리고 자신의 정치 활동이 분명히 끝날 때까지 기다렸던 것이다.* 윌슨이 정신분석학적 연구를 할 만한 대상이라는 점에는 별 의심의 여지가 없다. 모든 인간이 그와 마찬가지로 모순 덩어리겠지만, 그의 모순은 극단적이었다. 윌슨은 똑똑한 동시에 둔하고, 과단성이 있는 동시에 자멸적이었으며, 감정적인 동시에 냉정하고, 전투적인 동시에 소심하고, 어떤 상황에서는 빈틈없는 정치가였다가 다른 상황에서는 비타협적인 광신자가 되었다. 그는 1902년부터 1910년까지 프린스턴 대학의 총장으로 일하면서 대학의 교육과 사회 활동에서 주목할 만한 개혁을 이루었으나, 사소한 문제에 고집을 부리고 동료나 이사들에게 오만한 태도를 보여 오랜 친구들과 사이가 틀어졌고, 결국 그의 계획 대부분이 뒤집혔다. 뉴저지 주지사 시절에는 프로이트와 불릿이 "순교를 위한 무의식적 노력"이라고 부른 경향을 제어했다. 고결한 원칙을 지닌 인간 윌슨이 번지르르한 기회주의자이기도 하다는 것을 보여주었으며, 화려한 법률상의 승리를 거두는 동시에 자신을 주지사로 이끌어준 정치가들과 무자비하게 결별했다. 그러나 미합중국 대통령이 되면서 그는 프린스턴 총장직을 망쳤던 한심하고, 반은 의도적인 실패를 더 높은 수

---

* 불릿은 1955년에 어니스트 존스에게 이렇게 말했다. "박사가 말씀하시는 책은 출간된 적이 없습니다. 개인적으로 나는 그 책이 W.[윌슨] 부인이 돌아가신 뒤에 출간되어야 한다고 봅니다. 그분은 지금 살아 계시지 않습니까!" (불릿이 존스에게 쓴 편지, 1955년 6월 18일. Jones papers, Archives of the British Psycho-Analytical Society, London.)

준에서 재연했다. 그는 인상적인 국내 개혁 프로그램을 밀어붙였지만, 1917년 미국의 참전으로 새로운 역할이 주어지면서 실패와 재앙을 자초하기 시작했다. 뒤틀린 평화 협상 기간 그의 행동은 변덕스러웠고 역효과를 낳았다. 미국으로 돌아가 회의적인 국민과 적대적인 상원이 이 조약을 받아들이도록 설득하기 위해 끝도 없이 유세를 다닌 것도 역효과를 낳았다. 유럽에서 그는 열렬하게 선언하고 거의 종교적으로 고수하던 이상을 망가뜨리는 양보를 했지만, 미국에서는 그가 불명예를 당하는 일도 아니고 다만 조약을 유지하기 위한 것뿐인데도 사소한 사항을 수정하는 것조차 받아들이려 하지 않았다.

월슨의 모순적 자질들의 독특한 조합은 엄청난 무의식적 갈등에서 나온 것이기 때문에, 그는 그것을 해소하기는커녕 누그러뜨리는 방법도 찾을 수 없었다. 프로이트와 불릿이 이 인물에게 매혹된 것은 충분히 이해할 만한 일이었다. 월슨은 그 시기의 두 대륙의 역사 위에 우뚝 솟은 존재였으며, 두 사람은 월슨이 세계 무대에서 신경증을 행동으로 옮겼다고 확신했다. 그들은 월슨을 잘 알지 못한다고 겸손해하지 않았으며, "그의 정신 발달의 주요 경로를 추적"할 수 있다고 생각했다. 그러나 그의 성격을 전부 알고 있다거나, 포괄적으로 파악했다고 주장하지는 않았다. "우리는 결코 그의 성격을 완전히 분석할 수 없을 것이다. 그의 삶과 성격의 많은 부분을 우리는 전혀 모른다. 우리가 모르는 사실들이 우리가 아는 사실보다 더 중요해 보인다." 결과적으로 그들은 이 책을 월슨의 정신분석이라고 부르지 않았고, 겸손하게 "현재 이용 가능한 자료에 기초한 심리학적 연구이지 그 이상은 아니라고" 밝혔다.[152]

따라서 이 책이 불완전하다는 비판은 핵심에서 벗어난 것이다. 그러나 비열한 적대감과 기계적인 심리학적 분석의 결과물이라는 비판은 근거가 있다. 실제로 책 전체가 마치 윌슨의 신경증이 도덕적 약점이기라도 한 것처럼 조롱하는 투다. 또 책 전체에 걸쳐 저자들은 중층 결정이라는 말은 들어본 적도 없는 사람들처럼 모든 특정한 감정 상태로부터 단 하나의 결과만 끌어낸다. "단순성을 추구하는 동시에 그것을 불신하라"는 앨프리드 노스 화이트헤드(Alfred North Whitehead, 1861~1947)의 과학자들에 대한 유명한 권고는 프로이트의 좌우명이라고 해도 좋은데, 이 책에서는 그것이 전혀 적용되지 않는다. 《토머스 우드로 윌슨》은 아버지 조지프 러글스 윌슨(Joseph Ruggles Wilson) 목사를 향한 윌슨의 억눌린 분노에 초점을 맞춘다. "남성성을 조금이라도 요구하는 소년에게 아버지에 대한 적대감은 불가피하다."[153] 이 책은 이것을 일반적인 규칙으로 설정한다. 저자들은 윌슨에게 남성적인 면이 어느 정도 있다는 것을 부정하지 않았지만, 그가 평생 아버지를 숭배했다는 것을 간파하고 또 비난했다. "그는 아버지와의 이런 동일시에서 결코 벗어나지 못했다."[154] "아버지를 사모하는 소년들은 많다." 그러면서 그들은 바로 덧붙인다. "그러나 토미 윌슨만큼 강하고 완전하게 사모하는 경우는 많지 않다."[155] 솔직하게 말해서 조지프 러글스 윌슨 목사는 우드로 윌슨의 신이었다. 우드로 윌슨은 아버지와 동일시를 하면서 자신의 필생의 사명이 거룩하다는 확신에 사로잡혔다. "그는 자신이 어떤 식으로든 전쟁으로부터 구세주로 등장할 것이라고 믿어야만 했다."[156]

그러나 이런 동일시는 복잡했다. 우드로 윌슨은 때로는 신이었고, 때로는 그리스도였다. 신으로서는 법을 선포했다. 그리스도로서는 치명적인 배신을 당할 것을 예상했다. 우드로 윌슨에게는 자신을 매우 존경하는 순종적인 동생이 있었는데, 세상에 태어났다는 이유만으로 부모의 사랑을 사이에 둔 경쟁자가 되었다. 윌슨은 어른이 되어서도 이 내밀한 드라마를 되풀이하여, 늘 자신보다 어린 친구들을 찾아 그들이 배신을 할 때까지 잔뜩 애정을 쏟아부었다. 따라서 그의 정신의 패턴은 분명하고 단순했다. 윌슨은 늘 사랑을 갈망하고 배신을 두려워하는 어린아이였으며, 어떤 자리에 오르든 어린 시절의 패턴을 모방했고, 은근히―때로는 은근하지 않게―파멸을 바랐다. 또 그가 아버지에게 한 번도 표현하지 못했던 화는 그의 내부에서 곪아 마침내 엄청난 분노로 나타났다. 잘 모르는 관찰자들이 윌슨의 위선이라고 여겼던 것은 사실 엄청난 자기 기만 능력이었다. 그의 경건한 체하는 태도는 사실 감추어진 증오를 담는 바닥 없는 저장소였던 것이다. 말년에도 그는 나이 든 소년일 뿐이었다. "그는 자신을 사랑하고 동정했다. 그는 하늘에 있는 죽은 아버지를 사모했다. 그는 바로 그 아버지에 대한 증오를 많은 사람들에게 터뜨렸다."[157] 대체로 이것이 전부였다.

프로이트가 왜 이런 회화화된 응용 분석을 도와주었느냐 하는 의문은 여전히 남는다. 마침내 책이 나왔을 때 예민한 비평가들은 문체를 근거로 삼아 이 책에서 프로이트의 서명이 달린 짧은 머리말만이 프로이트가 썼다고 믿을 만한 부분이라고 주장했다. 머리말은 간결하고, 재치 있고, 유익했다. 반면 나머지 부분은 반복적이고, 답답하고, 종종 냉소가 깔려 있었다. 불릿은 하우스 대령에게 말을 삼가는 것이 이 책의 이상이라고 말했지만, 그 이상은 중도에 포기해버렸다. 게다가 본문에서처럼 짧은 문장을 쌓아 가는 것은 프로이트가 언어를 다루는 방식이 아니었다. 또 윌슨을 계속 "토미"라고 줄여 부르는 것은 프로이트가 그때까지 쓴 어느 글에서도 찾아볼 수 없는 것이었다. 이 책에 넘쳐나는 고압적인 빈정거림은 프로이트의 경우에는 아주 가까운 사람과 주고받은 편지에서만 나타날 정도로 찾아보기 힘들었다. 프로이트의 관념들은 과도하게 단순화되고, 호전적으로 서술되고, 알아볼 수 없을 정도로 조잡해졌다.[158] 그렇다 해도 불릿에 따르면 이 연구는 진정한 공저였다. 두 저자는 각각 몇 장의 초고를 잡은 다음 자신의 작업을 상대방과 철저하게 논의하고, 각 장에 서명을 했으며, 원고에서 수정한 부분은 여백에 이름 약자를 적어놓았다. 물론 이 책의 전체적인 지적 뼈대에 책임을 져야 할 사람은 프로이트다. 실제로 프로이트는 불릿을 "나의 환자(이자 공저자)"라고 부르면서,[159] 자신이 텍스트에 대한 자문 이상의 역할을 했음을 인정했다. 1934년 한 미국인에게서 "윌슨 대통령의 인간됨과 능력에 관한 신중한 판단"을 요구받았을 때 프로이트는 "윌슨에 대한 전혀 우호적이지 않은 평가를 책으로 썼지만," 그것을 "특수한 개인적인 사정 때문에" 출간할 수 없었다고 말했다.[160]

프로이트는 세상을 뜨기 얼마 전 불릿이 런던에서 그에게 건네준 원고를 보고 망설였지만, 지치고, 늙고, 정신분석의 미래나 누이들의 생존이나 계속 자신을 위협하는 암 걱정에 시달렸기 때문에 마침내 동의를 해주었던 것으로 보인다.* 불릿은 프로이트가 죽은 뒤 원고를 고치면서, 훗날 평자와 독자들이 불평하게 되는 부적절한 표현이나 정신분석 범주의 기계적 응용 등을 집어넣었을 가능성이 높다. 그러나 프로이트는 윌슨에 대한 적의를 불릿과 공유했다. 우리가 보았듯이 프로이트는 예언자나 종교적 광신자들을 매우 혐오했는데, 윌슨에게서 인류에게 해로운 이런 존재의 멜로드라마적인 예를 본 것이다. 미국의 역사가 리처드 호프스태터(Richard Hofstadter)가 적절하게 "마음이 순수한 자의 무자비함"이라고 부른 것[161]을 윌슨에게서 만난 셈이었다. 아니, 그 이

---

* 나는 이 대목에서 안나 프로이트의 평결에 동의한다. "왜 아버지는 오랫동안 (이해할 만한 일이지만) 거절을 하시다가 마침내 동의를 했을까요? 그것은 아마 런던에 도착한 후의 일이었을 겁니다. 그때는 다른 많은 일이 불릿의 책보다 훨씬 중요했지요." (안나 프로이트가 막스 슈어에게 쓴 편지, 1966년 9월 17일. Max Schur papers, LC.)

상이었다. 유럽의 지도를 자신의 고귀한 이상에 맞추고, 유럽 정치를 정화하려는 윌슨의 헛된 시도 때문에 그 무자비함은 공허한 허세가 되고 말았다. 가장 가증스러운 조합이 되고 만 것이다. 프로이트는 머리말에서 윌슨이 대통령 당선자 시절 어느 정치가에게 자신의 승리는 신이 명령한 것이라고 말했다는 일화를 인용하면서, 반대 진영에서 독일의 황제도 "신의 섭리가 선택한 총아"라고 선언했다는 사실을 거론했다. 프로이트는 무뚝뚝하게 논평했다. "아무도 그것으로 얻은 것이 없었다. 그렇다고 신을 존중하는 마음이 늘어난 것도 아니었다."[162]

그러나 실패작 《토머스 우드로 윌슨》에서 프로이트의 역할은 짜증스럽게 돌이켜본 감정들만으로는 다 설명되지 않는다. 프로이트가 불릿과 함께 일하기로 한 이유 한 가지는 그들의 책이 병든 정신분석 출판사에 중요한 지원이 될지도 모른다는 점이었다. 출판사는 전에도 여러 번 그랬던 것처럼 1920년대 말에 다시 파산 위기에 부딪혔다. 프로이트는 출판사에 깊은 애착을 품고 있었기 때문에 그동안 여러 번 구원의 손길을 뻗었다. 스스로 많은 돈을 기부하기도 했고, 부유한 지지자들에게서 시의적절하게 돈을 얻어내기도 했으며, 가장 인기를 끌 수 있는 품목인 자신의 글을 보내 출판하게 하기도 했다. 1926년에는 출판사에 2만 4천 라이히마르크를 제공했는데, 이것은 동료들이 그의 70회 생일을 기념하여 모은 돈의 5분의 4였다.[163] 이듬해에는 익명의 미국인 후원자에게서 받은 기부금 5천 달러를 출판사에 넘겼다.* 그 뒤 1929년

---

* 〈뉴욕타임스〉는 이 사실을 보도하면서 이 미지의 기부자는 부인과 두 자녀도 정신분석에서 도움을 얻었으며, 다음과 같이 말했다고 전했다. "프로이트는 분명히 우리 시대의 가장 중요한 인물이다. 프로이트가 과학적인 연구를 계속하고 앞으로 그 일을 계속할 사람들을 교육하는 데 필요한 모든 자금을 우리처럼 돈이 있는 사람들이 지원하는 것은 세계 문화에 대한 의무를 이행하는 것이다." ("Give $5,000 to Aid Freud/Anonymous Donor has Profited by Psychoanalysis/$100,000 Sought," *New York Times*, 1927년 5월 18일, 25.)

에는 마리 보나파르트를 비롯한 후원자들 덕분에 다시 재정 위기를 넘겼다.[164] 프로이트는 출판사를 자기 자식이라고 불렀으며, 이 자식이 자신의 생전에 죽는 것을 바라지 않았다.[165] 그는 그 운명이 독일 정치의 운명에 좌우된다는 사실을 알았다. 그가 "히틀러 일파(Hitlerei)"라고 부르는 집단이 승리하면 그 결과는 참담할 터였다.[166] 그러나 그것과는 별도로 재정 지원이 절실했다. 따라서 돈을 구하고자 하는 욕심에서 프로이트는 윌슨에 관한 책 기획에 의욕을 보이게 되었다. 1930년에 보기에는 우드로 윌슨 책이 출판사의 매출을 늘려주고, 어쩌면 이 출판사를 구해줄 수도 있을 것 같았다.

불릿의 지원에 대한 프로이트의 믿음은 사실 충분한 근거가 있는 것이었다. 프로이트는 1931년 말에 아이팅곤에게 이렇게 말했다. "불릿이 분석을 받고 윌슨 작업을 하러 여기에 다시 왔네. 사실 이 책, 그리고 공주의 포 번역"—마리 보나파르트가 에드거 앨런 포에 대해 쓴 두꺼운 논문 독일어판—"의 도움으로 출판사가 재정적 재활의 가장 어려운 시기를 넘기기를 바란다는 내 희망에는 변함이 없네."**[167] 마침내 이듬해 초에 프로이트는 중요하고 분명한 결과를 보고할 수 있었다. 불릿으로부터 미국 판권에 대한 선인세 2,500파운드—약 1만 달러—를 받

** 정신분석 출판사의 곤란은 프로이트에게 계속 짐이 되었다. 1931년 가을에는 마르틴 프로이트가 관리자가 되어 계속 악화되는 비참한 경제 상황에도 불구하고 최선을 다했다. 그는 마리 보나파르트 같은 관대한 후원자들의 반복되는 자금 투입으로 급한 구멍을 메우며 버텼다. 1932년에 프로이트는 다른 방법을 강구했다. 출판사에서 출판할 일련의 '강의'를 쓴 것이다. 이것은 실제로 강의를 한 것은 아니지만, 제1차 세계대전 동안 그가 했던 입문 강의에 내용이 추가된 것이라고 선전했다. 《새로운 정신분석 강의》는 이전의 《정신분석 강의》를 갱신하고, 여성의 성에 관한 새로운 생각들을 정리해놓았으며, 정신분석의 세계관(Weltanschauung)에 관한 중요한 장으로 끝을 맺었다. 이 마지막 '강의'에서 프로이트는 그 어느 때보다 단호하게 또 신랄하게 정신분석은 그 자체의 세계관을 정식화할 수 없으며 그럴 필요도 없다는 신념을 되풀이했다. 아주 간단히 말해, 정신분석은 과학의 일부라는 것이다.

았다는 것이다.[168] 프로이트가 윌슨 기획에서 얻은 주요한 소득은, 이 실망스러운 미국 이상주의자와의 오랜 원한을 푸는 것이라기보다는 불릿이 보내준 선인세였다. 어쨌든 그 후에 이 이야기는 더 나오지 않았다. 불릿은 미국에서 민주당원으로 정치를 하게 되었고, 프로이트는 고향 가까운 곳에 있는, 윌슨보다 훨씬 유해한 선동정치가들을 관찰해야 했기 때문이다.

우드로 윌슨이 미국인이라는 사실 때문에 프로이트는 공격적으로 원한을 풀면서 특별한 즐거움을 맛보았을 것이 틀림없다. 고상한 위치에서 이 세상 것들을 경멸한다는 면에서 윌슨은, 로버트 매코믹 대령과 샘 골드윈으로 상징되는 물질주의적 미국인, 순진하게 달러의 힘을 믿는 미국인들과는 정반대로 보였다. 그러나 정신분석 학설에서는 흔히 가장 극적인 분기(分岐)가 넓게 벌어진 가지처럼 똑같은 뿌리에서 생겨난다고 이야기된다. 미국인이 성자의 가면을 썼건 수전노의 가면을 썼건, 프로이트는 그들을 인간 동물원에서 가장 매력 없는 표본으로 치부해 버릴 준비가 되어 있었다.

프로이트는 미국에 발을 딛기 오래전부터 반미 감정을 표출했다. 1902년에는 냉소적인 분위기에 사로잡혀 "권위의 지배를 받는" 자신의 '구세계'를 "달러의 지배를 받는" '신세계'와 비교했다.[169] 나중에 미국인들이 프로이트에게 처음으로 공식적인 명예를 베풀어주었는데도, 계속 그들에게 욕을 하며 기쁨을 느꼈다. 물론 그는 1909년 클라크 대학에서 받은 명예학위를 즐겨 회고했으며, 기회가 있을 때마다 신랄한 목소리로 유럽인들에게 그 점을 상기시켰다. 심지어 일을 시작하던 초기에는 미국 이민을 생각하기도 했다. 그는 1919년 4월 20일, 병원을 개업하고 결혼을 했던 1886년 봄을 회고하며 페렌치에게 이렇게 말했다. "33

년 전 오늘 나는 신출내기 의사로서 미지의 미래 앞에 서 있었네. 내가 가진 것으로 버틸 수 있던 석 달이 지나도 앞이 잘 안 보이면 미국으로 가겠다고 결심하고 있었지." 그러면서 "그때 운명이 나에게 우호적인 미소를 짓지 않았다면" 더 나았을지도 모르겠다고 덧붙였다.[170] 그러나 그런 식으로 미국에서 일을 하고 싶다는 갈망을 내비친 것은 예외적인 일이었다. 그의 말에 따르면 미국과 그 국민은 위선적이고, 교양이 없고, 천박하고, 돈만 밝히고, 은근히 반유대주의적이었다.*

의미심장한 것은 프로이트의 반미주의가 그의 지지자들이 미국에 유람을 간 동안에 특히 강하게 나타났다는 점이다. 융, 그리고 나중에는 랑크나 페렌치가 강연이나 분석 자문을 위해 미국을 여행할 때마다 그들이 '대의'로부터 이탈하라는 초대를 받아들인 것으로 여겼다. 프로이트는 미국이 유혹에서 경쟁자 역할, 부유하고, 매혹적이고, 강력하고, 꾸미지 않은 매력이 있어서 어떤 원시적인 면에서 유럽보다 우월한 경쟁자 역할을 한다고 보는 것 같았다. 프로이트가 아르놀트 츠바이크에게 미국의 자족적인 주장을 잔인하게 비틀어 말한 바에 따르면, 미국은 "반(反)낙원"이었다.[171] 이것은 그가 말년에 한 말이었다. 그 몇 해 전에는 존스에게 이렇게 속을 털어놓은 일도 있다. "그래, 미국은 거대하지. 하지만 거대한 잘못이라네."[172] 간단히 말해서 프로이트는 미국을 그의 지지자들이 거대한 잘못을 저지르도록 유도하는 나라로서 두려워했다.

이런 정서는 프로이트의 편지에 불쾌하고 단조로운 주제처럼 계속 이어진다. 또 분명한 모순도 드러난다. 우리가 알다시피 프로이트는 1909년 1월 클라크 대학과 협상을 하는 과정에서 G. 스탠리 홀의 여행

---

* 프로이트는 1932년 아이팅곤에게 미국에서 정신분석 운동을 조직하려는 브릴이 "잠재적으로 엄청난 미국의 반유대주의와 부딪혔다."고 말했다. (프로이트가 아이팅곤에게 쓴 편지, 1932년 4월 27일. Sigmund Freud Copyrights, Wivenhoe의 허락을 받고 인용.)

경비에 대한 인색한 태도가 "지나치게 '미국적'"이라고 생각했다. 즉 돈 문제에 지나치게 몰두한다는 것이었다. 그가 보기에 "미국은 돈을 부담 시키는 것이 아니라 내놓아야" 했다.[173] 프로이트는 이 고약한 신조를 편지에 쓰는 것을 좋아했다. "돈을 내놓지 않는다면 미국인들이 무슨 소용이 있겠나?" 그는 1924년 말에 어니스트 존스에게 수사적으로 물었다. "아무짝에도 쓸모가 없네."[174] 이제 우리도 잘 알지만 이 후렴구는 그가 애용하는 것이었다. 그는 1년 뒤에 다시 존스에게 약간 쑥스러워하며 말했다. "내가 늘 미국은 돈을 공급하는 것 외에는 아무짝에도 쓸모없다고 말하지 않았나."[175] 1924년 랑크가 미국을 방문했을 때 프로이트는 똑같은 이야기를 가장 난폭하게 표현했다. 그는 랑크가 "그 야만인들 사이에 머무는 데 어울리는 유일하게 합리적인 행동을 찾아내서" 아주 기쁘다고 말했다. 그 행동이란 "자신을 가장 비싸게 파는 것"이었다. 그러면서 덤으로 한마디 더 붙였다. "까마귀에게 흰 셔츠가 안 어울리듯이 정신분석은 미국인에게 어울리지 않는 것 같다는 생각이 들곤 하네."*[176] 이것이 프로이트가 미국인에게서 찾아내곤 하던 바로 그 도덕적 결함을 그대로 보여주는 태도라는 점은 지적할 필요도 없을 것이다. 그러나 프로이트는 아무런 가책을 느끼지 않았다. 그는 착취자를 착취하고 있을 뿐이었기 때문이다.

돈과 관련하여 미국인의 빈틈없는 면에 대한 프로이트의 심술궂은

---

* 프로이트가 이런 극단적인 표현을 애용했다는 것은 흥미로운 일이다. 예를 들어 1928년 7월 8일에는 비텔스에게 이렇게 말했다. "미국인과 정신분석은 종종 서로 너무 안 맞아서 '까마귀가 하얀 셔츠를 입은 것 같다'는 그라베의 말이 떠오르네." (Wittels, "Wrestling with the Man," 177-178.) 또 "야만인"이라는 놀라운 표현도 이때만 예외적으로 쓴 것이 아니었다. 1935년 7월 10일 프로이트는 미국의 어떤 북클럽이 자신의 소설을 선정했다고 알리는 아르놀트 츠바이크에게 이렇게 말했다. "더 나은 수준의 인간도 아닌 이런 야만인들에게 우리가 물질적으로 의존하다니 슬프지 않습니까? 사실 우리는 여기서 똑같은 상황에 놓여 있습니다." (Sigmund Freud Copyrights, Wivenhoe의 허락을 받고 인용.)

평가는 그들과 똑같은 태도의 다른 표현일 뿐이었다. 그는 1913년에 피스터에게 이렇게 경고했다. "미국과 관계를 맺으면 틀림없이 사기를 당할 걸세. 사업적인 면에서는 그 사람들이 우리보다 한참 앞서 있으니 까!"[177] 그는 자기 글의 외국 판권 문제를 스스로 대책 없을 정도로 흐리멍덩하게 처리했다는 사실은 모르고, 그 결과로 생긴 혼란이 미국인들의 책임이라고 생각하곤 했다. 1922년에는 한 미국인에게 "미국 출판업자들"은 "위험한 인간들"이라고 말했다.[178] 이런 생각으로 뉴욕에서 그의 초기작들을 다수 출판한 회사의 앨버트 보니(Albert Boni)와 호러스 라이브라이트(Horace Liveright)를 "두 사기꾼"이라고 불렀다.[179] 프로이트가 이 돈 많은 야만인들에게서 끌어내고 싶은 것은 재정적 후원뿐이었다. 그는 1922년에 페렌치에게 한탄했다. "미국에서 그렇게 인기를 얻었는데도 분석은 달러가 많은 아저씨들 가운데 단 **한** 사람의 자선도 끌어오지 못했네."[180] 달러 많은 그런 아저씨(Dollaronkel)가 부족하다는 사실에 그는 실망했고, 편견은 더 심해졌다.

프로이트는 1920년대에 미국인 분석 대상자들을 점점 많이 만나게 되었는데, 그들을 상대할 때면 무신경한 태도를 보였다. 만일 그가 다른 사람들에게서 그런 모습을 보았다면 교양 없다고 여겼을 것이고, 자신의 그런 모습을 분석해보았다면 증후적이라고 여겼을 것이다. 그래도 교육 분석을 위해 베르크 가세 19번지를 찾아오는 미국인 의사들 가운데 몇 명은 좀 좋아하게 되었고, 마음에 드는 소수에게는 꾸밈없는 따뜻함을 보여주기도 했다. 그러나 중요한 미국 분석가들에 대한 평결은 신랄한 경우가 많았다. 그는 아이팅곤에게 전체적으로 보았을 때 "대체로 열등한" 이 사람들은 주로 "기법 문제"를 연구하기 위한 실험 대상으로나 유용하다고 말했다.[181] 1921년 피스터는 절충주의적인 미국의 정신분석가 스미스 엘리 옐리프(Jelliffe)가 베르크 가세 19번지로 가는 길이라고 보고하면서, "옐리페(Yelliffe)"가 "기민하고 똑똑한 사람"이라는 인상을 받았다고 덧붙였다.[182] 그러자 프로이트는 이 칭찬의 표현들을 폄하하는 쪽으로 뒤틀었다. 그 전에도 프로이트는 옐리프가 "콜럼버스가 발견한 최악의 비즈니스적 미국인 가운데 하나인데, 쉬운 말로 사기꾼"이라고 말한 적이 있었다.[183] 그는 피스터에게 답장을 보내면서 옐리프가 "아주 영리하다고들 하는데, 그 말은 교활하다는 뜻, 즉 아주 똑똑하지만 품위는 별로 없다는 뜻"이라고 말했다.[184] 초기의 열렬한 지지자로서 오랫동안 미국 정신분석가들을 지배해 온 클래런스 오번도프(Clarence Oberndorf, 1882~1954)는 프로이트가 보기에는 그들 가운데 "최악"일 뿐이었다. "그는 어리석고 오만해 보이네." 프로이트는 1921년에 오번도프 때문에 당혹스럽다고 어니스트 존스에게 털어놓았다. "그렇게 똑똑하고 성공했다고 여겨지던 사람이 왜 분석을 택했겠는가. 그의 머리나 마음이 분석을 좀 받을 필요가 있었던 것이 아니겠는가."[185] 그는 그나마 "좀 낫다고 하는" 미국 분석가들 사이에서도 공동체 정신이 왜 그렇게 부족한지 궁금해했다. 그의 가장 적극적인 지지자인 브릴에 대해서도 인내심을 잃고, "그는 수치스럽게 행동하고 있으니 제명을 해야 한다."고 덧붙였다.[186] 이것은 과장된 위협이며, 실제로는 그렇게 행동한 적이 없으며 아마 계획조차 세우지 않았을 것이다.

상대의 감정은 의식하지 못한 채, 프로이트는 분석 치료 때 나타나는 그들의 기이한 면과 예기치 못한 반응이 틀림없이 국민적 특질이라고 편지를 받는 미국인에게 말하곤 했다. 프로이트의 분석을 받았던 리언하드 블룸가르트가 미래의 아내와 여섯 달 동안 떨어져 있지 않으면 안 될 때 약혼을 해버렸다고 고백하자 이렇게 말했다. "당신네 미국인들은 묘한 사람들입니다. 당신네 여자들을 올바로 대하는 태도를 찾아낸 사람이 한 명도 없어요."[187] 또 다른 미국인 분석 대상자 필립 레어 먼이 《문명 속의 불만》에 대한 비판적 서평을 보내오자 프로이트는 감사 인사를 하면서 무례한 논평을 했다. "이것은 물론 딱 미국인 저널리스트에게서 나올 만한 어리석고 무지한 글이지요."[188] 몇 달 뒤에는 레어먼과 그의 가족이 잘 지내고 있다는 소식을 듣고 마찬가지로 무례한 태도로 약간 놀라며 만족감을 표시했다. 사실 미국은 지금 공황 상태인데, "번영이 없다면 미국인에게 뭐가 남겠습니까?"[189] 프로이트는 기분이 언짢을 때면—자주 그랬다.—윌리엄 제임스나 제임스 잭슨 퍼트넘 같은 존경할 만한 미국인에 대한 기억은 아무렇지도 않게 내팽개쳤다.

프로이트는 심지어 이 가련한 미국인들이 정작 필요한 경우에 제정신을 유지하지 못한다고 투덜거리기까지 했다. 1924년 프로이트의 재능 있는 분석 대상자 호러스 프링크(Horace Frink)가 정신병 발작을 겪었다. 프로이트에게 프링크는 미국인들 가운데 드문 예외였다. 프로이트는 프링크를 높이 평가했으며, 그가 미국에서 정신분석학 조직을 이끌어주기를 바랐다. 그러나 프링크가 발작을 일으켜 입원하게 되자 프로이트의 계획은 어그러졌다. 프로이트는 프링크의 섬뜩한 정신 상태를 알게 되자 이 개인적 재앙이 마치 미국인 특유의 약점인 것처럼 이야기했다. "프링크라는 인물을 그들의 지도자로 삼으려던 나의 시도는 매우 안타깝게도 유산되고 말았네. 정신분석학이 정신의학에 통합되는 데 백 년이 걸린다고 하는데, 그 백 년 동안 내가 산다 해도 그들을 위해 내가 다시 어떤 일을 하는 날은 오지 않을 거야."[190] 이런 냉담한 토로는 물론 1924년 9월 프로이트가 암의 후유증과 씨름하던 시기에 나온 것이다. 그러나 그 밑에 깔린 태도는 늘 변함이 없었다.* 1929년 어니스트 존스가 미국 독자들을 위해 프로이트가 정신분석에 관해 쓴 글들의 발췌본을 편집해 달라는 미국 쪽의 요청이 있었다며 자문을 구하자 프로이트는 평소와 다름없이 말했다. "기본적으로 완전히 미국적인 그 기획 전체가 내게는 매우 역겹습니다. 분명히 말하거니와, 그런 발췌본이 있으면 미국인은 절대 원본을 보지 않을 것입니다. 아마 발췌본이 없어도 안 보겠지요. 대신 엉터리 대중적 자료에서 정보를 구할 겁니다."[191]

이런 논평은 사적인 편지에만 한정되지 않았다. 프로이트는 그것을 활자로 옮겨놓는 것도 망설이지 않았다. 프로이트는 1930년에 미국 분석가 도리언 페이겐바움(Dorian Feigenbaum, 1887~1937)이 편집하는 〈의학 평론 리뷰〉 특별호에 짧은 머리말을 쓰면서 정신분석이 미국에서 많은 발전을 이룩했다고 이야기되지만, 그것은 그에게 "모호한" 만족감을 주었을 뿐이라고 말했다. 입으로 동의하는 경우는 많지만 진지한 치료와 재정적 지원은 드물었다. 의사와 홍보 담당자들도 정신분석학적 구호로 만족했다. 그들은 "넓은 마음"을 자랑했지만, 그것은 "판단력 부족"을 보여줄 뿐이었다. "미국에서 정신분석이라는 말의 높은 인기는 정신분석 자체에 대한 친근한 태도를 의미하지도 않고, 정신분석에 대한 특별히 폭넓고 깊은 지식을 의미하지도 않는다." 프로이트는 그렇게

---

* 프로이트가 프링크를 냉정하게 비난한 것은 많은 부분 그가 대체로 의식하고는 있었지만 인정은 하지 않았던 죄책감 때문이라고 보는 것이 합리적이다. 우선 프로이트는 처음에 프링크의 신경증적 장애 뒤에 감추어진 잠재적인 정신병을 인식하지 못했다. 그다음에는 초기의 정신병적 발작을 심각하게 받아들이지 않았다. 더욱이 프로이트는 의도는 좋지만 지나치게 여유를 부리는 오만한 태도로 프링크의 사생활에 간섭하여 그의 감정적 혼란을 부채질했다. 분석 과정에서 프링크는 부인과 이혼하고 자기의 환자 한 사람과 결혼하려 했다. 프로이트는 그 계획을 밀고 나가라고 격려했다. 그러나 1923년 이혼 한 달 뒤 첫 번째 부인이 죽자 프링크의 정신 건강은 참담하게 악화되었다. 그리고 1년 뒤에는 두 번째 결혼도 깨졌다. 1936년 53세의 나이로 죽기 얼마 전 딸 헬렌 크래프트가 혹시 프로이트를 만나면 무슨 말을 전하면 좋겠냐고 물었을 때, 프링크는 이렇게 대답했다. "그가 비록 정신분석을 발명하기는 했지만, 그래도 위대한 사람이었다고 전해라." (Helen Kraft, Michael Specter, "Sigmund Freud and a Family Torn Asunder: Revelation of an Analysis Gone Awry," *Washington Post*, 1987년 11월 8일, sec. G, 5에 인용.)

생각했고, 또 그렇게 말했다.[192]

따라서 프로이트의 이런 혐오 가운데 일부는 미국이 정신분석을 충동적으로 수용한 것에 대한 불안에 뿌리를 두고 있는 셈이었다. 이런 수용은 역효과를 내는 평등주의는 말할 것도 없고, 엄격성 부족, 또 그에 못지않게 큰 피해를 주는 성에 대한 공포와 결합되어 있는 것으로 보였다. 일찍이 1912년 프로이트는 어니스트 존스에게 "미국이 리비도의 편에 설 수 있도록" 제임스 잭슨 퍼트넘을 "열광" 상태로 유지하라고 지침을 내렸다.[193] 그러면서도 프로이트는 그 당시와 마찬가지로 그 뒤에도 계속 그런 노력이 보람 없을 것이라고 생각했다. 미국의 정신분석가들에게 지도자 자리는 정치적인 것이었으며, 능력이 보답받지 못하는 일이 많았기 때문이다. 1920년대에 프로이트는 화가 나서 미국의 분석가들이 조직을 관리하는 방식을 비난했다. 그는 산도르 러도에게 이렇게 말했다. "미국인들은 민주적 원리를 정치에서 과학으로 옮겨다 놓습니다. 모두 한번은 회장이 되어야 하고, 누구도 회장 자리를 계속 유지하면 안 됩니다. 아무도 다른 사람들보다 뛰어나면 안 됩니다. 그래서 결국 모두 아무것도 배우지도 못하고 이루지도 못합니다."[194] 1929년에 일군의 미국 정신분석가들─그 가운데 일부는 랑크주의자였다.─이 대회 개최를 제안하면서 프로이트에게 그의 딸을 초대하는 문제를 물어보자, 그는 예의 무례한 방식으로 거부했다. "나는 그 대회가 크게 성공하기를 바라기는 하지만, 분석에 큰 의미가 있을 것이라고 기대할 수가 없습니다." 그는 주최 측의 프랭크우드 윌리엄스에게 그렇게 말했다. "이 대회는 질을 양으로 대체하는 미국식으로 준비되고 있기 때문입니다."[195] 그의 불안은 전혀 근거가 없는 것은 아니었지만, 그의 편견에 사로잡힌 상상 속에서 비현실적인, 거의 악몽 같은 형태를 띠게 된 것 또한 사실이다.

그의 불만 가운데 일부는 단순한 공상이 아니었다. 예를 들어 소화 불량은 진짜였다.[196] 프로이트는 1909년 클라크 대학에서 돌아온 뒤 건강에 문제가 있다면서, 누구 책임인지 알고 있다고 말했다. "미국이 나에게 많은 대가를 치르게 했네."[197] 그해 늦겨울에는 "뉴욕에서 얻은 대장염"[198]을 고치려고 카를스바트에 3주간 머물며 치료를 받았다. 전쟁 후 전립선에 문제가 생겼을 때는 "10년 전 미국에서 처음 그랬던 것처럼 매우 당혹스러운 상황에" 처하게 된다고 페렌치에게 가끔 말하곤 했다.[199] 그는 이런 병을 만들어낸 것이 아니었다. 다만 이 병들로 인한 분노를 단 하나의 편리한 대상에 퍼부었을 뿐이다. 또 미국인들은 그의 전문 분야에서 강하게 도발을 하기도 했다. 미국 정신분석 기관이 비전문가 분석에 강력하게 반대한 사건이 그것인데, 이 일은 프로이트의 반감을 누그러뜨리는 데 전혀 도움이 되지 않았던 것이다. 미국인들은 순진한 체하며 얌전을 뺄 때가 아니면, 탐욕스럽고 관습적이라는 것만 증명해주었을 뿐이다. 프로이트는 그들이 말하는 방식 자체가 그들의 운명을 결정지을 것이라고 생각했다. 그는 자신의 주치의 막스 슈어에게 이렇게 말한 적이 있다. "이 국민은 멸종할 운명입니다. 이들은 이제 말할 때 입을 열지 않아요. 곧 먹을 때도 입을 열지 않게 될 겁니다."[200]

상상력을 동원하여 사나운 태도로 무차별적으로 미국인들을 혹평할 때 프로이트는 자신의 경험에 귀를 기울였다기보다는 어떤 내적인 요구를 표출하고 있었다는 결론이 나올 수밖에 없다. 심지어 충실한 어니스트 존스조차 프로이트의 반미주의는 사실 미국과는 전혀 관계가 없다고 인정할 수밖에 없었음을 우리는 알고 있다.* 프로이트도 자신의 감

---

* 《프로이트 I》 5장 405~406쪽 참조.

정이 철저하게 객관적인 수준 이하—또는 이상—라는 낌새는 채고 있었다. 1920년대에는 심지어 잠깐이지만 불가사의한 미국인들을 진단하려고 노력해보기도 했다. 그는 1921년에 미국 저자들이 쓴 정신분석 관련 글 두 편에 몹시 화가 나서 어니스트 존스에게 이렇게 말했다. "미국인들은 정말이지 너무 형편없네." 그러나 "더 잘 관찰할 기회가 없는 상황에서 그들이 왜 그런지 판단을 내리지는" 않을 것이라고 신중하게 덧붙였다. 그러면서도 이렇게 생각해보기는 했다. "그들의 경우는 경쟁이 훨씬 치열하네. 어떤 사람이든 성공하지 못한다는 것은 시민으로서 사망한다는 의미일세. 그들에게는 직업 외에는 아무런 개인적 자원이 없네. 취미도, 게임도, 사랑도, 교양 있는 사람에게서 찾아볼 수 있는 다른 관심사도 없어. 그리고 성공은 돈을 뜻하네. 우리는 그럴 각오가 되어 있지만, 미국인이 과연 여론에 맞서서 살 수 있을까?"**[201] 미국인들은 물질주의와 순응주의를 불행하게 결합시킨 것 같았다. 3년 뒤 프로이트는 랑크의 미국 방문에서 이런 진단에 결정적인 이름을 붙일 기회를 잡았다. "다른 어디에서도 미국에서처럼 인간 행동의 무의미함에 압도당하는 일은 없네. 그곳에서는 심지어 자연스러운 동물의 요구를 기분 좋게 만족시키는 것도 삶의 목표로 인정되지 않아. 제정신이 아닌 항문적 아들러 병(Adlerei)이지."[202] 프로이트로서는 미국인들에게 자신이 가장 혐오하는 옛 제자의 이름을 갖다 붙이는 것보다 그들을 더 멋지게 조롱할 방법이 없었을 것이다. 이것을 전문적인 용어로 표현하자면, 프로이트는 미국인 전체가 쾌락에 적대적인 항문 사디즘적 보존성

** 《문명 속의 불만》에서 프로이트는 확고한 판단에서 물러나 "미국 문화 비판에 들어가고 싶은 유혹을 피할" 용의가 있다고 말한다. 그가 불필요하게 덧붙인 바에 따르면, 미국적인 방법을 사용하는 것을 피하고 싶기 때문이었다. (*Das Unbehagen in der Kultur*, *GW* XIV, 475 / *Civilization and Its Discontents*, *SE* XXI, 116.)

의 피해자이지만, 동시에 사업이나 정치에서는 가장 공격적인 행동에 나선다고 보았던 것이다. 그래서 미국인들 삶의 특징은 "성급함"[203]이 된다. 또 그래서 미국인들이 순수한 취미든 문화의 고상한 영역이든 삶의 비실용적 측면을 활용하지 못하는 것이다.

프로이트는 미국인의 성격이 그렇게 드러나는 양상을 도처에서 탐지했다. 우선 정직은 찾아보기 힘들었다. 홍보 회사를 창립하여 성공한 미국인 조카 에드워드 베르나이스가 "내가 알았을 때는 정직한 아이였지만, 지금은 얼마나 미국인이 되었는지 모르겠다."[204]고 말한 것이 바로 그런 뜻이었다. 더욱이 미국은 연인들에게 차가운 분위기를 제공했다. 이것이 프로이트가 블룸가트에게 한 말, 즉 미국인 남자들은 여자를 대하는 올바른 태도를 확립한 적이 없다는 말의 핵심적 의미였다. 그러나 최악은 미국이 항문 고착형 성인들이 가장 좋아하는 생산물인 돈의 노예라는 것이었다. 프로이트에게 미국은 한마디로 "달러의 나라(Dollaria)"[205]였다.

정신분석적 어휘를 빼놓으면 이 가운데 어떤 것도 독창적인 것은 아니다. 프로이트가 사용하는 표현은 대부분 백 년은 된 것이며, 그 다수는 그가 자주 찾는 서클들에서는 흔한 것이었다.* 1927년 프랑스 정신

---

* 주목할 만한 예를 하나만 들어보자. 1908년 어니스트 존스는 프로이트에게 이렇게 말했다. "미국인들은 고유의 습관을 가진 독특한 국민입니다. 그 사람들은 호기심은 보이지만 진정한 관심을 보이는 경우는 드물고…… 진보에 대한 태도는 개탄할 만합니다. 그들은 '최신' 치료법 이야기를 듣고 싶어 하면서도 한쪽 눈은 늘 '전능한 달러'를 보고 있습니다. 그리고 그것이 가져다줄 명예, 그 사람들 표현으로는 '쿠도스(Kudos)'를 생각합니다. 최근에 프로이트의 정신 치료를 찬미하는 글이 많이 나오고는 있습니다만, 터무니없을 정도로 피상적입니다. 정신분석의 성적인 기초를 알고 그 의미를 깨닫는다면 정신분석을 강력하게 비난하지나 않을까 걱정스럽습니다." (존스가 프로이트에게 쓴 편지, [1908년] 12월 10일. Sigmund Freud Copyrights, Wivenhoe의 허락을 받고 인용.)

분석가 르네 라포르그는 "P."라고 부르는 미국인을 묘사한 적이 있는데, 아마 프로이트도 그 말에 공감했을 것이다. "P.는 진정한 미국인으로서 늘 분석가를 돈으로 살 수 있다고 생각했습니다."[206] 같은 해에 페렌치는 오랜 체재 끝에 미국을 떠나면서 걱정스러운 마음으로, 신경증적인 미국인들—그런 사람들이 너무나 많았다.—이 현재보다 더 많이, 더 나은 정신분석 치료를 받을 필요가 있다고 생각했다. 그는 다음과 같이 말한 것으로 전해진다. "나는 오랜만에 이곳에 돌아와 정신분석에 대한 관심이 유럽보다 훨씬 크다는 것을 알았지만, 동시에 이런 관심이 약간 피상적이라는 것과 더 깊은 면은 약간 무시되고 있다는 것도 알았다."[207]

이런 의견은 교양 있는 유럽인들이 오랫동안 거들먹거리며 말해 온 견해를 프로이트와 그의 지지자들이 때로는 말 그대로 복사해 왔음을 분명하게 보여줄 뿐이다. 또 그런 교양 있는 유럽인들은 대체로 그들의 아버지와 할아버지의 견해를 되풀이한 것이다. 그들은 백 년 동안 미국인들에게 어떤 악덕들을 투사해 왔는데, 그 가운데 일부는 진짜였지만 많은 경우는 날조한 것이었다. 미국인들의 평등에 대한 열광, 그에 못지않은 새로운 것에 대한 열광, 그들의 물질주의를 헐뜯는 것은 그들이 오래전부터 좋아하던 사회적 게임이었다. 오래전 1822년에 스탕달은 재치 있는 연구서 《사랑》에서 미국인들이 상상력 결핍의 화신이라고 비방했다. 스탕달에 따르면 미국인들은 사랑을 할 수 없었다. "젊은 여자와 잘생긴 낯선 남자를 보스턴에 단둘이 남겨놓으면, 그 여자는 미래 남편의 결혼 지참금만 생각하고 있을 것이 틀림없다."[208] 스탕달은 자신의 소설 《뤼시앙 뢰방》에서 미국인들이 정의롭고 합리적이지만 "돈, 그리고 돈을 모으는 방법만 생각한다."고 다시 말했다.[209] 몇 년 뒤 찰스 디킨스(Charles Dickens, 1812~1870)는 미국을 방문했다가 견딜 수 없을 정도로 떠받들어지는 동시에 해적 출판의 피해자가 되었다. 《마틴 처즐윗》의 신랄한 희화화는 결국 분노가 공감을 이겼음을 보여준다. 우리는 그 소설에서 미국인들이 자유를 설교하지만 여론을 두려워하고, 평등을 떠들지만 노예를 두고 살며, 속물적인 수전노임을 알게 된다. 미국인의 대화 대부분은 "한마디, 달러로 요약할 수 있다. 그들의 모든 관심, 기쁨, 희망, 애정, 미덕, 교우는 녹아서 결국 달러가 된다."[210] 이런 비난은 프로이트가 글을 쓰기 시작할 무렵에는 상투적인 말이었는데도, 유럽의 관찰자들에게는 여전히 유효한 의미를 지닌 말이었다. 1904년 필립 번-존스(Philip Burne-Jones, 1861~1926) 경은 오래된 비난을 미국에 관한 그의 보고서 제목에 압축해 넣었다. 《달러와 민주주의》. "그들이 얼마나 돈 이야기를 많이 하는지!" 번-존스는 외쳤다. "거리, 레스토랑, 차 안에서 토막토막 들려오는 대화로부터" 사람들이 듣게 되는 소리는 "달러-달러-달러"뿐이다.[211] 그러나 프로이트에게는 스탕달보다 유리한 점이 있었다. 적어도 그는 디킨스나 번-존스와 마찬가지로 미국에 가보았다는 것이다. 그렇다고 해서 미국인에 대한 그의 견해가 구체적인 정보를 근거로 새롭게 바뀐 것은 아니지만.

프로이트가 왜 이렇게 효과가 좋은, 그러나 이 무렵에는 이미 곰팡내가 나던 편향적 관찰과 완전한 문화적 오만의 혼합물을 무비판적으로 받아들였는지, 그 이유는 여전히 의문이다. 사실 그의 반미주의는 순응적 태도와 급진적 태도가 묘하게 협력한 결과물이었다. 그는 관습적이고 흠 없는 유럽 부르주아로서 다른 사람들과 다를 바 없는 시각에서 미국인을 보았다. 이런 식으로 아무런 생각 없이 당시 유행하던 상투적 태도를 받아들인 것과 비교하자면, 그가 미국인들에게 짜증을 낸 현실적 근거─미국 음식은 말할 것도 없고 메시아적 정치, 비전문가 분석에 대한 저항 등─는 별 의미가 없었다. 물론 자유로운 성관계라는 이상에서는 급진적이고 반부르주아적이었던 프로이트는 미국인이 성적 위선의 대표적 모델이라고 보기도 했다. 그러나 이 또한 성 개혁가 프로이트가 자신이 싸우고자 하는 위선의 힘들을 가장 집중된 형태로 대표하고 있는 것이 미국이라는 식으로 설정해놓은 것처럼 보일 수도 있다.

미국인에 대한 프로이트의 초기 논평이 바로 그들이 사랑을 느끼거나 표현할 수 없다는—그가 보기에—점에 집중되고 있는 것은 우연이 아니다. 그는 클라크 대학을 방문하기 몇 달 전에 페렌치에게 "신대륙의 얌전 떠는 태도가 두렵다"고 말했다.[212] 클라크에서 돌아온 직후에는 융에게 미국인들이 "리비도를 싫어한다"고 말했다.[213] 그는 이런 공격을 퍼붓는 데 결코 싫증을 내지 않았다. 그는 "미국의 엄격한 정절"[214]을 개탄했고, "얌전 떠는"[215], "고결한"[216] 미국을 조롱했다. 1915년 제임스 잭슨 퍼트넘에게 보내는 유명한 편지에서 프로이트는 현대의 품위 있는 성적 관습이 경멸스럽다고 비난하면서, 이런 관습이 미국에서 최악으로 나타나고 있다고 강조했다.[217] 이런 나라는 정신분석의 불편하고 비관습적인 진실을 거부하거나, 아니면 그 진실을 꽉 끌어안아 숨 막히게 할 수밖에 없을 터였다. 프로이트는 《꿈의 해석》에서 평생 자신은 친구만큼이나 적이 필요했다고 아주 솔직하게 고백했다. 이런 퇴행적 요구는 지나친 단순화와 냉담한 태도를 어느 정도 수반할 수밖에 없다. 전투를 하는 사람은 군대의 사기를 유지하고 잔혹성을 정당화하기 위해 어린아이처럼 세상을 영웅과 악당으로 분명하게 나누기 때문이다. 프로이트가 구축한 미국은 그에게 반드시 필요했던 적의 거대한 집단적 표현으로 우뚝 서 있었다.

제1차 세계대전이 끝난 뒤에 프로이트는 그 나름의 불행한 이유들 때문에 이 적나라한 단색의 모조품에 그전보다 필사적으로 매달렸다. "달러를 위해 일한다는 것"[218]이 그에게는 몹시 짜증나는 일이었다.* 이런 의존에 상처를 받았지만, 피해갈 방법이 없었다. 1920년대에 미국인들은 그에게 분석을 해 달라고 간청했으며, 그가 원하면서도 경멸했던 달러를 가져왔다. 이런 곤란한 상황 때문에 그의 내부에서 발생한 갈등은 누그러지지 않았다. 1932년 말에도 그는 아이팅곤에게 이렇게 말했다. "미국에 대한 내 의심은 좀체 사라지지를 않네."[219] 간단히 말해서 미국인을 더 필요로 하면 할수록 미국인에 대한 반감도 커졌던 것이다. 그는 미국인을 해부하면서 인간 본성이 활동하는 면을 보여주는 동시에, 자기도 모르는 새에 그 자신의 본성도 보여주었던 셈이다.

괴테상을 받다

프로이트가 불릿과 함께 우드로 윌슨 연구를 하던 기간에는 공적인 인정과 개인적 고통의 순환 속도가 빨라졌다. 1930년 7월 말 프랑크푸르트 시는 선망의 대상인 괴테상(賞)을 그에게 수여하겠다고 알렸다. 상장에는 형식대로 프랑크푸르트 시장의 서명이 들어가 있었다. 이런 문건들이 그렇듯이 이 상장도 아첨에 가까운 말로 시작한다. "지크문트 프로이트는 자연과학의 엄격한 방법으로, 동시에 상상력이 풍부한 작가들이 만들어낸 비유를 대담하게 해석하여, 영혼을 움직이는 힘

---

* 1920년 말 프로이트는 만 달러를 줄 테니 뉴욕에 6개월 체재해 달라는 초대를 막 거부했다고 딸 안나에게 말했다. 프로이트는 그 돈 가운데 반은 체재비로 나갈 것이라고 보았다. 물론 5천 달러만 해도 250만 오스트리아 크로넨이라는 큰 돈이었지만, 세금과 다른 비용을 제하면 집에 있으면서도 그 정도는 벌 수 있을 것이라고 생각했다. 프로이트는 화가 나서 말했다. "다른 때였다면 어떤 미국인도 나에게 감히 그런 제안을 할 수 없었을 것이야. 하지만 지금 그들은 우리의 궁핍"—프로이트는 히브리어 표현인 Dalles를 사용했다.—"을 이용하여 우리를 싸게 사려 하고 있어." (프로이트가 안나 프로이트에게 쓴 편지, 1920년 12월 6일. Freud Collection, LC.)

들에 다가가는 길을 열었으며, 그 결과 문화적 형식들의 등장과 구축을 인식하고 그 병들을 치료할 가능성을 찾아냈다." 그 다음은 이렇게 이어진다. "정신분석은 의학만이 아니라, 예술가와 목사, 역사가와 교육자의 정신세계에도 자극을 주고 풍요를 안겨주었다." 이 글은 상의 이름에 걸맞게, 괴테의 에세이 〈자연〉에서 정신분석의 뿌리를 찾고, 프로이트가 "메피스토텔레스적인" 방법으로 모든 베일을 찢었으며, "무의식에 잠들어 있는, 형성하고 창조하는 힘들을 숭배"하면서 "파우스트처럼" 만족할 줄 몰랐다고 말했다. 상장은 은근한 자화자찬으로 끝을 맺었다. 지금까지 "위대한 학자, 저자, 투사" 프로이트에게는 "아무런 외적인 영광"이 주어지지 않았다.[220] 이것은 정확한 이야기가 아니었다. 프로이트는 오랜 세월에 걸쳐 만족스러운 인정의 증거를 몇 번 확인했다. 그러나 본질적인 면에서는 상장에 적힌 말에 일리가 있었다. 프로이트는 넘칠 만큼 명예를 누리지는 못했다. 그는 1930년 11월에 《비망록》에 다시 간결하게 적었다. "노벨상 탈락 확실."[221]

따라서 괴테상은 천둥이 치는 잔뜩 찌푸린 하늘에서 햇살이 번쩍 비친 것과 같았다. 프로이트는 몸을 쇠약하게 만들며 화를 돋우던 신체적 장애와 싸우고 급속하게 악화되던 세계 정세를 살펴보던 일로부터 잠시나마 다른 데로 관심을 돌릴 수 있었다. 상금 1만 라이히마르크—약 2,500달러—도 반가운 수입이었다. 자신이 수상자로 선정된 것에 약간 어리둥절했던 프로이트는 시장이 세례를 받기는 했지만 유대인이라는 사실이 어떤 관련이 있을 것이라고 생각했다.[222] 그렇더라도 상에 그가 사랑하는 괴테의 이름이 붙어 있었기 때문에 진정으로 기뻐했다.[223] 1927년에 제정된 이 상은 저명한 시인이자 숭배의 대상이었던 슈테판 게오르게(Stefan George, 1868~1933), 선교사이자 바흐 전기 작가였던 알베르트 슈바이처(Albert Schweitzer, 1875~1965), 문화 철학자인 레오폴트 치글러(Leopold Ziegler, 1881~1958) 등에게 수여되었다. 다들 쟁쟁한 인물이었다. 프로이트는 우아하고 짧은 수상 연설을 썼고, 딸 안나를 프랑크푸르트에 대신 보내겠다고 제안했다. 그는 상을 수여하는 재단이사회 간사인 알폰스 파케(Alfons Paquet) 박사에게 자신은 몸이 약해 여행을 할 수 없지만, 딸이 수상 연설을 대신 읽으면 축제 분위기가 더 고조될 것이라고 말했다. "내 딸 안나가, 보기에도 또 듣기에도 당연히 나보다 나으니까요."[224] 이 행사는 여러 면에서 보람이 있었다. 프로이트는 어니스트 존스에게 8월 28일 괴테의 생일에 열린 "행사가 아주 엄숙했고, 모인 사람들이 분석에 존중과 공감을 보여주었다"는 딸의 인상을 전했다.[225]

상은 프로이트의 사기를 올려주었지만, 많이 올려준 것도 아니고 오래 지속된 것도 아니었다. 그는 이목을 끄는 이 반가운 명예가 반갑지 않은 관심도 끌게 될까 봐 걱정이 되었다. 그는 8월 말에 어니스트 존스에게 이렇게 썼다. "이 놀라운 사건이 노벨상이나, 분석에 대한 독일인의 일반적 태도에는 전혀 영향을 주지 않을 거라고 보네. 오히려 저항이 생기지 않는다면 놀라운 일이겠지."[226] 이 점은 계속 그를 괴롭혔다. 두 주 뒤 그는 존스에게 외국 신문들이 그의 건강 상태에 관하여 놀라운 기사들을 쓰고 있다면서, 이런 보도가 괴테상 수상 탓이라고 말했다. "그러니까 그들은 나를 서둘러 죽이려는 거야."*[227] 그러나 다른 사람들이 얼마나 시샘을 했든, 이 상은 프로이트에게 특히 반가운 기회를 주었다. 그는 루 안드레아스-살로메—60대 후반에 접어든 그녀는 이

---

* 1931년 6월에 프로이트는 존스에게 이렇게 썼다. "괴테상 이후로 이 시대 사람들의 행동이 머뭇거리면서도 인정하는 쪽으로 분명히 바뀌었네. 결국은 그저 이 모든 것이 얼마나 의미가 적은지 보여준 셈이야. 상이란 존재의 모든 목적 또는 주요한 목적이 되어서는 안 되는, 견딜 만한 인공 기관 비슷한 것이지." (프로이트가 존스에게 쓴 편지, 1931년 6월 2일. 안나 프로이트에게 구술. Freud Collection, D2, LC.)

제 자주 아팠고, 경제적 형편도 좋지 않았다.—에게 1,000라이히마르크를 보내면서, 그녀가 마음 편히 받을 수 있도록 메모도 첨부했다. "상을 수여하는 과정에서 저질러진 불의를 이런 식으로 조금이나마 없앨 수 있네요."[228] 아직도 베풀 수 있다는 사실 때문에 그는 살아 있는 느낌이 들었으며, 어쩌면 좀 젊어진 느낌도 들었을 것이다.

그에게는 그런 위로가 필요했다. 프로이트의 장기간에 걸친 발견 여행의 시기는 분명히 끝이 났다. 동생 알렉산더, 페렌치, 미나 베르나이스나 딸 안나와 함께 화창하고 고전적인 지중해 세계로 회복 여행을 떠났던 일은 추억이 되었다. 이제는 의사가 바로 달려올 거리에 있어야 했기 때문에 빈과 가까운 여름 휴양지를 골랐다. 시가(Cigar)는 드문 축제가 되었다. 도둑질해서 즐기는 최고의 기쁨, 특별히 언급할 만한 경험이 되었다. 1930년 봄 프로이트는 새로운 인공 기관을 시험해보러 들른 베를린에서 어니스트 존스에게 "심장, 위, 장"이 심하게 안 좋아 잠깐 요양소에 들어갔다고 말했다. 최악은 "시가 절대 금지"였다는 것이다.[229] 프로이트의 중독을 아주 잘 알고 있던 존스는 동정 어린 답장을 보냈고, 며칠 뒤에 프로이트는 희망 섞인 편지를 다시 보냈다. "바로 어제 처음으로 조심스럽게 한 대를 피워 보았고, 당분간은 하루에 한 대밖에 못 피우네."[230] 빈에서 일을 하는 시기에는 계속 신출내기 분석가들을 분석했다. 그러나 피흘러 박사가 자주 불러 악성 종양이 재발하는 기미가 있는지 입천장을 확인하고, 의심스러운 부위는 간단하지만 고통스러운 수술을 했기 때문에 많은 사람을 상대하지는 못했다. 1930년 5월에는 74세 생일을 축하하는 루 안드레아스-살로메의 따뜻한 편지에 감사하면서 얼마 남지 않은 건강 때문에 큰 대가를 지불하고 있다고 탄식했다. "담배는 정확히 50년 동안 삶과 싸우는 방패이자 무기였는데, 이제 그것을 완전히 끊었습니다. 그래서 전보다 몸이 좋아지기는 했지만, 더 행복해지지는 않았습니다." 그는 마지막에 "아주 늙은 프로이트"라고 서명했다.[231] 이것은 약간 떨리는 손으로 명랑하게 손을 흔드는 것과 같은 애정의 표시였다.

한편 프로이트 주위에 모인 대오의 규모는 줄어들고 있었다. 매주 토요일 밤마다 타로 게임을 하던 오래된 파트너들이 사라져 갔다. 학창 시절부터 친했던 안과 의사 레오폴트 쾨니히슈타인은 1924년에 죽었다. 오래전부터 친했던 또 한 명의 의사 친구 루트비히 로젠베르크(Ludwig Rosenberg)는 1928년에 죽었다. 오스카어 리도 곧 그 뒤를 따라 1931년에 죽었다. 이들은 프로이트가 너(Du)라고 부르던 소수에 속하는 사람들이었다. 이 소중한 비분석가 친구들 가운데 프로이트만큼이나 골동품에 관심이 많았고, 당연히 더 박식했던 고고학자 에마누엘 뢰비만 여전히 찾아와 오래 잡담을 나누다 갔다.

프로이트의 가족도 마찬가지였다. 1930년 9월에는 프로이트의 어머니가 장수를 누린 뒤 95세로 세상을 떴다. 8월 말, 프랑크푸르트에서 대표단이 괴테상 상장을 들고 베르크 가세 19번지를 찾아온 바로 그날, 프로이트는 어머니에게 작별 인사를 했다.[232] 아말리아 프로이트는 마지막까지 에너지, 삶에 대한 열정, 허영심을 잃지 않았다. 그녀의 죽음으로 프로이트가 오랫동안 옆으로 밀어놓았던 생각들이 표면으로 떠오르게 되었다. 바로 전해에 아이팅곤의 어머니가 죽었을 때 그는 조문 편지에서 이런 이야기를 했다. "어머니의 죽음은 다른 어느 것과도 비교할 수 없는 특별한 일로서, 파악하기 힘든 자극들을 일깨울 것이 틀림없네."[233] 이제 그는 바로 그런 자극들을 느꼈고 또 그것을 이해하려 애썼다. "물론 그런 경험이 더 깊은 층에서는 어떤 일을 하는지 말할 수 없지." 그는 어니스트 존스에게 말했다. "하지만 피상적으로는 두 가지만 느낄 뿐일세. 하나는 내 개인적 자유가 늘어났다는 것이야. 어머니가 내 죽음을 알게 될지도 모른다는 생각이 늘 몹시 마음에 들지 않았으니까. 두 번째는 어머니가 마침내 해방을 얻었다는 만족감일세. 어머니는 그렇게 긴 삶을 살았으니, 이제 그런 해방을 누릴 권리가 있지." 그는 슬픔도 고통도 느끼지 않았으며 장례식에 참석하지 않기로 했다고 덧붙였다.[234] 동생 알렉산더에게 사정 설명을 한 대로, 그는 사람들이 생각하는 만큼 건강이 좋지 않았을 뿐 아니라, 의식도 좋아하지 않았다.[235] 두 주 전 프랑크푸르트에서 그랬던 것처럼 이번에도 딸 안나가 프로이트 대신 참석했다. 그는 어니스트 존스에게 말했다. "나에게 그 아이의 의미는 더 커질 수 없을 정도일세."[236] 어머니의 죽음에서 그가 주로 느낀 것은 안도감이었다. 이제 죽을 수 있었다.

하지만 프로이트는 아직 더 살면서 더 고통을 겪어야 했고, 심지어 약간의 즐거움도 맛볼 수 있었다. 1931년 1월에 그가 무척 존중하던 영국인 '제자' 가운데 한 사람인 데이비드 포사이스가 헉슬리 기념 강연을 해 달라고 초청했다. 이 강연은 2년에 한 번씩 열리는 유명한 행사인데, 포사이스는 이 행사를 "교수님이 평생을 바쳐 온 과학 연구에 대하여 우리의 능력으로 바칠 수 있는 최고의 찬사"라고 묘사했다. 포사이스는 사려 깊게 그 전에 강연을 한 저명인사 명단을 동봉했다. 거기에는 소독법의 도입으로 작위까지 받은 영국의 위대한 외과의사 조지프 리스터(Joseph Lister, 1827~1912), 러시아의 유명한 심리학자 이반 페트로비치 파블로프(Ivan Petrovich Pavlov, 1849~1936) 등이 포함되어 있었다.[237] 프로이트는 이 초대가 얼마나 큰 의미가 있는지 잘 알고 있었다. 그는 아이팅곤에게 말했다. "이것은 아주 큰 명예일세. 1898년 루돌프 피르호(Rudolf Virchow) 이후로는 독일인 가운데 이 부름을 받은 사람이 없네."[238] 버럭 성을 내며 단호하게 아니라고 했지만, 그에게는 독일인 정체성의 잔재가 여전히 분명하게 살아 있었던 것이다. 그러나 거절하는 것이 무척 고통스러운 일이기는 했지만, 이 초대는 몇 년 늦게 온 셈이었다. 프로이트는 여행을 할 만한 몸이 아니었고, 강연을 할 만큼 발음이 분명하지도 않았다. 실제로 4월 말에는 다시 고통스러운 수술을 받을 수밖에 없었으며, 이 수술은 신체적으로나 심리적으로나 그에게서 많은 것을 빼앗아 갔다. 그는 1923년 큰 수술을 받기 전의 상태와 같다고 느꼈다. 목숨이 위태롭다고 느낀 것이다. 그는 그 직후 어니스트 존스에게 고백했다. "최근의 이 병이 내가 지난 8년 동안 누리던 안정감을 끝장내버렸네."[239] 그러면서 그는 일을 할 힘을 많이 잃었다고 하소연했다. 프로이트는 아르놀트 츠바이크에게 자신이 "약하고, 무능하고, 말을 제대로 하는 것이 불가능하다"고 말했다. "전혀 유쾌하지 않은 현실의 찌꺼기에 불과합니다."[240] 그는 75세 생일 전날인 5월 5일에야 퇴원을 해 집에 돌아왔다.[241]

다음 날에는 축하가 쏟아져, 프로이트는 피하려고 최선을 다했지만 어쩔 도리가 없었다. 프로이트는 루 안드레아스-살로메에게 그런 인사가 "홍수"처럼 밀려왔다고 말했다.[242] 축하 연회는 거부권을 행사할 수 있었지만, 친구와 낯선 사람, 정신분석가와 정신과 의사와 그를 존경하는 문인들이 보낸 산사태 같은 편지는 막을 수 없었다. 여러 조직과 저명인사들로부터 전보가 쏟아져 들어왔다. 베르크 가세 19번지는 꽃이 가득했다. 독일의 정신과 의사 대회에서는 그를 기념하는 논문을 발표하기로 했고, 뉴욕의 지지자들은 리츠-칼튼에서 축하 연회를 열어 윌리엄 앨런슨 화이트와 A. A. 브릴이 연설을 하고, 시어도어 드라이저(Theodore Dreiser)와 클레런스 대로 같은 유명 인사들을 초대하기로 했다. 참석자들이 프로이트에게 보낸 전보에는 이렇게 적혀 있었다. "정신분석계, 의학계, 사회학계의 많은 사람들이 자아의 가라앉은 대륙을 발견하여 과학과 삶에 새로운 방향을 제시한 용맹한 탐험가의 75회 생신을 기념하는 영광스러운 자리에 참석하려고 뉴욕에 모였습니다."[243] 프랑크푸르트 시장, 알폰스 파케, 로맹 롤랑도 이날을 잊지 않았다. 알베르트 아인슈타인은 특별히 감사하는 편지를 보냈다. 그는 매주 화요일에 어떤 여자 친구와 프로이트를 읽고 있는데, 그의 글의 "아름다움과 명료함"에 말로 표현할 수 없을 정도로 감탄하고 있다고 말했다. 아인슈타인은 호의적으로 덧붙였다. "쇼펜하우어 외에는 과거에도 현재에도 그렇게 쓸 수 있는 사람을 본 적이 없습니다." 그러나 아인슈타인의 회의주의에 대한 프로이트의 승리는 불완전했다. 아인슈타인은 자신이 "뻔뻔스러워서" "믿음과 불신" 사이에서 동요하고 있다고 말했다.[244] 헤르츨 클럽은 "우리 민족의 아들" 프로이트에게 "정중하게" 인사를 하면서, "그의 75회 생일은 모든 유대인의 기쁨과 자랑의 날"이라고 말했다.[245] 정신신경과 병원이나 '응용정신병리학·심리학 협회' 같은 빈의 기관들도 따뜻한 축하 인사를 보냈다.[246]

프로이트는 이런 찬사 가운데 일부에는 냉정한 태도를 보였고, 심지어 분개하기도 했다. 3월에 빈 의사협회가 그의 75세 생일을 기념하여 그를 명예 회원으로 받아들이겠다고 제안하자, 수십 년 전 빈의 의료 기관들로부터 받았던 모욕을 떠올리며 분하게 생각했다. 아이팅곤에게 보낸 개인적인 편지에서 프로이트는 그런 제안이 그가 최근에 거둔 성공에 대한 비열한 반응으로 느껴져 역겹다고 토로하면서, 받아들이기는 하겠지만 거리를 두고 무뚝뚝한 태도를 취할 생각이라고 말했다.[247] 그러나 어떤 축하 편지는 그에게 즐거움을 주었을 수도 있다. 빈의 수석 랍비 다비트 포이히트방(David Feuchtwang)이 보낸 이 편지는 "《환상의 미래》의 저자는 그 자신이 생각하는 것보다 나와 가깝다"는 기분 좋은 주장을 했다.[248] 이것이야말로 프로이트가 꼭 필요하다고 여기던 가까움이었다.

점차 홍수는 가라앉았고, 프로이트는 답장을 해야 하는 산더미 같은 메시지들을 읽어 나갔다. 그러나 다시 축하할 일이 생겼다. 그는 이 명예를 생일보다 훨씬 고맙게 느꼈을 뿐 아니라 부담 없이 향수에 빠져들기도 했다. 인쇄된 초청장에는 약간 불확실한 독일어로, 10월 25일 일요일에 "모라비아 프리보르-프라이베르크의 지크문트 프로이트 박사 교수가 출생한 집에서 명판 제막식"이 열릴 예정이라고 밝혔다.[249] 프로이트는 참석할 수는 없었지만, 그가 보낸 사람들의 규모와 구성—그의 자식 마르틴과 안나, 동생 알렉산더, 충성스러운 지지자 파울 페더른과 막스 아이팅곤—은 프로이트가 이 행사를 얼마나 중요하게 여겼는지 보여준다. 이 행사를 맞이하여 작은 도시는 깃발로 뒤덮였으며, 그 즈음 여러 번 그랬듯이 안나 프로이트가 아버지의 연설문을 대신 읽었다. 그녀가 읽은 편지는 짧았지만 호소력이 강했다. 프로이트는 자신이 살아 있는 상황, 그리고 자신의 작업의 가치를 두고 아직 세상의 의견 일치가 이루어지지 않은 상황에서 시장과 참석자들이 수여해준 명예에 감사했다. 그는 세 살 때 프라이베르크를 떠났다가, 열여섯 살의 학생으로 방학 때 가본 적이 있었다. 75세가 된 지금 다시 그 먼 시절을 돌이키기는 어려웠다. 그러나 한 가지는 확실했다. "다른 것이 켜켜이 덮여 있기는 하지만 내 안 깊은 곳에는 여전히 프라이베르크의 행복한 아이가 살고 있습니다. 젊은 어머니의 첫 아들로 태어난 그 아이는 그 공기, 그 땅으로부터 지울 수 없는 첫인상을 받았지요."[250]

프로이트는 75세 생일에 기분이 너무 비참하여 가까운 가족 말고는 아무도 만나지 않았다. 주목할 만한 예외—아마 유일한 예외였을 것이

1931년 10월 25일, 프로이트가 태어난 모라비아 프리보르에서 그를 기념하는 명판 제막식이 열렸다. 프로이트는 이 명예를 기뻐했으나 건강 때문에 참석하지 못했다. 사진은 기념식에서 아버지 대신 연설문을 낭독하는 안나 프로이트.

다.—가 당시 빈에 있던 산도르 페렌치였다. 프로이트는 그에게 약 2분 정도를 할애했다.[251] 20년 이상 두 사람을 묶어 온 특별한 관계의 상징이었다. 페렌치는 프로이트의 말에 충실하게 귀를 기울이는 사람이었으며, 상상력이 넘치는 비약을 두려워하지 않았고, 더욱이 뛰어난 논문을 쓸 능력을 갖춘 사람이었다. 그런데도 몇 년 동안 그들 사이는 눈에 띌 정도로 차가워졌다. 두 사람은 한 번도 다툰 적이 없지만, 숭배하는 스승에 대한 부글부글 끓는 원한은 말할 것도 없고, 늘 친밀한 관계를 유지하면서 자신을 안심시켜 달라는 페렌치의 끝없는 요구가 결국 이런 결과를 가져온 것이다. 그동안 둘의 우정은 기쁨만큼이나 고통도 주었다고 말할 수 있다. 페렌치는 프로이트의 분석 대상자로서 아무런 유보 없이 그에게 말을 하고 편지를 쓰는 특권을 마음껏 활용했다. 프로이트 자신은 종종 불안한, 가끔은 화가 난 아버지처럼 대응했다. 1922년 페렌치는 자기 분석을 약간 해본 뒤에 왜 자신이 프로이트에게 더 자주 편지를 쓰지 못하는가 하는 질문을 던졌다. "나 또한 나의 신체적 아버지에게나 어울리는 지나치게 다정하고 지나치게 민감한 감정들을 모두 '교수님께 선물로 드리고' 싶은 유혹에 저항하지 못한 것이라는 데 의심의 여지가 없습니다. 내가 지금 처한 단계는 형편없이 늦기는 했지만 젖을 떼고 나의 운명을 따르려는 시도를 하는 때입니다." 페렌치는 이제부터 전쟁 전에 프로이트와 함께 남쪽으로 불행하기 짝이 없는 휴가 여행을 떠났을 때보다 유쾌한 협력자가 되리라고 생각했다.[252]

그러나 페렌치는 프로이트에 대한 의존, 그리고 그 결과로 생겨난 분노에서 완전히 벗어나지 못했다. 그런 양가감정의 화려한 증상이 아첨을 쏟아붓는 것이었는데, 프로이트는 그것을 고마워하지 않았다. "늘 그렇듯이 교수님이 옳다고 여겨집니다." 페렌치는 1915년에 그다운 방식으로 그렇게 말했다.[253] 프로이트는 페렌치가 자신을 우상화하는 일을 조금만 줄여주었으면 좋겠다는 말로 이런 아부를 받아넘기려 했다.[254] 전쟁 후에 페렌치는 하루에 아홉 내지 열 시간 분석을 했는데도 수지를 맞추기 힘들다고 한탄하면서 프로이트의 "끝없는 에너지의 원천"이 놀랍다며 찬사를 늘어놓았다.[255] 이때 프로이트의 반응은 평소보다 더 무뚝뚝했다. "물론 나도 자네가 편지에서 그런 것처럼 나의 젊음과 생산성에 열광하는 이야기를 듣고 싶지. 하지만 현실 원칙으로 돌아오면, 그것이 사실이 아니란 것을 알게 되네."[256] 1923년 늦여름 페렌치는 "멋진 도시 로마"에서 편지를 보내 그가 프로이트와 함께 이 도시의 "신성한 장소들"을 찾아갔던 때를 회고했다. "그 시절을 내 인생에서 가장 아름다운 날들로 꼽고 있으며, 교수님이 나에게 비할 데 없는 안내자였던 것에 고마움을 느낍니다."²⁵⁷⁾ 페렌치는 프로이트가 스스로 생생하게 표현했듯이 "정신분석 초인이 아니며",²⁵⁸⁾ 안내자가 아니라 친구가 되고 싶어 한다는 것을 알지 못했고, 알 수도 없었다.

프로이트에게는 페렌치의 꽃다발도 혼란스러웠지만, 간헐적인 침묵은 더 곤혹스러웠다. 한번은 그들의 우정 초기에 그런 침묵의 시기가 찾아오자 프로이트는 인사와 서명 사이에 물음표만 찍은 편지를 보낸 적도 있었다.²⁵⁹⁾ 그것은 그전에도 여러 번 되풀이되었을지 모르는 경고의 행동이었다. 물론 프로이트가 답장을 제대로 보내지 못하는 경우도 있었다. "전에는 아주 활발하게 편지를 주고받았는데, 이 몇 년 동안은 잠이 들어버렸군." 프로이트는 1922년에 페렌치에게 그렇게 썼다. "박사는 가끔씩만 편지를 쓰고, 내 답장은 그보다 더 적어."²⁶⁰⁾ 그러나 전체적으로 보자면 입을 다무는 쪽은 페렌치였다. 1927년 6월 말 페렌치는 미국 여행에서 돌아와 영국을 찾아갔지만, 빈에는 일부러 들르지 않았다. 프로이트는 이 점에 관하여 착잡한 감정을 표현했다. 그는 아이팅곤에게 이렇게 말했다. "페렌치가 서둘러 나를 찾아오지 않았다는 것은 물론 다정해 보이는 행동은 아닐세. 하지만 나는 비위를 맞추기 어려운 사람이 아니야. 해방을 위한 어떤 노력과 관련된 것이겠지." 그렇다고는 해도 순수한 분석적 거리를 유지할 수는 없었다. 그는 섭섭함을 약간 드러내며 이렇게 덧붙였다. "나이가 들 만큼 들면 결국 모두 등을 돌리게 되지."²⁶¹⁾ 아이팅곤도 이 상황이 마음에 들지 않았다. "솔직히 여기 베를린에서 F[페렌치]를 만난 후로 상당히 놀랐고, 지금도 마찬가지입니다."²⁶²⁾ 12월에 프로이트는 아주 직접적으로 페렌치에 대한 걱정을 드러냈다. 그는 편지를 보냈다. "친구에게, 현재의 침묵이 무엇을 의미하는가? 아픈 것이 아니면 좋겠군. 크리스마스 전에 소식 좀 주게."²⁶³⁾

그러나 페렌치는 도와주지 않았다. 그는 고통스러웠기 때문에 수다를 떨다 움츠러들기를 계속 반복했다. 예를 들어 1927년 8월 8일에 프로이트는 아이팅곤에게 "우리는 지금 더 활발하게 편지를 주고받고 있다"고 보고할 수 있었지만,[264] 두 주 정도가 지나자 상황은 변했다. "페르[페렌치]와의 서신 교환이 갑자기 다시 중단되었네. 솔직히 페렌치를 도무지 이해할 수가 없군."[265] 한 가지 프로이트가 이해하게 된 것, 적어도 추측은 해보려 한 것은 프로이트가 처음에는 환영했고 나중에는 개탄한, 정신분석 기법에서 페렌치의 놀라운 혁신이 순수하게 직업적인 시도라기보다는 "내적 불만의 표현"[266]이라는 점이었다.

페렌치는 이런 잠정적인 진단을 뒷받침할 수 있는 증거를 풍부하게 제공했다. 1925년에는 의미심장한 편지에서 프로이트에게 이렇게 말했다. "나 자신의 건강에 관해서는 (최대한의 악의로) 어떤 슬픈 이야기도 전하고 싶지 않습니다."[267] 페렌치는 건강이 나빠지기로 결심한 것 같았다. 1930년 초에는 조로에 대한 공포를 포함하여 곤혹스러운 증상들을 불평하는 긴 편지를 프로이트에게 보냈다.[268] 그해 11월에 프로이트는 페렌치 소식을 들을 수 없다고 전하면서, "우리의 모든 노력에도 불구하고 그가 점점 고립으로 빠져들고 있다"고 걱정했다.[269] 페렌치는 자신의 상태를 잘 알고 있었다. 그는 1931년 9월 중순에 프로이트에게 말했다. "이렇게 오래 중단한 뒤에 다시 시작하는 것이 얼마나 어려울지 충분히 상상하실 수 있을 것입니다." 그러면서 그는 희망과 기대를 섞어 이렇게 호소했다. "하지만 박사님도 평생을 살아오시면서 인간적인 것들을 많이 만나셨을 테니 이렇게 자기 자신에게로 물러나는 상태를 이해하고 또 용서해주시겠지요." 그는 자신이 "약간 어려운, 내적이고 외적이고 과학적인 정화 작업"에 몰두해 있는데, 아직 결정적인 결과물은 나오지 않았다고 말했다.[270] 프로이트는 페렌치에게서 연락이 왔다는 사실 자체가 기뻐 지체 없이 답장을 보냈다. "마침내 다시 자네에게서 생명과 사랑의 신호가 왔구먼!" 그는 예전처럼 따뜻하게 소리쳤다. "이렇게 오랜만에!" 프로이트는 솔직하게 "이런 식으로 접촉이 중단되는 일이 반복되면서 자네가 나에게서 점점 멀어지는 것이 틀림없다"고 말하면서 덧붙였다. "하지만 점점 낯설어지지는 않기를 바라네." 그러면서도 페렌치의 불쾌한 기분에 대한 책임은 지지 않으려 했다. "자네 스스로 말했다시피, 나는 늘 자네의 독립성을 존중해 왔네."[271] 그러나 그런 독립성의 대가가 결별일 필요는 없다고 암시했다.

프로이트는 오랜 기간 따뜻하게 지켜본 끝에 페렌치의 정신분석적 이탈이 불길하다고 해석했지만, 그럴수록 그 증후적인 의미와는 별도로 기법적인 의미를 평가하는 것이 더욱더 긴요하다고 생각했다. 사실 페렌치는 오래전부터 국제 정신분석 운동에서 매우 눈에 띄는 저명한 구성원이었을 뿐 아니라, 영향력 있고 독창적이고 생산성이 높은 저자였다. "일반적으로 돌보는 환자와 가르치는 의사 사이에는 흥미로운 공생 관계가 형성되는 듯합니다." 페렌치는 일찍이 1922년 여름에 프로이트에게 그렇게 밝혔다. "예를 들어 나는 환자를 바덴바덴까지 데리고 갔습니다."[272] 그러나 1920년대 말에 이르면 페렌치는 환자들의 전이를 다루는, 상대적으로 해가 없는 이런 방법을 완전히 넘어서게 된다. 페렌치는 분석 시간에 무엇을 하는지 프로이트에게 완전히 밝히지 않았지만, 프로이트는 클라라 톰슨 같은 페렌치의 환자들로부터 그들의 분석가가 분석 대상자를 얼마나 적극적으로 사랑하는지, 또 반대로 분석가가 자신을 사랑하도록 허용했는지도 알게 되었다.

마침내 1931년 말, 페렌치가 환자와 애정을 실험하는 문제에 관한 프로이트의 누적된 불편함이 그가 자주 공언하던 페렌치의 자율성 존중을 넘어서게 되었다. "평소와 마찬가지로 자네의 편지를 반갑게 받았지만, 그 내용은 그렇게 반갑지 않았네." 그는 페렌치의 정신분석 기법이라는 한 가지 주제만 다룬 네 장짜리 편지에서 그렇게 엄격하게 말했다. 프로이트는 페렌치가 기법 혁신 문제에서 마음을 바꿀 가능성은 높지 않다고 보았지만, 그가 들어선 길은 프로이트의 판단으로는 "보람 없는" 방향이었다. 그는 페렌치에게 자신이 부르주아의 관습적 태도에 속박된 점잔 빼는 사람이 아니라고 전제한 뒤, 페렌치가 환자를 다루는 방식은 자기가 보기에는 참담한 실패로 끝날 가능성이 높다고 말했다. "자네는 자네가 환자에게 키스하고 또 환자가 자네에게 키스하도록 허락한다는 사실을 감추지 않았네." 물론 키스는 해로울 것이 없다고 볼 수도 있었다. 소련 사람들은 허물없이 그렇게 인사를 한다. "그러나 그렇다고 해서 우리가 러시아에 살지 않는다는 사실, 우리에게 키스는 분명히 성적 친밀성을 뜻한다는 사실이 바뀌지는 않네." 통용되는 정신분석 기법은 확고하고 분명했다. 환자에게 "성적 만족을 주어서는 안 된다"는 것이었다. 페렌치의 "어머니 같은 부드러움"은 그 규칙에서 벗어난 것이었다. 프로이트는 페렌치에게 두 가지 선택이 있다고 생각했다. 자신이 하는 일을 감추거나 아니면 공개하는 것이다. 첫 번째는 불명예스러운 일이었다. 두 번째는 극단주의자들이 페렌치의 키스를 넘어 더 친밀한 애무로 가도록 권유하는 꼴이 될 터였다. "자네의 기법이 공개될 경우 어떤 결과가 생길지 상상해보게." 페렌치가 부드러운 어머니 역할을 하는 것이라면, 프로이트 자신은 "잔인한" 아버지 역할을 하여 그에게 경고를 할 수밖에 없지만, 그런 경고가 쓸모없을 것 같아 걱정이 되었다. 페렌치가 자기 나름의 길을 가겠다고 결심한 것 같았기 때문이다. "내가 보기에 자네의 도전적인 자기 주장의 요구는 자네 스스로 인정하는 것보다 자네에게 더 강력한 영향을 끼치는 것 같군." 프로이트는 어쨌든 이것으로 자신이 아버지 역할은 한 것이라고 말을 맺었다.[273]

페렌치는 평온한 어조로 약간 길게 답을 했다. "내가 제2의 슈테켈이 되어 가고 있다는 교수님의 불안은 근거가 없다고 봅니다." 페렌치가 1920년대 초에 분석 속도를 높이려고 발전시킨 이른바 "적극적 치료" 기법은 지나치게 금욕적으로 보였다. 그래서 분석 시간에 "금지와 회피의 뻣뻣함"을 "상대화"하려고 시도하게 되었으며, "온화하고 감정 없는" 분위기를 만들어냈다. 페렌치는 프로이트의 엄격한 강의가 준 고통을 극복했다면서, 의견 불일치가 그들의 "친근한 개인적이고 과학적인 조화"를 방해하지 않기를 바랐다.[274]

1932년 초 페렌치는 스스로 '임상 일기'라고 부르는 것을 쓰기 시작했다. 이것은 정신분석학적 삽화, 이론적이고 기술적인 명상, 프로이트에 대한 여담―빈틈없는 동시에 무례했다.―등을 모아놓은 상당한 분량의 친밀하고 생생한 기록이었다. 페렌치가 여름 내내 기록하던 이 200페이지가 넘는 일기는 정직한 르포르타주 겸 자기 분석을 시도하려는 약간 냉혹하면서도 종종 흥분에 들뜬 노력이라고 할 수 있다. 그는 다른 수단으로 계속 프로이트와 상처를 입는 토론을 계속했으며, 스스로 자신의 진행 상황을 분명히 밝히고, 프로이트의 군대 내에서 자신의 자리와 지위를 발견하려 했다. 페렌치가 쓴 것 가운데 많은 부분은 프로이트에게 전혀 놀라운 일이 아니었겠지만, 또 많은 부분은 페렌치 자신조차도 깜짝 놀라게 했을 것이다.

페렌치의 일기는 고전적인 분석가의 "무감각", "인사를 하는 틀에 박힌 방법, '모든 것을 말하라'는 공식적 요청, 이른바 자유롭게 떠다니는 관심"에 대한 비난으로 시작된다. 이 모든 것이 가짜다. 이런 것은 환자를 모욕하고, 의사소통의 질을 떨어뜨리며, 환자가 자기 느낌의 현실성을 의심하게 만든다. 이와 대조적으로 페렌치가 권하는, 이후 몇 달 동안 되풀이하여 탐사하게 되는 분석 태도는 분석가의 "자연스러움과 진지함"에서 나온다.[275] 그가 오랜 세월에 걸쳐 계발해 온 이런 태도 때문에 페렌치는 분석 대상자에게 "강렬한 공감"[276]을 표현할 수 있었고, 거기서 생겨난 우호적인 태도로 모든 문제를 해결해 나갔다. 그는 여성 환자 몇 명이 자신에게 키스를 했으며—프로이트의 책망은 근거 없는 것이 아니었다.—자신이 그런 행동을 허용했고, 그런 뒤에 "아무런 감정 없이"[277] 분석을 했다고 기록했다. 그러나 "다른 사람들, 그리고 나 자신의 고통 때문에 눈에서 눈물이 흐르는" 때가 있었으며, 그는 이렇게 "감정"이 드러나는 순간을 환자에게 감추어서는 안 된다고 주장했다.[278] 페렌치의 치료에는 프로이트가 제1차 세계대전 전에 그렇게 권위적으로 그려놓았던 냉정하고 비인격적인 분석가—영혼의 외과의—의 흔적은 남아 있지 않았다. 물론 프로이트 자신도 그 자신의 얼음 같은 비유가 내포한 것보다는 많은 감정을 드러냈지만.

페렌치의 임상 일기는 그의 목표가 분석 대상자를 완전한 파트너로 만드는 것이었음을 보여주는 풍부한 증거가 된다. 그는 스스로 '상호 분석'이라고 부르게 된 것을 권하고 또 실행에 옮겼다. 환자가 분석가를 분석할 권리를 주장하면, 페렌치는 자신의 무의식의 존재를 인정하고, 심지어 과거를 자세히 밝히기도 했다.[279] 페렌치에게도 이런 절차가 약간 불편하기는 했다는 점을 밝혀 둘 필요가 있다. 어떤 환자가 페렌치를 분석하고 있다는 것을 다른 환자가 알게 되거나, 페렌치가 환자의 수용 한계를 넘어선 고백을 하는 것은 정상적인 일이 아니었다. 그러나 페렌치는 "환자에게 자신의 약점과 자신이 트라우마를 입은 경험, 또 실망을 겸손하게 인정하면" 결국 환자가 분석가에게 느끼는 열등감과 거리감도 사라질 것이라고 생각했다. "실제로 환자들은 우리를 돕는, 말하자면 잠시 우리의 분석가가 되는 기쁨을 얻으며, 이것은 당연히 환자의 자존감을 높여준다."[280]

전통적 정신분석 기법에 대한 이런 정력적인 조롱은 그 성격상 단순히 기법적인 선에서 머물지 않았다. 분석 대상자와 감정적인 조화를 이루고, 가상적인 합체를 이루고자 하는 페렌치의 열렬한 욕망은 그가 우주와 합일을 이루고 있다는 신비한 느낌, 일종의 스스로 만들어낸 범신론의 핵심이었다. 프로이트는 정신분석이 세 가지 나르시시즘적 상처 가운데 세 번째 것으로 오만한 인간들과 대면한다고 쓴 적이 있다. 코페르니쿠스는 세계의 중심에서 인간을 밀어냈다. 다윈은 인간에게 동물과의 친족 관계를 인정하도록 강요했다. 그리고 세 번째로 프로이트는 이성이 자기 집의 주인이 아님을 보여주었다.* 페렌치는 이 유명한 구절에 이런 해석을 달았다. "어쩌면 네 번째 '나르시시즘적 상처'가 우리를 기다리고 있는지도 모른다. 즉 우리가 분석가로서 여전히 그렇게 자부심을 느끼고 있는 지성조차 우리의 소유가 아니라, 자아가 우주에 박자를 맞추어 발산되는 과정을 통하여 회복하고 다시 만들어내야 한다는 것이다. 우주만이 전지(全知)이며, 따라서 지적이기 때문이다."[281] 페렌치는 약간 망설이며 그런 생각을 제시했지만, 분명히 그 생각에 자부심을 느끼고 있었다. "개인과 전체 우주의 접촉에 관련된 과감한 가정들은 이 '전지'가 특별한 성취에서 개인의 조건이 된다는 관점만이 아니라, (아마 이것이 지금까지 이야기한 것 가운데 가장 역설적인 것이겠지만) 그런 접촉이 우주 전체를 인간화하는 효과도 가져올 수 있다는 관점에서 보아야 한다." 그의 "유토피아"는 "**증오의 충동들을 제거하고, 잔혹한 복수심에 불타는 유혈의 사슬을 끝장내고, 통찰에 의한 통제로 모든 자연을 길들여 나가는 것**"이었다.[282] 페렌치는 장차 정신분석이 가장 바람직한 이 목표를 달성하는 데 기여할 수 있을지도 모른다고 생각했다. 그

---

* 본서 9장 180쪽 참조.

때는 "인간 두뇌를 통과하는 세상의 모든 이기적 충동이 길들여진" 시대가 될 것이다.[283] 페렌치는 자신이 잘 다져진 땅을 떠나고 있다는 것을 아주 잘 알고 있었다. 그는 생각을 발전시켜 나가던 중에 그가 신임하는 친구가 된 게오르크 그로데크에게 "'과학적' 상상력"—'과학적'이라는 말에 붙인 아이러니가 섞인 인용부호가 많은 것을 말해준다.—에 "이끌려" 자신이 "때때로 무의식을 넘어 이른바 형이상학으로 일탈하곤 했다"고 인정했다.[284]

분명치 않고 소박한 이런 형이상학 때문에 페렌치의 비판적 정신이 무뎌졌던 것은 결코 아니다. 그는 일기라는 사적인 공간에서 오랫동안 견디고 감추어 온 원한 때문에 날카로워진 동시에 왜곡된 통찰력으로 스승의 약점 몇 가지를 분석했다. 페렌치는 자신에 대해 프로이트가 "그 스스로 설정한 모든 기법적 규칙들을 어기고 사실상 양자로 들인" 사람이라고 생각했다. 실제로 프로이트 자신이 그, 즉 페렌치가 "그의 사상의 가장 완전한 상속자"라고 말한 적이 있다고 페렌치는 회상했다.* 그러나 상속자가 페렌치이건 융이건 프로이트는 아들이 아버지의 자리를 차지할 준비가 되면 아버지는 죽어야 한다고 확신했던 것 같다. 따라서 페렌치는 프로이트가 아들의 성장을 허락할 수 없었으며, 대신 그의 히스테리 발작이 보여주듯이 그 자신이 유년으로 퇴행할 수밖에 없었다고 생각했다. 페렌치는 이것을 프로이트가 "미국식 허영을 억누를 때" 겪는 "유치한 수모"라고 불렀다. 페렌치는 이런 생각을 밀고 나가 프로이트의 반미 감정에 대한 독창적인 해석을 내놓았다. "어쩌면 미국인에 대한 그의 경멸은 우리에게나 그 자신에게나 감출 수 없는 이런 약점에 대한 반응일지도 모른다. '내가 미국인을 그렇게 경멸하

---

* 이런 주장을 입증할 별도의 자료는 찾지 못했지만, 우리가 알다시피 그들의 우정 초기에 프로이트가 페렌치를 사위로 삼는 공상을 잠깐 하기는 했다. (《프로이트 I》 7장 572쪽 참조.)

는데 어떻게 그들이 주는 명예에 이렇게 만족할 수가 있겠는가?"[285]

죽음에 대한 프로이트의 공포는 아들 프로이트가 자신의 아버지를 죽이고 싶어 한 적이 있음을 보여준다는 것이 페렌치의 생각이었다. 이 때문에 프로이트가 아버지 살해라는 오이디푸스 이론을 발전시키게 되었다는 것이다.[286] 실제로 페렌치는 프로이트가 부자 관계에 집중하는 바람에 과장을 하고 싶은 유혹을 느꼈다고 믿었다. 사실 페렌치는 그 자신의 고백을 들어보아도 스승을 매우 사모했으며, 스승 앞에서는 말도 제대로 못했고, 스승의 말을 반박하기도 힘들어했으며, "황태자 환상"[287]에 압도당했기 때문에, 그런 부자 관계에 관해 말을 할 때는 특별한 느낌이 있는 것이 분명했다. 그렇더라도 페렌치의 말에는 일리가 있었다. 페렌치는 프로이트가 그런 집중 때문에 성 이론에서 "일면적인 남성애적 방향"으로 갈 수밖에 없었고, 남자에 대한 관심 때문에 여자에 대한 관심을 희생할 수밖에 없었으며, 어머니를 이상화할 수밖에 없었다고 주장했다. 페렌치는 원초적 광경을 목격했기 때문에 프로이트가 "상대적인 성 불능" 상태가 되었을지도 모른다고 추측했다. **"아버지, 강한 자의 거세"**를 바라는 아들의 소망은 **"그가 경험한 수모에 대한 반동이며, 이 때문에 아버지가 아들을 거세하는 이론을 구축하게 된다."**[288] 페렌치 자신은 그의 임상 일기의 다른 구절들이 증언하듯이 프로이트의 오이디푸스 콤플렉스 이론을 수정하는 작업을 하고 있었다. 그는 유아 성욕의 존재를 의심하지는 않았지만, 어른, 대개는 부모가 자식을 성적으로 학대하는 바람에 인위적인 성욕 자극이 일어나는 일이 아주 많다고 믿었다.[289]

페렌치가 프로이트 앞에서 자신이 보이는 맹종하는 행동을 스스로 비판하지 않은 것은 아니었다. 그러나 프로이트에게 맞서기까지 오랜 시간이 걸렸으며, 기법 실험에서는 급진적인 극단으로 내달았다. 이

딸 안나와 그녀의 미국인 친구 도로시 벌링엄이 소유한, 빈에서 멀지 않은 호흐로테르트의 한 농가에서 휴식을 취하는 프로이트(1932년).

제 그는 "인간적이고 자연스러워졌으며", 호의에 가득 차 "지식을 얻기 위한 작업을 하고, 그 지식으로 도움을 주는 사람이 되려" 하고 있었다.[290] 페렌치는 이렇게 가차 없이 자기 분석을 하는 과정에서, 자신을 프로이트에게 종속시키고 은밀히 자신이 프로이트의 "총리"라고 상상하다가, 결국 스승이 "아무도 사랑하지 않고, 오직 자기 자신과 자신의 일만 사랑한다"는 실망스러운 통찰에 이르렀다는 데 의문의 여지를 남기지 않았다. 그 결과는 '양가감정'이었다. 페렌치는 프로이트에게서 자신의 리비도를 해방시킨 뒤에야 과감하게 "'혁명적인' 기법 혁신"— 예를 들어 "능동성, 수동성, 유연성," 신경증의 원인인 "트라우마로의 회귀(브로이어)"—을 시작할 수 있었다고 말을 맺었다.[291] 그러나 이런 자기 점검이 신랄했을지는 몰라도, 페렌치가 잘못 알고 있는 것이 있었다. 아무리 노력해도 그는 프로이트의 아들, 상상력이 풍부하고, 고집스럽고, 고통 받는 아들이라는 자리를 결코 완전히 떠나지 못했던 것이다.

　페렌치가 프로이트와의 차이를 최소화하려고 아무리 노력해도, 프로이트가 토론을 과학적 수준에서 유지하려고 아무리 노력해도, 프로이트가 페렌치의 임상 행동을 자신에 대한, 즉 아버지에 대한 감추어져 있지만 사실상 명백한 반항으로 보는 것을 막지 못한 것도 당연했다. 페렌치가 편지를 보내는 간격이 길어지는 것이 너무 눈에 띄어 무시할 수가 없었다. "페렌치는 내가 져야 할 십자가가 아닐까?" 프로이트는 1932년 봄에 아이팅곤에게 수사적으로 물었다. "또 몇 달째 소식이 없다네. 그가 여자 제자들과 '어머니와 자식 놀이'를 하는 것에 우리가 매력을 느끼지 못한 것을 모욕으로 느끼는 거야."[292] 늦여름에는 어니스트 존스에게 페렌치에 대한 걱정을 더 분명하게 표현했다. "지금까지 3년 동안 그가 점점 소외되는 것, 자신의 기법상의 부정확한 행로에 대한 경고를 받아들이지 않는 것, 그리고 무엇보다 결정적인 것으로, 나에 대한 개인적 적대감―이전의 경우들과 비교할 때 나에게서 그럴 만한 이유를 찾기가 훨씬 어려웠을 텐데도―을 지켜보아 왔네." 이것은 위협적인 말이었다. 프로이트가 개인적으로 페렌치를 다른 이탈자들과 비교하고 있었기 때문이다. 이전에도―특히 융에게―그랬듯이 프로이트는 이제 페렌치의 적대감을 자신에 대한 죽음의 소망으로 보고 있었다. 어쩌면 페렌치는 "내가 아직 살아 있기 때문에" 그렇게 까다롭게 구는 것일지도 모른다.[293] 프로이트는 1932년 여름에 페렌치가 랑크의 길을 갈 것 같다고 예언했다.[294] 프로이트로서는 달갑지 않은 전망이었다.

　이 시절에 발생한 논란이 큰 다른 문제들 또한 이미 긴장되어 있던 그들의 관계를 더욱 악화시켰다. 페렌치는 국제정신분석협회의 회장이 되고 싶어 했다. 오랫동안 헌신해 온 것을 생각할 때 그는 그런 자리에 앉을 자격이 있었다. 그러나 프로이트는 두 가지 감정이 공존한다고 고백했다. 페렌치는 그런 명예로운 자리에 앉음으로써 고립과 기법적인 이탈을 바로잡을 수도 있다. 그러나 그렇게 되려면 페렌치는 "공상의 자식들과 함께 살고 있는 꿈의 섬"을 떠나 세상에 다시 들어와야 했다. 그러나 프로이트는 그것이 어려울 것이라고 암시했다.[295] 페렌치는 프로이트의 이런 견해에 이의를 제기했다. 프로이트가 "'꿈 생활', '백일몽', '사춘기의 위기'" 등과 같은 표현들을 사용하여 "상대적인 혼란 상태"에서는 뭔가 유용한 것이 나오지 않을 수도 있다는 식으로 이야기를 해서는 안 된다는 것이었다.[296] 이것이 1932년 5월의 일이었다. 8월 중순 페렌치는 "오랫동안 고민하며 망설인 끝에" 후보에서 사퇴했다. 그는 프로이트에게 기존의 분석 관행과 거리가 있는 자신의 임상 절차를 다시 생각하는 일에 깊이 몰두해 있다고 말했다. 그런 상황에서는 회장직을 받아들이는 것이 명백히 부정직한 행동일 수도 있다는 이야기였다.[297]

다시 정신분석 정치의 소용돌이에 빠진 프로이트는 발뺌을 했다. 8월 말에 페렌치의 결정에 유감을 표시하며, 페렌치의 추론을 받아들이려 하지 않았다. 그러나 페렌치의 감정은 그 자신이 가장 잘 알 것이라고 말을 맺어 빠져나갈 구멍을 마련해 두었다.[298] 두 주 뒤 어니스트 존스가 국제정신분석협회 회장으로 선출되자 프로이트는 존스에게 약간 다른 감정을 전달했다. "페렌치가 공표한 야심이 충족될 수 없었던 것은 지극히 유감스러운 일이지만, 지도자 자리에 앉을 수 있는 사람은 자네 뿐이라는 것을 잠시도 의심하지 않았네." 이것도 완전히 솔직한 이야기는 아니었지만—프로이트는 내심 존스에 관해서도 유보적인 면이 있었다.—그래도 프로이트의 진짜 의견에 가까웠다. 페렌치에 대한 프로이트의 회의적 태도는 사실 새로운 것도 갑작스러운 것도 아니었다. 프로이트는 "페렌치의 이탈은 물론 매우 유감스러운 사건이지만," 사실은 3년 전부터 벌어진 일이었다고 말했다.[299) 어떤 면에서는 훨씬 오래전부터 벌어진 일이었다고 프로이트의 말을 고칠 수도 있을 것이다.

페렌치의 '이탈'에는 프로이트가 수십 년 전에 버린 것, 즉 유혹 이론을 재발견한 일도 포함된다. 환자들은 페렌치에게 유아기의 유혹과 강간의 증거들을 제공했다. 공상이 아니라 진짜였다. 그래서 페렌치는 비스바덴에서 열릴 국제 정신분석가 대회에 제출할 논문에서 환자들이 밝힌 것을 탐사해볼 생각이었다. 그는 8월 30일에 프로이트를 찾아가 그에게 논문을 읽어주겠다고 고집했다. 물론 프로이트에게 새로운 것은 별로 없었다. 그러나 프로이트는 페렌치의 행동에 당황했다. 그의 말의 내용만큼이나 행동에도 놀란 것이다. 프로이트는 사흘 뒤 아이팅곤에게 보낸 전보에서 짤막하게 평결을 내렸다. "페렌치가 논문 낭독. 해로울 것은 없음. 하지만 멍청하고 불충분. 불쾌한 인상."[300)

얼마나 불쾌했는지는 만남의 인상이 아직 생생하던 9월 3일에 딸 안나에게 보낸 긴 편지에 나타나 있다. 페렌치 부부는 오후 늦게 프로이트를 찾아왔다. "부인은 평소와 다름없이 매혹적이었지만, 그에게서는 얼음 같은 냉기가 뿜어져 나오더구나. 페렌치는 더 묻지도 않고 인사도 하지 않고 이야기를 했다.—제 논문을 읽어드리고 싶습니다. 그는 그렇게 했고 나는 들었지. 그리고 충격을 받았다. 페렌치는 내가 35년 전에 믿다가 폐기한 병인학적 관점으로 완전히 퇴행을 했더구나. 신경증의 일반적 원인이 유년의 성적 트라우마라는 관점 말이다. 당시에 내가 사용했던 말을 거의 그대로 사용하더구나." 프로이트는 페렌치가 이런 자료를 모은 기법에 관해 입을 다문 것에 주목했다. 만일 프로이트가 페렌치의 임상 일기를 볼 수 있었다면, 페렌치가 분석 대상자 몇 명의 증언을 액면 그대로 받아들이고 있음을 알았을 것이다. 이 또한 프로이트가 1890년대 중반에 환자들의 말을 그대로 받아들인 것과 마찬가지였다. 프로이트는 계속 이야기를 했다. 페렌치는 "그러다 말고 환자들의 적대감 이야기를 하더니, 환자들의 비판을 받아들이고 그들 **앞에서** 자신의 잘못을 인정할 필요가 있다"고 말했다.[301] 이것은 물론 페렌치가 한동안 계속 열을 내며 실험하던 상호 분석 기법이었다.

프로이트는 정말로 경악했다. 그가 안나에게 말한 바에 따르면 페렌치의 논문은 "혼란스럽고, 모호하고, 인위적이었다." 반쯤 읽었을 때 브릴이 들어오더니 못 들은 부분에 관하여 대강 설명을 들은 뒤 프로이트와 함께 귀를 기울이다가 작은 소리로 프로이트에게 말했다. "진지해 보이지 않는데요." 그것은 프로이트의 고통스러운 결론이기도 했다. 프로이트는 페렌치가 오이디푸스 콤플렉스라는 고전적인 정신분석학적 공식으로부터 이탈한 점에 관하여 물은 뒤 그의 대답이 미지근하고 모순적이라고 생각했다. 그러면서 페렌치가 다른 분석가들은 얻을 수 없는 경험을 어떻게 축적했는지, 또 왜 그가 논문을 낭독하겠다고 했는지 궁금하게 생각했다. "페렌치는 정말로 회장이 되고 싶어 한다."고 프로이트는 말했다. 프로이트는 논문 전체가 해될 것이 없고 페렌치에게 상처를 줄 수 있을 뿐이지만, 대회 분위기를 망칠 것이 틀림없다고 생각했다. "랑크의 경우와 똑같지만 훨씬 슬펐다."[302] 그는 이미 8월 말에 아이팅곤에게 똑같은 이야기를 했다.[303] 따라서 페렌치의 상상력의 비약에 프로이트나 그의 딸은 틀림없이 놀라지 않았을 것이다. 프로이트는 안나에게 말했다. "사실 너도 이미 그 강연을 일부 들었으니 너 스스로 판단할 수 있을 게다."[304] 프로이트와 동료들이 페렌치의 논문 발표를 막으려고 무척 애를 썼지만 페렌치는 집요했다. 그는 비스바덴에 나타나 논문을 읽었다. 이 논문은 〈국제정신분석저널〉에는 실렸고, 영어판 〈국제정신분석저널〉에 번역되어 실리지는 않았다. 그 메시지를 둘러싼, 그리고 논문의 낭독이나 게재를 막으려는 시도를 둘러싼 거친 분위기는 한동안 사그라지지 않았다. 이 모든 것이 4년 전 플리스의 미망인이 쓴 편지만큼이나 프로이트에게 타격을 주었을 것이다. 둘 다 그가 완전히 처리했다고 생각하던 오래된 트라우마적 사건이 되살아난 것이었기 때문이다.

프로이트는 페렌치의 증후를 모두 불만이 많은 아들의 신경증적 메시지로만 볼 수는 없다는 사실을 인식했다. 1932년 9월 중순에는 어니스트 존스에게 이렇게 말했다. "안타깝게도 페렌치의 경우에는 지적, 감정적 퇴행에 신체 쇠약이라는 배경이 있는 것 같네. 그의 영리하고 용기 있는 부인이 나에게 그를 병든 아이처럼 생각하라는 뜻을 전달해 왔어."[305] 한 달 뒤 프로이트는 아이팅곤에게 페렌치의 주치의가 "악성 빈혈" 진단을 내렸다고 알렸다.[306] 한때 귀하게 여겼던 정열적인 친구의 정신 상태와 마찬가지로 신체적 상태도 마음을 몹시 괴롭혀, 프로이트는 결별을 서둘고 싶지 않았다.

12월에 프로이트는 반가운 기분 전환 거리로 여길 만한 것을 발견했다. 현재의 복잡하게 얽힌 상황으로부터 벗어나 먼 과거의 고백으로 가게 해주는 것이었다. 그는 프랑스의 초현실주의자 앙드레 브르통(André Breton, 1892~1966)이 막 발표한 연구서 《연통관》을 읽었는데, 그 책에서 브르통은 프로이트가 남들의 꿈에서는 성적인 모티프들을 찾아내면서 자신의 꿈을 분석할 때는 그런 요소에서 뒷걸음질 쳤다는 정당한 이야기를 했다. 프로이트는 즉시 이런 혐의를 부인하면서, 자신의 꿈을 완전히 밝히면 그와 아버지의 관계도 밝혀야 하는 반갑지 않은 상황이 찾아왔을 것이라고 주장했다. 브르통은 이런 변명을 받아들이려 하지 않았으며, 둘의 서신 교환은 점차 줄어들었다.[307]

어쨌든 어떤 일도 프로이트를 페렌치에게서 오래 떼어놓지는 못했다. 1933년 1월 페렌치의 따뜻한 새해 인사에 답하면서 프로이트는 한때 그들을 묶어주었던 "애정 어린 삶, 감정, 관심의 공동체", 이제는 "어떤 심리학적 재앙"의 침범을 받은 공동체를 회고했다.[308] 부다페스트의 페렌치는 병과 씨름하고 있었기 때문에 아무런 답이 없었다. 그러다가 3월 말 페렌치는 자기 비판을 하면서 유화적인 태도로 "아이처럼 토라지는 짓"은 그만두겠다고 약속하면서, 악성 빈혈이 재발했고, "일종의 신경쇠약에서 천천히 회복 중"이라고 덧붙였다.[309] 프로이트는 깜짝 놀라 며칠 뒤에 아버지 같은 답장을 보냈다. 그는 이미 병이 위중하던 페렌치에게 몸을 잘 돌보라고 말했다. 기법과 이론의 차이를 둘러싼 몽둥이질은 나중으로 미룰 수 있었기 때문이다.[310] 그러나 이것이 프로이트가 페렌치에게 보낸 마지막 편지였다. 다음 날 프로이트는 아이팅곤에게 페렌치가 "심각한 망상 발작"을 일으켰지만 회복 중인 것 같다고 알렸다.[311] 그러나 겉으로 보기에만 차도가 있을 뿐이었다. 페렌치는 4월 9일에 편지 한 통을 구술했고, 5월 4일에는 아내 기젤라를 통해 프로이트에게 메시지를 전했다. 그리고 5월 22일에 죽었다.

며칠 뒤 프로이트는 어니스트 존스의 조문 편지에 대한 특별한 답장에서 슬픔과 분석을 동시에 보여주었지만, 어디까지나 분석이 우선이었다. "우리의 상실은 크고 고통스럽네." 페렌치는 "옛 시절의 한 부분을 가져가"버렸다. 프로이트가 현장을 떠나면 또 한 부분이 사라질 것이다. 하지만 그는 이런 상실이 "사실 새로운 것이 아니라고" 덧붙였다. "오랫동안 페렌치는 우리와 함께 있지 않았고, 사실 그 자신과도 함께 있지 않았네. 이제는 그를 파괴한 느린 과정을 좀 쉽게 추측해볼 수 있군. 그 기질성(器質性) 표현이 악성 빈혈이며, 그것이 곧 심각한 운동 장애와 결합되었네." 간 치료로도 몸이 많이 좋아지지는 않았다. "마지막 몇 주 동안 페렌치는 걷지도 서지도 못했네. 동시에 불가사의한 논리적 일관성을 보여주는 정황으로 정신적 퇴행이 나타났는데, 편집증의 형태를 띠었지." 이 편집증은 불가피하게 프로이트를 향할 수밖에 없었다. "그 중심에는 내가 그를 충분히 사랑하지 않고, 그의 작업을 높이 평가하고 싶어 하지 않고, 내가 그를 형편없이 분석했다는 믿음이 자리 잡고 있었네." 이것은 반대로 페렌치의 악명 높은 임상 실험의 열쇠를 제공했다. 프로이트가 몇 년 동안 이야기했다시피, 페렌치의 '기법 혁신'은 프로이트에 대한 페렌치의 감정과 "연결되어 있었다." "그는 나한테 환자를 돕고 싶다면 얼마나 다정하게 환자를 대해야 하는지 보여주고 싶어 했네. 이것은 사실 유년의 콤플렉스로 퇴행하는 것이었지. 그의 가장 큰 상처는 11명인가 13명인가 되는 자식들 가운데 중간이어서 어머니의 독점적 사랑을 받지 못했다는 것이었으니까. 그래서 그는 스스로 더 나은 어머니가 되었고, 또 필요한 자식들도 발견한 거지." 페렌치는 이런 자식들 가운데 하나인 미국인 환자에게 하루 네댓 시간을 투여했는데, 그녀가 미국에 돌아가자마자 파동을 통해 바다 건너 자신에게 영향을 준다는 망상에 시달렸다. 그는 그녀가 자신을 분석했으며, 그런 식으로 자신을 구원했다는 공상에 빠졌다.* "이렇게 그는 두 가지 역할을 모두 하여, 어머니이자 자식이 되었네." 그는 그 여자 환자가 말한 이상한 유년 시절 트라우마 이야기를 진실로 받아들였다. 프로이트는 그런 "일탈" 속에서 "한때 그렇게 찬란했던 그의 지성이 꺼져버렸다."고 쓸쓸하게 결론을 내렸다. 그러면서 마지막으로 이렇게 은밀하게 덧붙였다. "하지만 그의 슬픈 종말은 우리끼리의 비밀로 해 두고 싶네."**[312)]

페렌치의 죽음으로 국제정신분석협회의 부회장 자리가 비게 되었다. 프로이트는 마리 보나파르트에게 그 자리를 제안했는데, 그것은 "그녀를 바깥 세계에 자랑할 수 있기 때문"만이 아니라, 그녀가 "높은 지성과 남성적인 업무 수행 능력의 소유자이며, 훌륭한 논문들을 썼고, 대의에 전적으로 헌신하며, 잘 알려져 있고, 물질적 지원을 할 능력이 있기" 때문이기도 했다. "그녀는 이제 50세가 되었으며, 점차 사적인 이해관계에서 벗어나 분석 작업에 더 깊이 들어갈 걸세. 그녀만이 프랑스 그룹을 묶어 둘 수 있다는 점은 말할 필요도 없겠지." 나아가서 그녀는 의사가 아니었다. 따라서 의사가 아닌 사람에게 그런 높은 자리를 준다는 것은 "정신분석이 정신의학의 일부가 아니라는 사실을 잊곤 하는 의사들의 바람직하지 않은 오만에 항의한다는 점을 분명히 보여줄" 수 있을 터였다.[313)

존스에게 보낸 이 편지는 운명에 도전하는 노인의 작은 선언문처럼 읽힌다. 프로이트는 마지막 10여 년 동안 끔찍한 상실을 여러 번 경험했다. 딸 조피, 손자 하이넬레, 함께 타로 게임을 하던 사람들, 아브라

---

* 어니스트 존스도 프로이트가 한 이야기를 그대로 하고 있는데, 어쩌면 그가 출처를 밝히지 않은 다른 곳에서 이야기를 들었던 것인지도 모른다. 존스에 의하면 페렌치는 "그가 네댓 시간을 투여하던 미국인 환자들 가운데 한 사람이 그를 분석하여, 그의 모든 문제를 치료했다는 이야기를 했다." 더욱이 그녀는 대서양 건너에서 텔레파시를 통해 그렇게 했다. (*Jones* III, 178.) 1932년 페렌치의 개인 일기를 보면 말년의 그의 정신 상태에 대한 이런 묘사에 그럴듯한 면이 약간 있다는 것을 알 수는 있지만, 이 혐의를 확실하게 확인해주지는 않는다. 그는 일기에서 자신의 환자들 가운데 매우 "과도하게 민감하여" "아주 먼 거리를 가로질러 '전화에 의해 소식'을 보낼 수 있는(그녀는 자신의 의지와 생각, 특히 공감을 집중하여 장거리 치료를 할 수 있다고 믿는다)" 사람이 있다고 말하고 있다. (1932년 7월 7일. *Klinisches Tagebuch*. Freud Collection, B22, LC.)

** 존스는 프로이트 전기에서 이 편지의 경건한 첫 부분만 보여주고(*Jones* III, 179), 분석적인 부분은 생략한다. 그 결과 페렌치의 정신 상태에 대한 존스의 묘사(자신보다 프로이트에 더 가깝다고 알고 있는 분석가에 대한 선망 어린 경쟁심의 표현으로 여겨져 왔다)가 사실은 프로이트의 진단을 거의 문자 그대로 베껴 온 것이라는 점은 그동안 잘 알려지지 않았다.

함에서부터 페렌치에 이르기까지 분석의 동료들, 그리고 다른 방식이기는 하지만 랑크까지. 또 암의 공격을 받았다. 세상은 뒤죽박죽이었지만, 그것이 분석을 중단할 이유는 아니었다. 또 그것이 유머가 넘치는 거리감이라는 피난처를 거부할 이유도 아니었다. 프로이트는 그가 즐겨 인용했던 희극적인 시인이자 삽화가인 빌헬름 부슈의 유명한 시에 나오는 올무에 걸린 새와 비슷한 데가 있었다. 새는 몸을 빼내려 애쓰지만 소용이 없고, 검은 수고양이는 손쉬운 먹이를 향해 조금씩 다가온다. 새는 불가피한 종말이 다가오는 것을 보자 유쾌하게 노래를 부르며 마지막 순간을 보내기로 결심한다. 부슈는 지혜롭게 논평한다. "내가 보기에 이 새는 유머 감각이 있는 듯하다(Der Vogel, scheint mir, hat Humor)."[314] 프로이트도 마찬가지였다. 점점 그런 노력이 별 의미 없다는 생각이 강해지기는 했지만.

인간 모세의 최후

"나는 학생 때부터 늘 용감한 반대자였고,
대개 그 대가를 치러야 했다."

히틀러라는 재앙

말년에 프로이트를 실망시킨 공적인 사건들은 인간 본성에 관한 그의 가장 우울한 상상도 뛰어넘는 것이었다. "세계의 전반적 상황에 관하여 뭔가 이야기를 하는 것은 불필요한 일이네." 프로이트는 1932년 4월 어니스트 존스에게 말했다. "어쩌면 우리는 집이 불타오르는데 새장을 구하는 우스꽝스러운 행동을 반복하고 있을 뿐인지도 모르네."[1] 분석 환자가 거의 없었기 때문에 프로이트는 봄과 여름에 《새로운 정신분석 강의》 작업을 했다.[2] 그 모든 정치적 혼란에도 불구하고 1920년대, 특히 1925년 전후에는 회복 중이라는 성급한 전망들이 나오고 있었다. 그러나 그 전망들은 허울뿐이었으며, 설사 그렇지 않다 해도 허약하고 덧없는 것이었다. 1929년 가을에 터진 대공황은 모든 것을 바꾸어 놓았다.

가장 참담한 결과 가운데 하나는 히틀러 나치당의 급속한 성장이었다. 히틀러는 1928년 제국의회 선거에서는 12석으로 만족해야 했다.

그러나 1930년 9월 선거에서는 불길하게도 107석으로 도약하여 주목을 받았다. 사회민주당 다음가는 정당이었다. 그 경위는 뻔했다. 독일의 새로운 유권자들, 모순되는 처방들은 말할 것도 없고 급등하는 실업률과 은행 파산, 기업 도산 등으로 마비되어버린 중간계급 정당들에 절망한 유권자들이 히틀러의 깃발 아래 모여든 것이다. 바이마르 공화국은 1933년 1월 말까지 목숨을 유지했지만, 이미 1930년 선거 뒤에 비상 사태가 선포되면서 보수적인 가톨릭교도 하인리히 브뤼닝(Heinrich Brüning, 1885~1970)이 수반의 자리에 앉아 있었다. 독일은 전체주의의 파도에 가담하는 길로 나아가고 있었다.

바이마르 공화국의 짧고 결국 비극으로 끝난 역사는 새로운 불길을 일으킬 수 있는 마른 부싯깃이 제1차 세계대전 후에 얼마나 많이 축적되어 왔는지 보여준다. 오랫동안 현대 자본주의의 풍토병처럼 자리를 잡아 왔던 일반적인 경기 순환보다 훨씬 파괴적인 대공황은 이 불쏘시개에 불을 붙였다. 뉴욕 주식 시장은 1929년 10월 29일에 붕괴했지만, '검은 화요일'은 원인이라기보다는 근원적인 경제적 불균형의 멜로드라마적 증상이었다. 뉴욕의 붕괴는 미국 자본과 미국 고객에게 필사적으로 의지하던 취약한 유럽 경제에 바로 타격을 주었다. 미합중국 하원이 1930년에 통과시킨 가혹한 관세와 미국이 전쟁 채무 징수에서 보여준 경직된 태도는 유럽의 허약한 경제 구조에 도움을 줄 수 없다는 분명한 신호였다. 후버(Herbert Clark Hoover) 대통령이 1931년 7월에 전쟁 채무 지급 유예를 제안했지만, 뒤늦은 조치일 뿐이었다. 앙심을 품은 서툰 정치가들이 다투는 동안 투자자들은 투기한 돈을 날렸고 보통 사람들 수백만 명의 저축이 증발해버렸다. 윌리엄 불릿 같은 사람만이 이런 재앙에서 자극을 얻을 수 있을 뿐이었다.

전 세계적인 재앙에서 오스트리아 사람들은 다른 사람들보다 낫기는커녕 오히려 최악의 타격을 받은 편에 속했다. 그들은 정치적 불안과 경제적 곤경에 시달리다 못해 주식 시장과 은행의 붕괴조차 기다리지 못하고 유혈 충돌로 내달았다. 1927년 7월 15일에는 빈에서 경찰과 시위대 사이에 격렬한 전투가 벌어졌다. 정치적 범죄 이상의 죄를 지은 우익 암살자 몇 명이 고분고분한 배심에 의해 무죄 방면되자, 사회민주주의자들은 이런 뻔뻔스러운 정의의 붕괴에 자극을 받아 거리로 나왔다. 그 결과 89명이 사망하고 사회주의 온건파는 급격하게 약화되었다. 프로이트는 휴가를 보내러 간 제메링에서 페렌치에게 편지를 보냈다. "올여름은 정말 파멸적이로군. 마치 하늘에 커다란 혜성이라도 나타난 것 같아. 우리도 빈에서 폭동이 일어났다는 이야기를 듣기는 했지만, 거의 차단되어 있어 무슨 일이 벌어지는지, 어떻게 될 것인지 깊이 있는 정보는 전혀 얻지 못하고 있네. 아주 고약한 일이야."[3]

프로이트는 그보다 나은 표현을 찾기 힘들었을 것이다. 두 주 뒤에는 "아무 일도 없었다"고 맨체스터의 조카를 안심시켰는데, 이 말은 그나 가족에게 나쁜 일이 생기지 않았다는 뜻이었다. 그러면서도 "빈의 사회적이고 물질적인 형편은 좋지 않다."고 덧붙였다.[4] 몇 년 뒤 오스트리아의 히틀러 추종자들이 독일 나치의 테러리즘 전술을 수입하기 시작하면서, 공화주의 제도의 종말은 시간 문제가 되었다. 프로이트는 1930년 말 조카 새뮤얼에게 이렇게 말했다. "오스트리아의 전체적 상황은 대단히 비참하다."[5]

1931년 초 프랑스, 이탈리아를 비롯한 강대국들의 거부권 행사로 오스트리아가 제안한 독일과의 관세 동맹이 좌절되었다. 가을에 국제사법재판소의 승인을 받은 이들 강대국들의 결정으로 오스트리아인들은 재앙으로 한 걸음 더 발을 들여놓게 되었다. 그해 5월 다른 나라의 은

행들과 강력하게 연계를 맺고 있던 빈 최대의 일반 은행인 크레디탄슈탈트가 지불 불능을 선언했다. 그러자 정부가 개입하여 붕괴를 막았다. 그러나 은행의 신용이 떨어지고 사람들이 예금을 인출하자, 이웃한 나라들의 경제도 영향을 받지 않을 수 없었다. 모두 함께 밧줄을 묶은 등반가들처럼 국제적 시스템에 묶여 있었기 때문이다. 프로이트는 1931년 12월에 조카에게 말했다. "너도 알고 있겠지만, 사회 상황은 악화일로다."[6]

프로이트는 이런 혼란스러운 사건들로부터 완전히 격리되어 있을 수는 없었지만, 든든한 수입 덕분에 경제적 곤경에 빠지지는 않았다. 수입의 대부분은 외국인 분석 '제자'들이 달러로 내는 상담료였다. 그러나 그의 가족 가운데는 운이 좋지 않은 사람도 있었다. "아들 셋은 일자리가 있지." 프로이트는 1931년에 그렇게 말했다. 그러나 사위들은 밥벌이를 하지 못했다. "로베르트 [홀리처]는 사업에서 한 푼도 벌지 못하고, 막스 [할버슈타트]는 함부르크 생활의 붕괴에 맞서 지친 몸으로 싸우고 있어. 그들은 내가 주는 용돈으로 살고 있네."[7] 다행히도 프로이트는 그럴 여유가 있었다. 프로이트는 이제 상근을 하지는 않았지만, 분석 한 시간에 25달러라는 꽤 비싼 상담료 덕분에 대가족을 부양하면서 저축도 할 수 있었다.*

---

* 이 상담료가 고정된 것은 아니었다. 때때로 무료로 환자를 치료하기도 했던 프로이트는 환자의 경제적 어려움을 고려했다. 1929년과 1930년에 분석을 받았던 미국인 스마일리 블랜턴(Smiley Blanton)은 1935년에 잠깐 분석을 받으러 돌아와 상담료가 이전과 같냐고 물었다. 프로이트는 그렇다면서 블랜턴에게 그 돈을 내는 데 문제가 없느냐고 물었다. "그의 말투나 태도는 내가 한 시간에 25달러라는 일반 상담료를 낼 여유가 없을 경우 깎아주겠다는 뜻을 분명히 내포하고 있었다." (Smiley Blanton, *Diary of My Analysis with Sigmund Freud* [1971], 63-64.)

1931년 말 대영제국은 금본위제를 중단했고, 엄청난 수의 미국 은행들이 파산했다. 모든 곳에서 실업률이 무시무시하게 솟구쳤다. 1932년 독일의 실업자 수는 550만 명 이상이었으며, 영국은 300만 명에 육박했다. 생산지수는 냉혹한 숫자로 놀라운 이야기를 들려준다. 1929년의 지수를 100으로 잡았을 때, 1932년에는 영국 84, 이탈리아 67, 미국과 독일 53으로 떨어진 것이다. 인적 손실은 계산이 불가능했다. 개인적 비극은 어디에서나 일상적인 광경이 되었다. 장래가 유망한 일자리가 사라지고, 갑자기 가난해지고, 교육받은 사람들이 길모퉁이에서 구두끈이나 사과를 팔고, 오만한 부르주아가 친척들에게 구걸을 했다. 독일 도시의 셋집 마당에서는 방랑하는 악단들이 몇 푼을 벌려고 실업(Arbeitslosigkeit)에 관한 애절한 노래를 불렀다. 한편 미국에서는 빙 크로스비(Bing Crosby)가 "형제여, 10센트만 줄 수 있소?"라는 매우 감미롭지 못한 후렴구를 감미로운 목소리로 불렀다. 1932년 10월에는 입 하버그(Yip Harbug)의 애처로운 노래가 10대 인기곡 안에 들어갔다. 이 노래가 사람들의 압도적 관심사와 연결되어 있다는 증거였다. 정치적 결과는 충분히 예상할 수 있었다. 경제적 곤궁 때문에 사람들은 만병통치약을 필사적으로 찾아나섰다. 바야흐로 약장수들의 시대였다. 유혹적인 웅변가들이 번창했고, 합리적인 중도주의는 지지자들을 잃었다.

오스트리아도 마찬가지였다. 높은 실업률은 이 나라에서 새로운 것이 아니었다. 1923년부터 노동력 가운데 10퍼센트에 육박하는 수가 실직 상태였다. 그러나 이 평균 수치는 가혹한 현실을 감추고 있었다. 오스트리아 경제에서 곤경에 처한 부문, 예를 들어 금속 산업에서는 열 명 가운데 무려 세 명이 새 일자리를 찾고 있었다. 그러나 크레디탄슈탈트 은행이 붕괴할 뻔했던 시점에 이르러서는 그런 통계가 오히려 부러울 지경이 되었다. 실업률은 전례가 없을 정도로 치솟고 있었다. 1932년에는 오스트리아 노동력의 거의 22퍼센트에 해당하는 47만 명에 육박하는 사람들이 실직 상태였다. 1933년 2월에는 절정에 이르러 실업률이 27퍼센트, 숫자로는 58만 명을 헤아렸다. 사회보험이 한심할 정도로 빈약한 상태에서 공장이 문을 닫았기 때문에, 전국이 황폐해지고 실업자 가족이 아무 데나 차지하고 생활을 해 나갔다. 많은 사람들이 미친 듯이 일을 찾다가 성과를 거두지 못하자 체념했고, 공원에 앉아 필수적인 자원을 술로 소비해버렸다. 그러나 학교를 졸업하자마자 실업자 대열에 끼게 된 젊은이들 다수는 오스트리아 나치나 그와 유사한 집단이 선전하는 돌팔이의 처방에 관심을 가졌다. 이 모든 것을 지켜보던 프로이트는 1932년 봄에 피스터를 위로했다. "나이 예순에 아직 비이성이라는 용을 죽이지 못했다고 너무 불쾌해하지 말게. 나는 76세지만 그 문제에서는 나을 것이 없네. 그 용은 앞으로도 많은 싸움에서 굴하지 않고 버틸 걸세. 그 용은 우리보다 강해."[8]

1932년 말부터 오스트리아에서는 독일의 브뤼닝이 그랬던 것처럼 기독교 사회주의 계열의 총리 엥겔베르트 돌푸스(Engelbert Dollfuss, 1892~1934)가 비상사태를 선언하고 통치하기 시작했다. 이듬해 초 독일인들은 돌푸스에게 훨씬 권위적인 통치 모델을 제공했다. 나치는 오스트리아인을 비롯하여 관심을 가진 모든 사람들에게 민주주의를 암살하는 시범을 보였다. 히틀러는 1933년 1월 30일에 독일 총리에 임명되었으며, 그 후 몇 달 동안 체계적으로 정당, 의회 제도, 언론과 출판의 자유, 독립적인 문화 조직과 대학, 법치의 뿌리를 뽑았다. 1933년 3월부터 돌푸스도 어느 정도 히틀러의 뒤를 따랐다. 그는 의회 없이 통치했다. 그러나 나치 체제는 훨씬 멀리 나아갔다. 나치는 정치적 반대자들을 가두는 강제수용소를 만들었으며, 거짓, 협박, 추방, 살인에 의한 통치를 시작했다. 사회주의자, 민주주의자, 나치가 불편하게 여기는 보수주의자, 유대인은 행정직과 교수직, 신문사와 출판사, 오케스트라와 극장에서 '숙청'당했다. 인종적 반유대주의가 정부 정책이 되었다.

막스 아이팅곤과 오토 페니헬, 에리히 프롬(Erich Fromm, 1900~1980)과 에른스트 지멜을 비롯한 50여 명의 정신분석가들도 조국—이제는 조국이 아니었지만—을 떠나는 독일계 유대인 대열에 합류했다. 그들은 국외에서 피난처를 구했지만, 불황과 일종의 방어적인 외국인 혐오에 사로잡힌 세계에서 별로 환영을 받지 못했다. 워낙 절망이 깊어지는 시대였기 때문에, 보통 반유대주의 세균에는 면역이 되어 있던 네덜란드 사람들 가운데도 그 나라의 분석가인 베스테르만 홀스테인(Westerman Holstijn)이 "나치-나르시시즘적" 퇴행이라고 부른 것에 걸리는 사람들이 있었다.[9] 바이마르 공화국에 정착했던 프로이트의 아들 올리버와 에른스트도 이민을 가는 것이 지혜롭다고 생각했다. 프로이트는 맨체스터의 조카 새뮤얼에게 쓴 편지에서 그들의 "독일 생활이 불가능해졌다"고 말했다.[10] 올리버는 잠시 프랑스로 몸을 피했으며, 에른스트는 영국에 머물렀다.

1933년 5월 10일 나치는 프로이트도 간접적으로 박해했다. 책을 태워 구경거리로 만들면서 프로이트의 책도 포함시킨 것이다. "'좌익', 민주주의, 유대인 문헌의 배제가 다른 모든 것에 앞섰다." 독일 역사가 카를 디트리히 브라허(Karl Dietrich Bracher)는 그렇게 썼다. "1933년 4월부터 작성된 블랙리스트"에는 아우구스트 베벨(August Bebel, 1840~1913)과 에두아르트 베른슈타인(Eduard Bernstein, 1850~1932) 같은 독일 사회민주주의자들의 글, 바이마르 헌법의 아버지 후고 프로이스(Hugo Preuss, 1860~1925)의 글, 시인과 소설가들(토마스 만과 하인리히 만Heinrich Mann도 명단에 들어갔다)의 글, 알베르트 아인슈타인 같은 과학자의 글도 포함되었다. "이 명단은 멀리 거슬러 올라가 하이네와 마르크스(Karl Marx, 1818~1883)에서 카프카까지 포함했다. 1933년 5월 10일 대도시와 대학 도시의 광장에서 연출된 분서(焚書) 행사는 독일 문화 백 년의 화형을 상징했다. 학생들의 횃불 행진과 교수들의 정열적인 웅변으로 장식되고 선전부가 연출한 이 야만적 행위는, 책을 태우는 곳에서는 결국 사람도 태우게 된다는 하인리히 하이네의 예언적인 말로 요약되는 시대의 출발을 알렸다."[11] 프로이트의 책을 필두로 한 정신분석 출간물도 이 대대적인 문화 화형식에서 빠지지 않았다.

　"미친 시대"였다. 프로이트는 이 극적인 사건 나흘 뒤 루 안드레아스-살로메에게 쓴 편지에서 그렇게 탄식했다.[12] 그의 친구들도 그만큼이나 강력한 어조로 동의했다. 피스터는 그달 말 프로이트에게 이런 편지를 보냈다. "지난주에 잠깐 독일에 갔다가 역겨움을 느꼈는데, 그 느낌이 오랫동안 지워지지 않을 것 같습니다. 프롤레타리아 군국주의는 빌헬름 시대의 귀족적인 융커 정신보다 썩은 냄새가 훨씬 강합니다. 다른 사람들에게는 겁을 내면서 무방비 상태인 유대인들에게 유치한 분노를 분출하고 심지어 도서관도 약탈합니다."[13] 프로이트는 여전히 냉소하며 재미를 느낄 여유가 있었다. "정말로 대단한 진보를 이루었군." 그는 어니스트 존스에게 말했다. "중세라면 아마 나를 불태웠겠지. 요즘에는 그래도 내 책만 태우는 걸로 만족하잖아."[14] 아마 이것이 프로이트가 남긴 것 중 선견지명이 가장 부족한 명언일 것이다.

　강력한 이웃인 파시즘 이탈리아와 나치 독일의 오스트리아 포위가 점점 강해지고 위협적이 되면서 빈 생활은 점점 위태로워졌다. 히틀러 정권 첫 해에 쓴 프로이트의 편지들은 비록 쓸쓸함과 분노가 강하기는 하지만, 그래도 낙관주의의 영향이 남아 있었다. 1933년 페렌치는 프

1933년 5월 10일, 베를린의 베벨 광장에서 열린 분서(焚書) 행사. 이날 프로이트의 책을 필두로 한 정신분석 출간물들이 독일 대도시에서 진행된 야만적인 분서 행사에서 불태워졌다. 1933년 히틀러가 독일 총리에 올라 권력을 장악한 후 나치의 유대인 박해는 더욱 노골적으로 진행되었고, 프로이트도 그 박해를 피할 수 없었다.

로이트에게 보낸 마지막 편지들 가운데 한 통에서 다정하게, 그러나 미친 듯한 목소리로 프로이트에게 어서 오스트리아를 떠나라고 호소했다. 그러나 프로이트는 들으려 하지 않았다. 그는 자신이 너무 늙고, 너무 아프고, 의사와 안락한 생활에 너무 심하게 의존하고 있다고 대답했다. 그는 또 "히틀러 정권이 오스트리아도 제압할 것"인지는 확실치 않다고 자신과 페렌치를 안심시켰다. "사실 그런 일이 가능하기는 하지만, 모두들 이곳 상황이 독일과 같은 야만적인 수준에 이르지는 않을 것이라고 믿고 있네." 그는 단호하게 결론을 내렸다. "나는 생명에 직접적인 위험이 있어야만 도피가 정당화될 수 있다고 믿는다네."[15] 4월에 어니스트 존스에게 보내는 긴 편지에서는 그 전해에 많은 독일인들이 나치에 관해 말하던 것과 비슷한 이야기를 했다. 오스트리아의 나치즘은 우파 내의 다른 정당들에 의해 반드시 제어될 것이라고 주장한 것이다. 늙은 오스트리아 자유주의자로서 프로이트는 우파 정당들의 독재가 유대인들에게 매우 불쾌할 것임을 알고 있었다. 그러나 차별적인 법률은 상상하지 못했다. 평화 조약이 명시적으로 그런 법을 금지했으므로 국제 연맹이 분명히 개입할 것이라고 보았다. "오스트리아가 독일과 합병을 하면 유대인은 모든 권리를 잃겠지만, 프랑스와 그 동맹국들은 그런 합병을 절대 허용하지 않을 걸세."[16] 물론 몇 주 뒤에는 조심스럽게 이렇게 말했다. "미래는 여전히 독일 마녀들의 솥에서 뭐가 나오느냐에 달려 있네."[17] 그러나 동시대인들 대부분과 마찬가지로 프로이트 또한 국제 연맹이나 프랑스와 그 동맹국들이 일단 시험대에 서게 되면 매우 약한 모습을 보일 것이라는 사실을 아직 파악하지 못하고 있었다.

프로이트는 페렌치에게 편지를 쓸 때 합리적 사고에 관한 이야기를 했다. 이것은 옳은 말이었다. 히틀러는 권좌에 오른 직후 오스트리아 침공을 개시하려다 중단했지만, 오스트리아 나치와 준군사조직을 계속 선동하고 있었다. 그러나 적어도 당분간은 무솔리니가 나치 독일의 야망에 맞서 오스트리아의 보호자 역할을 하고 있었다. 한편 프로이트 집안에서 나오는 이야기들은 약간의 우려가 나타나기는 했지만 걱정스러운 전망을 부정하는 분위기가 지배적이었다. 프로이트는 1933년 여름에 조카 새뮤얼에게 미래가 매우 불투명하다고 말했다. "오스트리아에서 우리 상황이 얼마나 불안정한지 너도 신문을 읽어(나는 지금 〈맨체스터 가디언〉을 정기적으로 읽고 있다) 알고 있겠지. 한 가지 분명하게 말할 수 있는 것은 우리가 여기서 끝까지 버티겠다고 결심하고 있다는 것이다. 상황이 아주 나빠지지는 않을 것 같거든."[18] 프로이트는 하루에 다섯 시간 분석을 하고 있다고 1933년 10월에 예전에 분석을 했던 미국 시인 힐다 둘리틀에게 말했다. 또 그들이 함께 작업한 것이 이제 효과가 나타나고 있어 기쁘다고 말했다. "지금 글을 쓰고 창작을 하고 있다는 이야기를 들으니 매우 만족스럽습니다. 내 기억에 따르면, 바로 그것이 우리가 여사의 무의식 깊은 곳으로 뛰어든 이유였지요." 그는 자신이 빈에 그대로 남을 것이라고 예상하고 있었다. "여사의 친절한 친구들이 추측하는 것과는 달리 나는 런던에 가지 않을 것 같습니다. 빈을 떠날 만한 자극은 없을 것 같아서요."[19]

그러나 오래지 않아 충분한 자극이 생겼고, 점차 가능한 행동 방식의 하나로 이주가 프로이트의 앞에 떠올랐다.—물론 떠오르는 대로 거부했지만. 그는 난민이 된다는 생각이 영 마음에 들지 않았다. 1933년 4월 초에는 페렌치에게 영국이든 스위스든 망명을 한다는 것이 얼마나 불쾌한 일인지 생각해보라고 말하기도 했다. 그러나 1년 뒤에는 자신감이 떨어졌다. 그는 피스터에게 빨리 빈으로 오지 않으면 "우리가 이 생에서 다시 만나지 못할지도 모른다."고 경고했다. 항공 여행은 이제 불가능했다. 1930년에 한번 시도해보았지만, 다시는 하지 않을 생각이었다. 게다가 그는 "어쩔 수 없이 이주를 해야 한다면 아주 냉랭하다고 악명 높은 스위스는 택하지 않을 생각"이라고 덧붙였다. 어쨌든 오스트리아가 예상할 수 있는 것은 "온건한 파시즘"이라고 모두 믿고 있었다. "그것이 뭔지는 몰라도!"[20]

프로이트가 그 편지를 보내기 며칠 전인 1933년 2월 중순 돌푸스 총리는 그 파시즘이 어떠한 것일지 약간 맛을 보여주었다. 그는 자신이 동원할 수 있는 모든 무력을 동원하여 사회주의자들이 주도한 빈의 정치 파업을 진압했으며, 사회민주당과 소규모인 공산당을 불법화했으며, 사회주의자 관료를 체포하고 지도자들을 수용소에 보냈다. 사회주의자들 가운데 일부는 국외로 탈출하고, 일부는 수감되고, 몇 명은 처형당했다. "우리 쪽 내전도 전혀 아름답지 않네요." 프로이트는 아르놀트 츠바이크에게 전했다. "신분증 없이는 거리에 나갈 수도 없습니다. 하루 동안 전기도 들어오지 않았습니다. 물이 끊길지 모른다는 생각만 해도 아주 불편하군요."[21] 며칠 뒤에 힐다 둘리틀에게 보낸 편지에서도 같은 사건들을 떠올렸다. 일 주일간 내전이 벌어졌는데, "하루 동안 전 깃불 없이 지냈다는 것 외에 개인적으로는 별로 고통스럽지 않았지만, '기분(Stimmung)'은 끔찍합니다. 마치 지진이 일어난 것 같아요."[22]

프로이트는 피해자들을 동정하기는 했지만 꽤 냉담한 편이었다. 그는 힐다 둘리틀에게 말했다. "반역자들이 주민 가운데 가장 훌륭한 부류에 속한 것은 틀림없지만, 그들이 성공했다 해도 그 기간은 매우 짧았을 것이고, 외국의 군사 침략을 초래했을 것입니다. 게다가 그들은 볼셰비키주의자들인데, 나는 공산주의에는 구원을 기대하지 않습니다. 따라서 우리는 전투를 벌인 양쪽 어디에도 공감할 수가 없었던 셈이죠."[23] 그는 아들 에른스트에게 신랄하게 말했다. "물론 승자는 지금 영웅이고 신성한 질서의 구원자가 된 반면, 패자는 무도한 반역자들이 되었지." 하지만 그는 돌푸스 체제를 아주 가혹하게 비난하지 않으려 했다. "이른바 반역 지도자들의 목표인 프롤레타리아 독재에서도 우리는 살 수가 없거든." 승자들은 이제 권좌에서 온갖 실수를 저지를 것이며, 미래는 여전히 불안했다. "오스트리아 파시즘이냐 아니면 나치즘이냐 둘 중의 하나지. 후자일 경우 우리는 떠나야 해."[24] 그러나 2월의 살벌한 사건들 때문에 프로이트는 《로미오와 줄리엣》을 떠올렸다. 그는 이제 팔레스타인에 불안하게 정착한 아르놀트 츠바이크에게 셰익스피어의 머큐시오의 대사를 인용했다. "너희 두 집 모두에 재앙을."[25]

프로이트의 중립적 태도는 한편으로는 빈틈없는 것이었고, 한편으로는 둔감한 것이었다. 오스트리아의 '작은 내전'에서 좌파가 승리하면 실제로 독일군이 국경 너머에서 쏟아져 들어올지도 몰랐다. 공산주의자들이 2월 봉기에 참여했고, 사회민주주의자들이 공식적으로 혁명 계획을 포기한 적이 없다는 것 또한 사실이었다. 그러나 1934년 2월 사태에서 "볼셰비키주의자들"은 명예로운 역할을 맡기는 했지만 주역은 아니었다. 사회민주주의자들의 행동은 그들의 급진적 수사와는 매우 거리가 멀었다. 만일 프로이트가 억압자만 비난하고 억압당하는 사람들을 비난하지 않았다면, 2월의 무질서를 더 공정하게 볼 수 있었을 것이다.

프로이트는 무력하다는 느낌을 극복하는 한 가지 방법이 정치적 전망을 추측하는 일에 몰두하는 것임을 알았다. "상황이 이렇게 계속될 수는 없습니다." 그는 1934년 2월 말에 아르놀트 츠바이크에게 예언했다. "무슨 일인가 일어나고야 말 겁니다." 그는 호텔 방에 있는 사람처럼 다른 신발도 마저 떨어지기를 기다리고 있다*고 덧붙였다. 이 상황을 보면서 프로이트는 "아가씨냐, 호랑이냐?"를 떠올렸다. 그가 희미하게, 그리고 약간 부정확하게 기억하는 이야기에 따르면, 로마 경기장에서 한 불쌍한 죄수가 닫힌 문을 바라보며 그 문에서 그를 잡아먹을 호랑이가 나올지 아니면 그와 결혼할 아가씨가 나올지 몰라 마음을 졸이고 있었다. 히틀러가 오스트리아를 침공할지도 몰랐다. 오스트리아의 파시스트들이 권력을 장악할지도 몰랐다. 왕좌에 대한 권리를 포기하지 않은 합스부르크의 황태자 오토가 구체제를 되살릴지도 몰랐다. 이 모든 혼란 속에서 자신이 갈 길을 생각하던 프로이트는 편지에 비애감을 슬쩍 드러냈다. "우리는 체념하고 여기서 버티고 싶습니다. 사실 신체적으로 무력하여 남한테 의지해야 하는 내가 어디로 가겠습니까? 외국은 어디나 냉랭합니다." 이렇게 자기 연민에 빠질 때면 프로이트는 피

---

* 상황이 마무리되기를 기다린다는 뜻. (역주)

난처를 제공하겠다는 모든 제안을 잊어버렸다. 그러나 그도 "히틀러의 총독"이 빈을 통치하게 되면 어디로든 떠날 수밖에 없다는 점은 인정했다.[26]

빈을 떠나고 싶지 않다는 말은 프로이트의 편지의 후렴이 되었다. 그는 오스트리아에서 나치의 총독이 권좌에 오른다는 예측은 전혀 하지 못했으며, 그의 일상은 그에게 익숙한 장소에 뿌리를 박고 있었다. 그는 여전히 분석을 하고 글을 쓰고 있었다. 자신의 작품이 히브리어, 중국어, 일본어 같은 신비한 언어로 번역되는 것을 보며 만족하고 있었다. 사려 깊은 친구들이 가져오는 작은 골동품 조각상을 반겼다. 여전히 베르크 가세 19번지에서 손님들을 맞이하고 있었다. 살던 데서 뿌리 뽑힌 아들 에른스트와 올리버가 그를 보러 왔다. 세계 각지에서 막스 아이팅곤, 에도아르도 바이스, 윌리엄 불릿, 마리 보나파르트, 잔 랑플-드 그로, 아르놀트 츠바이크 같은 분석 환자나 동료들이 찾아왔다. H. G. 웰스(Herbert George Wells, 1866~1946) 같은 새로운 찬양자들의 방문은 《비망록》에 기록할 만큼 중요한 일이었다.[27] 그런 삶과 비교하면 이주는 나쁜 것일 수밖에 없었다. 어쨌든 프로이트는 힐다 둘리틀에게 이렇게 말했다. "이미 살 만큼 살았고, 지금 내가 누리고 있는 것은 예상치 못한 선물임을 나는 잘 알고 있습니다. 이 현장과 현상들을 영원히 떠나는 것 또한 그렇게 고통스러운 전망은 아닙니다. 후회할 일은 별로 남지 않았습니다. 이 시대는 잔인하고, 미래는 참담해 보입니다."[28]

이 쓸쓸한 시기에 히틀러가 딱 한 번 프로이트를 즐겁게 해주었는데, 이 일은 프로이트에게 순수한 만족감을 주었다. 1934년 6월 30일, 히틀러는 경쟁자와 공모자들로서 두려워하던 수많은 옛 동지들을 침대에서 끌어내 즉결 처형해버렸다('긴 칼의 밤'). 이 피해자 가운데 가장 두드러진 인물은 갈색 셔츠를 입고 다니던 나치 군대, 즉 돌격대의 지도

자인 에른스트 룀(Ernst Röhm)이었다. 룀처럼 갑작스럽게 살해당한 사람이 무려 200명이나 되는 것으로 추정되었다. 통제를 받는 나치 언론은 자상하게도 이 유혈 숙청을 동성애자들과 권력에 미친 음모자들의 움직임을 제거하는 불가피한 정화 작업으로 찬양했다. 그 결과 히틀러는 아무런 분쟁 없이 제3제국을 지배할 수 있었다. 그러나 기쁨에 젖은 프로이트의 눈에는 나치가 나치를 죽인다는 직접적인 현실만 보일 뿐이었다. 그는 아르놀트 츠바이크에게 이렇게 말했다. "독일의 사건들을 보니 왠지 그와 대조적이었던 1920년의 경험이 떠오릅니다. 처음으로 우리 감옥의 외부인 헤이그에서 열린 대회 말입니다." 많은 오스트리아, 독일, 헝가리 분석가들에게 이것은 전후 첫 외국 여행이었다. "지금도 독일 동료들이 굶주리고 초라한 중유럽인들에게 매우 친절한 태도를 보여주었다는 것을 생각하면 마음이 푸근해집니다. 대회가 끝날 때 그들은 우리에게 진정한 네덜란드식 사치를 보여주는 저녁식사를 대접했지요. 그들은 우리가 돈을 내지 못하게 했습니다. 우리는 먹는 방법을 잊고 있었습니다. 전채요리가 나왔을 때 맛이 너무 좋아 다들 그것으로 배가 불러버렸지요. 그래서 더 먹을 수가 없었습니다. 지금은 그 반대되는 상황을 보고 있습니다! 6월 30일의 소식 뒤에 나에게는 한 가지 감정밖에 없습니다. 뭐! 전채만 먹고 식탁에서 일어나야 한다고? 더 나오지 않는다는 거야? 나는 아직도 배가 고픈데."[29]

안타깝게도 프로이트의 복수에 대한 욕망을 더 채워주는 일은 일어나지 않았다. 1934년 7월에 오스트리아 나치가 쿠데타를 일으켜 돌푸스 총리를 살해했지만, 쿠데타는 불발로 끝났다. 그렇게 된 유일한 이유는 무솔리니가 아직 오스트리아를 독일에 내어줄 준비가 안 되었다는 것이었다. 히틀러는 침공 준비가 끝났지만 기다릴 용의가 있었기 때문에 물러섰다. 오스트리아 공화국은 돌푸스 치하에서와 마찬가지로 긴급 사태 선언 상태에서 4년을 더 생존했다. 프로이트는 1934년 봄에 루 안드레아스-살로메에게 이렇게 썼다. "울분 때문에 지쳐버렸습니다. 어쨌든 이전 자아에 남아 있던 것은 다 사라져버렸습니다. 하지만 78세라 새로운 자아가 생기지는 않는군요."[30]

무신론자 유대인

역설적으로 이때는 프로이트에게 자신이 유대인이라는 것이 기분 좋은 시기였다. 그는 힘든 시기가 유대인에게는 "인종적" 충성심을 선언하는 데 특히 적당하다고 생각했는데, 이때야말로 유대인에게 힘든 시기였다. 대공황과 정치적 혼란은 합리적인 해법들의 인기를 떨어뜨렸으며, 이것은 특히 중유럽에서 반유대주의의 비옥한 토양이 되었다. 그러나 신교로 개종한 아들러, 잠깐 로마가톨릭에 의지한 랑크와는 달리 프로이트는 결코 자신의 조상을 거부하거나 감추지 않았다. 우리는 1924년에 쓴 〈나의 이력서〉에서 그가 분명하게, 심지어 약간 공격적으로, 자신의 부모가 유대인이며, 자기 또한 늘 유대인이었다고 말했다는 사실을 알고 있다. 그는 2년 뒤 5월에 브나이 브리트의 형제들이 그의 70세 생일을 열렬히 축하했을 때에도 같은 사실을 똑같이 힘주어 말했다. 그들은 웅변으로 가득한 잔치를 열었으며, 〈브나이 브리트 회보〉의 특별호를 가장 유명한 회원 프로이트에게 바쳤다. 그러자 프로이트는 감사의 뜻으로 1897년 브나이 브리트에 가입했던 초기 시절을 회고했다. "여러분이 유대인이라는 것이 나에게는 환영할 일일 뿐입니다. 나 자신이 유대인이고, 그것을 부인하는 것은 늘 불명예스러울 뿐만 아니라 매우 부조리한 일 같았기 때문입니다."[31] 그는 거의 여든이 되었을 때 지크프리트 펠(Siegfried Fehl) 박사에게 다시 그 이야기를 했다. "내가 늘 우리 민족에게 충실했으며, 오스트리아령 갈리시아 출신 유대인을 부모로 둔 모라비아 출신 유대인이라는 사실을 한 번도 부정한 적이 없음을 박사도 잘 알고 계시리라고 봅니다."[32]

그러나 1920년대 말과 1930년대 초의 유독한 분위기 속에서 프로이트는 자신이 유대인 출신임을 부정하지 않는 것에서 그치지 않았다. 자신이 유대인 출신임을 널리 과시하기까지 한 것이다. 유대주의와 관련된, 대체로 무의식적인 이런 전략은 프로이트의 평생에 걸쳐 드러난다. 1873년 대학에 들어간 첫 해에는 자신의 "인종" 때문에 열등하다고 느끼도록 강요받는다는 사실을 알았다. 그의 반응은 저항이었다. 그는 다수의 평결에 고개를 숙일 이유를 알지 못했다. 그 후 1897년에 새로운 지역 브나이 브리트 지부에 가입하고 이따금씩 거기에서 강연을 한 것은 그가 전복적인 발견 때문에 혼자라고 느꼈을 때였다. 그러나 비슷한 생각을 가진 의사들이 그의 생각을 열심히 흡수하려 하고 또 흡수할 수 있다는 것을 알게 되자, 지부 모임에 참석하는 횟수나 연설하는 횟수가 줄어들었다. 그러다가 1908년에 스위스의 비유대인 신참자들을 대오 속에 계속 있게 하려고 애를 쓰던 상황에서는 친밀한 사이인 유대인 아브라함과 페렌치에게 편지를 보내 인내와 요령을 호소하면서, 이 중요한 순간에 그들이 공감 어린 협조를 할 수 있는 기본적인 토대로서 그들을 한데 묶고 있는 "인종적" 동족 관계를 제시했다.

불안한 정치 상황 전개도 약간 느리기는 했지만 매우 비슷한 영향을 주었다. 1895년 프란츠 요제프 황제가 선거 결과를 무시하고 반유대주의적 정치가 카를 뤼거를 빈 시장에 앉히기를 거부하자, 프로이트는 축하하는 의미로 그동안 금지당했던 시가에 마음껏 탐닉했다.[33] 그러나 황제는 뤼거의 취임을 미루었을 뿐, 막지는 못했다. 프로이트가 브나이

브리트의 회원이 되던 해인 1897년 뤼거가 시장에 취임했다. 프로이트가 1898년 초 테오도어 헤르츨(Theodor Herzl, 1860~1904)의 반유대주의에 관한 희곡 《새로운 게토》를 본 뒤 꾸었던 꿈은 이러한 정치 상황에 대한 반응이나 다름없어 보인다. 그는 "유대인 문제, 조국을 물려줄 수 없는 자식들의 미래에 관한 걱정"을 주제로 한 꿈을 꾸었다.[34] 헤르츨은 꿈을 부추기는 흥미로운 인물이었다. 헤르츨의 메시지를 잘 알고 있던 프로이트는 따뜻한 관심을 가지고 시온주의 운동의 전개를 지켜보았지만, 그 운동에 적극적으로 참여하지는 않았다.* 그런데도 유대인 조국의 웅변적 옹호자인 헤르츨이 그의 꿈 생활에 진입하여, 반유대주의 문화에서 유대인으로 산다는 것이 어떤 의미인지 규정하는 것을 돕도록 허용한 것은 주목할 만한 일이다. 그러나 우리가 이미 보았듯이,

---

* 프로이트는 예루살렘에서 그의 저작 몇 편을 히브리어로 번역하고 있던 J. 드보시스(J. Dwossis)에게 이렇게 말했다. "시온주의는 나의 가장 강한 공감을 일깨웠기 때문에 나는 지금도 그것에 애착을 품고 있습니다. 처음부터" 그는 시온주의와 관련하여 염려하는 것이 있었으며, "오늘날의 상황이 나의 염려를 정당화해주는 듯합니다. 내가 잘못 알고 있는 것이기를 바랍니다만." (프로이트가 드보시스에게 쓴 편지, 1930년 12월 15일. 타자로 친 사본, Freud Museum, London.) 시온주의에 관한 그의 가장 상세한 논평은 알베르트 아인슈타인에게 쓴 편지에서 찾아볼 수 있다. 아인슈타인은 프로이트에게 이 문제에 관해 공개적으로 의견을 밝혀줄 것을 요청했던 것으로 보이는데, 프로이트는 그것을 거부했다. "누구든 군중에게 영향을 주고자 하는 자는 뭔가 의욕적으로 널리 알리고 싶은 것이 있어야 하는데, 시온주의에 대한 나의 차분한 평가는 그런 것을 허락하지 않습니다." 그는 이 운동에 대한 공감을 고백하고, 자신이 "우리의" 예루살렘 대학을 "자랑스러워" 하며, "우리의" 정착지의 번창을 기뻐한다고 말했다. "반면 나는 팔레스타인이 유대인의 나라가 되고, 기독교나 이슬람 세계가 그들의 성전들을 유대인의 손에 두고 떠날 각오를 할 것이라고 믿지는 않습니다. 새로운 땅, 역사적인 부담이 없는 땅에 유대인의 조국을 세우는 것이 나에게는 더 이해하기 쉬웠을 것입니다." 프로이트는 이런 "합리적" 태도로는 "대중의 열의와 부자들의 자원"을 절대 끌어낼 수 없다는 것을 잘 알고 있다고 덧붙였다. 그러나 그는 유대인의 "비현실적인 공상주의"가 아랍인의 의심을 불러일으키는 것을 보며 아쉬워했다. "나는 헤롯의 벽 한 조각에서 민족 종교를 만들어내는 오도된 신앙심이나, 그것을 위해 현지 원주민의 감정에 도전하는 것에는 전혀 공감할 수 없습니다." (프로이트가 아인슈타인에게 쓴 편지, 1930년 2월 26일. Freud Collection, B3, LC.)

프로이트의 정치 교육에는 시간이 걸렸다. 오스트리아에서 "유대인 문제"가 심각해졌던 1890년대 말 그의 편지에서 주목할 만한 점은 프로이트가 정치에 관해 말을 많이 했다는 것이 아니라 적게 했다는 것이다. 하지만 제1차 세계대전 이후 그의 저항적 반응은 점점 강해졌다. 정치적 반유대주의가 싹트는 것에 경악하여 독일인과의 동일시를 거부함으로써, 역경이 닥칠 때 오히려 유대인과 동일시하는 모습을 다시 보여주었던 1926년 6월의 인터뷰가 그런 예다.**

프로이트는 자신을 유대인과 동일시했지만, 그 동일시는 매우 세속적인 것이었다. 세례를 받은 유대인들과 그런 식으로 사회에 받아들여지는 길을 택하는 것을 경멸한 프로이트 사이의 지적이고 윤리적인 간극은 건널 수 없는 것이었다. 그러나 프로이트와 계속 조상의 신앙을 이어나가던 사람들 사이의 간극 또한 그에 못지않게 넓었다. 프로이트는 유대인이었던 것만큼이나 무신론자였다. 사실 브나이 브리트가 그를 숭배하다시피 자기들 가운데 하나로 여기는 것이 그에게는 약간 당혹스럽기도 하고 아주 재미있기도 했다. 그는 70세 생일을 보낸 뒤인 1926년 5월에 마리 보나파르트에게 이렇게 썼다. "전체적으로 유대인들은 나를 민족 영웅처럼 받들어주었습니다. 유대인의 대의에서 내가 내세울 점은 내가 한 번도 유대인임을 부정한 적이 없다는 것 단 한 가지뿐인데도 말입니다."[35] 이것은 다소 거리를 둔 자기 규정이었다. "유대인들"이라는 표현을 사용하니, 스스로 그의 형제들이라고 믿는 사람들 사이에서조차 그가 이질적인 존재였던 것처럼 보이기도 한다.

프로이트는 특히 만년에는 누구도 그의 입장을 오해하기를 원치 않

***

** 본서 9장 179쪽 참조.

는다는 듯이 이 점을 지칠 줄 모르고 되풀이해 강조했다. "나는 다른 누구 못지않게 유대인의 종교에 대한 집착이 없습니다." 그는 1929년에 쓴 한 편지에서 그렇게 말했다.[36] 그는 전에도 그렇게 말했고, 그 후로도 물어보는 누구에게나 그렇게 말한다. 아르투어 슈니츨러에게도 마리 보나파르트에게 했던 것과 같은 말을 했다. "유대인들은 모든 면에서 또 모든 곳에서 열렬하게 나라는 인간을 붙들었습니다. 내가 하느님을 두려워하는 위대한 랍비라도 되는 것처럼 말입니다. 하지만 나는 아무런 반감이 없습니다. 이미 신앙에 대한 나의 입장을 분명히 밝혔기 때문입니다. 물론 유대주의는 감정적으로 여전히 나에게 큰 의미가 있습니다."[37] 1930년에 《토템과 터부》의 히브리어 번역판 서문에서 그는 다시 한 번 자신이 "다른 모든 종교와 마찬가지로 나의 조상의 종교에서도 완전히 멀어진" 사람이지만, 동시에 "민족주의적 이상에 참여하지는 못하면서도 민족과의 관계를 한 번도 부정한 적이 없는" 사람이라고 말했다.[38] 독실한 미국인 의사가 프로이트에게 자신을 그리스도에게로 보낸 종교적 환상을 이야기하면서, 프로이트도 신을 발견할지 모르니 그 문제를 연구해보라고 촉구하자, 프로이트는 정중하지만 단호하게 이의를 제기했다. 신은 그에게는 그렇게 많은 일을 해주지 않았으며, 어떠한 내적인 목소리도 들려주지 않았고, 따라서 자신은 마지막 남은 몇 년 동안 계속해서 "믿음 없는 유대인"으로 남을 가능성이 높다는 것이었다.[39]

프로이트는 그가 알던 얼마 안 되는 히브리어를 잊어버림으로써 믿음이 없다는 것을 강조했다. 김나지움 시절 그는 존경하던 선생이며, 나중에는 친구이자 후원자가 된 자무엘 하머슐라크 밑에서 종교를 공부했다. 그러나 교실에서 가르치면서 영감을 받고 영감을 주었던 하머슐라크는 문법이나 어휘보다는 유대 민족의 윤리적 가치나 역사적 경험을 강조했다. 프로이트는 어린 시절 "자유사상을 지닌 우리의 종교 교사들은 제자들이 히브리어와 문학에 관한 지식을 얻는 것은 중요하게 여기지 않았다."고 회고했다.[40] 더욱이 그는 히브리어를 연습하지 않았고, 쓸모를 찾지도 못했다. 물론 프로이트의 서른다섯 살 생일에 그의 아버지는 히브리어로 애정 어린 화려한 헌사를 쓴 성서를 그에게 선물하기도 했는데, 그것은 일곱 살 난 아들에게 말을 하는 신의 영(靈)에 관한 내용이었다. 이것은 한 유대인이 다른 유대인에게 주는 선물이 분명했지만, 계몽된 유대인이 관습을 지키지 않는 유대인에게 주는 선물이기도 했다.* 어쨌든 프로이트는 자신이 "유대주의와 관련된 모든 것에 완전히 무지한 상태에서" 성장하게 된 것이 "거룩한 언어를 독일어만큼, 어쩌면 그 이상 잘했던" 아버지 때문이라고 여겼다.**[41] 야코프 프로이트가 헌사를 히브리어로 썼다고 해서 아들이 그것을 읽기를 기대했던 것은 아니다. 사실 히브리어를 읽지 못하는 것은 프로이트에게 약간 아쉬운 일이기도 했다. 1928년 프로이트는 J. 드보시스에게 《집단심리학과 자아 분석》 번역에 대한 감사 편지를 쓰면서, "우리의 신성하고 오

---

* "이 헌사를 히브리어 문서로 분석해보면 야코프 프로이트가 종교적이거나 민족주의적인 유대인이 아니라, 유대주의가 계몽의 종교의 집약이라고 보았던 운동인 하스칼라의 회원이라는 것이 분명해진다. 정통 유대인이라면 신의 영이 일곱 살짜리에게 말하는 것에 관하여 그렇게 가볍게 이야기하지 않을 것이다. 또 신앙심이 있는 유대인이라면 성서를 인류 전체에게 속한 것으로 보지도 않을 것이다." (Martin S. Bergmann, "Moses and the Evolution of Freud's Jewish Identity," *Israel Annals of Psychiatry and Related Disciplines*, XIV 〔1976년 3월〕, 4.)

** 1930년 미국의 이디시 문화 옹호 운동가이자 심리학자인 A. A. 로백(A. A. Roback)이 히브리어 헌사를 적어 자신의 책 한 권을 프로이트에게 보냈다. 프로이트는 선물에 감사하면서, 자신의 아버지가 "하시디즘적 분위기"에서 성장했지만, "거의 20년 동안 고향과는 멀어진 상태"라고 말했다. 그러면서 그는 이렇게 덧붙였다. "나는 워낙 비유대적인 환경에서 성장했기 때문에 지금은 선생의 헌사가 히브리 문자로 적혀 있다는 것만 알 뿐 읽지도 못합니다. 나중에 나는 나의 교육의 이런 빈 곳을 아쉬워하곤 했지요." (Roback, *Freudiana* 〔1957〕, 57.)

래된 언어, 그리고 지금은 새로워진 언어의 대가"인 친척—이름은 밝히지 않았다.—에게서 번역이 아주 훌륭하다는 장담을 들어 그 말을 믿고 있다고 전했다.*[42]

프로이트의 엄격한 세속주의 때문에 그의 가정 생활에는 종교적인 관행의 준수가 흔적도 남아 있지 않았다. 프로이트 가족은 유월절 같은 사교적인 유대인 가족 축제조차 애써 무시했다. 프로이트의 부모가 전통에서 해방되었음에도 불구하고 계속 유월절을 기념한 것과 대조를 이루는 일이었다. 프로이트가 부인의 몸에 밴 어린 시절의 정통파적 태도를 무자비하게 쓸어내버리는 바람에 그녀는 고통과 아쉬움이 컸다. 프로이트의 아들 마르틴은 이렇게 회고했다. "우리 축제는 크리스마스로, 촛불을 켠 트리 밑에 선물을 놓아두었다. 또 부활절에는 즐겁게 부활절 달걀을 색칠했다. 나는 유대인 회당에 간 적이 없다. 내가 아는 바로는 내 형제, 자매도 간 적이 없다."**[43] 마르틴 프로이트는 전후에 시온주의 학생 운동인 카디마에 가담했으며, 동생 에른스트는 시온주의 정기간행물을 편집하는 일에 적극적으로 참여했다. 그들의 아버지는 이런 활동을 긍정적으로 보았거나, 아니면 적어도 아들들이 각자 알

---

* 1895년에 플리스에게 지나가면서 한 말을 보면 이것이 프로이트가 말년에만 아쉬워한 공백이 아님을 알 수 있다. 플리스가 신 앞에서 벌거벗은 아담의 수치심에 나타난 불안에 관한 이야기를 프로이트에게 보냈을 때, 프로이트는 그 이야기가 "주목할 만하다"고 여겨 플리스에게 그 대목을 "그 언어의 의미에 관해 아는 히브리 사람[즉, 히브리어를 읽을 줄 아는 사람]에게 물어보겠다."고 말했다. (프로이트가 플리스에게 쓴 편지, 1895년 4월 27일. *Freud-Fliess*, 128 [127].)

** 이 권위 있는 회고 때문에 프로이트의 조카 해리가 한 말은 신빙성을 의심받을 수밖에 없다. 그는 프로이트가 "철저하게 **반종교적**이기는" 했지만……"**결코 무신론자는 아니었다.**"고 말했다. "프로이트는 의식과 교리를 대수롭지 않게 생각했으며, 모든 종교적 강제나 종교적 의무에 저항했을 뿐이다. 그는 큰 명절을 지키지 않았을 뿐 아니라, 회당에도 거의 가지 않았다." (Richard Dyck, "Mein Onkel Sigmund," *Aufbau* [New York]에 실린 해리 프로이트의 인터뷰, 1956년 5월 11일, 3). 만일 프로이트가 회당에 간 일이 있다면 그것은 친구의 추도 예배 때문이었을 것이다. 그러나 그런 일이 있었다는 증거조차 없다.

아서 할 일로 여겼던 것 같다.[44]

그러나 프로이트 자식들의 유대 관습 무시는 프로이트만큼이나 급진적이었다. 마르틴 프로이트는 결혼을 할 때 오스트리아 법에 따라 종교 의식을 거쳐야 했다. 그는 정장을 하고 성소에 들어가 거룩한 곳에 대한 존중의 표시로 실크 모자를 벗었다. 왼쪽에 서 있던 친구는 이런 면에는 그보다 지식이 많았기 때문에 모자를 마르틴 프로이트의 머리에 다시 씌우고 꽉 눌렀다. 그러나 신랑은 종교 의식 동안에 모자를 쓰고 있어야 한다는 것을 도저히 믿을 수 없어 다시 벗었다. 그러자 이번에는 오른쪽에 있던 친구가 모자를 다시 씌웠다.[45] 이 에피소드는 프로이트가 자신의 가족 안에서 세속주의를 얼마나 장려했는지 보여준다. 그러나 반유대주의와 직면했을 때는 집에서보다 훨씬 유대인다운 태도를 보여주었다.

동시에 프로이트는 자신을 유대인으로 만드는, 손에 잡히지 않고 규정할 수 없는 어떤 요소가 있다고 믿었다. 그는 1926년 브나이 브리트의 형제들에게 자신을 유대주의와 묶어주는 것이 신앙이 아니라고 썼다. "나는 늘 불신자였고, 인간 문화에서 '윤리적'이라고 부르는 요구에 대한 존중이 없지는 않았지만, 종교 없이 성장했기 때문입니다." 또 민족적 자존심도 아니었는데, 프로이트는 이것이 유해하고 부당하다고 생각했다. "그러나 다른 많은 것들이 그대로 남아 유대주의와 유대인의 매력에 저항할 수 없게 만듭니다. 수많은 어두운 감정의 힘들은 말로 포착하려고 하지 않을수록 더 강해집니다. 또 내적 정체성에 대한 분명한 의식, 똑같은 정신적 구조의 비밀도 그런 예입니다."[46] 그러나 프로이트가 유대인의 정체성에 대한 자신의 "분명한 의식"을 강조했는지 몰라도, 이런 모호한 암시는 분명하게 해주는 것만큼이나 흐릿하게 하는 것도 많다. 사람들이 그 말을 듣고 직관적으로 동의할 수 있을지는 몰라도, 이것 자체가 합리적 분석을 만들어내지는 않기 때문이다.

그런데도 이것은 획득 형질의 유전에 대한 프로이트의 믿음의 구체적 결과다. 어떤 신비한 방법으로 그렇게 되었는지는 알 수 없어도, 그의 유대인적 성격, 그 자신임을 확인해주는 특질은 그가 계통 발생적으로 물려받은 유전 형질의 일부일 수밖에 없었다. 프로이트는 어떻게 이런 라마르크적인 '인종적' 자질이 그의 내부에서 작용하는지 한 번도 탐사해보지는 않았지만, 그 자질이 있다는 것은 확신했다. 1922년 그는 페렌치에게 자신이 돈을 벌고, 경멸스러운 세상과 마주하고, 노화를 감수해야 한다는 것에 짜증이 난다고 한탄하면서, 자신의 내부에서 "이상하고 은밀한 갈망들"이 솟아오른다고 말했다. "아마 동양과 지중해에 살던 나의 조상들의 유산에서 생겨난 것 같은데, 이것은 완전히 다른 종류의 삶에 대한 갈망일세. 실현되지 못하고, 현실에 잘못 적응된 유년 후기의 소망들이지."[47] 프로이트는 이 모호한 갈망에 계속 흥미를 느꼈다. 10년 뒤인 1932년에는 팔레스타인에서 막 돌아온 아르놀트 츠바이크에게 이런 편지를 보냈다. "우리는 그곳 출신입니다(비록 우리 가운데 한 사람은 동시에 자신이 독일인이라고 생각하고, 다른 한 사람은 그렇지 않습니다만). 우리 조상들은 거기에서 500년을 살았을 것입니다. 아니, 천년을 살았을지도 모릅니다(이 또한 추측에 불과합니다). 우리가 그 나라의 생활 가운데 무엇을 우리 피와 신경(사람들이 흔히 부정확하게 표현하는 대로 말하면)에 유산으로 가지고 다니는지 알 수 없습니다." 그것은 아주 당혹스러운 일이었다. "아, 삶은 그것을 더 잘 알고 이해하기만 하면 아주 흥미로울 수도 있는데."[48]

프로이트의 고대에 대한 강한 열정을 이런 당혹스러움의 맥락에서 바라볼 수도 있을 것이다. 물론 이런 취향은 매우 중층적으로 결정된 것이 틀림없다. 그러나 그의 작은 조각상과 명판들의 분명한 의미 가운데 하나는 그가 절대 가볼 수 없는 세계, 그런데도 어쩐지 신비하게 그 자신의 것으로 여겨지는 세계를 그에게 일깨우는 것이었다. 이것이 그가 《토템과 터부》의 히브리어 번역판 서문에서 전달하고 싶었던 메시지이기도 하다. 그는 다른 유대인과 공유했던 많은 것을 포기했지만, 자신에게 남아 있는 유대인적인 면은 "여전히 많고, 또 중요한 것으로 여겼다." 그는 이러한 "본질"을 말로 표현할 수는 없었다. 적어도 아직은 불가능했다. "물론 언젠가 이것은 과학적 통찰의 대상이 될 것이다."[49] 이것이 연구자 프로이트의 면모였다. 유대인이라는 정체성에 대한 그의 느낌은 당장은 수수께끼이고 과학을 넘어선 것이지만, 틀림없이 로맹 롤랑의 바다 같은 느낌이었을 것이다. 즉 원칙적으로 연구를 향해 열려 있는 심리적 현상이었던 것이다.

유대인적인 면의 본질, 또는 그의 개인적인 유대인적 정체성이 분석에 저항했는지는 몰라도, 프로이트는 그의 사회에서 유대인이라는 것의 함의는 분명하게 알았다. 그는 조상의 신앙에 낯선 동시에 그가 살고 일해야 하는 오스트리아의 강력한 반유대주의적 요소에 분개했기 때문에 이중으로 소외되었다. 간단히 말해서 프로이트는 자신을 주변인으로 보았고, 이런 위치가 자신에게 측량할 수 없는 이점을 준다고 생각했다. 1918년 말 프로이트는 오스카어 피스터에게 쓴 다정한 편지를 한 쌍의 도발적인 질문으로 끝맺었다. "이것은 완전히 딴 이야기인데, 왜 독실한 사람들은 아무도 정신분석을 만들지 않았을까? 왜 신앙이 전혀 없는 유대인을 기다려야 했던 것일까?"[50] 피스터는 전혀 당황하지 않고 신앙은 발견자의 천재성과 같은 것이 아니며, 신앙 있는 사람들은 대부분 그런 성취를 해낼 능력이 없다고 대답했다. 게다가 피스터는 자신의 친구 프로이트를 신앙이 없는 사람으로도, 또 유대인으로도 보고 싫어 하지 않았다. "이제까지 더 나은 기독교인은 없었습니다."[51]

프로이트는 수상쩍기는 하지만 좋은 의도에서 나온 이 칭찬에 직접적으로 대응하지는 않았다.* 그러나 자신의 질문에 대한 답은 알고 있었으며, 그 답은 피스터의 명랑하고 서툰 칭찬과 결정적으로 달랐다. 우리가 알다시피 그는 대학 시절 "오스트리아적인 면"으로부터 배제되면서 일찌감치 반대파에 속하는 것에 익숙해졌으며, 그런 식으로 "판단의 어떤 독립성"을 위한 길을 준비할 수 있었다.[52] 1925년 정신분석에 대한 광범한 저항을 살펴보면서, 그 창건자가 자신의 출신을 비밀로 한 적이 없는 유대인이라는 것도 틀림없이 저항의 한 가지 이유일 것이라고 주장했다.[53] 이듬해에 브나이 브리트 회원들에게 보내는 편지에서 그 점을 더 자세하게 이야기했다. "어려운 인생길에서 꼭 필요한 두 가지 특징이 오로지 유대인적 본성 덕분"임을 발견했다. "나는 유대인이었기 때문에 다른 사람들이 지성을 활용할 때 제한 요인이 되는 많은 편견으로부터 자유롭다는 것을 알았습니다. 그리고 나는 유대인으로서 반대자의 입장에 설 각오가 되어 있었습니다."[54] 프로이트는 자기 나름의 방식으로, 또 그 자신의 목적을 위하여, 유대인이 다수의 사람들보다 영리할 수밖에 없다는 반유대주의자의 공격을 기꺼이 진실로 받아들일 용의가 있었다.

이 명제는 그럴듯하지만, 전혀 완전하지 않으며, 또 결정적이지도 않다. 프로이트만큼이나 주변적인 위치에 있던 다른 유대인들은 세례를 받거나 이름뿐인 유대주의를 유지한 채 사업에 뛰어들었고, 공산당에

---

* 몇 년 뒤 이 편지를 읽어본 안나 프로이트는 당연히 놀랐다. "도대체 피스터는 무슨 의도로 이런 이야기를 하는 것일까요? 왜 아버지가 유대인이라는 사실을 그냥 받아들이지 않고 그것을 가지고 논쟁을 하려는 것일까요?" (안나 프로이트가 어니스트 존스에게 쓴 편지, 1954년 7월 12일. Jones papers, Archives of the British Psycho-Analytical Society, London.)

가입하거나 미국으로 이주했지만, 대체로 다른 사람들보다 더 똑똑하다거나 독창적이라는 명제를 입증하지는 못했다. 반면 다윈—아마 프로이트와 가장 비교가 될 만한 인물일 것이다.—은 고향에서 영국의 기성 체제 내에 안정되게 머물렀으며, 《종의 기원》을 출간한 뒤에도 달라진 것은 없었다. 그러나 독실한 유대인 또는 기독교인은 절대 정신분석을 발견하지 못했을 것이라는 프로이트의 발언에는 뭔가 중요한 의미가 있다. 정신분석은 우상 파괴적이고, 종교적 신앙을 무시하고, 기독교 변증론을 경멸하는 경향이 너무 강하다는 것이다. 프로이트는 종교적 신앙—유대교를 포함한 모든 종교적 신앙—을 정신분석적 연구의 주제로 여겼기 때문에, 오직 무신론자의 관점에서만 그런 신앙에 접근할 수 있었다. 다윈 또한—비록 주변적이지는 않았지만—무신론자였다는 것은 우연이 아니다.

물론 오직 주변적인 인간—특히 주변적인 유대인—만이 프로이트가 평생에 걸쳐 한 일을 할 수 있었을 것이라는 이야기는 아니지만, 오스트리아 사회의 유대인이라는 위태로운 지위가 빈의 초기 정신분석가들 모두가 유대인이라는 악명 높은 사실과 관련이 있는 것은 분명하다. 사회는 그들이 의사로 교육받는 것은 허락했지만, 그들이 전통적인 의학 엘리트 사이에서 환영받는다는 느낌을 받도록 놔두지는 않았다. 어니스트 존스는 자서전에서 정신분석에서 유대인이 두드러지는 현상에 관해 생각하다가 이렇게 말했다. "나는 이렇게 된 이유가 오스트리아와 독일의 지역적인 문제라고 생각한다. 미국에서 약간 비슷한 면을 보인 것을 제외하면, 다른 어떤 나라에서도 되풀이되지 않은 일이기 때문이다." 빈에서는 당연히 "유대인 의사들이 프로이트의 배척당하는 심정을 공유하기가 더 쉬웠다."고 그는 생각했다. "그런 배척당하는 삶은 그들에게 익숙하던 삶이 조금 더 악화된 것에 불과했다. 반유대주의가 거의 똑같이 두드러졌던 베를린과 부다페스트도 마찬가지였다."*55) 편협한 태도와 결합된 사회적 보수주의에 직면한 초기 정신분석가들은 강인함이 사회 적응에 큰 도움이 되는 자질임을 알게 되었다.

더욱이, 우리가 보았듯이, 프로이트의 기질에는 도전의 분위기도 스며들어 있었다. 그는 반대파의 지도자, 가짜의 껍질을 벗겨내는 자, 자기 기만과 착각에 벌을 주는 자라는 지위에서 기쁨을 맛보았다. 그는 박해하는 로마가톨릭교회, 위선적인 부르주아지, 우둔한 정신의학 기성체제, 물질주의적인 미국인들이 자신의 적이라는 것에 자부심을 느꼈다. 그 자부심이 너무 강했던 나머지, 이 적들은 그의 마음속에서 실제보다 훨씬 사악하고 강한, 또 서로 엉겨 붙은 유령으로 커 갔다. 그는 자신을 한니발, 아하수에로스(크세르크세스 1세), 요셉, 모세에 비유했다. 이들 모두 역사적 사명을 띠고, 강한 적과 마주하고, 괴로운 운명을 감내한 인물들이었다. 프로이트는 자주 인용되는 초기 편지에서 약혼녀에게 이렇게 말했다. "나를 보아서는 잘 알기 힘들겠지만, 나는 이미 학생 때부터 늘 용감한 반대자였고, 늘 극단을 고백하는 자리에 있었으며, 대개 그 대가를 치러야 했습니다." 어느 날 저녁 브로이어는 프로이트에게서 감추어진 것을 발견했다고 말했다. "내 안에 수줍음의 껍데기 밑에 엄청나게 대담하고 두려움을 모르는 사람이 있다는 것이었습니다. 실제로 나는 늘 그렇다고 생각해 왔습니다. 그저 감히 누구에게도 그 말을 하지 못했을 뿐입니다. 나는 성전을 방어하던 우리 조상들의 모든 고집과 모든 정열을 그가 물려받았다는 느낌, 중요한 순간에 기쁘게 내

---

* 그러나 민족적, 인종적 특질에 관하여 약간 원시적인 생각을 지니고 있던 존스는 계속해서 약간 프로이트적인 방식으로 유대인이 "심리적 직관에 능하며, 공적인 오명을 견디는 능력이 있다"고 일반화한다. 그는 이런 점들 "또한 이런 상황에 일조했을지 모른다"고 생각했다. (*Free Associations*, 209.)

목숨을 던져버릴 수 있다는 느낌을 받을 때가 많습니다."[56]

물론 이것은 결혼하고 싶은 여자 앞에서 젠체하는 젊은 연인이 격정을 분출한 대목이다. 그러나 프로이트는 실제로 그런 식이었으며, 그 뒤로도 늘 그랬다. 유대인이라는 드러난 위치 때문에 그는 이런 자세를 가다듬을 기회가 많았다. 거기에 정신분석가라는 취약한 위치 때문에 오랜 세월에 걸쳐 그런 자세는 시험을 받으며 강화되었다. 그러나 프로이트는 가족 배치와 정신 발달의 특별한 형태만큼이나 개인적 자질이라는 면에서도 독특한 인물이었다. 결국, 불만족스럽게 들릴지 모르지만, 정신분석가는 창조성 앞에서 무기를 내려놓아야 한다는 프로이트 자신의 겸손한 태도로 돌아갈 수밖에 없다. 프로이트는 프로이트였던 것이다.

프로이트가 고난의 시기에 자신이 유대인임을 공언하는 바탕이 되었던 저항의 정신은 마지막 일관성 있는 작업인 《인간 모세와 유일신교(Der Mann Moses und die monotheistische Religion: Drei Abhandlungen)》—물론 이 책은 목표가 약간 달랐지만—에도 활기를 불어넣었다. 그러나 걱정을 하던, 또는 격분한 독자들은 안타깝게도 이 책을 반대로 생각하게 된다. 프로이트가 모세에 대한 이 사변적인 연구로 유대인을 옹호하는 대신 그들에게 상처를 주려는 것처럼 보였기 때문이다. 이 책은 묘한 데가 있다. 《토템과 터부》보다 추측에 의존하고 있고, 《억제, 증후, 불안》보다 산만하며, 《환상의 미래》보다 공격적이다. 형식도 독특하다. 결국 1938년 말에 나오게 된 이 책은, 길이가 매우 차이가 나지만 서로 밀접하게 연결된 에세이 세 편을 묶어놓은 것이다. 〈이집트인 모세〉는 서둘러 그려낸 스케치인데, 불과 몇 페이지 분량이다. 〈모세가 이집트인이었다면〉은 그 네 배 길이다. 세 번째 에세이 〈모세, 그의 백성과 유일신교〉는 처음 두 에세이를 합친 것보다 훨씬 많은 지면을 차지한다. 더욱이 이 마지막 에세이에는 앞에 대체로 서로를 상쇄해버리는 서문 두 개가 달려 있고, 딱 중간부터 시작되는 2부에 세 번째 서문이 달려 있다. 또 의도적으로 이전의 논문들에서 가져온 자료들이 아주 많다. 그러나 이것은 노쇠의 영향이 아니다. 《인간 모세와 유일신교》를 읽는 것은 그 생성 과정에 참여하는 것이며, 이 시절 프로이트에게 영향을 주었던 내적인 압력과 정치적 압력에 참여하는 것이며, 그 이전 덜 괴롭던 시절의 메아리를 듣는 것이다.

프로이트는 1935년 루 안드레아스-살로메에게 모세라는 인물이 평생 자신을 따라다녔다고 말했다.[57] 평생은 긴 시간이지만, 25년 전인 1909년에는 실제로 융을 정신의학의 약속된 땅을 소유하게 될 여호수아에 비유하고, 프로이트 자신은 멀리서 그 땅을 바라보기만 할 운명인 모세에 비유한 적이 있다.[58] 프로이트가 모세에 몰두한 첫 번째 결과물은 1914년에 출간한, 로마의 미켈란젤로의 유명한 조각상에 대한 익명의 연구다.* 따라서 1930년대 초에 모세에 대한 강박이 다시 찾아왔을 때, 프로이트는 모세가 결코 편안하지는 않지만, 오래되고 익숙한 상대라고 생각했다. 그는 아르놀트 츠바이크에게 보낸 수수께끼 같은 편지에서 모세가 "강한 반유대주의자"였으며, "그 점을 감추지 않았다"고 말했다. 프로이트는 "어쩌면 그는 진짜로 이집트인이었을 것"이라고 추측했다. "그리고 물론 모세의 생각이 옳았습니다."[59] 프로이트에게서는 듣기 힘든 이 말은 이 시절 그의 씁쓸한 분위기를 강조한다. 그는 다른 사람에게서 유대인의 비참한 자기 혐오의 표시가 드러나면 싫어했으며, 자신이 조금이라도 그런 죄를 짓는다고는 생각하지 않았다. 따라서 모세

---

* 《프로이트 I》 7장 581~587쪽 참조.

는 분명히 프로이트에게 매혹적인 만큼이나 위험한 인물이었던 셈이다.

프로이트는 1934년 여름에 《인간 모세와 유일신교》 작업을 시작했지만, 거의 철저하게 비밀에 붙였다. 아이팅곤과 아르놀트 츠바이크에게는 이야기를 했다. 그해 말 안나 프로이트는 루 안드레아스-살로메에게 아버지가 여름에 어떤 "특별한 작업"을 끝냈다고 보고했지만, 그 내용을 밝히지는 않았다.[60] 프로이트는 딸의 사려 깊은 기밀 누설을 알게 되자, "친애하는 루"에게 "유대인의 특별한 성격을 실제로 창조한 문제"를 붙들고 씨름했다고 말했다. 물론 모세에 몰두하는 것은 더 큰 몰두, 즉 유대인이라는 수수께끼에 몰두하는 것의 일부였다. 그의 결론은 이렇다. "유대인은 모세라는 인간의 창조물이다." 모세는 이집트 귀족이었다. 이 모세가 누구이고 그가 유대인에게 어떤 일을 했는가 하는 문제에 그는 "일종의 역사 소설로" 답하려고 했다.**[61]

프로이트는 자신의 탐구가 매혹적이라고 생각했지만, 그가 빠져든 장르는 그와 잘 맞지 않았다. 아이팅곤에게도 인정했듯이, 그는 역사 소설이 자신의 장기라고 생각하지는 않았다. 그런 소설에는 토마스 만 같은 사람이 제격이었다. 게다가 역사적 근거가 불충분했다.[62] 그런데도, 그가 아르놀트 츠바이크에게 말한 바에 따르면 "지나친 여가"가 부담이 되어, 또 "새로운 박해를 앞두고", "유대인이 어떻게 존재하게 되었고, 왜 유대인은 자기 자신에 대한 이런 불멸의 증오를 끌어들이게 되

** 1937년 프로이트는 한스 에렌발트(Hans Ehrenwald)가 《이른바 유대 정신에 관하여》라는 책을 보내준 것에 감사하면서, "몇 년 전 나는 나 자신에게 유대인들이 어떻게 하다가 그들 나름의 독특한 성격을 획득하게 되었는가 하는 문제를 제기하기 시작"했지만 "별 진전은 없었다"고 고백했다. 그러나 다음과 같은 정도의 결론은 내릴 수 있었다. "수백 년에 걸쳐 유대인의 특징을 만들어낸 것은, 이들의 첫 경험, 말하자면 맹아적 경험인 모세와 출애굽의 영향이었습니다." (프로이트가 에렌발트에게 쓴 편지, 1937년 12월 14일. 타자로 친 사본, Freud Museum, London.)

었는지" 자문해보았던 것이다. "모세가 유대인을 창조했다"는 공식은 쉽게 나왔다. 그러나 나머지는 큰 어려움을 주었다. 그는 이 "물건"을 세 부분으로 구성하겠다고 이미 생각해 두고 있었다. 이때가 1934년 9월 말이었다. "첫 부분은 소설의 방식이고, 두 번째는 힘들고 오래 끌 것입니다." 이 기획이 무너질 뻔한 것은 세 번째에 갔을 때였다. 여기에는 매우 예민하고 엄격한 가톨릭 국가인 그의 시대의 오스트리아, 당장이라도 정신분석을 불법으로 간주할 준비가 되어 있는 오스트리아에서는 공표할 수 없을지도 모른다고 걱정한 종교 이론이 포함되어 있었기 때문이다.[63] 그래도 멈출 수는 없었다.

《인간 모세와 유일신교》 앞쪽의 짧은 두 부는 약간 놀랍기는 하지만 전복적인 면이 강하지는 않았다. 모세가 이집트인이라는 생각은 존경받는 학자들이 수십 년 동안 주장해 온 것이었다. 모세라는 이름은 이집트인 이름이었으며, 이집트 공주가 갈대 상자에 든 아기를 발견했다는 이야기는 적어도 반교권주의자들에게는 뻔한 알리바이로 보였다. 1935년 프로이트가 이 책의 집필을 잠시 중단하고 있을 때, 미국 관객은 조지 거슈윈(George Gershwin, 1898~1937)의 대중 오페라 〈포기와 베스〉에서 냉소적인 경고를 들을 수 있었다. "반드시 그렇지는 않아./ 네가 성경에서/ 읽는 것들,/ 그게 반드시 그렇지는 않아." 대본 작가 아이라 거슈윈(Ira Gershwin)이 나열했던 것 가운데 하나가 이집트 공주가 모세를 "발견했다"는 통념이었다. "공주는 자기가 모세를 그 강에서 낚았다고 말하지." 프로이트가 〈포기와 베스〉를 들었다는 증거는 없지만, 성경 이야기에 관한 그런 회의는 오스트리아에서도 드문 일이 아니었다.

《출애굽기》에 대한 의심 또한 새로운 것이 아니었고, 프로이트의 시대의 독특한 현상도 아니었다. 유대인이든 기독교인이든 신앙심 있는 학자들도 모세를 일관성 있는 인물로 파악하는 데 큰 어려움을 겪었다. 그들은 그가 '약속된 땅'에서 배제된 이유를 합리적으로 설명하지 못했으며, 죽음의 정황에도 합의하지 못했다. 일찍이 17세기말부터 18세기에 들어서도 오랫동안 이신론자들은 이스라엘 자손이 홍해를 건넌 기적과 모세가 보여준 기적을 짓궂게 놀려댔다. 1764년 볼테르는《철학사전》에서 모세가 모세5경을 쓸 수 없었던 설득력 있는 이유들을 제시했으며(모세5경은 어쨌거나 그의 죽음을 기록하고 있다), 그런 뒤에 더 근본적인 문제를 제기했다. "모세가 존재했다는 것이 사실일까?"[64] 1906년 프로이트가 존중하는 태도로 인용한 적이 있는 저명한 독일 고대사가 에두아르트 마이어(Eduard Meyer, 1855~1930)도 똑같은 질문을 제기하면서, 모세가 실존 인물이라기보다는 전설이라고 주장했다.[65] 프로이트는 그렇게까지 나아가지는 않았다. 오히려 모세의 역사적 실존이 그의 이론의 중심이었다. 그러나 그는 막스 베버가 고대 유대주의 연구에서 주장했던 것과 마찬가지로 모세가 유대인이 아니라고 주장했다.

프로이트는 이런 가설이 유일신교의 설교자 모세에 관한 불편한 질문들을 불러온다는 것을 잘 알고 있었다. 이집트인은 사실 하나의 부족이라고 해도 부족할 것 없는 대단히 다양한 신들을 숭배했기 때문이다. 프로이트는 자신이 답을 갖고 있다고 생각했다. 이집트 역사에서는 기원전 1375년경 아멘호테프 4세라는 파라오가 엄격하고 비관용적 일신교인 아톤 숭배를 잠깐 도입한 순간이 있었다.[66] 이집트의 높은 지위에 있던 귀족이자 아마 왕실의 일원이었을 모세가 당시 속박 상태에 있던 유대 민족에게 전해준 것이 이 교리였다는 것이다. 그러나 그의 엄격하고 부담스러운 신학은 처음에는 자갈밭에 떨어졌다. 유대 민족이 이집트에서 탈출한 뒤 방랑을 하다가 채택하게 되는 신이, 투박하고 복수심 강하고 피에 굶주린 '화산 신' 야훼인 것을 보면 그것을 알 수 있다.[67] 수백 년이 흐른 뒤에야 '선택받은 백성'은 마침내 모세라는 똑같은 이름을 가진 다른 인물의 가르침, 자기 부정적인 도덕적 규제가 가미된 수준 높은 일신교를 받아들이게 된다. 프로이트는 건조한 목소리로, 만일 이런 추측이 옳다는 것이 증명되면, 그동안 소중히 여겨졌던 많은 전설이 길가에 버려지게 될 것이라고 말했다. "어떤 역사가도 모세와 출애굽에 관한 성경의 보고가 경건한 허구이며 오랜 전통이 그 자신의 편견들에 맞추어 재작업한 결과물이라는 점을 부정할 수 없다." 프로이트의 재구성은 "열 가지 재앙, 홍해 통과, 시나이 산에서 받은 거룩한 율법과 같은 성경적 내러티브의 수많은 자랑거리가 들어설 여지"를 주지 않았다.[68] 반면 성경의 저자들은 모세라는 이름을 가진 두 사람을 비롯하여 온갖 종류의 인물들을 응축하였으며, 전혀 알아볼 수 없을 정도로 사건들을 꾸며놓았다.

이런 우상 파괴는 프로이트에게 전혀 어려운 일이 아니었다. 그러나 고대 히브리인의 원시적인 야훼 숭배와 모세의 가혹한 교리의 조화를 꾀하는 것은 불가능해 보였다. 이와 관련하여 프로이트는 에른스트 젤린(Ernst Sellin, 1867~1946)이라는 학자의 논문에서 그가 바라던 도움을 얻었다. 1922년에 젤린은 모세가 자신이 이끌고 이집트를 빠져나온 민족에게 살해되었으며, 그가 죽은 뒤에 그의 종교는 버려졌다고 주장했다.[69] 그 뒤 무려 800년 동안 야훼가 유대 민족의 신으로 보존되어 왔다. 그러다가 마침내 이전 개혁가에게서 모세라는 이름을 빌려온 새로운 예언자가 이스라엘 백성에게 원래의 모세가 강제하려다 실패한 신앙에 복종할 것을 강요했다. "이것이 유대 종교 역사의 본질적 결과이며, 숙명적 내용이다." 프로이트는 모세 살해에 관한 젤린의 추측이 지나칠 정도로 과감하고 증거도 별로 없다는 것을 알았지만, 그래도 매우 그럴듯한, 심지어 가능성이 아주 높은 일이라고 보았다. "모세의 유대 민족은 18대 왕조의 이집트인들과 마찬가지로 그렇게 영적인 종교를 견딜 수 없었으며, 그 종교가 제공하는 것에서 그들의 욕구를 충족시킬 수 없었다."[70]

자신들을 창건자의 수준까지 높일 수 없었던 추종자들이 창건자를 살해하지만, 자신들의 죄의 결과를 상속하여 결국 기억의 압박 속에서 개혁을 이룬다. 프로이트에게 이보다 마음에 드는 공상은 없었을 것이다. 그는 사실 이와 아주 유사한 범죄가 인간 문화의 기초라고 가정한 《토템과 터부》의 저자였다. 더욱 짜릿했던 것은 프로이트의 눈에 비친 자신의 모습은 전복적 심리학의 창조자로서, 이제 학대를 일삼는 적과 비겁한 도망자들에 의해 끊임없이 방해를 받아 온 길고 전투적인 경력의 끝에 와 있는 사람이었다는 점이다. 그를 죽이고 싶어 하는 사람들이 있다는 것은 우리가 알다시피 그에게 너무나 익숙한 생각이었다. 융, 그리고 그 다음에는 랑크, 또 어쩌면 페렌치까지도 그런 아버지 살해라는 생각을 품지 않았을까?

그러다가 1934년 말에 이르렀을 때 프로이트는 하던 일을 중단했다. 그는 오스트리아 당국이라는 '외적인 위험' 못지않게 곤혹스러운 어떤 '내적 불안'과 씨름하고 있었다.[71] 종교적 전통의 진정한 특질과 권위, 역사상 위대한 인물들의 영향, 모든 물질적 고려보다 강력한 종교적 관념의 통제력을 이해하는 것이 너무 크고 부담스러운 일이라는 생각이 든 것이다. 그는 이 일의 큰 매력이기도 했던 바로 그 엄청난 면 때문에 힘이 부칠지도 모른다는 생각을 하게 되었다. 안타깝게도 그는 11월에 아르놀트 츠바이크에게 이 "역사 소설은 나 자신의 기준에 미치지 못합니다. 나는 더 확실한 것을 요구하고 있습니다. 나에게는 귀중해 보이는, 전체의 결론과 같은 공식이 진흙 토대 위에 놓여 위험에 처하는 것을 보고 싶지 않기 때문입니다."[72] 자기 자신에게 짜증이 난 프로이트는 친구에게 "나를 모세와 단둘이 있게 해주십시오." 하고 호소했다. "뭔가를 창조하려는 마지막 시도가 될 듯한 이 작업이 좌초하는 바람에 이미 우울할 대로 우울해졌습니다. 그렇다고 거기에서 물러났다는 뜻은 아닙니다. 이 사람, 그리고 내가 이 사람에 관해 이해하고 싶어 하는 것이 나를 끈질기게 쫓아다닙니다."[73] 이 애처로운 호소는 그가 78세의 나이에도 젊은 연구자 시절과 마찬가지로 여전히 자신의 작업에 강박될 수 있음을 증언한다. 강박의 강도가 줄지도 않았다. 1935년 5월 초 프로이트는 아르놀트 츠바이크에게 담배도 안 피우고 쓰지도 않지만, "'모세'가 내 상상력을 놓아주지 않는다"고 말했다.[74] 며칠 뒤에 아이팅곤에게 고백한 바에 따르면, 이 기획은 "나에게 집착이 되었네." 그러면서 그는 이렇게 덧붙였다. "그에게서 벗어날 수도, 그와 함께 전진할 수도 없어."[75] 모세라는 인간은 그가 문으로 안내할 수 없는 손님이었다.

그러나 모세가 프로이트의 유일한 손님은 아니었다. 다행히도 프로이트의 강박은 편집광에 이르지는 않았다. 그는 평소와 다름없이 지칠 줄 모르고, 또 비판적으로 읽었으며,* 여전히 태양, 꽃, 휴가를 즐길 수 있었다. "여기 그린칭의 우리 집과 정원을 한 번도 못 보셨다니 유감입니다." 프로이트는 1935년 5월에 힐다 둘리틀에게 그렇게 말했다. "이곳은 우리가 가져본 최고의 장소이며, 백일몽 같은 곳이고, 베르크 가세에서 차로 불과 12분밖에 안 걸립니다. 날씨가 나빠 봄이 그 화려한 모습

---

* 프로이트가 존경하던 영국의 인기 있는 소설가 제임스 힐턴(James Hilton, 1900~1954)은 《달의 초원》—"완전한 실패작"— 으로, 또 전체적으로 지나친 다작으로 불쾌감을 주었다. "안타깝게도 그는 너무 많이 쓰고 있습니다." 프로이트는 1934년 9월 24일에 힐다 둘리틀에게 말했다. (영어로 씀. Hilda Doolittle papers, Beinecke Rare Book and Manuscript Library, Yale University.)

을 천천히 보여주니 좋은 점도 있군요. 다른 해 같았으면 우리가 여기 나올 때쯤에 가장 찬란한 모습은 다 지나갔을 텐데 말이에요. 물론 나는 늙어 가고 있고 병은 심해지고 있지만, 최대한 즐기려 하고 하루에 5시간은 일을 하려 합니다."[76] 프로이트는 주로 그린칭에서 즐거운 여름을 보낸 뒤, 11월에 "아주 안락한 감옥인 베르크 가세로" 돌아와 여전히 하루에 환자 다섯 명을 보고 있다고 말했다.[77] 그는 인공 기관, 정치, 모세 때문에 괴로웠지만 여전히 명랑한 기분을 끌어낼 수 있었다. 적어도 명랑한 편지는 쓸 수 있었다.

프로이트는 외국의 기관에서 벌어진 일을 계속 주시하느라 바쁘기도 했다. 1935년 초봄에 어니스트 존스가 빈으로 강연을 하러 왔을 때 프로이트는 존스가 "우리 쪽 사람들"에게 소개한 "영국 정신분석의 놀랍고 새로운 면들"에 깊은 관심을 보였다.[78] 존스의 "새로운 면들"은 주로 프로이트의 죽음 충동 이론 또는 멜라니 클라인의 견해에 대한 프로이트의 옹호에 도전하는 것이었다. 그러나 프로이트는 이 주제들에 관해 이미 최종적인 발언을 했기 때문에 차분한 관찰자로 만족하면서, 평소와 달리 온화한 태도로 런던 정신분석협회가 "잘못된 길로 클라인 부인을 따라간 것"으로 보인다고 논평했다.[79] 이와 관계없이 정신분석은 개종자들을 획득하고 있었다. 적어도 위신은 높이고 있었다. 어니스트 존스가 빈을 방문할 무렵 프로이트는 "만장일치로" 영국 왕립의학회의 명예회원으로 임명된 것을 특히 기뻐했다. 그는 기쁨을 좀체 억누르지 못하여 존스에게 말했다. "내가 잘나서 이렇게 된 것이 아닙니다. 우리 정신분석에 대한 존중이 영국의 공적 제도 내에서도 큰 진전을 이루었음을 보여주는 것이 분명합니다."[80]

프로이트는 또 편지를 쓰느라 바빴다. 나치 시대에는 자식들과 동료 분석가들이 전 세계에 흩어져 있었기 때문에, 그의 편지도 그 어느 때보다 국제적이 되었다. 에른스트 프로이트 가족은 영국에 정착했으며, 프로이트는 당시 런던에 살던 힐다 둘리틀이 그들과 연락을 한다는 이야기를 듣고 흡족해했다.[81] 올리버는 여전히 프랑스에 있었다. 한스 작스는 보스턴에, 에른스트 존스는 런던에, 잔 랑플-드 그로는 암스테르담에, 막스 아이팅곤은 팔레스타인에 있었는데, 모두 충실하게 편지를 썼고 답장을 원했으며, 또 당연히 답장을 받을 자격이 있었다.* 더욱이 그는 유명 인사로서 모르는 사람들에게 편지를 받았으며, 그 가운데 몇 통에 감동을 받아 길고 사려 깊은 답장을 보내기도 했다. 그 가운데 어떤 미국 여자에게 영어로 쓴 편지는 그가 오랫동안 유지해 왔던 동성애에 대한 태도를 요약하고 있다. 이 편지는 그동안 자주 인용되었는데, 당연히 그럴 만하다. "귀하의 편지에서 귀하의 아들이 동성애자임을 짐작할 수 있었습니다. 나는 귀하가 아들에 관해 말해주면서 그 용어를 직접 언급하지 않았다는 사실에 강한 인상을 받았습니다. 왜 그 용어를 피했는지 물어보아도 될까요?" 그러나 그는 전형적인 미국인의 얌전 떠는 태도에 대해 자세하게 이야기하는 대신, 그냥 도와주기로 결심했다. "동성애는 분명히 이점은 아니지만, 그렇다고 부끄러워할 일도 아니고, 악덕도 아니고, 타락도 아닙니다. 병으로 분류될 수도 없습니다. 우리는 그것이 성적 발달의 어떤 저지로 인해 생겨난, 성적 기능의 한 변형이라고 생각합니다." 자신의 성적 취향을 어른의 대안적인 사랑 방법

---

* 아이팅곤은 용감하게 그러나 약간은 필사적인 태도로 팔레스타인에 편안하게 자리를 잡으려고 노력했다. 그는 도착하자마자 정신분석 기관을 설립했으며, 아직도 약간 낯설었지만, 어쨌든 게으름을 피우지는 않았다. 그는 1935년 봄에 프로이트에게 보고했다. "우리 분석가들은 모두 할 일이 많습니다." 아이팅곤이나 그의 동료들이 보는 환자들은 그들에게 아주 익숙한 유형이었다. 아랍인이나 팔레스타인에 정착한 지 오래된 정통 유대인이 환자로 올 가능성은 거의 없었다. (아이팅곤이 프로이트에게 쓴 편지, 1935년 4월 25일. Sigmund Freud Copyrights, Wivenhoe의 허락을 받고 인용.)

으로 간주하고 싶은 마음이 강한 동성애자들은 이 정도에 만족하지 못할 것이다. 그러나 프로이트가 이 편지를 쓸 당시, 그의 동성애에 관한 관점은 여전히 매우 비관습적이고 널리 공유되지 못하는 것이었다. 적어도 공적인 자리에서는 그러했다. "고대와 현대에 큰 존경을 받은 많은 사람들이 동성애자였습니다." 그는 상대를 안심시켜주듯이 그렇게 말했다. "그들 가운데는 가장 위대하다고 손꼽을 만한 사람들도 있습니다(플라톤, 미켈란젤로, 레오나르도 다빈치 등). 동성애를 범죄로 박해하는 것은 큰 불의이며, 또 잔인한 일이기도 합니다. 제 말을 믿지 못하겠거든, 해블록 엘리스의 책들을 읽어보십시오." 편지를 보낸 사람의 아들이 "정상적인" 이성애자로 바뀌도록 그가 도울 수 있느냐 하는 것은 어려운 문제지만, 그 젊은이가 "동성애자로 남건 이성애자로 바뀌건 조화와 마음의 평화를 얻고 자신의 능력을 완전히 발휘할 수 있게" 해주는 것은 가능할 수도 있었다.**[82]

프로이트는 반역적인 태도 때문에 자신이 유대인임을 강조하는 동시에 유대인의 감수성에는 불쾌하게 느껴지는 일을 하기도 했고, 품위 있는 성적 관습에 전복적인 태도를 보여주었으며, 점점 위험해지는 상황에서도 빈에 머물겠다고 결정을 내렸다. 그는 익명으로 편지를 보낸 여자에게, 만일 아들이 분석을 받고 싶으면 빈으로 와야 할 것이라고 말했다. "나는 이곳을 떠날 생각이 없습니다."[83] 그렇다고 해서 그가 눈앞의 위험을 까맣게 몰랐던 것은 아니다. 그는 1935년 10월에 아르놀트 츠바이크에게 이렇게 말했다. "우리, 아, 가엾은 오스트리아의 유대인은 어느 정도 대가를 치러야 할 것 같은 불길한 예감이 듭니다." 그러

** Freud Collection에는 이 편지의 사본 밑에 "감사하는 어머니"가 그 편지를 앨프리드 킨제이(Alfred Kinsey, 1894~1956)에게 보내면서 덧붙인 메모가 있다. "위대하고 훌륭한 분이 쓴 편지를 동봉합니다. 이 편지는 가지고 계셔도 좋습니다." (Freud Collection, B4, LC.)

면서 이렇게 덧붙였다. "우리는 심지어 유대인의 관점에서 세상사를 판단하기까지 하니 슬픈 일이 아닐 수 없지요. 하지만 우리가 달리 어떻게 할 수 있겠습니까!"[84]

빈을 떠나다

히틀러는 프로이트에게 유대인의 관점을 강요했고, 프로이트는 분노로 타올랐다. 프로이트의 측근들도 마찬가지였다. 프로이트는 1935년 가을에 아르놀트 츠바이크에게 말했다. "아주 유능한 의사인 내 주치의 막스 슈어는 독일에서 벌어진 사건들에 매우 분개해서 이제 독일 약은 처방하지 않습니다."[85] 프로이트는 이런 곤경 속에서 모세가 강박 이상의 것임을 알았다. 모세는 피난처였다. 그러나 모세에 관한 생각에는 매혹되었지만, 연구 결과를 발표하는 문제에는 회의적이었다. "'모세'는 절대 빛을 보지 못할 겁니다." 그는 11월에 슈테판 츠바이크에게 장담했다.[86] 이듬해 1월에 이집트에서 발견된 몇 가지 고고학적 유물에 관해 아르놀트 츠바이크에게 편지를 쓰면서 프로이트는 그것이 자극이 되어 책을 끝마친다거나 하는 생각은 하지 않는다고 못을 박았다. 그는 체념하듯이, 모세의 운명은 잠이라고 말했다.[87] 프로이트는 어니스트 존스에게 이 기획의 제목인 "인간 모세: 역사 소설" 자체가 "왜 내가 이 작업을 발표하지 않았고, 앞으로도 발표하지 않을 것인지" 보여준다고 말했다. 그의 재구성물에 신뢰를 줄 만한 역사적 자료는 충분치 않으며, 게다가 "유대 민족의 전설적인 역사"에 의심의 눈길을 던지는 것은 성가신 센세이션만 일으킬 터였다. "안나, 마르틴, 크리스 등 몇 사람만 이것을 읽어보았네."[88] 그러나 어쨌든 모세 이야기를 할 수는 있었다. 당시 팔레스타인에서 고립과 불안을 느끼던 아르놀트 츠바이크가 자신을 방문할 기회가 생길 것 같자, 프로이트는 그들이 나누게 될 재미있는 대화를 고대했다. "우리는 모든 비참한 상황과 모든 비판을 잊고 모세에 관한 공상을 펼치게 되겠지요."[89] 이 방문은 오랫동안 미루어졌는데, 마침내 1936년 8월 18일 프로이트는 《비망록》에 이렇게 기록했다. "아르놀트 츠바이크와 더불어 모세."[90]

친구들과 이야기를 나누는 것은 유쾌했지만, 1936년이라는 해는 또 반복과 유령의 시기이기도 했다. 프로이트는 5월 6일에 80세가 되었으며, 전에도 여러 번 그를 짜증나게 하고 지치게 했던 장면들이 반복되고 있었다.[91] 그는 인정받는 것을 좋아했지만, 아무리 80이 0으로 끝나는 큰 수라 해도 생일에 불과한 것이라면 그것은 즐거움이 아니라 부담이었다. 아르놀트 츠바이크가 찾아온 것은 프로이트가 불가피한 의식들을 치르고 살아남은 직후였다. 그래도 프로이트는 기념논문집을 내겠다는 좋은 의도에서 출발한 어니스트 존스의 계획을 좌절시키는 데는 성공했다. 그는 존스에게 정치적 상황만이 아니라 정신분석의 상황도 그런 축제적인 기획에는 전혀 어울리지 않는다고 말했다.[92] 그러나 엄청나게 쏟아진 축하 인사에는 인쇄한 감사 카드로라도 고마움을 표시해야 했다. 또 그를 찾아온 저명인사들을 맞이해야 했다. 그 가운데 일부—예를 들어 프로이트가 가족과 함께 조용히 있게 해주려고 5월 6일은 일부러 피한 루트비히 빈스방거나 마리 보나파르트 같은 사람들—는 반가웠다. 그러나 어떤 사람들의 방문은 극기심을 가지고 견뎌야 하는 의무에 불과했다. 한 달 뒤인 6월 5일 마르타 프로이트는 조카딸 릴리 프로이트 마를레에게 이렇게 말했다. "네 가엾은 삼촌은 일용 노동자처럼 지치도록 일을 하고도 꼭 해야 하는 감사 인사 가운데 극히 일부밖에 처리하지 못했구나."[93]

생일 선물 가운데는 슈테판 츠바이크와 토마스 만이 쓰고 예술가와 작가 191명이 서명한 수준 높은 축하 연설문도 있었다. 프로이트는 슈테판 츠바이크에게 감사 인사를 하면서 이렇게 말했다. "내 집에서 아내와 자식들, 특히 보기 드물게 아버지의 모든 요구를 충족시켜주는 딸과 함께 살고 있어 매우 행복하지만, 늙어 가는 비참함과 무력함을 그냥 받아들이기는 쉽지 않아, 비존재의 상태로 넘어가는 것을 고대하며 일종의 갈망 같은 것을 느끼고 있습니다."[94] 토마스 만은 또 "프로이트와 미래"라는 제목의 강연으로 프로이트의 80세 생일을 기념했는데, 6월 14일에 베르크 가세 19번지로 프로이트를 찾아가 강연문을 직접 읽어주었다.[95] 그달 말에는 그가 가장 감사하며 받아들인, 심지어 영국 왕립의학회 회원으로 임명된 것보다 훨씬 감사하며 받아들인 명예가 찾아왔다. 영국 왕립의학회보다 더 배타적이며, 영원히 뉴턴과 다윈이라는 빛나는 이름과 동일시되는 영국 왕립학회에서 그를 객원으로 선출한 것이다.[96] 며칠 뒤 그는 어니스트 존스에게 쓴 편지에서 자신이 받은 "아주 큰 명예"를 기뻐했다.[97] 이와 대조적으로 프로이트의 동포들이 그를 위해 생각해낸 얼마 안 되는 의례적인 찬사는 어렵게 생각해낸 모욕에 불과했다.

나치의 위협을 제외하면 프로이트의 삶을 지배하는 최고의 현실은 고령과 불확실한 건강이었다. "나는 노인으로서 앞으로 오래 살지 못할 것이 분명합니다." 그는 예루살렘의 히브리 대학 도서관의 아브라함 슈바드론(Abraham Schwadron)에게 그렇게 말했다. 슈바드론은 프로이트에게 논문 기증을 요청했으나, 프로이트는 그에게 줄 논문이 거의 없었다. "나는 아마 개인적 유물, 서명, 자필 원고 수집을 비롯하여 이런 것들로부터 나오는 모든 것에 근거 없는 반감을 갖고 있는 모양입니다. 이런 반감은 꽤 오래되어, 예를 들어 1905년에 내 모든 원고를 쓰레기통에 던져버렸는데, 그 가운데는 《꿈의 해석》 원고도 있었습니다." 그 이후로 원고를 보관해야겠다고 생각하게 되었지만, 그 일에 신경을 쓰고 싶지는 않았다. "내 딸 안나 프로이트가 내 책과 글을 물려받게 될 것입니다."*98)

그의 딸 안나는 10년 이상 그의 삶에서 중심 역할을 해 오고 있었다. 프로이트는 오랫동안 그랬던 것처럼 안나를 자랑으로 여기고 안나 걱정을 했다. "우리 안나는 아주 착하고 유능합니다." 그는 1936년 늦봄에 아르놀트 츠바이크에게 자랑스럽게 말했다. 그러나 그의 오랜 걱정이 다시 나타났다. "정열적인 여자가 자신의 성을 거의 전적으로 승화시키다니!"99) 그는 안나를 입에 침이 마르게 칭찬했다. 몇 달 뒤에는 아이팅곤에게 이렇게 말했다. "내 주변에서 가장 즐거운 일은 안나가 자기 일을 즐거워하고 또 거침없이 성취를 이루는 것일세." 아내에 관해서는 사무적으로 이야기했다. "아주 잘 있네."100) 1936년 9월 14일에 그와 마르타 프로이트는 금혼을 기념했으나, 마르타 베르나이스에 대한 옛 열정은 이제 희미한 기억이 되었다고 마리 보나파르트에게 약간 딱딱하게 말했다. "사실 결혼 문제의 나쁜 해결 방법은 아니었지요. 그리고 집사람은 오늘날까지 상냥하고, 건강하고, 활동적입니다."101)

부인과는 달리 프로이트 자신은 비록 여전히 활동적이기는 했지만 상냥하지도 건강하지도 않았다. 그의 눈은 평소와 다름없이 탐색하는 듯했지만, 입은 아래로 약간 휘어서 팽팽하고 가는 선이 되었고, 그래서

---

* 프로이트는 1938년 7월 28일에 서명하고, 1939년 12월 1일에 마르틴, 에른스트, 안나 프로이트를 유언 집행자로 지정하여 공증받은 유언에서 미망인과 자식들에게 대체로 고르게 유산을 분배했지만, 처제 미나에게도 300파운드를 남겼고, 안나에게는 골동품을 비롯하여 심리학과 정신분석학에 관한 책들을 따로 남겼다. (A. A. Brill papers, container 3, LC.)

블랙 유머를 몹시 즐기는, 환멸에 빠진 인류 관찰자 같은 인상을 주었다. 1936년 7월 중순에 피흘러 박사는 그해 들어 세 번째로 수술을 했으며, 암이 재발된 것을 알았다. 프로이트는 한 주 뒤에야 "심각하게 아픈"[102] 상태에서 풀려났다. 그러나 12월에 피흘러는 한 번 더 수술을 했으며, 24일에 프로이트는 간결하게 "고통스러운 크리스마스"[103]라고 기록했다.

바로 일 주일 뒤에는 매우 다른 종류의 고통스러운 충격이 그를 기다리고 있었다. 빌헬름 플리스가 마지막으로 그의 삶에 침입한 것이다. 1936년 12월 30일 마리 보나파르트는 슈탈이라는 이름의 베를린 서적상으로부터, 프로이트가 플리스에게 쓴 편지와 더불어 프로이트가 1890년대에 정신분석으로 파고들던 시기의 긴 비망록을 팔겠다는 제안을 받았다고 이야기했다. 이것은 플리스의 미망인이 슈탈에게 판 것이었다. 슈탈은 1만 2천 프랑, 약 500달러를 요구하고 있었다.* 마리 보나파르트가 프로이트에게 한 말에 따르면, 슈탈은 미국 쪽에서도 제안을 받았지만, 이 수집품을 유럽에 두고 싶어 했다. 공주는 진품임을 확인하기 위해 편지 한 통을 자세히 살펴보았다. "그래도 내가 교수님의 필체는 알잖아요!" 그녀는 프로이트에게 그렇게 말했다.[104]

프로이트는 경악했다. 우리가 기억하다시피, 1928년 말 플리스가 죽은 직후 그의 미망인이 프로이트에게 남편의 편지를 돌려 달라고 했을 때, 프로이트는 그 편지들을 찾을 수가 없었다. 그러나 그런 요청을 받고 프로이트는 자신이 플리스에게 쓴 편지를 걱정하게 되었다. 그가 마

---

* 마리 보나파르트는 1950년대 중반 어니스트 존스에게 편지를 쓰면서 그녀가 그 편지에 지불한 액수를 1,200도이치마르크로 기록해놓았다. (마리 보나파르트가 존스에게 쓴 편지, 1957년 11월 8일 참조. Jones papers, Archives of the British Psycho-Analytical Society, London.)

리 보나파르트에게 한 말에 따르면 그들의 편지는 "상상할 수 있는 가장 내밀한 것"이었다. "그것이 낯선 사람들 손에 들어가면 아주 어색해질 겁니다." 프로이트는 편지 구입 비용을 나누어 내자고 제안했다. 그 편지들을 없애버리고 싶은 것이 분명했다. "그 가운데 어느 것도 이른바 후손의 눈에 띄는 것을 바라지 않습니다."[105] 그러나 꽤 성실한 사람이었던 슈탈은 바로 그 점을 염려하여, 편지들이 프로이트 가족의 손에 들어가지 않게 하겠다는 조건으로만 팔겠다고 했다. 19세기 부르주아다운 프로이트 가족의 철저한 프라이버시 보장 요구는 비밀이 아니었던 모양이다.

그래서 애정 어린 결투가 시작되었다. 한쪽에는 그 문서를 확보하고자 하는 프로이트가 있었다. 다른 편에는 "이른바 후손"을 위하여 그것을 보관하고자 하는 공주가 있었다. 1937년 1월 초에 공주는 플리스의 미망인에 대한 프로이트의 태도를 흉내 내어, 편지가 독일에 있기는 하지만, 적어도 "이제 그 '마녀'의 손에 있는 것은 아니"라고 안심시켰다. 공주는 먼저 그 편지를 읽지 않겠다고 하면서, "교수님이 돌아가시고 나서 80년이나 100년 동안"은 공개를 하지 않는 조건으로 안전한 도서관에 맡기겠다고 제안했다. 그녀는 자신을 분석했던 이 사람에게 맞서서, 프로이트가 자기 자신의 위대함을 제대로 평가하지 못하는 것 같다고 주장했다. "교수님은 말하자면 플라톤, 또는 괴테와 마찬가지로 인간의 사상사에 속하는 분입니다." 우리에게 요한 페터 에커만이 괴테와 나눈 대화가 없다면, 또는 남색꾼 소크라테스의 평판을 보호하기 위해 플라톤의 대화를 파괴했다면 얼마나 많은 것을 잃어버렸겠는가! 만일 몇 가지 개인적인 발언 때문에 이 편지들을 파괴한다면, "교수님의 창조물인 이 독특한 새로운 과학, 심지어 플라톤의 사상보다 더 중요한 정신분석의 역사에서 상당 부분이 사라질 것입니다." 그녀는 "나는 교수

님을 사랑하고…… 또 숭배하기" 때문에 그런 식으로 편지를 쓴다고 말했다.[106]

프로이트는 그래도 공주가 편지를 소유한다고 하자 안심했다. 그러나 25년 전 페렌치가 고집스럽게 그를 괴테와 비교했을 때 그랬듯이 그녀의 주장과 비교에는 콧방귀를 뀌었다. "우리 관계는 아주 친밀했기 때문에, 당연히 이 편지들은 어떤 문제든 다 다루고 있습니다." 그 편지들은 개인적인 문제만이 아니라 일 문제도 다루고 있었다. 그 일에는 "막 태어난 분석과 관련된 모든 생각과 엉뚱하게 잘못 든 길"이 포함되어 있으며, "그런 점에서도 매우 개인적입니다."[107] 공주는 정중하게 귀를 기울였지만, 설득을 당하지는 않았다. 공주는 2월 중순에 이 편지를 수중에 넣었으며, 3월 초에는 빈에 머물면서도 직접 대면해서 이야기하자는 프로이트의 끈질긴 요청을 거부했다. 프로이트는 여전히 공주가 그 편지를 태워버리는 데 동의할 것이라는 희망을 버리지 않고, 그녀가 그것을 읽는 데 동의했다. 그러나 그녀의 반응은 프로이트의 마음에 들지 않았다. 그녀는 가장 주목할 만한 대목들을 지적하고 나서 그녀가 사랑하고 숭배하는 사람에게 도전하여, 역사가의 진정한 친구로서 행동했다. 그 편지를 빈의 로스차일드 은행에 맡긴 것이다. 유대인 은행이 가장 지혜로운 선택은 아니었지만, 당시에는 아직 히틀러의 오스트리아 합병이 당연한 결론이 아니었다.

80세에도 프로이트는 아직 일하고, 사랑하고, 미워할 수 있었다. 1937년 초 프로이트는 냉정한 전문가적 태도로 다시 분석 기법의 문제를 다루었다. 긴 논문 〈끝낼 수 있는 분석과 끝낼 수 없는 분석〉은 정신분석의 효과에 관한 환멸이 가장 강하게 드러난 발언이다. 이런 냉혹한 태도는 새로운 것이 아니었다. 프로이트는 치료에 열광한 적이 없었다.[108) 그러나 이제 타고난 충동의 힘, 죽음 충동이나 성격 왜곡이 분석의 영향에 저항하는 면을 강조하면서 정신분석의 치료하는 힘에 아주 작은 역할만 부여할 새로운 이유를 발견했다. 그는 심지어 성공한 분석이라고 해서 반드시 신경증의 재발을 막아주는 것은 아니라고 선언했다. 이 논문은 그가 불과 몇 년 전에 유명한 공식에서 언급했던 치료의 목표를 폐기하거나, 적어도 거기에 의문을 제기하는 것처럼 읽힌다. 그는 《새로운 정신분석 강의》에서 정신분석의 의도가 "자아를 강화하고, 자아가 초자아로부터 더 독립하게 하고, 자아의 인식 범위를 확대하고, 그 조직을 확장하여, 자아가 새로운 이드의 조각들을 흡수하게 하는 것"이라고 말했다. "이드가 있었던 곳에 자아가 있게 될 것이다. 그것은 네덜란드의 자위데르 해(海) 간척과 비슷한 문화적 사업이다."[109] 그러나 이제 프로이트는 자아가 얻는 이득은 기껏해야 일시적인 것처럼 쓰고 있었다. 이런 서글픈 생각이 그 시대의 사건들 때문이라고만 보는 것은 너무 단순하겠지만, 그런 사건들이 그 나름의 역할을 한 것은 분명하다. 정치가 모든 것을 황폐하게 만들고 있었다.

〈끝낼 수 있는 분석과 끝낼 수 없는 분석〉은 1937년 6월에 나왔다. 그 달에 프로이트는 알프레트 아들러가 자신보다 먼저 죽었다는 것을 알고 흡족해했다. 아들러는 영국에서 강연 여행을 하던 도중 애버딘 길거리에서 치명적인 심장마비로 쓰러졌다. 아르놀트 츠바이크는 그 소식에 약간의 동정심을 보였지만, 프로이트는 전혀 그럴 마음이 없었을 것이다. 그는 아들러를 25년 이상 싫어했으며, 아들러도 프로이트를 그만큼, 게다가 목소리를 높여 싫어했다. 프로이트는 이렇게 대답했다. "빈 교외 출신의 유대인 소년이 스코틀랜드의 애버딘에서 죽었다는 것은 전례 없는 출세이며, 그가 얼마나 멀리 나아갔는지 보여주는 증거입니다. 실제로 그와 같은 시대를 살았던 사람들은 그가 정신분석에 반대하는 일에 봉사한 것에 큰 보답을 해주었습니다."*[110] 프로이트는《문명 속의 불만》에서 기독교의 보편적 사랑에 대한 명령을 이해할 수 없으며 실제로 많은 사람들이 혐오스럽다는 말로 자신의 태도를 이미 밝힌 적이 있다. 그의 관점에서 볼 때 가장 혐오스러운 사람들은, 그를 실망시킨 뒤 그의 리비도 이론을 불편해하는 사람들에게 영합하여 성공을 거둔 사람들이었다.

아들러의 죽음은 프로이트에게 기쁨을 주었지만—적어도 고통을 주지는 않았지만—다른 사람들의 경우는 그에게 걱정을 안겨주었다. 그와 가까웠던 사람들 몇 명은 건강이 좋지 않거나 우아하게 늙어 가지 못했다. 여전히 그가 가장 좋아하는 사람으로 꼽혔던 처제 미나 베르나이스는 이제 72세로 심하게 아팠다. 히틀러라는 물결에 휩쓸린 그의 자식들은 지속적으로 머물 수 있는 장소와 생계를 찾아 이리저리 떠돌았다. 오직 딸 안나만이 힘차게 전진할 뿐이었다. 처음에는 아버지의 이름과 보호에서 위신을 빌려왔을지 몰라도 이제 그것은 그녀가 자신의 아동 정신분석 작업과 명석한 논문을 통해 얻은 권위에 자리를 내준 지 오래였다. 그러나 안타깝게도 안나의 친구이자 프로이트 자신의 친구인 안드레아스-살로메가 1937년 2월에 75세의 나이로 "괴팅겐에 있는 그녀의 작은 집에서 평화롭게 죽었다." 프로이트는 신문을 통해 그녀의 죽음을 알 수밖에 없었다. 그는 슬픔에 잠겨 아르놀트 츠바이크에게 말했다. "그녀를 아주 좋아했지요. 이상한 이야기지만, 성적인 매력은 전혀 느끼지 못하고 말입니다."[111] 프로이트는 간결하지만 따뜻한 조

---

* 존스는 그의 전기(III, 208)에서 편지의 이 대목을 인용하지만, 연도를 1년 틀리게 적고, 프로이트가 사용한 'Judenbube'라는 말을 "유대인 녀석(Jew boy)"이라고 번역했다. 이 말의 완전히 만족스러운 번역은 없지만, 존스의 번역은 그 말에 엉뚱한 무게를 싣는다. 프로이트는 아들러를 냉담하게 헐뜯고 있기는 하지만, "유대인 녀석"이라는 말이 암시하는 것만큼 경멸이나 괴팍한 태도를 담고 있지는 않다.

1937년 여동생 마리(관자놀이에 손을 대고 있다), 아내 마르타, 동생 알렉산더와 함께 한 프로이트. 이때 프로이트는 평화롭게 조국 땅에서 죽을 수 있다는 희망을 품고 있었지만, 겉보기에 평온한 빈의 일상은 나치의 위협 앞에 이미 무너지고 있었다.

사로 그녀를 추모했다.[112] 팔레스타인에서 편지를 보낸 아이팅곤은 프로이트의 기분을 적절하게 표현했다. "루의 죽음은 묘하게도 아주 비현실적으로 느껴집니다. 그분은 우리한테는 시간과 전혀 관계가 없는 사람처럼 보였거든요."[113]

프로이트는 개인 생활에 몰두해 있기는 했지만 나치 독일의 위협을 무시할 수는 없었다. 비교적 평화롭게 오스트리아에서 죽을 수도 있다는, 점점 가망 없어져 가는 희망에 여전히 매달리며 이따금 근거 없이 낙관적인 예측을 해보기도 했지만, 프로이트는 오스트리아의 지속적인 독립에 대한 자신의 환상이 희미하게 사그라지는 것을 보았다. 비관적 전망을 부인하면서 위로를 받으려 했지만, 그것도 독일 재무장과 히틀러에 맞서기를 꺼리는 서구의 태도라는 부인할 수 없는 현실 앞에서 녹아버렸다. 그 자신의 미래만이 아니라 정신분석의 미래도 그를 괴롭혔다. 일찍이 1933년 여름에 프로이트는 어니스트 존스에게 자신이 "현재의 세계 위기 속에서 우리 조직 또한 사라지는 것을 볼 각오가 되어 있다."고 말했다. "베를린은 사라졌네. 부다페스트는 페렌치를 잃으면서 가치가 떨어졌네. 미국은 어디로 나아가고 있는지 불확실하네."[114] 2년 뒤인 1935년 9월에 프로이트는 아르놀트 츠바이크에게 유럽 여행 계획을 미루지 말라고 강하게 말했다. "선생이 나를 찾아오기 전에 빈이 독일이 되면 안 되나요."[115] 말투는 농담 같았지만, 의미는 농담이 아니었다. 츠바이크는 여전히 나치의 독일 통치가 끝날 수도 있고, "갈색" 시대 뒤에 자유주의적 회반죽으로 덮은 군주제가 나타날지도 모른다는 생각을 버리지 않았다.[116] 프로이트도 계속 그런 환상을 품고 있었지만, 확신은 점점 줄었다. 1936년 2월이라는 늦은 시기에도 그는 자신이 살아서 나치 체제의 붕괴를 볼지도 모른다는 희망을 이야기했다.[117] 이것은 대책 없는 순진함의 표현이라기보다는 정치 관찰자들이 우익과 좌익 양쪽에서 얻는 잡다하고 종종 이해할 수도 없는 신호들의 표현이었다. 그에게는 지난 일을 돌아본다는 이루 말할 수 없이 유리한 위치가 주어지지 않았던 것이다.

하지만 1936년 중반 프로이트는 전보다 자주 암담하기 짝이 없는 목소리를 냈다. "오스트리아가 국가사회주의로 다가가는 것은 막을 수 없는 것으로 보입니다." 그는 6월에 아르놀트 츠바이크에게 그렇게 썼다. "모든 운명이 폭도와 공모하고 있습니다. 나는 나에게 막이 내리기를 기다리고 있으며, 아쉬움도 점점 줄어듭니다."[118] 그로부터 1년도 안 지난 1937년 3월 프로이트의 눈앞에는 재앙밖에 보이지 않았다. "우리의 정치 상황은 점점 암울해지는 것 같네." 프로이트는 어니스트 존스에게 말했다. "나치의 침투는 아마 막을 수 없을 거야. 그것이 정신분석에 끼치는 영향 또한 재앙에 가깝겠지." 그는 당시 빈의 상황을 1683

년 투르크족이 문간까지 쳐들어왔던 곤경과 비교했다. 그래도 당시에
는 구원이 있었지만, 이제 그런 희망은 거의 없었다. 그때까지 독일로
부터 오스트리아를 보호해주었던 무솔리니도 독일에게 마음대로 하라
는 뜻을 전한 것으로 보였다. "나도 에른스트와 마찬가지로 영국에 살
고 싶고, 또 자네와 마찬가지로 로마 여행을 하고 싶네."[119] 아르놀트
츠바이크에 편지를 보내는 목소리도 이 못지않게 불길했다. "주위의 모
든 것이 점점 어두워지고, 점점 위험해지고, 나 자신의 무력함에 대한 인
식은 점점 집요해집니다."[120] 4년 전만 해도 그는 여전히 동포에게 미지
근하나마 찬사를 보내고 싶은 마음이 있었다. 그는 어니스트 존스에게
우익 독재는 유대인의 삶을 불편하게 만들겠지만, 국제 연맹이 개입하
여 박해를 막아줄 것이고, "게다가 오스트리아인은 독일의 잔인성을 좋
아하지 않는다."고 말했다.[121] 그러나 이제 프로이트는 적어도 가끔씩
은 상황을 무자비할 정도로 명료하게 보았다. 1937년 12월에는 이렇게
말했다. "이곳은 정부는 다릅니다만 사람들은 똑같습니다. 반유대주의
를 숭배한다는 점에서는 독일에 있는 그들의 형제들과 철저하게 하나
가 되지요. 아직 교살을 당한 것은 아니지만, 우리 목은 점점 죄어지고
있습니다."[122] 석 달 뒤 오스트리아인들이 히틀러를 열렬히 환영한 것에
프로이트는 놀라지 않았을 것이다.

오스트리아의 파국은 오래전부터 준비되어 왔으며, 얼마 전부터 거
의 필연적인 일이 되어버렸다. 1936년 7월 쿠르트 폰 슈슈니크(Kurt
von Schuschnigg, 1897~1977) 총리의 정부는 나치 독일의 요구를 받
아들이기로 약속했으며, 이 점은 프로이트의 《비망록》에 그대로 기록
되어 있다. 이 약속에는 그때까지 불법이었던 오스트리아 나치당의 활
동을 묵인해주고, 아르투어 자이스-인크바르트(Arthur Seyss-Inquart,

1892~1946) 같은 그 지도자들을 내각에 앉히겠다는 비밀 조항이 포함되어 있었다. 따라서 프로이트의 비유를 빌리자면 올가미는 얼마 전부터 죄어지고 있었던 것이다. 1938년 2월 히틀러는 슈슈니크에게 자이스-인크바르트를 방위장관 겸 내무장관에 임명하도록 강요했다. 트로이의 목마를 들여놓은 것이다. 슈슈니크는 반격에 나서 3월 13일에 오스트리아 독립 문제를 놓고 국민투표를 하겠다고 선언했다. 용감하지만 무익한 행동이었던 이 선언으로, 길거리와 벽은 슈슈니크를 지지하는 구호로 뒤덮였다.

프로이트는 이 위기를 마지막 파국으로 보았다. 참담한 결과가 나올 것이 뻔했지만, 아직 확실치는 않았다. 그는 1938년 2월에 아이팅곤에게 이렇게 말했다. "현재 우리 정부는 그 나름으로 강직하고 용감하게 나치를 막아내는 데 전보다 힘을 더 기울이고 있네." 그러나 정부의 용기가 오스트리아에서 독일인을 막아줄 것이라고 예상할 수가 없었다.[123] 그렇지만 그와 그의 가족은 여전히 차분했다. 안나 프로이트는 2월 20일에 존스에게 말했다. "빈은 공황에 빠져버렸어요. 하지만 우리는 공황에 휩쓸리지 않을 겁니다."[124] 이틀 뒤 프로이트는 아들 에른스트에게 편지를 쓰면서, 머뭇거리기는 했지만 오스트리아가 독일처럼 끝날 것이라고는 생각하지 않는다고 말했다. "가톨릭교회가 매우 강력하기 때문에 강하게 저항할 거다." 게다가 "우리 슈슈니크는 품위 있고, 용감하고, 인품이 괜찮은 사람이야." 슈슈니크는 유대인 사업가 한 무리를 초대하여 "유대인은 아무것도 두려워할 필요가 없다."고 안심을 시켰다. 물론 그가 총리 자리에서 쫓겨나면, 또는 나치의 침략이 현실화되면, 모든 희망은 사라질 터였다.[125]

그러나 프로이트는 여전히 피신하고 싶은 마음이 없었다. 그의 도피는 "분석 집단의 완전한 해체의 신호가 될" 뿐이며, 그는 그런 사태만큼은 피하고 싶었다. "오스트리아를 그냥 내버려 둔다고 해서 나치주의로 타락할 것이라고 나는 믿지 않습니다. 그것이 오스트리아와 독일이 다른 점인데, 사람들은 대체로 이 점을 무시합니다." 희미해지는 희망을 가장 가능성이 없는 동맹자, 즉 교회에 걸고 있다는 것은 프로이트가 얼마나 약한 갈대를 붙들고 매달리고 있는지 보여주는 증거였다. "아직도 가톨릭교회라는 피난처에서 안전을 찾는 것이 가능할까요?" 그는 2월 23일에 마리 보나파르트에게 물었다. 그러나 실제로 그렇게 믿지는 않았다. "누가 알겠습니까(Quien sabe)?" 그는 초보적인 수준의 에스파냐어로 덧붙였다.[126] 이렇게 마지막 순간에 자신을 안심시키려는 시도에는 애처로운 면이 있었다. 전에는 상황을 더 현실적으로 보던 사람이었기 때문이다.

오스트리아를 자신의 제3제국에 흡수하려는 히틀러의 계획은 가차 없이 진행되었다. 슈슈니크의 국민투표는 기관총에 맞서는 양철 방패에 불과했다. 런던과 로마의 독일 대사들은 히틀러의 오스트리아 합병이 아무런 저항을 받지 않을 것이라는 말을 베를린에 전했다. 슈슈니크는 강요에 못 이겨 국민투표를 취소했다. 3월 11일에는 히틀러로부터 최후통첩을 받은 뒤에 총리직에서 물러났고, 자이스-인크바르트가 그 뒤를 이었다. 프로이트의 의견은 간결하고 정확했다. "오스트리아의 종말(Finis Austriae)."[127] 다음 날 아침 오스트리아의 새 총리는 베를린에 있는 주인의 지침에 따라 독일군을 초대하여 국경을 넘어오게 했다.

그날, 즉 1938년 3월 12일과 그 다음 날, 프로이트는 라디오 옆에 앉아 독일이 오스트리아를 장악하는 소리에 귀를 기울였다. 용감한 저항 성명이 들리더니, 곧이어 붕괴되고, 한쪽 편에서, 이어 다른 편에서 기뻐하는 소리가 들렸다. 그는 수술 후유증으로 몸이 아팠지만, 정치적 사건 때문에 고통은 잊고 있었다. 그의 《비망록》은 간결하게 사실들을 기록했다. 3월 13일 일요일은 "독일에 합병(Anschluss)"이었고, 다음 날은 "히틀러 빈에"였다.[128] 공포 정치가 시작되었는데, 이것은 침략자의 계획된 숙청과 현지에서 자발적으로 잔인한 오락을 즐기는 폭발적 현상이 불쾌하게 결합된 것이었다. 그 대상은 사회민주주의자, 과거 우익의 다루기 힘든 지도자, 그리고 누구보다도 유대인이었다. 유대인에 대한 박해는 그때까지 프로이트가 생각해 오던 수준을 훌쩍 뛰어넘었다. 우리는 그가 1937년 말에 오스트리아인이 독일인 못지않게 잔인하다고 말한 적이 있음을 알고 있다. 그러나 실제로는 무력한 사람들을 괴롭히는데 그들의 모범인 나치보다 능숙하다는 것이 드러났다.

독일인들이 갖추거나 표현하는 데 5년이 걸린 편협한 태도나 사디즘적인 복수심을 오스트리아인은 불과 닷새 만에 행동에 옮겼다. 많은 독일인들이 가차 없이 쏟아지는 폭탄 같은 선전에 굴복했고, 가혹한 국가, 방심하지 않는 당, 통제된 언론에 겁을 먹었다. 그러나 오스트리아인의 경우에는 전혀 압력이 필요 없었다. 그들의 행동 가운데 극히 일부만이 나치 테러에 어쩔 수 없이 굴복한 것이라고 설명되거나 변명될 수 있을 뿐이었다. 유대인의 아파트를 약탈하거나 유대인 상점주들에게 테러를 한 군중은 공식적인 명령 없이 그런 일을 하면서 자신들이 하는 일을 철저하게 즐겼다. 로마가톨릭 양심의 수호자인 오스트리아의 고위 성직자들은 여전히 남아 있던, 깨어 있는 정신과 품위를 갖춘 세력들을 동원하기 위한 노력을 기울이지 않았다. 테오도어 이니처 (Theodor Innitzer, 1875~1955) 추기경이 기조를 잡자, 사제들은 설교단에서 히틀러의 업적을 찬양하면서 새로운 통치에 기쁘게 협조하겠다고 약속했고, 어울리는 행사가 있을 경우에는 교회 첨탑 위에 철십자 깃발을 걸라고 명령했다. 프로이트는 불과 몇 주 전에 강력한 가톨릭교회가 혹시 자신의 이익을 위해 히틀러와 맞서지 않을까 하는 생각을 한 적이 있는데, 성직자들의 이런 히틀러 찬양은 프로이트의 애처로운 질문에 대한 참혹한 답변인 셈이었다.*

독일 침공 직후 오스트리아의 도시와 마을의 거리에서 벌어진 사건들은 히틀러의 제국도 그때까지 목격한 적이 없을 만큼 난폭했다. 〈전위(Stürmer)〉 같은 나치 정기간행물의 반유대주의적인 외설적 비방, 독일 유대인의 전문직 개업을 제한하는 규제, 1935년 말의 뉘른베르크 인종차별법, "유대인이 없다(Judenrein)"고 자랑스럽게 광고하는 마을들 때문에 독일의 유대인은 지옥을 미리 맛보는 심정이었다. 그러나 이것은 합병 후 오스트리아 전역으로 퍼져 나간 대대적인 무차별 폭력에 비하면 아무것도 아니었다. 1938년 3월의 오스트리아는 11월 독일의 유대인 학살의 리허설이었다. 독일의 인기 있는 극작가이자 자유주의자인 카를 추크마이어(Carl Zuckmayer, 1896~1977)는 우연히 이 시기에 빈에 있었는데, 그때 본 것을 결코 잊지 못했다. "지하세계의 문이 열리고, 그곳의 가장 저열하고, 가장 역겹고, 가장 불순한 귀신들이 풀려나왔다. 도시는 히에로니뮈스 보스(Hieronymus Bosch)가 그린 악몽 같은 그림으로 변해버렸다." 또 "공기는 남자와 여자의 목에서 쉼 없이 터져 나오는 히스테리에 사로잡힌, 야만적이고 날카로운 비명으로 가득 찼다." 추크마이어의 눈에 이 사람들은 얼굴이 사라지고, "일그러지고 찌푸린 표정만 남은 것처럼" 보였다. "어떤 사람들은 불안 때문에, 어떤 사람들은 기만 때문에, 어떤 사람들은 증오에 가득 찬 난폭한 승리감 때문

---

* 오스트리아의 나치 통치자들에 대한 가톨릭의 굴종적인 협력 정책은 그해가 가기 전, 나치 지도자들이 "정치적 사제들"에 관해 불평하면서 시들해졌다는 사실도 덧붙이는 것이 공정할 것이다. 그러나 오스트리아 사제들이 어떤 저항을 하려 했건 약하고 무익할 수밖에 없었던 것은 분명하다.

에." 추크마이어는 이미 독일에서 1923년 11월 히틀러의 맥줏집 봉기와 1933년 1월 나치의 권력 장악을 비롯하여 몇 가지 무시무시한 사건들을 목격했다. 그러나 지금 빈 거리에서 펼쳐지는 장면들과 비교할 만한 것은 없었다. "여기에서 펼쳐지는" 것은 "질투, 악의, 원한, 복수에 대한 맹목적이고 사악한 욕망에서 나온 폭동이었다."[129]

빈과 다른 오스트리아 도시들의 유대인 상인에 대한 보이콧은 가장 가벼운 행동이었다. 그런데도 이런 보이콧조차 매우 추한 모습을 보여주었다. 갈색 셔츠를 입은 악당들이나 어디에도 빠지지 않는 철십자 완장을 차고 약탈을 일삼는 젊은이들은 보이콧을 강요하면서, 자신들을 무시하거나 자신들에게 도전하는 사람들에게는 잔인한 보복을 했다. 이런 기회를 염두에 두고 세심하게 준비한 명단을 손에 든 오스트리아의 나치와 동조자들은 유대인 아파트와 상점과 회당을 약탈했다. 그러나 이보다 더 경악스러운 것은 자발적인 폭력이었다. 무방비 상태의 유대인들은 여러 도시의 오스트리아 군중의 상상력을 자극했다. 챙이 넓은 모자, 귀 앞에 늘어진 머리카락, 나부끼는 턱수염 때문에 눈에 잘 띄는 동유럽 정통파 유대인들이 주된 공격 목표물이 되었지만, 다른 유대인이라고 화를 면한 것은 아니었다. 군중이 기뻐서 소리를 지르는 동안 유대인은 남녀노소 할 것 없이 거리에 남아 있는, 무산되어버린 슈슈니크의 국민투표 관련 구호를 맨손이나 칫솔로 지워야 했다. 한 영국 저널리스트가 이런 "지우는 무리(Reibpartien)"—이런 이름으로 부르게 되었다.—를 목격한 이야기를 전했다. "나치 돌격대(SA)가 나이 든 유대인 노동자와 그의 부인을 환호하는 군중 사이로 끌고 왔다. 늙은 여자의 뺨에서 눈물이 흘러내렸다. 그녀는 물끄러미 앞쪽을 보았지만 군중이 눈에 들어오는 것 같지는 않았다. 남편은 자신의 팔을 잡고 있는 부인의 손을 쓰다듬으려 했다. '유대인에게 일을, 마침내 유대인에게 일을'

오스트리아 빈에서 한 유대인 소년에게 벽에 '유대인(Jud)'이라고 쓸 것을 강요한 뒤, 엄숙한 표정으로 그 모습을 지켜보고 있는 사람들. 1938년 3월 독일이 오스트리아를 합병한 뒤, 유대인이 오스트리아에서 당한 박해의 생생한 예를 보여준다.

군중은 소리쳤다. '우리는 지도자(Führer)에게 감사한다. 지도자께서는 유대인이 할 일을 주셨다!'"[130] 다른 무리들은 조롱을 하고 발길질을 하면서 유대인 학생들에게 벽에 "유대인(Jud)"이라고 쓰거나, 모욕적인 체조를 하거나, 히틀러에게 경례를 하게 했다.[131]

이것은 하루 동안만 터져 나오고 끝난 일이 아니었다. AP통신의 3월 13일자 급보는 "오늘은 유대인 폭행과 유대인 소유 상점 약탈이 더 심해졌다."고 보도했다. "빈 생활에서 유대인은 사라지고 있었다. 거리나 다방에서 유대인은 거의 보이지 않았다. 전차에서도 유대인을 내리게 했다." 이 기자는 한 사람이 "거리에서 맞고 부상을 당한 채 방치된 것"을 보았다. "또 한 사람은 카페를 나서다 무력하게 지켜보는 부인 앞에서 폭행을 당했다. 은행에서 4만 실링을 인출하던 한 유대인 여자는 아무런 혐의 없이 체포당했다." 한편 "나치는 마카비 유대인 스포츠 조직 본부를 찾아가 재산을 일부 파괴하고 조직의 기장을 찢었다."[132]

그러나 어떤 사람들은 눈앞에서 벌어지는 광경을 믿을 수가 없었다. 그들에게 푸른 다뉴브 강변의 매력적이고 활기찬 도시 빈의 매혹적인 꿈은 아직 완전히 죽지 않았다. "유대인 지도자들은 오스트리아의 반유대주의가 독일보다 약할 것이라는 의견을 내놓았다."[133] 실제로는 그 반대가 사실임이 드러났다. 3월 15일자 기사에서 한 기자는 이렇게 논평했다. "아돌프 히틀러는 오스트리아에 독일보다 훨씬 빠르게 피어나는 반유대주의를 남겨놓고 떠났다." 이 기자는 계속해서 '지우는 무리' 등 지난 하루 이틀 동안 서방 세계 신문 독자들에게는 너무 익숙해진 장면들을 묘사했다. 그러면서 기자는 만일 유대인이 스스로 즐기는 오스트리아인과 명령을 따르는 독일인 사이에서 선택을 할 수 있다면, 차라리 독일인이 나을 것이라고 말했다. "기자는 재흐지셔 호텔 근처에서 모피 외투를 입은 여자가 강철 군모를 쓴 나치 경비대원 여섯 명에게 둘러싸여, 강요에 못 이겨 무릎을 꿇고 보도에 에나멜로 쓴, 지워지지도 않는 '슈슈니크 만세(Heil Schuschnigg)!'라는 글을 지우려고 애쓰는 것을 보았다. 그러나 이런 모욕을 당하기는 하지만, 유대인은 이렇게 괴롭히는 사람들에게 감사할 이유도 있었다. 이런 경비대원은 그들을 다른 식으로는 괴롭히지 않기 때문이다. 그러나 군중은 다른 것 같았다." 군중은 "매우 험악한 분위기였고 약탈을 하는 경향이 있었으나", 경비대원들이 그들을 해산시켰다. 기자는 "곧 유대인이 아닌 사람들도 합병의 대가를 치르게 될 것이 분명하다."고 말했다. 이 기자와 이야기를 나눈 베를린 출신의 한 독일인 나치는 "이곳에 반유대주의가 도입되는 속도에 약간 놀랐다."고 말했다. "이 때문에 빈의 유대인은 변화가 어느 정도 점진적으로 이루어졌던 독일의 경우보다 훨씬 심한 곤경에 처하게 될 것이라고 덧붙였다."[134]

이 시기에 오스트리아에서 보도를 하고 있던 모든 저널리스트를 놀래킨 것은 전반적인 축제 분위기였다. "난폭한 빈 사람들/ 혼잡하고 시끄러운 거리." 3월 14일에는 그런 제목이 등장했다. "소리 지르고, 노래하고, 깃발을 흔드는 무리가 도시를 파도처럼 휩쓸며 나치에게 '승리 만세(Sieg Heil!)'를 외치다/ 행군하는 청년들/ 독일 군가가 커피하우스의 왈츠를 대신하다—아무런 반대도 눈에 띄지 않아"[135] 독일 나치가 자기 나라에서 아주 잘 먹혔던 연극적인 대중 조작을 들여와서, 오스트리아는 한동안 명절을 맞은 듯했다.

축제의 어두운 면은 강요와 암살이었다. 빈과 오스트리아 다른 곳에서 1938년 3월은 조직적인 정치적 살인의 시기가 되었고, 또 일상적이고 즉흥적인 살인의 시기가 되었다. 유대인 사회민주당원 변호사로서 걸물이기도 했던 후고 슈페르버(Hugo Sperber)는 어수선하면서도 재치 있게 오랫동안 오스트리아 나치를 자극해 왔는데, 이 시기에 말 그대로 밟혀 죽었다.[136] 이것만이 아니었다. 4월에는 화학 공장 책임자로 있던 엔지니어 이지도어 폴라크(Isidor Pollack)가 이른바 가택 수색을 하던 나치 돌격대 대원들에게 같은 방법으로 살해당했다.[137] 에세이스트이자 카바레 연기자이자 아마추어 문화사가인 에곤 프리델(Egon Friedell, 1878~1938) 같은 다른 오스트리아 유대인들은 박해자와 살인자들의 손에 죽지 않는 쪽을 택했다. 3월 16일 돌격대가 아파트 층계로 들이닥치자 창에서 뛰어내려 자살한 것이다. 이런 식의 죽음이 전염병처럼 퍼져나갔다. 3월 11일에 빈에는 두 건의 자살이 있었다. 사흘 뒤에 그 수는 14건으로 늘어났는데, 그 가운데 8건이 유대인 자살이었다.[138] 봄 동안 약 500명의 오스트리아 유대인이 모욕, 견딜 수 없는 불안, 강제수용소 이송을 피하려고 자살을 선택했다.[139] 이렇게 자살자가 현저하게 늘자

3월 말에 당국은 "나치가 정권을 잡은 후 자살이 수천 건이라는 소문"을 부인하지 않을 수 없었다. 나치 살인 기계의 특징인 기계적 정확성을 처음부터 끝까지 과시하는 이 성명서는 이렇게 이야기한다. "3월 12일부터 3월 22일까지 빈에서 96명이 자살을 했는데, 그 가운데 오직 50명만이 오스트리아의 정치 상황 변화와 직접적인 관련이 있었다."[140]

자살 생각은 심지어 그해 봄에 프로이트의 집에도 찾아왔다. 프로이트가 신뢰하던 의사로서 이 절망적인 몇 달 동안 그의 가족과 가까웠던 막스 슈어는, 나치 오스트리아에서 탈출하는 것이 가망 없는 일로 여겨졌을 때 안나 프로이트가 아버지한테 이렇게 물었다고 전한다. "우리 모두 자살하는 것이 더 낫지 않을까요?" 프로이트의 대답은 그다웠다. "왜? 저들이 우리가 그래 주기를 바라서?"[141] 그는 이 게임에 초 하나 보탤 가치가 없다고 투덜거리며 어서 막이 내리기를 갈망한다고 말할지언정, 적의 편의를 봐주려고 그 촛불을 꺼버리거나 무대를 떠날 생각은 없었다. 프로이트의 삶의 많은 부분을 지배하던 저항적인 분위기는 여전히 그의 내부에서 그를 자극하고 있었다. 그는 가더라도 자신의 조건에 맞게 갈 생각이었다.

새로운 통치자들은 오스트리아를 히틀러의 제국에 합병하는 작업에서 신속하고 무자비한 효율성을 보여주었다. 그들의 작업은 말 그대로 오스트리아의 종말(finis Austriae)을 의미했다. 일 주일이 안 되어 오스트리아 군, 법, 공적 제도는 독일의 해당 부문에 편입되었고, 오스트리아는 한 나라가 아니라 독일의 동부 지방이 되어, 일부러 고어로 '오스트마르크(Ostmark, 동쪽의 변경)'라고 부르게 되었다. 유대인 판사, 관료, 산업가, 은행가, 교수, 저널리스트, 음악가는 바로 숙청당했다. 몇 주가 안 되어 오페라, 신문, 실업계, 고급 문화, 커피하우스는 간절한 목소리로 자신이 "순수한 아리안"이라고 선전했다. 중요하고 책임 있는 자리는 모두 믿을 만한 나치들에게 돌아갔다. 거의 아무런 저항도, 심지어 이의 제기도 없었다. 저항을 했다 해도 효과도 없고 비이성적이었다. 하인리히 힘러(Heinrich Himmler, 1900~1945)와 그의 엘리트인 검은 셔츠 나치 친위대(SS)는 오랫동안 갈고 닦은 방법으로 얼마 되지도 않는 오스트리아인의 반대를 압살했다. 반나치 세력을 규합할 가능성이 있거나 그런 쪽이라고 의심만 받아도 투옥되거나, 교살당하거나, 총살당하거나, 바이에른에 있는 무시무시한 다하우(Dachau) 강제수용소에 갇혔다. 국외로 탈출한 소수는 바깥세상 사람들이 그들을 위해 개입하고 싶어 하지 않는다는 것을 알게 되었다.

프로이트는 국제적인 명성과 주도면밀한 친구들의 도움 덕분에 이런 공포를 전부는 아니라 해도 대부분은 피할 수 있었다. 히틀러의 빈 도착을 기록한 다음 날인 3월 15일 프로이트는 그의 아파트와 출판사에 "통제"가 있었다고 기록했다.[142] 베르크 가세 7번지의 정신분석 출판사 사무실과 베르크 가세 19번지의 프로이트 아파트에 비정규병과 갈색 셔츠 일당이 쳐들어왔다. 그들은 출판사의 서류를 뒤지고 마르틴 프로이트를 하루 종일 감금했지만, 사무실에서 의심스러운 서류를 찾아내지는 못했다. 프로이트로서는 행운인 셈이었다. 그곳에 보관된 프로이트의 유언장을 보았더라면 외국에 돈이 있다는 사실이 드러났을 것이기 때문이다. 침입자들은 아파트에도 오랜 시간 머물렀다. 그들은 유능하고 예의 바른 부르주아인 마르타 프로이트 앞에서 약간 쩔쩔맸을지 모르지만, 기가 죽을 정도는 아니었다. 안나 프로이트는 아파트 금고로 그들을 데려가 문을 열고 마음대로 하라고 말했다.[143] 나치는 일주일 뒤에 다시 찾아오는데, 그때는 이렇게 쉽게 넘어가지 않게 된다.

이제 빈에는 정신분석의 미래가 없다는 사실이 우울할 정도로 분명해졌다. 프로이트 자신의 미래 또한 어느 모로 보나 밝다고 할 수 없었다. 그는 주목을 받으며 살아갈 수밖에 없는 저명인사였다. 서구 신문들은 팔레스타인 정부가 프로이트에게 피난처를 주겠다고 제안했으나, 오스트리아의 새로운 통치자들이 여권을 내주지 않으려 했다고 보도했다.[144] 그러나 프로이트의 《비망록》은 눈앞에 다가온 구원의 손길을 다르게 기록하고 있다. 3월 16일에는 "존스", 그 다음 날에는 "공주"라고 적혀 있는 것이다.[145] 이 둘은 가장 중요한 연줄—오스트리아인은 후원(Protektion)이라고 부르기를 좋아한다.—을 대표했다. 어니스트 존스는 영국 내각과 끈이 있었고, 부, 혈통, 왕실과 관련이 있는 마리 보나파르트 공주는 게슈타포도 함부로 할 수 없을 만큼 유명한 사람이었다.

스위스에서는 루트비히 빈스방거가 나치 점령 지역에 편지를 보내는 사람들이 조심할 때 사용하게 된 일종의 암호화된 언어로 초대장을 보냈다. 그는 3월 18일 프로이트에게 이런 편지를 보냈다. "오늘 제가 편지를 쓰는 목적은 기분 전환을 하고 싶다면 언제라도 오셔도 좋다는 말씀을 드리려는 것입니다." 그는 프로이트에게 다짐했다. "교수님의 스위스 친구들은 교수님을 생각하고 있으며, 언제든지 도울 준비가 되어 있다고 믿으셔도 좋습니다."[146] 이제 프랑스 주재 미국 대사가 된 윌리엄 불릿이 이전에 함께 책을 쓴 프로이트를 꼼꼼히 지켜보고 있다는 것은 훨씬 의미 있는 일이었다. 불릿의 제안으로 빈의 미국 총영사 자리에 앉게 된 존 쿠퍼 와일리(John Cooper Wiley)는 불릿의 대리인으로 대기하고 있는 것이나 마찬가지였다. 프로이트는 또 그가 의지할 수밖에 없었던 오스트리아 비유대인들 쪽에서도 운이 좋았다. 특히 그의 주치의 한스 피흘러는 그들의 세상에는 아무런 변화가 없는 것처럼 계속 프로이트를 치료해주었다.

그러나 이런 막강한 후원자들도 프로이트를 구해줄 수 있을 것이라는 보장은 없었다. 평화를 갈망하고 충돌을 두려워하는 무기력한 서방 국가들을 경멸하던 나치는 거듭되는 승리에 취하여 영국이나 프랑스나 미국의 항의를 우습게 여기는 경향이 있었다. 연합국 정치가들은 여전히 제1차 세계대전의 기억과 공포에 사로잡혀 몸이 마비된 상태였다. 실제로 이런 기억 때문에 유화 정책으로 기우는 일이 많았다. 힘러 같은 성급한 나치 정책 입안자 가운데 일부는 실제로 프로이트를 비롯하여 아직 빈에 있는 정신분석가들 전체를 감옥에 넣자고 주장했지만, 독일 외무부의 지원을 받으며 신중한 태도를 보이는 헤르만 괴링(Hermann Göring, 1893~1946)이 막고 있는 것처럼 보였다.[147]

3월 15일 빈의 와일리가 미국 국무장관 코델 헐(Cordell Hull)에게 전문을 보냈다. "프로이트, 고령과 지병에도 불구하고, 위험에 처한 것으로 보임."[148] 헐은 프랭클린 루스벨트(Franklin Roosevelt, 1882~1945) 대통령에게 이 메시지를 전했고, 다음 날 "대통령의 지침에 따라" 베를린 주재 미국 대사 휴 로버트 윌슨(Hugh Robert Wilson)에게 "해당 독일 당국과 이 문제를 개인적으로 또 비공식적으로 협의할 것"을 요청했다고 기록해놓았다. 윌슨은 프로이트 가족이 파리로 가도록 주선할 예정이었는데, "대통령은 그곳에서 친구들이 프로이트가 오기를 간절히 기다리고 있는 것으로 알고 있었다." 그때부터 프로이트의 운명이 미국 정부 최고위층의 관심을 끌었으며, 국무부—코델 헐, 막강한 2인자 섬너 웰스(Sumner Welles), 파리와 베를린 주재 미국 대사들—가 적극적으로 관여했다. 와일리는 3월 17일에 프로이트가 여권을 압류당했지만, "빈 경찰청장"이 "이 사안에 개인적 관심"을 기울이겠다는 약속을 했다고 국무장관에게 전문을 보냈다. 불릿이 파리 주재 독일 대사 폰 벨체크(von Welczeck) 백작에게 프로이트를 함부로 다루면 세계적인 추문이 될 것이라고 강력하게 이야기한 것 또한 프로이트의 미래에 해를 주는 일은 아니었다.

프로이트 구출에 가장 끈질긴 장애물은 프로이트 자신이었다. 그를 도우려고 서둘러 빈으로 비행기를 타고 왔던 어니스트 존스는 3월 15일 직후 프로이트와 나눈 "마음을 열어놓은 대화"에 관하여 감동적인 이야기를 남겨놓았다. 이 대화에서 프로이트는 빈에 남고 싶은 다양한 이유를 제시했다. 그 가운데 일부는 설득력이 있었지만, 대부분은 억지였다. 자신은 너무 늙었다, 너무 몸이 약하다, 심지어 열차의 계단도 못 올라간다, 어디에서도 거주 허가를 얻지 못할 것이다. 이 마지막 주장은 안타깝게도 근거가 없는 것이 아니라고 존스도 인정을 했다. 그의 회고에 따르면 거의 모든 나라가 방어적인 태도로 실업률 수치를 지켜보며 일자리를 둘러싼 외국인 경쟁자들을 들이지 말라는 압박을 받고 있었기 때문에 새로운 이민자들에게는 "사나울 정도로 불친절했다."[149] 실제로 히틀러가 지배하던 시절 세계는 관대하지 않았다. 이미 실업자가 너무 많았기 때문에 더 추가할 여력이 없었다. 또 많은 사람들이 나치 독일과 나치 오스트리아에서 이루어진 무시무시한 박해 이야기가 제1차 세계대전 때 독일의 잔학 행위에 관하여 연합국이 선전용으로 퍼뜨린 가공의 이야기와 같은 수준일 것이라고 생각하는 경향이 있었다. 게다가, 누가 유대인을 더 원하겠는가?

긴 논쟁 끝에 존스는 프로이트의 최후의 논거를 독창적인 재치로 받아넘겨 그를 설득할 수 있었다. 프로이트는 빈에 남아야 하는 자신의 논거가 하나하나 논박당하자 "최종 선언"을 했다. "조국을 떠날 수 없다. 그것은 마치 군인이 자기 자리를 버리고 달아나는 것과 같다." 그러나 존스는 그 주장에도 대비가 되어 있었다. "나는 타이타닉호의 2등 항해사였던 라이톨러의 예를 들어 그 주장을 성공적으로 논박할 수 있었다." 라이톨러는 타이타닉호가 가라앉으면서 보일러가 폭발하는 바람에 몸이 바다로 날아갔다. 그는 공식 심문 자리에서 언제 배를 떠났느냐는 질문을 받자 이렇게 대답했다. "나는 배를 떠난 적이 없습니다. 배가 나를 떠났습니다." 이 일화 덕분에 존스는 "그의 최종적 승낙"을 얻어낼 수 있었다.[150] 안심한 존스는 3월 20일에 영국으로 돌아갔다. 영국의 연줄을 이용하여 프로이트 가족의 비자를 얻어내려는 것이었다.

그러나 프로이트는 다른 면에서도 구출을 어렵게 만들었다. 와일리는 3월 19일에 국무장관에게 프로이트가 프로이트의 인척들을 포함한 전 가족과 더불어 주치의와 주치의 가족도 데리고 나가고 싶어 한다고 전문을 보냈다. 총 16명이었다. 불릿은 즉시 그것은 "그의 가용 자원을 완전히 넘어서는" 규모라고 회신을 보냈다. 그는 그런 규모라면 마리 보나파르트의 자원으로도 감당하지 못할 것이라고 생각했다. 불릿은 만 달러를 제시하면서, "그 이상은 책임질 수 없다(책임질 수 없다는 말을 되풀이했다)"고 덧붙였다. 와일리는 프로이트가 "영국으로 갈 계획이며, 유일한 문제는 출국 비자뿐이라고 말한다."고 답했다. 이것이 도움이 되었다. 다른 지원도 받을 수 있었다. "공주가 이곳에 있음." 와일리는 불릿에게 보고했다. "벌링턴[벌링엄] 부인도." 계속 끼어들던 돈 문제는 뒷전으로 물러났다. 프로이트가 떠나도 좋다는 허가를 얻어내는 것이 중심 문제가 되었다.

이제 외교 성층권에서 전문(電文)들의 복잡한 발레가 시작되었다. 존스는 친구들인 내무장관 새뮤얼 호어(Samuel Hoare) 경, 옥새상서(Lord Privy Seal) 드 라 워(De La Warr) 백작을 동원하여 프로이트 가족의 영주권을 얻으려 했다. 영주권을 얻는 것은 결코 자동적으로 처리되는 일이 아니었으며, 쉽지도 않았다. 그러나 정부 내에 있는 존스의 친구들은 협력하겠다고 약속했다. 나치가 지배하는 오스트리아의 통치자들 또한 아직 프로이트 가족에게 볼 일이 끝난 것이 아니었다. 3월 22일 와일리는 "불릿 대신" 국무장관에게 전문을 보내, 빈의 막강한 "독일인 고문" 폰 슈타인(von Stein)이 "프로이트의 출국" 문제를 "힘러"와 이야기했다고 보고했다. "나는 프로이트가 나이와 건강 때문에 국경에서 특별 대우를 받아야 한다는 점을 지적했습니다." 그러나 같은 날 오후 2시 와일리는 다시 전보를 보내 "안나 프로이트가 막 체포되었다."고 알렸다. 프로이트는 《비망록》에 그녀가 어디로 갔는지 기록해놓았다. "안나, 게슈타포에."[151]

이 간략한 기록은 프로이트의 동요를 감추고 있다. 안나는 메트로폴 호텔에 있는 게슈타포 본부에 출두하라는 말을 들었을 때, 똑같이 강압적 초대를 예상하고 있던 오빠 마르틴과 함께 슈어 박사를 찾아갔다. 당연한 일이지만 고문을 당하지나 않을지, 과연 살아 돌아올 수 있을지 알 수가 없었기 때문이다. 슈어의 회고에 따르면 그는 "그들의 요청에 따라 충분한 양의 베로날을 주면서", 최선을 다해 그들의 아버지를 돌보겠다고 약속했다. 슈어는 그날이 프로이트의 최악의 날이었다고 덧붙였다.[152]

아무도 그런 평가에 이의를 제기하지 않을 것이다. 슈어는 이렇게 회고한다. "나는 베르크 가세에 가서 프로이트와 함께 있었다. 영원히 끝나지 않을 것 같은 몇 시간이 흘렀다. 프로이트가 그렇게 심각하게 걱정에 사로잡힌 것은 그때가 유일했다. 그는 바닥을 어슬렁거리며 계속 담배를 피웠다. 나는 최선을 다해 그를 안심시키려 했다."[153] 한편 게슈타포에서 그의 딸 안나는 냉정을 잃지 않았다. 그녀의 오빠 마르틴은 이렇게 말한다. "안나는 똑똑했기 때문에, 복도에 방치된 채 마냥 기다리다가 사무실 문이 닫혀버리는 것이 가장 위험한 일이라고 생각했다. 그럴 경우 그녀는 잡혀 온 다른 유대인들과 함께 눈이 빠져라 울다가 그냥 수용소로 가거나 총살을 당할 것이라고 보았다." 구체적인 과정은 여전히 잘 알려져 있지 않지만, 안나는 어떻게 했는지 영향력 있는 친구들을 동원하여 심문을 받을 수 있었다. 게슈타포는 그녀가 속한 국제 협회에 관해 질문했으며, 그녀는 국제정신분석협회가 완전히 비정치적이고 순수하게 과학적인 단체라고 주장하여 그들의 믿음을 얻어냈다.[154] 저녁 7시에 와일리는 평소처럼 "불릿을 대신하여" 국무장관에게 좋은 소식을 전할 수 있었다. "안나 프로이트 석방."* 슈어는 그녀의 아버지도 안도하여 그제야 감정을 약간 드러냈다고 기록했다.

어니스트 존스의 웅변보다는 이 사건 때문에 프로이트는 떠날 때가 왔다고 확신하게 되었다. 그는 얼마 후에 아들 에른스트에게 이렇게 말했다. "이 시련의 시기에 두 가지 기대만 남아 있구나. 하나는 너희 모두를 함께 보는 것이고, 또 하나는 자유 속에 죽는 것이다."[155] 그러나 자유의 대가는 나치의 전문 분야인 조직화된 관료적 도둑질에 굴복하는 것이었다. 아무도 '무해(無害) 증명(Unbedenklichkeitserklärung)'이 없으면 나치 오스트리아를 합법적으로 떠날 수 없었는데, 정치적 망명을 원하는 사람은 이 체제가 교묘하게 만들어내고 확대한 재정적 의무를 모두 충족시킨 뒤에만 그 증명을 얻을 수 있었다.

3월 13일 빈 정신분석협회 이사회는 유대인 회원들에게 즉시 이주할 것을 권고하고, 어디든 프로이트가 새집을 찾는 곳에서 다시 모이기로 결정했다. 유일한 비유대인 회원이었던 리하르트 슈테르바는 "아리아화된" 정신분석 기관을 관장하지 않겠다며, 유대인 동료들과 함께 망명하

---

* 안나 프로이트는 나중에 이날 있었던 일을 회고하면서 "배후에서 어떤 개입이 있었을 수도 있다"고 생각했다. "어쨌든 내가 그곳에 가고 나서 몇 시간 뒤에 수수께끼의 전화 한 통이 걸려 왔고, 그 뒤에 나는 바깥 복도에서 기다리던 처지에서 방 안에 들어가 앉는 신분으로 올라갔습니다." (안나 프로이트가 존스에게 쓴 편지, 1956년 2월 20일. Jones papers, Archives of the British Psycho-Analytical Society, London.)

는 쪽을 택했다.

그러자 오스트리아는 협회의 자산, 도서관, 출판사의 소유물을 몰수했다.[156] 큰 문제에서 비인간적인 것만큼이나 작은 문제에서는 비열했던—모든 전체주의 체제의 특징이다.—오스트리아 당국은 프로이트 가족에 대한 요구 조건을 늘렸다. 그들은 조국에서 "달아나는" 유대인에게 부과하는 세금(Reichsfluchtssteuer)을 징수하겠다고 했으며, 추가로 신중한 마르틴 프로이트가 스위스로 보내놓은 프로이트 전집 재고를 가져다 태우겠다고 했다. 또한 그들답게 그 책들을 오스트리아로 다시 가져오는 운송비도 마르틴 프로이트가 부담하게 했다.[157] 프로이트는 이런 요구들을 감당할 돈이 수중에 없었다. 은행 계좌와 더불어 현금도 몰수당했기 때문이다. 그러나 마리 보나파르트가 그곳에 있었다. 그녀는 3월 내내, 그리고 4월 초까지 프로이트 가족 근처에 머물렀으며, 4월에 다시 빈으로 돌아와 내야 할 돈을 냈다. 그녀의 존재는 더할 나위 없이 귀중했다. 마르틴 프로이트는 나중에 감사하는 마음으로 이렇게 썼다. "우리가 3월 11일부터 5월 말까지 빈에서 보낸 마지막 슬픈 몇 주는 공주가 없었다면 감당하기 어려웠을 것이다." 그녀는 돈을 대주고 격려를 해주었을 뿐 아니라, 용맹한 모습도 보여주었다. 나치 친위대가 찾아와 안나 프로이트를 게슈타포로 데려가려 하자, 자기도 체포해 가라고 나섰던 것이다.[158]

평소에는 침착하던 안나 프로이트마저 가끔 실망감에 빠져들었다. 그녀는 4월 3일에 친밀한 말투로 어니스트 존스에게 이야기했다. "이렇게 어수선한 때가 아니라면 어니스트가 지금 우리를 위해 해주고 있는 일을 내가 온전히 이해하고 있다는 사실을 보여줄 수 있을 텐데 말이에요."[159] 와일리가 섬너 웰스에게 보고한 바에 따르면, 출국 비자 발급이 지연되는 주된 이유는 프로이트 출판사의 "청산" 문제였다. 마리 보나파르트도 지칠 줄 모르고 달라붙었지만, 관리와 당국을 끝도 없이 찾아다니는 일은 주로 안나 프로이트의 일이었다. 그녀는 4월 말에 어니스트 존스에게 이야기했다. "어제와 오늘 사이에 변호사한테는 5번, 미국 영사관에는 3번 갔다 왔어요. 모든 일이 느리게 진행되네요."[160] 안나 프로이트는 런던에 보내는 편지에 가끔 실망감을 드러냈으며, 규율이 강하고 자기 비판적인 그녀는 그런 감정을 드러낸 것을 후회했다. 4월 26일에는 어니스트 존스에게 사과하다시피 했다. "보통 저녁 늦게 편지를 쓰는데, 그때는 이미 이른바 '용기'라는 것을 많이 써버린 뒤라아마 내가 조금 지나치게 나가나 봅니다." 그녀는 무엇보다도 아버지를 걱정하고 있었다. "아버지 건강이 버티지 못하면 어쩌죠?" 그러면서 그녀는 시름에 잠긴 듯이 덧붙였다. "하지만 그것은 묻지 않는 게 나은 것들 가운데 하나예요."[161]

사실 긴장에도 불구하고 프로이트의 건강은 놀라울 정도로 잘 버티고 있었지만, 그래도 프로이트는 수동적일 수밖에 없었고 이 점이 그의 마음에 들지 않았다. 새로 권력을 쥔 사람들이 업무를 파악하고 도둑질을 마무리하기를 기다리는 동안 프로이트는 시간을 죽이려고 책과 골동품과 논문을 정리했다. 필요 없는 책은 뽑아내고 편지와 서류는 버리려 했다. 그러나 마리 보나파르트와 안나 프로이트가 쓰레기통에 들어간 것을 건져낸 덕분에 일부는 후손을 위해 살아남을 수 있었다.[162] 프로이트가 더 즐거워했던 일은 마리 보나파르트가 그녀의 차우차우 개 톱시에게 바치는 얇은 회고록을 안나 프로이트와 몇 시간씩 번역하는 것이었다. 심지어 《인간 모세와 유일신교》를 조금씩─"하루에 한 시간씩"─손보는 일을 할 에너지도 있었다.[163] 5월 6일─공교롭게도 프로이트의 82번째 생일이었다.─베를린의 윌슨 대사는, 프로이트 사건을 책임진 게슈타포 관리의 말에 따르면 프로이트가 떠나는 데 딱

1938년 5월. 영국으로 떠나도 좋다는 당국의 허가를 기다리던 때의 프로이트. 나치의 위협에 오스트리아를 떠나기로 결정한 뒤 프로이트의 막내딸 안나가 게슈타포에게 체포되어 심문을 당하는 일이 벌어졌다. 안나는 무사히 돌아왔지만 그날은 프로이트에게 "최악의 날"이었다.

한 가지 장애만 남았다고 국무장관에게 보고했다. 프로이트가 출판사에 진 빚을 청산하는 문제였다. 그러나 이 한 가지 일을 처리하는 데 예상보다 시간이 많이 걸렸다. 프로이트는 "런던으로 이주할 날을 기다리는 동안 빈"에서 아들 에른스트에게 생일 축하에 감사하는 편지를 썼다. "우리는 일이 정리되기를 대체로 참을성 있게 기다리고 있다. 나에게 살 날이 얼마 남지 않았다는 점을 생각하니 일이 지체되는 것에 안달이 나기는 하는구나. 다행히도 안나의 젊은 힘과 낙관적 에너지는 흔들리지 않아. 그렇지 않다면 삶을 유지하는 것 자체가 어려울 거다." 그는 예전에 몰두했던 문제로 거슬러 올라가, 남자와 여자의 차이에 관해 설명했다. "일반적으로 여자가 남자보다 잘 버티지."[*164] 이 시점에 이르자 프로이트는 이주를 완전히 받아들여, 5월 중순에는 어니스트 존스에게 자신의 이주 동기 가운데 가장 중요한 것이 무엇인지 밝혔다. "이주로 인해 안나가 얻을 이익을 생각하면 우리가 작은 희생을 할 가치가 있지. 우리 늙은 사람들(73세, 77세, 82세)"—그의 처제, 부인, 그 자신의 나이다.—"뿐이라면 구태여 이주를 할 필요가 없겠지만."[165]

아무리 적다 하더라도 프로이트에게 일은 여전히 절망을 막아내는 가장 좋은 방어막이었다. 거기에 그의 냉소적인 유머 감각 또한 그를 완전히 떠나지는 않았다. 당국은 프로이트 가족을 내보내기 직전 프로이트에게 자신들이 그를 홀대하지 않았다는 진술서에 서명을 하라고 고집을 부렸다. 프로이트는 서명을 하면서 한마디 덧붙였다. "모든 사람에게 게슈타포를 강력하게 추천하는 바입니다(Ich kann die Gestapo jedermann auf das beste empfehlen)."[166] 이것은 궁금증을 불러일으키는 묘한 행동이었다. 사실 이 찬사를 읽은 친위대 사람들이 그 안에 숨은 강한 비꼼을 인식하지 못한 것이 프로이트에게는 다행이었다. 그것을 인식했다면 당연히 그의 말을 매우 불쾌하게 받아들였을 것이기 때문이다. 그렇다면 왜 해방의 순간에 그런 치명적인 모험을 한 것일까? 혹시 프로이트의 마음속에서 뭔가가 움직여 그냥 빈에 머물다 죽고 싶은 마음이 들었던 것일까? 그 깊은 이유가 무엇이든 간에 게슈타포에 대한 그의 "찬사"는 그가 오스트리아 땅에서 보여준 마지막 저항 행동이었다.

영국으로 이주하는 작업은 그전부터 조금씩 진행되어 왔다. 미나 베

---

* 프로이트는 이보다 앞서 같은 이야기를 한 적이 있다. 그는 4월 28일에 존스에게 보내는 편지에서 이렇게 말했다. "여자들이 더 유능하지." (Freud Collection, D2, LC.)

르나이스가 가족 가운데 가장 먼저 5월 5일에 떠났다. 마르틴 프로이트는 9일 뒤에 떠났다. 마틸데 홀리처와 그녀의 남편 로베르트는 열흘 뒤에 떠났다. 5월 25일 안나 프로이트는 이런 상황이 비현실적으로 느껴진다고 고백했다. "이 모든 일이 이런 식으로 백 년 동안 계속된다 해도 놀라지 않을 거예요. 우리는 이제 여기에 없고, 그렇다고 완전히 저쪽에 가 있는 것도 아닙니다."[167] 5월 31일이 되었을 때도 그녀는 아직 서류가 다 준비되지 않았다고 말했다.[168] 프로이트, 부인 마르타, 딸 안나는 여전히 무해 증명서가 나오기를 기다리고 있었다.

자유로 가는 그 통행증은 마침내 6월 2일에 나왔으며, 같은 날 피흘러 박사는 프로이트를 진찰하고 걱정할 것이 없다고 판단했다. 이틀 뒤 6월 4일 토요일 프로이트는 드디어 빈을 떠났다. 그가 베르크 가세 19번지에서 쓴 마지막 편지는 아르놀트 츠바이크에게 보낸 짧은 편지와 조카 새뮤얼에게 보낸 엽서였다. 런던의 새 주소를 알리려는 것이었다.[169] 프로이트는 《비망록》에 이 사건들을 간결하게 기록하다 실수를 했다. 진지하게 받아들일 필요가 있다고 세상 사람들에게 가르쳤던 바로 그런 종류의 실수였다. 출발일을 6월 4일 대신 6월 3일 토요일이라고 잘못 적은 것이다.[170] 이것은 무의식이 보낸 미묘한 메시지로서, 게슈타포에 대한 불손한 찬사 뒤에 감추어진 의미를 거부한다는 의미였을까? 사실 그는 빈을 떠나고 싶은 마음이 간절했던 것일까? 아니면 혹시 그 반대로 사실은 출발을 늦추고 싶다는 신호를 보낸 것일까? 어디까지나 추측만 해볼 수 있을 뿐이다. 또 4주 전인 5월 10일에는 "두 주 안에 출발?"이라고 적었다.[171] 그는 얼마간은 무의식적인 깊은 양가감정으로 망명을 바라보고 있었던 것이 틀림없다. 프로이트는 런던에서 보낸 첫 편지에 이렇게 쓰게 된다. "해방되었다는 의기양양한 느낌에는 애도의 느낌 또한 강하게 섞여 있네. 벗어난 감옥을 아직도 무척 사랑

1938년 6월 4일, 자유로운 땅으로 데려다줄 기차에 오른 프로이트와 안나.

하고 있기 때문이지."[172]

　마치 시적이라는 느낌이 들 정도로, 그의 탈출은 끝까지 순조롭지 않았다. 프로이트와 동행하기로 했던 주치의 막스 슈어는 "골치 아프게도"[173] 충양돌기 제거 수술을 받아야 했기 때문에 6월 15일이나 되어야 환자와 합류할 수 있었다. 그래서 안나 프로이트의 제안에 따라 젊은 소아과 의사 요제피네 슈트로스(Josefine Stross)가 프로이트와 동행했다.[174] 프로이트가 고마워하는 마음으로 정확하게 표현했듯이, 6월 5일 "오전 2시 45분"[175] 오리엔트 특급이 켈에서 국경을 넘어 프랑스로 들어가자 드디어 해방이 찾아왔다. 프로이트는 그 순간을 기억하며 이렇게 말했다. "라인 다리를 건너면서 우리는 자유를 얻었네!" 익숙한 심장의 고통으로 표현된 피로를 제외하면 여행도 잘 견딘 셈이었다. 파리

파리에 도착한 프로이트. 빈을 떠나 영국으로 가는 길에 프랑스에 들른 프로이트는 시끌벅적하고 따뜻한 환대를 받았다. 기자들이 벌이는 북새통 속에서 마리 보나파르트(프로이트 왼쪽) 공주와 미국 외교관 윌리엄 불릿(오른쪽) 등이 프로이트를 보호했다.

사람들은 약간 떠들썩하기는 했지만 따뜻하게 맞아주었다. 역에서 기자와 사진기자들이 달려들어 사진을 찍고 인터뷰를 하려고 법석을 떨었던 것이다. 그러나 그 자리에는 불릿도 있고, 에른스트와 해리 프로이트도 있어, 그들이 옆에서 프로이트를 보호해주었다. 또 마리 보나파르트도 나와 있어, 얼른 자신의 우아한 저택으로 프로이트를 데려갔다. 프로이트는 그곳에서 즐겁게 하루를 쉬었다. 프로이트는 이렇게 보고했다. "마리는 평소보다 더 부드럽고 사려 깊은 모습을 보여주었네." 프로이트 가족은 그곳에서 밤배를 타고 영국으로 건너갔다. 6월 6일 아침에 빅토리아 역에 내리자 친척과 존스의 가족이 그들을 맞이하여 함께 런던 북서부 레전트 파크 근처의 셋집으로 갔다. 존스는 프로이트 가족을 태우고 "아름다운 도시"[176]를 통과하며, 버킹엄 궁, 피카딜리 서커스, 레전트 스트리트 등 런던의 구경거리 몇 곳을 지나갔고, 프로이트는 부인에게 설명을 해주었다.[177] 프로이트는 그 전에는 자신이 런던에서 망명객으로 인생을 마칠 것이라고는 꿈도 꾼 적이 없었다.

금욕주의자의 죽음

프로이트는 그가 말한 대로 "자유 속에서 죽으려고" 영국에 왔다. 그러나 그가 런던에서 보낸 첫 편지는, 그가 그 무렵 겪었던 불안이나 괴로움도, 15년 동안 그의 내밀한 적이었던 암도, 고령도—이제 82세였다.—그의 활력, 관찰의 재능, 뛰어난 말솜씨, 중간계급의 습관을 없애지 못했음을 보여준다. 프로이트는 예루살렘에 있던 막스 아이팅곤에게 편지를 썼다. "친구에게. 지난 몇 주 동안 소식을 거의 전하지 못했군. 대신 새집에서 첫 번째 편지를 박사에게 쓰고 있네. 새 편지지를 준비하기도 전에 말이야."[178] 이 말 뒤에는 이제는 역사 속으로 멀어져 간 온전한 부르주아적 세계가 자리 잡고 있었다. 어디에 살든, 설사 엘스워디 로드 39번지 같은 가구째 세낸 집에 살더라도, 자신의 주소가 인쇄된 편지지가 있어야 한다는 것은 그에게 당연한 일이었다.—그렇지 않은가? 그러나 주소가 인쇄된 새로운 편지지가 없는 상태에서도 프로이트는 베를린 출신의 오랜 친구에게 소식을 전할 수 있었다. 하녀에 주치의에 차우차우 개까지 데리고 나선 프로이트 가족이 길게 대오를 늘어뜨린 채 빈에서 파리를 거쳐 영국까지 왔다는 것. 슈어의 예상치 못했던 충양돌기 절제 수술. 힘든 여행이 프로이트의 심장에 미친 영향. 마리 보나파르트의 칭찬을 받을 만한 친절. 정원이 딸리고 전망도 좋은 안락한 새 거처.

이런 보고 방식에는 뭔가 방어적인 것이 있었다. 늙은 정신분석가 프로이트는 그것을 알았고 또 그렇게 말했다. 그러나 분석가가 아닌 그의 부인도 새로운 상황을 프로이트만큼 분명하게 느끼고 있었다. 6월 말에 그녀는 계속 두고 온 사람들이 생각나지만 않는다면, "완벽하게 행복할 것"이라고 조카딸에게 말했다.[179] 프로이트의 여동생 가운데 네 명이 여전히 빈에 있었다. 그는 그들에게 16만 실링—2만 달러가 넘었다.—이라는 큰돈을 주고 왔다. 그러나 오스트리아의 새로운 질서라는 잔인하고 예측 불가능한 체제에서는 그 늙은 여자들의 운명은 말할 것도 없고 그 돈의 운명 또한 불확실했다. 안도감 또는 행복을 주는 경험조차 프로이트는 부담스러웠다. 지난 몇 달 동안 너무 많은 일이 일어났다. 지금 그를 둘러싸고 있는 것은 너무 많은 놀라움을 안겨주었다. 그는 이 선명한 대조를 이루는 상황을 태연하게 소화해낼 수가 없었다. 그는 아이팅곤에게 모든 것이 여전히 꿈같고, 비현실적으로 느껴진다고 말했다. "감정적 상황은 이해하기도 어렵고, 묘사하는 것도 쉬운 일이 아닐세."

사소하지만 이상한 일 몇 가지 때문에, 그의 심장이 얼마나 더 버티어줄까 하는 의문 때문에, 처제의 중병 때문에 이 새로운 세계에서 생활하는 데서 오는 완벽한 기쁨이 약간 퇴색했다. 미나 베르나이스는 그의 위층의 침대에 누워 있었다. 그런데도 아직 그녀를 찾아가볼 수 없었다. 당연한 일이지만 프로이트는 이따금씩 우울한 상태에 빠져들었다. "하지만 자식들은 내 자식이건 며느리나 사위건 아주 잘 하고 있네. 마틸데는 빈 시절 안나만큼이나 유능해."—프로이트로서는 최고의 찬사였다.—"에른스트는 정말이지 그의 별명대로 **힘의 탑**일세. 룩스"—에른스트의 부인—"와 아이들도 그에 못지않아. 남자아이들, 마르틴과 로베르트는 다시 고개를 높이 들고 다니네. 나 혼자만 그들과 달라서, 가족에게 실망을 주는 사람이 된 셈인지도 모르겠네. 집사람은 늘 건강하고 의기양양하네."[180]

프로이트는 무척 운이 좋은 쪽이었다. 6월 7일에 따뜻한 기사로 프로이트의 도착을 알렸던 〈맨체스터 가디언〉은 "우리는 빈에서 괜찮은 대접을 받은 소수의 유대인에 속했다."는 안나 프로이트의 말을 인용했다. "우리가 집에 갇혀 있었다는 것은 사실이 아니다. 아버지는 몇 주 동안 외출한 적이 없지만, 그것은 건강 때문이었다." 에른스트 프로이트도 누이의 말을 뒷받침했다. "일반적으로 유대인은 지독한 대접을 받았지만, 아버지의 경우는 달랐다. 아버지는 예외였다." 마르틴 프로이트는 아버지가 "영국을 사랑하고 영국 사람들을 사랑하기 때문에 영국에 머물 것"이라고 덧붙였다.[181] 마르틴의 말은 외교적인 동시에 진지한 것이었다.

안전하다는 것만으로도 유쾌했지만, 프로이트에게는 마음이 들뜰 만한 다른 이유도 있었다. 그는 6월 28일에 자랑하는 마음을 감추지 않고 아르놀트 츠바이크에게 "왕립학회 R. S."의 간사 세 명이 서명을 받으려고 "학회의 성스러운 책"을 가져왔다고 말했다. "그 사람들은 나에게 그 책의 사본을 놓고 갔습니다. 여기 있다면 I. 뉴턴의 서명에서부터 찰스 다윈의 서명까지 보여드릴 수 있을 텐데. 그들 옆에 있게 되다니 잘된 일이지요!" 이 저명한 과학자들의 이름 옆에 그의 이름을 보태 달라는 권유는 기쁜 일이었다. 왕립학회가 규칙을 우회하면서까지 서명장을 들고 프로이트를 찾아간 일도 또 하나의 환영의 표시였다. 그들은 딱 한 번, 영국 왕의 서명을 직접 찾아가 받은 일이 있었다. 그러나 프로이트는 이 영국이란 곳이 이상한 곳이라고 덧붙이지 않을 수 없었다. 그들은 심지어 그의 서명까지 바꾸어주기를 바랐다. 영국에서 성만 서명하는 사람은 귀족밖에 없다는 이야기였다. 그래서 프로이트는 아르놀트 츠바이크에게 쓴 편지에서도 시험 삼아 무려 40년 전에 버린 "Sigm. 프로이트"라는 서명을 사용해보았다.[182]

이런 사소하고 기이한 일들보다 훨씬 중요한 것은 프로이트가 영국에서 여러 번 친절과 공감을 확인했다는 점이었다. 유명한 인물과 평범한 영국인들—거의 모두가 처음 보는 사람들이었다.—이 프로이트가 받아들이기 어려울 정도로 다정하고 사려 깊게 그를 받아들였다. "우리는 갑자기 인기가 높아졌네." 프로이트는 아이팅곤에게 말했다. "은행의 지배인이 '교수님에 관해 다 알고 있습니다.' 하고 말하더군. 안나를 태워주는 운전기사는 '아, 프로이트 박사님 댁이로군요.' 하고 말하네. 우리는 꽃 때문에 숨이 막힐 지경일세." 그 가운데 가장 중요한 일은 그 다음에 나왔다. "정말로 다시 한 번 뭐든지 쓰고 싶은 것을 쓸 수 있네. 편지를 검열하지 않으니까."[183]

두 주 뒤, 3월에 오스트리아를 벗어나 스위스에 안전하게 살고 있던 동생 알렉산더에게 답장을 보내면서 프로이트는 영국에서의 행복한 기분, 지금의 삶이 거의 믿어지지 않는다는 태도를 다시 드러냈다. 영국은 그 모든 특이함에도 불구하고 "축복 받은 행복한 나라이며, 친절하고 따뜻한 사람들이 사는 곳이야. 적어도 첫 몇 주의 인상은 그래." 그는 영국 체재 사흘째부터 "런던, 프로이트 박사님"이나 "레전트 파크를 굽어보는 곳"이라는 주소만으로도 편지가 배달되는 데 놀랐다.[184] 그의 부인도 마찬가지였다.[185] 그러나 그렇게 배달되는 편지를 모두 무시할 수는 없었다. "그리고 그 편지들!" 프로이트는 짐짓 경악한 듯이 외쳤다. "지난 두 주 동안 밀에서 겨를 골라내려고," 그리고 답장을 해야 할 편지에는 답장을 하느라고 "글을 쓰는 쿨리*처럼 일했어." 프로이트는 친구들만이 아니라 "놀라울 정도로 많은, 모르는 사람들"에게 편지를 받았다. "그 사람들은 그저 우리가 탈출하여 이제 안전하다는 사실을 함께 기뻐하고 싶을 뿐, 그 대가로 아무것도 원하지 않아." 그러나 예상할 수 있는 일이지만, 이런 편지들 말고도 "수많은 서명 수집가들, 바보들, 광인들, 소책자와 복음을 보내 내 영혼을 구하고 그리스도에게 가는 길을 안내하고 이스라엘의 미래에 관해 일깨워주고 싶어 하는 신자들"에게 시달렸다. "그리고 내가 이미 소속되어 있는 학자들의 모임도 있고, 내가 명예 회원이 되어야 한다고 여기는 헤아릴 수 없이 많은 유대인 '협회들'이 있지. 간단히 말해서 나는 평생 처음, 그것도 느지막이 명성이 무엇인지 체험하고 있어."[186]

이 모든 만족감 한가운데서 프로이트는 그가 오래전 생존자의 죄책감이라고 파악한 증상을 약간 겪고 있었다. 그는 동생의 편지에 답장하는 일을 두고 진짜 심리적 억제를 확인했다. 그와 그의 가족이 아주잘, 아니 너무 잘 있었기 때문이다. 프로이트는 빈에 두고 온 여동생들 이야기는 하지 않았지만, 그들이 마음에 있었을 것이 분명하다. 또 프로이트는 망명자의 고통도 느꼈다. "박사는 이주자들이 아주 특별히 고통스럽게 느끼는 한 가지를 빠뜨린 것 같습니다." 그는 전에 그의 분석을 받았던 스위스의 정신분석가 레몽 드 소쉬르의 탈출 축하 편지에 답장을 보내며 그렇게 말했다. "자신이 평생 사용하면서 살아왔고 그것을 통해 사유했던 언어의 상실—그렇게 말할 수밖에 없군요.—입니다. 아무리 다른 언어에 공감하려 노력해도 대체는 절대 불가능할 겁니다." 그는 심지어 익숙한 "고딕 글자체"를 버리는 데도 어려움을 겪고 있었다. 얄궂은 일이었다. "나는 독일인이 아니라는 말을 수도 없이 들었습니다. 이제 실제로 독일인일 필요가 없으니 기쁘네요."[187] 그렇지만

---

* 인도의 하급 노무자. (역주)

이것은 감당할 수 있는 불편이었다. 적어도 지금 이 순간 프로이트는 자유 속에서 죽어 가는 것이 아니라 살아갔으며, 나쁜 건강과 죄책감만큼이나, 또한 세상이 허용하는 만큼이나 자유를 즐기고 있었다.

영국의 환영에서 힘을 얻은 프로이트의 반응은 진지한 일로 돌아가는 것이었으며, 이것은 늘 좋은 징조였다. 영국에 도착하고 나서 불과 두 주 뒤인 6월 21일 프로이트는 《비망록》에 이렇게 기록했다. "모세 3부 다시 시작."[188] 일 주일 뒤 프로이트는 아르놀트 츠바이크에게 기쁜 마음으로 "모세" 3부를 쓰고 있다고 말했다. 아마 이것은 다른 사람은 거의 공감하지 못할 기쁨이었을 것이다. 프로이트는 이어서 "젊은 유대계 미국인"에게서 막 편지를 한 통 받았는데, 그 사람은 "나에게 비참한 상태에 놓인 가난하고 불행한 유대인 동포에게서 유일한 위안을 빼앗지 말라고 요청했습니다."[189] 비슷한 시기에 저명한 유대인 동양학자 아브라함 샬롬 야후다(Abraham Shalom Yahuda)가 찾아와 비슷한 요청을 했다.[190] 프로이트는 아직《인간 모세와 유일신교》의 원고를 완성하지도 않았는데, 이 끔찍한 곤경의 시기에 모세에게 매달리고 싶은 마음이 간절했던 유대인들은 그것을 발표할 것이라는 계획만으로도 걱정을 했다. 1937년 프로이트는 첫 두 편의 에세이를 〈이마고〉에 발표했지만, 일반 대중도 구해볼 수 있는 책으로 나온다면 사실 정신분석가들이나 보는 그런 잘 알려지지 않은 정기간행물에 실린 이집트인 모세에 관한 두 편의 논문보다 훨씬 큰 위협이 될 것이 분명했다.

그때부터 간절한 호소, 성난 비난, 경멸 섞인 반박, 가끔 등장하는 갈채가 일종의 라이트모티프가 되었다. 프로이트는 동요하지 않았으며, 다른 사람들이 그의 고집이나 오만이라고 부르는 것이 그 자신은 사실 겸손의 표현이라고 믿는다고 말했다. 그는 자신 때문에 믿음이

1938년 여름, 런던에서 다시 진지하게 일에 몰두하게 된 프로이트. 넥타이까지 맨 깔끔한 옷차림이다. 프로이트는 마지막까지 흠잡을 데 없는 부르주아 신사였다.

약해질 유대인은 단 한 명도 없다고 주장했다.*[191] 프로이트는 모세 문제의 답, 그리고 그 답과 유대인 역사의 관련성에 강한 애착을 지니고 있었기 때문에 완강했고, 그것이 모세를 자신의 조상으로 여기는 사람들에게 끼치는 심리적 영향을 놀라울 정도로 고집스럽게 외면하고 있었다. 프로이트가 늘 이렇게 둔감했던 것은 아니다. 첫 번째 에세이 〈이집트인 모세〉의 서두에서 프로이트는 이 문제를 정면으로 다루었다. "어

* 이 말은 그의 반론에서 일관된 주제가 된다. 그는 1939년 7월에도 이런 편지를 썼다. "거룩한 성경이나 회당의 기도에서 위로를 구하는 사람 가운데 누구도 내 설교로 신앙을 잃어버릴 위험은 없습니다. 나는 그런 사람이 내가 믿고 내 책에서 옹호하는 것이 무엇인지 알게 될 거라고 생각하지도 않습니다. 신앙은 그런 수단으로 흔들 수 없습니다. 나는 일반 사람들이나 신자 대중을 대상으로 글을 쓰는 것이 아닙니다. 잃어버릴(loose) 신앙이 없는 소수를 위해 과학적인 것을 생산하고 있을 뿐입니다." (프로이트가 마가릭Magarik 박사에게 쓴 편지, 1939년 7월 4일. 영어로 씀. 타자로 친 사본, Freud Collection, Z3, LC. 철자의 오류〔lose를 loose로 잘못 쓴 것(역주)〕는 타자로 친 사람의 오류일 **가능성**이 있다.)

떤 민족에게서 그 민족이 자신들 가운데 가장 위대하다고 찬사를 보내는 사람을 빼앗는 일은 기쁘게 또는 무책임하게 할 수 있는 일이 아니다. 하물며 본인이 바로 그 민족에 속했을 때는 말할 것도 없다." 그런데도 프로이트는 주장한다. "그러나 이른바 만족의 이익을 위해서 진실을 무시할 수는 없는 일이다."[192] 그는 오스트리아 정치가들이 그를 협박하여 일시적으로라도 침묵을 강요하는 것 한 가지만으로도 고통스러운 일이라고 생각했다. 따라서 동포 유대인들이 같은 일을 하도록 용납할 생각은 없었다. 그래서 그는 '모세 3부' 작업을 계속해 나갔다. 이 구상은 끝을 보아야만 했다. 그는 7월 17일 동생 알렉산더에게 의기양양하게 이야기할 수 있었다. "방금 모세 3부의 마지막 문장을 썼다."[193] 그리고 다음 달 초에는 딸 안나가 파리에서 열린 국제 정신분석가 대회에서 이 3부의 일부를 낭독했다.

프로이트는 "모세"에 몰두해 있는 동안에도 다른 전문적인 관심을 완전히 거두어들이지는 않았다. 7월 초에는 테오도어 라이크에게 보낸 마지막 편지에서 비전문 분석가 문제와 관련된 미국인에 대한 묵은 적의가 아직도 전혀 사그라지지 않았음을 보여주었다. 어떤 면에서 10여 년 전 그 논쟁을 일으켰다고 할 수도 있는 라이크는 이제 미국에 정착하는 중이었다. "도대체 무슨 나쁜 바람이 불어 하고 많은 사람 가운데 박사가 미국으로 날아간 겁니까?" 프로이트는 그렇게 빈정거렸다. "박사야말로 그곳의 우리 동료들이 비전문 분석가를 얼마나 우호적으로 맞아주는지 잘 알지 않습니까. 그들에게 분석이란 정신의학의 하녀에 불과한 것이지요." 그는 적의 때문에 판단력도 흐려진 듯이 이렇게 덧붙였다. "네덜란드에 더 오래 머물 수는 없었던 겁니까?"[194] 같은 달에 프로이트는 비전문가 분석에 대한 자신의 입장이 바뀌었다는 말을 단호하게 부인하며, 그 말이 "어리석은 헛소문"이라고 비난했다. 그는

"내 관점을 한 번도 포기한 적이 없으며, 오히려 전보다 더 강하게 주장을 하고 있다."고 말했다.[195]

신뢰할 수 없는 미국에서든, 아니면 그보다 못한 나치 지배하의 중유럽에서든, 정신분석에 닥친 위험은 프로이트의 마음을 무겁게 짓눌렀다. 빈의 출판사는 합병 이후인 1938년 3월에 문을 닫았다. 《인간 모세와 유일신교》의 출판 문제는 암스테르담의 출판사와 이야기를 해야 했다. 그때 지혜롭게도 히틀러가 권좌에 오르기 1년 전인 1932년에 베를린을 떠나 보스턴으로 간 한스 작스가, 사라진 〈이마고〉를 계승할 응용 정신분석 정기간행물을 내자는 제안을 했다. 그러나 프로이트는 이 계획을 승인하기를 망설였다. 그것으로 독일어 정신분석 정기간행물을 계속 내려는 노력이 끝났다는 의미가 될까 봐 걱정이 되었기 때문이다. "영어로 미국에서 새 〈이마고〉를 내자는 박사의 계획을 처음에는 탐탁지 않게 생각했습니다." 그는 작스에게 그렇게 말하면서, "독일에서 불이 완전히 꺼지도록 놔두고" 싶지 않았기 때문이라고 덧붙였다. 그러나 안나 프로이트와 어니스트 존스는 그의 반대가 근거 없다고 설득했다. 결국 프로이트는 〈아메리칸 이마고〉라는 제목을 제안했고, 작스는 이것을 바로 받아들였다.[196] 며칠 뒤인 7월 19일, 당시 영국에 망명 중이던 슈테판 츠바이크가 살바도르 달리(Salvador Dali)와 함께 찾아왔으며, 초현실주의자들과의 관계가 어정쩡했던 프로이트는 "솔직하고 광적인 눈과 부정할 수 없는 기술적 완벽성을 갖춘 그 젊은 에스파냐 사람"에게 호감을 느꼈다.[197]

사흘 뒤인 7월 22일 프로이트는 《정신분석학 개요》를 쓰기 시작하여, 첫 페이지에 꼼꼼하게 날짜를 기록했다. 그는 약자를 사용하고 관사를 생략해 가면서 안달이 난 것처럼 빠른 속도로 초고를 써 나갔으며, 당시 회의에 참석하려고 파리에 가 있던 딸 안나에게 "휴가 삼아 하는 일"이 "즐거운 일"이 되었다고 말했다.[198] 사실 《정신분석학 개요》는 그의 성숙한 관점을 드러내는, 간결하지만 강력한 글이다. 원고를 밀쳐 두기 전에 썼던 50여 페이지에서 그는 정신적 장치, 충동 이론, 성 발달, 무의식의 본질, 꿈의 해석, 정신분석 기법에 관하여 그가 알게 된 것들을 요약했다. 그렇다고 이 상당한 양의 미완성 원고가 단순한 요약인 것은 아니다. 프로이트는 특히 자아에 관해서는 생각이 새롭게 발전하고 있음을 암시하기도 했다. 화학 물질이 정신의 균형을 바꾸어, 당시 신경증의 치료 가운데 이용 가능한 최고의 방법인 정신분석을 완전히 낡은 것으로 만들어버릴 때가 올지도 모른다고 추측하는 흥미로운 대목도 나온다. 여든두 살의 나이에도 프로이트는 여전히 미래를 향해 열려 있었고, 여전히 정신분석 치료의 근본적인 수정도 받아들일 용의가 있었던 것이다. 《정신분석학 개요》는 고도로 압축된 입문서처럼 보이지만, 초보자를 위한 글은 아니다. 프로이트가 '대중화'를 시도한 글들 가운데 이 책이 단연코 가장 어렵다. 포괄성과 정신분석적 사고의 경화(硬化)에 대한 암묵적 경고라는 면에서 이 책은 프로이트 자신이 창건한 전문 분야에 대한 유언으로 볼 수도 있다.

프로이트는 악성 종양이 다시 극성을 부린다는 경고등이 켜진 9월 초에 《정신분석학 개요》 집필을 중단했다. 프로이트 가족은 급하게 영국 의사들과 상의를 한 후, 빈에서 피흘러 박사를 불러들였다. 피흘러 박사는 9월 8일에 두 시간에 걸쳐 종양에 쉽게 접근하기 위해 뺨을 째고 들어가는 큰 수술을 했다. 수술이 끝난 뒤 안나 프로이트는 곧바로 마리 보나파르트에게 소식을 전했다. 분명히 안도한 목소리였다. "지금이 어제가 아니라 오늘인 게 정말 기뻐요."[199] 이것이 결국 프로이트가 받은 마지막 수술이 되었다. 이제는 몸이 너무 쇠약해, 라듐 치료보다

생의 마지막 나날을 보낸 메어스필드 가든의 집에서. 프로이트가 편안함을 느낄 수 있도록 베르크 가세 19번지의 진료실이나 서재와 최대한 비슷하게 꾸몄다. 책상 위에 나치에게 값을 치르고 가져와야 했던, 프로이트가 아끼는 물건들이 놓여 있다.

강한 치료는 감당할 수 없었다. 라듐 치료도 만만치 않았다.

프로이트는 며칠 뒤 퇴원을 허락받았으며, 9월 27일에 그를 위해 마련된, 햄스테드의 메어스필드 가든 20번지의 집으로 이사를 했다. 집은 널찍하고 쾌적했으며, 꽃이 가득하고 키 큰 나무들이 그림자를 드리우는 어여쁜 정원 때문에 더 기분 좋게 느껴졌다. 가을은 춥지 않았기 때문에, 프로이트는 야외에서 많은 시간을 보내며 흔들의자에 앉아 책을 읽고 쉬었다. 집은 그가 편안함을 느낄 수 있도록 최대한 그의 요구와 소망에 따라 정리되어 있었다. 그가 나치에게 값을 치르고 가져와야 했던 소유물—책, 골동품, 유명한 소파—이 마침내 도착하여, 아래층의 방 두 개는 베르크 가세 19번지의 진료실이나 그 옆의 서재와 대체로 비슷하게 보였다. 1929년 이후 빈에서 프로이트 가족과 함께 살면서 조심조심 조각상들의 먼지를 털었던 하녀 파울라 피흐틀(Paula Fichtl)이 기억에 의존하여 조각상들을 최대한 똑같이 원래 있던 자리에 배치했다. 이 소중한 골동품 가운데는 마리 보나파르트가 준 선물로, 빈에서 프로이트의 책상 뒤에 놓았던 크라테르*도 있었는데, 나중에 여기에는 프로이트 부부의 유골이 담기게 된다. 예전의 환경대로 재구성해놓은 이곳 메어스필드 가든에서 프로이트는 아직 그에게 남은 한 해를 살게 된다.

수술로 프로이트의 얼마 안 남은 힘은 빠져나갔지만, 정신은 여전하여 시대의 흐름을 계속 따라가고 있었다. 국제 정세는 계속 악화되어, 전쟁의 위협이 문명 세계를 유독한 안개처럼 덮고 있었다. 1938년 9월 29일 네빌 체임벌린(Neville Chamberlain)과 에두아르 달라디에(Édouard Daladier)는 뮌헨에서 히틀러를 만나 독일이 체코슬로바키아의 '독일' 지역을 삼키는 데 동의해주었다. 그 대가로 얻은 것은 나치가 앞으로 평화롭게 행동하겠다는 미심쩍은 약속뿐이었다. 영국으로 돌아온 체임벌린은 많은 사람들에게 구세주로 환영받았고, 소수에게는 수치스러운 유화론자로 비난을 받았다. 아르놀트 츠바이크는 프로이트에게 보낸 편지에서 이른바 조정자들이 "그들 스스로 대가를 치르기 전에는 지금 자신들이 남에게 어떤 대가를 치르게 하고 있는지" 이해하지 못할 것이라고 말했다.[200] 뮌헨 회담으로 연합국은 몇 달의 시간을 벌었지만, 사람들이 상황을 깨닫고 난 뒤에 이 회담은 배반과 비굴이라는 오명만 얻고 말았다. 영국과 프랑스의 총리가 체코슬로바키아를 나치에 팔아버린 도시의 이름 자체가 비굴한 굴복의 동의어가 되고 말았다. 프로이트는 9월 30일에 《비망록》에 뮌헨에 관하여 간결하게 논평했다. "평화."[201]

프로이트는 아직 편지를 주고받을 만큼 몸이 좋아지지 않았다. 그가

---

* 고대 그리스의 도기. (역주)

"집"에서 마리 보나파르트에게 처음 편지를 쓴 것은 이사 오고 나서 꼬박 일 주일이 지난 뒤인 10월 4일이었다. 예전에 그의 표지와도 같았던 강박적인 신속함은 이제 사라져버렸다. 프로이트는 자신의 자원을 절약해야 했다. 그는 편지에서 이유를 설명했다. 공주에게는 수술이 "1923년 이후로 가장 혹독하여 많은 대가를 요구했다"고 말했다. 그는 짧은 메시지를 쓸 힘밖에 없었다. "글도 거의 못 씁니다. 말하거나 담배를 피우는 것도 마찬가지고요." 그는 몹시 피곤하고 힘이 없다고 불평했다. 그런데도 그는 분석 환자 세 명을 만났다.[202] 그리고 일단 몸이 충분히 회복되자 책상으로 돌아갔다. 《정신분석학 개요》는 내팽개쳐 두고 10월 20일에는 〈정신분석의 몇 가지 기본적 교훈〉이라는 또 하나의 교훈적인 에세이를 쓰기 시작했다. 이 또한 미완성으로 남을 운명이었으며, 그나마 매우 짧았다. 그런데도 11월 중순에 마리 보나파르트에게 말했듯이, "여전히 얼마든지 일을 할 수 있었다." 그러나 그가 할 수 있는 일은 제한되어 있었다. "편지는 쓸 수 있지만 다른 것은 못 합니다."[203] 그는 마지막 한 가지 환상 때문에 안달하고 있었다. 영국 신민으로서 귀화하여 영국에 대한 오랜 애정을 분명히 확인하고 싶었던 것이다. 동시에 아마도 오스트리아에 대한 단호한 거부를 확인하고 싶었을 것이다. 그러나 이 점에서 그의 영향력 있는 영국인 친구들과 그의 흠 잡을 데 없는 연줄들은 그를 실망시켰으며, 그는 그 소망을 실현하지 못하고 죽었다.

가을의 이 몇 달의 시기에는 고별의 분위기가 깔려 있었다. 사후에 발표된 프로이트의 마지막 글들은 고별사처럼 읽힌다. 프로이트는 자신의 죽음을 의식했기 때문에 친구들에게 빨리 오라고 재촉했다. 10월에 그가 오래전부터 알고 좋아했던 유명한 프랑스 연예인인 낭송가 이베트 길베르(Yvette Guilbert)가 이듬해 5월에 생일을 축하하러 오겠다고 하자 프로이트는 감동을 받았지만 몇 달을 기다려야 한다는 사실이 걱정되었다. "내 나이에는 미루어야 하는 모든 것이 고통스러운 의미라오."[204] 손님들은 끊이지 않고 찾아왔다. 마르타 프로이트와 안나 프로이트가 사려 깊게 통제를 하여 수가 줄기는 했지만, 완전히 중단되는 일은 없었다. 슈테판 츠바이크처럼 오래전부터 알던 사람도 찾아왔다. H. G. 웰스처럼 그를 존경한 지 얼마 되지 않은 사람들도 찾아왔다. 물론 그와 친한 사람들이 가장 기분 좋은 손님이었다. 메어스필드 가든을 자주 찾아와 묵고 가던 마리 보나파르트는 프로이트 가족이나 다름없었다. 평소의 수입이 대부분 끊긴 아르놀트 츠바이크는 소련에서 받은 예상치 못한 인세를 이용해 9월에 프로이트를 찾아와 몇 주 묵다 갔다. 그는 10월 중순 파리에서 다시 프로이트에게 작별 인사를 하는 편지를 보내 그들의 긴 대화를 기억했다. 츠바이크는 그런 대화가 프로이트에게는 무척 피곤한 일이었을 것이라고 다정하게 사과했다.[205]

이 기간 내내 프로이트의 모세 책 출간을 말리려는 시도가 있었다.* 10월 중순에는 저명한 과학사가 찰스 싱어(Charles Singer, 1876~1960)가 프로이트의 아들 한 명에게 《인간 모세와 유일신교》를 그냥 책상

---

* 10월에 팔레스타인에서 이스라엘 도리온(Israel Doryon)이라는 사람이 편지를 보내, 프로이트가 요제프 포퍼-린코이스(Josef Popper-Lynkeus, 1838~1921)에게서 모세가 이집트인이라는 생각을 가져왔을지도 모른다는 암시를 했다. 포퍼-린코이스는 오스트리아의 물리학자, 철학자, 에세이스트로서, 프로이트는 꿈과 다른 심리학적 문제에 관한 그의 섬세한 작업을 매우 높이 평가했다. 프로이트는 도리온의 암시에 괴로워하기는커녕 오히려 흥미를 느꼈다. "이른바 잠복 기억(Cryptomnesia)이라는 현상"—무의식적으로 죄책감 없이 재료를 빌려오는 것—"은 나에게 아주 빈번하게 일어났고, 독창적으로 보이던 생각들의 유래를 밝혀주었습니다." 그는 자신이 독창적이지 않다는 사실에는 전혀 괘념치 않았다. 그는 자신의 유일한 기여는 오래된 주장을 "정신분석학적으로 약간 강화한 것"뿐이라고 말했다. (프로이트가 도리온에게 쓴 편지, 1938년 10월 7일. Freud Museum, London.)

에 넣어두는 것이 현명할 것이라는 메시지를 정중하게 전달했다. 무엇보다도, 반유대주의에 맞서는 성채인 영국 교회들이 그 책을 종교에 대한 공격으로 받아들일 것이라는 이유에서였다. 그러나 그의 사려 깊은 탄원은 아브라함 야후다의 경우와 마찬가지로 소용이 없었다. 프로이트는 싱어에게 이 책은 다시 한 번 과학에 대한 그의 평생에 걸친 헌신을 충실하게 표현하고 있으며, "사실 종교적 믿음에 대한 모든 과학적 연구가 불신앙을 가정하고 있다는 점에서만, 오직 그 정도에서만 종교에 대한 공격"이 될 것이라고 말했다. 그는 자신의 과학적 의견에 대한 유대인의 반응에 당황했다고 고백했다. "물론" 그는 그들을 불쾌하게 만드는 것이 즐겁지 않다고 주장했다. "하지만 내가 어쩔 수 있겠습니까? 나는 긴 인생 전체에 걸쳐 설사 내 동포에게 불편하고 불쾌한 일이 된다 해도 내가 생각하는 과학적 진실을 지키는 일에 전념해 왔습니다. 그런데 이제 와서 그것을 부인하는 행동으로 인생을 마감할 수는 없습니다." 그는 이런 자기 검열 요청에는 적잖은 아이러니가 있다고 암시했다. "사람들은 우리 유대인이 세월이 흐르면서 겁쟁이가 되었다고 비난합니다. (우리도 한때는 용감한 민족이었습니다.) 나는 이런 변화를 거들지 않았습니다. 따라서 나는 이번에도 위험을 무릅쓸 수밖에 없습니다."[206]

사실 프로이트는 그 기획을 포기하기는커녕 영어 번역을 확보하는 일을 정력적으로, 또 신속하게 밀어붙였다. 캐서린 존스가 남편의 도움을 얻어 번역 작업을 하고 있었지만, 10월 말에 어니스트 존스는 번역이 1939년 2월이나 3월은 되어야 완성될 것이라는 실망스러운 소식을 전해 왔다. 프로이트는 길고 다급한 편지에서 당황한 마음을 감추지 않았다. 그는 존스 부부의 시간이 귀중하다는 것을 알고 있으며, 그들이 매우 성실하다고 인정했다. 그러나 그들은 이 짐을 맡겠다고 자원했으며, 이렇게 지연되는 것은 프로이트에게 여러 가지 점에서 불쾌했다. 프로이트는 존스에게 자신이 나이가 많고 얼마나 살지 알 수 없다는 사실을 지적했다. "무엇보다도, 나의 몇 달은 다른 사람의 경우보다 큰 의미가 있습니다." 죽기 전에 영어판이 나오는 것을 보는 것은 "이해할 만한 소망"이 아니냐는 것이었다. 존스가 번역의 일부를 다른 사람에게 맡기면, 두 달 안에 끝낼 수도 있는 것 아니냐. 더불어 "이미 돈을 준 미국의 출판사(뉴욕의 크노프)의 초조함"도 존스에게 전달했다.[207]

이것은 핑계가 아니었다. 블랑슈 크노프(Blanche Knopf)는 여름부터 《인간 모세와 유일신교》의 미국 판권을 확보하려고 마르틴 프로이트와 접촉해 왔다. 블랑슈 크노프는 남편 앨프리드(Alfred)와 함께 뉴욕에서 교양서를 내는 출판사를 운영하고 있었으며, H. L. 멩켄 같은 미국 내 유명 저자를 확보하여 이름을 얻었다. 그러나 외국 저자에는 토마스 만 등 더 저명한 인물들이 포진해 있었으며, 책의 독특한 디자인도 유명했다. 따라서 크노프의 이름으로 책을 내는 것은 바람직한 일이었다. 11월 중순 블랑슈 크노프는 프로이트를 찾아와 사소한 수정 사항에 관하여 여러 가지 제안을 했다. 그러나 프로이트는 그 제안들을 받아들이고 싶지 않았다. 분위기가 아주 긴장되었던 것이 분명하다. 가냘프지만 강인하고 자신만만한 이 미국의 출판업자는 고집스러운 프로이트가 그 어떤 원고보다 많은 희생을 감수하고 썼을 원고를 수정하게 하려고 "간단한 제안"[208]을 몇 가지 했다. 프로이트는 계약을 파기하자고 제안했지만 블랑슈 크노프는 지혜롭게도 거부했으며, 결국 미국에서는 크노프 출판사가 《인간 모세와 유일신교》를 출판하게 된다.[209] 이런 협상 과정 동안 프로이트는 예루살렘에 있는 번역자 J. 드보시스와 《인간 모세와 유일신교》를 히브리어로 번역하는 문제에 관하여 편지를 주고받았다. 프로이트는 번역을 고대하고 있기는 했지만, 드보시스에게 이 책이 "《토템과 터부》의 주제를 계속해서 유대 종교 역사에 적용한 것"으로, "그 내용이 과학에 굴복하지 않는 유대인의 감수성에 불쾌감을 줄 만하다."는 불편한 사실을 간과해서는 안 된다고 미리 이야기해주는 것이 좋겠다고 생각했다.[210] 번역판을 내고 싶은 마음이 간절했지만, 번역자에게 그것이 위험한 일일 수 있다고 경고를 한 것이다.

《인간 모세와 유일신교》의 운명은 프로이트에게 엄청나게 중요했다. 그러나 나치는 그에게 훨씬 심각한 사건들을 들이댔다. 11월 10일 프로이트는 《비망록》에 "독일의 학살"이라고 적었다.[211] 그 전날 밤 나치 체제는 일련의 "자발적인" 시위를 조직하고 구호를 외치고, 창문을 깨고, 약탈을 하고, 폭력을 휘둘렀다. 또 대량 체포를 감행했다. 파리에서 독일 외교관이 필사적인 젊은 폴란드계 유대인 손에 암살당했다는 것이 구실이었지만, 사실 이런 일치된 행동은 오래전부터 신중하게 준비된 것이었다. 전국에 걸쳐 크고 작은 도시에서 유대인 상점 약 7천 개가 파괴되었다. 거의 모든 회당이 잿더미가 되었다. 또 약 5만 명에 달하는 독일계 유대인이 강제수용소로 이송된 것으로 보인다. 과대한 집단적 벌금, 비합리적이고 모욕적인 관료적 강탈 때문에 이민이 반드시 필요하면서도 동시에 바로 그때문에 이민이 어려웠다. 이전의 인종차별적 법과 규제 때문에 그렇지 않아도 혹독했던 독일 유대인의 삶은 이제 거의 유지가 불가능한 상황이 되었고, 이 유대인들은 자신들을 받아들이기를 꺼리는 세계에서 필사적으로 피난처를 구했다. 이런 "최근의 역겨운 사건들"—그로테스크한 완곡어법으로 '수정의 밤(Kristallnacht)'이라고 부르게 되었다.—의 문화 파괴와 잔혹성을 보면서 프로이트는 3월의 빈을 떠올렸다. 이 사건들 때문에 "일흔다섯에서 여든 살 사이의 여자 네 명"—여전히 빈에 살고 있는 여동생들—"을 어떻게 할 것인가 하

'수정의 밤' 사건이 일어난 날, 오스트리아의 슈티리아 그라츠에 있는 유대교 회당이 방화로 불타고 있다. 1938년 11월 10일 오스트리아와 독일의 수백 개 지역에서 자행된 잔혹 행위의 전형적인 예다. 나치는 이것을 유대인에 대한 '자발적' 항의라고 불렀다.

는 고민이 더 깊어졌다." 그는 마리 보나파르트에게 혹시 그들을 프랑스로 데려올 수 있느냐고 물었다.[212] 공주는 그렇게 해보려고 열심히 노력했지만, 관료제와 그 시대가 그녀를 막았다.

이것은 생사의 문제였다. 그러나 이것들도 그에게 중요한 세속적인 일, 정신분석과 관련된 일로부터 그의 주의를 완전히 돌리지는 못했다. 그것은 나치가 프로이트의 세계에 떠안긴 또 하나의 역겨운 문제였다. 독일에서 정신분석은 괴링의 사촌이 수장으로 있는 이른바 괴링 연구소, 즉 독일 정신의학 종합의학회의 후원 아래 그런대로 살아남았지만, 나치의 인종적 이데올로기에 순응하여, 순화된 어휘를 사용하고, 유대인 정신분석가 없이 버틸 수밖에 없었다. 그쪽에서는 연구는커녕 정신의 독립성도 기대할 수 없었다. 오스트리아에서는 정신분석의 모든 흔적이 말살되었다. 얼마 전부터 게르만인의 무의식과 유대인의 무의식의 차이에 관해 이야기를 해 온 융이라는 미심쩍은 지도자를 둔 스위스 분석가들은 프로이트가 신뢰할 수 있는 동맹자들이라고 할 수 없었다. 프랑스에서 정신분석은 여전히 적에게 포위되어 있었다. 미국이 독일인, 오스트리아인, 헝가리인 분석가들을 점점 많이 받아들이고 있는 것은 사실이었지만, 우리가 알다시피 프로이트는 미국인을 거의 신뢰하지 않았으며, 뉴욕을 비롯하여 미국의 다른 큰 도시로 흘러드는 비전문 분석가들은 정신분석 상담을 금지하는 규제에 계속 부딪혔다. 따라서 프로이트가 어니스트 존스에게 인정했듯이, "최근의 사건들 때문에 런던이 정신분석 운동의 가장 중요한 장소이자 중심이 될 운명에 처했네."[213] 이런 상황이었기 때문에 프로이트는 영국의 출판업자 존 로드커(John Rodker)가 그의 전집을 독일어로 새로 다듬어 내기 위해 이마고 출판사를 설립한다는 소식을 반겼다.[214] "오스트리아의 정치적 사건들"[215] 때문에 출간되지 못했던 독일어 정신분석 정기간행물도 새로운 생명을 얻었다. 1939년 초 예전의 〈국제정신분석저널〉과 〈이마고〉를 결합한 정기간행물이 프로이트를 편집인으로 해서 영국에서 출간되기 시작했다.

프로이트는 여전히 쓰고 있었다. 비록 양은 적었지만. 아르투어 쾨스틀러(Arthur Koestler, 1905~1983)가 파리에서 편집하는 망명 잡지에 반유대주의에 대한 짧은 논평을 실었고, 〈시대와 조류〉 편집자에게도 같은 주제에 관한 편지를 보냈다. 방문객들도 여전히 찾아왔다. 1939년 1월 말쯤에는 그의 책의 영어판을 내는 출판사인 호가스 출판사의 소유자 레너드 울프와 버지니아 울프 부부를 메어스필드 가든 20번지로 초대하여 차를 마셨다. 레너드 울프는 프로이트에게 놀라 존경심을 품게 되었다. 그 자신도 명사로서 사회적으로 탁월한 지위에 있었을 뿐 아니라 국제적 명성을 얻은 소설가의 남편으로서 평생 유명 인사와 사귀었기 때문에 레너드 울프는 쉽게 감명을 받는 사람이 아니었다. 그러나 그가 자서전에서 회고한 바에 다르면 프로이트는 "천재였을 뿐 아니라, 다른 많은 천재들과는 달리 매우 유쾌한 사람이었다." 울프는 "내가 알던 유명한 사람들의 경우에는 찬양하고 싶은 충동을" 느낀 적이 없었다. "유명한 사람들은 거의 모두 실망스럽거나 따분하거나, 아니면 둘 다였다. 그러나 프로이트는 둘 다 아니었다. 프로이트에게는 명성의 분위기가 아니라 위대함의 분위기가 있었다." 울프는 프로이트와 차를 마시는 일이 "쉬운 면담이 아닐 것"이라고 생각했다. "그는 형식을 갖추는 구식의 매우 예의 바른 사람이었다. 예를 들어, 거의 의식을 거행하듯이 버지니아에게 꽃을 선사했다. 그에게는 반은 소멸한 화산 같은 느낌이 있었다. 어둡고, 억눌리고, 과묵한 어떤 느낌. 나는 그에게서 내가 만나본 극소수 사람에게서만 느꼈던 것을 느꼈다. 그것은 위대한 부드러움의 느낌이었다. 그러나 그 부드러움 뒤에는 큰 힘이 있었다."[216]

울프는 프로이트의 가족이 메어스필드 가든을 박물관 비슷한 곳으로 바꾸어놓았음을 알았다. "그의 주위에는 그가 수집한 수많은 이집트 골동품이 있었다." 버지니아 울프가 만일 연합국이 제1차 세계대전에서 졌다면 히틀러는 없었을 것이라고 말하자 프로이트는 반대의 뜻을 나타냈다. "독일이 전쟁에서 이겼어도 히틀러와 나치는 나왔을 것이고, 아마 지금보다 훨씬 악질이 되었을 겁니다." 레너드 울프는 매혹적인 일화로 그의 이야기를 마무리했다. 그는 런던 포일의 서점에서 책을 몇 권 훔친 죄로 유죄 판결을 받은 남자의 이야기를 신문에서 읽었다. 그 가운데는 프로이트의 책도 있었다. 그에게 벌금형을 내린 판사는 프로이트가 쓴 것을 모두 읽으라는 벌을 내리고 싶다고 말했다. 프로이트는 그 이야기를 듣고 즐거워했지만 동시에 "변명하는 듯한 말을 했다. 그는 자신의 책들이 자신을 유명하게 해준 것이 아니라 악명을 높였다고 말했다. 놀라운 사람이었다."[217] 버지니아 울프는 그녀답게 남

1938년 12월 7일, 영국 BBC 라디오에서 메어스필드 가든으로 찾아와 프로이트와 인터뷰를 했다. 이때 구강암 말기였던 프로이트는 말하기가 힘든 상태였지만 카랑 카랑한 목소리로 유창하게 영어를 구사하며 흐트러짐 없이 수십 년에 걸친 자신의 정신분석의 역사를 짧게 이야기했다.

편보다 신랄했다. 그녀는 프로이트에게서 "바싹 죄어져 오그라든 아주 늙은 사람"이라는 인상을 받았다. "그는 원숭이처럼 눈이 빛났다." 말은 정확하지 않았지만 빈틈이 없었다. 그녀는 프로이트의 다른 가족은 사회적으로나 심리적으로나 극단적으로 굶주려 있다고 생각했다. 난민의 처지였으니 틀림없이 그랬을 것이다. 그러나 그녀조차 자신이 결코 잊을 수 없는 사람과 함께 있다는 사실만은 부정하지 못했다.[218]

울프 부부와 차를 마실 때 프로이트는 심하게 아픈 상태였다. 그는 1939년 1월에 《비망록》을 두 번밖에 기록하지 못했다. 두 번 다 몸이 몹시 힘든 순간의 기록이었다. 2일에는 "요통", 31일에는 "뼈의 통증"이라고 적은 것이다.[219] 사실 그달 중순 이후로 암에 관한 이야기가 프로이트의 편지에 놀라울 정도로 많이 등장한다. 실제로 암 병변이 있는 곳 근처가 수상쩍게 부어올랐으며, 전보다 훨씬 큰 통증에 시달렸다. 정신이 흐려질까 걱정하여 약을 경멸하며 먹지 않았던 사람이 얼마 전부터 피라미돈 같은 강하지 않은 진통제에 의존하여 살고 있었다.[220] 2월 중순에 프로이트는 아르놀트 츠바이크에게 자신의 "상태"가 "흥미로워지려" 한다고 말했다. "9월 수술 이후로 턱의 통증을 느꼈는데, 통증은 느리기는 하지만 꾸준히 강해지고 있습니다. 그래서 뜨거운 물이 담긴 병과 아스피린이 옆에 없으면 일상적인 자잘한 일도 못하고 밤에 잠도 못 잡니다." 그는 이것이 해로울 것 없는 증상인지 "아니면 우리가 16년 동안 싸워 온 불쾌한 과정의 진전인지" 알 수가 없었다. 프로이트와 계속 연락을 하던 마리 보나파르트는 프랑스의 라듐 치료 전문가와 상의를 했고, 프로이트가 파리로 가서 치료를 받아야 한다는 이야기도 오갔다. 프로이트는 다른 사람들은 모르지만 그 자신은 "이 모든 일이 사실 우리를 꾸준히 기다려 온 종말의 시작임을 충분히 상상"할 수 있다고 덧붙였다. "어쨌거나 나는 이렇게 몸이 마비될 듯한 통증에 시달리고 있습니다."[221] 2월 말 의사 앙투안 라카사뉴(Antoine Lacassagne)가 파리에서 찾아와 슈어가 지켜보는 가운데 프로이트를 진찰했고, 두 주 뒤에 라듐 치료를 하기 위해 돌아왔다.[222] 그러나 통증은 집요하게 계속되었다.

프로이트는 여전히 세상에 관심이 있었고, 여전히 냉소적이었으며, 여전히 가장 가까운 친구들에게 편지를 쓰고 있었다. 그러나 그들 가운데 다수와 주고받는 편지는 끝을 향해 다가가고 있었다. 2월 21일에 피스터가 말했다. "마지막으로 빈을 찾아갔을 때 교수님이 독일인의 정신을 얼마나 정확하게 판단하셨는지 모릅니다! 교수님이 사디스트 아버지로 퇴행해버린 나라를 탈출하셔서 얼마나 기쁜지 모르겠습니다!"[223] 프로이트는 3월 5일에 아르놀트 츠바이크에게 보낸 마지막 편지에서 자신의 병과 의사들의 계속되는 불확실한 태도를 약간 자세하게 이야기하고, 츠바이크에게 "나치 영혼"을 분석하는 일에 손을 대보는 것이 어떻겠냐고 제안했다.[224] 그러나 세상 돌아가는 상황이 늘 흥미롭기는 했지만, 그 자신의 상태가 어쩔 수 없이 우선이었다. 일 주일 뒤 프로이트는 평소의 억제된 방식으로 작스에게 자신의 감정을 약간 터뜨렸다. 상담하는 의사들은 엑스레이와 라듐 치료를 병행하는 것이 효과가 있을지도 모른다고 생각했고, 그래서 프로이트가 보기에는 의사들이 그 치료가 "수명을 몇 주나 몇 달 늘려줄" 것이라고 생각하는 것 같았다. 그러나 프로이트는 그 정도를 위해 그런 노력을 기울일 가치가 있는지 알 수 없었다. "내가 이 나이에 최종 결과의 가능성을 두고 자기 기만에 빠지겠나. 그 사람들이 나한테 하는 일 때문에 나는 피곤하고 진이 다 빠졌네. 불가피한 종말로 가는 길의 하나로서, 비록 나더러 고르라고 하면 이것을 고르지는 않겠지만, 이것도 다른 어느 길과 다를 바가 없네."[225]

이 무렵 그의 상태에 대한 평결이 내려졌다. 2월 28일에 실시한 조직 검사 결과는 양성이었다. 암이 다시 활동하고 있었다. 입 안 너무 뒤쪽에 자리 잡고 있어 수술은 불가능했다. 한동안 엑스레이 치료가 슈어의 예상을 뛰어넘을 정도로 종양을 억제해주었지만, 일시적으로 나아진 것일 뿐이었다. 그러나 그 과정 내내 프로이트는 가짜 희망이라는 쉬운 위로를 거부했다. "친애하는 마리에게." 그는 4월 말 공주에게 편지를 썼다. "오랫동안 편지를 쓰지 못했네요. 아마 그동안 파란 바다에서 해수욕을 하고 있었겠지요." 마리 보나파르트는 상트로페에서 휴가를 보내고 있었다. "아마 그 이유를 알 것이고, 내 필체를 보면 확인할 수 있을 겁니다." 그러면서 그는 "잘 지내지 못했다"고 솔직하게 말했다. "병과 치료 결과가 모두 원인이 되었지요. 어느 쪽이 비중이 더 큰지는 모르겠지만. 어떤 사람들은 나를 낙관적인 분위기로 이끌려고 합니다. 암이 줄어들고 있고, 거부 반응이 나타나는 것은 일시적이라는 거지요. 나는 그 말을 믿지 않고, 속는 것을 좋아하지도 않습니다." 정신분석가 딸은 그 어느 때보다 꼭 필요한 존재였다. "안나가 파리 회의"—프랑스어권 정신분석가들의 대회였다.—"에 참석하지 못한다는 것은 아시지요? 나는 점점 독립성을 잃는 바람에, 그 아이에게 더 의존하게 되었습니다." 이즈음 자주 있는 일이지만, 그는 다시 죽음을 바랐다. "잔인한 과정을 끝낼" 병이 생긴다면 "아주 바람직할 것 같습니다."[226]

이 편지는 많은 것을 풍부하게 알려준다. 다시 한 번 딸에 대한 애정과 의존을 보여주는 동시에, 그런 의존에 대한 혐오도 보여준다. 그리고 다시 한 번 아무리 낙담이 된다 해도 자기 자신에 대한 완전한 진실을 알 권리가 있다는 생각을 강조한다. 그는 개인 주치의인 막스 슈어가 적어도 이 점에서는 1923년에 펠릭스 도이치가 그랬던 것처럼 자신을 실망시키지 않을 것이라고 자신할 수 있었다. 그러나 안타깝게도 슈어는 중요한 몇 주 동안 프로이트를 떠나 있을 수밖에 없게 되었다. 4월 말 곤란한 처지에 놓인 슈어는 미국으로 가 아내와 어린 두 자식이 정착하는 것을 돕고, 시민권 신청서를 작성하고, 의사 면허를 따야 했다. 슈어는 죄책감에 사로잡혔지만, 프로이트는 엑스레이 치료 뒤에 많이 좋아진 것 같았고 또 출발을 더 늦출 수도 없었다. 미국 비자는 이미 받았지만, 프로이트 곁에 있어야 한다는 이유로 4월 말까지 연장을 해놓았다. 그러나 미국 영사관은 유연성 없는 이민법을 따를 수밖에 없어, 비자를 한 번 더 연장해줄 수는 없다고 했다. 슈어는 오랫동안 미국으로 이주할 권리를 잃을지도 모르는 상황에 처했기 때문에, 가능한 한 빨리 다녀오기로 했다.[227]

이 몇 달 동안 막스 슈어는 나치 오스트리아에서 가장 엄혹했던 시절과 마찬가지로 프로이트에게 딸 안나만큼 중심적인 인물로 자리를 잡았다. 프로이트는 마치 왕이나 된 것처럼 여러 번 그를 자신의 "전용 의사"라고 불렀지만,[228] 슈어를 좋아했고 신뢰하는 동료로 대접했다. 프로이트의 자식들도 마찬가지였다. 사용할 필요가 없기를 바라면서도 마르틴 프로이트와 안나 프로이트에게 독약을 준 사람이 슈어임을 우리는 기억하고 있다. 슈어가 프로이트를 안 것은 1915년이었다. 젊은 의대생이던 슈어는 나중에 《정신분석 강의》로 출간된 강의를 들으며 점점 흥분했다. 그는 내과의학을 전공했지만, 정신분석을 계속 공부했으며, 이렇게 내과 의사로서는 드물게 정신분석에 계속 매혹을 느끼고 있다는 점 때문에 마리 보나파르트 공주의 눈에 들었다. 그녀는 1927년에 우연히 그의 진찰을 받았으며, 이듬해에 더 집중적인 치료를 받았다. 그녀는 프로이트에게 슈어를 주치의로 들이라고 강하게 권했고, 프로이트는 1929년 3월에 그 말을 따랐다.[229] 그는 그녀의 조언을 따른 것을 한 번도 후회하지 않았으며, 자신이 슈어의 "유순한 환자이고, 그렇게 하는 것이 나에게 쉽지 않을 때도 그 점은 변함이 없다."고 말했다.[230] 사실 프로이트는 단 두 가지 문제에서만 슈어에게 저항했다. 우선 그는 되풀이하여 슈어의 청구 비용이 너무 적다고 불평했다.[231] 이보다 더 중요한 불복종 행동은 그가 사랑하는, 그에게 없어서는 안 되는 시가를 끊으라는 충고를 무시했다는 것이다. 프로이트와 슈어는 처음 만났을 때 솔직함이라는 민감한 문제에 합의를 보았으며, 그 뒤에 프로이트는 훨씬 어려운 문제를 제기했다. "나한테 또 약속해주시오. 때가 오면 사람들이 나를 불필요하게 괴롭히지 않게 해 달라는 거요." 슈어는 약속했고, 두 사람은 악수를 했다.[232] 1939년 봄, 이제 그 약속을 지켜야 할 때가 다가오고 있었다.

슈어가 어쩔 수 없이 참석 못하여 몹시 아쉬워한 행사 가운데는 프로이트의 83세 생일도 있었다. 마리 보나파르트는 메어스필드 가든 20번지로 찾아와 며칠 묵었다. 이베트 길베르도 약속대로 참석하여, "위대한 프로이트에게 내 온 마음으로! 1939년 5월 6일 이베트 길베르"라는 존경의 메시지를 담은 자신의 사진을 주었다.[233] 5월 19일에는 프로이트가 정말로 축하할 일이 생겼다. 그는 《비망록》에 의기양양하게 "영어 모세"라고 적었다.[234] 바라던 대로 생전에 영어권 세계에서 《인간 모세와 유일신교》가 출간되는 것을 본 것이다. 그러나 이 책의 출간은 그에게, 또는 그의 독자들에게 축복이기만 한 것은 아니었다.

모세에 관한 세 편의 논문을 완성하는 마지막 긴 에세이를 보면 프로이트의 이전의 신중한 태도가 지혜로웠음을 확인하게 된다. 그는 이제까지 모세를 무시하지도 않았고, 유대인을 현재의 유대인으로 만든 것이 무엇인가 하는 중심 문제를 무시하지도 않았다. 그러나 모세와 유일신교에 관한 마지막 에세이에서는 모든 종교를 포괄하는 질문을 일반화한다. 이 책을 차라리 '환상의 과거'라고 부르는 것이 좋았을지도 모르겠다. 사실 그 모든 개인적인 일탈과 여담, 그 모든 자전적인 참조에도 불구하고, 《인간 모세와 유일신교》는 그의 정신분석 작업에서 일관되었던 주제들을 다시 불러온다. 오이디푸스 콤플렉스, 이 콤플렉스를 선사시대에 적용하는 방식, 모든 종교에 존재하는 신경증적 요소, 지도자와 추종자의 관계 등이 그런 것이다.* 이 책은 이런 주제들을 넘어 안타깝게도 이 책과 관련이 있을 수밖에 없고 또 근절 불가능한 것으로 보이는 반유대주의라는 현상과 프로이트의 유대인적 뿌리도 건드린다.[235] 심지어 그가 말년에 받아들이게 된 기묘한 생각도 약간 수줍게 주석의 형태로 얼굴을 내민다. 옥스퍼드 백작 에드워드 드 비어(Edward de Vere)가 진짜로 셰익스피어의 희곡들을 썼다는 확신이었다. 이것은 무리하고 약간 당혹스러운 가설이었는데도, 프로이트는 그것을 못 믿겠다는 방문객들에게, 또한 마찬가지로 회의적인 서신 교환자들에게 즐겁게 그 이야기를 하곤 했다.**[236] 그러나 셰익스피어의 정체는 주요한 관심에 부수적으로 따라붙은 것이었다. 대책 없는 무신론자 프로이트는 그가 수십 년 동안 유지해 왔던 불경한 주장으로 되돌아오고 있었다. 종교는 집단 신경증이라는 것이었다.

프로이트의 주장 전체가 활자화되자 유대인만이 아니라 기독교인도 《인간 모세와 유일신교》를 불쾌하게, 심지어 괘씸하게 여기게 되었다. 프로이트는 두 번째 에세이에서 가정한 고대 히브리인의 모세 살해를 아버지에 대한 원초적 범죄, 그가 《토템과 터부》에서 분석했던 범죄의 재연으로 해석했다. 이것은 선사시대 트라우마의 새로운 변형이며, 억압된 것의 귀환이었다. 따라서 흠 없는 예수가 죄 많은 인류를 위하여 자신을 희생한다는 기독교의 이야기는 "명백하게 편향적으로 왜곡된 형태로" 그런 범죄를 또 하나 감추고 있음에 틀림없다. 아나나 다를까, 프로이트는 궁지에 몰린 범죄자와 마주선 가차 없는 형사 같은 말투로 "어떻게 살인의 죄가 없는 사람이 스스로 죽임을 당함으로써 살인자들의 죄를 떠맡을 수 있겠는가?" 하고 묻는다. "역사적 현실에서는

---

* 이 무렵 프로이트는 그를 숭배하던 마리 보나파르트와 그가 위대한 인물이냐 아니냐를 놓고 우호적인 논쟁을 하고 있었다. 그는 자신이 위대한 인물은 아니지만, 위대한 것들을 발견하기는 했다고 결론을 내렸다.

** 프로이트는 이 망상을 몇 년 동안 쫓아다니면서 특히 어니스트 존스와 이야기를 많이 했다. 존스는 용감하게도 프로이트에게서 그런 생각을 몰아내려 했다. 프로이트는 셰익스피어가 옥스퍼드 백작으로 "밝혀졌다"는 주장을 담은 토머스 루니(Thomas Looney)의 *"Shakespeare" Identified*(1920)에 큰 감명을 받아 이 책을 두 번이나 읽었다. (특히 프로이트가 존스에게 쓴 편지, 1928년 3월 11일. Freud Collection, D2, LC 참조.) 존스는 명민하게도 이런 해로울 것 없는 열광을 프로이트가 전에 텔레파시에 혼란을 느끼면서도 매혹되었던 일과 연결시켰다. 존스에 따르면 두 가지 모두 사물이 겉으로 보기와는 다르다는 주장과 관련되어 있다. (*Jones* III, 428~430 참조.)

그런 모순이 존재하지 않았다. '구세주'는 한 사람의 중요한 범인, 아버지를 힘으로 누른 형제단의 지도자 외에 다른 사람일 수가 없다." 프로이트는 그런 어두운 범죄가 일어났는지, 또는 그런 주요한 반역자가 실제로 존재했는지 결정할 필요는 없다고 생각했다. 프로이트의 구도에서 현실과 환상은 쌍둥이까지는 아니라 해도 형제 정도는 되었기 때문이다. 그런 범죄를 상상만 했다 해도, "그리스도는 충족되지 않은 상태로 남은 소망적 환상의 상속자이다." 하지만 그런 일이 실제로 벌어졌다면, 그는 그 위대한 범죄자의 "후계자이자 화신"이 된다. 역사적 사실이 무엇이든, "기독교의 성찬 의식"은 예배라는 부드러운 형태이기는 하지만, 고대의 토템 식사의 반복이다. 따라서 유대교와 기독교는 여러 가지 비슷한 점으로 묶여 있지만, 아버지를 대하는 태도에서 결정적으로 달라진다. "유대교는 아버지의 종교였으며, 기독교는 아들의 종교가 되었다."[237]

프로이트의 분석은 매우 과학적이고 매우 냉정하게 들린다는 바로 그 점 때문에 기독교에 매우 불경한 것이다. 이 분석은 기독교 이야기의 중심을, 무의식적이라 하더라도 어쨌든 거대한 기만으로 다루고 있다. 그러나 프로이트에게는 비장의 수단이 있었다. 한 유대인, 타르수스의 사울, 즉 바울은 막연하게나마 그의 시대의 문명을 짓눌러 온 우울의 이유를 처음으로 인식했다. "우리는 하느님 아버지를 죽였다." 이것은 그가 "기쁜 소식이라는 기만적 위장의 형태"로만 감당할 수 있는 진실이었다.[238] 간단히 말해서 기독교의 예수를 통한, 예수의 삶과 운명을 통한 구원 이야기는 자기 보호를 위한 허구로서, 어떤 무시무시한 행동—또는 소망—을 감추고 있었다.

《인간 모세와 유일신교》는 물론 유대인이라고 봐주지는 않았다. 그들은 아버지 살해를 인정한 적이 없었다. 반면 기독교인은 부인을 철회하고 살인을 인정했다. 그리고 그렇게 해서 구원을 얻었다. 프로이트는 1920년대 말에 종교, 모든 종교가 환상이라고 말했다. 이제 그는 기독교가 망상의 광기로 빠져드는 가장 심각한 종류의 환상이라고 규정했다. 기독교인에 대한 이런 모욕으로도 만족하지 않았는지 그는 한 가지를 덧붙였다. 그들의 종교는 "어떤 면에서는 이전 종교에 비추어 문화적 퇴행을 보여주는데, 이것은 낮은 수준의 사람들이 새로 대량으로 난입하거나 그런 사람들을 받아들일 때 자주 벌어지는 일이다. 기독교는 유대교가 이르렀던 영성의 수준을 유지하지 못했다."[239] 그래도 유대인은 최선의 상태에서는 이스라엘 자녀들이 하느님의 선택받은 백성이라는 모세의 메시지에 감화되어 "마법과 신비주의"를 거부하고, 자신의 정신적이고 영적인 자질을 계발하였으며, "진실을 소유했다고 기뻐했고", 정신과 도덕성을 소중하게 여겼다.[240]

　무신론자 유대인 프로이트는 역사적 유대교를 이렇게 평가하는 과정에서 자신이 "윤리적으로 생각하고 도덕적으로 행동하라"[241]는 단순한 좌우명을 가졌던 자신의 아버지 야코프 프로이트의 진정한 상속자임을 보여주었다. 프로이트는 "모세가 유대인은 선택받은 사람들이라는 고양된 느낌을 전달했다."는 것을 우리가 안다고 말했다. "신의 탈물질화를 통하여 유대 민족의 은밀한 보물 창고에 새롭고 귀중한 부분이 보태졌다. 유대인은 지적 관심이라는 경향을 유지했다. 민족이 정치적 불행을 겪으면서 그들에게 남은 유일한 소유, 즉 그들의 문헌의 진정한 가치를 귀중하게 여기게 되었다."[242] 프로이트는 나치의 체계적 비방, 분서, 살인을 일삼는 강제수용소의 아가리 속에 당당하게 그 말을 던져 넣었다.

　원초적 범죄를 향한 유대인과 비유대인의 대립적 태도는 프로이트가 반유대주의의 지속을 설명하는 데도 도움을 주었다. 프로이트는 이 문제에 몇 페이지를 할애하여 통렬한 이야기를 전개했다. 그는 유대인 증오의 유래가 어떠하든 우울한 진실을 보여주는 것은 분명하다고 말했다. 기독교인이 결코 선한 기독교인이 아니며, 얄팍한 껍질을 들춰보면 늘 그래 왔던 대로 다신교적 야만인이라는 것이다.[243] 프로이트가 볼 때 반유대주의라는 지속적인 현상에서 눈에 두드러지는 요소 한 가지는 질투, 순수한 선망인 것이 분명했다.

　그러나 이런 약간 간접적인 유대교 찬양은 유대교 학자들을 달래주지 못했다. 6월 초, 해밀턴 파이프(Hamilton Fyfe)는 〈존 오런던스 위클리(John O'London's Weekly)〉에 실린 프로이트의 《인간 모세와 유일신교》 서평에서 이 책이 "역사적으로나 영적으로나 아주 생생하고 흥미롭다"고 말했다. 그러면서 "저자의 유대인 동포가 이 책을 두고 무슨 이야기를 할지 나는 감히 생각하고 싶지도 않다!"고 말했는데,[244] 이것이 근거 없는 이야기는 아니었다. 유대인 동포는 많은 이야기를 했으며, 그 가운데 칭찬은 거의 없었다. 그들은 거의 확실한 결과로 예견되는 것 때문에 불안했고, 따라서 격분했으며, 《인간 모세와 유일신교》에 경멸이나 침묵을 보여주었다. 그들은 정신분석의 무기를 그 창시자에게 돌려, 그가 왜 유대인에게서 그들의 모세를 빼앗으려 했는지 의문을 품었다. 유대교로부터 도피하고자 하는 욕망의 최종적 표현일까? 억압된 것의 귀환을 느끼면서 아버지처럼 되지 않으려고 최선을 다하고 있었던 것일까? 혹시 위대한 민족에게 율법을 주고 그 성격을 영원히 규정해버린 이방인 모세와 자신을 과대하게 동일시한 것은 아닐까(이 설이 가장 인기가 좋았다)? 나중에 마르틴 부버(Martin Buber, 1878~1965)는 모세를 연구하다가 분노하여 프로이트의 책에 대한 논평을 경멸이 담긴 주석 하나로 처리하면서, 그 책을 "비과학적"이고 "근거 없는 가설에 기초한""유감스러운" 작업이라고 말했다.*[245)] J. M. 라스크(J. M. Lask)는 예루살렘의 〈팔레스타인 리뷰〉에서 "그의 분야에서 깊은 학식과 독창성을 존중하기는 하지만" 프로이트는 기본적으로 "촌스럽고 무지한 사람(Am Haaretz)"이라고 말했다.[246)] 아브라함 야후다는 프로이트의 말이 "가장 광적인 기독교인"이 "이스라엘을 증오할 때" 하는 말처럼 들린다고 공격했다.[247)]

그러나 기독교인들은 그들 나름으로 격분했다.** 빈센트 맥나브(Vincent McNabb) 신부는 런던의 〈가톨릭 헤럴드〉에 쓴 글에서 "《인간 모세와 유일신교》를 보다가 도저히 인용도 할 수 없는 페이지들"을 발견했다면서, 이 페이지들을 보면 "저자가 성적 강박에 사로잡힌 것이 아닌지 자문하지 않을 수 없다."고 말했다. 맥나브 신부는 욕에서 협박으로 나아갔다. "프로이트 교수는 '**자유롭고 관대한 영국**'이 그를 환영해준 것을 감사해야 마땅하다. 무신론과 근친상간을 솔직하게 옹호하는 그의 태도가 널리 알려지면, 여전히 자신을 기독교인이라고 생각하

---

* 1939년 초 막스 아이팅곤은 예루살렘에서 마르틴 부버와 오래 토론을 한 뒤에, 《인간 모세와 유일신교》가 나오자마자 부버가 반박문을 쓰게 될 것이라고 프로이트에게 보고했다. 그는 "유대인 종교사회학자"로서 이미 《토템과 터부》에서도 동의할 수 있는 부분을 거의 찾지 못했으며, 《꿈의 해석》도 받아들이지 않았다. 부버가 보기에 그 책은 꿈의 창조적 작업을 경시했다. 아이팅곤은 "지금 이 나라에 정신분석의 위대한 비판자가 있다는 것은 분명하다."고 말했다. (아이팅곤이 프로이트에게 쓴 편지, 1939년 2월 16일. Freud Museum, London.) 프로이트는 3월 5일에 통명스럽게 대꾸했다. "마르틴 부버의 경건한 말은 《꿈의 해석》에 별 해를 끼치지 못할 겁니다. 《인간 모세와 유일신교》는 훨씬 취약하지만, 나는 그 책에 대한 유대인의 공격에는 대비가 되어 있습니다." (Sigmund Freud Copyright, Wivenhoe의 허락을 받고 인용.)
** 마르크스주의자의 반응도 흥미롭다. 하워드 에번스는 런던의 〈데일리 워커〉에 기고한 글에서 안정된 교조주의적 관점에서 프로이트에게 약간 관대한 태도를 보일 용의가 있다고 말했다. 그의 "이데올로기적 한계"를 고려할 때 "이 위대한 부르주아 과학자가 83세의 나이에 변증법적 접근 방법을 채택하기를 기대하기는" 힘들다는 것이었다. (《인간 모세와 유일신교》 서평, Daily Worker〔London〕, 1939년 7월 5일, Freud Museum, London.)

는 영국 사람들에게 그런 환영의 태도가 얼마나 지속될 수 있을지 궁금하다."[248] 프로이트가 이 서평을 읽었다면 빈 시절 오스트리아 성직자들에게서 듣던 말투와 비슷하다고 생각했을 것이다.

또 대중도 《인간 모세와 유일신교》가 나오기 전부터 편지를 보내 항의를 했다. 팔레스타인과 미국, 남아프리카와 캐나다의 낯선 사람들이 거칠 것 없이 자유롭게 프로이트의 사상에 대한 혐오를 드러내는 바람에, 마치 프로이트에 대한 일제 공격이 시작된 듯한 느낌을 주었다. 어떤 사람은 프로이트가 보여주는 성경 비판이, 불경한 유대인이 유대인 종교의 근본적 진실을 저버리는 행동을 합리화하는 전형적인 방식이라고 말했다.[249] 또 어떤 사람은 프로이트가 "이 책을 출간하지" 않기를 바란다고 말했다. 이것이 "복구 불가능한 피해"를 주고, "괴벨스를 비롯한 짐승들"에게 "또 하나의 무기"를 건네줄 뿐이라는 이유에서였다.[250] 보스턴의 익명의 작가는 숨 쉴 틈도 안 주고 몇 문단으로 프로이트를 비난했다. "이 지역 신문에서 모세가 유대인이 아니라는 당신의 발언을 읽었다. / 무덤에 들어가기 전에 이렇게 스스로 불명예를 뒤집어쓰다니 아쉬운 일이다, 이 늙은 바보야. / 이제까지 당신 같은 배교자가 수천 명 있었지만, 그런 자들이 제거된 것이 기쁠 따름이며, 이제 곧 당신도 제거되기를 바란다. / 독일의 악당들이 당신을 강제수용소에 집어넣지 않은 것이 안타까운 일이다. 당신이 속한 곳은 그곳인데."[251] 다른 사람들, 작가들, 그리고 나중에 비평가들은 이보다 약간만 정중했을 뿐이다. 그러나 소수이기는 하지만, 프로이트의 생각이 자극을 준다고, 심지어 부분적으로는 옳다고 생각하는 사람들도 존재했다. 그런 사람 가운데 한 명인 리우데자네이루의 부르나셰프(Alexandre Burnacheff)라는 사람은 프로이트에게 자신이 비슷한 책을 쓰고 있는데 자신의 생각이 프로이트의 생각과 "일치한다"면서, 《인간 모세와 유일신교》 영어판

한 권을 착불로 보내 달라고 요청했다.[252]

　물론 프로이트가 의지하는 증거는 전혀 탄탄하지 못했다. 기껏해야 추측이었으며, 부분적으로는 낡았고, 세밀하게 따지고 들면 불안정했다. "주(主)"를 뜻하는 히브리 말 아도나이(Adonai)가 이집트의 아톤 유일신 숭배에서 파생되었을지도 모른다는 프로이트의 추측, 그 자신도 그렇게 자신 있는 태도를 보이지 않았던 추측은 전혀 그럴듯해 보이지 않는다. 역사적 사건들이 앞 세대에서 뒤 세대의 무의식으로 전달된다는 그의 변함없는 라마르크주의는 그의 이전의 구성물의 경우와 마찬가지로 《인간 모세와 유일신교》에서도 믿을 만하지 못하다. 그러나 이집트인 모세와 훗날 그와 이름이 같았던 사람을 곰곰이 생각하던 말년의 프로이트는 은밀한 반유대주의자도 아니었고, 배은망덕한 추종자들을 정신분석적 진리라는 약속된 땅, 그 자신은 볼 수는 있지만 결코 들어갈 수 없는 그 땅으로 이끌고 가는 자칭 예언자도 아니었다. 그는 임상적인 자료의 구속을 받는 일 없이 자신의 마음에 드는 추측을 받아들이고 싶은 충동에 시달리는 지적인 사색가였다.

　프로이트는 일단 그런 추측들에 빠져들면 그에 반대되는 설득력 있는 증언을 들어도 거기에서 쉽게 빠져나오지 못했다. 모세를 이집트인들에게 내주고 고대 히브리인들이 그를 살해하게 했던 프로이트는 학자들의 지배적인 견해에 맞서 셰익스피어 희곡의 저자가 교육도 받지 못한 하찮은 배우였을 리가 없다고 믿게 되었던 연구자 프로이트였다. 그러나 따지고 보면 프로이트는 과학적인 기성 체제에 도전하여, 꿈에 의미가 있다고 믿었던, 글도 제대로 읽을 줄 모르던 미신적인 사람들 편을 들었던 두려움 모르는 발견자였다. 이런 수용력 있는 순진함이 정신의 과학에서 결정적인 돌파구를 만들어내지 않았던가? 모세도 마찬가지였다. 프로이트의 노년의 과감한 추측은 이전의 추측들과 다를 바

없었다. 그는 큰 판돈이 걸린 지적 게임을 하고 있었고, 그것을 즐기고 있었다. 그러나 설사 그것을 즐기지 않았다 해도, 그의 내부의 뭔가 때문에 계속할 수밖에 없었을 것이다. 이 수수께끼—모세 살해—에 열쇠를 제공했던 젤린의 1922년 논문이 비록 결정적으로 논박을 당했다 해도, 그 논문의 주제를 포기하고 싶지 않았을 것이다. 실제로 프로이트는 젤린이 주장을 철회했다는 이야기를 듣고도 흔들리지 않았다. 그는 "두 번째 모세"는 "완전히 나의 창작물"이라고 인정하면서[253] 입장을 바꾸지 않았다. 앞서 1935년에 모세 연구를 일시적으로 중단해야 했을 때는 자신의 상황을 정신분석가들에게 익숙한 상황에 비유했다. 정신분석에서는 "어떤 주제를 억누르면 다른 것이 그 자리에 나타나지 않습니다. 시야는 텅 빈 채로 남아 있습니다. 그래서 나는 옆으로 미루어 둔 모세에게 여전히 고착되어 있습니다."[254]

이런 강박적인 특질 가운데 일부는 활자로 나타나기도 했다. 1938년 6월에 런던에서 쓴 《인간 모세와 유일신교》의 3부 서문들 가운데 한 편에서 프로이트는 자신이 영국에 있어 행복하다고 고백했다. 저명한 손님 대접을 받고 있었고, 자기 검열의 압박이 사라져 다시 숨을 쉴 수 있었다. "그래서 나는 내가 **하고 싶은 대로 또 해야 하는 대로** 말을 하고 쓸 수 있다.—아니, 생각할 수 있다고 말해도 좋을 것 같다."[255] 하고 싶은 대로 또 해야 하는 대로. 그는 자유로운 사람이었지만 모세에 관한 글을 쓰는 것을 중단할 자유는 없었다. 실제로 그는 빈에 사는 동안은 책의 마지막 부분을 억누르고 싶었다. "그러나 그것이 잠들지 못하는 유령처럼 나를 괴롭혔다."[256] 이것이 우리가 아는 프로이트다. 때로는 한 가지 생각에 몇 년씩 사로잡히는 사람. 강박에 사로잡혀 일을 해 나가는 과정에서 프로이트는 흥미로운 많은 것들 또 옹호 불가능한 많은 것들을 이야기했다. 그는 도전하는 마음으로 《인간 모세와 유일신교》를 잉태했고, 도전하는 마음으로 그것을 썼고, 도전하는 마음으로 그것을 출간했다. 그는 이것이 평생 "단결한 다수"와 싸웠던 발견자에게 어울리는 자세라고 생각했다. 그리고 놀랍게도 이 책은 잘 팔렸다. 그는 1939년 6월 15일 "친애하는 마리" 보나파르트에게 쓴 편지—그녀에게 쓴 마지막 편지였다.—에서 "독일어 '모세' 가운데 1800부 정도가 팔린 것 같다."고 알렸다.[257] 그러나 프로이트의 작업 전체를 보자면《인간 모세와 유일신교》는 약간 괴짜라고 할 수 있으며, 그런 면에서는《토템과 터부》보다도 더 멀리 나아갔다. 프로이트는 처음 이 책을 쓸 생각을 했을 때 거기에 "역사 소설"이라는 부제를 달 계획이었다. 그 의도를 그대로 관철하는 것이 아마 더 나았을 것이다.

1939년 6월 초, 막스 슈어가 미국에서 일을 마무리하고 환자에게 돌아가려고 미친 듯이 노력하고 있을 때, 안나 프로이트는 그에게 아버지가 약간 차도를 보인다고 전했다. 그러나 프로이트는 여전히 심각한 통증을 느끼고 있었고, 인공 기관을 끼우고 빼기가 어려웠으며, 궤양을 일으키기 시작한 암 조직에서 나는 냄새는 몹시 역겨웠다.[258] 7월 8일 영국에 돌아온 슈어는 환자의 상태가 나빠졌다는 것을 알았다. 프로이트는 말랐고, 정신도 전보다 흐릿했다. 잠을 잘 자지 못했으며, 주로 쉬고 있었다. 멀리서 친구들이 마지막으로 그의 얼굴을 보러 왔다. 한스 작스는 7월에 런던에 도착하여, 매일 프로이트를 찾아와 잠깐씩 이야기를 나누었다. 작스는 이렇게 회고한다. "그는 몹시 아프고, 믿을 수 없을 정도로 늙어 보였다. 한마디 하는 데도 자신의 힘으로 감당하기 힘든 엄청난 노력을 기울이는 것이 분명했다. 그러나 이런 고통에도 그의 의지는 꺾이지 않았다." 프로이트는 통증이 너무 심각하지 않을 때면 여전히 몇 시간씩 분석을 했으며, "펜을 쥘 힘이 있을 때는 자기 손으로 편지를 썼다." 그는 불평을 하지 않았다. 오히려 미국의 분석 이야기를 했다. 작스는 프로이트와 헤어지면서, 그가 감정을 노골적으로 드러내는 것을 몹시 싫어한다는 것을 알았기 때문에, 가볍게 여행 계획 이야기를 했다. 작스는 프로이트가 자신의 행동을 이해했다고 기록하고 있다. 그는 "내 손을 잡으며 말했다. '미국에 내 친구가 적어도 **한** 명은 있다는 것을 알고 있네.'"[259] 며칠 뒤인 7월 말 마리 보나파르트가 와서 일 주일 동안 묵었다. 그녀는 그를 다시 볼 수 없다는 것을 알고 있었다. 8월 1일 프로이트는 치료를 공식적으로 중단했다. 인생에 작별을 고하는 결정적 행동이었다.[260]

마지막 손님들은 프로이트를 아주 잘 알고 있었는데도 약간 놀라며 그들이 받은 인상을 기록하고 있다. 그들은 프로이트의 변함없는 예의를 이야기한다. 그는 다른 사람들 안부를 물었으며, 짜증을 내거나 안달하는 기색은 전혀 드러내지 않았다. 병 때문에 아기처럼 굴 생각은 전혀 없었던 것이다. 8월 3일에는 조카 해리가 작별 인사를 했다. "미국에서 언제 돌아올 거냐고 물어서 '크리스마스에요.' 하고 대답했더니 그의 입가에 슬픈 미소가 스쳐갔다. 그가 말했다. '**그때 나를 다시 볼 수 있을 것 같지는 않구나.**'"[261] 며칠 뒤 프로이트는 독일 시인 알브레히트 셰퍼 (Albrecht Schaeffer)에게 보낸 짧지만 다정한 편지에서 자신을 "기한이 지난" 사람이라고 부르며, 셰퍼 자신의 말을 인용했다. 그는 "기다리고, 기다리는" 것 외에는 할 일이 없다는 것이었다.[262]

그달 늦게 빈에 있는 여동생들에게 "사랑하는 노인"의 상태가 아주 안 좋다는 소식이 전해졌다. "안나"는, 그녀의 고모 로자 그라프가 편지에서 썼듯이, "그녀의 아버지를 돌보느라 믿을 수 없을 정도로 노력하고 있다"는 이야기도 전해졌다. 제2차 세계대전 발발 일 주일 전에 쓴 편지에서 로자 그라프는 파리에 있는 오빠 친구의 "강력한 압력"에도 불구하고 프랑스 비자가 아직 안 나왔다고 말했다.*[263] 8월 27일 프로이트는 《비망록》에 마지막 메모를 했다. 이 메모는 "전쟁 공황"이라는 말로 끝났다.[264]

이제 끝이 가까웠다. 궤양이 일어난 암 상처에서는 계속 고약한 냄새가 났기 때문에 차우차우 개는 아무리 꾀어도 꽁무니를 빼며 주인 옆으로 오지 않으려 했다. 슈어는 프로이트가 "그것이 무슨 뜻인지 알고, 모든 것을 다 안다는 비극적이고 그윽한 표정으로 개를 보았다."고 말한다.[265] 프로이트는 통증에 시달리고 있었으며, 간혹 고통에서 놓여나기도 했지만 이제 그런 시간은 점점 줄어들었다. 그런데도 프로이트는 깨어 있는 시간에는 정신을 차리고 신문을 보면서 계속 상황을 파악했다. 9월 1일에는 독일이 폴란드에 진입했다. 막스 슈어는 혹시 런던 공습이 있을 경우 근처에 있다가 프로이트를 보살피려고 메어스필드 가든 부근으로 이사를 했다. 9월 3일 프랑스와 영국은 그렇게 피하려고 안간힘을 쓰던 전쟁에 참가했다. 바로 그날 존스는 아주 따뜻한 감사의 말을 전하는 편지를 쓰면서, 25년 전 두 사람의 나라가 맞섰던 때를 떠올렸다. "그때도 우리는 서로 우정을 전달할 방법을 찾아냈지요. 그런데 지금은 서로 가까이 있고, 또 전쟁에서 공감하는 편도 일치하네요." 그러면서 존스는 마지막으로 "내 인생에서 교수님이 주신 모든 것에 감사"한다고 말했다.[266]

---

* 그 몇 주 전인 1939년 8월 2일, 마리 보나파르트는 그리스 영사관에 로자 그라프에게 비자를 발급하라고 촉구하는 편지를 썼다. (Freud Collection, B2, LC.) 그러나 프랑스 비자도 그리스 비자도 나오지 않았다. 여동생들이 어떤 종말을 맞이하게 될지 모르고 죽은 것이 프로이트에게는 다행스러운 일이었다. 아돌피네는 테레지엔슈타트 수용소에서 굶어 죽었고, 다른 셋은 1942년에 아마도 아우슈비츠에서 살해당한 것으로 보인다. (Martin Freud, *Freud*, 15-16.) 마르타의 오빠인 엘리 베르나이스와 결혼한 여동생 안나는 오래전에 미국으로 이민을 갔다.

9월 초에 전쟁은 공습경보와 함께 메어스필드 가든에도 들이닥쳤다. 혹시 몰라 프로이트의 침대를 집안에서도 "안전한" 쪽으로 옮겼는데, 슈어는 프로이트가 "약간 관심을 갖고" 이 작업을 지켜보았다고 기록했다. 그러나 프로이트는 이미 "멀리 떠나 있었다"고 슈어는 덧붙인다. 1년 전 뮌헨 사건 때 "두게 되었던 거리가 더 분명해졌다." 그러나 여전히 재치가 반짝였다. 함께 있다가 방송에서 이것이 마지막 전쟁이 될 것이라는 이야기를 듣고 슈어가 프로이트에게 그 말을 믿느냐고 묻자 프로이트는 무뚝뚝하게 대꾸했다. "나에게는 마지막 전쟁이지." 그의 부르주아적인 습관들도 여전히 변함이 없었다. 슈어의 말에 따르면 프로이트에게는 태엽을 감는 손목시계와 일 주일에 한 번 태엽을 감는 큰 시계가 있었는데, 죽는 날까지 평생 그래 왔던 것처럼 태엽을 감았다. 슈어는 이렇게 회고한다. "그는 나에게, 귀중한 친구를 아주 많이 만나게 되어 얼마나 운이 좋은지 모르겠다고 말했다." 안나가 방을 나가자 프로이트는 그 기회에 슈어에게 말했다. "운명이 나한테는 잘해준 거요. 나한테 지금까지 저런 여자와 관계를 유지하도록 허락해주었으니 말이오. 물론 안나 이야기요." 슈어는 프로이트가 딸 앞에서 감정을 드러낸 적은 한 번도 없었지만, 그 말에는 깊은 애정이 담겨 있었다고 덧붙인다.[267] 안나는 늘 그가 필요할 때 옆에 있었으며, 24시간 대기했다. 슈어도 마찬가지였고, 프로이트 가족에게는 '피피'라는 애칭으로 알려져 있었던 요제피네 슈트로스도 마찬가지였다. 젊은 소아과 의사인 그녀는 프로이트 가족과 영국까지 동행하여, 늘 그들과 가깝게 지냈다.[268]

이제 프로이트는 몹시 피곤했다. 그에게 뭘 먹는 것도 어려운 일이 되었다. 그러나 큰 고통을 겪고 특히 밤에는 견디기 힘들어했지만, 그런데도 진정제를 복용하지 않았고 원하지도 않았다. 그는 여전히 책을 읽을 수 있었다. 그가 마지막으로 읽은 책은 수축이 되는 마법의 가죽에 관한 신비한 이야기인 발자크의 《마법의 가죽》이었다. 프로이트는 이 책을 다 읽고 슈어에게 지나가는 말로 수축과 굶주림을 다루었으니 자신이 읽기에 적당한 책이었다고 말했다. 안나 프로이트는 수축이라는 말이 그의 상태를 표현하는 데 특히 적합하다고 생각했다. 그의 시간이 바닥나고 있었기 때문이다.[269] 프로이트는 마지막 며칠을 아래층 서재에서 정원을 내다보며 보냈다. 아버지의 죽음이 다가왔다고 생각한 안나 프로이트가 급하게 불러, 어니스트 존스가 9월 19일에 들렀다. 존스는 프로이트가 그 즈음 자주 그랬듯이 졸고 있었다고 기억한다. 그러나 존스가 "교수님." 하고 부르자 프로이트는 눈을 뜨고 손님을 알아보더니 "손을 흔들다가 내려놓았다. 인사, 작별, 체념 등 많은 의미를 전달하는 매우 의미심장한 손짓이었다." 그러더니 프로이트는 다시 졸았다.[270]

존스는 프로이트의 손짓의 의미를 제대로 읽었다. 프로이트는 그의 오랜 동맹자에게 마지막 인사를 하고 있었던 것이다. 그는 삶으로부터 물러났다. 슈어는 프로이트의 고통을 덜어주지 못하는 자신의 무능에 괴로워했지만, 존스가 찾아오고 나서 이틀 뒤인 9월 21일, 그가 침대 옆에 있을 때 프로이트는 그의 손을 잡고 말했다. "슈어, 때가 왔을 때 나를 궁지에 내버려 두지 않겠다는 우리의 '계약'을 기억하시오? 이제 고통 외에는 아무런 의미가 없소." 슈어는 잊지 않았다고 말했다. 그러자 프로이트는 안도의 숨을 쉬며, 잠시 그의 손을 잡고 있다가 말했다. "고맙소." 이윽고 프로이트는 약간 망설이더니 덧붙였다. "안나와 상의해보시오. 만일 안나가 옳다고 생각하면, 끝을 내시오."[271] 오랜 세월 그래 왔던 것처럼, 이 대목에서도 프로이트는 자신의 안티고네를 제일 먼저 떠올렸다. 안나 프로이트는 운명의 순간을 미루고 싶어 했지만, 슈어는 프로이트가 계속 살아 있게 하는 것은 의미가 없다고 주장했다. 결국 그녀는 아버지와 마찬가지로 불가피한 것에 굴복했다. 때가 왔다. 프로이트는 그것을 알았고, 행동했다. 이것이 자유 속에 죽으려고 영국에 왔다는 자신의 말에 대한 프로이트의 해석이었다.

슈어는 프로이트가 위엄 있게, 자기 연민 없이 죽음과 마주하는 것을 목격하며 눈물을 흘릴 뻔했다. 그는 사람이 이렇게 죽는 것은 본 적이 없었다. 9월 21일 슈어는 프로이트에게 모르핀 3센티그램을 주사했으며―단순한 진정을 목적으로 할 때 정상적인 양은 2센티그램이었다.―프로이트는 평화로운 잠에 빠져들었다. 슈어는 불안을 느껴 다시 주사를 놓았으며, 다음 날인 9월 22일에 마지막으로 주사를 놓았다. 프로이트는 혼수상태에 빠져들어 깨어나지 못했다. 그는 1939년 9월 23일 새벽 3시에 죽었다. 거의 40년 전 프로이트는 오스카어 피스터에게 앞으로 언젠가 "생각을 못하고 말이 나오지 않으면" 어떻게 할까 하고 물은 적이 있다. 그는 "이 가능성 앞에서 불안"을 누를 수가 없었다. "그래서 정직한 사람에게 어울리는 운명 앞에 완전히 체념하는 마음으로, 나는 한 가지 정말 비밀스러운 소원을 품고 있네. 숙환이 생기는 것, 신체적인 비참한 상태로 인하여 능력이 마비되는 것만은 싫다는 걸세. 맥베스 왕이 말한 대로, 평소처럼 일하다 죽게 해 달라는 거야."[272] 프로이트는 자신의 비밀스러운 소원이 이루어지도록 빈틈없이 대비해놓았다. 늙은 금욕주의자는 마지막까지 자신의 삶을 통제한 것이다.[273]

다음은 본문 각주와 미주에 등장하는 주요 참고문헌들의 약어 설명이다.

Briefe : Sigmund Freud, *Briefe 1873-1939*, Ernst and Lucie Freud 엮음(1960; 증보 2판, 1968). 영어판, *Letters of Sigmund Freud, 1873-1939*, Tania and James Stern 옮김(1961; 2판, 1975).

Freud-Abraham : Sigmund Freud, Karl Abraham, *Briefe 1907-1926*, Hilda Abraham and Ernst L. Freud 엮음(1965). 영어판, *A Psycho-Analytic Dialogue: The Letters of Sigmund Freud and Karl Abraham, 1907-1926*, Bernard Marsh and Hilda Abraham 옮김(1965).

Freud-Fliess : Sigmund Freud, *Briefe an Wilhelm Fliess 1887-1904*, Michael Schröter와 Gerhard Fichtner의 도움을 받아 Jeffrey Moussaieff Masson이 엮음(1986). 영어판, *The Complete Letters of Sigmund Freud to Wilhelm Fliess, 1887-1904*, Jeffrey Moussaieff Masson 엮고 옮김(1985).

Freud-Jung : Sigmund Freud, C. G. Jung, *Briefwechsel*, William McGuire and Wolfgang Sauerländer 엮음(1974; 수정 3쇄, 1979). 영어판, *The Freud/Jung Letters: The Correspondence between Sigmund Freud and C. G. Jung*, William McGuire 엮음, Ralph Manheim(프로이트의 편지)과 R. F. C. Hull(융의 편지) 옮김(1974).

Freud-Pfister : Sigmund Freud, Oskar Pfister, *Briefe 1909-1939*, Ernst L. Freud and Heinrich Meng 엮음(1963). 영어판, *Psychoanalysis and Faith: The Letters of Sigmund Freud and Oskar Pfister*, Eric Mosbacher 옮김 (1963).

Freud-Salomé : Sigmund Freud, Lou Andreas-Salomé, *Briefwechsel*, Ernst Pfeiffer 엮음(1966). 영어판, Sigmund Freud, Lou Andreas-Salomé, *Letters*, Elaine and William Robson-Scott 옮김(1972).

Freud-Zweig : Sigmund Freud, Arnold Zweig, *Briefwechsel*, Ernst L. Freud

엮음(1968; 보급판, 1984). 영어판, *The Letters of Sigmund Freud and Arnold Zweig*, Elaine and William Robson-Scott 옮김(1970).

GW : Sigmund Freud, Gesammelte Werke, Chronologisch Geordnet, Marie Bonaparte의 협력을 얻어 Anna Freud, Edward Bibring, Willi Hoffer, Ernst Kris, and Otto Isakower 엮음, 18 vols.(1940–1968).

Int. J. Psycho-Anal. : *International Journal of Psycho-Analysis.*

Int. Rev. Psycho-Anal. : *International Review of Psycho-Analysis.*

J. Amer. Psychoanal. Assn. : *Journal of the American Psychoanalytic Association.*

Jones I, II, III : Ernest Jones, *The Life and Work of Sigmund Freud*. Vol. I, *The Formative Years and the Great Discoveries, 1856-1900*(1953); vol. II, *Years of Maturity, 1901-1919*(1955); vol. III, *The Last Phase, 1919-1939*(1957).

LC: Library of Congress.

Protokolle : *Protokolle der Wiener Psychoanalytischen Vereinigung*, Hermann Nunberg and Ernst Federn 엮음, 4 vols. (1976–1981). 영어판, *Minutes of the Vienna Psychoanalytic Society*, M. Nunberg 옮김, 4 vols. (1962–1975).

SE : *Standard Edition of the Complete Psychological Works of Sigmund Freud*, Anna Freud의 협력과 Alix Strachey and Alan Tyson의 도움을 받아 James Strachey가 총 편집을 맡고 번역했음, 24 vols.(1953-1974).

Y-MA : Yale University Library, Manuscripts and Archives.

8장 전쟁과 인간

1) 프로이트가 안드레아스-살로메에게 보낸 편지, 1915년 7월 30일. *Freud-Salomé*, 35(32).

2) 프로이트가 아브라함에게 보낸 편지, 1916년 12월 18일. *Freud-Abraham*, 232(244).

3) 프로이트가 안드레아스-살로메에게 보낸 편지, 1914년 11월 25일. *Freud-Salomé*, 23(21).

4) 이것이 배리 실버스타인(Barry Silverstein)의 생각이기도 하다. "'Now Comes a Sad Story': Freud's Lost Metapsychological Papers," in *Freud, Appraisals and Reappraisals*, Stepansky 편, I, 144.

5) 프로이트가 아브라함에게 보낸 편지, 1914년 12월 21일. *Freud-Abraham*, 198(206).

6) 프로이트가 안드레아스-살로메에게 보낸 편지, 1915년 1월 31일. *Freud-Salomé*, 29(27).

7) 프로이트가 페렌치에게 보낸 편지, 1915년 2월 18일. Freud-Ferenczi Correspondence, Freud Collection, LC. 이것은 프로이트가 1917년에 가서야 출간하게 되는 메타심리학에 관한 논문들 가운데 한 편의 초기본(또는 요약본)일 가능성이 높다.

8) 프로이트가 페렌치에게 보낸 편지, 1915년 4월 8일. 같은 책. 이 논의는 일제 그루브리히-지미티스(Ilse Grubrich-Simitis)의 에세이 "Metapsychologie und Metabiologie: Zu Sigmund Freuds Entwurf einer 'Übersicht der Übertragungsneurosen'," 지금까지 출간되지 않은 열두 번째 메타심리학적 에세이의 초고를 그녀가 편집한 *Übersicht der Übertragungsneurosen*(1985), 83-119에서 큰 도움을 받았다.

9) 프로이트가 페렌치에게 보낸 편지, 1915년 4월 23일. Freud-Ferenczi Correspondence, Freud Collection, LC.

10) 프로이트가 페렌치에게 보낸 편지, 1915년 6월 21일. 같은 책.

11) 프로이트가 안드레아스-살로메에게 보낸 편지, 1915년 7월 30일. *Freud-Salomé*, 35(32).

12) 프로이트가 플리스에게 보낸 편지, 1898년 3월 10일. *Freud-Fliess*, 329(301-2).

13) *Psychopathology of Everyday Life*, *SE* VI, 259 참조.

14) 프로이트가 플리스에게 보낸 편지, 1896년 12월 17일. *Freud-Fliess*, 228(216).

15) 프로이트가 아브라함에게 보낸 편지, 1915년 5월 4일. *Freud-Abraham*, 212(221). 또 "Editor's Introduction" to *Papers on Metapsychology*, *SE* XIV, 105도 참조.

16) 프로이트가 페렌치에게 보낸 편지, 1915년 4월 8일. Freud-Ferenczi Correspondence, Freud Collection, LC.

17) 프로이트가 아브라함에게 보낸 편지, 1915년 5월 4일. *Freud-Abraham*, 212(221).

18) "Triebe und Triebschicksale"(1915), *GW* X, 216-17 / "Instincts and Their Vicissitudes," *SE* XIV, 124.

19) 같은 책, 214-16 / 122-23.

20) 같은 책, 232 / 140.

21) 같은 책, 219 / 127. 1936년에 프로이트의 딸 안나는 그의 글 여기저기에 흩어져 있는 방어 기제를 나열하고 분석한 다음, 자신의 이야기를 보탰다. Anna Freud, *The Ego and the Mechanisms of Defence*(1936; Cecil Baines 역, 1937) 참조.

22) "Geschichte der psychoanalytischen Bewegung," *GW* X, 54 / "History of the Psycho-Analytic Movement," *SE* XIV, 16. 이 부분에 관한 논의는 프로이트의 영어판 편집자들의 논평, "Editor's Note" to "Repression," *SE* XIV, 143-44에 의존하고 있다.

23) "Geschichte der psychoanalytischen Bewegung," *GW* X, 53 / "History of the Psycho-Analytic Movement," *SE* XIV, 15. 그는 1925년의 자화상에서도 이런 주장을 되풀이했다. 억압은 "새로운 것이었다. 정신 생활에서 이런 것이 인식된 적은 없었다."("Selbstdarstellung," *GW* XIV, 55 / "Autobiographical Study," *SE* XX, 30.)

24) "Autobiographical Study," *SE* XX, 29 참조.

25) "Die Verdrängung"(1915), *GW* X, 253 / "Repression," *SE* XIV, 151.

26) 이 비유에 관해서는 Plato, *Phaedrus*, 246, 253-54 참조.

27) Lancelot Law Whyte, *The Unconscious before Freud*(1960; 보급판, 1962), 126에 인용.

28) William Wordsworth, *The Prelude*, Book First, 1. 562, and Book Third, 11. 246-47.

29) 프로이트가 페렌치에게 보낸 편지, 1915년 6월 21일. Freud-Ferenczi Correspondence, Freud Collection, LC 참조.

30) 프로이트가 페렌치에게 보낸 편지, 1915년 8월 9일. 같은 책.

31) 프로이트가 페렌치에게 보낸 편지, 1915년 4월 8일. 같은 책.

32) 프로이트가 페렌치에게 쓴 편지, 1915년 7월 18일. 같은 책. 또 프로이트가 페렌치에게 쓴 편지, 1915년 7월 28일과 프로이트가 페렌치에게 쓴 편지, 1915년 7월 24일. 같은 책도 참조.

33) 프로이트가 페렌치에게 쓴 편지, 1915년 7월 12일. Freud-Ferenczi Correspondence, Freud Collection, LC 참조.

34) "Vorwort" to *Vorlesungen zur Einführung in die Psychoanalyse*(1916-17), *GW* XI, 3 / "Preface" to *Introductory Lectures on Psycho-Analysis, SE* XV, 9.

35) 안나 프로이트가 존스에게 쓴 편지, 1917년 3월 6일, 아버지가 쓴 편지의 추신으로 썼음. Freud-Jones Correspondence, Freud Collection, D2, LC 참조. 나중에 한 말에서도 이 사실은 확인된다. "나는 이 행사들에 아버지를 따라가 강연을 모두 들었습니다." (안나 프로이트가 존스에게 쓴 편지, 1953년 11월 10일. Jones papers, Archives of the British Psycho-Analytical Society, London.)

36) "Bibliographische Anmerkung," *GW* XI, 484-85 참조.

37) 아브라함이 프로이트에게 쓴 편지, 1917년 1월 2일. *Freud-Abraham*, 232-33(244-45) 참조.

38) 프로이트가 안드레아스-살로메에게 쓴 편지, 1915년 11월 9일. *Freud-Salomé*, 39(35) 참조.

39) 프로이트가 안드레아스-살로메에게 쓴 편지, 1916년 5월 25일. 같은 책, 50(45).

40) 프로이트가 안드레아스-살로메에게 쓴 편지, 1916년 7월 14일. 같은 책, 53(48).

41) 프로이트가 아브라함에게 쓴 편지, 1916년 8월 27. *Freud-Abraham*, 228(239).

42) 프로이트가 페렌치에게 쓴 편지, 1915년 4월 8일. Freud-Ferenczi Correspondence, Freud Collection, LC.

43) 프로이트가 아이팅곤에게 쓴 편지, 1916년 5월 8일. *Jones* II, 188.

44) 아브라함이 프로이트에게 쓴 편지, 1917년 5월 1일, *Freud-Abraham*, 224(235).

45) 프로이트가 아브라함에게 쓴 편지, 1917년 5월 20. 같은 책, 238(251).

46) 프로이트가 안드레아스-살로메에게 쓴 편지, 1916년 11월 23일. *Freud-Salomé*, 59(53).

47) 아브라함이 프로이트에게 쓴 편지, 1917년 2월 11일. Karl Abraham papers, LC.

48) 프로이트가 페렌치에게 쓴 편지, 1917년 4월 30일. Freud-Ferenczi Correspondence, Freud Collection, LC.

49) *Prochaskas Familienkalender*, 1917. Freud Collection, B2, LC.

50) *Vorlesungen zur Einführung*, GW XI, 147 / *Introductory Lectures*, SE XV, 146.

51) 프로이트가 페렌치에게 쓴 편지, 1917년 10월 9일. Freud-Ferenczi Correspondence, Freud Collection, LC 참조.

52) 프로이트가 아브라함에게 쓴 편지, 1918년 1월 18일. *Freud-Abraham*, 253(268).

53) 이 대목과 관련된 자세한 내용은 특히 *Jones* II, 192 참조.

54) *Prochaskas Familienkalender*, 1917. Freud Collection, B2, LC.

55) 아브라함이 프로이트에게 쓴 편지, 1916년 12월 10일과 프로이트가 아브라함에게 쓴 편지, 1916년 12월 18일. 둘 다 *Freud-Abraham*, 231-32(243-44) 참조.

56) "Kriegswitze"라는 제목이 붙은 공책에서 찢은 두 장. Freud Collection, LC, uncatalogued.

57) 프로이트가 아브라함에게 쓴 편지, 1917년 10월 5일. *Freud-Abraham*, 244(258). 존스는 전쟁 내내 일관되게 낙관적 태도를 보여주었다. 일찍이 1914년 8월 3일에는 프로이트에게 자신만만하게 말했다. "이곳에서는 아무도…… 독일과 오스트리아가 완패할 것이라는 사실을 의심하지 않습니다." (Sigmund Freud Copyrights, Wivenhoe의 허락을 받고 인용.)

58) 프로이트가 아브라함에게 쓴 편지, 1917년 11월 11일. *Freud-Abraham*, 246-47(261). 두 논문은 "A Metapsychological Supplement to the Theory of Dreams"와 "Mourning and Melancholia"다.

59) 프로이트가 아브라함에게 쓴 편지, 1917년 12월 10일. 같은 책, 249(264).

60) 프로이트가 페렌치에게 쓴 편지, 1917년 10월 9일. Freud-Ferenczi Correspondence, Freud Collection, LC.

61) 프로이트가 아브라함에게 쓴 편지, 1917년 12월 10일. *Freud-Abraham*, 249(264).

62) 프로이트가 아브라함에게 쓴 편지, 1918년 3월 22일. 같은 책, 257(272).

63) 프로이트가 안드레아스-살로메에게 쓴 편지, 1916년 5월 25일. *Freud-Salomé*, 50(45).

64) 같은 곳.

65) 프로이트가 페렌치에게 쓴 편지, 1917년 11월 20일[?]. Freud-Ferenczi Correspondence, Freud Collection, LC.

66) 프로이트가 아브라함에게 쓴 편지, 1917년 11월 11일. *Freud-Abraham*, 246-47(261).

67) 프로이트가 안드레아스-살로메에게 쓴 편지, 1918년 7월 1일. *Freud-Salomé*, 92(82).

68) Kann, *History of the Habsburg Empire*, 481.

69) 프로이트가 아이팅곤에게 쓴 편지, 1918년 10월 25일. Sigmund Freud Copyrights, Wivenhoe의 허락을 받고 인용.

70) 프로이트가 아브라함에게 쓴 편지, 1918년 8월 27일. *Freud-Abraham*, 261(278).

71) 프로이트가 아브라함에게 쓴 편지, 1918년 10월 27일. 같은 책, 263 (279).

72) *Jones* II, 197. 또 프로이트가 안드레아스-살로메에게 쓴 편지, 1918년 10월 4일. *Freud-Salomé*, 92-93(83-84) 참조.

73) W. H. R. Rivers, "Freud's Psychology of the Unconscious," Edinburgh Pathological Club에서 1917년 3월 7일에 읽은 논문, *The Lancet*(1917년 6월 16일)에 게재. Clark, *Freud*, 385에 인용.

74) "Memorandum on the Electrical Treatment of War Neurotics," SE XVII, 213. 원래의 5페이지짜리 비망록, "Gutachten über die elektrische Behandlung der Kriegsneurotiker von Prof. Dr.

Sigm. Freud," dated "Vienna, 1920년 2월 23일"은 발표되지 않았다.

75) *Prochaskas Familienkalender*, 1918. Freud Collection, B2, LC.

76) 프로이트가 아브라함에게 쓴 편지, 1918년 12월 25일. *Freud-Abraham*, 266(283).

77) *Prochaskas Familienkalender*, 1918. Freud Collection, B2, LC. 마르틴 프로이트가 가족에게 쓴 편지에는 1918년 11월 8일의 "전쟁포로 엽서", 입원 중이지만 많이 나아졌다는 소식이 담겨 있는 11월 14일의 편지(빈에 도착하는 데 일 주일이 걸린 것으로 보인다), 12월 24일의 편지 등이 있다. (모두 Freud Museum, London 소장.)

78) 프로이트가 아이팅곤에게 쓴 편지, 1918년 10월 25일. Sigmund Freud Copyrights, Wivenhoe의 허락을 받고 인용.

79) 프로이트가 페렌치에게 쓴 편지, 1918년 11월 9일. Freud-Ferenczi Correspondence. Freud Collection, LC.

80) 프로이트가 페렌치에게 쓴 편지, 1918년 11월 17일. 같은 곳.

81) 프로이트가 페렌치에게 쓴 편지, 1918년 10월 27일. 같은 곳.

82) 프로이트가 페렌치에게 쓴 편지, 1918년 11월 7일. 같은 곳 참조.

83) *Jones* II, 201에 인용.

84) 아이팅곤이 프로이트에게 쓴 편지, 1918년 11월 25일. Sigmund Freud Copyrights, Wivenhoe의 허락을 받고 인용.

85) 프로이트가 존스에게 쓴 편지, 1918년 12월 22일. 영어로 씀. Freud Collection, D2, LC. 안나 프로이트의 물건은 대부분 무사히 도착했다. (프로이트가 존스에게 쓴 편지, 1919년 4월 18일. 영어로 씀. 같은 책.)

86) 프로이트가 페렌치에게 쓴 편지, 1919년 1월 24일. Freud-Ferenczi Correspondence, Freud Collection, LC.

87) 프로이트가 존스에게 쓴 편지, 1919년 1월 15일. 영어로 씀. Freud Collection, D2, LC.

88) George Lichtheim, *Europe in the Twentieth Century*(1972), 118.

89) 프로이트가 아브라함에게 쓴 편지, 1919년 2월 5일. *Freud-Abraham*, 267(285).

90) Edward Bernays, "Uncle Sigi," *Journal of the History of Medicine and Allied Sciences*, XXXV(April 1980), 217.

91) 프로이트가 존스에게 쓴 편지, 1919년 4월 18일. 영어로 씀. Freud Collection, D2, LC.

92) 프로이트가 아이팅곤에게 쓴 편지, 1918년 10월 25일 참조. Sigmund Freud Copyrights, Wivenhoe의 허락을 받고 인용.

93) 프로이트가 페렌치에게 쓴 편지, 1919년 3월 17일. Freud-Ferenczi Correspondence, Freud Collection, LC.

94) Stefan Zweig, *Die Welt von Gestern. Erinnerungen eines Europäers*(1944), 259-66.

95) 안나 프로이트가 존스에게 쓴 편지, 1955년 3월 7일. Jones papers, Archives of the British Psycho-Analytical Society, London.

96) 같은 곳. 물론 Kartoffel은 "감자"라는 뜻이다. Schmarrn은 일종의 팬케이크로 오스트리아와 바이에른에서는 진미로 꼽힌다. Schmarrn은 또 "쓰레기"나 "말도 안 되는 것"을 가리키는 속어이기도 하다.

97) 프로이트가 페렌치에게 쓴 편지, 1919년 3월 17일. Freud-Ferenczi Correspondence, Freud Collection, LC.

98) 프로이트가 아브라함에게 쓴 편지, 1919년 4월 13일. *Freud-Abraham*, 269(287).

99) 프로이트가 새뮤얼 프로이트에게 쓴 편지, 1919년 5월 22일. 영어로 씀. Rylands University Library, Manchester.

100) 프로이트가 새뮤얼 프로이트에게 쓴 편지, 1919년 10월 27일. 영어로 씀. 같은 곳.

101) 프로이트가 페렌치에게 쓴 편지, 1919년 4월 9일. Freud-Ferenczi Correspondence, Freud Collection, LC.

102) *Reichspost*, 1918년 12월 25일의 인용, *Dokumentation zur Österreichischen Zeitgeschichte, 1918-1928*, Christine Klusacek and Kurt Stimmer 편, (1984), 124 참조.

103) 프로이트가 아브라함에게 쓴 편지, 1919년 2월 5일. *Freud-Abraham*, 267(284).

104) 프로이트가 안드레아스-살로메에게 쓴 편지, 1919년 2월 9일. *Freud-Salomé*, 100(90) 참조.

105) 프로이트가 아브라함에게 쓴 편지, 1920년 6월 4일. Karl Abraham papers, LC.

106) 프로이트가 존스에게 쓴 편지, 1919년 4월 18일. 영어로 씀. Freud Collection, D2, LC.

107) 프로이트가 막스와 미라 아이팅곤에게 쓴 편지, 1919년 5월 9일. 타자로 친 사본. Sigmund Freud Copyrights, Wivenhoe의 허락을 받고 인용.

108) 프로이트가 존스에게 쓴 편지, 1919년 5월 28일. 영어로 씀. Freud Collection, D2, LC.

109) 프로이트가 새뮤얼 프로이트에게 쓴 편지, 1919년 5월 22일. 영어로 씀. Rylands University Library, Manchester.

110) 마르타 프로이트가 존스에게 쓴 편지, 1919년 4월 26일. Freud Collection, D2, LC.

111) 프로이트가 아브라함에게 쓴 편지, 1919년 5월 18일. Karl Abraham papers, LC.

112) *Dokumentation*, Klusacek and Stimmer 편, 156, 296-97 참조.

113) 프로이트가 존스에게 쓴 편지, 1919년 5월 28일. 영어로 씀. Freud Collection, D2, LC.

114) 프로이트가 아브라함에게 쓴 편지, 1919년 7월 6일. Karl Abraham papers, LC 참조.

115) 같은 곳.

116) 프로이트가 존스에게 쓴 편지, 1919년 7월 28일. 영어로 씀. Freud Collection, D2, LC.

117) 프로이트가 새뮤얼 프로이트에게 쓴 편지, 1919년 10월 27일. 영어로 씀. Rylands University Library, Manchester.

118) 프로이트가 새뮤얼 프로이트에게 쓴 편지, 1919년 10월 27일. 영어로 씀. 같은 곳.

119) 프로이트가 아이팅곤에게 쓴 편지, 1919년 12월 2일. *Briefe*, 341-42.

120) 프로이트가 새뮤얼 프로이트에게 쓴 편지, 1920년 2월 22일. 영어로 씀. Rylands University Library, Manchester.

121) 프로이트가 새뮤얼 프로이트에게 쓴 편지, 1922년 2월 5일. 영어로 씀. 같은 곳.

122) 프로이트가 막스 아이팅곤과 미라 아이팅곤에게 쓴 편지, 1919년 5월 9일. 타자로 친 사본. Sigmund Freud Copyrights, Wivenhoe의 허락을 받고 인용.

123) 프로이트가 페렌치에게 쓴 편지, 1919년 7월 10일. Freud-Ferenczi Correspondence, Freud Collection, LC.

124) 프로이트가 새뮤얼 프로이트에게 쓴 편지, 1919년 10월 27일. 영어로 씀. Rylands University Library, Manchester.

125) 프로이트가 새뮤얼 프로이트에게 쓴 편지, 1919년 11월 24일. 영어로 씀. 같은 곳.

126) 프로이트가 새뮤얼 프로이트에게 보낸 엽서, 1919년 12월 8일. 영어로 씀. 같은 곳.

127) 프로이트가 새뮤얼 프로이트에게 쓴 편지, 1919년 12월 17일. 영어로 씀. 같은 곳.

128) 프로이트가 새뮤얼 프로이트에게 쓴 편지, 1920년 1월 26일. 영어로 씀. 같은 곳.

129) 프로이트가 새뮤얼 프로이트에게 쓴 편지, 1920년 10월 15일. 영어로 씀. 같은 곳.

130) 프로이트가 빈 주재 미국 구호 협회에 쓴 편지, 1920년 5월 7일. (이런 편지가 있음을 나에게 알려준 사람은 J. Alexis Burland 박사였다.)

131) Burland 박사가 필자에게 보낸 개인 편지, 1986년 12월 29일.

132) 프로이트가 새뮤얼 프로이트에게 쓴 편지, 1920년 2월 15일. 영어로 씀. Rylands University Library, Manchester.

133) 프로이트가 새뮤얼 프로이트에게 쓴 편지, 1920년 7월 22일. 영어로 씀. 같은 곳 참조.

134) 프로이트가 새뮤얼 프로이트에게 쓴 편지, 1920년 10월 15일. 영어로 씀. 같은 곳.

135) Zweig, *Die Welt von Gestern*, 279 참조.

136) Richard F. Sterba, *Reminiscences of a Viennese Psychoanalyst*(1982), 21.

137) Zweig, *Die Welt von Gestern*, 279.

138) 프로이트가 아브라함에게 쓴 편지, 1920년 6월 21일. *Freud-Abraham*, 291(312).

139) 프로이트가 아브라함에게 쓴 편지, 1921년 12월 9일. 같은 책, 304(327).

140) 프로이트가 커터 레비에게 쓴 편지, 1920년 10월 18일. Freud Collection, B9, LC.

141) 프로이트가 랑크에게 쓴 편지, 1922년 9월 8일. Rank Collection, Box 1b. Rare Book and Manuscript Library, Columbia University.

142) 프로이트가 존스에게 쓴 편지, 1919년 7월 28일. 영어로 씀. Freud Collection, D2, LC.

143) 프로이트가 아이팅곤에게 쓴 편지, 1920년 10월 31일. Sigmund Freud Copyrights, Wivenhoe의 허락을 받고 인용.

144) 프로이트가 리언하드 블룸가트에게 쓴 편지, 1921년 4월 10일. A. A. Brill Library, New York Psychoanalytic Institute. Blumgart는 1942년부터 1945년까지 뉴욕정신분석협회 회장을 맡게 된다.

145) 프로이트가 어브램 카디너에게 쓴 편지, 1921년 4월 10일. 영어로 씀. A[bram] Kardiner, *My Analysis with Freud: Reminiscences*(1977), 15에 인용.

146) 프로이트가 존스에게 쓴 편지, 1920년 3월 8일. 영어로 씀. Freud Collection, D2, LC.

147) 프로이트가 존스에게 쓴 편지, 1921년 1월 28일. 영어로 씀. 같은 곳.

148) 프로이트가 커터 레비에게 쓴 편지, 1920년 11월 28일. Freud Collection, B9, LC.

149) 프로이트가 아이팅곤에게 쓴 편지, 1919년 10월 12일. Sigmund Freud Copyrights, Wivenhoe의 허락을 받고 인용.

150) 프로이트가 새뮤얼 프로이트에게 쓴 편지, 1920년 11월 28일. 영어로 씀. Rylands University Library, Manchester.

151) 프로이트가 존스에게 쓴 편지, 1920년 3월 8일. 영어로 씀. Freud Collection, D2, LC.

152) 프로이트가 새뮤얼 프로이트에게 쓴 편지, 1921년 7월 25일. 영어로 씀. Rylands University Library, Manchester. "빌어○을(d-d)"는 모든 것을 있는 그대로 부르는 사람이 쓴 편지에서는 좀 이상하게 보일지 모르지만, 프로이트가 영어를 배우던 19세기의 품위 있는 언어 사용법을 보여주는 느낌이기도 하다.

153) 프로이트가 블룸가트에게 쓴 편지, 1921년 5월 12일. 영어로 씀. A. A. Brill Library, New York Psychoanalytic Institute.

154) 프로이트가 페렌치에게 쓴 편지, 1920년 11월 28일. Freud-Ferenczi Correspondence, Freud Collection, LC.

155) 프로이트가 커터 레비에게 쓴 편지, 1920년 11월 28일. Freud Collection, B9, LC.

156) 프로이트가 안드레아스-살로메에게 쓴 편지, 1921년 10월 20일. *Freud-Salomé*, 120(109).

157) 한 가지 예는 안드레아스-살로메가 프로이트에게 쓴 편지 [1923년 9월 초]. 같은 책, 139(127). 다른

예도 많다.

158) 프로이트가 안드레아스-살로메에게 쓴 편지, 1923년 8월 5일. 같은 책, 137(124).

159) 프로이트가 블룸가트에게 쓴 편지, 1921년 5월 12일. 영어로 씀. A. A. Brill Library, New York Psychoanalytic Institute.

160) 프로이트가 새뮤얼 프로이트에게 쓴 편지, 1921년 12월 4일. Rylands University Library, Manchester 참조.

161) 프로이트가 블룸가트에게 쓴 편지, 1921년 4월 10일. A. A. Brill Library, New York Psychoanalytic Institute.

162) 프로이트가 존스에게 쓴 편지, 1920년 11월 18일. 영어와 독일어로 씀. Freud Collection, D2, LC.

163) 프로이트가 존스에게 쓴 편지, 1920년 2월 12일. 영어로 씀. 같은 곳. 물론 1896년에 아버지가 죽었을 때 프로이트는 43살이 아니라 40살이었다.

164) "Victor Tausk," *SE* XVII, 273-75 참조. 이 조사는 원래 *Internationale Zeitschrift für ärztliche Psychoanalyse*, V(1919)에 "편집진(Die Redaktion)"의 이름으로 실린 것이다.

165) 프로이트가 아브라함에게 쓴 편지, 1919년 7월 6일. Karl Abraham papers, LC. 정신분석가 루트비히 예켈스(Ludwig Jekels)는 타자로 친 회고록(p. 8)에서 왜 타우스크를 분석하지 않았냐고 물었더니 프로이트가 "그 친구는 나를 죽일 거야!"라고 대답했다고 전한다(Siegfried Bernfeld papers, container 17, LC.)

166) 프로이트가 페렌치에게 쓴 편지, 1919년 7월 10일. Freud-Ferenczi Correspondence, Freud Collection, LC.

167) 프로이트가 안드레아스-살로메에게 쓴 편지, 1919년 8월 1일. *Freud-Salomé*, 109(98-99).

168) 안드레아스-살로메가 프로이트에게 쓴 편지, 1919년 8월 25일. 같은 책, 109(99). 그녀는 타우스크가 "부드러운 심장을 가진 광적인 영혼(Seelenberserker)"이라고 실감나게 묘사했다.

169) 프로이트가 안드레아스-살로메에게 쓴 편지, 1919년 8월 1일. 같은 책, 109(98-99).

170) 프로이트가 아이팅곤에게 쓴 편지, 1920년 1월 21일. 원래의 독일어 구절은 Schur, *Freud, Living and Dying*, 553에 인용.

171) 프로이트가 그의 어머니 아말리아 프로이트에게 쓴 편지, 1920년 1월 26일. *Briefe*, 344.

172) 이것은 프로이트가 분석 대상자였다가 나중에는 친구가 된 잔 랑플-드 그로에게 말한 것이다. (필자의 랑플-드 그로 인터뷰, 1985년 10월 24일.)

173) 프로이트가 커터 레비에게 쓴 편지, 1920년 2월 26일. Freud Collection, B9, LC.

174) 마르타 프로이트가 "Kitty" 존스에게 쓴 편지, 1928년 3월 19일. Jones papers, Archives of the British Psycho-Analytical Society, London.

175) H. D. [Hilda Doolittle], "Advent," in *Tribute to Freud*(1956), 128.

176) 프로이트가 피스터에게 쓴 편지, 1920년 1월 27일. *Freud-Pfister*, 77-78(74-75).

177) 프로이트가 할버슈타트 부인에게 쓴 편지, 1920년 3월 23일. Freud Collection, B1, LC.

178) 프로이트가 막스 할버슈타트에게 쓴 편지, 1920년 1월 25일. *Briefe*, 343-44.

179) 프로이트가 러요스 레비에게 쓴 편지, 1920년 2월 4일. Freud Collection, B9, LC.

180) 프로이트가 페렌치에게 쓴 편지, 1920년 2월 4일. Freud-Ferenczi Correspondence, Freud Collection, LC.

181) 프로이트가 존스에게 쓴 편지, 1920년 2월 6일. 영어로 씀. Freud Collection, D2, LC.

182) 프로이트가 피스터에게 쓴 편지, 1920년 1월 27일. *Freud-Pfister*, 78(75).

183) *Jones* III, 27.

184) 카를 아브라함이 존스에게 쓴 편지, 1920년 1월 4일. Jones papers, Archives of the British Psycho-Analytical Society, London.

185) 프로이트가 안드레아스-살로메에게 쓴 편지, 1919년 4월 2일. *Freud-Salomé*, 105(95).

186) Wittels, *Sigmund Freud*, 231. (이 책의 발행 연도는 1924년으로 되어 있지만, 프로이트가 책을 받은 직후 비텔스에게 쓴 편지(1923년 12월 18일)로 보아 1923년에 완성되었음을 알 수 있다. *Briefe*, 363-64 참조.)

187) 예를 들어 1920년 7월 18일에는 아이팅곤에게 이런 편지를 썼다. "《쾌락 원칙을 넘어서》가 마침내 끝났네. 박사는 조피가 건강하게 살아 있을 때 이 책의 반이 끝나 있었음을 확인해줄 수 있을 걸세." (Sigmund Freud Copyrights, Wivenhoe의 허락을 받고 인용.) 또 프로이트가 존스에게 쓴 편지, 1920년 7월 18일. 타자로 친 발췌본, Freud Collection, D2, LC.

188) 프로이트가 비텔스에게 쓴 편지 (1923년 12월?). 이 편지의 원본은 현존하지 않는다(적어도 나는 발견하지 못했다). 그러나 현재 오하이오 주립 대학 도서관에 있는 비텔스의 *Sigmund Freud*는 번역자 Eden Paul과 Cedar Paul의 작업본이 분명한데, 이 책의 여백에 비텔스는 프로이트가 자신에게 쓴 편지를 베껴놓았고, 나는 거기 적힌 것을 인용하고 있다. 번역자들은 이 편지의 구절들을 영어판에 삽입했다. 비텔스가 여백에 적어놓은 프로이트의 편지는 p. 231에 있으며, 영어판은 pp. 251-52에서 찾아볼 수 있다.

189) 1919년 가을 프로이트는 반은 사전을 편찬하기 위한 연구이고 반은 정신분석적 추측인 묘한 논문 "The Uncanny"를 발표했다. 여기에는 이미 반복 강박 등 《쾌락 원칙을 넘어서》의 중심 개념 몇 가지가 포함되어 있다. 게다가 이 논문에 실린 생각들은 이미 그때도 프로이트에게 새로운 것이 아니었다. (editor's note to "The 'Uncanny,'" *SE* XVII, 218 참조.)

190) 프로이트가 아이팅곤에게 쓴 편지, 1920년 2월 8일. Sigmund Freud Copyrights, Wivenhoe의 허락을 받고 인용. 또 Schur, *Freud, Living and Dying*, 328-33, 특히 p. 329의 논의도 참조.

191) "Zur Ätiologie der Hysterie," *GW* I, 457 / "The Aetiology of Hysteria," *SE* III, 220.

192) *Drei Abhandlungen*, *GW* V, 57 / *Three Essays*, *SE*, VII, 157.

193) "Angst und Triebleben," in *Neue Folge der Vorlesungen*, *GW* XV, 110 / "Anxiety and Instinctual Life," in *New Introductory Lectures*, *SE* XXII, 103.

194) *Das Unbehagen in der Kultur*, *GW* XIV, 479 / *Civilization and Its Discontents*, *SE* XXI, 120.

195) 1911년 11월 29일. *Protokolle*, III, 314-20.

196) 프로이트가 슈필라인의 기여를 인정한 점에 관해서는 *Beyond the Pleasure Principle*, *SE* XVIII, 55n 참조.

197) 많은 예 가운데 한 가지로 융이 J. Allen Gilbert에게 쓴 편지, 1930년 3월 4일. *Briefe*, I, 102 참조.

198) *Jenseits des Lustprinzips*(1920), *GW* XIII, 56-57 / *Beyond the Pleasure Principle*, *SE* XVIII, 53.

199) 같은 책, 63-64 / 59.

200) 같은 곳. 《쾌락 원칙을 넘어서》에서 프로이트는 자신 없는 이 "추측(speculations)"이라는 말을 여러 번 사용한다.

201) 프로이트가 페렌치에게 쓴 편지, 1919년 3월 28일. Freud-Ferenczi Correspondence, Freud Collection, LC.

202) *Jenseits des Lustprinzips*, *GW* XIII, 3, 5 / *Beyond the Pleasure Principle*, *SE* XVIII, 7, 9.

203) 같은 책, 11-15 / 14-17 참조.

204) 같은 책, 21 / 22 참조.

205) 같은 책, 20 / 21.

206) 같은 책, 36~41 / 35~39.

207) 같은 책, 41 / 39.

208) *Das Unbehagen in der Kultur*, *GW* XIV, 478~79 / *Civilization and Its Discontents*, *SE* XXI, 119.

209) "Die endliche und die unendliche Analyse", *GW* XVI, 88~89 / "Analysis Terminable and Interminable", *SE* XXIII, 243.

210) 프로이트가 존스에게 쓴 편지, 1935년 3월 3일. Freud Collection, D2, LC.

211) "Selbstdarstellung", *GW* XIV, 84 / "Autobiographical Study", *SE* XX, 57.

212) 프로이트가 존스에게 쓴 편지, 1920년 10월 4일. 영어로 씀. Freud Collection, D2, LC.

213) 프로이트가 아이팅곤에게 쓴 편지, 1921년 3월 27일. Sigmund Freud Copyrights, Wivenhoe의 허락을 받고 인용.

214) 프로이트가 존스에게 쓴 편지, 1920년 8월 2일. 영어로 씀. Freud Collection, D2, LC.

215) *Jones* III, 42~43 참조.

216) 프로이트가 존스에게 쓴 편지, 1921년 3월 18일. 영어로 씀. Freud Collection, D2, LC.

217) 프로이트가 롤랑에게 쓴 편지, 1923년 3월 4일. *Briefe*, 360.

218) *Massenpsychologie und Ich-Analyse*(1921), *GW* XIII, 73 / *Group Psychology and the Analysis of the Ego*, *SE* XVIII, 69.

219) 같은 곳.

220) 같은 책, 130 / 118.

221) 프로이트가 안드레아스-살로메에게 쓴 편지, 1917년 11월 22일. *Freud-Salomé*, 75(67).

222) *Massenpsychologie*, *GW* XIII, 100, 104 / *Group Psychology*, *SE* XVIII, 91, 95.

223) 같은 책, 110, 107 / 101, 98.

224) Ferenczi, "Freuds 'Massenpsychologie und Ich-Analyse.' Der individual-psychologische Fortschritt"(1922), in *Schriften zur Psychoanalyse*, Balint 편, II, 123~24.

225) 프로이트가 페렌치에게 쓴 편지, 1922년 7월 21일. Freud-Ferenczi Correspondence, Freud Collection, LC.

226) 프로이트가 랑크에게 쓴 편지, 1922년 8월 4일. Rank Collection, Box 1b. Rare Book and Manuscript Library, Columbia University.

227) 같은 곳.

228) 프로이트가 안드레아스-살로메에게 쓴 편지, 1917년 10월 7일. *Freud-Salomé*, 71(63).

229) 그로데크가 프로이트에게 쓴 편지, 1917년 5월 27일. *Georg Groddeck-Sigmund Freud: Briefe über das Es*, Margaretha Honegger 편(1974), 7~13.

230) Carl M. and Sylva Grossman, *The Wild Analyst: The Life and Work of Georg Groddeck*(1965), 95에서 인용.

231) 그로데크가 프로이트에게 쓴 편지, 1921년 9월 11일. *Briefe über das Es*, 32 참조.

232) 프로이트가 그로데크에게 쓴 편지, 1920년 2월 7일과 8일. 같은 책, 25~26.

233) Ferenczi, "Georg Groddeck, *Der Seelensucher. Ein psychoanalytischer Roman*"(1921), *Schriften zur Psychoanalyse*, Balint 편, II, 95.

234) *Jones* III, 78.

235) 프로이트가 아이팅곤에게 쓴 편지, 1920년 5월 27일. Sigmund Freud Copyrights, Wivenhoe의 허

락을 받고 인용.

236) 프로이트가 피스터에게 보낸 엽서, 1921년 2월 4일. *Freud-Pfister*, 83(80-81).

237) 피스터가 프로이트에게 쓴 편지, 1921년 3월 14일. Sigmund Freud Copyrights, Wivenhoe의 허락을 받고 인용.

238) 프로이트가 그로데크에게 쓴 편지, 1921년 4월 17일. *Briefe über das Es*, 38.

239) Groddeck, *Das Buch vom Es. Psychoanalytische Briefe an eine Freundin*(1923; 개정판 1979), 27.

240) 프로이트가 그로데크에게 쓴 편지, 1921년 4월 17일. *Briefe über das Es*, 38-39.

241) 프로이트가 안드레아스-살로메에게 쓴 편지, 1917년 10월 7일. *Freud-Salomé*, 71(63).

242) 그로데크가 프로이트에게 쓴 편지, 1923년 5월 27일. *Briefe über das Es*, 63.

243) 그로데크가 두 번째 부인에게 쓴 편지, 1923년 5월 15일. 같은 책, 103.

244) 프로이트가 그로데크에게 쓴 편지, 1926년 10월 13일. 같은 책, 81.

245) *Das Ich und das Es*(1923), GW XIII, 289 / *The Ego and the Id*, SE XIX, 59.

246) 프로이트가 페렌치에게 쓴 편지, 1923년 4월 17일. Freud-Ferenczi Correspondence, Freud Collection, LC.

247) *Ich und Es*, GW XIII, 237 / *Ego and Id*, SE XIX, 12.

248) 같은 책, 251 / 23.

249) 같은 책, 239 / 12.

250) 같은 책, 239 / 13.

251) 같은 책, 245 / 18.

252) 같은 책, 241 / 15.

253) "Das Unbewusste"(1915). GW X, 291 / "The Unconscious," *SE* XIV, 192-93.

254) *Ich und Es*, GW XIII, 244, 252-53 / *Ego and Id*, SE XIX, 18, 25.

255) 같은 책, 253 / 25.

256) 같은 책, 286-87 / 56.

257) 같은 책, 255 / 26, 26n. 주해는 프로이트의 승인을 받아 1927년 번역판에 영어로 처음 등장한 것이다. 독일어 주해는 없는 것 같다.

258) 같은 책, 254-55 / 26-27.

259) 같은 책, 280-82 / 50-52.

260) 같은 책, 278-80 / 49-50.

261) "Die Zerlegung der psychischen Persönlichkeit," in *Neue Folge der Vorlesungen*, GW XV, 73 / "The Dissection of the Psychical Personality," in *New Introductory Lectures*, SE XXII, 67.

262) *Ich und Es*, GW XIII, 26~64 / *Ego and Id*, SE XIX, 34-36.

263) 프로이트가 존스에게 쓴 편지, 1926년 11월 20일. 영어로 씀. Freud Collection, D2, LC.

264) 피스터가 프로이트에게 쓴 편지, 1930년 9월 5일. *Freud-Pfister*, 147(135).

265) 피스터가 프로이트에게 쓴 편지, 1930년 2월 4일. 같은 책, 142(131). 프로이트가 자신의 입장을 강력하게 방어한 것은 그의 답장, 1930년 2월 7일. 같은 책, 143-45(132-34) 참조.

9장 프로이트의 안티고네

1) 프로이트가 랑크에게 보낸 편지, 1922년 8월 4일. Rank Collection, Box 1b. Rare Book and

Manuscript Library, Columbia University.

2) 프로이트가 존스에게 보낸 편지, 1922년 6월 25일. 영어로 씀. Freud Collection, D2, LC.

3) 프로이트가 랑크에게 보낸 편지, 1922년 7월 8일. Rank Collection, Box 1b. Rare Book and Manuscript Library, Columbia University.

4) 프로이트가 랑크에게 보낸 편지, 1922년 8월 4일. 같은 곳.

5) 프로이트가 존스에게 보낸 편지, 1922년 8월 24일. 영어로 씀. Freud Collection, D2, LC.

6) 체칠리에(Caecilie Graf)가 어머니인 로자 그라프에게 보낸 편지, "Dear Mother," 1922년 8월 16일. 타자로 친 사본, Freud Collection, LC.

7) 프로이트가 존스에게 보낸 편지, 1922년 8월 24일. 영어로 씀. Freud Collection, D2, LC. 그는 충격을 받기는 했지만 비꼬는 것을 멈출 만큼 가라앉아 있지는 않았다. 그는 하나 남은 자식 체칠리에를 잃은 여동생 로자를 "절망의 대가"라고 불렀다. (프로이트가 페렌치에게 보낸 편지, 1922년 8월 24일. Freud-Ferenczi Correspondence, Freud Collection, LC.)

8) 프로이트가 존스에게 보낸 편지, 1923년 4월 25일. 영어로 씀. Freud Collection, D2, LC.

9) 프로이트가 페렌치에게 쓴 편지, 1917년 11월 6일. Freud-Ferenczi Correspondence, Freud Collection, LC. 안나 프로이트는 막스 슈어에게 쓴 편지에 관련된 대목을 옮겨 적었다(1965년 8월 20일, Max Schur papers, LC).

10) 프로이트가 존스에게 쓴 편지, 1923년 4월 25일. 영어로 씀. Freud Collection, D2, LC.

11) Schur, *Freud, Living and Dying*, 350. 내가 이 대목을 쓸 때 주로 의존한 자료에 관해서는 이 장에 대한 문헌 해제 참조.

12) 안나 프로이트가 존스에게 쓴 편지, 1956년 1월 4일. Jones papers, Archives of the British Psycho-Analytical Society, London. 안나 프로이트가 아버지를 비판하는 것을 좋아하지 않는다는 사실을 고려할 때 이것은 의미심장한 증언이다.

13) Deutsch, "Reflections," 280.

14) 안나 프로이트가 존스에게 쓴 편지, 1955년 3월 16일. Jones papers, Archives of the British Psycho-Analytical Society, London.

15) 이것이 어니스트 존스의 합리적인 추측이다. (*Jones* III, 91.)

16) 안나 프로이트가 존스에게 쓴 편지, 1955년 3월 16일. Jones papers, Archives of the British Psycho-Analytical Society, London. 존스의 이야기(*Jones* III, 90-91)는 안나 프로이트의 보고를 거의 그대로 따르고 있다. 존스와 도이치의 2차 자료에 바탕을 둔 Clark, *Freud*, 440도 마찬가지다.

17) 프로이트가 안드레아스-살로메에게 쓴 편지, 1923년 5월 10일. *Freud-Salomé*, 136(124).

18) 프로이트가 아브라함에게 쓴 편지, 1923년 5월 10일. *Freud-Abraham*, 315(338). 인용문의 마지막 부분("많은 행복한 날들…….")은 영어로 썼다.

19) 프로이트가 새뮤얼 프로이트에게 쓴 편지, 1923년 6월 26일. 영어로 씀. Rylands University Library, Manchester.

20) 펠릭스 도이치가 1923년 4월 7일에 프로이트를 찾아가 병변을 보고 난 뒤에 남긴 메모에서. Gifford, "Notes on Felix Deutsch," 4에 인용.

21) 프로이트가 페렌치에게 쓴 편지, 1923년 4월 17일. Freud-Ferenczi Correspondence, Freud Collection, LC.

22) 프로이트가 커터 레비와 러요스 레비에게 쓴 편지, 1923년 6월 11일. *Briefe*, 361-62.

23) 같은 곳.

24) 같은 책, 361. 인용된 문장은 프로이트의 편지에는 영어로 기록되어 있다.

25) 프로이트가 페렌치에게 보낸 엽서, 1923년 6월 20일. Freud-Ferenczi Correspondence, Freud Collection, LC.

26) *Jones* III, 92.

27) 프로이트가 페렌치에게 쓴 편지, 1923년 7월 18일. Freud-Ferenczi Correspondence, Freud Collection, LC.

28) 프로이트가 아이팅곤에게 쓴 편지, 1923년 8월 13일. Sigmund Freud Copyrights, Wivenhoe의 허락을 받고 인용.

29) 프로이트가 리에게 쓴 편지, 1923년 8월 18일. Freud Museum, London.

30) 프로이트가 빈스방거에게 쓴 편지, 1926년 10월 15일. Binswanger, *Erinnerungen*, 94-95에 인용.

31) 프로이트가 새뮤얼 프로이트에게 쓴 편지, 1923년 9월 24일. 영어로 씀. Rylands University Library, Manchester.

32) 프로이트가 존스에게 쓴 편지, 1920년 10월 4일. 영어로 씀. Freud Collection, D2, LC.

33) 프로이트가 존스에게 쓴 편지, 1919년 12월 11일. 영어로 씀. 같은 책.

34) 프로이트가 존스에게 쓴 편지, 1919년 12월 23일. 영어로 씀. 같은 책.

35) 프로이트가 존스에게 쓴 편지, 1922년 1월 7일. 같은 책.

36) 존스가 위원회에 쓴 편지, 1922년 8월. Rank Collection, Box 1b. Rare Book and Manuscript Library, Columbia University.

37) 프로이트가 존스에게 쓴 편지, 1923년 9월 24일. 영어로 씀. Freud Collection, D2, LC.

38) 존스가 캐서린 존스에게 쓴 편지, 1923년 8월 26일. Jones papers, Archives of the British Psycho-Analytical Society, London.

39) 존스가 캐서린 존스에게 쓴 편지, 1923년 8월 28일. 같은 책.

40) *Jones* III, 93.

41) 안나 프로이트가 존스에게 쓴 편지, 1956년 1월 8일. Jones papers, Archives of the British Psycho-Analytical Society, London.

42) 프로이트가 아이팅곤에게 쓴 편지, 1923년 9월 11일. Sigmund Freud Copyrights, Wivenhoe의 허락을 받고 인용.

43) 프로이트가 존스에게 쓴 편지, 1923년 9월 24일. 영어로 씀. Freud Collection, D2, LC.

44) 프로이트가 새뮤얼 프로이트에게 쓴 편지, 1923년 9월 24일. 영어로 씀. Rylands University Library, Manchester.

45) 프로이트가 아이팅곤에게 쓴 편지, 1923년 9월 26일. Schur, *Freud, Living and Dying*, 554에 원래의 독일어로 인용. 또 프로이트가 존스에게 쓴 편지(1923년 9월 26일)도 참조. 여기에서 프로이트는 아이팅곤에게 했던 말을 거의 그대로 하고 있다. (Freud Collection, Dz, LC.)

46) 여기서 나는 Schur, *Freud, Living and Dying*, 362에 나온 이야기를 따르고 있다.

47) 프로이트가 아브라함에게 쓴 편지, 1923년 10월 19일. *Freud-Abraham*, 318(342).

48) 프로이트가 "친애하는 마르틴!"에게 쓰고 "간곡한 마음으로, 아빠"라고 서명한 편지, 1923년 10월 30일. Freud Museum, London. 서명을 제외하면 편지는 자필로 쓴 것이 아니다.

49) *Jones* III, 98-99. 또 Sharon Romm, *The Unwelcome Intruder: Freud's Struggle with Cancer*(1983), 73-85.

50) Max Schur, "The Medical Case History of Sigmund Freud," 미발표 원고, 1954년 2월 27일. Max Schur papers, LC.

51) 헬렌 슈어와의 인터뷰, 1986년 6월 3일.

52) 프로이트가 랑크에게 쓴 편지, 1923년 11월 26일. Rank Collection, Box ib. Rare Book and Manuscript Library, Columbia University.

53) 프로이트가 아이팅곤에게 쓴 편지, 1924년 3월 22일. Sigmund Freud Copyrights, Wivenhoe의 허락을 받고 인용.

54) 프로이트의 수술 이전과 이후의 소파 위치에 대한 묘사는 안나 프로이트가 존스에게 쓴 편지, 1956년 1월 4일, Jones papers, Archives of the British Psycho-Analytical society, London 참조.

55) *Jones* III, 95.

56) 프로이트가 새뮤얼 프로이트에게 쓴 편지, 1924년 1월 9일. 영어로 씀. Rylands University Library, Manchester.

57) 프로이트가 새뮤얼 프로이트에게 쓴 편지, 1924년 5월 4일. 영어로 씀. 같은 곳.

58) 앨릭스 스트레이치가 제임스 스트레이치에게 쓴 편지, [1924년] 10월 13일. *Bloomsbury / Freud: The Letters of james and Alix Strachey, 1924-1925*, Perry Meisel and Walter Kendrick 편 (1985), 72-73.

59) 앨릭스 스트레이치가 에게 쓴 편지, [1925년] 3월 20일. 같은 책, 224.

60) 안나 프로이트가 존스에게 쓴 편지, 1922년 4월 2일. Sigmund Freud Copyrights, Wivenhoe의 허락을 받고 인용.

61) 프로이트가 페렌치에게 쓴 편지, 1922년 3월 30일. Freud-Ferenczi Correspondence, Freud Collection, LC.

62) 프로이트가 안나 프로이트에게 쓴 편지, 1922년 3월 7일. Freud Collection, LC.

63) 안나 프로이트가 프로이트에게 쓴 편지, 1920년 8월 4일. 같은 곳.

64) 프로이트가 안나 프로이트에게 쓴 편지, 1923년 7월 21일. 같은 곳.

65) 프로이트가 리에게 쓴 편지, 1923년 8월 18일. Freud Museum, London.

66) 프로이트가 레어먼에게 쓴 편지, 1929년 3월 21일. A. A. Brill Library, New York Psychoanalytic Institute.

67) 프로이트가 레어먼에게 쓴 편지, 1930년 1월 27일. 같은 곳. "참으로 안된 일Too bad"이라는 말은 영어로 썼다.

68) 프로이트가 페렌치에게 쓴 편지, 1915년 9월 7일. Freud-Ferenczi Correspondence, Freud Collection, LC.

69) 프로이트가 안나 프로이트에게 쓴 편지, 1914년 7월 22일. Freud Collection, LC.

70) 안나 프로이트가 프로이트에게 쓴 편지, 1910년 7월 13일. 같은 곳.

71) 안나 프로이트가 프로이트에게 쓴 편지, 1910년 7월 15일. 같은 곳.

72) 안나 프로이트가 프로이트에게 쓴 편지, 1912년 1월 7일. 같은 곳.

73) 프로이트가 안나 프로이트에게 쓴 편지, 1912년 7월 21일. 같은 곳. 프로이트가 이 표현을 사용한 다른 예를 보려면, 프로이트가 안나 프로이트에게 쓴 편지, 1913년 2월 2일. 같은 곳 참조.

74) 프로이트가 안나 프로이트에게 쓴 편지, 1912년 11월 28일. 같은 곳 참조.

75) 안나 프로이트가 프로이트에게 쓴 편지, 1912년 11월 26일. 같은 곳.

76) 안나 프로이트가 프로이트에게 쓴 편지, 1912년 12월 16일. 같은 곳 참조. 또 프로이트가 안나 프로이트에게 쓴 편지, 1913년 1월 1일. 같은 곳도 참조.

77) 안나 프로이트가 프로이트에게 쓴 편지, 1912년 1월 7일. 같은 곳.

78) 안나 프로이트가 프로이트에게 쓴 편지, 1912년 12월 16일. 같은 곳.

79) 프로이트가 안나 프로이트에게 쓴 편지, 1913년 1월 5일. 같은 곳.

80) 프로이트가 피스터에게 쓴 편지, 1913년 3월 11일. *Freud-Pfister*, 61(61).

81) 프로이트가 아브라함에게 쓴 편지, 1913년 3월 27일. *Freud-Abraham*, 137(136).

82) 안나 프로이트가 프로이트에게 쓴 편지, 1913년 3월 13일. Freud Collection, LC.

83) 프로이트가 페렌치에게 쓴 편지, 1913년 7월 7일. Freud-Ferenczi Correspondence, Freud Collection, LC.

84) 프로이트가 존스에게 쓴 편지, 1914년 7월 22일. 영어로 씀. Freud Collection, D2, LC.

85) 프로이트가 안나 프로이트에게 쓴 편지, 1914년 7월 17일. Freud Collection, LC.

86) 같은 곳.

87) 프로이트가 안나 프로이트에게 쓴 편지, 1914년 7월 22일. 같은 곳.

88) 프로이트가 안나 프로이트에게 쓴 편지, 1914년 7월 24일. 같은 곳.

89) 프로이트가 존스에게 쓴 편지, 1914년 7월 22일. 영어로 씀. Freud Collection, D2, LC.

90) 프로이트가 안나 프로이트에게 쓴 편지, 1914년 7월 22일. Freud Collection, LC 참조.

91) 프로이트가 존스에게 쓴 편지, 1914년 7월 22일. 영어로 씀. Freud Collection, D2, LC.

92) 안나 프로이트가 프로이트에게 쓴 편지, 1914년 7월 26일. Freud Collection, LC.

93) 존스가 프로이트에게 쓴 편지, 1914년 7월 27일. Sigmund Freud Copyrights. Wivenhoe의 허락을 받고 인용.

94) 안나 프로이트가 Joseph Goldstein에게 쓴 편지, 1975년 10월 2일. Joseph Goldstein, "Anna Freud in Law," *The Psychoanalytic Study of the Child*, XXXIX(1984), 9에 인용.

95) 안나 프로이트가 프로이트에게 쓴 편지, 1913년 1월 31일. Freud Collection, LC.

96) 안나 프로이트가 프로이트에게 쓴 편지, 1915년 7월 30일. 같은 곳.

97) 안나 프로이트가 프로이트에게 쓴 편지, 1916년 8월 28일. 같은 곳.

98) Dr. Jay Katz는 이 이야기를 안나 프로이트에게서 직접 들었고, 나는 Dr. Katz의 이야기를 인용했다.

99) 안나 프로이트가 프로이트에게 쓴 편지, 1918년 9월 13일. Freud Collection, LC 참조.

100) 안나 프로이트가 프로이트에게 쓴 편지, 1919년 7월 24일과 8월 2일. 같은 곳 참조.

101) 안나 프로이트가 프로이트에게 쓴 편지, 1919년 7월 28일. 같은 곳 참조.

102) 안나 프로이트가 프로이트에게 쓴 편지, 1920년 11월 12일. 같은 곳.

103) 안나 프로이트가 프로이트에게 쓴 편지, 1921년 7월 4일. 같은 곳 참조.

104) 안나 프로이트가 프로이트에게 쓴 편지, 1921년 8월 4일. 같은 곳.

105) 안나 프로이트가 프로이트에게 쓴 편지, 1920년 8월 9일. 같은 곳 참조.

106) 안나 프로이트가 프로이트에게 쓴 편지, 1922년 4월 27일. 같은 곳 참조.

107) 증거로는 곧 출간될 Elisabeth Young-Bruehl의 안나 프로이트 전기 참조. 그녀는 전기의 일부를 Muriel Gardiner Program in Psychoanalysis and the Humanities, Yale University, 1987년 1월 15일의 모임에서 요약 발표했다.

108) 프로이트가 존스에게 쓴 편지, 1922년 6월 4일. 영어로 씀. Freud Collection, D2, LC.

109) 빈스방거가 프로이트에게 쓴 편지, 1923년 8월 27일. Sigmund Freud Copyrights, Wivenhoe의 허락을 받고 인용.

110) 아브라함, 아이팅곤, 작스가 프로이트에게 쓴 편지, 1924년 11월 26일. Karl Abraham papers, LC.

111) 프로이트가 아이팅곤에게 쓴 편지, 1921년 11월 11일. Siginund Freud Copyrights, Wivenhoe의 허락을 받고 인용.

112) 프로이트가 새뮤얼 프로이트에게 쓴 편지, 1922년 3월 7일. 영어로 씀. Rylands University Library, Manchester.

113) 안나 프로이트가 프로이트에게 쓴 편지, 1922년 4월 30일. Freud Collection, LC. 또 안나 프로이트가 프로이트에게 쓴 편지, 1922년 4월 27일과 7월 15일. 같은 곳도 참조.

114) 프로이트가 존스에게 쓴 편지, 1922년 6월 4일. 영어로 씀. Freud Collection, D2, LC.

115) 프로이트가 안드레아스–살로메에게 쓴 편지, 1922년 7월 3일. Freud Collection, B3, LC.

116) 1930년, 안나 프로이트는 아버지가 안드레아스 살로메에게 쓴 편지에 붙인 애정 어린 추신을 이렇게 끝맺었다. "많은 입맞춤을 보냅니다. 안나가." (프로이트와 안나 프로이트가 안드레아스–살로메에게 쓴 편지, 1930년 10월 22일. 같은 곳.)

117) 프로이트가 새뮤얼 프로이트에게 쓴 편지, 1925년 12월 19일. 영어로 씀. Rylands University Library, Manchester.

118) 안나 프로이트가 프로이트에게 쓴 편지, 1920년 8월 9일. Freud Collection, LC.

119) 안나 프로이트가 프로이트에게 쓴 편지, 1922년 7월 18일. 같은 곳.

120) 안나 프로이트가 프로이트에게 쓴 편지, 1922년 7월 20일. 같은 곳.

121) 안나 프로이트가 프로이트에게 쓴 편지, 1915년 7월 23일. 같은 곳.

122) 안나 프로이트가 프로이트에게 쓴 편지, 1919년 8월 5일. 같은 곳.

123) 안나 프로이트가 프로이트에게 쓴 편지, 1915년 7월 12일. 같은 곳.

124) 안나 프로이트가 프로이트에게 쓴 편지, 1915년 7월 27일. 같은 곳.

125) 안나 프로이트가 프로이트에게 쓴 편지, 1919년 7월 24일. 같은 곳.

126) 안나 프로이트가 프로이트에게 쓴 편지, 1915년 8월 6일. 같은 곳.

127) 안나 프로이트의 왕–공주 꿈에 대한 익살스러운 "해석"에 관해서는 프로이트가 안나 프로이트에게 쓴 편지, 1915년 7월 14일. 같은 곳 참조.

128) 프로이트가 아이팅곤에게 쓴 편지, 1919년 12월 2일. Sigmund Freud Copyrights, Wivenhoe의 허락을 받고 인용.

129) Kardiner, *My Analysis with Freud*, 77.

130) 이 대목은 Elisabeth Young–Bruehl이 Muriel Gardiner Program in Psychoanalysis and the Humanities, Yale University, 1987년 1월 15일의 모임에서 한 이야기에 의지하고 있다.

131) 안나 프로이트가 프로이트에게 쓴 편지, 1918년 8월 5일과 1920년 11월 16일. Freud Collection, LC 참조.

132) 안나 프로이트가 프로이트에게 쓴 편지, 1919년 7월 24일. 같은 곳.

133) 프로이트가 커터 레비에게 쓴 편지, 1920년 8월 16일. Freud Collection, B9, LC.

134) 프로이트가 존스에게 쓴 편지, 1923년 3월 23일. 영어로 씀. Freud Collection, D2, LC. 또 많은 편지들 가운데 프로이트가 존스에게 쓴 편지, 1922년 6월 4일과 25일. 영어로 씀. 같은 곳도 참조.

135) 프로이트가 바이스에게 쓴 편지, 1935년 11월 1일. *Freud-Weiss Briefe*, 91.

136) 프로이트가 안드레아스–살로메에게 쓴 편지, 1924년 5월 13일. Freud Collection, B3, LC.

137) 프로이트가 안드레아스–살로메에게 쓴 편지, 1924년 8월 11일. 같은 곳.

138) 프로이트가 안드레아스–살로메에게 쓴 편지, 1925년 5월 10일. 같은 곳.

139) 프로이트가 안드레아스–살로메에게 쓴 편지, 1922년 3월 13일. 같은 곳 참조.

140) 프로이트가 안드레아스–살로메에게 쓴 편지, 1922년 3월 13일. 같은 곳.

141) 이 점은 여러 사람이 언급했지만, 특히 Uwe Henrik Peters, *Anna Freud. Ein Leben für das Kind*(1979), 38–45.

142) 프로이트가 페렌치에게 쓴 편지, 1923년 5월 10일. Freud-Ferenczi Correspondence, Freud Collection, LC.

143) 프로이트가 새뮤얼 프로이트에게 쓴 편지, 1923년 12월 13일. 영어로 씀. Rylands University Library, Manchester.

144) *Jones* III, 95, 196 참조.

145) 프로이트가 아이팅곤에게 쓴 편지, 1921년 4월 24일. Sigmund Freud Copyrights, Wivenhoe의 허락을 받고 인용. 프로이트는 1920년 7월 4일에 처음으로 아이팅곤을 "친애하는 막스"라고 불렀으며, 그 뒤로는 계속 그렇게 불렀다. 약간 망설인 끝에 그는 아이팅곤을 그의 가족 구성원이나 다름없이 여기게 되었다. (프로이트가 아이팅곤에게 쓴 편지, 1922년 1월 24일. Sigmund Freud Copyrights, Wivenhoe의 허락을 받고 인용 참조.) 아이팅곤은 아마 프로이트의 직업적 가족 가운데 그가 별로 화를 내지 않았고, 또 화가 나더라도 금방 풀리던 유일한 사람일 것이다.

146) 프로이트가 새뮤얼 프로이트에게 쓴 편지, 1921년 12월 4일. 영어로 씀. Rylands University Library, Manchester.

147) Freud Collection, LC.

148) 프로이트가 아브라함에게 쓴 편지, 1925년 7월 9일. *Freud-Abraham*, 360(387).

149) 안나 프로이트가 존스에게 쓴 편지, 1955년 11월 24일. Jones papers, Archives of the British Psycho-Analytical Society, London.

150) *Jones* III, 380-81.

151) 같은 책, 382 참조.

152) 프로이트가 Nandor Fodor에게 쓴 편지, 1921년 7월 24일. 타자로 친 사본, Siegfried Bernfeld papers, container 17, LC.

153) "Psychoanalyse und Telepathie"(1921년에 쓰고 1941년에 발표), *GW* XVII, 28-29 / "Psycho-Analysis and Telepathy," *SE* XVIII, 178-79.

154) "Traum und Telepathie"(1922), *GW* XIII, 165 / "Dreams and Telepathy," *SE* XVIII, 197.

155) 같은 책, 191 / 220.

156) *Jones* III, 406.

157) 프로이트가 페렌치에게 쓴 편지, 1925년 3월 20일. Freud-Ferenczi Correspondence, LC. 또 페렌치가 "Dear Friends"에게 쓴 편지, 1925년 2월 15일과 3월 15일, 페렌치가 프로이트에게 쓴 편지, 1925년 2월 16일과 3월 16일, 같은 곳도 참조.

158) 프로이트가 존스에게 쓴 편지, 1926년 3월 7일. 타자로 친 사본, Freud Collection, D2, LC. 1930년대 초에 프로이트는 《새로운 정신분석 강의》에서 텔레파시에 관해 좀 더 분명한 태도를 밝혔다.

159) 안나 프로이트가 존스에게 쓴 편지, 1955년 11월 24일. Jones papers, Archives of the British Psycho-Analytical Society, London.

160) 프로이트가 랑크에게 쓴 편지, 1924년 4월 10일. Rank Collection, Box 1b. Rare Book and Manuscript Library, Columbia University.

161) 프로이트가 존스에게 쓴 편지, 1924년 9월 25일. 영어로 씀. Freud Collection, D2, LC.

162) 프로이트가 안드레아스-살로메에게 쓴 편지, 1925년 5월 10일. *Freud-Salomé*, 169(154).

163) H. D., "Advent," in *Tribute to Freud*, 171.

164) 안나 프로이트가 아브라함에게 쓴 편지, 1925년 3월 20일. 아버지가 그녀에게 구술한 편지에 붙인 긴 추신. Karl Abraham papers, LC.

165) George Sylvester Viereck, *Glimpses of the Great*(1930), 34. 이 인터뷰는 3년 전인 1927년에 별도로 발표되기도 했다.

166) 프로이트가 피스터에게 쓴 편지, 1920년 12월 25일. *Freud-Pfister*, 81-82(79).

167) 프로이트가 아이팅곤에게 쓴 편지, 1919년 11월 23일. Sigmund Freud Copyrights, Wivenhoe의 허락을 받고 인용.

168) *Introductory Lectures, SE* XVI, 284-85 참조.

169) Karl R. Popper, "Philosophy of Science: A Personal Report"(1953), in *British Philosophy in the Mid-Century: A Cambridge Symposium,* C. A. Mace 편(1957), 156-58.

170) Thomas L. Masson, "Psychoanalysis Rampant," *New York Times,* 1923년 2월 4일, sec. 3, 13.

171) Mary Keyt Isham, review of *Beyond the Pleasure Principle* and *Group Psychology* and *the Analysis of the Ego,* New York Times, 1924년 9월 7일, sec. 3, 14-15.

172) "Critics Make Freud Symposium Target / Dr. Brian Brown Calls His Interpretation of the Unconscious Mind 'Rotten.' / Discussion at St. Mark's / Dr. Richard Borden Explains Soul-Sickness, Libido, Complexes and the 'Old Adam,'" *New York Times,* 1924년 5월 5일, 8.

173) "Dr. Wise Attacks Modern Writers / Tells Students at International House to Abandon Mencken for the Classics / Regrets Freudian Vogue / Declares War Has Lost for Religion the Faith and Loyalty of Millions," *New York Times,* 1925년 3월 16일, 22.

174) "Declares Freud Devotees / Can't Spell Psychoanalysis," *New York Times,* 1926년 8월 27일, 7.

175) 아이팅곤이 프로이트에게 쓴 편지, 1922년 11월 10일. Sigmund Freud Copyrights, Wivenhoe의 허락을 받고 인용.

176) "Mind Cure. / Professor Freud's Lectures," London *Times,* 1922년 4월 15일, 17.

177) Poul Bierre, *Wie deine Seele geheilt wird! Der Weg zur Lösung seelischer Konflikte,* Amalie Brückner가 스웨덴어에서 번역(1925), 163.

178) William McDougall, *An Outline of Abnormal Psychology*(1926), 22. Carl Christian Clemen, *Die Anwendung der Psychoanalyse auf Mythologie und Religionsgeschichte*(1928), 2-3에 인용.

179) 아브라함, 아이팅곤, 작스가 "Dear Friends"에게 쓴 편지, 1925년 5월 16일. Karl Abraham papers, LC.

180) 아브라함이 "Dear Friends"에게 쓴 편지, 1925년 10월 17일. 같은 곳.

181) Elias Canetti, *Die Fackel im Ohr. Lebensgeschichte 1921-1931*(1980), 137-39.

182) Bjerre, *Wie deine Seele geheilt wird!,* 163.

183) William Bayard Hale papers, box 1 , folder 12. Y-MA.

184) "Topics of the Times," *New York Times,* 1926년 5월 8일, 16.

185) *Jones* III, 48n.

186) 같은 책, 103에 인용.

187) 같은 곳 참조.

188) "To Ask Freud to Come Here," *New York Times,* 1924년 12월 21일, sec. 7, 3. 또 *Jones* III, 114와 Clark, *Freud,* 461도 참조.

189) *New York Times,* 1925년 1월 24일, 13에 인용. 또 *Jones* III, 114와 Clark, *Freud,* 462도 참조. 프로이트가 썼다고 하는 편지의 원본은 발견되지 않았다.

190) 프로이트가 새뮤얼 프로이트에게 쓴 편지, 1920년 11월 5일. 영어로 씀. Rylands University Library, Manchester.

191) 프로이트가 새뮤얼 프로이트에게 쓴 편지, 1921년 12월 4일. 영어로 씀. 같은 곳.

192) 프로이트가 아이팅곤에게 쓴 편지, 1922년 1월 24일. Sigmund Freud Copyrights, Wivenhoe의 허

락을 받고 인용.

193) 프로이트가 아이팅곤에게 쓴 편지, 1921년 2월 17일. Sigmund Freud Copyrights, Wivenhoe의 허락을 받고 인용.

194) 프로이트가 새뮤얼 프로이트에게 쓴 편지, 1925년 12월 19일. 영어로 씀. Rylands University Library, Manchester.

195) *Jones* III, 109-10.

196) 프로이트가 아브라함에게 쓴 편지, 1917년 12월 10일. *Freud-Abraham*, 249(264).

197) 프로이트가 존스에게 쓴 편지, 1925년 6월 9일. 안나 프로이트에게 구술. Freud Collcction, D2, LC.

198) 프로이트가 새뮤얼 프로이트에게 쓴 편지, 1925년 12월 19일. 영어로 씀. Rylands University Library, Manchester.

199) Nederlandsche Vereeniging voor Psychiatrie en Neurologie가 1921년 11월 17일 회의 뒤에 프로이트에게 보낸 증명서 참조. Freud Museum, London. 또 *Jones* III, 82(그러나 날짜가 11월이 아니라 12월로 나와 있다)도 참조.

200) 프로이트가 새뮤얼 프로이트에게 쓴 편지, 1925년 12월 19일. 영어로 씀. Rylands University Library, Manchester.

201) 프로이트가 에미 그로데크에게 쓴 편지, 1923년 12월 18일. Groddeck, *Briefe über das ES*, 70-71.

202) 만(Mann)이 멩(Meng)에게 쓴 편지, 1930년 9월 8일. A. A. Brill Library, New York Psychoanalytic Institute 참조.

203) 프로이트가 존스에게 쓴 편지, 1928년 2월 18일. 영어로 씀. Freud Collection, D2, LC.

204) 프로이트가 아이팅곤에게 쓴 편지, 1932년 8월 18일. *Jones* III, 175에 인용.

205) Bose-Freud Correspondence(날짜 불명 [1964?]), 캘커타에서 출간된 브로슈어. Freud Collection, B9, LC.

206) 슈테판 츠바이크가 프로이트에게 쓴 편지, 1929년 12월 8일. Sigmund Freud Copyrights, Wivenhoe의 허락을 받고 인용.

207) Friedrich Torberg, *Die Erben der Tante Jolesch*(1978; 2판 1982), 26-27에 인용.

208) Ronald A. Knox, "Jottings from a Psycho-Analyst's Note-Book," in *Essays in Satire*(1928), 265-76.

209) James Thurber and E. B. White. *Is Sex Necessary? or, Why You Feel the Way You Do*(1929). 190-93.

210) 월터 리프먼이 그레이엄 월러스에게 쓴 편지, 1912년 10월 30일. Ronald Steel, *Walter Lippmann and the American Century*(1980), 46에 인용.

211) 리프먼이 Frederick J. Hoffman에게 쓴 편지, 1942년 11월 18일. *Public Pllilosopher: Selected Letters of Walter Lippmann*, John Morton Blum 편(1985), 429.

212) 피스터가 프로이트에게 쓴 편지, 1921년 10월 24일, 1925년 12월 23일, 1927년 5월 6일과 10월 21일 참조. Sigmund Freud Copyrights, Wivenhoe의 허락을 받고 인용.

213) Joseph Wood Krutch, "Freud Reaches Seventy Still Hard at Work / Father of Psychoanalysis Continues to Expand and Alter the Theories That Have Made Him a Storm Centre," *New York Times*, 1926년 5월 9일, sec. 9, 9.

214) "Topics of the Times," *New York Times*, 1926년 5월 10일, 20.

215) 프로이트가 아르놀트 츠바이크에게 쓴 편지, 1937년 12월 20일. *Freud-Zweig*, 164(154). "악명 높다(notorious)"라는 말은 영어로 썼다.

216) "Selbstdarstellung"의 "Nachschrift 1935", *GW* XVI, 34 / "Autobiographical Study"의 "Postscript(1935)," *SE* XX, 73. (영어판에서는 독일어 원본에서는 실수로 빠졌던 "러시아"가 프로이트의 허락을 받아 추가되었다.)

217) 앨릭스 스트레이치가 제임스 스트레이치에게 쓴 편지, 1925년 2월 9일. *Bloomsbury / Freud*, 184.

218) "The Reminiscences of Rudolph M. Loewenstein"(1965) 19-25. Oral History Collection, Columbia University.

219) 아브라함, 아이팅곤, 작스가 "Dear Friends"에게 쓴 편지. 1924년 12월 16일. Karl Abraham papers, LC.

220) 아브라함, 아이팅곤, 작스가 "Dear Friends"에게 쓴 편지. 1925년 3월 15일. 같은 곳.

221) 아브라함과 작스가 "Dear Friends"에게 쓴 편지. 1925년 4월 13일. 같은 곳.

222) Phyllis Grosskurth, *Melanie Klein: Her World and Her Work*(1986), 94 참조.

223) Ernst Simmel, "Zur Geschichte und sozialen Bedeutung des Berliner Psychoanalytischen Instituts," in *Zehn Jahre Berliner Psychoanalytisches Institut(Poliklinik und Lehranstalt)*, Deutsche Psychoanalytische Gesellschaft 편(1930), 7-8 참조.

224) "Wege der psychoanalytischen Therapie"(1919), *GW* XII, 192-93/ "Lines of Advance in Psycho-Analytic Therapy," *SE* XVII, 167.

225) Simmel, "Zur Geschichte," in *Zehn Jahre Berliner Psychoanalytisches Institut*, 12.

226) Otto Fenichel, "Statistischer Bericht über die therapeutische Tätigkeit 1920-1930," 같은 책, 16 참조.

227) 같은 책, 19 참조.

228) "Anhang: Richtlinien für die Lehrtätigkeit des Instituts," Karen Horney, "Die Einrichtungen der Lehranstalt, A) Zur Organisation"의 부록, 같은 책, 50.

229) Hanns Sachs, "Die Einrichtungen der Lehranstalt, B) Die Lehranalyse," 같은 책, 53.

230) 프로이트가 존스에게 쓴 편지, 1922년 6월 4일. 영어로 씀. Freud Collection, D2, LC.

231) 예를 들어, Gregory Zilboorg, "Ausländisches Interesse am Institut, A) Aus Amerika," in *Zehn Jahre Berliner Psychoanalytisches Institut*, 66-69, 또 Ola Raknes, "Ausländisches Interesse am Institut, B) Aus Norwegen," 같은 책, 69-70.

232) 필자의 잔 랑플-드 그로 인터뷰, 1985년 10월 24일.

233) 예를 들어, 프로이트가 랑플-드 그로에게 쓴 편지, 1924년 8월 28일. Freud Collection, D2, LC.

234) 프로이트가 아브라함에게 쓴 편지, 1925년 3월 3일. 안나 프로이트에게 구술. Karl Abraham papers, LC.

235) 그래서 1916년 프로이트의 농담에 관한 책 *Der Witz und seine Beziehung zum Unbewussten*을 번역했을 때, 그 제목을 *Wit and Its Relation to the Unconscious*로 했다.

236) Katharine West, *Inner and Outer Circles*(1958). Paula Heimann, "Obituary, Joan Riviere(1883-1962)," *Int. J. Psycho-Anal.*, XLIV(1963), 233.

237) 프로이트가 존스에게 쓴 편지, 1924년 11월 16일. 안나 프로이트에게 구술. Freud Collection, D2, LC.

238) 프로이트가 존스에게 쓴 편지, 1925년 12월 13일. 안나 프로이트에게 구술. 같은 곳.

239) 앨릭스 스트레이치가 제임스 스트레이치에게 쓴 편지, 〔1924년〕 12월 13일〔사실은 14일〕. *Bloomsbury / Freud*, 131-32.

240) 같은 책, 132-33.

241) 프로이트가 존스에게 쓴 편지, 1925년 7월 22일. 안나 프로이트에게 구술. Freud Collection, D2, LC.

242) 프로이트가 존스에게 쓴 편지, 1927년 5월 31일. 안나 프로이트에게 구술. 같은 곳.

243) 프로이트가 존스에게 쓴 편지, 1927년 7월 6일. 같은 곳.

244) 프로이트가 존스에게 쓴 편지, 1927년 9월 23일. 안나 프로이트에게 구술. 같은 곳.

245) 프로이트가 존스에게 쓴 편지, 1927년 9월 23일과 10월 9일. 같은 곳.

246) *Civilization and Its Discontents*, *SE* XXI, 130n, 138n 참조.

247) "Selbstdarstellung", *GW* XIV, 96n / "Autobiographical Study", *SE* XX, 70n.

10장 여성과 정신분석

1) 안나 프로이트가 존스에게 쓴 편지, 1956년 1월 8일. Jones papers, Archives of the British Psycho-Analytical Society, London.

2) 프로이트가 페렌치에게 쓴 편지, 1920년 7월 18일. Freud-Ferenczi Correspondence, Freud Collection, LC.

3) 프로이트가 아이팅곤에게 쓴 편지, 1927년 7월 2일. Sigmund Freud Copyrights, Wivenhoe의 허락을 받아 인용.

4) 프로이트가 랑크에게 쓴 편지, 1912년 8월 18일. Rank Collection, Box 1b. Rare Book and Manuscript Library, Columbia University. 프로이트는 문학에서 근친상간 주제를 연구한 랑크의 두꺼운 책을 염두에 두고 그 말을 했다.

5) 프로이트가 아브라함에게 쓴 편지, 1918년 12월 25일. Karl Abraham papers, LC.

6) "The 'Uncanny'"(1919), *SE* XVII, 230n.

7) 프로이트가 랑크에게 쓴 편지, 1922년 7월 8일. Rank Collection, Box 1b. Rare Book and Manuscript Library, Columbia University.

8) 프로이트가 랑크에게 쓴 편지, 1922년 9월 8일. 같은 곳.

9) 아이팅곤이 프로이트에게 쓴 편지, 1924년 1월 31일. Sigmund Freud Copyrights, Wivenhoe의 허락을 받아 인용.

10) 프로이트가 "Dear Friends"에게 쓴 편지, 1924년 1월. 타자로 친 사본의 복사본, Rank Collection, Box 1b. Rare Book and Manuscript Library, Columbia University.

11) 프로이트가 아이팅곤에게 쓴 편지, 1924년 2월 7일. Sigmund Freud Copyrights, Wivenhoe의 허락을 받아 인용.

12) 랑크가 프로이트에게 쓴 편지, 1924년 2월 15일. Rank Collection, Box 1b. Rare Book and Manuscript Library, Columbia University.

13) 아브라함이 프로이트에게 쓴 편지, 1924년 2월 21일. *Freud-Abraham*, 324(348~49).

14) 프로이트가 페렌치에게 보낸 편지, 1924년 3월 20일. 타자로 친 사본, Rank Collection, Box 1b. Rare Book and Manuscript Library, Columbia University.

15) 페렌치가 랑크에게 쓴 편지, 1924년 3월 18일. 같은 곳.

16) 프로이트가 페렌치에게 쓴 편지, 1924년 3월 26일. 타자로 친 사본, 같은 곳.

17) 랑크가 페렌치에게 쓴 편지, 1924년 3월 20일. 같은 곳. 사실 이 무렵 프로이트가 쓴 회람 서한은 그가 랑크의 주장을 완전히 파악하고 있었음을 보여준다.

18) 프로이트가 "Dear Friends"에게 쓴 편지, 1924년 2월 25일. 같은 곳.

19) 1924년 3월 5일. Vienna Psychoanalytic Society, 1923-24 의사록, Otto Isakower가 보관. Freud Collection, B27, LC.

20) 1908년 11월 25일. *Protokolle*, II, 65.

21) 1909년 11월 17일. 같은 책, 293.

22) *Traumdeutung*, *GW* II-III, 406n / *Interpretation of Dreams*, *SE* V, 400-401n.

23) 프로이트가 랑크에게 쓴 편지, 1923년 12월 1일. Rank Collection, Box 1b. Rare Book and Manuscript Library, Columbia University.

24) 프로이트가 아브라함에게 쓴 편지, 1924년 3월 4일. *Freud-Abraham*, 328(352-53).

25) 프로이트가 "Dear Friends"에게 쓴 편지, 1924년 1월. Rank Collection, Box 1b. Rare Book and Manuscript Library, Columbia University.

26) 특히 프로이트가 페렌치에게 쓴 편지, 1924년 3월 26일. 타자로 친 사본, 같은 곳.

27) 프로이트가 존스에게 쓴 편지, 1924년 9월 25일. 영어로 씀. Freud Collection, D2, LC.

28) 아브라함이 프로이트에게 쓴 편지, 1924년 2월 26일. *Freud-Abraham*, 326(350-51).

29) 존스가 아브라함에게 쓴 편지, 1924년 4월 8일. Karl Abraham papers, LC.

30) 프로이트가 페렌치에게 쓴 편지, 1924년 3월 26일. 타자로 친 사본, Rank Collection, Box 1b. Rare Book and Manuscript Library, Columbia University.

31) 프로이트가 산도르 러도에게 쓴 편지, 1925년 9월 30일. 안나 프로이트에게 구술. Freud Collection, B9, LC.

32) 프로이트가 버로에게 쓴 편지, 1924년 7월 31일. Trigant Burrow papers, series I, box 12. Y-MA.

33) E. James Lieberman, *Acts of Will: The Life and Work of Otto Rank*(1985), 235에 인용.

34) 프로이트가 랑크에게 쓴 편지, 1924년 7월 23일. Rank Collection, Box 1b. Rare Book and Manuscript Library, Columbia University.

35) 랑크가 프로이트에게 쓴 편지, 1924년 8월 7일. 같은 곳. 그가 실제로 쓴 편지는 아주 비슷한 내용이지만 이 결정적인 대목이 없다.(1924년 8월 9일. 같은 곳.)

36) 프로이트가 랑크에게 쓴 편지, 1924년 8월 27일. 같은 곳.

37) 아이팅곤이 프로이트에게 쓴 편지, 1924년 9월 2일. Sigmund Freud Copyrights, Wivenhoe의 허락을 받아 인용.

38) 프로이트가 아이팅곤에게 쓴 편지, 1924년 10월 7일. Sigmund Freud Copyrights, Wivenhoe의 허락을 받아 인용.

39) 프로이트가 아브라함에게 쓴 편지, 1924년 10월 17일. *Freud-Abraham*, 345(371).

40) 프로이트가 존스에게 쓴 편지, 1924년 10월 23일. 영어로 씀. Freud Collection, D2, LC. 프로이트가 이 무렵 랑크를 포기할 각오를 하고 있었다는 증거는 프로이트가 아이팅곤에게 쓴 편지, 1924년 9월 27일과 11월 19일. Sigmund Freud Copyrights, Wivenhoe의 허락을 받아 인용.

41) 프로이트가 존스에게 쓴 편지, 1924년 11월 5일. 안나 프로이트에게 구술. Freud Collection, D2, LC.

42) 존스가 아브라함에게 쓴 편지, 1924년 11월 12일. Karl Abraham papers, LC. 또 베를린에서 "Dear Friends"에게 보낸 회람 서한, 1924년 11월 26일. 같은 곳도 참조.

43) 프로이트가 안드레아스-살로메에게 쓴 편지, 1924년 11월 17일. *Freud-Salomé*, 157(143).

44) 프로이트가 존스에게 쓴 편지, 1924년 11월 16일. 안나 프로이트에게 구술. Freud Collection, D2, LC.

45) 랑크가 위원회에 쓴 편지, 1924년 12월 20일. Lieberman, *Rank*, 248-50에 인용.

46) 존스가 아브라함에게 쓴 편지, 1924년 12월 29일. Karl Abraham papers, LC.

47) 프로이트가 존스에게 쓴 편지, 1925년 1월 6일. 안나 프로이트에게 구술. Freud Collection, D2, LC.

48) 프로이트가 아이팅곤에게 쓴 편지, 1925년 1월 6일. Sigmund Freud Copyrights, Wivenhoe의 허락을 받아 인용.

49) 아이팅곤, 작스와 아브라함이 랑크에게 쓴 편지, 1924년 12월 25일. Rank Collection, Box 1b. Rare Book and Manuscript Library, Columbia University.

50) 존스가 랑크에게 쓴 편지, 1925년 1월 3일. 같은 곳.

51) 프로이트가 존스에게 쓴 편지, 1925년 1월 6일. 안나 프로이트에게 구술. Freud Collection, D2, LC.

52) 프로이트가 아브라함에게 쓴 편지, 1925년 3월 3일. Karl Abraham papers, LC.

53) 프로이트가 아이팅곤에게 쓴 편지, 1925년 7월 16일. Sigmund Freud Copyrights, Wivenhoe의 허락을 받아 인용.

54) 아브라함이 프로이트에게 쓴 편지, 1924년 2월 26일. *Freud-Abraham*, 326(350-51). 프로이트 자신도 내키지 않는 마음으로 그런 비교를 했다. 프로이트가 페렌치에게 쓴 편지, 1924년 3월 20일. Rank Collection, Box 1b. Rare Book and Manuscript Library, Columbia University.

55) 프로이트가 랑크에게 쓴 편지, 1923년 11월 26일. Rank Collection, Box 1b. Rare Book and Manuscript Library, Columbia University.

56) 프로이트가 랑크에게 쓴 편지, 1924년 7월 23일. 같은 곳.

57) 프로이트가 안드레아스-살로메에게 쓴 편지, 1924년 11월 17일. *Freud-Salomé*, 157(143).

58) 존스가 프로이트에게 쓴 편지, 1924년 9월 29일. Vincent Brome, *Ernest Jones: Freud's Alter Ego*(영국판 1982: 미국판 1983), 147에 인용.

59) 아브라함이 프로이트에게 쓴 편지, 1924년 10월 20일. *Freud-Abraham*, 347(373).

60) 프로이트가 아브라함에게 쓴 편지, 1924년 3월 4일. 같은 책, 327(352).

61) 프로이트가 아브라함에게 쓴 편지, 1924년 3월 31일. 같은 책, 331(355).

62) 프로이트가 로베르트 브로이어에게 쓴 편지, 1925년 6월 26일. Albrecht Hirschmüller, " 'Balsam auf eine schmerzende Wunde'—Zwei bisher unbekannte Briefe Sigmund Freuds über sein Verhältnis zu Josef Breuer," *Psyche*, XLI(1987), 58에 전문 인용.

63) 아브라함이 프로이트에게 쓴 편지, 1925년 6월 7일. *Freud-Abraham*, 355(382).

64) 프로이트가 아브라함에게 쓴 편지, 1925년 9월 11일. 같은 책, 367(395).

65) 아브라함이 "Dear Friends"에게 쓴 편지, 1925년 10월 17일. Karl Abraham papers, LC.

66) 프로이트가 존스에게 쓴 편지, 1925년 12월 13일. 안나 프로이트에게 구술. Freud Collection, D2, LC.

67) 프로이트가 존스에게 쓴 편지, 1925년 12월 16일. 영어로 씀. 같은 곳.

68) 프로이트가 존스에게 쓴 편지, 1925년 12월 21일. 안나 프로이트에게 구술. 같은 곳.

69) 프로이트가 존스에게 쓴 편지, 1925년 12월 30일. 같은 곳.

70) "Karl Abraham"(1926), *GW* XIV, 564 / "Karl Abraham," *SE* XX, 277. *Internationale Zeitschrift für Psychoanalyse*, XII(1926), 1에 처음 발표.

71) 프로이트가 아이팅곤에게 쓴 편지, 1926년 3월 19일. Sigmund Freud Copyrights, Wivenhoe의 허락을 받아 인용.

72) 프로이트가 아이팅곤에게 쓴 편지, 1926년 4월 13일. Sigmund Freud Copyrights, Wivenhoe의 허락을 받아 인용.

73) 프로이트가 아이팅곤에게 쓴 편지, 1926년 6월 7일. Sigmund Freud Copyrights, Wivenhoe의 허

락을 받아 인용.

74) *Hemmung, Symptom und Angst*(1926), *GW* XIV, 194 / *Inhibitions, Symptoms and Anxiety*, *SE* XX, 161.

75) 프로이트가 안드레아스–살로메에게 쓴 편지, 1926년 5월 13일. *Freud-Salomé*, 178(163)

76) *Hemmung, Symptom und Angst*, *GW* XIV, 193 / *Inhibitions, Symptoms and Anxiety*, *SE* XX, 160–61.

77) *Psychopathologie des Alltagslebens*, *GW* IV, 112 / *Psychopathology of Everyday Life*, *SE* VI, 101.

78) D. Hack Tuke 편, *A Dictionary of Psychological Medicine*, vol. I, 96.

79) Eugen Bleuler, *Textbook of Psychiatry*(1916: 4판, 1923: A. A. Brill 역, 1924) 119.

80) *Inhibitions, Symptoms and Anxiety*, *SE* XX, 139 참조.

81) 같은 책, 195–96 / 163.

82) 같은 책, 149–52 / 119–21.

83) 프로이트가 아브라함에게 쓴 편지, 1924년 11월 28일. Karl Abraham papers, LC.

84) 라이크가 아브라함에게 보낸 긴 편지, 1925년 4월 11일. Karl Abraham papers, LC에서 인용.

85) 같은 곳 참조.

86) 피스터가 프로이트에게 쓴 편지, 1926년 9월 10일. *Freud-Pfister*, 109(104). 피스터의 중요한 적은 1927년까지 스위스 정신분석협회 회장을 맡았던 Emil Oberholzer였다. 프로이트도 피스터의 편을 들어 그를 "그냥 내버려 두는 것이 최선인 고집쟁이 바보"라고 불렀다.(프로이트가 피스터에게 쓴 편지, 1928년 2월 11일. Sigmund Freud Copyrights, Wivenhoe의 허락을 받아 인용.) 또 스위스의 정신분석 상황에 관한 피스터의 이야기 가운데 특히 피스터가 프로이트에게 쓴 편지, 1925년 2월 16일 참조.(같은 책)

87) 프로이트가 페데른에게 쓴 편지, 1926년 3월 27일. 타자로 친 사본. Sigmund Freud Copyrights, Wivenhoe의 허락을 받아 인용.

88) Erika Freeman, *Insights: Conversations with Theodor Reik*(1971) 86–87에서 인용.

89) 같은 책, 87에 인용. 아브라함에게 보낸 긴 편지, 1925년 4월 11일. Karl Abraham papers, LC에서 도 라이크는 같은 이야기를 한다.

90) 프로이트가 아브라함에게 쓴 편지, 1914년 2월 15일 . Karl Abraham papers, LC. 또 프로이트가 아브라함에게 쓴 편지, 1914년 3월 25일, 5월 17일, 7월 15일도 참조. 같은 곳.

91) *New York Times*, 1927년 5월 25일, 6.

92) "Geleitwort"(1913), *GW* X, 450 / "Introduction to Pfister's *The Psycho-Analytic Method*," *SE* XII, 330–31.

93) *Die Frage der Laienanalyse. Unterredungen mit einem Unparteiischen*(1926), *GW* XIV, 261, 282–83 / *The Question of Lay Analysis: Conversations with an Impartial Person*, *SE* XX, 229, 247–48.

94) *Jones* III, 287, 289.

95) *Lay Analysis*, *SE* XX, 246 참조.

96) *Jones* III, 289.

97) John C. Burnham, "The Influence of Psychoanalysis upon American Culture," in *American Psychoanalysis: Origins and Development*, Jacques M. Quen and Eric T. Carlson 편(1978), 61 에 인용.

98) "American Accused As London 'Charlatan' / Bow Street Police Recommend Deportation for Homer Tyrell Lane, Psychoanalist [원문대로], 'Individualist,'" *New York Times*, 1925년 3월 18일, 19.

99) "Imprisons Psychoanalyst / London Magistrate Sentences H. T. Lane of Boston," *New York Times*, 1925년 3월 25일, 2. 또 "London Court Fines American Alienist / And He Must Leave Country / Letters From Women Signed 'God' and 'Devil' Read," *New York Times*, 1925년 5월 15일, 22도 참조.

100) "Pastor Rakes Quacks in Psychoanalysis / Many Mulcted by Fakers, Warns Rev. C. F. Potter- / Would License Teachers," *New York Times*, 1925년 3월 30일, 20.

101) 옐리프가 존스에게 쓴 편지, 1927년 2월 10일. John C. Burnham, *Jelliffe: American Psychoanalyst and Physician*(1983), 124에 인용.

102) "Discussion on Lay Analysis," *Int. J. Psycho-Anal.*, VIII(1927), 221-22.

103) 같은 책, 246.

104) 같은 책, 274.

105) 같은 책, 251.

106) Rickman, 같은 책, 211.

107) *Jones* III, 293.

108) The Hungarian Psycho-Analytical Society, "Discussion on Lay Analysis," *Int J. Psycho-Anal.*, VIII(1927), 281.

109) 같은 책, 248.

110) "Nachwort" to *Laienanalyse*, GW XIV, 290-91 / "Postscript" to *Lay Analysis*, SE XX, 253-54.

111) 프로이트가 존스에게 쓴 편지, 1927년 5월 31일. 안나 프로이트에게 구술. Freud Collection, D2, LC 참조.

112) 프로이트가 "Sehr geehrter Herr Kollege"에게 쓴 편지, 1927년 10월 19일. Freud Collection, B4, LC.

113) 프로이트가 아이팅곤에게 쓴 편지, 1928년 4월 3일. Sigmund Freud Copyrights, Wivenhoe의 허락을 받아 인용.

114) "Nachwort" to *Laienanalyse*, GW XIV, 295-96 / "Postscript" to *Lay Analysis*, SE XX, 258.

115) Constitution of the New York Psychoanalytic Society, 1911년 3월 28일 채택. Samuel Atkin, "The New York Psychoanalytic Society and Institute: Its Founding and Development," in *American Psychoanalysis*, Quen and Carlson 편, 73에 인용.

116) A.A. Brill, *Fundamental Conceptions of Psychoanalysis*(1921), iv.

117) 브릴이 옐리프에게 쓴 편지, 1921년 5월 1일. Burnham, *Jelliffe*, 118에 인용.

118) 프로이트가 리언하드 블룸가트에게 쓴 편지, 1921년 6월 19일. A. A. Brill Library, New York Psychoanalytic Institute. 이 편지를 보면 뉴턴이 빈에 오기 전에 이미 블룸가트에게 분석을 받은 적이 있음을 알 수 있다.

119) 아브라함, 작스, 아이팅곤이 "Dear Friends"에게 쓴 편지, 1925년 3월 15일. Karl Abraham papers, LC.

120) 프로이트가 존스에게 쓴 편지, 1925년 9월 25일. 안나 프로이트에게 구술. Freud Collection, D2, LC.

121) Minutes of the New York Psychoanalytic Society, 1925년 10월 27일. A. A. Brill Library, New

York Psychoanalytic Institute.

122) 프로이트가 존스에게 쓴 편지, 1926년 9월 27일. 영어로 씀. Freud Collection, D2, LC.

123) "Discussion on Lay Analysis," *Int. J. Psycho-Anal.*, VIII(1927), 283.

124) 프로이트가 존스에게 쓴 편지, 1927년 9월 23일. Freud Collection, D2, LC. 작은따옴표 안에 있는 인용은 브릴의 편지에서 가져온 것이 분명하며, 원래 영어로 적혀 있다.

125) 프로이트가 드 소쉬르에게 쓴 편지, 1928년 2월 21일. Freud Collection, Z3, LC.

126) *Jones* III, 297-98 참조.

127) 프로이트가 존스에게 쓴 편지, 1929년 8월 4일. Freud Collection, D2, LC.

128) 프로이트가 존스에게 쓴 편지, 1929년 10월 19일. 같은 곳.

129) 페렌치가 "Dear Friends"에게 쓴 편지, 1930년 11월 30일. Freud Collection, LC.

130) 프로이트가 아브라함에게 쓴 편지, 1924년 12월 8일. *Freud-Abraham*, 350(376).

131) 프로이트가 존스에게 쓴 편지, 1928년 2월 22일. Freud Collection, D2, LC.

132) *Laienanalyse, GW* XIV, 241 / *Lay Analysis, SE* XX, 212. "암흑의 대륙"은 원문에서 영어로 적혀 있다.

133) 프로이트가 존스에게 쓴 편지, 1928년 2월 22일. Freud Collection, D2, LC.

134) 마리 보나파르트에게 한 날짜 미상의 말. *Jones* II, 421에 인용. 존스의 책에서는 영역이 되면서 의미가 약간 바뀌었다.

135) "Die Weiblichkeit", in *Neue Folge der Vorlesungen zur Einführung in die Psychoanalyse*(1933), *GW* XV, 145 / "Femininity", in *New Introductory Lectures on Psycho-Analysis, SE* XXII, 135. 1933이라고 적혀 있지만, 실제로 이 책은 1932년 12월에 출간되었다.

136) 1910년 4월 13일. *Protokolle*, II, 440.

137) "Über die weibliche Sexualität"(1931), *GW* XIV, 519 / "Female Sexuality," *SE* XXI, 226-27.

138) 프로이트 자신이 "일고여덟 살"에 꾼 꿈이라고 한 말과 모순되는 이 날짜에 관해서는 William J. McGrath, *Freud's Discovery of Psychoanalysis: The Politics of Hysteria*(1986), 34; Eva M. Rosenfeld, "Dreams and Vision: Some Remarks on Freud's Egyptian Bird Dream," *Int. J. Psycho-Anal.*, XXXVII(1956) 97-105 참조.

139) *Traumdeutung, GW* II-III, 589-90 / *Interpretation of Dreams, SE* V, 583.

140) Martin Freud, "Who Was Freud?" in *The Jews of Austria: Essays on Their Life, History and Destruction*, Josef Fraenkel 편 〔1967〕, 202.

141) Judith Bernays Heller, "Freud's Mother and Father: A Memoir," *Commentary*, XXI(1956), 420.

142) 아말리아가 아들에게 보낸 사진 엽서(날짜 불명)에는 그녀가 알프스를 배경으로 찍은 사진이 담겨 있는데, 거기에는 "나의 황금 같은 아들"이라는 말이 적혀 있다.(Freud Museum, London.)

143) *Drei Abhandlungen, GW* V, 129 / *Three Essays, SE* VII, 228.

144) "Dora," *GW* V, 178 / *SE* V11, 20.

145) "이 사례들을 읽으면서 나는 프로이트가 환자의 아버지와 어머니를 제시하는 데 차별을 하는 것에 궁금증이 생기지 않을 수 없었다. 어째서 아이가 남성이건 여성이건 늘 아버지가 아이와 부모 관계에서 중심적인 역할을 맡게 되는가?…… 아마 이런 제시는 프로이트의 자기 분석, 더 구체적으로 말하면 그가 그 당시 몰두해 있던 그 자신과 아버지의 관계와 관련이 있었을 것이다. 이유가 무엇이든 간에 프로이트 초기 작업의 '오이디푸스적 어머니'는 정적인 인물이다. 라이오스가 살아 돌아오는 동안 자기도 모르는 사이에 자신의 운명을 완성하는 이오카스테이다." (Iza S. Erlich, "What Happened to Jocasta?" *Bulletin of the Menninger Clinic*, XLI 〔1977〕, 2 83-84.)

146) *Massenpsychologie*, GW XIII, 110n / *Group Psycholology*, SE, XVIII, 101n.

147) "Die Weiblichkeit," in *Neue Folge der Vorlesungen*, GW XV, 143 / "Femininity," in *New Introductory Lectures*, SE XXII, 133. 그는 이 얼마 전에도 비슷한 이야기를 했다. 공격성은 "인간들 사이의 모든 부드럽고 애정 어린 관계의 근본적 앙금을 이루는데, 아마 유일한 예외는 어머니와 아들의 관계일 것이다."(*Das Unbehagen in der Kultur*, GW XIV, 473 / *Civilization and Its Discontents*, SE XXI, 113.)

148) *Jones* II, 433.

149) "Female Sexuality," SE XXI, 235 참조.

150) "Die Weiblichkeit," in *Neue Folge der Vorlesungen*, GW XV, 131 / "Femininity," in *New Introductory Lectures*, SE XXII, 122-23.

151) 어니스트 존스(*Jones* I, 7)와 Robert D. Stolorow and George E. Atwood("A Defensive-Restitutive Function of Freud's Theory of Psychosexual Development," *Psychoanalytic Review*, LXV [1978], 217-38)는 동생 율리우스가 태어났을 때 프로이트가 실제로 11개월 된 아기였다고 주장한다. 그렇다면 물론 프로이트가 여성에 관한 논문에서 "11개월"이라고 말한 것의 감정적 관련성과 증거로서의 가치가 훨씬 높아진다. 확실히 프로이트 자신이 그렇게 믿고 있었을 수도 있다. 존스는 자신의 단호한 주장에 대한 증거를 제시하지 않지만, 프로이트 자신으로부터 정보를 얻었을 가능성이 높다. 그러나 사실은 약간 다르다. 프로이트는 1856년 5월 6일에 태어났고, 율리우스는 1857년 10월에 태어나 1858년 4월 15일에 죽었다. ("Chronology," in Krüll, *Freud and His Father*, 214 참조. Krüll은 이 대목과 관련하여 Josef Sajner의 연구를 전거로 들고 있다.)

152) "Die Weiblichkeit", in *Neue Folge der Vorlesungen*, GW XV, 131 / "Femininity", in *New Introductory Lectures*, SE XXII, 123.

153) 프로이트가 플리스에게 보낸 Draft B, 1893년 2월 8일자 편지에 동봉. *Freud-Fliess*, 27(39).

154) "Frau Emmy von N.," in Breuer and Freud, *Studies on Hysteria*, SE II, 103.

155) 프로이트가 플리스에게 보낸 Draft K, 1896년 1월 1일자 편지에 동봉. *Freud-Fliess*, 176-77(169) 참조.

156) 프로이트가 플리스에게 보낸 Draft G, 날짜 미상[편집자는 1895년 1월 7일이라고 밝힘]. 같은 책, 101(101).

157) "Gradiva", SE, IX, 38 참조.

158) 프로이트가 페렌치에게 쓴 편지, 1919년 1월 12일. Freud-Ferenczi Correspondence, Freud Collection, LC.

159) 프로이트가 존스에게 쓴 편지, 1923년 3월 23일. 영어로 씀. Freud Collection, D2, LC.

160) 필자는 이 대목에서 *The Bourgeois Experience*의 1권, *Education of the Senses*에 나오는 것과 같은 분석을 제시하려고 노력했다. 특히 2장, "Offensive Women and Defensive Men" 참조.

161) Erika Weinlzierl, *Emanzipation? Österreichische Frauen im 20. jahrhundert*(1975), 37에 인용.

162) Helene Weber, *Ehefrau und Mutter in der Rechtsentwicklung. Eine Einführung*(1907), 343. 또 Richard J. Evans, *The Feminists: Women's Emancipation Movements in Europe, America and Australasia 1840-1920*(1977), 92-98도 참조.

163) Zweig, *Die Welt von Gestern*, 79, 81.

164) Juliet Mitchell, *Psychoanalysis and Feminism: Freud, Reich, Laing and Women*(1974; 보급판, 1975), 419.

165) 프로이트의 1904년 4월 16일 강연은 Klein, *Jewish Origins of the Psychoanalytic Movement*,

159에 요약되어 있다.

166) "'Civilized' Sexual Morality and Modern Nervous Illness", *SE* IX, 199 참조.

167) *Die Zukunft einer Illusion*(1927), *GW* XIV, 371 / *The Future of an Illusion*, *SE* XXI, 48.

168) 프로이트가 안드레아스–살로메에게 쓴 편지, 1930년 5월 8일. *Freud-Salomé*, 205(188).

169) 프로이트가 아르놀트 츠바이크에게 쓴 편지, 1933년 8월 18일. Sigmund Freud Copyrights, Wivenhoe의 허락을 받아 인용.

170) 1908년 3월 11일. *Protokolle*, I, 329.

171) 같은 책, 331.

172) William Acton, *The Functions and Disorders of the Reproductive Organs, in Childhood, Youth, Adult Age, and Advanced Life, Considered in their Physiological, Social, and Moral Relations*(1857; 3판., 1865), 133.

173) Otto Adler, *Die mangelhafte Geschlechtsempfindung des Weibes. Anaesthesia sexualis feminarum. Dyspareunia. Anaphrodisia*(1904), 124.

174) "'Civilized' Sexual Morality and Modern Nervous Illness", *SE* IX, 191-92.

175) *Drei Abhandlungen*, *GW* V, 120 / *Three Essays*, *SE* VII, 219.

176) "Die Disposition zur Zwangsneurose"(1913), *GW* VIII, 452 / "The Disposition to Obsessional Neurosis", *SE* XII, 325.

177) *Drei Abhandlungen*, *GW* V, 121n / *Three Essays*, *SE* VII, 219n(주석은 1915년에 추가).

178) "The Infantile Genital Organization(An Interpolation into the Theory of Sexuality)"(1923), *SE* XIX, 141-45.

179) "Der Untergang des Ödipuskomplexes"(1924), *GW* XIII, 400 / "The Dissolution of the Oedipus Complex", *SE* XIX, 178.

180) 같은 곳.

181) "Einige psychische Folgen des anatomischen Geschlechtsunterschieds"(1925), *GW* XIV, 29-30 / "Some Psychical Consequences of the Anatomical Distinction between the Sexes", *SE* XIX, 257-58. 프로이트의 여성의 성에 관한 생각을 둘러싼 토론은 정신분석계 안팎에서 계속되고 있다. 그 자신도 분석가인 James A. Kleeman은 중요한 전문가로서 프로이트에게 비판적임에도 이렇게 말했다. "유아기의 성에 관한 프로이트의 생각에서 놀라운 것은 대체로 어른의 분석에서 파생된 것임에도 그 가운데 많은 수가 시간의 검증을 거쳐 살아남았다는 것이다."(James A. Kleeman, "Freud's Views on Early Female Sexuality in the Light of Direct Child Observation," in Female Psychology: Contemporary Psychoanalytic Views, Harold P. Blum 편, [1977], 3) 이 논쟁과 문헌에 대한 자세한 검토는 이 장에 관한 문헌 해제 참조.

182) "Einige psychische Folgen"(1925), *GW* XIV, 30 / "Some Psychical Consequences", *SE* XIX, 258.

183) 같은 책, 20 / 249. 이 구절은 프로이트의 원문에는 영어로 인용되어 있다.

184) "Weibliche Sexualität", *GW* XIV, 519 / "Female Sexuality", *SE* XXI, 226.

185) 같은 책, 523, 529, 531-33 / 230, 235, 237-39 참조.

186) 같은 책, 523 / 230.

187) "Einige psychische Folgen"(1925), *GW* XIV, 28 / "Some Psychical Consequences", *SE* XIX, 256.

188) *Das Ich und das Es*, *GW* XIII, 263 / *The Ego and the Id*, *SE* XIX, 34.

189) "Die Disposition zur Zwangsneurose", *GW* VII,452 / "The Disposition to Obsessional Neurosis", *SE* XII, 325-26.

190) Karen Horney, "On the Genesis of the Castration Complex in Women", in Feminine Psychology, a collection of Horney's papers, Harold Kelman 편(1967), 52-53. 이 논문은 1923년에 독일어로 처음 발표되었다가, 영어로 *Int. J. Psycho-Anal.*, V, part I(1924), 50-65에 실렸다.

191) 같은 글, in *Feminine Psychology*, Kelman 편, 38.

192) Horney, "The Flight from Womanhood: The Masculinity-Complex in Women as Viewed by Men and by Women," in Feminine Psychology, Kelman 편, 54. 이 논문은 1926년에 독일어로 발표되었으며, *Int J. Psycho-Anal.*, VII(1926), 324-39에 영어로 수록되었다.

193) 같은 글, in *Feminine Psychology*, Kelman 편, 57-58.

194) 같은 글, 62.

195) Jeanne Lampl-de Groot, "The Evolution of the Oedipus Complex in Women," in *The Development of the Mind: Psychoanalytic Papers on Clinical and Theoretical Problems*(1965), 9.

196) 프로이트가 존스에게 보낸 편지, 1932년 1월 23일. Freud Collection, D2, LC.

197) Ernest Jones, "Early Female Sexuality"(1935), in *Papers on Psycho-Analysis*(4판, 1938), 606, 616.

198) Dedication in Jones, *Papers on Psycho-Analysis*.

199) Otto Fenichel, "The Pregenital Antecedents of the Oedipus Complex"(1930), "Specific Forms of the Oedipus Complex"(1931), "Further Light upon the Pre-oedipal Phase in Girls"(1934), in *The Collected Papers of Otto Fenichel*, Hanna Fenichel and David Rapaport 편, 1st Series(1953), 181-203, 204-20, 241-88 참조. 프로이트는 그 가운데 첫 번째 논문에 관해 "Female Sexuality"(*SE* XXI, 242)에서 언급했다.

200) Fenichel, "Specific Forms of the Oedipus Complex," in *Collected Papers*, 1st Series, 207.

201) "Selbstdarstellung," *GW* XIV, 64n / "Autobiographical Study," *SE* XX, 36(주석은 1935년에 추가) "우리는 오직 한 가지 리비도만 다룰 뿐인데, 이 리비도는 남성적인 방식으로 활동한다." 프로이트는 1935년 7월 21일에 독일의 정신분석학자 Carl Müller-Braunschweig에게 그렇게 썼다.(Donald L. Burnham, "Freud and Female Sexuality: A Previously Unpublished Letter," *Psychiatry*, XXXIV [1971], 329에 독일어 원문과 번역문으로 전문이 인용되어 있다. 나는 이 문장만 부분적으로 번역했다.)

202) Journal of Marie Bonaparte. *New York Times*, 1985년 11월 12일, sec. C, 3에 인용.

203) 프로이트가 에밀 플루스에게 보낸 편지, 1873년 2월 7일. *Selbstdarstellung*, 111-12.

204) "Weibliche Sexualität", *GW* XIV, 523n /"Female Sexuality", *SE* XXI, 230n.

11장 문명 속의 불만

1) "Postscript" to *Lay Analysis*, *SE* XX, 257 참조.

2) "Ansprache im Frankfurter Goethe-Haus"(1930), *GW* XIV, 547 / "Address Delivered in the Goethe House at Frankfurt", *SE* XXI, 208.

3) 프로이트가 페렌치에게 쓴 편지, 1927년 10월 23일. Freud-Ferenczi Correspondence, Freud Collection, LC.

4) 프로이트가 페렌치에게 쓴 편지, 1923년 4월 17일. 같은 책.

5) 프로이트가 아이팅곤에게 쓴 편지, 1927년 10월 16일. Sigmund Freud Copyrights, Wivenhoe의 허락을 받고 인용.

6) 프로이트가 아르놀트 츠바이크에게 쓴 편지, 1927년 3월 20일. *Freud-Zweig*, 10(2).

7) 프로이트가 아이팅곤에게 쓴 편지, 1927년 3월 22일. Sigmund Freud Copyrights, Wivenhoe의 허락을 받고 인용.

8) 프로이트가 제임스 스트레이치에게 쓴 편지, 1927년 8월 13일. 영어로 씀. Sigmund Freud Copyrights, Wivenhoe의 허락을 받고 인용.

9) 프로이트가 안드레아스-살로메에게 쓴 편지, 1927년 5월 11일. *Freud-Salomé*, 181(165).

10) 프로이트가 안드레아스-살로메에게 쓴 편지, 1927년 12월 11일. 같은 책, 188(171).

11) 이 일에 관한 라포르그의 이야기는 Clark, *Freud*, 471에 인용되어 있다.

12) 프로이트가 피스터에게 쓴 편지, 1928년 11월 25일. *Freud-Pfister*, 136(126).

13) 프로이트가 질버슈타인에게 쓴 편지, 1873년 8월 6일. Freud Collection, D2, LC.

14) 프로이트가 질버슈타인에게 쓴 편지, 1874년 9월 18일. 같은 곳.

15) 프로이트가 질버슈타인에게 쓴 편지, 1874년 11월 8일. 같은 곳.

16) 프로이트가 찰스 싱어에게 쓴 편지, 1938년 10월 31일. *Briefe*, 469.

17) Freud Collection, LC, 미분류.

18) "Zwangshandlungen und Religionsübungen"(1907), *GW* VII, 138-39 / "Obsessive Actions and Religious Practices", *SE* IX, 126-27.

19) 프로이트가 페렌치에게 쓴 편지, 1911년 8월 20일. Freud-Ferenczi Correspondence, 프로이트 Collection, LC.

20) 프로이트가 피스터에게 쓴 편지, 1927년 11월 26일. *Freud-Pfister*, 126(117).

21) 프로이트가 피스터에게 쓴 편지, 1927년 10월 16일. 같은 책, 116(109-10).

22) 피스터가 프로이트에게 쓴 편지, 1927년 10월 21일. 같은 책, 117(110).

23) Denis Diderot, "Fait," in the *Encyclopédie*(1756): 그의 *Oeuvres complètes*, Jules Assézat and Maurice Tourneux 편, 20 vols.(1875-77), XV, 3에 재수록.

24) 피스터가 프로이트에게 쓴 편지, 1927년 11월 24일. *Freud-Pfister*, 123(115).

25) *Die Zukunft einer Illusion*, GW XIV, 358 / *The Future of an Illusion*, SE XXI, 35.

26) 같은 책, 326-27, 328 / 6, 7.

27) 같은 책, 328-29 / 7-8.

28) 프로이트가 마르타 베르나이스에게 쓴 편지, 1883년 8월 29일. *Briefe*, 56.

29) *Die Zukunft einer Illusion*, GW XIV, 333 / *The Future of an Illusion*, SE XXI, 12.

30) 같은 책, 336-37 / 15-16.

31) 같은 책, 343 / 21.

32) 같은 책, 352 / 30.

33) 같은 책, 353 / 31.

34) 같은 책, 351 / 29.

35) 같은 책, 350 / 28.

36) 같은 책, 361 / 37-38.

37) 같은 책, 361-62 / 38.

38) 같은 책, 362 / 38.

39) 같은 책, 360 / 36.

40) 프로이트가 페렌치에게 쓴 편지, 1919년 4월 20일. Freud-Ferenczi Correspondence, Freud Collection, LC.

41) *Die Zukunft einer Illusion*, GW XIV, 378-79 / *The Future of an Illusion*, SE XXI, 54.

42) 같은 책, 380 / 56.

43) 프로이트가 롤랑에게 쓴 편지, 1923년 3월 4일. *Briefe*, 359.

44) 페트리코비치가 프로이트에게 쓴 편지, 1928년 1월 1일자 편지 초고. Leo Baeck Institute, New York. 또 Fred Grubel, "Zeitgenosse Sigmund Freud", *Jahrbuch der Psychoanalyse*, XI(1979), 73-80 참조.

45) 프로이트가 페트리코비치에게 쓴 편지, 1928년 1월 17일. 같은 책, 78에 인용.

46) *New York Times*, 1927년 12월 27일, 6(날짜 표시란에 "빈, 12월 26일"이라고 표기).

47) 프로이트가 아이팅곤에게 쓴 편지, 1928년 4월 3일. Sigmund Freud Copyrights, Wivenhoe의 허락을 받고 인용.

48) 아이팅곤이 프로이트에게 쓴 편지, 1928년 6월 19일. Sigmund Freud Copyrights, Wivenhoe의 허락을 받고 인용.

49) Oskar Pfister "Die Illusion einer Zukunft. Eine freundschaftliche Auseinandersetzung mit Prof. Dr. Sigmund Freud," *Imago*, XIV(1928), 149-50.

50) 프로이트가 "Dear Friends"에게 쓴 편지, 1928년 2월 28일. 안나 프로이트에게 구술한 회람 서한. Jones papers, Archives of the British Psycho-Analytical Society, London.

51) Nathan Krass, 1928년 1월 22일, "Psychoanalyzing a Psychoanalyst", *New York Times*, 1928년 1월 23일자에 보도. Clark, *Freud*, 469-70에 인용.

52) 예를 들어, Emil Pfennigsdorf, *Praktische Theologie*, 2 vols.(1929-1930), II, 597.

53) "Psychoanalyse und Religion," *Süddeutsche Monatshefte*, XXV(1928). A. J. Storfer, "Einige Stimmen zu Sigm. Freuds 'Zukunft einer Illusion,'" *Imago*, XIV(1928), 379.

54) Clemen, *Die Anwendung der Psychoanalyse auf Mythologie und Religionsgeschichte*, 127-28.

55) Emil Abderhalden, "Sigmund Freuds Einstellung zur Religion," *Ethik*, V(1928-1929), 93.

56) 프로이트가 홀로시에게, 1928년 4월 10일. Freud Museum, London.

57) 프로이트가 비텔스에게 쓴 편지, 1928년 4월 20일. 같은 곳. (비텔스는 이 편지의 다소 성긴 번역 전문을 미발표 자서전 "Wrestling with the Man: The Story of a Freudian" 176에 인용하고 있다. 타자로 친 사본, Fritz Wittels Collection, Box 2. A. A. Brill Library, New York Psychoanalytic Institute.)

58) 프로이트가 비텔스에게 쓴 편지, 1928년 7월 11일. Wittels, "Wrestling with the Man," 176-77, 같은 책에 번역하여 인용.

59) 프로이트가 존스에게 쓴 편지, 1928년 7월 1일. Freud Collection, D2, LC.

60) 피흘러의 1928년 5월 8일 메모 요약. *Jones* III, 141 참조.

61) 프로이트가 존스에게 쓴 편지, 1928년 7월 1일. Freud Collection, D2, LC.

62) 피흘러, 1928년 4월 16일의 메모. "Extract of Case History," *Jones* III, 479에 인용.

63) 피흘러, 1928년 4월 24일의 메모. 같은 곳.

64) 피흘러, 1928년 5월 7일의 메모. 같은 곳.

65) 프로이트가 안드레아스-살로메에게 쓴 편지, 1928년 5월 9일. *Freud-Salomé*, 191(174).

66) 프로이트가 존스에게 쓴 편지, 1928년 7월 1일. Freud Collection, D2, LC.

67) 프로이트가 알렉산더 프로이트에게 쓴 편지, 1928년 9월 28일. 같은 곳, B1, LC.

68) 프로이트가 알렉산더 프로이트에게 쓴 편지, 1928년 9월 24일. 같은 곳. 또 프로이트가 알렉산더 프로이트에게 쓴 편지, 1928년 9월 4일. 같은 곳도 참조.

69) 프로이트가 안드레아스-살로메에게 쓴 편지, 날짜 미상[1931년 7월 10일 직전]. *Freud-Salomé*, 212(194).

70) 프로이트가 안드레아스-살로메에게 쓴 편지, 1929년 5월 9일. 같은 책, 196(179).

71) 이 영화들은 "Sigmund Freud, His Family and Colleagues, 1928-1947," a group of movies, Lynne Weiner 편. A. A. Brill Library, New York Psychoanalytic Institute에 들어 있다.

72) 프로이트가 이다 플리스에게 쓴 편지, 1928년 12월 17일. Sigmund Freud Copyrights, Wivenhoe의 허락을 받고 인용.

73) 프로이트가 이다 플리스에게 쓴 편지, 1928년 12월 30일. Sigmund Freud Copyrights, Wivenhoe의 허락을 받고 인용.

74) 프로이트가 안나 프로이트에게 보낸 전보, 1927년 4월 12일. Freud Collection, LC.

75) 안나 프로이트가 프로이트에게 쓴 편지, 날짜 미상 [1927년 봄]. 같은 곳.

76) 프로이트가 안드레아스-살로메에게 쓴 편지, 1927년 5월 11일. Freud Collection, B3, LC.

77) 프로이트가 아이팅곤에게 쓴 편지, 1928년 6월 22일. Sigmund Freud Copyrights, Wivenhoe의 허락을 받고 인용.

78) 브란데스가 프로이트에게 쓴 편지, 1928년 6월 11일과 26일. Freud Muscum, London.

79) Joseph Wortis, *Fragments of an Analysis with Freud*(1954), 23.

80) 프로이트가 안드레아스-살로메에게 쓴 편지, 1927년 5월 11일. Freud Collection, B3, LC.

81) 프로이트가 안드레아스-살로메에게 쓴 편지, 1927년 12월 11일. 같은 곳.

82) 프로이트가 페렌치에게 쓴 편지, 1927년 10월 23일. Freud-Fercnczi Correspondence, Freud Collection, LC.

83) 라포르그가 프로이트에게 쓴 편지, 1925년 4월 9일. From the Freud-Laforgue correspondence, Pierre Cotet 불역, André Bourguignon 등 편, in "Mémorial," Nouvelle Revue de Psychanalyse, XV(1977년 4월), 260. 내가 여기서 인용한 몇 대목은 Celia Bertin, *Marie Bonaparte: A Life*(1982), 145-50에도 사용되었다.

84) 프로이트가 라포르그에게 쓴 편지, 1925년 4월 14일. "Mémorial," 260-61.

85) 라포르그가 프로이트에게 쓴 편지, 1925년 5월 1일. 같은 책, 261.

86) Bertin, *Marie Bonaparte*, 150에 인용.

87) 프로이트가 아이팅곤에게 쓴 편지, 1925년 10월 30일. Sigmund Freud Copyrights, Wivenhoe의 허락을 받고 인용.

88) 프로이트가 라포르그에게 쓴 편지, 1925년 11월 15일. "Mémorial," 273.

89) 검은 가죽으로 장정되었으며, 1889년 11월 22일부터 1891년 7월 21일까지 일기가 적힌 공책 다섯 권 참조. 영어, 프랑스어, 독일어로 씀. Freud Museum, London.

90) 프로이트의 전기가 될 수도 있었을 마리 보나파르트의 메모. "프로이트가 1928년 4월에 나에게 이야기해준 것." 프랑스어로 씀. Jones papers, Archives of the British Psycho-Analytical Society, London.

91) 안드레아스-살로메가 프로이트에게 쓴 편지, 1929년 7월 14일. *Freud-Salomé*, 198(181).

92) 프로이트가 안드레아스-살로메에게 쓴 편지, 1929년 7월 28일. 같은 책, 198(181).

93) 같은 곳.

94) 프로이트가 존스에게 쓴 편지, 1930년 1월 26일. Freud Collection, D2, LC.

95) *Civilization and Its Discontents*, *SE* XXI, 117.

96) 프로이트가 아이팅곤에게 쓴 편지, 1929년 7월 8일. Sigmund Freud Copyrights, Wivenhoe의 허락을 받고 인용. "Editor's Introduction" to *Civilization and Its Discontents*, *SE* XXI, 59-60 참조.

97) *Das Unbehagen in der Kultur*, *GW* XIV, 421-22 / *Civilization and Its Discontents*, *SE* XXI, 64.

98) 같은 책, 432 / 75.

99) 같은 책, 432 / 75.

100) 같은 책, 438n, 434 / 80n, 76.

101) 같은 책, 445-47 / 87-89.

102) 같은 책, 451 / 91-92.

103) 같은 책, 471 / 111. 이 말의 원래 출처는 Plautus.

104) "Nachschrift 1935" to "Selbstdarstellung," *GW* XVI, 32-33 / "Postscript" to "Autobiographical Study," *SW* XX, 72.

105) 프로이트가 페렌치에게 쓴 편지, 1918년 11월 17일. Freud-Ferenczi Correspondence, Freud Collection, LC.

106) *Das Unbehagen in der Kultur*, *GW* XIV, 504 / *Civilization and Its Discontents*, *SE* XXI, 143.

107) 같은 책, 462 / 103.

108) 같은 책, 469-70 / 110-11.

109) 같은 책, 504 / 143 참조.

110) 같은 책, 473 / 113-14.

111) 같은 책, 474 / 114. 주석(같은 책, 475n / 114n 참조)에 나와 있듯이, 프로이트는 이 용어를 그 얼마 전에 만들어내, 1918년의 논문 "The Taboo of Virginity"와 *Group Psychology and the Analysis of the Ego*(1921)에서 사용했다.

112) *Das Unbehagen in der Kultur*, *GW* XIV, 474 / *Civilization and Its Discontents*, *SE* XXI, 114-15.

113) 같은 책, 474, 481 / 115, 122.

114) 같은 책, 502-6 / 141-44.

115) 같은 책, 506 / 145.

116) *Kürzeste Chronik*, 1929년 11월 11일과 14일, 12월 7-10일. Freud Museum, London.

117) 같은 책, 1929년 11월 7일과 10월 31일.

118) *Jones* III, 148 참조.

119) 존스가 프로이트에게 쓴 편지, 1930년 1월 1일. 타자로 친 사본, Freud Collection, D2, LC.

120) 프로이트가 존스에게 쓴 편지, 1930년 1월 26일. 같은 곳.

121) 피스터가 프로이트에게 쓴 편지, 1930년 2월 4일. *Freud-Pfister*, 142(131).

122) 프로이트가 피스터에게 쓴 편지, 1930년 2월 7일. Freud Museum, London.

123) *Das Unbehagen in der Kultur*, *GW* XIV, 506 / *Civilization and Its Discontents*, *SE* XXI, 145.

124) 프로이트가 아르놀트 츠바이크에게 쓴 편지, 1930년 12월 7일. *Freud-Zweig*, 37(25).

125) Will Brownell and Richard N. Billings, *So Close to Greatness: A Biography of William C. Bullitt*(1987), 123.

126) William Bullitt, "Foreword" to Freud and Bullitt, *Thomas Woodrow Wilson: A Psychological Study*(1967: 보급판, 1968), v-vi.

127) *Jones* III, 16-17.

128) *Massenpsychologie*, GW XIII, 103 / *Group Psychology*, SE XVIII, 95.

129) 프로이트가 윌리엄 베이어드 헤일에게 쓴 편지, 1922년 1월 15일. 영어로 씀. William Bayard Hale papers, box 1, folder 12. Y-MA.

130) 프로이트가 헤일에게 쓴 편지, 1922년 1월 3일. 영어로 씀. 같은 곳.

131) 프로이트가 헤일에게 쓴 편지, 1922년 1월 15일. 영어로 씀. 같은 곳.

132) 어니스트 존스는 이 책의 서평을 쓰면서 이것이 "주목할 만한 독창적 연구"라고 찬사를 보냈지만, 프로이트와 마찬가지로 정신분석은 아니라고 생각했다.(*Int. J. Psycho-Anal*, III 〔1922〕, 385-86.)

133) 프로이트가 헤일에게 쓴 편지, 1922년 1월 15일. 영어로 씀. William Bayard Hale papers, box 1, folder 12. Y-MA.

134) 프로이트가 헤일에게 쓴 편지, 1922년 1월 20일. 영어로 씀. 같은 곳 참조.

135) Bullitt, "Foreword" to *Thomas Woodrow Wilson*, v.

136) 불릿이 하우스에게 쓴 편지, 1930년 7월 29일. Colonel E. M. House papers, series I, box 21. Y-MA.

137) 하우스가 불릿에게 쓴 편지, 1930년 7월 31일. 같은 곳.

138) 불릿이 하우스에게 쓴 편지, 1930년 8월 4일. 같은 곳.

139) 불릿이 하우스에게 쓴 편지, 1930년 9월 3일. 같은 곳.

140) 불릿이 하우스에게 쓴 편지, 1930년 9월 20일. 같은 곳.

141) *Kürzeste Chronik*, 1930년 10월 17. Freud Museum, London.

142) 불릿이 하우스에게 쓴 편지, 1930년 10월 26일. Colonel E. M. House papers, series I, box 21. Y-MA.

143) 같은 곳.

144) *Kürzeste Chronik*, 1930년 10월 29. Freud Museum, London.

145) 불릿이 하우스에게 쓴 편지, 1930년 11월 23일. Colonel E. M. House papers, series I, box 21. Y-MA.

146) 프로이트가 아르놀트 츠바이크에게 쓴 편지, 1930년 12월 7일. *Freud-Zweig*, 37(25).

147) 불릿이 하우스에게 쓴 편지, 1931년 8월 17일. Colonel E. M. House papers, series I, box 21. Y-MA.

148) 불릿이 하우스에게 쓴 편지, 1931년 12월 13일. 같은 곳.

149) 하우스가 불릿에게 쓴 편지, 1931년 12월 28일. 같은 곳.

150) 불릿이 하우스에게 쓴 편지, 1932년 4월 29일. 같은 곳.

151) 프로이트가 아이팅곤에게 쓴 편지, 1932년 11월 20일. Sigmund Freud Copyrights, Wivenhoe의 허락을 받고 인용.

152) Freud and Bullitt, *Thomas Woodrow Wilson*, 59-60.

153) 같은 책, 69.

154) 같은 책, 86.

155) 같은 책, 83.

156) 같은 책, 228.

157) 같은 책, 338.

158) 이 책을 출판한 Houghton Mifflin 출판사의 편집자 Alick Bartholomew에 따르면, 안나 프로이트 는 출간된 책이 "'그의 아버지에게 수동적으로'나 '예수 그리스도와의 동일시' 같은 말을 생각 없이 되풀이하는 바람에 일종의 패러디"가 되었다고 말했다. "정신분석학 공식들은 하도 자주 되풀이되 어 주문이 되어버렸다."(Brownell and Billings, *So Close to Greatness*, 349에서 인용.) 그녀는 1965 년 8월에 그 책을 다시 읽은 뒤 마찬가지로 강한 어조로 이야기를 했다. "B[ullitt]가 자신에게 주 어진 분석적 해석을 응용하는 방식은 불쾌하고, 유치하고, 조악하고, 거의 터무니없을 지경입니다." (안나 프로이트가 슈어에게 쓴 편지, 1965년 8월 10일. Max Schur papers, LC.)

159) 프로이트가 아이팅곤에게 쓴 편지, 1931년 7월 25일. Sigmund Freud Copyrights, Wivenhoe의 허 락을 받고 인용.

160) 프로이트가 폴 힐(Paul Hill)에게 쓴 편지, 1934년 11월 16일. Paul Hill Collection, Hoover Institution Archives, Stanford University. (이 자료는 Juliette George가 이야기해주었다.)

161) Richard Hofstadter, *The American Political Tradition and the Men Who Made It*(1948), 248.

162) Freud, "Introduction" to *Thomas Woodrow Wilson*, xiii-xiv.

163) *Jones* III, 124.

164) 같은 책, 144 참조.

165) 프로이트가 피스터에게 쓴 편지, 1932년 부활절. Sigmund Freud Copyrights, Wivenhoe의 허락을 받고 인용.

166) 프로이트가 존스에게 쓴 편지, 1932년 9월 12일. Freud Collection, D2, LC.

167) 프로이트가 아이팅곤에게 쓴 편지, 1931년 11월 15일. Sigmund Freud Copyrights, Wivenhoe의 허 락을 받고 인용.

168) *Kürzeste Chronik*, 1932년 1월 18일. Freud Museum, London. 프로이트는 아이팅곤에게 소식을 전하면서 실수로 달러 표시를 사용했다. 바로 뒤에 "이것이 달러로 얼마지?" 하고 물어보았기 때문 에 그것은 실수가 분명하다. (프로이트가 아이팅곤에게 쓴 편지, 1932년 1월 19일. Sigmund Freud Copyrights, Wivenhoe의 허락을 받고 인용.)

169) 프로이트가 플리스에게 쓴 편지, 1902년 3월 11일. *Freud-Fliess*, 503(457).

170) 프로이트가 페렌치에게 쓴 편지, 1919년 4월 20일. Freud-Ferenczi Correspondence, Freud Collection, LC.

171) 프로이트가 아르놀트 츠바이크에게 쓴 편지, 1939년 3월 5일. *Freud-Zweig*, 186(178).

172) Jones, *Free Associations*, 191.

173) 프로이트가 페렌치에게 쓴 편지, 1909년 1월 10일. Freud-Ferenczi Correspondence, Freud Collection, LC.

174) 프로이트가 존스에게 쓴 편지, 1924년 9월 25일. 영어로 씀. Freud Collection, D2, LC.

175) 프로이트가 존스에게 쓴 편지, 1925년 12월 21일. 안나 프로이트에게 구술. 같은 곳.

176) 프로이트가 랑크에게 쓴 편지, 1924년 5월 23일. Rank Collection, Box ib. Rare Book and Manuscript Library, Columbia University.

177) 프로이트가 피스터에게 쓴 편지, 1913년 3월 11일. Sigmund Freud Copyrights, Wivenhoe의 허락 을 받고 인용.

178) 프로이트가 "Miss Downey"에게 쓴 편지, 1922년 3월 1일. Freud Collection(series B에 배치될 예정), LC.

179) 프로이트가 랑크에게 쓴 편지, 1924년 8월 6일. Rank Collection, Box ib. Rare Book and Manuscript Library, Columbia University.

180) 프로이트가 페렌치에게 쓴 편지, 1922년 3월 30일. Freud-Ferenczi Correspondence, Freud Collection, LC.

181) 프로이트가 아이팅곤에게 쓴 편지, 1921년 11월 11일. Sigmund Freud Copyrights, Wivenhoe의 허락을 받고 인용.

182) 피스터가 프로이트에게 쓴 편지, 1921년 7월 21일. Sigmund Freud Copyrights, Wivenhoe의 허락을 받고 인용.

183) 프로이트가 아브라함에게 쓴 편지, 1912년 8월 24일. Karl Abraham papers, LC.

184) 프로이트가 피스터에게 쓴 편지, 1921년 7월 29일. Sigmund Freud Copyrights, Wivenhoe의 허락을 받고 인용.

185) 프로이트가 존스에게 쓴 편지, 1921년 12월 9일. 영어로 씀. Freud Collection, D2, LC.

186) 프로이트가 존스에게 쓴 편지, 1921년 3월 18일. 영어로 씀. 같은 곳.

187) 프로이트가 블룸가트에게 쓴 편지, 1922년 11월 28일. A. A. Brill Library, New York Psychoanalytic Institute.

188) 프로이트가 레어먼에게 쓴 편지, 1930년 1월 27일. 같은 곳.

189) 프로이트가 레어먼에게 쓴 편지, 1930년 10월 5일. 같은 곳.

190) 프로이트가 존스에게 쓴 편지, 1924년 9월 25일. 영어로 씀. Freud Collection, D2, LC.

191) 프로이트가 존스에게 쓴 편지, 1929년 1월 4일. 같은 곳. 약간 다른 번역으로 *Jones* III, 143에 재수록.

192) "Introduction to the Special Psychopathology Number of The Medical Review of Reviews" (1930), *SE* XXI, 254-55. 굵게 표시한 말은 프로이트가 원문에서 영어로 쓴 것이다.

193) 프로이트가 존스에게 쓴 편지, 1912년 12월 26일. 영어로 씀. Freud Collection, D2, LC.

194) 프로이트가 러도에게 쓴 편지, 1925년 9월 30일. 같은 곳. B9, LC.

195) 프로이트가 프랭크우드 윌리엄스에게 쓴 편지, 1929년 12월 22일. 타자로 친 사본, Freud Museum, London.

196) *Jones* II, 59-60.

197) 프로이트가 페렌치에게 쓴 편지, 1909년 11월 21일. Freud-Ferenczi Correspondence, Freud Collection, LC.

198) 프로이트가 존스에게 쓴 편지, 1910년 3월 10일. 영어로 씀. Freud Collection, D2, LC.

199) 프로이트가 페렌치에게 쓴 편지, 1919년 4월 20일. Freud-Ferenczi Correspondence, Freud Collection, LC.

200) 슈어가 존스에게 쓴 편지, 1955년 9월 30일. Max Schur papers, LC에서 인용.

201) 프로이트가 존스에게 쓴 편지, 1921년 4월 12일. 영어로 씀. Freud Collection, D2, LC.

202) 프로이트가 랑크에게 쓴 편지, 1924년 5월 23일. Rank Collection, Box 1b. Rare Book and Manuscript Library, Columbia University.

203) "Die endliche und die unendliche Analyse", *GW* XVI, 60 / "Analysis Terminable and Interminable", *SE* XXIII, 216.

204) 프로이트가 존스에게 쓴 편지, 1920년 3월 8일. 영어로 씀. Freud Collection, D2, LC.

205) 프로이트가 피스터에게 쓴 편지, 1930년 8월 20일. *Freud-Pfister*, 147(135).

206) 라포르그가 프로이트에게 쓴 편지, 1927년 7월 8일. "Mémorial," 288.

207) "Warns of Danger in American Life / Dr. Ferenczi of Budapest Sees Need for Psychoanalysis to Treat Neurotics / Sails after Lecture Tour / Associate of Dr. Freud Trained Psychoanalysts

Here to Carry on His Work", *New York Times*, 1927년 6월 5일, Sec. 2, 4.

208) Stendhal, *De l'amour*(1822), Henri Martineau 편(1938), 276.

209) Stendhal, *Lucien Leuwen*(사후 출판), Anne-Marie Meininger, 2 vols.(1982), I, 113.

210) Charles Dickens, *Martin Chuzzlewit*(1843), ch. 16.

211) Philip Burne-Jones, *Dollars and Democracy*(1904), 74.(나는 C. Vann Woodward에게 이 자료 이야기를 들었다.)

212) 프로이트가 페렌치에게 쓴 편지, 1909년 1월 17일. Freud-Ferenczi Correspondence, Freud Collection, LC.

213) 프로이트가 융에게 쓴 편지, 1909년 10월 17일. *Freud-Jung*, 282(256).

214) 프로이트가 존스에게 쓴 편지, 1913년 9월 21일. 영어로 씀. Freud Collection, D2, LC.

215) 프로이트가 Dr. Samuel A. Tannenbaum에게 쓴 편지, 1914년 4월 19일. 같은 책, B4, LC.

216) 프로이트가 존스에게 쓴 편지, 1920년 5월 11일. 영어로 씀. 같은 곳, D2, LC.

217) 프로이트가 퍼트넘에게 쓴 편지, 1915년 7월 8일. *James Jackson Putnam: Letters*, 376.

218) 프로이트가 피스터에게 쓴 편지, 1921년 11월 3일. *Freud-Pfister*, 86(83).

219) 프로이트가 아이팅곤에게 쓴 편지, 1932년 7월 21일. Sigmund Freud Copyrights, Wivenhoe의 허락을 받고 인용.

220) Citation for the Goethe Prize, 프랑크푸르트 시장 "Landmann" 서명. 타자로 친 사본, Freud Collection, B13, LC . 또 재단이사회 간사 알폰스 파케 박사가 프로이트에게 쓴 수상을 알리는 편지, 1930년 7월 26일(*GW* XIV, 545-46n)도 참조.

221) Kürzeste Chronik, 1930년 11월 6일, Freud Museum, London.

222) 프로이트가 아이팅곤에게 쓴 편지, 1930년 8월 26일. Sigmund Freud Copyrights, Wivenhoe의 허락을 받고 인용.

223) *Jones* III, 151 참조.

224) 프로이트가 파케에게 쓴 편지, 1930년 8월 3일. *GW* XIV, 546 / *SE* XXI, 207.

225) 프로이트가 존스에게 쓴 편지, 1930년 8월 30일. Frcud Collection, D2, LC.

226) 같은 곳.

227) 프로이트가 존스에게 쓴 편지, 1930년 9월 15일. 같은 곳.

228) 프로이트가 안드레아스-살로메에게 쓴 편지, 1930년 10월 22일. *Freud-Salomé*, 207(190).

229) 프로이트가 존스에게 쓴 편지, 1930년 5월 12일. Freud Collection, D2, LC.

230) 프로이트가 존스에게 쓴 편지, 1930년 5월 19일. 같은 곳.

231) 프로이트가 안드레아스-살로메에게 쓴 편지, 1930년 5월 8일. *Freud-Salomé*, 205(187-88).

232) *Kürzeste Chronik*, 1930년 8월 24일. Freud Museum, London 참조.

233) 프로이트가 아이팅곤에게 쓴 편지, 1929년 12월 1일. Sigmund Freud Copyrights, Wivenhoe 의 허락을 받고 인용. 또 프로이트가 아브라함에게 쓴 편지, 1918년 5월 29일. *Freud-Abraham*, 259(275)과 Schur, *Freud, Living and Dying*, 314-15, 423-24도 참조.

234) 프로이트가 존스에게 쓴 편지, 1930년 9월 15일. Freud Collection, D2, LC. "말할 수 없지"라는 부분은 영어로 썼다.

235) 프로이트가 알렉산더 프로이트에게 쓴 편지, 1930년 9월 10일. 같은 곳, B1, LC.

236) 프로이트가 존스에게 쓴 편지, 1930년 9월 15일. 같은 곳, D2, LC.

237) 포사이스가 프로이트에게 쓴 편지, 1931년 1월 7일. Freud Museum, London.

238) 프로이트가 아이팅곤에게 쓴 편지, 1931년 1월 18일. Sigmund Freud Copyrights, Wivenhoe의 허

락을 받고 인용. 또 프로이트가 존스에게 쓴 편지, 1931년 2월 12일. Freud Collection, D2, LC.

239) 프로이트가 존스에게 쓴 편지, 1931년 6월 2일. 같은 곳.

240) 프로이트가 아르놀트 츠바이크에게 쓴 편지, 1931년 5월 10일. Sigmund Freud Copyrights, Wivenhoe의 허락을 받고 인용.

241) *Kürzeste Chronik*, 1931년 5월 5일. Freud Museum, London.

242) 프로이트가 안드레아스-살로메에게 쓴 편지, 1931년 5월 9일. Freud-Salomé, 207(193).

243) *Jones* III, 158에 인용.

244) 아인슈타인이 프로이트에게 쓴 편지, 1931년 4월 29일. Freud Collection, B3, LC.

245) 헤르츨 클럽회장 Dr. M. Bernhard와 간사 Dr. Wilhelm Stein이 프로이트에게 쓴 편지, 1931년 5월 5일. Freud Museum, London.

246) 모두 Freud Museum, London에 보관되어 있다.

247) *Jones* III, 155 참조.

248) 포이히트방이 프로이트에게 쓴 편지, 1931년 4월 7일. Freud Museum, London.

249) 1931년 10월 25일 프리보르 축제 초대장. 같은 곳.

250) 프로이트가 프리보르 시장에게 쓴 편지, 1931년 10월 25일. 타자로 친 사본. Freud Collection, B3, LC / "Letter to the Burgomaster of Příbor," *SE* XXI, 259.

251) *Jones* III, 157 참조.

252) 페렌치가 프로이트에게 쓴 편지, 1922년 5월 15일. Freud-Ferenczi Correspondence, Freud Collection, LC.

253) 페렌치가 프로이트에게 쓴 편지, 1915년 10월 14일. 같은 곳.

254) 하나의 예로 프로이트가 페렌치에게 쓴 편지, 1915년 4월 8일. 같은 곳.

255) 페렌치가 프로이트에게 쓴 편지, 1922년 3월 20일. 같은 곳.

256) 프로이트가 페렌치에게 쓴 편지, 1922년 3월 30일. 같은 곳.

257) 페렌치가 프로이트에게 쓴 편지, 1923년 9월 3일. 같은 곳.

258) 프로이트가 페렌치에게 쓴 편지, 1910년 10월 6일. 같은 곳.

259) 프로이트가 페렌치에게 쓴 편지, 1909년 6월 28일. 같은 곳.

260) 프로이트가 페렌치에게 쓴 편지, 1922년 7월 21일. 같은 곳.

261) 프로이트가 아이팅곤에게 쓴 편지, 1927년 6월 30일. Sigmund Freud Copyrights, Wivenhoe의 허락을 받고 인용.

262) 아이팅곤이 프로이트에게 쓴 편지, 1927년 8월 10일. Sigmund Freud Copyrights, Wivenhoe의 허락을 받고 인용.

263) 프로이트가 페렌치에게 쓴 엽서, 1927년 12월 18일. Freud-Ferenczi Correspondence, Freud Collection, LC.

264) 프로이트가 아이팅곤에게 쓴 편지, 1927년 8월 8일. Sigmund Freud Copyrights, Wivenhoe의 허락을 받고 인용.

265) 프로이트가 아이팅곤에게 쓴 편지, 1927년 8월 26일. Sigmund Freud Copyrights, Wivenhoe의 허락을 받고 인용.

266) 프로이트가 페렌치에게 쓴 편지, 1931년 9월 18일. Freud-Ferenczi Correspondence, Freud Collection, LC.

267) 페렌치가 프로이트에게 쓴 편지, 1925년 2월 6일. 같은 곳.

268) 페렌치가 프로이트에게 쓴 편지, 1930년 2월 14일. 같은 곳 참조.

269) 프로이트가 아이팅곤에게 쓴 편지, 1930년 11월 3일. Sigmund Freud Copyrights, Wivenhoe의 허락을 받고 인용.

270) 페렌치가 프로이트에게 쓴 편지, 1931년 9월 15일 . Freud-Ferenczi Correspondence, Freud Collection, LC.

271) 프로이트가 페렌치에게 쓴 편지, 1931년 9월 18일. 같은 곳.

272) 페렌치가 프로이트에게 쓴 편지, 1922년 8월 17일. 같은 곳.

273) 프로이트가 페렌치에게 쓴 편지, 1931년 12월 13일. 같은 곳.

274) 페렌치가 프로이트에게 쓴 편지, 1931년 12월 27일. 같은 곳.

275) 1932년 1월 7일, *Klinisches Tagebuch*. 타자로 친 사본, 손으로 쓴 페이지도 약간 있음. Freud Collection, B22, LC, "Scientific Diary"로 분류.

276) 1932년 3월 17일. 같은 책.

277) 1932년 1월 7일. 같은 책.

278) 1932년 3월 20일. 같은 책.

279) 1932년 1월 7일. 같은 책.

280) 1932년 3월 20일. 같은 책.

281) 1932년 2월 14일. 같은 책.

282) 1932년 6월 28일. 같은 책.

283) 같은 곳.

284) 페렌치가 게오르크 그로데크와 에미 그로데크에게 쓴 편지, 1932년 3월 3일. Sándor Ferenczi and Georg Groddeck, *Briefwechsel 1921-1933*, Willi Köhler 편(1986), 85.

285) 1932년 8월 4일, *Klinisches Tagebuch*. Freud Collection, B22, LC.

286) 같은 곳.

287) 같은 곳.

288) 같은 곳.

289) 1932년 4월 5일과 7월 26일, 같은 책 참조.

290) 1932년 8월 4일. 같은 책.

291) 1932년 7월 7일. 같은 책.

292) 프로이트가 아이팅곤에게 쓴 편지, 1932년 4월 18일. Sigmund Freud Copyrights, Wivenhoe의 허락을 받고 인용.

293) 프로이트가 존스에게 쓴 편지, 1932년 9월 12일. Freud Collection, D2, LC.

294) 프로이트가 아이팅곤에게 쓴 편지, 1932년 8월 24일. Sigmund Freud Copyrights, Wivenhoe의 허락을 받고 인용 참조.

295) 프로이트가 페렌치에게 쓴 편지, 1932년 5월 12일. Freud-Ferenczi Correspondence, Freud Collection, LC.

296) 페렌치가 프로이트에게 쓴 편지, 1932년 5월 19일. 같은 곳.

297) 페렌치가 프로이트에게 쓴 편지, 1932년 8월 21일. 같은 곳.

298) 프로이트가 페렌치에게 쓴 편지, 1932년 8월 24일. 같은 곳.

299) 프로이트가 존스에게 쓴 편지, 1932년 9월 12일. Freud Collection, D2, LC.

300) 프로이트가 아이팅곤에게 보낸 전보, 1932년 9월 2일. Sigmund Freud Copyrights, Wivenhoe의 허락을 받고 인용.

301) 프로이트가 안나 프로이트에게 쓴 편지, 1932년 9월 3일. Freud Collection, LC.

302) 같은 곳. 브릴의 말 "진지해 보이지 않는데요."는 프로이트의 편지에서 영어로 적혀 있다. 이 만남에 관한 어니스트 존스의 이야기(*Jones* III, 172~73)가 이 편지의 내용을 꼼꼼하게 따라가고 있다는 점은 주목할 만하다.

303) 프로이트가 아이팅곤에게 쓴 편지 참조, 1932년 8월 24일. Sigmund Freud Copyrights, Wivenhoe의 허락을 받고 인용.

304) 프로이트가 안나 프로이트에게 쓴 편지, 1932년 9월 3일. Freud Collection, LC. 이 마지막 문장은 페렌치가 빈에 와서 논문을 낭독하기 전날인 8월 29일에 프로이트가 아이팅곤에게 편지를 보내 페렌치의 생각을 들어보지도 않은 상태에서 비난을 했다는 Jeffrey Moussaieff Masson의 주장을 무효로 만든다. (Masson, *The Assault on Truth*, 170~71 참조.) 프로이트는 그의 딸과 마찬가지로 그 얼마 전부터 그 무렵 페렌치의 생각을 알고 있었던 것이 분명하다.

305) 프로이트가 존스에게 쓴 편지, 1932년 9월 12일. Freud Collection, D2, LC.

306) 프로이트가 아이팅곤에게 쓴 편지 참조, 1932년 10월 20일. Sigmund Freud Copyrights, Wivenhoe의 허락을 받고 인용.

307) Spector, *The Aesthetics of Freud*, 149~55.

308) 프로이트가 페렌치에게 쓴 편지, 1933년 1월 11일. Freud-Ferenczi Correspondence, Freud Collection, LC.

309) 페렌치가 프로이트에게 쓴 편지, 1933년 3월 27일. 같은 곳.

310) 프로이트가 페렌치에게 쓴 편지 참조, 1933년 4월 2일. 같은 곳.

311) 프로이트가 아이팅곤에게 쓴 편지, 1933년 4월 3일. Sigmund Freud Copyrights, Wivenhoe의 허락을 받고 인용.

312) 프로이트가 존스에게 쓴 편지, 1933년 5월 29일. Freud Collection, D2, LC.

313) 프로이트가 존스에게 쓴 편지, 1933년 8월 23일. 같은 책.

314) Wilhelm Busch, "Es sitzt ein Vogel auf dem Leim," in *Kritik des Herzens*(1874), *Wilhelm Busch Gesamtausgabe*, Friedrich Bohne 편, 4 vols.(1959), II, 495.

12장 인간 모세의 최후

1) 프로이트가 존스에게 쓴 편지, 1932년 4월 26일. Freud Collection, D2, LC.

2) 프로이트가 존스에게 쓴 편지, 1932년 6월 17일. 같은 곳.

3) 프로이트가 페렌치에게 쓴 편지, 1927년 7월 16일. Freud-Ferenczi Correspondence, Freud Collection, LC.

4) 프로이트가 새뮤얼 프로이트에게 쓴 편지, 1927년 8월 3일. 영어로 씀. Rylands University Library, Manchester.

5) 프로이트가 새뮤얼 프로이트에게 쓴 편지, 1930년 12월 31일. 영어로 씀. 같은 곳.

6) 프로이트가 새뮤얼 프로이트에게 쓴 편지, 1931년 12월 1일. 영어로 씀. 같은 곳.

7) 같은 곳.

8) 프로이트가 피스터에게 쓴 편지, 1932년 5월 15일. Sigmund Freud Copyrights, Wivenhoe의 허락을 받고 인용.

9) 홀스테인이 카를 란다워(Karl Landauer)에게 쓴 편지, 1933년 9월. Karen Brecht 등 편, "*Hier geht das Leben auf eine sehr merkwürdige Weise weiter...*" *Zur Geschichte der Psychoanalyse in Deutschland*(1985), 57.

10) 프로이트가 새뮤얼 프로이트에게 쓴 편지, 1933년 7월 31일. 영어로 씀. Rylands University Library, Manchester.

11) Karl Dietrich Bracher, *The German Dictatorship. The Origins, Structure, and Effects of National Socialism*(1969, Jean Steinberg 역, 1970), 258.

12) 프로이트가 안드레아스-살로메에게 쓴 편지, 1933년 5월 14일. *Freud-Salomé*, 218(200).

13) 피스터가 프로이트에게 쓴 편지, 1933년 5월 24일, *Freud-Pfister*, 151(139).

14) *Jones* III, 182에서 인용.

15) 프로이트가 페렌치에게 쓴 편지, 1933년 4월 2일. Freud-Ferenczi Correspondence, Freud Collection, LC.

16) 프로이트가 존스에게 쓴 편지, 1933년 4월 7일. Freud Collection, D2, LC.

17) 프로이트가 존스에게 쓴 편지, 1933년 7월 23일. 같은 곳.

18) 프로이트가 새뮤얼 프로이트에게 쓴 편지, 1933년 7월 31일. 영어로 씀. Rylands University Library, Manchester.

19) 프로이트가 힐다 둘리틀에게 쓴 편지, 1933년 10월 27일. 영어로 씀. Hilda Doolittle papers, Beinecke Rare Book and Manuscript Library, Yale University.

20) 프로이트가 피스터에게 쓴 편지, 1934년 2월 27일. Sigrnund Frcud Copyrights, Wivenhoe의 허락을 받고 인용.

21) 프로이트가 아르놀트 츠바이크에게 쓴 편지, 1934년 2월 25일. *Freud-Zweig*, 76(65).

22) 프로이트가 힐다 둘리틀에게 쓴 편지, 1934년 3월 5일. 영어로 씀. "Appendix" to H. D., *Tribute to Freud*, 192에 전문이 인용되어 있음.

23) 같은 곳.

24) 프로이트가 에른스트 프로이트에게 쓴 편지, 1934년 2월 20일. Freud Collection, B1, LC.

25) 프로이트가 아르놀트 츠바이크에게 쓴 편지, 1934년 2월 25일. *Freud-Zweig*, 76(65). 셰익스피어 인용 부분은 영어로 씀.

26) 같은 책, 76-77(65).

27) *Kürzeste Chronik*, 1933년 6월 5일 참조. Freuud Museum, London.

28) 프로이트가 힐다 둘리틀에게 쓴 편지, 1934년 3월 5일. 영어로 씀. "Appendix" to H. D., *Tribute to Freud*, 192에 전문 인용.

29) 프로이트가 아르놀트 츠바이크에게 쓴 편지, 1934년 7월 15일. *Freud-Zweig*, 96-97(86).

30) 프로이트가 안드레아스-살로메에게 쓴 편지, 날짜 미상〔1934년 5월 16일〕. *Freud-Salomé*, 220(202).

31) 프로이트가 브나이 브리트의 회원들에게 쓴 편지, 날짜 미상 〔1926년 5월 6일〕. *Briefe*, 381.

32) 프로이트가 지크프리트 펠에게 쓴 편지, 1935년 11월 12일. 타자로 친 사본, Freud Collection, B2, LC.

33) 프로이트가 플리스에게 쓴 편지, 1895년 11월 8일. *Freud-Fliess*, 153(150).

34) *Traumdeutung, GW* II-III, 444 / *Interpretation of Dreams, SE* V, 442.

35) 프로이트가 마리 보나파르트에게 쓴 편지, 1926년 5월 10일. *Briefe*, 383.

36) 프로이트가 Isaac Landman에게 쓴 편지, 1929년 8월 1일. 타자로 친 사본, Freud Collection, B3, LC.

37) 프로이트가 슈니츨러에게 쓴 편지, 1926년 5월 24일. Sigmund Freud, "Briefe an Arthur Schnitzler," *Neue Rundschau*, LXVI(1955), 100.

38) "Vorrede zur hebräischen Ausgabe von Totem und Tabu"(1930년에 쓰고 1934년에 발표), *GW* XIV, 569 / "Preface to the Hebrew Edition of Totem and Taboo", *SE* XIII, xv.

39) "A Religious Experience"(1928), *SE* XXI, 170에 인용. 이 구절이 프로이트의 원본에는 영어로 적혀 있다.

40) "Brief an den Herausgeber der *Jüdischen Presszentrale Zürich*"(1925), *GW* XIV, 556 / "Letter to the Editor of the *Jewish Press Centre in Zurich*," *SE* XIX, 291.

41) 프로이트가 드보시스에게 쓴 편지, 1930년 12월 15일. 타자로 친 사본, Freud Museum, London.

42) 프로이트가 드보시스에게 쓴 편지, 1928년 9월 20일. 타자로 친 사본, Freud Museum, London. 1930년에 프로이트는 드보시스의 *Totem and Taboo* 히브리어 번역판 서문에서 히브리어에 대한 자신의 무지를 공개적으로 언급했다(*SE* XIII, xv). 또 1938년에도 이 점을 다시 언급했다. "안타깝게도 나는 히브리를 읽을 수 없습니다."(프로이트가 드보시스에게 쓴 편지, 1938년 9월 11일. Freud Museum, London.)

43) Martin Freud, "Who Was Freud?" in *The Jews of Austria*, Fraenkel 편, 203.

44) 에른스트 프로이트가 지크프리트 베른펠트에게 쓴 편지, 1920년 12월 20일. Siegfried Bernfeld papers, container 17, LC. 또 Avner Falk, "Freud and Herzl," *Contemporary Psychoanalysis*, XIV(1978), 378도 참조.

45) Martin Freud, "Who Was Freud?" in *The Jews of Austria*, Fraenkel 편, 203-4.

46) 프로이트가 브나이 브리트 회원들에게 쓴 편지, 날짜 미상 〔1926년 5월 6일〕. *Briefe*, 381.

47) 프로이트가 페렌치에게 쓴 편지, 1922년 3월 30일. Freud-Ferenczi Correspondence, Freud Colletion, LC.

48) 프로이트가 아르놀트 츠바이크에게 쓴 편지, 1932년 5월 8일. *Freud-Zweig*, 51-52(40).

49) "Vorrede zur hebräischen Ausgabe", *GW* XIV, 569 / "Preface to the Hebrew Edition", *SE* XIII, xv.

50) 프로이트가 피스터에게 쓴 편지, 1918년 10월 9일. *Freud-Pfister*, 64(63).

51) 피스터가 프로이트에게 쓴 편지, 1918년 10월 29일. 같은 책, 64(63).

52) "Selbstdarstellung," *GW* XIV, 35 / "Autobiographical Study," *SE* XX, 9. 또 위의 p. 27도 참조.

53) "The Resistances to Psycho-Analysis"(1925), *SE* XIX, 222 참조.

54) 프로이트가 브나이 브리트 회원들에게 쓴 편지, 날짜 미상 〔1926년 5월 6일〕. *Briefe*, 381-82.

55) Jones, *Free Associations*, 208-9.

56) 프로이트가 마르타 베르나이스에게 쓴 편지, 1886년 2월 2일. *Briefe*, 208-9.

57) 프로이트가 안드레아스-살로메에게 쓴 편지, 1935년 1월 6일. *Freud-Salomé*, 224(205) 참조.

58) 프로이트가 융에게 쓴 편지, 1909년 1월 17일. *Freud-Jung*, 218(196-97).

59) 프로이트가 아르놀트 츠바이크에게 쓴 편지, 1933년 8월 18일. Sigmund Freud Copyrights, Wivennhoe의 허락을 받고 인용.

60) 안드레아스-살로메가 프로이트에게 쓴 편지, 1935년 1월 2일. *Freud-Salomé*, 221(203).

61) 프로이트가 안드레아스-살로메에게 쓴 편지, 1935년 1월 6일. 같은 책, 222-23(204).

62) 프로이트가 아이팅곤에게 쓴 편지, 1934년 11월 13일. Sigmund Freud Copyrights, Wivennhoe의 허락을 받고 인용.

63) 프로이트가 아르놀트 츠바이크에게 쓴 편지, 1934년 9월 30일. *Freud-Zweig*, 102(91-92).

64) Voltaire, "Moses," in *Philosophical Dictionary*(1764; Peter Gay 역, 1962), 2 vols. 페이지는 이어져 있음, II, 400n.

65) Martin Buber, *Moses: The Revelation and the Covenant*(1946; 보급판, 1958), 7 참조.

66) 카를 아브라함이 이미 1912년에 중요한 논문에서 이 파라오와 그의 종교적 혁신에 관하여 다루었는데, 묘하게도 프로이트는 《인간 모세와 유일신교》에서 이 논문을 언급하지 않았다. 이 논문은 "Amenhotep IV: A Psycho-Analytical Contribution towards the Understanding of His Personality and the Monotheistic Cult of Aton," 아브라함의 *Clinical Papers and Essays in Psycho-Analysis*, Hilda C. Abraham and D. R. Ellison 역(1955), 262-90에서 쉽게 찾아볼 수 있다.

67) *Der Mann Moses und die monotheistische Religion. Drei Abhandlungen*(1939), *GW* XVI, 133 / *Moses aad Monotheism: Three Essays*, *SE* XXIII, 34.

68) 같은 책, 132 / 33.

69) Ernst Sellin, *Mose und seine Bedeutung für die israelitisch-jüdische Religionsgeschichte*(1922) 참조.

70) *Der Mann Moses*, *GW* XVI, 148 / *Moses and Monotheism*, *SE* XXIII, 47.

71) 프로이트가 아르놀트 츠바이크에게 쓴 편지, 1934년 12월 16일. *Freud-Zweig*, 108-9(98).

72) 프로이트가 아르놀트 츠바이크에게 쓴 편지, 1934년 11월 6일. 같은 책, 108(97).

73) 프로이트가 아르놀트 츠바이크에게 쓴 편지, 1934년 12월 16일. 같은 책, 108(98).

74) 프로이트가 아르놀트 츠바이크에게 쓴 편지, 1935년 5월 2일. 같은 책, 117(106).

75) 프로이트가 아이팅곤에게 쓴 편지, 1935년 5월 12일. Sigmund Freud Copyrights, Wivenhoe의 허락을 받고 인용.

76) 프로이트가 힐다 둘리틀에게 쓴 편지, 1935년 5월 19일. 영어로 씀. Hilda Doolittle papers, Beinecke Rare Book and Manuscript Library, Yale University.

77) 프로이트가 힐다 둘리틀에게 쓴 편지, 1935년 11월 3일. 영어로 씀. 같은 곳.

78) 프로이트가 힐다 둘리틀에게 쓴 편지, 1935년 5월 19일. 영어로 씀. 같은 곳.

79) 프로이트가 존스에게 쓴 편지, 1935년 5월 26일. Freud Collection, D2, LC.

80) 같은 곳.

81) 프로이트가 힐다 둘리틀에게 쓴 편지, 날짜 미상. [1935년 11월 16 또는 17일]. Hilda Doolittle papers, Beinecke Rare Book and Manuscript Library, Yale University.

82) 프로이트가 Mrs. N. N.에게 쓴 편지, 1935년 4월 9일. 영어로 씀. *Briefe*, 438.

83) 같은 곳.

84) 프로이트가 아르놀트 츠바이크에게 쓴 편지, 1935년 10월 14일. Sigmund Freud Copyrights, Wivenhoe의 허락을 받고 인용.

85) 같은 곳.

86) 프로이트가 슈테판 츠바이크에게 쓴 편지, 1935년 11월 5일. Sigmund Freud Copyrights, Wivenhoe의 허락을 받고 인용.

87) 프로이트가 아르놀트 츠바이크에게 쓴 편지, 1936년 1월 20일. *Freud-Zweig*, 129(119).

88) 프로이트가 존스에게 쓴 편지, 1936년 3월 3일. Freud Collection, D2, LC.

89) 프로이트가 아르놀트 츠바이크에게 쓴 편지, 1936년 2월 21일. *Freud-Zweig*, 133(122).

90) *Kürzeste Chronik*, 1936년 8월 18일, Freud Museum, London.

91) 기념 행사, 기념 논문집 같은 것을 피하려고 했던 프로이트의 시도에 관해서는 프로이트가 존스에게 쓴 편지, 1935년 7월 21일, Freud Collection, D2, LC 참조. 또 *Jones* III, 200-201도 참조.

92) 프로이트가 존스에게 쓴 편지, 1935년 7월 21일, Freud Collection, D2, LC 참조. 또 *Jones* III, 200-201도 참조.

93) 마르타 프로이트가 릴리 프로이트 마를레에게 쓴 편지, 1936년 6월 5일. Freud Collection, B2, LC

94) 프로이트가 슈테판 츠바이크에게 쓴 편지, 1936년 5월 18일. Sigmund Freud Copyrights, Wivenhoe의 허락을 받고 인용.

95) *Kürzeste Chronik*, 1936년 6월 14일. Freud Museum, London 참조.

96) *Kürzeste Chronik*, 1936년 6월 30일, 같은 곳 참조.

97) 프로이트가 존스에게 쓴 편지, 1936년 7월 4일, Freud Collection, D2, LC.

98) 프로이트가 슈바드론에게 쓴 편지, 1936년 7월 12일. Freud Museum, London.

99) 프로이트가 아르놀트 츠바이크에게 쓴 편지, 1936년 6월 17일. Sigmund Freud Copyrights, Wivenhoe의 허락을 받고 인용.

100) 프로이트가 아이팅곤에게 쓴 편지, 1937년 2월 5일. Sigmund Freud Copyrights, Wivenhoe의 허락을 받고 인용.

101) 프로이트가 마리 보나파르트에게 쓴 편지, 1936년 9월 27일. *Jones* III, 209에 인용.

102) *Kürzeste Chronik*, 1936년 7월 23일, Freud Museum, London.

103) *Kürzeste Chronik*, 1936년 12월 24일, 같은 곳.

104) 마리 보나파르트가 프로이트에게 쓴 편지, 1936년 12월 30일. *Freud-Fliess*의 머리말, xviii에서 인용.

105) 프로이트가 마리 보나파르트에게 쓴 편지, 1937년 1월 3일. 같은 책, xviii-xix.

106) 마리 보나파르트가 프로이트에게 쓴 편지, 1937년 1월 7일. 같은 책, xix-xx.

107) 프로이트가 마리 보나파르트에게 쓴 편지, 1937년 1월 10일. 같은 책, xx.

108) "Editor's Note" to "Analysis Terminable and Interminable", *SE* XXIII, 212 참조.

109) "Die Zerlegung der psychischen Persönlichkeit" in *Neue Vorlesungen*, *GW* XV, 86 / "The Dissection of the Psychical Personality" in *New Introductory Lectures*, *SE* XXII, 80.

110) 프로이트가 아르놀트 츠바이크에게 쓴 편지, 1937년 6월 22일. Sigmund Freud Copyrights, Wivenhoe의 허락을 받고 인용.

111) 프로이트가 아르놀트 츠바이크에게 쓴 편지, 1937년 2월 10일.

112) "Lou Andreas-Salomé"(1937), *SE* XXIII, 297 참조.

113) 아이팅곤이 프로이트에게 쓴 편지, 1937년 2월 24일. Sigmund Freud Copyrights, Wivenhoe의 허락을 받고 인용.

114) 프로이트가 존스에게 쓴 편지, 1933년 8월 23일. Freud Collection, D2, LC.

115) 프로이트가 아르놀트 츠바이크에게 쓴 편지, 1935년 9월 23일. *Freud-Zweig*, 121(111).

116) 아르놀트 츠바이크가 프로이트에게 쓴 편지, 1935년 11월 22일. 같은 책, 124(113-14) 참조.

117) 프로이트가 아르놀트 츠바이크에게 쓴 편지, 1936년 2월 21일. 같은 책, 132(122).

118) 프로이트가 아르놀트 츠바이크에게 쓴 편지, 1936년 6월 22일. 같은 책, 142-43(133).

119) 프로이트가 존스에게 쓴 편지, 1937년 3월 2일. Freud Collection, D2, LC.

120) 프로이트가 아르놀트 츠바이크에게 쓴 편지, 1937년 4월 2일. *Freud-Zweig*, 149(139-40).

121) 프로이트가 존스에게 쓴 편지, 1933년 4월 7일. Freud Collection, D2, LC.

122) 프로이트가 아르놀트 츠바이크에게 쓴 편지, 1937년 12월 20일. *Freud-Zweig*, 163(154).

123) 프로이트가 아이팅곤에게 쓴 편지, 1938년 2월 6일. Sigmund Freud Copyrights, Wivenhoe의 허락을 받고 인용.

124) 안나 프로이트가 존스에게 쓴 편지, 1938년 2월 20일. Jones papers, Archives of the British Psycho-Analytical Society, London.

125) 프로이트가 에른스트 프로이트에게 쓴 편지, 1938년 2월 22일. Freud Collection, B1, LC.

126) 프로이트가 마리 보나파르트에게 쓴 편지, 1938년 2월 23일. *Jones* III, 111, 217.

127) *Kürzeste Chronik*, 1938년 3월 11일. Freud Museum, London.

128) *Kürzeste Chronik*, 1938년 3월 13일과 14일.

129) Carl Zuckmayer, *Als wär's ein Stück von mir. Horen der Freundschaft*(1966), 71.

130) G. E. R. Gedye, of the London *Daily Telegraph*. Dieter Wagner and Gerhard Tomkowitz, "Ein Volk, Ein Reich, Ein Führer!" *Der Anschluss Österreichs 1938*(1968), 267에 인용.

131) 자세한 내용과 기록은 Herbert Rosenkranz, "The Anschluss and the Tragedy of Austrian Jewry, 1938-1945," in *The Jews of Austria*, Fraenkel 편, 479-545 참조.

132) "Vienna Jews Beaten: Stores Plundered / Offices of Societies and Papers Occupied by Nazis- Arrests Made on Money Charges," *New York Times*, 1938년 3월 14일, 2.

133) 같은 곳.

134) "Jews Hunmiliated by Vienna Crowds / Families Compelled to Scrub Streets, Though Gcrinan Guards Drive Off Mob / Nazis Seize Big Stores / Total of Arrests Enormous-Austria German District as Ministries Are Absorbed," *New York Times*, 1938년 3월 16일, 3(Associated Press dispatch).

135) *New York Times*, 1938년 3월 14일, 3(Associated Press dispatch, 날짜 표시 "1938년 3월 13일").

136) Friedrich Torberg, *Die Tante Jolesch, oder Der Untergang des Abendlandes in Anekdoten*(1975; 보급판, 1977)154-67, 특히 155 참조.

137) Raul Hilberg, *The Destruction of the European Jews*(1961; 2판, 1981), 61 참조.

138) Wagner and Tomkowitz, '*Ein Volk, Ein Reich, Ein Führer!*,' 341.

139) Martin Gilbert 편, *The Macmillan Atlas of the Holocaust*(1982), 22. 오스트리아를 탈출하지 못한 유대인 6만 명 가운데 약 4만 명이 살해당했다.

140) "Jews Scrub Streets in Vienna Inner City / Forced to Remove Crosses of Fatherland Front," *New York Times*, 1938년 3월 24일, 7(Associated Press dispatch, 날짜 표시 "1938년 3월 23일").

141) Schur, *Freud, Living and Dying*, 499.

142) *Kürzeste Chronik*, 1938년 3월 15일. Freud Museum, London.

143) 안나 프로이트가 어니스트 존스에게 쓴 편지 참조, 날짜 미상. Jones papers, Archives of the British Psycho-Analytical Society, London. 이 이야기는 마르틴 프로이트가 그들에게 자리에 앉으라고 한 다음에 금고의 내용물을 꺼내 가라고 했다는 일반적인 이야기와 배치된다.

144) "Aid for Freud Offered / Palestine Will Grant Entry to Professor Neumann Also", *New York Times*, 1938년 3월 23일, 5 참조(날짜 표시 "Jerusalem, 1938년 3월 22일"). 또 "Freud Forbidden to Go / Can't Get Passport, Member of Dutch Group Inviting Him Says," *New York Times*, 1938년 3월 30일, 4 참조(날짜 표시 "The Hague, 1938년 3월 29일").

145) *Kürzeste Chronik*, 1938년 3월 16일과 17일 Freud Museum, London.

146) 빈스방거가 프로이트에게 쓴 편지, 1938년 3월 18일. Sigmund Freud Copyrights, Wivenhoe의 허락을 받고 인용.

147) 이것은 막스 슈어의 해석이며, 나도 이것이 설득력이 있다고 본다. Schur, *Freud, Living and Dying*, 496 참조.

148) 여기와 다음 몇 문단에서 나는 Sigmund Freud Copyrights, Wivenhoe의 허락을 받아 원문 전문의 사본을 인용하고 있다. 또 Clark, *Freud*, 505-11도 참조. 이 책은 런던 공공기록보관소와 외무부의 문서를 근거로 삼고 있다. Clark가 이 자료를 읽은 결과와 내가 나의 자료를 읽은 결과는 거

의 일치한다.

149) *Jones* III, 220.

150) 같은 책, I, 294.

151) *Kürzeste Chronik*, 1938년 3월 22일. Freud Museum, London.

152) Schur, *Freud, Living and Dying*, 498. 또 안나 프로이트가 슈어에게 쓴 편지, 1954년 4월 28일, Max Schur papers, LC와 Martin Freud, *Freud*, 214도 참조.

153) Schur, *Freud, Living and Dying*, 498.

154) Martin Freud, *Freud*, 212–13.

155) 프로이트가 에른스트 프로이트에게 쓴 편지, 1938년 5월 12일. *Briefe*, 459. "자유 속에 죽는 것"이라는 말은 영어로 썼다.

156) *Jones* III, 221.

157) "이 일을 담당한 나치 관리는 이상한 유머 감각을 드러내, 이 책들을 빈의 화장용 장작더미 위로 가져오는 데 드는 상당한 비용을 아버지 계좌에서 인출했다."(Martin Freud, *Freud*, 214.)

158) 같은 곳. 늘 빈틈없는 프로이트는 여유가 생기자마자 마리 보나파르트에게 돈을 갚았다는 사실을 기록해 둘 필요가 있을 것 같다.

159) 안나 프로이트가 존스에게 쓴 편지, 1938년 4월 3일. Jones papers, Archives of thc British Psycho-Analytical Society, London.

160) 안나 프로이트가 존스에게 쓴 편지, 1938년 4월 22일. 같은 곳.

161) 안나 프로이트가 존스에게 쓴 편지, 1938년 4월 26일. 같은 곳.

162) McGuire, Introduction to *Freud-Jung*, xx 주석 참조.

163) 프로이트가 존스에게 쓴 편지, 1938년 4월 28일. Freud Collection, D2, LC.

164) 프로이트가 에른스트 프로이트에게 쓴 편지, 1938년 5월 9일. Photocopy of holograph courtesy Dr. Daniel Offer.(George F. Mahl이 이 인용처를 알려주었다.)

165) 프로이트가 존스에게 쓴 편지, 1938년 5월 13일. Freud Collection, D2, LC.

166) Martin Freud, *Freud*, 217.

167) 안나 프로이트가 존스에게 쓴 편지, 1938년 5월 25일. Jones papers, Archives of thc British Psycho-Analytical Society, London.

168) 안나 프로이트가 존스에게 쓴 편지, 1938년 5월 30일과 31일. 같은 곳 참조.

169) 프로이트가 아르놀트 츠바이크에게 쓴 편지, 1938년 6월 4일 참조. *Freud-Zweig*, 168(160). 또 프로이트가 새뮤얼 프로이트에게 쓴 편지, June 4, 1938도 참조. 영어로 씀. Rylands University Library, Manchester.

170) 해당 날짜의 *Kürzeste Chronik* 참조. Freud Museum, London. 그 운명적인 출발일 이전에는 모든 날짜가 완벽하게 정확하다. 그러다 "6월 2일 목요일" 다음에 "6월 3일 토요일"이 나온다. 프로이트는 그 다음 주 중반까지 계속 날짜를 잘못 썼다. 그래서 런던에서 기록한 첫 번째 일기는 "6월 6일" 대신 "6월 5일 월요일"로 쓰고 있다. 그러다가 목요일에 "6월 9일 목요일"이라고 날짜를 제대로 적었다.

171) *Kürzeste Chronik*, 1938년 5월 10일 참조. 같은 곳.

172) 프로이트가 아이팅곤에게 쓴 편지, 1938년 6월 6일. *Briefe*, 462.

173) 같은 곳, 461.

174) 안나 프로이트가 존스에게 쓴 편지, 1938년 5월 25일. Jones papers, Archives of the British Psyche-Analytical Society, London.

175) *Kürzeste Chronik*, 1938년 6월 3일. Freud Museum, London. 앞의 주석에서도 말했듯이 이 시기의 프로이트의 날짜는 잘못 기록되어 있다. 토요일은 6월 3일이 아니라 6월 4일이었다. 물론 오전 2시 45분이므로, 엄격하게 말하면 이날은 6월 5일 일요일이었다.

176) 프로이트가 아이팅곤에게 쓴 편지, 1938년 6월 6일. *Briefe*, 461-62.

177) *Jones* III, 228.

178) 프로이트가 아이팅곤에게 쓴 편지, 1938년 6월 6일. *Briefe*, 461.

179) 마르타 프로이트가 릴리 프로이트 마를레와 그녀의 남편 아르놀트에게 쓴 편지, [1938년] 6월 22일. Freud Collection, B2, LC.

180) 프로이트가 아이팅곤에게 쓴 편지, 1938년 6월 6일. *Briefe*, 461-63.

181) "Prof. Freud / In London After Sixty Years / Well But Tired," *Manchester Guardian*, 1938년 6월 7일, 10.

182) 프로이트가 아르놀트 츠바이크에게 쓴 편지, 1938년 6월 28일. *Freud-Zweig*, 173(164). "서명"이라는 말은 영어로 썼다. 50년 전에 그는 플리스에게 보낸 초기 편지에서 "Dr. Sigm. Freud"라는 서명을 사용한 적이 있었다.

183) 프로이트가 아이팅곤에게 쓴 편지, 1938년 6월 6일. *Briefe*, 463. 인용문은 영어로 썼다.

184) 프로이트가 알렉산더 프로이트에게 쓴 편지, 1938년 6월 22일. 같은 책, 463-64.

185) 그녀는 이렇게 썼다. "두 주째가 되자 벌써 아무런 표시 없이 '런던, 프로이트'라고만 쓴 편지도 어김없이 들어와." (마르타 프로이트가 릴리 프로이트 마를레와 그녀의 남편 아르놀트에게 쓴 편지, 1938년 6월 22일. Freud Collection, B2, LC.)

186) 프로이트가 알렉산더 프로이트에게 쓴 편지, 1938년 6월 22일. *Briefe*, 464.

187) 프로이트가 드 소쉬르에게 쓴 편지, 1938년 6월 11일. Freud Collection, Z3, LC.

188) *Kürzeste Chronik*, 1938년 6월 21일. Freud Museum, London.

189) 프로이트가 아르놀트 츠바이크에게 쓴 편지, 1938년 6월 28일. *Freud-Zweig*, 172(163).

190) *Jones* III, 234 참조.

191) 프로이트가 아르놀트 츠바이크에게 쓴 편지, 1938년 6월 28일. *Freud-Zweig*, 172(163) 참조.

192) *Der Mann Moses*, GW XVI, 103 / *Moses and Monotheism*, SE XXIII, 7.

193) 프로이트가 알렉산더 프로이트에게 쓴 편지, 1938년 7월 17일. Freud Collection, B1, LC. 또 *Kürzeste Chronik*, 1938년 7월 17일도 참조. Freud Museum, London.

194) 프로이트가 라이크에게 쓴 편지, 1938년 7월 3일. 타자로 친 사본, Siegfried Bernfeld papers, container 17, LC. 이 편지는 Theodor Reik, *The Search Within: The Inner Experience of a Psychoanalyst*(1956), 656에 다른 번역으로 실려 있다.

195) 프로이트가 Jacques Schnier에게 쓴 편지, 1938년 7월 8일. 영어로 씀. Siegfried Bernfeld papers, container 17, LC

196) 프로이트가 작스에게 쓴 편지, 1938년 7월 11일. Sachs, *Freud: Master and Friend*, 180-81에서 인용.

197) 프로이트가 슈테판 츠바이크에게 쓴 편지, 1938년 7월 20일. *Jones* III, 235에 전문 인용.

198) 프로이트가 안나 프로이트에게 쓴 편지, 1938년 8월 3일. Freud Collection, LC.

199) 안나 프로이트가 마리 보나파르트에게 쓴 편지, 1938년 9월 8일. Schur, *Freud, Living and Dying*, 510에 인용.

200) 아르놀트 츠바이크가 프로이트에게 쓴 편지, 1938년 11월 8일. *Freud-Zweig*, 179(170).

201) *Kürzeste Chronik*, 1938년 9월 30일. Freud Museum, London.

202) 프로이트가 마리 보나파르트에게 쓴 편지, 1938년 10월 4일. *Briefe*, 467.

203) 프로이트가 마리 보나파르트에게 쓴 편지, 1938년 11월 12일. 같은 책, 471.

204) 프로이트가 이베트 길베르에게 쓴 편지, 1938년 10월 24일. 같은 책, 468. "의미(connotation)"는 영어로 썼다.

205) 아르놀트 츠바이크가 프로이트에게 쓴 편지, 1938년 8월 5일과 10월 16일. *Freud-Zweig*, 176, 178(167-68, 169-70) 참조.

206) 프로이트가 싱어에게 쓴 편지, 1938년 10월 31일. *Briefe*, 469-70.

207) 프로이트가 존스에게 쓴 편지, 1938년 11월 1일. Freud Collection, D2, LC.

208) 블랑슈 크노프가 프로이트에게 쓴 편지, 1938년 11월 15일. Freud Museum, London.

209) 블랑슈 크노프가 마르틴 프로이트에게 쓴 편지, 1938년 9월 19일, 27일. / 블랑슈 크노프가 프로이트에게 쓴 편지, 1938년 11월 15일, 12월 9일과 22일, 1939년 1월 16일, 3월 31일, 4월 28일. 모두 Freud Museum, London에 있다. 미국에서 이 책은 1939년 6월 중순에 출간되었다.

210) 프로이트가 드보시스에게 쓴 편지, 1938년 12월 11일. 타자로 친 사본. Freud Museum, London.

211) *Kürzeste Chronik*, 1938년 11월 10일. Freud Museum, London.

212) 프로이트가 마리 보나파르트에게 쓴 편지, 1938년 11월 12일. *Briefe*, 471. 그의 여동생들은 적어도 몇 달 동안은 그가 그들을 위해 남겨놓고 온 돈을 다달이 받았다. 프로이트가 안나 프로이트에게 쓴 편지, 1938년 8월 3일. Freud Collection, LC.

213) 프로이트가 존스에게 쓴 편지, 1939년 3월 7일. Freud Collection, D2, LC.

214) *Jones* III, 233 참조.

215) *Internationale Zeitschrift für Psychoanalyse und Imago*, XXIV(1939), nos. 1/2(합본호), 속표지.

216) Leonard Woolf, *Downhill All the Way*(1967), 166, 168-69.

217) 같은 책, 169

218) *The Diary of Virginia Woolf*, Anne Olivier Bell 편, vol. V, *1936-1941*(1984), 202.

219) *Kürzeste Chronik*, 1939년 1월 2일과 31일. Freud Museum, London.

220) 안나 프로이트가 쓴 편지[파흘러에게?], 1938년 9월 20일. Max Schur papers, LC.

221) 프로이트가 아르놀트 츠바이크에게 쓴 편지, 1939년 2월 20일. *Freud-Zweig*, 183-84(175-76).

222) 닥터 라카샤누가 마리 보나파르트에게 쓴 편지(1954년 11월 28일)를 그녀가 필사한 사본. 그가 1939년 2월 26일 프로이트를 진찰했고, 3월 14일에 라듐 치료를 했다는 내용이 담겨 있다. (마리 보나파르트가 존스에게 쓴 편지[날짜 미상]에 동봉. Jones papers, Archives of the British Psycho-Analytical Society, London.)

223) 피스터가 프로이트에게 쓴 편지, 1939년 2월 21일. Sigmund Freud Copyrights, Wivenhoe의 허락을 받고 인용.

224) 프로이트가 아르놀트 츠바이크에게 쓴 편지, 1939년 3월 5일. *Freud-Zweig*, 186-87(178)

225) 프로이트가 작스에게 쓴 편지, 1939년 3월 12일. Sachs, *Freud: Master and Friend*, 181-82에 인용.

226) 프로이트가 마리 보나파르트에게 쓴 편지, 1939년 4월 28일. *Briefe*, 474-75.

227) Schur, *Freud, Living and Dying*, 522-25 참조.

228) 그렇게 부른 한 예는 프로이트가 마리 보나파르트에게 쓴 편지, 1939년 4월 28일. *Briefe*, 474에 나온다.

229) 프로이트가 마리 보나파르트에게 쓴 편지, 1929년 3월 6일: "슈어를 말하자면 우리 집 주치의로 삼았습니다." (존스가 슈어에게 쓴 편지, 1956년 10월 9일. Max Schur papers, LC에 인용.)

230) 프로이트가 슈어에게 쓴 편지, 1930년 6월 28일. *Briefe*, 415. 슈어와 프로이트의 관계에 관해서는 Schur, *Freud, Living and Dying*, 특히 머리말과 18장 참조.

231) 프로이트가 슈어에게 쓴 편지, 1930년 1월 10일, 1938년 1월 10일과 7월 26일. Max Schur papers, LC.

232) Schur, *Freud, Living and Dying*, 408에 인용.

233) Ernst Freud 등 편, *Sigmund Freud: His Life in Pictures and Words*, 315.

234) *Kürzeste Chronik*, 1939년 5월 19일. Freud Museum, London.

235) *Moses and Monotheism*, SE XXIII, 90 참조.

236) 같은 책, 65n 참조.

237) *Der Mann Moses*, GW XVI, 193–94 / *Moses and Monotheism*, SE XXIII, 87–88.

238) 같은 책, 244 / 135.

239) 같은 곳.

240) 같은 책, 194, 191–92 / 88, 85–86.

241) Anna Freud Bernays, "Erlebtes" 교정지(1933), 5. Freud Collection, B2, LC.

242) *Der Mann Moses*, GW XVI, 222–23 / *Moses and Monotheism*, SE XXIII, 115.

243) 같은 책, 198 / 91 참조.

244) Hamilton Fyfe, *Moses and Molzotheism* 서평, *John O'London's Weekly*, 1939년 6월 2일.

245) Buber, *Moses*, 7n.

246) J. M. Lask, *Moses and Monotheism* 서평, *Palestine Review*(Jerusalem), IV (1939년 6월 30일), 169–70.

247) *Jones* III, 370에 인용.

248) Father Vincent McNabb, O.P., *Moses and Monotheism* 서평, *Catholic Herald*(London), 1939년 7월 14일.

249) 텔아비브에서 N. Perlmann이 프로이트에게 쓴 편지, 1939년 7월 2일. Freud Museum, London.

250) S. J. Birnbaum(토론토의 변호사)이 프로이트에게 쓴 편지, 1939년 2월 27일. 같은 곳.

251) 프로이트에게 쓴 서명이 없는 편지, 1939년 5월 26일. 같은 곳. 다른 의견들에 관해서는 *Jones* III, 362–74 참조.

252) 부르나셰프가 프로이트에게 쓴 편지, 1939년 7월 4일. Freud Museum, London.

253) 프로이트가 Rafael da Costa에게 쓴 편지, 1939년 5월 2일. 타자로 친 사본, Freud Museum, London.

254) 프로이트가 아르놀트 츠바이크에게 쓴 편지, 1935년 6월 13일. *Freud-Zweig*, 118(107).

255) "Vorbemerkung II," in *Der Mann Moses*, GW XVI, 159 / "Prefatory Note II," in *Moses and Monotheism*, SE XXIII, 57.

256) "Zusammenfassung und Wiederholung" 같은 책, 210 / "Summary and Recapitulation" 같은 책, 103.

257) 프로이트가 마리 보나파르트에게 쓴 편지, 1939년 6월 15일. Schur, *Freud, Living and Dying*, 567에 원래의 독일어로 인용되어 있음.

258) 안나 프로이트가 슈어에게 쓴 편지, 1939년 6월 9일. Max Schur papers, LC.

259) Sachs, *Freud: Master and Friend*, 185–87.

260) *Kürzeste Chronik*, 1939년 8월 1일. Freud Museum, London 참조.

261) Dyck, "Mein Onkel Sigmund," Harry Freud 인터뷰, *Aufbau*, 1956년 5월 11일, 4.

262) 프로이트가 셰퍼에게 쓴 편지, 1939년 8월 19일. 안나 프로이트에게 구술. Isakower Collection, LC.

263) 로자 그라프가 Elsa Reiss에게 보낸 편지, 날짜 미상, [1939년 8월 23일]. Freud Collection, B2, LC.

264) *Kürzeste Chronik*, 1939년 8월 27일. Freud Museum, London.

265) "The Medical Case History of Sigmund Freud," 1954년 2월 27일. Max Schur papers, LC.

266) 존스가 프로이트에게 쓴 편지, 1939년 9월 3일. Sigmund Freud Copyrights, Wivenhoe의 허락을 받고 인용.

267) "The Medical Case History of Sigmund Freud." Max Schur papers, LC.

268) 슈어는 프로이트의 마지막 날들을 "The Problem of Death in Freud's Writings and Life" 1964년 5월 19일 강연에서 다루고 있는데, 이것은 유명한 Freud Anniversary Lecture Series의 하나로 뉴욕 정신분석 연구소의 후원으로 열린 것이다. 같은 해에 안나 프로이트는 이 강연에 대해 이렇게 말했다. "닥터 슈트로스도 언급되어야 하지 않았을까요? 그녀는 여행 때나 그녀가 함께 해준 마지막 며칠 밤 동안에나 없어서는 안 될 사람이었는데." (안나 프로이트가 슈어에게 쓴 편지, 1964년 10월 12일. Max Schur papers, LC.)

269) 안나 프로이트가 존스에게 쓴 편지, 존스의 전기 3권에 대한 논평, 날짜 미상. Jones Papers, Archives of the British Psycho-Analytical Society, London.

270) *Jones* III, 245-46. 안나 프로이트가 불렸다는 중요한 사실은 존스가 막스 슈어에게 쓴 편지(1956년 2월 21일, Max Schur papers, LC.)에 나온다. 사실 존스는 이때 프로이트가 의식을 잃고 다시 깨어나지 못했다고 생각했다. 그러나 "The Medical Case History of Sigmund Freud"에 나오는 슈어의 이야기는 이와 다르다.(같은 곳.)

271) 같은 곳.

272) 프로이트가 피스터에게 보낸 편지, 1910년 3월 6일. *Freud-Pfister*, 33(35).

273) 프로이트의 마지막 날들에 대한 나의 주요한 자료는 막스 슈어의 미출간 비망록 "The Medical Case History of Sigmund Freud"(1954년 2월 27일, Max Schur papers, LC.)이다. 그는 프로이트 문서보관소—the Freud Collection, LC—를 위하여, 그리고 당시 프로이트 전기를 쓰고 있던 어니스트 존스를 위한 **비망록**으로 이것을 기록했다. 슈어는 나중에 1964년 Freud Anniversary Lecture Series의 하나인 "The Problem of Death in Freud's Writings and Life"(요약문을 보려면 Milton E. Jucovy, *Psychoanalytic Quarterly*, XXXIV [1965], 144-47 참조)의 기초로 이 비망록을 이용했다. 슈어의 문서를 보면 이 강연의 초고가 6편 이상 존재한다. 그는 평생 다른 문제로는 고민하지 않았지만, 이 강연은 몹시 고민했던 것 같다. 나는 슈어의 비망록을 기초로 삼고, 유쾌하고 아주 보람 있었던 헬렌 슈어와의 인터뷰(1986년 6월 3일) 및 그녀와 나눈 편지를 참고했다. 그리고 주로 몇 가지 세부 사항을 확인하려고 프로이트의 조카 해리가 1939년 9월 25일에 뉴욕에서 빈에 있는 고모들에게 쓴 편지도 참조했다. 해리 프로이트는 이 편지에서 자신이 "한편으로는 직접 알게 된, 또 한편으로는 친구들에게서 전보로 알게 된 정보"에 기초하여 이야기한다고 말했다.(Freud Collection B1, LC.) 안나 프로이트가 어니스트 존스에게 쓴 편지들, 특히 중요한 내용이 포함된 1956년 2월 27일에 쓴 편지도 유용했다.(Jones papers, Archives of the British Psycho-Analytical Society, London.) 자료들 사이에 서로 약간 안 맞는 부분들도 있는데, 내 생각으로는 이것이 이 감동적인 사건들을 경험하고 또 나중에 회고할 때 생긴 강한 감정 때문이기도 한 것 같다.

나 자신의 이야기는 막스 슈어의 **공표된** 이야기(Freud, *Living and Dying*, 526-29)나 슈어의 1964년 강연의 요약문(Milton E. Jucovy의 요약문)과, 작지만 사실은 의미 있는 대목에서 차이가 난다. 강연에서 슈어는 다음과 같은 진실이 아닌 이야기를 했다. "9월 21일에 그[프로이트]는 의사에게 이제 고통을 겪는 것이 의미가 없다면서 **진정제를 놓아 달라고 요청했다. 그래서 통증을 가라앉**

혀줄 모르핀을 투여하자, 평화롭게 잠이 들어 혼수상태에 빠지더니 9월 23일 새벽 3시에 사망했다."(슈어의 Freud Lecture의 Jucovy 요약문, p.147, 강조는 필자.) 훗날의 전기 작가들은 다른 자료를 이용할 수 없었기 때문에—사실 슈어가 가장 권위 있고 설득력 있는 목격자이기도 하다.—그냥 그가 발표한 글과 Freud Lecture만 따라갔다.(하나의 예로, Clark, *Freud*, 526-27 참조.)

어니스트 존스는 고전이 된 전기를 쓰면서 처음에는 모든 "음침한" 세부 사항을 꺼림칙하게 여겼지만, 곧 슈어의 비망록을 자유롭게 이용하여 자신의 말로 바꾸어 표현하기도 하고, 때로는 거의 인용을 하기도 했다. 안나 프로이트는 슈어에게 존스가 프로이트의 심한 병을 앞에 두고 주춤거린다고 보고하면서, "병은 그 세부적인 면들이 무시무시하기는 하지만 동시에 삶에 대한 그의 태도를 가장 높은 수준에서 표현하기도 한다."고 말했다.(안나 프로이트가 슈어에게 쓴 편지, 1956년 9월 2일. Max Schur papers, LC.) 안나 프로이트는 존스가 슈어의 비망록을 전기의 마지막 장으로 넣어주기를 바랐지만, 존스는 무리 없이 여러 곳에서 그 내용을 자기 말로 바꾸어 사용하기도 하고 인용을 하기도 했다(*Jones* III, 245-246 참조). 그리고 서문에서 슈어에게 따뜻한 감사의 뜻을 전했다(같은 책, xii-xiii 참조). 슈어의 비망록과 존스의 서술은 미묘하지만 주목할 만한 차이가 있다. 슈어는 법률가처럼 이 미묘한 문제에 관해서 분명한 이야기를 하지 않지만, 존스는 분명하게(그러나 슈어의 Freud Lecture를 따라 부정확하게) 프로이트가 이제 사는 것은 고통일 뿐이라며 도움을 요청하자 슈어는 "그의 손을 꽉 잡으며 **적당하게 진정시켜**주겠다고 약속했다"고 말하고 있다.(*Jones* III, 246, 강조는 필자.) 존스는 또 9월 22일에 슈어가 "프로이트에게 모르핀 3분의 1 그레인을 주었다."고 말했다. 이것은 0.0216그램으로, 슈어가 *Freud, Living and Dying*(P.529)에서 말한 내용과 거의 일치한다. 여기에서 슈어는 프로이트에게 "피하 주사로 모르핀 2센티그램"을 주었다고 말하고 있다. 그러나 존스는 주사를 한 번만 언급한 반면, 슈어는 발표된 보고에서도 두 번을 언급한다. "나는 약 12시간 뒤에 그 양을 다시 주사했다."(같은 곳.) 그러나 슈어는 미출간 비망록을 위한 머리말에서는 앞으로 그가 발표하려는 내용에서 주사량을 바꾸고 프로이트와 나눈 대화 하나는 생략할 것이라고 말하고 있다. 그는 1954년 4월 7일에 안나 프로이트에게 쓴 편지에서 별도의 리스트를 제시하면서, "정확한 이야기(주사량, 한 번 이상의 주사)는 [Freud] Archive로 넘겼다."고 암시했다.(복사본, Max Schur papers, LC.)

나의 텍스트에서는 주로 이 "정확한 이야기"에 의존했다. 주사량은 그가 책에서 말한 2센티그램이 아니라 3센티그램이었으며, 주사도 두 번이 아니라 세 번을 놓았을 수 있다. 슈어가 1954년 3월 19일에 안나 프로이트에게 보낸 편지에서도 분명히 밝혔듯이, 그는 안락사에 관하여 변호사와 상의를 한 뒤 보고서 내용을 바꾸었다.(복사본, 같은 곳.) Jerome H. Jaffe와 William R. Martin이 "Opioid Analgesics and Antagonists," in *Goodman and Gilman: The Pharmacological Basis of Therapeutics*, Alfred Goodman Gilman, Louis S. Goodman, and Alfred Gilman 편(1941; 6판, 1980)—약의 사용과 효과에 관한 의사의 성경이라고 할 수 있다.—에서 분명히 말하듯이, 통증을 느끼는 환자에게는 1센티그램이 정량이다. "10mg이 일반적으로 모르핀의 최초 적정량으로 여겨지며, 이 정도면 약간의 통증부터 심한 통증을 겪는 환자의 약 70퍼센트에게서 만족스러운 통각 상실이 나타난다."(p. 509.) "그 후에는 양이 늘 수" 있지만, 이 저자들은 어디에서도 2센티그램 이상을 권하지 않는다(p. 509, 또 p. 499도 참조.) 심각하게 아프거나 노인일 경우—물론 프로이트는 둘 다 해당되었다.—약을 매우 느리게 흡수하여 더 나은 상태에 있는 환자보다 많은 양을 감당할 수도 있지만, 3센티그램은 누구에게나 실질적으로 치사량이라고 보아야 한다.

슈어가 공개한 프로이트의 마지막 날들에 관한 이야기에서 그가 또 한 가지 왜곡한 부분은 안나 프로이트의 비공개 요구를 존중하여 그녀의 역할을 최소화한 것이다. Freud Lecture의 한 초고에서는 "안나에게 말하라"는 에피소드를 완전히 빼버렸다. 이 또한 이야기를 해볼 만하다. 공개된 이야기에는 "이것에 관해 안나에게 말하시오(**Sagen Sie es der Anna**)"라고 나온다. (Schur, *Freud,*
Living and Dying, 529.) 존스는 충실하게 슈어를 따라 "우리 이야기에 관해 안나에게 말하시오"
라고 썼다.(*Jones* III, 246.) 그러나 비공개 비망록에는 **Besprechen Sie es mit der Anna**라고 나
와 있는데, 이것은 안나와 "의논하라" 또는 "상의하라"는 뜻이다. 아무래도 이 이야기가 진짜로 보
인다. 특히 프로이트가 그 다음에 말한 것을 보면 그렇다. 슈어에 따르면 프로이트는 이렇게 말했
다. "만일 안나가 옳다고 생각하면, 끝을 내시오." 따라서 이 대단원에서 그녀가 처음부터 슈어의 의
도를 알지는 못했고, 또 그 뒤에는 슈어와 마찬가지로 의도가 좋았고, 어떤 식으로든 합리화를 했
을지 몰라도, 어쨌든 아버지를 비참한 상태에서 구하자는 결정을 결국 묵인했다는 무거운 죄책감
의 짐을 지게 되었다고 추측해볼 수도 있다. 슈어가 비망록에서 회고한 바에 따르면 그녀는 그 결
정에 대항하여 싸웠으나, 결국 슬퍼하며 체념했다. 나는 상황을 그런 식으로 읽었기 때문에 텍스트
도 그렇게 썼다. 나는 프로이트의 마지막을 금욕주의적 자살로 보았으며, 그가 너무 약해 스스로
할 수 없었기 때문에 그를 사랑하는 충성스러운 의사가 실행에 옮겼고, 의사보다 아버지를 훨씬 사
랑하고 또 그 못지않게 충성스러운 딸은 내키지 않았지만 그것을 묵인했다고 생각했다.

총론

프로이트에 관한 2차 문헌은 방대하며, 지금도 걷잡을 수 없이 빠르게 늘어나고 있다. 이 엄청난 자료 가운데 일부는 중요한 사실을 드러내며, 많은 부분은 유용하고, 더 많은 부분은 도발적이다. 사실 놀라울 정도로 많은 양이 악의적이거나 터무니없는 엉터리다. 나는 이 해제에서 모든 것을 아우르려는 시도는 하지 않았으며, 내가 보기에 사실과 관련된 정보를 주거나, 흥미로운 해석을 보여주거나, 토론할 가치가 있는 작업들에 집중을 했다. 다시 말해서 내가 이런 저런 입장을 채택하거나 채택하지 않은 이유를 밝히고(짧게), 누구에게서 가장 많이 배웠는지 보여주려고 이 해제를 쓴 것이다.

프로이트의 정신분석 저술의 가장 훌륭한 독일어판은 *Gesammelte Werke, Chronologisch Geordnet* (Marie Bonaparte의 협력을 얻어 Anna Freud, Edward Bibring, Willi Hoffer, Ernst Kris, and Otto Isakower 편, 18 vols., 1940–1968)이다. 이 전집은 매우 귀중하지만 흠이 없는 것은 아니다. 이것은 완전한 전집이 아니다. 페이지 상단의 난외 표제(欄外 標題)는 의외로 별 도움이 되지 않는다. 각 권의 편집자 주와 색인은 불충분하다. 그러나 *Gesammelte Werke*의 가장 큰 문제는 프로이트의 《꿈의 해석》이나 《성욕에 관한 세 편의 에세이》처럼 여러 번 수정된 저작의 다양한 판본을 구별해주지 않는다는 점이다. 이런 구분을 해주는 것은 간편한 *Studienausgabe* (Alexander Mitscherlich, Angela Richards, and James Strachey 편, 12 vols., 1969–1975)이다. 그러나 *Studienausgabe*도 그 나름의 한계가 있다. 이 전집은 작은 논문들과 프로이트의 자전적인 글을 빼놓았으며, 글의 배치가 연대순이 아니라 주제 순서다. 그러나 영어판 *Standard Edition*에 기초를 두었기 때문에 편집자들이 제공한 자료는 풍부하다.

Standard Edition of the Complete Psychological Works of Sigmund Freud (안나 프로이트의 협력을 얻고 앨릭스 스트레이치와 Alan Tyson의 도움을 받아 제임스 스트레이치가 총 편집을 맡고 번역, 24 vols., 1953-1974)의 국제적 권위는 앞으로 언젠가 새롭고 더 나은 번역이 나온다 해도 당연히 확고할 수밖에 없다. 이것은 영웅적인 기획이다. 이 전집은 필요한 곳에서는 다른 텍스트들을 동시에 소개하고, 번역하기 힘든 자료(예를 들어 프로이트가 우스갯소리에 관한 책에서 인용하고 있는 독일어 우스갯소리들)도 물러서지 않고 번역을 해내며, 아무리 작은 논문이라도 꼭 필요한 문헌학적이고 역사적인 정보를 제공한다. 이 전집의 번역은 큰 논란이 되었으며, 그것이 꼭 부당하다고만은 할 수 없다. 시제를 바꾼다든가, 프로이트가 평범하고 매우 암시적으로 사용한 독일어 단어를 "의존성(anaclitic)"이나 "카섹시스(cathexis)" 같은 불편한 전문적 용어로 번역한 것은 많은 비판을 받았다. 이 가운데서도 가장 심한(그리고 내가 보기에 짓궂은) 비판은 브루노 베텔하임(Bruno Bettelheim)의 *Freud and Man's Soul* (1983)로, 이 책은 기본적으로 전집 번역자들이 프로이트의 논지를 망쳐놓았으며, 스트레이치의 영어판으로 프로이트를 읽는 사람들은 그의 인간 영혼에 대한 관심을 이해할 수 없다고 주장한다. 이보다 온건하고 합리적인 비판으로는 Darius G. Ornston의 논문들이 있다. 특히 "Freud's Conception Is Different from Strachey's" (*J. Amer. Psychoanal. Assn.*, XXXIII, 1985, pp.379-410); "The Invention of 'Cathexis' and Strachey's Strategy" (*Int. Rev. Psycho-Anal.*, XII, 1985, pp.391-399); "Reply to William I. Grossman" (*J. Amer. Psychoanal. Assn.*, XXXIV, 1986, pp.489-492)을 보라. *Standard Edition*은 현재 S. A. Guttman, R. L. Jones, and S. M. Parrish, *The Concordance to the Standard Edition of* *the Complete Psychological Works of Sigmund Freud*, 6 vols. (1980) 와 함께 이용할 수 있다. 프로이트의 씩씩하고 재치 있는 독일어를 다른 어느 번역판보다 잘 포착한 가장 박력 있는 영어 번역판은 뛰어난 조앤 리비에르가 주로 번역한 *Collected Papers* (1924-1925) I-IV에서 찾아볼 수 있다. 제임스 스트레이치가 편집한 Vol. V는 1950년에 나왔다. 프로이트의 짧은 논문들과 사례사까지 거의 모두 담고 있는 이 판본이 지금도 나이든 미국 정신분석가들이 가장 좋아하는 판본인 것은 놀랄 일이 아니다.

드문 일이기는 하지만 이따금씩 프로이트의 글이 발견되면서 그의 정신분석 저작이 늘어난다. 최근의 가장 흥미진진한 사건은 Ilse Grubrich-Simitis가 사라진 메타심리학 논문 가운데 하나를 찾아낸 것이다. 그녀는 이 논문을 아름답게 편집하고 머리말도 달아 Sigmund Freud, *A Phylogenetic Fantasy: Overview of the Transference Neuroses* (1985; Axel and Peter T. Hoffer 역, 1987)로 발표했다. 프로이트가 정신분석 이전에 쓴 다량의, 또 전기 작가에게는 중요한 글들을 모은 책이 오래전부터 준비되어 왔는데, 이것은 누구나 꼭 나오기를 바라는 책일 것이다.

프로이트의 엄청난 편지 가운데 많은 부분은 이미 공개되었다. 입에 군침이 도는 연대순에 따른 선집은 *Briefe 1873-1939* (Ernst and Lucie Freud 편, 1960; 확장 재판, 1968; 영어판, *Letters of Sigmund Freud, 1873-1939*, Tania and James Stern 편, 1961, 2판, 1975)이다. 다른 대부분의 판본은 편지를 주고받은 사람별로 편지들을 제시한다. 그런 판본들은 가치가 제각각이니 주의해서 사용해야 한다. 그 가운데 가장 권위 있는 것으로는 Sigmund Freud, C. G. Jung, *Briefwechsel* (William McGuire and Wolfgang Sauerländer의 흠잡을 데 없는 편집, 1974; 영어판, *The Freud/Jung Letters: The Correspondence between Sigmund Freud and C. G. Jung*, William McCuire 편, Ralph Manheim[Freud의 편지] and R. F. C. Hull [Jung의 편지] 역, 역시 1974)을 꼽을 수 있다. 독일어 3판 (1979)에는 몇 가지 수정이 있는데, 주로 주석 부분이다. 헐의 번역은 융

에게 도움이 되지 않는다. 그는 그렇지 않아도 조악한 편인 융의 언어를 천박한 수준으로 끌어내렸다. 예를 들어 융의 *"Schmutziger Kerl"*은 기본적으로 "지저분한 자"라는 말인데, 이것을 "비굴한 놈"으로 번역해놓았다(융이 프로이트에게 쓴 편지, 1910년 6월 2일, p.359 [325]). 이런 예도 있다. 헐에 따르면 융은 프로이트에게 정신분석을 격렬하게 비판한 정신과 의사 Adolf Albrecht Friedländer가 "다시 지저분한 말을 토해내고 있다"고 말했다(1910년 4월 17일, p.339 [307]). 그러나 융이 실제로 쓴 *"Friedländer hat sich wieder übergeben"*은 "Friedländer가 다시 심한 말을 했다"고 옮기는 게 훨씬 정확하다. 프로이트가 그의 "다른 한쪽"인 빌헬름 플리스에게 보낸 매우 중요한 편지들(이 모음집에만큼은 "불가결하다"는 말을 사용하는 것이 절대적으로 정당하다.)은 비교적 어려움이 덜한 편이다. 미국판인 *The Complete Letters of Sigmund Freud to Wilhelm Fliess, 1887-1904* (Jeffrey Moussaieff Masson 편역 1985)는 해석상의 자잘한 기발함에도 불구하고 대단히 귀중하다. 그러나 1986년에 더 늦게 나온, 원래의 독일어 편지들을 모은 판본인 *Briefe an Wilhelm Fliess 1887-1904* 는 Michael Schröter와 Gerhard Fichtner의 도움을 받아 역시 Masson이 편집을 했는데, 주석도 더 낫고 1950년에 처음 나온 선집에 대한 에른스트 크리스의 길고 매혹적인 머리말도 들어가 있다. 제한적이지만 흥미로운 편지들로는 Martin Grotjahn 편, *Sigmund Freud as a Consultant: Recollections of a Pioneer in Psychoanalysis* (1970)를 보라. 여기에는 프로이트가 이탈리아의 분석가 에도아르도 바이스에게 쓴 편지가 바이스의 논평과 함께 실려 있다. 독일어판은 *Sigmund Freud-Edoardo Weiss. Briefe zur psychoanalytischen Praxis. Mit den Erinnerungen eines Pioniers der Psychoanalyse* (1973)이다. H. D. [Hilda Doolittle], *Tribute to Freud* (1956)에는 프로이트가 그녀에게 보낸 편지 몇 통이 부록으로 실려 있다. 편지 전체는 Beinecke Library at Yale에 있다. 프로이트가 초등학교 시절 친구 에밀 플루스에게 쓴 편지(아직 영어로 번역되지 않았다.)

는 Ilse Grubrich-Simitis가 훌륭하게 편집한 프로이트의 "self-portrait"에 세심하게 편집하여 수록해놓았다: Sigmund Freud, "*Selbstdarstellung*," *Schriften zur Geschichte der Psychoanalyse* (1971; 개정판, 1973, pp.103-123). (이 판본에는 프로이트의 자서전이 완전하게 수록되어 있다. 내가 보통 "Selbstdarstellung"이라고 밝히고 인용하는 *GW* 수록본은 몇 문장이 생략되어 있으며, 이 문장들은 *Selbstdarstellung*에서 인용하고 있다. 이 책에는 프로이트가 에밀 플루스에게 보낸 편지만이 아니라 문건도 몇 가지 포함되어 있다.) 프로이트가 훨씬 가까웠던 친구 에두아르트 질버슈타인에게 보낸 편지들은 오래전부터 학술적인 간행물로 출간하기 위한 준비가 이루어지고 있는데, 나는 Library of Congress에 있는 원본을 이용했다. 인쇄에 들어가기는 했지만, 아직 활자로 나오지는 않았기 때문이다. 또 William J. McGrath가 프로이트의 젊은 시절을 다룬 책 *Freud's Discovery of Psychoanalysis: The Politics of Hysteria* (1986)를 위해 준비한 세심한 필사본도 참조하여 큰 도움을 얻었다. (이 책에 대한 평가는 아래의 1장에 대한 해제를 보라.) 또 Heinz Stanescu, "Unbekannte Briefe des jungen Sigmund Freud an einen rumänischen Freund" (*Zeitschrift des Schriftstellerverbandes des RVR*, XVI, 1965, pp.12-29) 도 보라.

　프로이트의 다른 서신 교환을 담은 책들은 이 편지들이 드러내는 것들이 특별히 많기 때문에 더 실망스러워 보인다. 프로이트가 가장 좋아하고 가장 의지했던 베를린의 제자와 교환한 중요한 편지들 가운데 가려뽑은 것들이 Sigmund Freud, Karl Abraham, *Briefe 1907-1926* (Hilda Abraham and Ernst L. Freud 편, 1965; 영어판, *A Psycho-Analytic Dialogue: The Letters of Sigmund Freud and Karl Abraham, 1907-1926*, Bernard Marsh and Hilda Abraham 역, 1965)에 실려 있다. 이 서간집은 감질나게도 두 사람이 주고받은 모든 편지의 수와 책에 실린 수를 밝히고 있지만, **어떤** 편지를 삭제했는지는 밝히지 않는다. 또 이 편집자들은 말줄임표로 생략 표시를 해놓지도 않고 인쇄된 편지에서 문단, 문장, 때로는 단어를 잘라냈다. 잘라낸 편지에 별표를 해 두기는 했지만 별 도움은 되지 않는다. Sigmund Freud, Lou Andreas-Salomé, *Briefwechsel* (1966; 영어판, Sigmund Freud, Lou Andreas-Salomé, *Letters*, William and Elaine Robson-Scott, 1972)의 편집자인 Ernst Pfeiffer는 그래도 생략을 표시하는 말줄임표를 넣어주기는 했지만, 가장 중요한 편지 몇 통(특히 Freud Collection, LC에 있는 안나 프로이트와 관련된 편지들)을 완전히 빼버렸다. Sigmund Freud, Oskar Pfister, *Briefe 1909-1939* (1963; 영어판, *Psychoanalysis and Faith: The Letters of Sigmund Freud and Oskar Pfister*, Eric Mosbacher 역, 1963)의 편집자 에른스트 L. 프로이트와 하인리히 멩은 편집자가 가위를 휘두른 곳에는 말줄임표를 사용했지만, 이 두 친구가 주고받은 중요한(틀림없이 가장 내밀한 내용일) 편지들은 많이 빼버렸다. Sigmund Freud, Arnold Zweig, *Briefwechsel* (Ernst L. Freud 편, 1968; 보급판, 1984; 영어판, *The Letters of Sigmund Freud and Arnold Zweig*, William and Elaine Robson-Scott 역, 1970)의 가치도 생략 때문에 많이 훼손되었는데, 이 서간집은 무엇을 빼버렸는지 밝히지도 않고 심하게 삭제를 했다. 루트비히 빈스방거는 프로이트와 주고받은 편지를 스스로 골라 논평과 함께 *Erinnerungen an Sigmund Freud* (1956)을 펴냈다. 또 F. B. Davis, "Three Letters from Sigmund Freud to André Breton" (*J. Amer. Psychoanal. Assn.*, XXI, 1973, pp.127-134)도 보라. 현재 출판을 위해 편집 과정에 들어가 있는, 큰 도움이 되는 다른 편지들(특히 현재는 문서보관소에서만 찾아볼 수 있는 프로이트-존스와 프로이트-페렌치)도 있다. 프로이트-아이팅곤 편지도 출간할 가치가 있을 것이다. 프로이트와 안나 프로이트의 편지도 마찬가지일 것이며, 프로이트와 그의 약혼녀 마르타 베르나이스의 편지는 말할 것도 없다. 에른스트 프로이트는 후자의 편지들 가운데 매혹적인 93통만 공개했다. 수백 통이 Library of Congress에 들어가 잠겨 있으며, 또 공개되지 않은 많은 편지들(나는 살펴볼 수 있었다.)이 Sigmund Freud Copyrights에 있다. 어니스트 존스가 세 권짜리 전기에서 프로이트의 편지들을 광범하게 발췌해 인용했지만, 본문에서도 밝혔듯이, 프로이트가 영어를 완벽하게 습득한 것은 아니라는 점에 스스로 매우 민감했다는 이유로 아버지의 영어 편지의 "가장 곤혹스러운 실수들"을 정정하자는 안나 프로이트의 권유를 받아들였다. (안나 프로이트가 어니스트 존스에게 쓴 편지, 1954년 4월 8일. Jones papers, Archives of the British Psycho-Analytical Society, London.) 나는 프로이트의 영어를 그가 쓴 그대로 인용하여, 작은 실수와 상상력이 넘치는 재미있는 조어들을 복원해놓았다.

물론 프로이트의 자전적인 진술은 공개된 것이건 감추어진 것이건 그것이 드러낸 것만이 아니라 드러내기를 거부한 것 때문에도 더없이 귀중하다. 1925년에 발표한 그의 "Autobiographical Study"는 의심의 여지 없이 이런 문건들 가운데 가장 중요하다. 《꿈의 해석》(1900)에 나오는 프로이트의 회상은 거의 모두 자신의 꿈을 분석하는 과정에서 준설한 것인데, 물론 매우 귀중하며 널리 인용도 되어 왔다. 가능하다면 이 회상들은 우리가 그에 관해 알고 있는 다른 것들과 함께 읽어야 한다. 그가 "Screen Memories"(1899)나 《일상생활의 정신병리학》(1901) 같은 논문 여러 곳에 밝혀놓은 사실에 대해서도 같은 말을 할 수 있다.

프로이트의 생애의 특정 부분과 관련된 많은 전기적 연구들은 해당 장에 관한 해제에서 살펴볼 것이다. 많은 비판을 받아 온 분명한 결함에도 불구하고 프로이트의 고전적인 전기는 여전히 Ernest Jones, *The Life and Work of Sigmund Freud*, 3 vols. (1953-1957; 1권짜리 축약판, Lionel Trilling and Steven Marcus, 1961)이다. 존스는 프로이트와 아주 친했으며, 오랜 세월에 걸쳐 전투를 해 왔다(다른 사람들과, 그리고 정도는 약하지만 프로이트 자신과도). 선구적인 정신분석가였고 절대 프로이트를 노예처럼 추종하는 사람이 아니었던 존스는 모든 전문적인 쟁점을 잘 알고 있었다. 그는 또 프로이트의 가족 생활이나 기존의 분석 집단 내부의 싸움에 대해서도 자신 있게 논평을 할 수 있었다. 문체에서 우아함이 부족하고 (더 중요한 것으로) 불행하게도 사람과 작업을 분리하는 경향이 있지만, 존스의 전기에는 빈틈없는 판단이 많이 담겨 있다. 존스에 대한 가장 심한 공격은 그가 프로이트의 다른 추종자들에게 악의를 품었으며, 질투심을 누르지 못해 페렌치 같은 경쟁자를 혹평했다는 것이었다. 이런 비판에도 일리는 있지만, 일반적으로 생각하는 것만큼 정확한 이야기는 아니다. 사실 페렌치에 대한 존스의 최종 평결, 즉 페렌치가 말년에 정신병 발작을 일으켰다는 평결은 강력한 이의 제기를 받았지만, 이것은 대체로 프로이트가 공개되지 않은 편지에서 존스에게 밝힌 의견을 되풀이한 것이다. 어쨌든 그의 프로이트 전기는 여전히 불가결한 책이다.

그외에도 여러 언어로 여러 전기가 나왔다. 그 가운데 가장 오래된 것은 프로이트가 별로 좋아하지 않아 저자에게 보낸 편지에서 비판을 하기도 했던 Fritz Wittels, *Sigmund Freud: His Personality, His Teaching, and His School* (1924; Eden and Cedar Paul 역, 1924)이다. 최근의 전기 가운데 가장 쓸모 있는 것은 Ronald W. Clark, *Freud: The Man and the Cause*(1980)이다. 이 전기는 부지런한 조사에 바탕을 두고 있으며, 판단이 합리적이고, 특히 프로이트의 사생활에 관한 자료가 풍부하다. 그러나 프로이트의 작업을 다루는 부분은 빈약하며, 다른 사람들의 연구에 심하게 의존하고 있다. Ernst Freud, Lucie Freud, and Ilse Grubrich-Simitis 편, *Sigmund Freud: His Life in Pictures and Words* (1976; Christine Trollope 역, 1978)는 주석이 풍부하고 사진 설명으로 프로이트의 말을 인용한 사진 전기다. 여기에는 K. R. Eissler의 믿을 만한 간략한 전기가 포함되어 있다. 프로이트의 말년에 그의 주치의였고 나중에 정신분석가가 된 막스 슈어의 *Freud, Living and Dying* (1972)은 사적인 정보와 깊은 지식에 바탕을 둔 적절한 판단이라는 면에서 매우 귀중하다. 나는 이 책을 자주 인용할 것이다. 짧은 축에 속하는 전기 가운데 아마 가장 유익한 책은 O. Mannoni, *Freud* (1968; Renaud Bruce의 프랑스어 번역, 1971)일 것이다. J. N. Isbister, *Freud: An introduction to His Life and Work* (1985)는 악의에 찬 전기의 전형적인 예로 Peter J. Swales의 전기적 추측과 재구성에 무비판적으로 의존하고 있다. 이 책에 대한 Steven Marcus의 평인 "The Interpretation of Freud" (*Partisan Review*, 1987년 겨울, pp.151-157)는 통렬하지만, 당연히 그럴 만하다. Ludwig Marcuse, *Sigmund Freud. Sein Bild vom Menschen* (연도 미상)은 에세이와 전기를 편하게 혼합한 것이다. Gunnar Brandell, *Freud: A Man of His Century* (1961; 개정판, 1976; Iain White의 스웨덴어 번역, 1979)는 프로이트를 졸라나 슈니츨러 같은 자연주의자로 분류하려 한다. 또 프로이트를 19세기 문화와 20세기 문화의 교차점으로 읽는 Louis Breger, *Freud's Unfinished Journey: Conventional and Critical Perspectives in Psychoanalytic Theory* (1981)도 보라. 초기에 나온 전기 가운데 하나인 Helen Walker Puner, *Freud: His Life and His Mind* (1947)는 매우 적대적이며, 학문적이지도 신뢰할 만하지도 않다. 그런데도 영향력이 컸기 때문에 존스는 **자신이 쓴** 전기의 첫 두 권에서 공개적으로 이 책을 비난했다.

그리고 폴 로즌이 있다. 그의 *Freud and His Followers* (1975)는 특히 프로이트의 지지자들에게 주목하며, 쓸모 있는 자료를 많이 포함하고 있다. 그러나 힘든 조사, 광범한 인터뷰, 성급한 판단, 불확실한 어조가 짜증나게 섞여 있기 때문에 조심해서 이용해야 한다. Richard Wollheim은 *Times Literary Supplement* (1986년 3월 26일, p.341)에서 이 책을 평하면서 이 책, 나아가서 이러한 부류의 책이 지닌 특징을 빈틈없이 집어냈다. "로즌 교수는 프로이트를 여러 면에서 비판한다. 그가 다른 자리에서 한 이야기에 따르면, 프로이트는 냉정하고, 속물적이며, 돈에 지나친 관심을 가졌고, 가족에게 무관심했다. 한 번도 자식에게 젖병을 물린 적도 없고 기저귀를 갈아준 적도 없다. 프로이트는 진리가 아니라 사람들을 존중했으며, 과도하게 통제되어 있었고, 원한이 많았으며, 속이 좁고, 권위적이었다. 그러나 한두 페이지만 읽으면 다 나오는 이런 다양한 비판과 더불어, 한 가지 찬사가 되풀이되고 있다. 프로이트는 위대한 사람이며, 그의 용기와 천재성에 찬사를 보내는 것을 잊어서는 안 된다는 것이다. 마르쿠스 안토니우스가 브루투스의 좋은 친구였던 것처럼 로즌 교수도 프로이트의 좋은 친구인 것이다." 정확한 이야기다. 이와 분명한 대조를 이룬다는 점에서 내 판단으로 프로이트의 사상에 대한 가장 좋은 연구서는 Richard Wollheim 자신의 간략하고 정확하고 계몽적인 *Freud* (1971)이다. 또 프로이트 가족과 찬양자들이 가장 흥미있는 자료 몇 가지를 보호하려 하고 후손을 위하여 프로이트의 이미지를 '정정'하려는 것에 대한 로즌의 불평은 정당한 면이 있다. 그의 "The Legend of Freud" (*Virginia Quarterly Review*, XLVII, 1971년 겨울, pp.33–45)를 보라.

당연히 이런 많은 글들이 공개적이든 암묵적이든 프로이트의 성격을 평가한다. 앞으로 적절한 곳에서 내가 언급하게 될 다른 작업들도 마찬가지다. 그렇더라도 *Jones* II, 3부 "The Man"은 일관된 평가를 내리려는 대담한 시도라는 면에서 특기할 만하다. 이것은 귀중한 시도이지만, (내가 본문에서 보여주려고 하듯이) 프로이트의 고요한 "성숙"을 과대평가하고 있고 프로이트와 그의 어머니의 관계를 오독하고 있다. 내가 보기에 둘의 관계는 존스가 생각하는 것보다 훨씬 불안정했다. Jones, *Sigmund Freud: Four Centenary Essays* (1956)는 당연히 존경심이 가득하지만, 그 나름의 통찰이 없지는 않다. Philip Rieff, *Freud: The Mind of the Moralist* (1959; 개정판, 1961)는 반드시 읽어볼 가치가 있는 우아하고 광범한 에세이다. 다른 수많은 평가 가운데 주목할 만한 것으로는 John E. Gedo, "On the Origins of the Theban Plague: Assessments of Freud's Character" (*Freud, Appraisals and Reappraisals: Contributions to Freud Studies*, Paul E. Stepansky 편, I, 1986, pp.241–259)를 꼽고 싶다. Hanns Sachs, *Freud: Master and Friend* (1945)는 부피는 작지만 내밀한 정보를 담고 있다. 존경심을 담고 있지만 아첨을 하지는 않으며, 맞다는 "느낌을 준다." *Freud and the Twentieth Century* (Benjamin Nelson 편,

1957)에는 Alfred Kazin, Gregory Zilboorg, Abram Kardiner, Gardner Murphy, Erik H. Erikson 등의 짧지만 이따금씩 계몽적인 평가나 찬사가 담겨 있다. Lionel Trilling, *Freud and the Crisis of Our Culture* (1955)는 그의 1955년 Freud Lecture를 수정, 증보한 것인데, 뛰어나고 교양이 높은 묵상적 변론이다. 프로이트의 텍스트를 편집하는 귀중한 작업을 한 Ilse Grubrich-Simitis는 자신이 편집한 프로이트의 "Selbstdarstellung" (앞에서 언급), pp.7-33에 매우 통찰력 있는 "Einleitung"을 붙였다. 빈에서 늙은 프로이트와 알고 지냈던 리하르트 슈테르바는 "On Sigmund Freud's Personality" (*American Imago*, XVIII, 1961, pp.289-304)에 감동적인 찬사를 남겼다.

프로이트 사상의 과학적 지위를 둘러싼 논쟁은 워낙 오랫동안 진행되어(때로는 악의를 품고) 여기에서는 책 몇 권만 언급하겠다. 가장 식별력 있고, 가장 신중하며, 또 내가 보기에 가장 만족스러운 연구는 Paul Kline, *Fact and Fantasy in Freudian Theory* (1972; 2판, 1981)이다. 또 폭넓고 많은 정보를 담은 연구서지만, Kline의 책보다는 덜 긍정적인 Seymour Fisher and Roger P. Greenberg, *The Scientific Credibility of Freud's Theories and Therapy* (1977)도 보라. 공정한 태도로 다양한 견해들을 모아놓은 같은 저자의 묶음집 *The Scientific Evaluation of Freud's Theories and Therapy* (1978)를 같이 보면 좋다. Helen D. Sargent, Leonard Horwitz, Robert S. Wallerstein, and Ann Appelbaum, *Prediction in Psychotherapy Research: A Method for the Transformation of Clinical Judgments into Testable Hypotheses* (Psychological Issues, monograph 21, 1968)는 공감을 바탕으로 한 전문적인 책이다. *Empirical Studies of Psychoanalytic Theories* (Joseph Masling 편, 2 vols. 1983-1985)는 Hartvig Dahl 등의 정신분석 실험가들의 작업에 관한 많은 매혹적 자료를 담고 있다. 프로이트의 과학의 신뢰성(또는 신뢰성의 결여)을 10년 동안 강박적인 관심으로 만들었던 회의주의자

들 가운데 가장 막강한 사람은 철학자 Adolf Grünbaum이다. 그는 *The Foundations of Psychoanalysis: A Philosophical Critique* (1984)에 자신의 연구를 정리해놓았다. Marshall Edelson, "Is Testing Psychoanalytic Hypotheses in the Psychoanalytic Situation Really Impossible?" (*The Psychoanalytic Study of the Child*, XXXVIII, 1983, pp.61-109)은 그 책을 진지하게 받아들이면서도 적절한 의문을 제기한다. 또 Edelson, "Psychoanalysis as Science, Its Boundary Problems, Special Status, Relations to Other Sciences, and Formalization" (*Journal of Nervous and Mental Disease*, CLXV, 1977, pp.1-28)과 Edelson, *Hypothesis and Evidence in Psychoanalysis* (1984)도 보라. 책의 요약과 일련의 논평, 저자의 답변이 담겨 있는, Grünbaum을 둘러싼 논쟁은 "Précis of *The Foundations of Psychoanalysis: A Philosophical Critique*" (*Behavioral and Brain Sciences*, IX, 1986년 6월, pp.217-284)에 실려 있다. Edwin R. Wallace IV, "The Scientific Status of Psychoanalysis: A Review of Grünbaum's *The Foundations of Psychoanalysis*" (*Journal of Nervous and Mental Disease*, CLXXIV, 1986년 7월, pp.379-386)는 Grünbaum의 책에 대한 탐색적이고 비판적이지만, 결코 공감을 잃지 않는 광범한 분석이다. Grünbaum의 논박의 부수적 효과는 많은 사람들이 오랫동안 반박 불가능하다고 생각했던 칼 포퍼의 주장, 즉 정신분석은 그 명제들을 반증할 수 없기 때문에 사이비과학이라는 주장을 둘러싼 논쟁에 결말을 지은 것이다. 그 주장에 관해서는 특히 Popper, "Philosophy of Science: A Personal Report" (*British Philosophy in the Mid-Century: A Cambridge Symposium*, C. A. Mace 편, 1957, pp.155-191)를 보라. 이 에세이는 Popper, *Conjectures and Refutations: The Growth of Scientific Knowledge* (1963; 2판, 1965, pp.33-65)에도 실려 있다. 정신분석 주장들의 과학적 타당성을 평가하는 다른 교훈적인 책들 가운데 여러 강의를 모은 Ernest R. Hilgard, Lawrence S. Kubie, and E. Pumpian-Mindlin, *Psychoanalysis as Science* (E. Pumpian-Mindlin 편, 1952)는 매우 긍정적인 태도를 보여준다. B. A. Farrell, *The Standing of Psychoanalytic Theory* (1981)는 훨씬 비판적이며, Barbara Von Eckardt, "The Scientific Status of Psychoanalysis" (*Introducing Psychoanalytic Theory*, Sander L. Gilman 편, 1982, pp.139-180)도 마찬가지다. 프로이트에 대한 철학자들의 새로운 면을 드러내는 글로는 묶음집인 *Freud: A Collection of Critical Essays* (Richard Wollheim 편, 1974; 2차 증보판, *Philosophical Essays on Freud*, Wollheim and J. Hopkins 편, 1983)를 보라. Paul Ricoeur, *Freud and Philosophy: An Essay on Interpretation* (Denis Savage 역, 1970)은 정신분석을 해석학으로 옹호하는 입장의 선두에 선 저자의 매우 절제된 연구서다. 이 책은 프로이트의 사상에 대한 도전적인(사람들은 그렇게 말한다.) 독법으로서 꼼꼼하게 살펴볼 가치가 있지만, 리쾨르의 프로이트가 나의 프로이트는 아니다. 계몽주의의 아들인 프로이트에 대한 논평으로는 Peter Gay, *A Godless Jew: Freud, Atheism, and the Making of Psychoanalysis* (1987), 특히 2장과 Ilse Grubrich-Simitis, "Reflections on Sigmund Freud's Relationship to the German Language and to Some German-Speaking Authors of the Enlightenment" (*Int. J. Psycho-Anal.*, LXVII, 1986, pp.287-294)를 보라. 뒤의 글은 1985년 함부르크에서 열린 국제 정신분석가 대회에서 Didier Anzieu와 Ernst A. Ticho가 발표한 논문에 대한 짧지만 귀중한 논평이다.

프로이트의 책들의 완벽한 목록은 아직 나오지 않았다. 하지만 Harry Trosman and Roger Dennis Simmons, "The Freud Library" (*J. Amer. Psychoanal. Assn.*, XXI, 1973, pp.646-687)가 귀중한 예비적 평가를 제공하고 있다.

1장 앎의 의지

프로이트의 조상, 그의 아버지의 출신과 수수께끼의 두 번째 부인, 나아가서 프라이베르크와 빈에서 보낸 그의 어린 시절은, 매우 끈기 있고 이따금씩 추측에 의존한 연구서인 Marianne Krüll, *Freud and His Father* (1979; Arnold J. Pomerans 역, 1986)에서 철저하게 다루고 있다. Krüll은 프로이트의 삶에서 이 시기를 다루는 모든 연구자가 그렇듯이 Josef Sajner: "Sigmund Freuds Beziehungen zu seinem Geburtsort Freiberg (Příbor) und zu Mähren" (*Clio Medica*, III, 1968, pp.167-180)과 "Drei dokumentarische Beiträge zur Sigmund-Freud-Biographik aus Böhmen und Mähren" (*Jahrbuch der Psychoanalyse*, XIII, 1981, pp.143-152)의 선구적 연구에 의존하고 있다. Wilma Iggers는 묶음집인 *Die Juden in Böhmen und Mähren: Ein historisches Lesebuch* (1986)에서 보헤미아에 관한 배경 자료를 제공한다. Didier Anzieu, *Freud's Self-Analysis* (2판, 1975; Peter Graham, 1986)는 프로이트가 《꿈의 해석》에서 내용을 설명하고 분석하기 위해 선택한 꿈들에 반영된 프로이트의 어린 시절에 관한 중요하고 엄청나게 자세한(사소한 몇 가지는 논란의 여지가 있지만) 연구다. Alexander Grinstein, *On Sigmund Freud's Dream*(1968; 2판, 1980)은 프로이트의 어린 시절에 대한 매우 정확한 또 다른 조사 자료를 제공한다. 안나 프로이트 베르나이스의 회고록 *Erlebtes* (개인 출판, 1930년경)과 "My Brother, Sigmund Freud" (*American Mercury*, LI, 1940, pp.335-342)는 재미있고 다른 데서는 얻을 수 없는(따라서 입증도 불가능한) 프로이트의 어린 시절의 생생한 에피소드들(예를 들어 누이들의 피아노 교습에 불만을 표시했다든가)을 전하기 때문에 많이 인용이 되어 왔다. 그러나 안타깝게도 그녀의 글은 아주 조심해서 이용해야 한다. 예를 들어 결혼 당시 그녀의 아버지의 나이처럼 따로 확인이 **가능한** 사실들 다수가 잘못된 것으로 드러났기 때문이다. Judith Bernays Heller, "Freud's

Mother and Father" (*Commentary*, XXI, 1956, pp.418-421)는 짧지만 환기력이 강하다. 또 Franz Kobler, "Die Mutter Sigmund Freuds" (*Bulletin des Leo Baeck Instituts*, V, 1962, pp.149-171)도 보라. 이 자료는 근거가 제한되어 있기는 하지만 알려주는 것이 많다. 프로이트의 아주 어린 시절에 관해서는 또 Siegfried and Suzanne Cassirer Bernfeld, "Freud's Early Childhood" (*Bulletin of the Menninger Clinic*, VIII, 1944, pp.107-115)도 있다. Marie Balmary, *Psychoanalyzing Psychoanalysis: Freud and the Hidden Fault of the Father* (1979: Ned Lukacher 역, 1982)는 나처럼 프로이트의 어머니가 프로이트의 아버지와 결혼하기 전에 임신을 했다는 그녀의 추측(흔히 생각하는 대로—나는 맞다고 생각하지만—프로이트가 1856년 5월 6일이 아니라 3월 6일에 태어났다는 가정, 아주 있을 법하지 않은 **가정**하에서만 성립하는 추측이다)의 합리적 근거를 찾지 못하는 사람들에게도 어느 정도 흥미를 느끼게 할 만큼 상상력이 풍부하다. Balmary는 또 야코프 프로이트의 두 번째 부인 레베카(Rebecca)—현재 우리는 그녀에 관해 아무것도 모르고 있다.—가 열차에서 뛰어내려 자살했다고 주장한다. 프로이트의 경우에는 허구가 쉽게 사실을 대체하는 듯하다. Kenneth A. Grigg, "'All Roads Lead to Rome': The Role of the Nursemaid in Freud's Dreams" (*J. Amer. Psychoanal. Assn.*, XXI, 1973, pp.108-126)는 아장아장 걷던 프로이트가 사랑한 가톨릭 보모와 관련된 자료를 모아놓았다. P.C. Vitz, in "Sigmund Freud's Attractions to Christianity: Biographical Evidence" (*Psychoanalysis and Contemporary Thought*, VI, 1983, pp.73-183)는 프로이트의 유년에서 수많은 로마가톨릭적 주제를 모았지만, 내가 보기에는 그가 기독교에 이끌렸다는 것을 증명하는 데 성공하지는 못한 것 같다.

　프로이트가 《꿈의 해석》의 "R.은 나의 숙부" 꿈에서 언급한 위조 화폐 거래상인 숙부 요제프 프로이트는 Krüll, *Freud and His Father* (pp.164-166)에서 귀중한 문서 증거와 더불어 간략하지만 요령 있게 논의되고 있다. Reneé Gicklhorn의 분노에 찬 악의적인 팸플릿 *Sigmund Freud und der Onkeltraum. Dichtung und Wahrheit* (1976)가 근거 없는 추측이라는 Krüll의 비판은 옳다. 야코프 프로이트의 관련성(더불어 1865년에는 맨체스터에 정착한 상태인 그의 두 아들 에마누엘과 필리프의 관련 가능성)에 관한 추가 증거는 부족하다. 또 Leonard Shengold의 흥미로운 탐험인 "Freud and Joseph"(*The Unconscious Today: Essays in Honor of Max Schur*, Mark Kanzer 편, 1971, pp.473-494)도 보라. 이 글은 프로이트의 숙부 요제프에서 출발하여 프로이트가 다른 요제프들을 만난 일, 나아가 프로이트의 인격 형성에 관하여 전체적으로 예리하게 논평하고 있다.

고등학교와 대학에 다니고 의사로서 진료하는 동안 프로이트의 지적이고 감정적인 발달에서부터 1890년대 정신분석 발견에 이르는 과정은 물론 《꿈의 해석》 여러 곳과 그의 "Autobiographical Study"의 첫 몇 페이지를 보라. Anzieu, *Freud's Self-Analysis*는 특히 많은 정보를 제공한다. Ernst Freud 등 편, *Sigmund Freud: His Life in Pictures and Words*에는 좋은 자료(흔치 않은 사진도 포함하여)가 풍부하다; 또 지크프리트 베른펠트의 선구적인 연구에 크게 의존한 *Jones* I도 보라. 베른펠트의 연구에는 위에 언급한 논문을 비롯하여 다음과 같은 것들이 있다. 매우 영향력 있는 논문인 "Freud's Earliest Theories and the School of Helmholtz"(*Psychoanalytic Quarterly*, XIII, 1944, pp.341-362); "An Unknown Autobiographical Fragment by Freud"(*American Imago*, IV, 1946-1947, pp.3-19); "Freud's Scientific Beginnings"(*American Imago*, VI, 1949, pp.163-196); "Sigmund Freud, M.D., 1882-1885"(*Int. J. Psycho-Anal.*, XXXII, 1951, pp.204-217); Suzanne Cassirer Bernfeld와 함께 쓴 "Freud's First Year in Practice, 1886-1887"(*Bulletin of the Menninger Clinic*, XVI, 1952, pp.37-49). 입수하기가 정말 어려웠던, A. Pokorny가 쓴 프로이트의 학창 시절 이야기(나는 이것을 Siegfried Bernfeld papers, container 17, LC에서 발견했다.) *Das erste Dezennium des*

Leopoldstädters Communal-Real-und Obergymnasiums(1864-1874).
Ein historisch-statistischer Rückblick (날짜 불명, 1874년인 것은 분명하
다.)은 1865년에 그 김나지움에 유대인이 32명, 1874년에는 335명이 있었음
을 보여준다(p.44). 로마가톨릭교도의 수는 42명에서 110명으로, 신교도의
수는 1명에서 3명으로 늘었을 뿐이다. Dennis B. Klein, *Jewish Origins
of the Psychoanalytic Movement* (1981)에는 프로이트의 학창 시절(그
리고 초기 유대인의 충성)에 관하여 아는 데 도움을 주는 몇 페이지가 담
겨 있다. McGrath, *Freud's Discovery of Psychoanalysis*는 인상적인 학
술적 연구이지만(프로이트가 대학에 다니던 시절과 브렌타노와 함께 공부
하던 시절과 관련하여 특히 귀중한 자료다.), 프로이트가 "대항 정치"로서
정신분석을 발전시켰다는 지지할 수 없는 주장 때문에 가치가 약간 떨어
진다. McGrath는 반유대주의적인 빈에서 프로이트가 원하던 정치적 출세
가 막혀 있었기 때문에 도전적으로 정신분석을 선택한 것이라고 강력하게
주장한다. (이런 주장을 처음 한 사람은 McGrath의 스승인 Carl Schorske
로, 그의 "Politics and Patricide in Freud's *Interpretation of Dreams*"
[*American Historical Review*, LXXVIII, 1973, pp.328-347, 그의 *Fin-de-
Siècle Vienna: Politics and Culture*, 1980, pp.181-207에 재수록]은 영
향력이 크지만 내가 보기에는 조금 특이한 글이다.) 그 점을 빼놓는다면,
McGrath의 책에서 많은 것을 배울 수 있다. 프로이트가 밀을 번역한 배경
에 관해서는 Adelaide Weinberg, *Theodor Gomperz and John Stuart
Mill*(1963)을 보라. 집에서의 어린 프로이트에 관해 길게 이야기하고 종
교가 그의 정신 형성에 끼친 영향을 이야기한 Théo Pfrimmer, *Freud
lecteur de la Bible* (1982)도 매우 흥미롭다.

　*Freud: The Fusion of Science and Humanism: The Intellectual
History of Psychoanalysis* (John E. Gedo and George H. Pollock 편,
1976)에 실린 방대한 전기적 연구 가운데 다음 글들이 이 장과 특히 관련
이 있다. Gedo and Ernest S. Wolf, "From the History of Introspective

Psychology: The Humanist Strain" pp.11-45; Harry Trosman, "Freud's Cultural Background" pp.46-70; Gedo and Wolf, "The 'Ich.' Letters" pp.71-86; Gedo and Wolf, "Freud's *Novelas Ejemplares*" pp.87-111; Julian A. Miller, Melvin Sabshin, Gedo, Pollock, Leo Sadow, and Nathan Schlessinger, "Some Aspects of Charcot's Influence on Freud" pp.115-132. S. B. Vranich, "Sigmund Freud and 'The Case History of Berganza': Freud's Psychoanalytic Beginnings" (*Psychoanalytic Review*, LXIII, 1976, pp.73-82)는 프로이트가 사춘기 때 세르반테스의 《개들이 본 세상(*Coloquio de los perros*)》에 나오는 개 Cipio와 동일시를 하면서 "정신분석가" 역할을 했다는 흥미로운(그러나 약간 엉뚱한) 주장을 한다. 프로이트의 어린 시절 기젤라 플루스에 대한 "풋사랑"에 관해서는 사려 깊은 논문인 K. R. Eissler, "Creativity and Adolescence: The Effect of Trauma on Freud's Adolescence" (*The Psychoanalytic Study of the Child*, XXXIII, 1978, pp.461-517)를 보라. Heinz Stanescu는 "Ein 'Gelegenheitsgedicht' des jungen Sigmund Freud" (*Deutsch für Ausländer: Informationen für den Lehrer*, 1967, pp.13-16)에 프로이트가 어린 시절에 쓴 시를 게재했다.

프로이트의 빈은 화려함, 왈츠, '아름답고 푸른 다뉴브 강'으로 잘못 알려진 도시에 관해 정신이 번쩍 들게 만드는 환멸에 찬 역사적 에세이 Ilsa Barea, *Vienna* (1966)에서 해부되었다. 사후에 나온 아르투어 슈니츨러의 자서전, *My Youth in Vienna* (1968; Catherine Hutter 역, 1970)는 인용할 만한 통렬한 관찰들이 많이 담겨 있다. Robert A. Kann, *A History of the Habsburg Empire, 1526-1918* (1974; 수정판, 1977)는 이 도시를 오스트리아의 긴 역사 속에서 바라본다. A. J. P. Taylor, *The Habsburg Monarchy, 1809-1918: A History of the Austrian Empire and Austria-Hungary* (1941; 2판, 1948)는 Taylor답게 재미있고, 속도감 있고, 자기 주장이 강하다. David F. Good, *The Economic Rise of the Habsburg Empire, 1750-1914* (1984)는 분별력 있는 논문이다. William M. Johnston의 포괄적인 *The Austrian Mind: An Intellectual and Social History, 1848-1938* (1972)는 문화계 지도자들(음악가와 화가는 물론이고 경제학자, 법률가, 정치사상가까지)을 찬찬히 훑어본다. 사진이 풍부한 Johnston의 사진 책 *Vienna, Vienna: The Golden Age, 1815-1914* (1981; 앞서 나온 이탈리아어판, 1980)는 익숙한 자료도 많지만, 익숙하지 않은 자료도 매력적으로 배치해놓고 있다. 또 Schiller-Nationalmuseum(Marbach)의 매혹적인 전시회 카탈로그 *Jugend in Wien: Literatur um 1900* (Ludwig Greve and Werner Volke 편, 1974)도 보라. 정치에 관한 상당한 분량의 문헌 가운데는 Richard Charmatz, *Adolf Fischhof. Das Lebensbild eines österreichischen Politikers* (1910)가 구식이긴 하지만 정보가 많다. 쇠퇴하는 제국을 그린 Joseph Roth의 아름다운 소설 *Radetzkymarsch* (1932)에는 배울 것이 많다. 빈의 지식인 생활을 개관한 Allan Janik and Stephen Toulmin, *Wittgenstein's Vienna* (1973)는 내가 보기에는 서로 동떨어진 집단들 사이의 관련을 구축하려고 지나치게 애를 쓴 것 같다. 이와 대조적으로 이런 빈의 거의 모든 것에 거리를 두었던 프로이트의 태도에 관해서는 George Rosen의 훌륭한 글 "Freud and Medicine in Vienna" (*Psychological Medicine*, II, 1972, pp.332-344)를 보라. 이 글은 *Freud: The Man, His World, His Influence*(Jonathan Miller 편, 1972, pp.21-39)에서 쉽게 찾아볼 수 있다. 좋은 사진이 많이 들어간 Miller의 이 책의 다른 짧은 에세이들은 대부분 빈약한 느낌을 준다. 또 Rupert Feuchtmüller and Christian Brandstätter, *Markstein der Moderne: Österreichs Beitrag zur Kultur- und Geistesgeschichte des 20. Jahrhunderts* (1980)와 David S. Luft, *Robert Musil and the Crisis of European Culture, 1880-1942* (1980)의 앞 몇 장(章)도 보라.

Schorske, *Fin-de-Siècle Vienna*는 우아한 에세이 모음이며, 이 가운데

최고는 프로이트에 관한 에세이보다 훨씬 나아 보이는 "The Ringstrasse, Its Critics, and the Birth of Modern Urbanism"(pp.24-115)이다. 또 이런 맥락에서 William J. McGrath의 첫 책인 *Dionysian Art and Populist Politics in Austria* (1974)도 보라. John W. Boyer, *Political Radicalism in Late Imperial Vienna: Origins of the Christian Social Movement, 1848-1897* (1981)은 프로이트가 40대 초반까지 살았던 정치적 상황을 학자다운 철저한 태도로 당당하게 펼쳐놓고 있다. Kirk Varnedoe, *Vienna 1900: Art, Architecture and Design*(1986)은 화려한 사진들이 들어간 전시회 카탈로그이며, 그 텍스트에서는 이 시기의 화가와 디자이너들을 이상화하거나 그들과 프로이트 사이에 있지도 않은 관계를 설정하는 것을 거부하는 올바른 태도를 보여준다.

빈에는 유대인에 관한 현대의 믿을 만한 연구가 많다. 무엇보다도 Marsha L. Rosenblit의 권위 있는 간략한 논문 *The Jews of Vienna, 1867~1914: Assimilation and Identity* (1983)와 John W. Boyer, "Karl Lueger and the Viennese Jews" (Leo Baeck Yearbook, XXVI, 1981, pp.125-141)를 보라. 나는 Steven Beller, "*Fin de Siècle* Vienna and the Jews: The Dialectic of Assimilation" (*Jewish Quarterly*, XXXIII, 1986, pp.28-33)에서 많은 것을 배웠으며, Beller가 1986년 여름에 읽게 해준 미발표 원고, "Religion, Culture and Society in Fin de Siècle Vienna: The Case of the Gymnasien"에서도 많은 도움을 받았다. 또 Wolfdieter Bihl, "Die Juden" (*Die Habsburger Monarchie, 1848-1918*, Adam Wandruszka and Peter Urbanitsch 편, vol. III, *Die Völker des Reiches*, 1980, part 2, pp.890-896)도 보라. 프로이트의 자유주의를 포함한 유대인 자유주의에 관해서는 Walter B. Simon, "The Jewish Vote in Austria" (*Leo Baeck Yearbook*, XVI, 1971, pp.97-121)를 보라. *The Jews of Austria: Essays on Their Life, History and Destruction*(Josef Fraenkel 편, 1967)은 독일어와 영어로 쓴 빈 유대인에 관한 감동적인 에세이—추억

담, 회고록, 또 도시 전문직에서 유대인이 차지한 비율이나 유대인 공동체의 역사와 그 종말에 관한 글들—모음집이다. 글마다 수준이 다를 수밖에 없지만, 이 모음집의 최고 에세이들은 백 년이 넘는 유대인의 삶을 환하게 비춰준다. 여기에 실린 "Who Was Freud?"(pp.197-211)는 마르틴 프로이트가 아버지에 관해 쓴 에세이인데 새로운 사실을 많이 공개하며, 어머니에 대한 논평도 담겨 있다. 마르틴 프로이트의 애정과 유머가 넘치고 또 매우 유용한 *Sigmund Freud: Man and Father* (1958)는 이 책의 4장과 관련이 많지만, 프로이트의 젊은 시절에 관한 좋은 자료이기도 하다. 또 자잘한 정보를 얻으려면, Johannes Barta, *Jüdische Familienerziehung. Das jüdische Erziehungswesen im 19. und 20. Jahrhundert* (1975), Friedrich Eckstein의 추억담인 *"Alte unnennbare Tage!" Erinnerungen aus siebzig Lehr- und Wanderjahren* (1936), Sigmund Mayer의 추억담인 *Ein jüdischer Kaufmann 1891 bis 1911. Lebenserinnerungen* (1911)을 보라. Mayer, *Die Wiener Juden. Kommerz, Kultur, Politik* (1917; 2판, 1918)는 개인적이고 슬픈 기록이지만, 19세기말에 관하여 많은 것을 보여준다. Peter G. J. Pulzer, *The Rise of Political Anti-Semitism in Germany and Austria* (1964)은 훌륭하고 간결한 조사서이며, 특히 4장, "Austria, 1867-1900"이 이 책의 1장과 관련이 깊다.

프로이트가 그의 시대의 사상과 사상가들에게 빚진 점에 관해서는 Lucille B. Ritvo의 논문들, 특히 "Darwin as the Source of Freud's Neo-Lamarckianism" (*J. Amer. Psychoanal. Assn.*, XIII, 1965, pp.499-517); "Carl Claus as Freud's Professor of the New Darwinian Biology" (*Int J. Psycho-Anal.*, LIII, 1972, pp.277-283); "The Impact of Darwin on Freud" (*Psychoanalytic Quarterly*, XLIII, 1974, pp.177-192); 막스 슈어와 함께 쓴 "The Concept of Development and Evolution in Psychoanalysis" (*Development and Evolution of Behavior*, L. R. Aronson 등 편, 1970, pp.600-619)를 보라. 프로이트와 알고 지냈던 프리

드리히 에크슈타인은 "*Alte unnennbare Tage!*"에서 프로이트가 법에서 의학으로 목표를 바꾼 이야기를 한다. 브렌타노가 프로이트에게 끼친 영향에 관해서는 McGrath, *Freud's Discovery of Psychoanalysis* 외에 Philip Merlan, "Brentano and Freud" (*Journal of the History of Ideas*, VI, 1945, pp.375–377)와 Raymond E. Fancher의 더 폭넓은 "Brentano's *Psychology from an Empirical Standpoint* and Freud's Early Metapsychology" (*Journal of the History of the Behavioral Sciences*, XIII, 1977, pp.207–227)를 보라. 영어로 이루어진 포이어바흐에 관한 연구의 모범은 Marx W. Wartofsky, *Feuerbach* (1977)이다. 프로이트가 그에게서 읽어낸 점에 관해서는 Simon Rawidowicz, *Ludwig Feuerbachs Philosophie. Ursprung und Schicksal* (1931, pp.348–350)을 보라. Peter Amacher, *Freud's Neurological Education and Its Influence on Psychoanalytic Theory*, Psychological Issues, monograph 16 (1965)은 견실하지만 너무 짧다. Larry Stewart, "Freud before Oedipus" (*Journal of the History of Biology*, IX, 1976, pp.215–228)은 상당히 빈약하다. Rudolf Brun, "Sigmund Freuds Leistungen auf dem Gebiet der organischen Neurologie" (*Schweizer Archiv für Neurologie und Psychiatrie*, XXXVII, 1936, pp.200–207)가 그보다 풍부하다.

의대에서 프로이트를 가르친 사람들에 관해서는 Rosen의 해방감을 주는 글 "Freud and Medicine in Vienna" 외에 Erna Lesky의 기념비적인 저서이며 빈에서 의학을 공부하는 모든 학생이 도움을 받을 *The Vienna Medical School of the 19th Century* (1965; L. Williams and I. S. Levij 역, 1976); Dora Stockert Meynert, *Theodor Meynert und seine Zeit: Zur Geistesgeschichte Österreichs in der zweiten Hälfte des 19. Jahrhunderts* (1930); Ernst Theodor Brücke, *Ernst Brücke* (1928); Sherwin B. Nuland, *The Masterful Spirit—Theodor Billroth*, The Classics of Surgery Library (1984, pp.3–44) 등을 보라. Julius Wagner-

Jauregg, *Lebenserinnerungen*(L. Schönbauer and M. Jantsch 편집 및 완성, 1950)은 몇 군데에 프로이트에 관한 생생한 이야기를 담고 있다.

논란이 되어 온 코카인 에피소드에 관한 가장 좋은 자료 묶음은 *Cocaine Papers by Sigmund Freud* (Robert Byck 편, 1974, 안나 프로이트의 주석)이다. 여기에는 이 주제에 관해 프로이트가 발표한 글들과 더불어 철저하고 믿을 만한 머리말이 담겨 있다. 또 Siegfried Bernfeld, "Freud's Studies on Cocaine, 1884-1887" (*J. Amer. Psychoanal. Assn.*, I, 1953, pp.581-613)도 보라. Hortense Koller Becker, "Carl Koller and Cocaine" (*Psychoanalytic Quarterly*, XXXII, 1963, pp.309-373)은 마취제 코카인의 발견에서 프로이트의 친구가 한 역할을 세심하게 자세히 기록하고 있다. Peter J. Swales, "Freud, Cocaine, and Sexual Chemistry: The Role of Cocaine in Freud's Conception of the Libido" (개인 출판, 1983)에는 특유의 추측이 담겨 있다. 또 Jürgen vom Scheidt, "Sigmund Freud und das Kokain" (*Psyche*, XXVII, 1973, pp.385-430)도 보라. E. M. Thornton, *Freud and Cocaine: The Freudian Fallacy* (1983)는 명예훼손 문헌의 모범이라 할 만하다. 이 책은 "거짓되고 믿음 없는 예언자" (p.312) 프로이트의 정신분석이 코카인으로 인한 정신병의 몽롱한 상태에서 나왔다고 독자를 설득하려 한다. 저자는 "'무의식적 정신'은 존재하지 않으며, 그의 이론은 근거 없고 정도에서 벗어난 것이고, 무엇보다 불경한 것은 프로이트 자신이 그 이론을 정리할 때 뇌에 특정한 영향을 주는 독성 약품의 영향 아래 있었다는 것"(p.1)이라고 주장한다.

샤르코에 관해서는 A. R. G. Owen의 약간 빈약한 *Hysteria, Hypnosis and Healing: The Work of J.-M. Charcot* (1971)를 보라. Georges Guillain, *J.-M. Charcot, 1825-1893: His Life-His Work* (1955; Pearce Bailey 역, 1959)는 훨씬 내용이 풍부하지만 샤르코의 후기 히스테리 연구보다는 초기의 신경 연구에 집중하는 면이 있다. 히스테리 연구에 관해서는 Mark S. Micale (샤르코와 남성 히스테리에 관한 그의 논문[Yale,

1987]은 권위가 있다)이 이미 "The Salpêtrière in the Age of Charcot: An Institutional Perspective on Medical History in the Late Nineteenth Century" (*Journal of Contemporary History*, XX, 1985, pp.703-731)를 발표했다. 또 Miller 등이 쓴 글 "Some Aspects of Charcot's Influence on Freud"를 보라.

2장 무의식의 탐사

프로이트와 플리스의 운명적인 우정에 관해서는 물론 *Freud-Fliess*가 주된 자료다. 1960년대에 당시에는 공개되지 않았던 편지 가운데 일부를 보았던 막스 슈어는 *Freud, Living and Dying*에 예리한 논평을 남겼다. 슈어의 선구적인 글 "Some Additional 'Day Residues' of 'The Specimen Dream of Psychoanalysis,'" (*Psychoanalysis—a General Psychology: Essays in Honor of Heinz Hartmann*, Rudolph M. Loewenstein, Lottie M. Newman, Schur, Albert J. Solnit 편, 1966, pp.45-85)는 얌전해 보이는 제목에도 불구하고 폭발적이다. 이 글은 이르마의 주사 꿈을 설명하면서 프로이트가 플리스에게 반한 것에 약간 소름 끼치는 빛을 비추고 있다. K. R. Eissler, "To Muriel M. Gardiner on Her 70th Birthday" (*Bulletin of the Philadelphia Association for Psychoanalysis*, XXII, 1972, pp.110-130)는 프로이트와 플리스에 관한 사려 깊고, 가장 좋은 의미에서 의미심장한 에세이다. 또 Edith Buxbaum, "Freud's Dream Interpretation in the Light of His Letters to Fliess" (*Bulletin of the Menninger Clinic*, XV, 1951, pp.197-212)도 보라. Frank J. Sulloway의 두꺼운 책 *Freud, Biologist of the Mind: Beyond the Psychoanalytic Legend* (1979)는 약간 과잉이라는 느낌을 준다. 마치 가면을 벗기는 중요한 책인 것처럼 나서지만, 프로이트의 이론에 생물학적 배경이 있다는 기본적으로 낡은 이야기를 하고 있을 뿐이다. 그러나 플리스에 대한 프

로이트의 의존과 Sulloway가 "19세기 정신물리학"이라고 부른 것을 분석한 5장, 6장은 매우 귀중하다. Patrick Mahony, "Friendship and Its Discontents" (*Contemporary Psychoanalysis*, XV, 1979, pp.55-109)는 특히 독일 자료에 주목하면서 1890년대의 프로이트를 꼼꼼하게 살핀다. Erik H. Erikson, "The Dream Specimen of Psychoanalysis" (*J. Amer. Psychoanal. Assn.*, II, 1954, pp.5-56)는 주로 이르마 꿈을 검토하지만, 프로이트-플리스 관계에 대해서도 논평을 한다. Peter J. Swales, "Freud, Fliess, and Fratricide: The Role of Fliess in Freud's Conception of Paranoia" (개인 출판, 1982)는 프로이트가 1900년 마지막 "회합" 때 플리스를 살해하려 했을지도 모른다는 암시까지 한다. 아직 출간되지 않은 George F. Mahl, "Explosions of Discoveries and Concepts: The Freud-Fliess Letters" (*A First Course in Freud*의 4장)는 두 사람이 주고받은 편지를 꼼꼼하고 믿을 만하게 검토한다. 프로이트-플리스 관계의 악화는 플리스가 책에 쓰는 헌사에도 영향을 주었다. 1897년에 프로이트에게 보낸 두툼한 논문인 *Die Beziehung zwischen Nase und weiblichen Geschlechtsorganen. In ihrer biologischen Bedeutung dargestellt*에서 플리스는 "**Seinem teuren Sigmund, innigst, d. V.**"이라고 썼다. 5년 뒤인 1902년에 *Über den ursächlichen Zusammenhang von Nase und Geschlechtsorgan*을 보낼 때는 "**Seinem lieben Sigmund!**"라는 훨씬 차가운 헌사를 적었다. "Teuer"는 매우 애정 어린 말로 "가장 친애하는" 정도로 번역이 가능하며, "innigst"는 "매우 애정어린 마음으로" 정도의 의미다. 그러나 "lieb"는 "친애하는" 정도의 의미지만 단순히 격식을 차린 표현으로 "귀하" 정도의 흔한 표현이라고 볼 수 있다. (헌사가 적힌 이 책들은 Freud Museum[London]에 있다.)

마르타 베르나이스 프로이트에 관해서는 그녀의 남편의 전기들, 특히 *Jones* I과 내가 본문에서 인용한 미발표 편지들을 보라. 마르틴 프로이트의 부인 Esti D. Freud의 짧은 글 "Mrs. Sigmund Freud" (*Jewish*

Spectator, XLV, 1980, pp.29-31)는 마르타 프로이트의 유명한(그러나 논란의 여지가 전혀 없지는 않은) "평정"(p.29)을 잘 보여준다. Peter Gay, "Six Names in Search of an Interpretation: A Contribution to the Debate over Sigmund Freud's Jewishness" (*Hebrew Union College Annual*, LIII, 1982, pp.295-307)는 프로이트의 가정 내 권위에 관하여 약간 암시한다. 슈테판 츠바이크(마르타 프로이트가 신랄한 말을 했던)에 관한 연구서 가운데는 D. A. Prater, *European of Yesterday: A Biography of Stefan Zweig* (1972)가 필요한 배경 자료를 제공한다.

"안나 O."의 사례와 브로이어라는 인간에 관한 단연 가장 권위 있는 연구는 Albrecht Hirschmüller의 철저하면서도 흥미로운 논문 *Physiologie und Psychoanalyse im Leben und Werk Josef Breuers* (supplement 4 to *Jahrbuch der Psychoanalyse*, X, 1978)인데, 이 논문은 그릇된 추측이나 미심쩍은 해석을 만족스럽게 바로잡고, 프로이트 연구라는 지도에서 브로이어의 위치를 확고하게 잡고 있으며, 프로이트의 의학 세계도 탐험하고 있다. 안나 O.의 병력과 안나 O. 자신이 쓴 문건들도 매혹적이다. Hirschmüller는 Julian A. Miller, Melvin Sabshin, John E. Gedo, George H. Pollock, Leo Sadow, Nathan Schlessinger와 함께 쓴 "The Scientific Styles of Breuer and Freud and the Origins of Psychoanalysis"와 Pollock과 함께 쓴 "Josef Breuer"(둘 다 *Freud, Fusion of Science and Humanism*, Gedo and Pollock 편, 187-207, pp.133-163에 수록)에서 배울 것이 많은 주장을 펼치고 있다. Paul F. Cranefield, "Josef Breuer's Evaluation of His Contribution to Psycho-Analysis" (*Int. J. Psycho-Anal.*, *XXXIX*, 1958, pp.319-322)는 브로이어가 오귀스트 포렐에게 보낸 1907년의 흥미로운 편지를 게재, 분석하고 있는데, 이 편지는 브로이어가 세월이 흐른 뒤 예전의 자신의 태도를 돌아보는 내용을 담고 있다. Henri Ellenberger, "The Story of 'Anna O.': A Critical Review with New Data" (*Journal of the History of the Behavioral Sciences*,

VIII, 1972, pp.267-279)는 이 사례와 관련된 존스의 오독과 프로이트의 잘못된 기억을 설득력 있게 바로잡고 있다. Hirschmüller는 또 프로이트 와 브로이어가 크로이츨링겐의 벨뷔 요양소에 보낸 심각한 히스테리 환자 "Nina R."의 매혹적인 사례사도 파고들었고, 그 결과물이 "Eine bisher unbekannte Krankengeschichte Sigmund Freuds und Josef Breuers aus der Entstehungszeit der 'Studien über Hysterie,'" (*Jahrbuch der Psychoanalyse*, X, 1978, pp.136-168)이다. 안나 O.(베르타 파펜하임) 가 훗날 주요한 유대인 페미니스트 지도자이자 사회사업가로 놀랄 만 한 활동을 한 사실에 관해서는 Ellen Jensen, "Anna O., a Study of Her Later Life" (*Psychoanalytic Quarterly*, XXXIX, 1970, pp.269-293)를 보 라. Richard Karpe, "The Rescue Complex in Anna O's Final Identity" (*Psychoanalytic Quarterly*, XXX, 1961, pp.1-24)는 안나 O.의 신경증 을 그녀의 훗날의 성취와 연결하고 있다. Lucy Freeman, *The Story of Anna O.* (1972)는 대중적으로 접근한 책이다. 그러나 Marion Kaplan, *The Jewish Feminist Movement in Germany: The Campaign of the Jüdischer Frauenbund, 1904-1938* (1979)는 베르타 파펜하임의 활동에 관한 중요한 자료가 담겨 있는 뛰어난 역사적 연구다.

　다소 무시되어 온 텍스트인 프로이트의 실어증 연구에 관해서는 약간 지 나치게 압축적이기는 하지만 유용한 논문인 E. Stengel, "A Re-evaluation of Freud's Book 'On Aphasia': Its Significance for Psycho-Analysis" (*Int. J. Psycho-Anal.*, XXXV, 1954, pp.85-89)를 보라. 프로이트의 초기 히스테 리 환자 가운데 한 사람인 "Frau Cäcilie M."은 Peter J. Swales, "Freud, His Teacher, and the Birth of Psychoanalysis" (*Freud, Appraisals and Reappraisals*, Stepansky 편, I, pp.3-82)에서 자세하고 정성스럽게 논 의되고 있다. 또 Swales의 "카타리나(Katharina)"에 관한 에세이 "Freud, Katharina, and the First 'Wild Analysis,'" (타자로 친 강의 원고, 자료 추가, 1985)를 보라. Ola Andersson, "A Supplement to Freud's Case History of 'Frau Emmy v. N.' in Studies on Hysteria 1895" (*Scandinavian Psychoanalytic Review*, II, 1979, pp.5-15)에는 전기적 자료가 들어 있다. 또 Else Pappenheim, "Freud and Gilles de la Tourette: Diagnostic Speculations on 'Frau Emmy von N.,'" (*Int. Rev. Psycho-Anal*, VII, 1980, pp.265-277)을 보라. 이 글은 이 환자가 히스테리 환자가 아니라, 투렛 증후군을 보이고 있었다(프로이트도 한동안 그렇게 추측했다)고 주장한다.

미완성인 채로 버려진 프로이트의 "Psychology for Neurologists"는 *Aus den Anfängen der Psychoanalyse. Briefe an Wilhelm Fliess, Abhandlungen und Notizen aus den Jahren 1887-1902*(Ernst Kris, Marie Bonaparte, Anna Freud 편, 1950; 영어판, *The Origins of Psychoanalysis*, Eric Mosbacher and James Strachey 역, 1954)에 처음 실렸다. 이 심각하게 잘려나간 플리스 편지들의 첫 판본 머리말에서 크리스는 프로이트의 사상에서 이 기획이 차지하는 자리에 관하여 이야기한다. 현재 이 기획은 "Project for a Scientific Psychology" (*SE*, I, pp.283-397)라는 제목으로 영어로 쉽게 구할 수 있다. Wollheim, *Freud*, 특히 2장은 그 기획에 대한 아름다운 평가다. Isabel F. Knight는 "Freud's 'Project': A Theory for Studies on Hysteria" (*Journal of the History of the Behavioral Sciences*, XX, 1984, pp.340-358)에서 이 기획이 브로이어의 이론에 대한 비판으로 계획된 것이라고 주장한다. John Friedman and James Alexander, "Psychoanalysis and Natural Science: Freud's 1895 *Project* Revisited" (*Int. Rev. Psycho-Anal.*, X, 1983, pp.303-318)는 중요한 에세이로, 프로이트가 이런 이른 시기에 이미 19세기의 과학 담론에서 벗어나려고 노력하고 있었다고 주장한다. 또 프로이트의 "뉴턴주의(Newtonianism)"에 관해서는 Robert C. Solomon, "Freud's Neurological Theory of Mind" (*Freud: A Collection of Critical Essays*, Wollheim 편, pp.25-52)를 보라.

프로이트의 이른바 유혹 이론에 관한 논의는 프로이트가 급진적 사고로 인해 빈 의학계의 비난을 받으며 따돌림을 당하자 그것을 견디지 못해이 이론을 버렸다는 Jeffrey Moussaieff Masson, *The Assault on Truth: Freud's Suppression of the Seduction Theory* (1984)의 터무니없는 주장 때문에 혼탁해졌다. 프로이트가 그렇게 불안했다면 왜 그 다음에 유아성욕이나 도착의 보편성 같은 훨씬 급진적인 이론을 계속 발표했는지 궁금하지 않을 수 없다. 사실 프로이트가 1897년 9월 21일 플리스에게 보낸편지 (*Freud-Fliess*, pp.283-286 〔pp.264-267〕)에서 제시한 이유로 (Krüll에게는 실례지만) 충분하다. 더욱이 프로이트는 미수로 끝났건 실제로 저질러졌건 어린 소녀—와 소년—의 유혹이나 강간은 너무나 현실적인 사건이라는 우울한 진실을 반박한 적이 없다. 그는 자신의 환자들(카타리나를포함하여)을 예로 들 수 있었다. *Jones* I, 특히 pp.263-267을 비롯하여 다른 사람들이 제시한, 유혹 이론에 대한 프로이트의 태도와 관련된 일반적인 이야기는 여전히 타당하다.

프로이트의 자기 분석, 특히 아버지와 관련된 대목에 관해서는 1장과 관련된 문헌 해제에서 이미 거론한 자료, 특히 《꿈의 해석》; Krüll, *Freud and His Father*; Anzieu, *Freud's Self-Analysis*; Grinstein, *On Sigmund Freud's Dreams* 등을 보라. 또 George F. Mahl, "Father-Son Themes in Freud's Self-Analysis" (*Father and Child: Developmental and Clinical Perspectives*, Stanley H. Cath, Alan R. Gurwitt, John Munder Ross 편, 1982, pp.33-64)와 Mahl, "Freud, *Father and Mother*: Quantitative Aspects" (*Psychoanalytic Psychology*, II, 1985, pp.99-113)를 보라. 둘 다 흐릿한 부분을 또렷하게 바로잡고 있다. *Freud, Living and Dying*에 나오는 슈어의 해박한 논평 또한 불가결하다. *Freud and His Self-Analysis* (Mark Kanzer and Jules Glenn 편, 1979)는 흥미로운논문 몇 편을 모았지만, 약간 무게가 떨어진다.

프로이트가 처제 미나 베르나이스와 바람을 피웠을까? 처음 이런 주장을 한 사람은 카를 G. 융인 것으로 보인다. 융은 사석에서 그런 말을 했고(그렇다고 전해진다), 1975년에는 친구 John M. Billinsky와 인터뷰를 하면서 그 말을 했다. 빌린스키는 이것을 1969년에 다음과 같은 글로 공개했다. "Jung and Freud (the End of a Romance)" (*Andover Newton Quarterly*, X, 1969, pp.39–43). 관련된 대목은 융이 1907년 베르크 가세 19번지를 처음 찾아간 이야기에 나온다. "나는 곧 프로이트 부인의 여동생을 만났다. 그녀는 매우 잘생겼으며, 정신분석을 잘 알았을 뿐 아니라 프로이트가 하고 있는 일도 다 잘 알았다. 며칠 뒤 프로이트의 연구실을 찾아갔을 때 그의 처제가 나에게 이야기를 할 수 있느냐고 물었다. 그녀는 프로이트와의 관계 때문에 몹시 괴로워하고 죄책감을 느끼고 있었다. 그녀로부터 나는 프로이트가 그녀를 사랑하고 있으며, 그들의 관계가 실제로 매우 친밀하다는 것을 알았다. 2년 뒤 프로이트와 나는 우스터의 클라크 대학의 초청을 받아, 약 7주 동안 매일 함께 지냈다. 우리는 여행을 시작할 때부터 서로의 꿈을 분석하기 시작했다. 프로이트는 몹시 괴로운 꿈을 몇 번 꾸었다. 그 꿈은 그와 그의 부인과 처제의 삼각 관계에 관한 것이었다. 프로이트는 내가 그 삼각 관계, 그리고 그와 처제의 친밀한 관계를 안다는 사실을 모르고 있었다. 그래서 프로이트가 나에게 그의 부인과 처제가 중요한 역할을 하는 꿈 이야기를 해주었을 때 나는 그에게 그 꿈에서 개인적으로 연상되는 것을 이야기해 달라고 요청했다. 그는 괴로운 표정으로 나를 보며 이렇게 말했다. '더 말해줄 수 없소. 그랬다간 내 권위가 위태로워지니까.'"(p.42).

이 말을 어떻게 생각해야 할까? 융은 그의 수많은 자전적 이야기들이 말해주듯이, 신뢰할 수 없는 보고자다. 프로이트가 배에서 자신의 꿈 해석을 돕지 않겠다고 한 이야기는 사실일 수 있다. 융은 프로이트 생전에 이 이야기를 여러 번 했다. 한번은 프로이트에게 보낸 편지에서 하기도 했고(융이 프로이트에게 쓴 편지, 1912년 12월 3일, *Freud-Jung*, pp.583–584, p.584n [p.526, p.526n]), 프로이트도 그것을 부정한 적이 없다. 그러나 다른 면에서 이 이야기는 매우 이상하다. 프로이트에게는 물론 "연구실"이 없었다. 그의 진료실은 서재 바로 옆이었으며, 따라서 융은 그 두 방 가운데 하나를 가리킨 것 수도 있지만 어쨌든 표현은 여전히 이상하다. 더욱이, 그런 판단이야 물론 매우 주관적인 것이기는 하지만, 나로서는 우리에게 남은 사진들만 보아서는 미나 베르나이스가 "매우 잘생겼다"고 말하기 힘들다고 본다. 그렇더라도 프로이트의 취향에 맞는 여자일 수는 있었다. 그러나 여성적인 아름다움을 보는 안목이 있고, 융 자신이 이 시기에 결혼의 범위를 넘어서서 성적으로 매우 활동적이었던 사람으로서 실제로 그녀가 매우 잘 생겼다고 보았을 가능성은 거의 없다. 물론 슈어는 미나 베르나이스가 상당히 나이가 들었을 때 보기는 했지만, 어쨌든 매력이 없다고 생각했다(헬렌 슈어의 인터뷰, 1986년 6월 3일). 또 미나 베르나이스가 처음 본 사람—방금 만났을 뿐 아니라, 종교나 문화나 전문적 관심이라는 면에서도 이질적으로 느껴지는 사람—한테 그런 내밀한 이야기를 털어놓았다는 것도 거의 있을 법하지 않은 일이다. 물론 굳이 상상을 해보자면, 외부자, 특히 곧 다시 떠날 사람이 그런 고백을 하기에 딱 적당한 사람이라고 생각했을 수도 있다. 그러나 나는 그런 장면을 떠올리는 것이 거의 불가능하다고 생각한다.

최근에는 Peter J. Swales가 "Freud, Minna Bernays, and the Imitation of Christ" (1982년의 미발표 강연 원고, Swales 씨의 허락을 얻어 복사)와 "Freud, Minna Bernays, and the Conquest of Rome: New Light on the Origins of Psychoanalysis" (*New American Review: A Journal of Civility, and the Arts*, I, 1982년 봄/여름, pp.1-23)에서 똑같은 주장을 하면서 자신만만한 추측을 입증된 사실처럼 제시했다. Swales는 나라면 '베른펠트식 독법'이라고 부를 만한 방법을 활용했는데, 이것은 효과적이면서도 위태로운 방법이다. 프로이트의 전기를 쓰려고 아주 많은 자료를 모은 지크프리트 베른펠트는 프로이트의 텍스트 가운데 일부, 특히 그의 논문 〈은폐 기억〉(1899)이 전기적 사실들을 감추고 있다고 읽었다. 이런 식으로 그는 프로이트가 사춘기에 기젤라 플루스에게 반했다는 사실을 발견했다. 물론 프로이트의 여러 가지 진술에서 추론해내는 사항들은 매우 그럴듯하며, 때로는 정확하기도 하다(《일상생활의 정신병리학》은 특히 프로이트가 간접적으로 자기를 드러내는 매우 풍부한 자료다). 이런 사항들을 조합하여 하나의 일관된 이야기를 만들어내면, 개별적으로 떨어져 있을 때와는 다른 무게가 실리기도 한다. Swales는 이런 일을 잘한다. 사실 명백한 표면 밑을 파헤치는 정신분석 기법이 그런 독법을 장려하는 면도 있다. Swales는 "Screen Memories"(《꿈의 해석》, 《일상생활의 정신병리학》)에 나오는 자료에 집중하여 프로이트의 삶의 사건들을 하나의 연속체로 재구성하며, 이것을 이용해 프로이트가 실제로 처제와 바람을 피웠다는 것을 증명한다. 프로이트가 다른 사람에 관해 하는 말이 그 자신에게도 잘 맞아떨어지면 Swales는 그것을 증거로 받아들이고, 맞아떨어지지 않으면 프로이트가 자료를 위장했거나 뻔뻔스럽게 기만을 하고 있다고 비난한다. 물론 그의 말이 옳을지도 모른다. 드러냄과 감춤이 섞여 있는 꿈 작업은 그와 비슷하게 진행되며, 똑똑한 이야기꾼이라면 누구나 진실에 허구를 섞는 것이 가장 효과적인 전술임을 알고 있기 때문이다. 따라서 프로이트가 미나 베르나이스와 바람을 피웠**을지도 모른다.**

어니스트 존스의 이와 관련된 논평은, 융의 이야기가 반드시 맞다기보다는 그 이야기가 분명히 반박할 필요가 있을 만큼 널리 퍼져 있고 설득력이 있어 보인다(적어도 일부에게는)는 것을 암시한다. 물론 존스는 이 문제와 관련하여 너무 힘을 주어 강조하기 때문에 의심을 하는 사람들은 그가 좀 방어적이지 않은가 생각해보게 된다. 예를 들어 존스는 프로이트를 "매우 특이할 정도로 일부일처적"이라고 말하며, 프로이트가 "늘 매우 순결한 사람이라는 인상을 주고, '청교도적'이라는 말도 어울리지 않는다고 할 수 없다."고 말한다(*Jones* I, p.139, p.271). 존스는 Puner의 프로이트 전기를 비판하면서 프로이트의 "결혼 생활"에 관해 몇 마디 해야 한다고 느꼈다. "그와 관련하여 이상한 전설들이 다양하게 흘러다니는 듯하기 때문이다. ……

프로이트의 사랑의 삶에서는 부인이 확실하게 유일한 여자였으며, 다른 모든 사람들보다 부인이 늘 먼저였다. ……(미나 베르나이스의 경우) 그녀의 신랄한 말투 때문에 이 가족이 소중하게 여기는 많은 경구가 생겨났다. 프로이트는 물론 미나와 대화를 나누는 것을 좋아했지만, 그녀가 그의 애정에서 어떤 식으로든 언니를 대신했다고 말하는 것은 얼토당토 않은 이야기다."(*Jones* II, pp.386–387). Clark 또한 증거, 특히 융의 인터뷰를 검토해보았지만, 매우 가능성이 낮은 이야기로 치부해버렸다(그의 *Freud*, p.52를 보라).

의회도서관의 Freud Collection에는 프로이트와 미나 베르나이스 사이의 편지가 한 묶음 포함되어 있는데, 이것은 현재 공개를 앞두고 정밀하게 연구되고 있다. 이 책을 쓰는 지금 시점에서는 (약이 오르게도) 그 편지들을 이용할 수 없다. 증거가 완전하지 못하다는 점(프로이트의 관리인들의 제한 정책의 또 하나의 예로, 이런 식으로 중요한 자료에 접근을 거부하거나 늦춤으로써 소문은 더 커진다)을 고려할 때, 단정적으로 말할 수는 없다. 적어도 나는 그렇게는 못한다. 프로이트는 약혼 중에 미나 베르나이스에게 감정이 담긴 편지를 몇 통 썼지만, 이것은 융과 Swales의 이야기를 뒷받침하기보다는 오히려 신빙성을 더 떨어뜨리는 것으로 보인다. 만일 프로이트가 정말로 처제와 바람을 피웠고 실제로 (Swales가 꽤 자세하게 주장하듯이) 미나 베르나이스가 낙태를 받게 했다는 믿을 만한 독립적 근거(추측이나 교묘한 추론의 사슬과는 다른)가 나타난다면, 나는 그에 따라 본문을 수정할 것이다.

3장 정신분석의 탄생

《꿈의 해석》의 형성 과정에는 물론 *Freud-Fliess* 편지가 비할 바 없이 좋은 자료다. 프로이트가 이 책에서 사용하는 자신의 꿈에 대한 자세한 탐사는 이번에도 Anzieu, *Freud's Self-Analysis*와 Grinstein, *On*

*Sigmund Freud's Dreams*를 보라. 또 프로이트의 꿈 이론은 Fisher and Greenberg, *Scientific Credibility of Freud's Theories*, 2장(훌륭하고 충실한 논의다)과 *Jones* I을 비롯하여 내가 이미 거론한 다른 전기적 연구에서 검토되고 있다. 1장의 문헌 해제에서 제시한 이유로 나는 *Freud's Discovery of Psychoanalysis*에 나오는 프로이트에 대한 McGrath의 "정치적" 해석은 받아들일 수 없다. 그러나 프로이트의 꿈에 대한 그의 독법은 많은 경우 섬세하다는 것을 알고 있다. 더 읽어볼 자료 가운데 Ella Freeman Sharpe, *Dream Analysis* (1937; 2판, 1978)는 의사 출신이 아닌 탁월한 영국인 분석가의 우아한 텍스트다. Bertram D. Lewin의 *Dreams and the Uses of Regression* (1958)은 시사하는 바가 많은 프로이트 강연이다. 어니스트 존스의 초기 에세이 몇 편은 편리하게도 그의 *Papers on Psycho-Analysis* (3판, 1923)에 묶여 있는데, 함께 놓고 보면 꿈 해석이 정신분석 작업에 침투하는 방식을 보여주기 때문에 흥미롭다. 그의 글은 다음과 같다. "Freud's Theory of Dreams" (1910, pp.212–246); "Some Instances of the Influence of Dreams on Waking Life" (1911, pp.247–254); "A Forgotten Dream"(1912), pp.255–265; "Persons in Dreams Disguised as Themselves" (1921, pp.266–269); "The Relationship between Dreams and Psychoneurotic Symptoms"(1911년의 강연, pp.270–292).

좀 더 최근의 논문으로는 D. R. Hawkins가 개관한 "A Review of Psychoanalytic Dream Theory in the Light of Recent Psycho-Physiological Studies of Sleep and Dreaming" (*British Journal of Medical Psychology*, XXXIX, 1966, pp.85–104)과 Leonard Shengold의 읽어볼 만한 논문 "The Metaphor of the Journey in 'The Interpretation of Dreams,'" (*American Imago*, XXIII, 1966, pp.316–331)가 있다. 정신분석가 Charles Rycroft의 짧고 가독성 좋고 절충적인 에세이 *The innocence of Dreams* (1979)는 정신분석 작업에 한정하지 않고 최근의

문헌을 개관한다. 꿈의 연구는 계속되고 있다. 물론 매우 잠정적이기는 하지만 (그리고 프로이트의 이론을 공개적으로 비판한다) 흥미 있는 이론 한 가지가 Francis Crick and Graeme Mitchison, "The Function of Dream Sleep" (*Nature*, CCCIV, 1983, pp.111-114)에 제시되어 있다. 이 글은 REM 수면이 "대뇌 피질의 세포 망에 나타나는 바람직하지 않은 방식들의 상호 작용"을 제거하기 위해 고안된 것이라고 주장한다. 또 James L. Fosshage and Clemens A. Loew 편, *Dream Interpretation: A Comparative Study* (1978)와 그 나름의 해석 도식을 제시하는 Liam Hudson, *Night Life: The Interpretation of Dreams* (1985)도 보라. 프로이트의 해몽 책이 만들어낸 문헌 가운데 또 하나 도움이 되는 물건인 Walter Schönau, *Sigmund Freuds Prosa. Literarische Elemente seines Stils* (1968)에는 프로이트가 《꿈의 해석》에서 사용하지 않은 제사(題辭), 또 사용한 제사에 관한 흥미롭고 내가 보기에는 설득력 있는 자료(pp.53-89)가 담겨 있다. Erikson, "The Dream Specimen of Psychoanalysis"는 이르마 꿈에 관한 긴 논문이다. 또 A. Keiper and A. A. Stone, "The Dream of Irma's Injection: A Structural Analysis" (*American Journal of Psychiatry*, CXXXIX, 1982, pp.1225-1234)도 보라. 프로이트의 꿈에 대한 다른 유용한 에세이로는 Leslie Adams의 짧은 논문 "A New Look at Freud's Dream 'The Breakfast Ship,'" (*American Journal of Psychiatry*, CX, 1953, pp.381-384); 유명하고 또 그만한 자격이 있는 논문 Eva M. Rosenfeld, "Dream and Vision: Some Remarks on Freud's Egyptian Bird Dream" (*Int. J. Psycho-Anal.*, XXXVIII, 1956, pp.97-105); 다시 등장하는 Buxbaum, "Freud's Dream Interpretation in the Light of His Letters to Fliess" (2장 문헌 해제에서 언급했다) 등이 있다.

19세기에 특히 번창했던 자서전 장르—프로이트의 프로그램도 그 나름의 독특한 방법으로 속한다고 할 수 있다.—는 점점 많은 수의 학자들을 끌어들이고 있다. 여기서는 최근에 나온 가장 흥미로운 책 몇 권만 언급하겠다. Jerome Hamilton Buckley, *The Turning Key: Autobiography and the Subjective Impulse since 1800* (1984)에서는 많은 것을 배웠다. William C. Spengemann, *The Forms of Autobiography: Episodes in the History of a Literary Genre* (1980)는 마지막 장에서 19세기의 사례 몇 가지를 다룬다. Linda H. Peterson, *Victorian Autobiography: The Tradition of Self-Interpretation* (1986)은 좀 더 집약적이다. A. O. J. Cockshut, *The Art of Autobiography in Nineteenth and Twentieth Century England* (1984)에는 지혜로운 논평이 가득하다. 또 Avrom Fleishman, *Figures of Autobiography: The Langrrage of Self-Writing* (1983)도 보라.

프로이트의 작업으로 곧바로 들어가자. 이 시기 프로이트 자신의 생각에 관해서는 Kenneth Levin의 귀중한 연구 *Freud's Early Psychology of the Neuroses: A Historical Perspective* (1978)가 있다. 19세기 정신과학이나 정신병원에 관해서는 역사가들 사이에 합의가 이루어진 것이 없다. 이 주제는 특히 미셸 푸코(Michel Foucault)의 (내 생각으로는 자극적이기는 하지만 전체적으로 해로운) 급진적 수정주의 덕분에 최근 많은 관심을 불러일으키면서 큰 논쟁을 낳았다. 나는 여기서 특히 푸코의 영향력 있는 책 *Madness and Civilization: A History of Insanity in the Age of Reason* (1961; Richard Howard 역, 1965)을 염두에 두고 있다. Lancelot Law Whyte, *The Unconscious before Freud* (1960; 보급판, 1962)는 짧지만 도움이 되는 개관이다. 이보다 훨씬 포괄적인 Henri F. Ellenberger, *The Discovery of the Unconscious: The History and Evolution of Dynamic Psychiatry* (1970)는 약간 지나치게 두껍기는 하지만 철저한 조사에 바탕을 둔 900페이지짜리 책이며, 심리학의 초기 역사에 관한, 또 융, 아들러, 프로이트에 관한 긴 장들이 있다. 이 책은 전혀 우아하지 않고, 편견에 차 있고 그 엉뚱한 판단(예를 들어 프로이트가 본질적으로 빈 사람이라는 평가라든가)이 늘 믿을 만하지는 않지만, 그래도 풍부한 정보가 담겨 있다. Robert M. Young, *Mind, Brain and Adaptation in the Nineteenth Century: Cerebral Localization and its Biological Context from Gall to Ferrier* (1970)는 작지만 현대의 고전이라 할 만하다. *Madhouses, Mad-Doctors, and Madmen: The Social History of Psychiatry in the Victorian Era* (Andrew Scull 편, 1981)는 훌륭한 묶음집이다. 어느 것이 더 낫다는 말을 하고 싶지는 않지만, William F. Bynum, Jr., "Rationales for Therapy in British Psychiatry"(pp.35-57)와 Michael J. Clark, "The Rejection of Psychological Approaches to Mental Disorder in Late Nineteenth-Century British Psychiatry" (pp.271-312)에서 많은 것을 배웠다. *The Anatomy of Madness: Essays in the History of Psychiatry*, vol. I, *People and Ideas*, and vol. II, *Institutions and Society* (Bynum, Roy Porter, and Michael Shepherd 편, 1985)는 푸코가 준 충격을 보여주지만 선정주의에는 저항하는 또 하나의 매혹적인 묶음집이다. Raymond E. Fancher, *Pioneers of Psychology* (1979)는 간결하지만 명료하게 데카르트(René Descartes)부터 스키너(B. F. Skinner)에 이르기까지 심리학의 윤곽을 그려내고 있다. J. C. Flugel, *A Hundred Years of Psychology: 1833-1933* (1933)는 어쩔 수 없이 가장 간결한 방식으로 넓은 영역을 포괄하고 있다. 또 Clarence J. Karier, *Scientists of the Mind: Intellectual Founders of Modern Psychology* (1986)는 윌리엄 제임스에서 오토 랑크에 이르기까지 현대 심리학자 10명을 공정하게 장을 분배하여 다루고 있으며, 프로이트, 아들러, 융도 잊지 않고 있다. Gerald N. Grob 편, *The Inner World of American Psychiatry, 1890-1940: Selected Correspondence* (1985)는 편지를 잘 골랐고 주석도 훌륭하다. 또 짧지만 뛰어난 논문인 Kenneth Dewhurst, *Hughlings Jackson on Psychiatry* (1982), 그리고 George M. Beard (Eric T. Carlson 집필)를 비롯한 여러 정신의학자에 관한 글을 모은 유용한 모음집인 *Essays in the History of Psychiatry* (Edwin R. Wallace

IV and Lucius C. Pressley 편, 1980)도 보라. Steven R. Hirsch and Michael Shepherd, *Themes and Variations in European Psychiatry: An Anthology* (1974)는 제1차 세계대전 이전의 자료들 가운데서도 특히 Emil Kraepelin, Karl Bonhoeffer 등을 발굴했다. Barry Silverstein, "Freud's Psychology and Its Organic Foundations: Sexuality and Mind-Body Interactionism" (*Psychoanalytic Review*, LXXII, 1985, pp.203-228)은 신경학 교육이 프로이트에게 준 영향이 과장되어서는 안 되며, 정신분석은 심신의 상호작용을 거부하지는 않지만 정신적인 것의 독립성을 강조한다는 명제를 효과적으로 제시하고 있다. 정신분석 이론을 신경학 이론과 연결하려는 현대 분석가의 매혹적인 시도로는 Morton F. Reiser, *Mind, Brain, Body: Toward a Convergence of Psychoanalysis and Neurobiology* (1986)를 보라. 또 R. W. Angel, "Jackson, Freud and Sherrington on the Relation of Brain and Mind" (*American Journal of Psychiatry*, 1961, pp.193-197)도 보라. Anne Digby, *Madness, Morality and Medicine: A Study of the York Retreat, 1796-1914* (1986)는 타의 모범이 될 만한 훌륭한 전문적 연구다. Janet Oppenheim, 특히 "The Diagnosis and Treatment of Nervous Breakdown: A Dilemma for Victorian and Edwardian Psychiatry" (*The Political Culture of Modern Britain: Studies in Memory of Stephen Koss*, J. M. W. Bean 편, 1987, pp.75-90)와 그녀의 논문 *The Other World: Spiritualism and Psychical Research in England, 1850-1914* (1985)도 모범적이다.

K. R. Eissler, *Sigmund Freud und die Wiener Universität. Über die Pseudo-Wissenschaftlichkeit der jüngsten Wiener Freud-Biographik* (1966)는 프로이트가 교수 자리에 천천히 오르는 과정에 관해서는 다른 모든 것을 압도하는 권위적 연구다. 이 책은 두 오스트리아 연구자 Joseph and Renée Gicklhorn에 맞서 활기찬 논란을 벌여 프로이트의 교수 승진이 오랫동안 지연된 것이 사실임을 입증한다.

Sebastiano Timpanaro, *The Freudian Slip: Psychoanalysis and Textual Criticism* (1974, Kate Soper 역)은 말실수나 그와 관련된 증후적 행동에서 정신적 질서가 드러난다는 프로이트의 명제에 대한 가장 철저하지만, 매우 부정적인 검토인데, 나 자신은 설득력이 있다고 생각하지 않지만 한번 씨름해볼 가치가 있다.

성욕에 관한 프로이트의 입장은 꿈에 관한 그의 입장보다 훨씬 많이 연구되었을 것이다. 프로이트가 그것의 일부인 동시에 비판자였던, 품위 있는 19세기 성, 규범, 현실에 대한 검토로는 Peter Gay, *Education of the Senses* (1984)와 그 짝을 이루는 *The Tender Passion* (1986, vols. I and II of *The Bourgeois Experience: Victoria to Freud*)을 보라. 이 책들이 제시하는 "빅토리아 여왕 시대" 부르주아지는 비판자들이 주장하는 것만큼 위선적이거나 억압되어 있지 않다. 또 넓은 범위를 다루며 많은 것을 보여주는 에세이인 Stephen Kern, "Freud and the Discovery of Child Sexuality" (*History of Childhood Quarterly: The Journal of Psychohistory*, I, 1973년 여름, pp.117-141)도 보라. 이 책은 Kern, "Freud and the Birth of Child Psychiatry," (*Journal of the History of the Behavioral Sciences*, IX, 1973, pp360-368)와 함께 읽어야 한다. 또 유용하지만 Kern보다는 무게가 떨어지는 Sterling Fishman, "The History of Childhood Sexuality" (*Journal of Contemporary History*, XVII, 1982. pp.269-283)도 보라. K. Codell Carter, "Infantile Hysteria and Infantile Sexuality in Late Nineteenth-Century German-Language Medical Literature" (*Medical History*, XXVII, 1983, pp.186-196)에서는 이 시대의 의학적 견해를 개관할 수 있다. 결혼에 대한 프로이트의 관점은 John W. Boyer, "Freud, Marriage, and Late Viennese Liberalism: A Commentary from 1905" (*Journal of Modern History*, L, 1978년 3월, pp.72-102)에서 논의되고 있는데, 여기에는 프로이트가 했던 중요한 말들이 원래의 독일어로 들어가 있다.

4장 투사와 정신분석가

쉰 살의 프로이트의 초상을 위해서 나는 앞서 언급했던, 분명하게 관련이 있는 모든 전기, 논문, 회고록, 또 공개되었건 공개되지 않았건 그의 편지, 안나 프로이트가 어니스트 존스에게 보낸 중요한 편지들(Jones papers, Archives of the British Psycho-Analytical Society, London에 보관되어 있다.), 프로이트의 분석 대상자였던 정신분석가 Ludwig Jekels의 미공개 회고록(Siegfried Bernfeld papers, container 17, LC에 보관되어 있다)을 이용했다. 존스, 슈어, 작스, 그리고 누구보다도 마르틴 프로이트는 특히 빠질 수 없다. 프로이트의 숙소에 관해서는 *Berggasse 19: Sigmund Freud's Home and Offices, Vienna 1938* (1976)에 수록된 Edmund Engelman의 사진들이 많은 것을 말해준다. 1938년 5월에 찍은 이 사진들은 한쪽 귀가 잘 안 들리게 되고 나서 프로이트가 다시 배치한 진료실을 보여준다. 또 그 묶음집에 내가 쓴 머리말 "Freud: For the Marble Tablet"(pp.13-54)과 그 수정판인 "Sigmund Freud: A German and His Discontents" (*Freud, Jews and Other Germans: Masters and Victims in Modernist Culture*, 1978, pp.29-92)도 보라. Engelman의 사진에 붙인 Rita Ransohoff의 설명은 약간만 도움이 될 뿐이다. 프로이트의 소유물, 특히 골동품의 전문적인 카탈로그는 꼭 필요하다. 초기에 프로이트와 친밀했던 막스 그라프의 사려 깊은 논평인 "Reminiscences of Professor Sigmund Freud" (*Psychoanalytic Quarterly*, XI, 1942, pp.465-477); Ernst Waldinger, "My Uncle Sigmund Freud" (*Books Abroad*, XV, 1941년 겨울, pp.3-10); Richard Dyck의 또 다른 조카 인터뷰인 Harry Freud: "Mein Onkel Sigmund" (*Aufbau* [New York, 1956년 5월 11일, pp.3-4)도 보라. Bruno Goetz, "Erinnerungen an Sigmund Freud" (*Neue Schweizer Rundschau*, XX, 1952년 5월, pp.3-11)는 짧지만 매혹적이고 감동적이다. 이런 회고록 다수를 비롯하여 다른 많은 회고록의 발

췌본이 매우 포괄적인 묶음집인 *Freud As We Knew Him* (Hendrik M. Ruitenbeek 편, 1973)에 빼곡히 모여 있다. 프로이트의 음악적 취향(특히 오페라 취향)의 맥락을 잡기 위해 방대한 문헌을 훑어보았다. 그 가운데도 음악이 생각을 전달**할 수 있다**고 주장하는 Paul Robinson의 매혹적이고 설득력 있는 *Opera and Ideas from Mozart to Strauss* (1985)를 꼽을 만하다. 카를 크라우스에 관해서는 특히 Edward Timms, *Karl Kraus, Apocalyptic Satirist: Culture and Catastrophe in Habsburg Vienna* (1986)를 보라. 이 학문적 전기는 프로이트와 빈에서 가장 유명한 문학적 등에의 관계에 대한 널리 퍼진 오해를 세심하게 바로잡아주고 있다.

　프로이트의 초기 지지자들에 관해서는 다른 곳에서는 구할 수 없는 자료가 담긴 풍부하지만 균질하지 않은 묶음집 Franz Alexander, Samuel Eisenstein, and Martin Grotjahn 편, *Psychoanalytic Pioneers* (1966)를 보라. 빈 정신분석협회의 *Protokolle* 4권에 실린 프로이트의 서클에 관한 전기적 논평은 아주 간략하기는 하지만 의외로 풍부한 정보를 담고 있다. Lou Andreas-Salomé, *In der Schule bei Freud. Tagebuch eines Jahres, 1912/1913* (Ernst Pfeiffer 편, 1958)은 활력과 통찰이 넘친다. 빈 사람들 가운데 가장 중요한 사람으로 꼽는 오토 랑크에게 찬사를 보내는 전기는 많다. 그 가운데 Jesse Taft, *Otto Rank* (1958)와 E. James Lieberman의 충실한 연구인 *Acts of Will: The Life and Work of Otto Rank* (1985)는 내가 이 장과 나중에 강조를 하는 곳과는 다른 곳을 강조하고 있다. 빈과 다른 곳의 정신분석 운동의 초기에 관해서는 어니스트 존스의 자서전 *Free Associations: Memories of a Psycho-Analyst* (1959)가 간결하고, 독선적이면서도 정보가 풍부하다.

　"외국인들"에 관해서는 지금보다 더 충실한 연구가 이루어질 필요가 있다. 피스터의 전기는 없지만, 그의 자전적인 글 "Oskar Pfister" (*Die Pädagogik der Gegenwart in Selbstdarstellungen*, Erich Hahn 편, 2 vols. 1926-1927, II, pp.161-207)가 좋은 출발점이다. 프로이트-피스터

의 서신은 거의 전부 the Sigmund Freud Copyrights, Wivenhoe에 있으며, 이것과 the Pfister papers in the Zentralbibliothek, Zurich를 합치면 전기의 기초가 될 수 있다. 또 Willi Hoffer's obituary of Pfister (*Int. J. Psycho-Anal.*, XXXIX, 1958, pp.615-616)와 Gay, *A Godless Jew*, 3장도 보라. 딸 힐다 아브라함(Hilda Abraham)이 쓴 카를 아브라함의 전기 *Karl Abraham: An Unfinished Biography* (1974)는 용감하지만 불완전한 첫 시도로서(독일어판 *Karl Abraham. Sein Leben für die Psychoanalyse* [Hans-Horst Henschen 독일어역, 1976]은 원본에서 인용한 아브라함의 중요한 편지들 몇 통이 실려 있다.), 앞으로 많은 작업이 이루어질 필요가 있다. 기록을 많이 남긴 매혹적인 인물 어니스트 존스는 Vincent Brome, *Ernest Jones: Freud's Alter Ego* (영국판, 1982; 미국판, 1983)보다 나은 전기로 평가받을 자격이 있다. 이 전기의 주된 미덕은 존스와 인터뷰한 내용을 싣고 문서 보관소의 텍스트를 풍부하게 인용한 것이지만, 비판적 판단이 결여되어 있으며 매우 피상적이다. 존스의 출생 백 주년을 맞아 *Int. J. Psycho-Anal.*, LX (1979)에 실린 논문들은 예상할 수 있는 바대로 찬양 일색이지만, 그래도 귀중한 글이 몇 편 포함되어 있다. Katharine Jones, "A Sketch of E. J.'s Personality"(pp.171-173); William Gillespie, "Ernest Jones: The Bonny Fighter"(pp.273-279); Pearl King, "The Contributions of Ernest Jones to the British Psycho-Analytical Society"(pp.280-287); Arcangelo R. T. D'Amore, "Ernest Jones: Founder of the American Psychoanalytic Association"(pp.287-290) 등이 그런 글이다. 마음대로 프로이트의 편지를 인용하고 있다는 점 때문에 이미 언급한 적이 있는 Binswanger, *Erinnerungen* 또한 빈스방거 자신의 응답이 담겨 있다. 잘생기고, 우아하고, 총명한 조앤 리비에르에 관해서는 자료가 너무 부족하지만, 그래도 제임스 스트레이치와 Paula Heimann의 애정 어린 조사(*Int. J. Psycho-Anal.*, XLIV, 1963, pp.228-230, pp.230-233)가 있다. 아마 가장 크게 비어 있는 것은 페렌치의 상세

한 전기(또 이와 관련하여 부다페스트 연구소의 역사)일 것이다. 현재 가장 중요한 자료는 미하엘 발린트의 박식하고 애정 어린 글 "Einleitung des Herausgebers"(Sándor Ferenczi, *Schriften zur Psychoanalyse*, Balint 편, 2 vols., 1970, I, pp.ix-xxii)와 주석과 논평이 잘 갖추어진 Ilse Grubrich-Simitis, "Six Letters of Sigmund Freud and Sándor Ferenczi on the Interrelationship of Psychoanalytic Theory and Technique"(*Int. Rev. Psycho-Anal.*, XIII, 1986, pp.259-277)이다.

Hannah S. Decker, *Freud in Germany: Revolution and Reaction in Science, 1893-1907* (1977)은 프로이트가 초기에 독일에서 받아들여지던 상황에 관한 모범적 논문이다. 이 논문은 이 상황을 지나치게 단순하게 보는 프로이트와 존스의 언급을 수정하지만, 그러면서도 수정을 위한 수정이라는 함정에 빠지지 않는다. 독일 이외의 곳에서 초기에 프로이트가 어떻게 받아들였는지 보여주는 비슷한 논문들이 나오면 좋을 것이다.

오토 바이닝거에 관해서는 상당한 문헌이 나와 있는데, Hans Kohn의 팸플릿 *Karl Kraus. Arthur Schnitzler. Otto Weininger. Aus dem jüdischen Wien der Jahrhundertwende*(1962); Johnston, *The Austrian Mind*의 관련 대목, 특히 pp.158-162; Paul Biro, *Die Sittlichkeitsmetaphysik Otto Weininger. Eine geistesgeschichtliche Studie* (1927); Emil Lucka, *Otto Weininger, sein Werk und seine Persönlichkeit* (1905; 2판. 1921)에서 얻은 것이 많다.

아이팅곤에 관해서 한마디. 1988년 1월 24일자 *New York Times Book Review*는 "샌프란시스코의 Institute of Contemporary Studies 연구원"이라고 밝힌 Stephen Schwartz의 글을 실었는데, 이 글에는 막스 아이팅곤에 대한 매우 심각한 공격이 담겨 있다. 주로 1930년대에 프랑스, 에스파냐, 미국, 멕시코 등 서방 세계 전역에 걸쳐서 스탈린의 살인적인 정책을 위해 봉사하면서 스탈린이나 그의 비밀 경찰이 제거하고자 하던 사람들의 납치와 암살을 꾸미는 것을 돕거나 그 일에 참여한 예술가와 지식인의 국제적인 네트워크에 아이팅곤을 연결하고 있다. 나에게는 매우 곤란한 시기에 제기된 주장이었다. 나는 아이팅곤에 관한 그런 종류의 주장을 듣거나 읽어본 적이 없었으며, 이 전기의 다른 장들은 이미 교정도 다 끝나 이 부분의 문헌 해제만 남은 상태였으며, 그나마 인쇄소로 달려가 논평을 실을 기회밖에 없었다. 나는 이 전기를 쓰는 과정에서 아이팅곤에 관해 많은 것을 알게 되었다고 생각했으며, 그 지식에 비추어보면 그가 자신의 독립성과 인간성을 내던지고 스탈린의 살인 기계에 봉사하는 사람들 사이에 낀다는 것은 터무니없게 여겨졌다. 하지만 비록 아이팅곤에 관한 Schwartz의 이야기가 신뢰를 불러일으키지는 않는다 해도, 그의 공격을 가볍게 넘기고 싶지는 않았다. (Schwartz는 여러 가지 잘못된 말을 했지만, 그 가운데도 아이팅곤이 "1925년부터 1937년까지" 프로이트의 "허드렛일꾼이자 세상을 막는 방패였다"고 한 대목은 문제였다. "아브라함은 죽었고, 페렌치와 랑크는 스승으로부터 따돌림을 당했고, 작스와 존스는 아이팅곤 박사가 그렇게 훌륭하게 수행하는 역할, 즉 늘 착한 태도로 병든 프로이트의 시중을 들어주는 역할에 어울리지 않았다. 반면 아이팅곤은 노인의 사회 활동 담당 비서나 다름없었다." 이 전기를 읽어본 독자라면 이것이 말도 안 된다고 생각할 것이다. 그 시기에 아이팅곤은 프로이트를 자주 보지 못했다. 드문 일이지만 그가 빈에 가거나, 더 드문 일이지만 프로이트가 베를린에 왔을 때 본 것뿐이다. 프로이트의 *Chronik*가 보여주듯이, 아이팅곤이 1933년에 팔레스타인으로 이주한 뒤에는 일년에 한 번 베르크 가세 19번지를 찾아왔다.)

그렇더라도, Schwartz 또는 그가 인정하는 연구 조수가 이 정신분석 집단의 삶에 관한 정보가 아무리 부족하다 해도, 이런 무지만으로 그의 주장이 거짓이 되지는 않는다. 따라서 아이팅곤이 프로이트에게 보낸 편지에는 볼셰비키에게 공감할 가능성조차 내비치지 않았지만, 그것으로 그냥 그를 무죄방면해줄 수는 없었다. 만일 아이팅곤이 진짜로 소비에트의 요원이었다면 가까운 사람들에게 그 사실을 밝히지는 않았을 테니까. 특히 볼셰비즘은 물론이고 사회주의에도 반감이 있다는 사실이 잘 알려진 프로이트에게는 밝히지 않았을 것이다. 만일 Schwartz의 공격이 옳다는 것이 입증되면 아이팅곤이 이 전기의 중심적인 관심사에서 아무리 주변에 놓여 있다 해도 독자들에게 그 무시무시한 사실을 드러내는 것이 나의 의무였다.

그래서 나는 시간이 허락하는 범위에서 철저하게 이 문제를 조사하기로 했다. 나는 소비에트의 불법 행위에 관하여 세계에서 가장 유명한 전문가로 꼽히는 Wolfgang Leonhard의 의견을 구했다. 그는 막스 아이팅곤의 이름을 들어본 적이 없었으며, 자신의 방대한 전문적 자료 가운데서 아이팅곤에 관한 사실을 전혀 찾아낼 수 없었다. 더욱이 나는 Robert Conquest, *Inside Stalin's Secret Police: NKVD Politics, 1936-1939* (1985) 같은 고전을 포함한 국내외의 상당한 양의 소비에트 비밀경찰에 관한 자료와 영어, 프랑스어, 독일어로 된 다른 많은 논문을 검토했다. 여기에는 수많은 소비에트 요원의 이름과 활동이 나오지만, 어느 책에서도 막스 아이팅곤이라는 이름은 언급조차 되지 않았다. 나는 그외에도 Schwartz가 의존했던 두 자료, 즉 John J. Dziak, *Chekisty: A History of the KGB* (1988)와 Vitaly Rapoport and Yuri Alexeev, *High Treason: Essays on the History of the Red Army, 1918-1938* (Vladimir G. Treml and Bruce Adams 편, Adams 역, 1985)를 특히 주의 깊게 보았다. Schwartz의 첫 번째 주장은 아이팅곤이 1937년 파리에서 벨라루스 사람인 Yevgeni Karlovich Miller 장군 납치에 참여했고, 이 과정에서 유명한 러시아 포크 가수인 Nadezhda Plevitskaya와 그녀의 남편인 Nikolay Skoblin과 협력했고, 이 부부는 모두 소비에트 비밀경찰의 특수부대 소속이라는 것이었다. 나아가 Schwartz는 은근히 또 다른 범죄도 암시하고 있다. 그는 이렇게 말한다. "막스 아이팅곤 박사가 1937년 육군 최고 인민위원과 장군 8명을 포함한 소비에트 육군 최고 지도자들을 스탈린의 처형 기계에 넘기는 비밀 재판에 기여했다는 증거가 있다." 여기에서 말하는 비밀 재판은 내무인민위원회(NKVD) 요원들과 Reinhard Heydrich 같은 나치 관리들의 불길한 협력과 관련된 것인데, 이들은 소비에트 육군 지도부의 많은 사람을 죽이는 데 공모했다는 사실을 밝혀 둘 필요가 있겠다. Schwartz는 증거가 있다는 주장 외에는 이런 비난의 자료를 제시하지 않으면서도 이런 결론까지 내리고 있다. "까놓고 이야기해서, 프로이트의 동료가 Heydrich의 부하와 제휴했다고 상상하면 유쾌하지 않다." 물론 유쾌하지 않다. 하지만 그것이 사실일까?

Schwartz가 두 번째 주장에 아무런 증거를 대지 않기 때문에, 나는 첫 번째 주장을 조사하는 데 집중했다. 그는 Dziak의 *Chekisty*에서 찾아낸 것을 이렇게 요약한다. "Dziak 씨는 Miller 장군의 납치에서 그 그룹의 핵심 요원 가운데 한 사람이 다름 아닌 지크문트 프로이트와 개인적으로 가까운 동료이자 정신분석 운동의 한 기둥인 막스 아이팅곤 박사이며 …… 그는 Leonid Eitingon과 형제 간이라고 전하고 있다." 여기서 Leonid는 수수께끼의 인물이며, 적어도 한 자료에서는 그를 Naum Ettingon이라고 부르기도 한다는 점을 밝힐 필요가 있겠다. 그는 내무인민위원회의 고위 관리이자, 1940년 트로츠키 살해의 주모자였던 것으로 보인다. Schwartz는 이렇게 말한다. "Dziak 씨는 Skoblin과 Plevitskaya를 [스탈린의 암살자들의] 특수부대에 끌어들인 사람이 막스 아이팅곤 박사라고 결론을 내리고 있다." 하지만 글 말미에서 Schwartz의 단정적인 태도는 흔들린다. "그[막스 아이팅곤]의 직접적인 참여는 전체적으로 아주 적었다고 주장할 수 있을지도 모른다……." 그러나 이렇게 부분적으로 유보한다 해서 앞서 했던 비난으로 입은 피해가 복구되지는 않는다. 사실 Dziak 자신은 Schwartz가 말한 것보다 훨씬 신중한 입장이었다. Dziak은 자신의 책에서 막스 아이팅곤 이야기를 딱 세 번 하는데, 그것도 지나가며 하는 말이다. 그의 말은 이런 식이다. "Marx [원문대로!]는 Skoblin 장군과 그의 부인 Plevitskaya와 연결되어 있었던 것으로 **보인다.**" (p.100, 강조는 필자). Plevitskaya와 막스 아이팅곤의 "재정적 관련"은 "상당한 재정적 지원과 관련된 것으로 **보이지만**", Dziak은 분명하게 말하지 않는다. "돈이 아이팅곤 가족에게서 나왔는지 아니면 소비에트 쪽에서 나왔는지 분명하지 않기" 때문이다(p.101,

강조는 필자). 사실 "마르크스 아이팅곤의 이름은 〔Plevitskaya의〕 재판에 나오지만, Naum의 이름은 나오지 않았다. 그러나 소비에트 **반대파 자료** 는 Miller 납치를 조직하고 실행에 옮긴 사람이 **Naum**이라고 주장한다." (p.102, 강조는 필자). Dziak는 후주에서 믿을 만한 자료가 부족하다는 사실 때문에 매우 자제하는 태도를 보이며, 체념한 듯 "두 아이팅곤 형제의 활동을 둘러싸고 상당한 혼란이 있다."(p.199)고 말한다. 이것으로 막스 아이팅곤의 이름이 깨끗해지는 것은 아니지만, 그의 관련에 대해서도 분명히 의심을 해보게 된다.

Schwartz가 다른 주요 자료를 이용하는 것도 마찬가지로 제멋대로다. 그는 Rapoport와 Alexeev의 말을 이런 식으로 풀어쓴다. 그들은 "아이팅곤 박사가 …… Skoblin과 Plevitskaya를 통제하는 요원이었다고 …… 분명하게 말한다." 사실 그들은 그런 말을 전혀 하지 않는다. 그들은 이렇게 쓰고 있다. "내무인민위원회에서 Plevitskaya의 상관은 전설적인 Naum Ettingon〔원문대로〕이었다. 그녀의 접촉선이자 거래선은 Ettingon의 형제인 Mark〔원문대로〕였다." 그들은 또 이렇게 말한다. "오랫동안 그〔막스 아이팅곤〕는 Nadezhda Plevitskaya의 너그러운 후원자였다. 그녀는 재판에서 '그가 머리에서 발끝까지 입을 것과 신을 것을 제공했다'고 말했다. 이이팅곤은 그녀가 자전적인 책 두 권을 출간하는 자금도 댔다." 그들은 이 빈약한 사실들을 근거로 이런 추측을 한다. "그가 단지 러시아 음악을 사랑해서 그랬을 가능성은 낮다. 그는 형제인 Naum의 메신저이자 자금 담당 요원으로 활동했을 가능성이 높다."(p.391) 이런 추측에 관해 다른 말을 할 수도 있겠지만, 어쨌든 이들도 Schwartz의 자신만만한 암시만큼 단정적인 입장을 취한 것은 결코 아니라고 할 수 있다.

결국 막스 아이팅곤에 대한 거의 모든 주장은 1979년에 미국에서 러시아어로 출간된 B. Prianishnikov, *Nezrimiaia pautina*(보이지 않는 그물)로 거슬러 올라간다. Prianishnikov는 Miller 장군이 납치된 뒤 파리에서 열린 Plevitskaya의 증언 가운데 많은 부분을 발췌하여 이 책에 수록했다.

그러나 이것이 문제가 많은 자료인 것은 분명하다. 재판을 받는 사람이 어떤 증언이 자신에게 유리하다고 생각할지 파악하는 것은 아주 어려운 일이다. 이 점을 고려해도 이 증언에 나오는 것은 모두 무해한 주장들뿐이다. Plevitskaya는 막스 아이팅곤을 잘 알았다. 그는 그녀에게 자주 선물을 주었다. 그는 돈 문제에서 매우 너그러웠다(이 전기를 읽어본 사람이라면 확인할 수 있는 사실이다). 그녀는 누구에게도(막스 아이팅곤은 물론이고) 돈이나 선물을 받고 성적인 호의를 "판" 적이 없다. 아이팅곤은 사실 정사에는 관심 없는 깨끗하고 품위 있는 남자였다. 그의 평판이 얼마나 깨끗했는지 프랑스 심문관이 막스 아이팅곤을 언급하자, 한 러시아인 증인은 문제가 되는 인물은 막스의 형제라고 고쳐주기까지 했다.

물론 이 가운데 어느 것도 막스 아이팅곤의 무죄를 보장해주지는 않는다. 그에게 소비에트 비밀경찰의 고위 관리였다는 증거가 꽤 있는 형제가 있었던 것은 사실이지만, 그것이 막스 아이팅곤이 이 더러운 일에서 어떤 역할을 했을 가능성이 있다고 말해주는 것은 아니다. 우리는 프로이트가 아이팅곤, 그리고 함께 팔레스타인으로 망명하여 아이팅곤과 아주 친해졌던 아르놀트 츠바이크와 주고받은 편지에서 아이팅곤이 예루살렘에서 분석 진료를 하고 정신분석 연구소를 조직하는 일에 대부분의 시간을 보냈다는 것을 확인할 수 있다. 또 프로이트의 *Chronik*을 보아도 아이팅곤은 1937년 여름에 유럽에 있었다는 것을 알 수 있다. 따라서 그런 비난 가운데 어느 것도 아이팅곤의 인격을 재평가해야 할 만큼 대단하게 여길 필요가 없다. 물론 비밀공작을 드러내는 것은 그것이 말 그대로 비밀이기 때문에 매우 어려운 일이다. 그러나 관련 문헌에 막스 아이팅곤의 이름이 거의 나오지 않는다는 것은 의미가 없지 않다. 가끔 개가 밤에 짖지 않으면 그것은 개가 곤하게 자고 있다는 뜻이기도 한 것이다. 물론 Schwartz의 앞으로 나올 책에, 또는 그가 언급한 연구자들 가운데 어떤 사람의 책에서 아이팅곤의 죄를 증명하는 미공개 자료가 등장할 수도 있다. 하지만 그런 새로운 증거가 공개되고 분석되기 전까지는, 나는 Schwartz의 비난에 근거가 없다고 결론을 내릴 수밖에 없다.

5장 정신분석 정치학

존스의 '프로이트의 생애'에 필적할 만한 융의 전기는 찾아볼 수가 없다. 그 주된 이유는 중요한 문건에 접근하는 데 어려움이 있다는 것이다. 융이 쓴 상상력이 풍부하고 매우 내향적인 자서전 *Memories, Dreams, Reflections* (1962; Richard and Clara Winston 역, 1962)는 실제로 꿈을 강조하고 있기 때문에 제목을 잘 붙인 셈이다. 많은 자서전이 그렇듯이 이 자서전도 저자가 의도한 것 이상을 드러낸다. 융의 발언을 모은 상당한 분량의 *C. G. Jung Speaking: Interviews and Encounters* (William McGuire and R. F. C. Hull 편, 1977) 또한 많은 것을 드러내는데, 이 책은 그의 자서전을 증폭하고, 수정하고, 또 가끔 자서전과 모순되는 이야기를 한다. 한편 주로 융을 알고 또 엄청나게 존경했던 사람들이 쓴, 상당한 정보를 제공하는 전기가 몇 권 있다. Liliane Frey-Rohn, *From Freud to Jung: A Comparative Study of the Psychology of the Unconscious* (1969; Fred E. and Evelyn K. Engreen 역, 1974)는 그 전형적인 예다. 그 가운데도 특히 간결한 E. A. Bennet, *C. G. Jung* (1961), 친밀한 관계였던 Barbara Hannah가 쓴 것으로 융의 신비주의를 강조하고 또 공유하는 *Jung: His Life and Work, A Biographical Memoir* (1976)에 주목하라. Ellenberger, *Discovery of the Unconscious*, 9장은 매우 철저하다. Robert S. Steele, *Freud and Jung: Conflicts of Interpretation* (1982)은 읽어볼 가치가 있다. Aldo Carotenuto, *A Secret Symmetry: Sabina Spielrein between Jung and Freud* (1980; Arno Pomerans, John Shepley, and Krishna Winston 역, 1982; 자료를 추가한 2판, 1984)는 증거를 풍부하게 활용한 책인데, 융의 총명한 환자(이자 정부)의 이야기를 하면서 융을 지독하고 불쾌한 사람으로 그리며, 프로이트 또한 별로 좋게 그

리지 않는다.

융의 작업은 독일어와 영어 양쪽 전집으로 쉽게 구할 수 있다. 융이 프로이트와 친하게 지내던 시기에 관해서는 특히 Jung, *Freud and Psychoanalysis* (1961; 개정판, 1970), vol. IV of the *Collected Works*와 Jung, *The Psychoanalytic Years*(William McGuire 편, 1974, vols. II, IV, and XVII)에서 발췌를 보라. 매우 중요한 프로이트-융 서신집 가운데 감탄할 만한 McGuire판에 관해서는 앞에서 언급했다. 점점 늘어나는 논문들 가운데 Peter Homans, *Jung in Context: Modernity and the Making of a Psychology* (1979)의 "맥락적 접근"이 매우 사려 깊다고 여겨졌다. Ernest Glover, *Freud or Jung?* (1956)은 프로이트를 일방적으로 지지하는—내가 보기에는 옹호할 만하다고 여겨지지만—논쟁적인 책이다. 반면 Paul E. Stepansky, "The Empiricist as Rebel: Jung, Freud and the Burdens of Discipleship" (*Journal of the History of the Behavioral Sciences*, XII, 1976, pp.216-239)은 비록 신중하고 이해력이 뛰어나지만, 내 판단으로는 지나치게 융 편을 든 글이다. K. R. Eissler, "Eine angebliche Disloyalität Freuds einem Freunde gegenüber" (*Jahrbuch der Psychoanalyse*, XIX, 1986, pp.71-88)는 1912년 융에 대한 프로이트의 행동을 신중하게 논리적으로 변호한다. Andrew Samuels, *Jung and the Post-Jungians* (1984)는 융 학파의 관점에서 융 사후 융의 이론의 운명을 추적한다. 프로이트-융 서신에 대한 많은 평가 가운데 내가 보기에 가장 도움이 되는 것은 Hans W. Loewald, "Transference and Counter-Transference: The Roots of Psychoanalysis" (*Psychoanalytic Quarterly*, XLVI, 1977, pp.514-527)인데, 이것은 Loewald, *Papers on Psychoanalysis*(1980, pp.405-418)에서 쉽게 찾아볼 수 있다. 또 Leonard Shengold, "The Freud/Jung Letters: The Correspondence between Sigmund Freud and C. G. Jung" (*J. Amer. Psychoanal. Assn.*, XXIV, 1976, pp.669-683)과 D. W. Winnicott, *Int. J. Psycho-Anal*, XLV (1964, pp.450-455)도 중요하다. 프로이트와 융의 결별이라는 난처한 문제에 관해서는 융의 정신 상태를 헤아려보려 한 Herbert Lehman, "Jung contra Freud/Nietzsche contra Wagner"(*Int. Rev. Psycho-Anal.*, XIII, 1986, pp.201-209)를 보라. 또 Hannah S. Decker, "A Tangled Skein: The Freud-Jung Relationship"(*Essays in the History of Psychiatry*, Wallace and Pressley 편, pp.103-111)도 보라.

프로이트의 미국 방문은 앞으로 이루어질 연구에서 좋은 성과들이 나올 듯하다. William A. Koelsch, *"Incredible Day Dream": Freud and Jung at Clark*, The Fifth Paul S. Clarkson Lecture (1984)는 간결하고 대중적이지만 권위적이며, 문서 자료에 대한 철저한 지식에 바탕을 두고 있다. Nathan G. Hale, Jr., *Freud and the Americans: The Beginnings of Psychoanalysis in the United States, 1876-1917* (1971)은 훌륭하고 상세한 연구이며(클라크에서의 프로이트에 관해서는 특히 1부를 보라), 이 미국 방문을 큰 흐름 속에서 보게 해준다. 매우 충실하고 책임감 있는 전기인 Dorothy Ross, *G. Stanley Hall: The Psychologist as Prophet* (1972)도 마찬가지다.

다작의 슈테켈은 프로이트와 결별한 일(또는 프로이트가 그와 결별한 일)에 관하여 사후에 출간된 *The Autobiography of Wilhelm Stekel: The Life Story of a Pioneer Psychoanalyst* (Emil A. Gutheil 편, 1950)에서 자기 입장을 이야기하고 있다. 프리츠 비텔스의 미발표 전기 "Wrestling with the Man: The Story of a Freudian"(타자로 친 원고, Fritz Wittels Collection, Box 2, A. A. Brill Library, New York Psychoanalytic Institute)는 프로이트가 슈테켈에게 보여주었던 태도보다 슈테켈에게 훨씬 우호적이다. 슈테켈도 참여했던, 자위에 관한 빈 정신분석협회의 장기적인 논의에 관해서는 특히 Annie Reich, "The Discussion of 1912 on Masturbation and Our Present-Day Views"(*The Psychoanalytic Study of the Child*, VI, 1951, pp.80-94)를 보라. 아들러의 최고 전기는

Phyllis Bottome의 권위 있는 *Alfred Adler: Apostle of Freedom* (1939; 3판, 1957)이다. 이 전기는 일화가 많은 반면 많은 조사를 바탕으로 한 것은 아니며, 당연한 이야기지만 아들러를 가장 우호적인 관점에서 바라보고 있다. Paul E. Stepansky, *In Freud's Shadow: Adler in Context* (1983)은 훨씬 수준이 높다. 이 전기는 프로이트-아들러의 결정적인 결렬을 포함한 그들의 관계를 꼼꼼히 분석하지만, 논쟁에서 의심스러운 대목이 생기면 아들러에게 유리하게 해석하는 쪽을 택하는 경향이 있다(Stepansky가 사용하는 형용사들에 주의하라). Ellenberger, *Discovery of the Unconscious*에는 이와 관련된 상당히 긴 장(8장)이 실려 있는데, 여기에서는 특히 성실한 아들러 연구자 Hans Beckh-Widmanstetter의 "Kindheit und Jugend Alfred Adlers bis zum Kontakt mit Sigmund Freud"를 포함하여 많은 미발표 자료가 이용되고 있다. 아들러의 글은 영어나 독일어 보급판으로 쉽게 구할 수 있다. 전기적인 세목과 관련하여 도움을 얻으려면 아들러의 점증하는 영향력에 관한 Heinz L. Ansbacher의 소개 에세이, 카를 푸르트뮐러의 전기적 연구를 보라. 둘 다 Alfred Adler, *Superiority and Social Interest: A Collection of Later Writings* (Heinz L. and Rowena R. Ansbacher 편, 1964; 3판, 1979)에 실려 있다. 프로이트 자신의 이야기인 "On the History of the Psycho-Analytic Movement" (1914, *SE XIV*, pp.1-66)는 격렬하고 편파적이며, 논쟁서로 읽어야 하지만 여전히 알려주는 것이 가장 많다. 존스의 자서전 *Free Associations* 또한 이 시절과 전투에 관하여 많은 이야기를 해준다. Walter Kaufmann의 포괄적인 연구 *Discovering the Mind*, vol. III, *Freud versus Adler and Jung* (1980)은 프로이트의 큰 논쟁들을 큰 흐름 속에서 보게 해준다.

6장 정신분석의 환자들

프로이트의 발표된 사례사에 관한 문헌은 이해할 수 있는 일이지만 관리가 거의 불가능할 정도다. 마찬가지로 이해할 수 있는 일이지만 페미니스트와 문학적 해석자들에게 매혹적인 함의가 담긴 "도라" 사례는 가장 많고 또 가정 열정적인 문헌을 낳았다. 따라서 이제부터 이야기하는 것은 대표적인 예일 뿐이다. 정신분석가의 논문으로는 특히 Jules Glenn, "Notes on Psychoanalytic Concepts and Style in Freud's Case Histories"와 "Freud's Adolescent Patients: Katharina, Dora and the 'Homosexual Woman,'" 둘 다 *Freud and His Patients* (Mark Kanzer and Glenn 편, 1980, pp.3-19, pp.23-47)를 보라. 이 책에는 또 Melvin A. Scharfman, "Further Reflections on Dora"(pp.48-57); Robert J. Langs, "The Misalliance Dimension in the Case of Dora"(pp.58-71); Kanzer, "Dora's Imagery: The Flight from a Burning House"(pp.72-82); Isidor Bernstein, "Integrative Summary: On the Re-viewings of the Dora Case"(pp.83-91) 등 훌륭한 글들이 실려 있다. 또 *Revue Française de Psychanalyse*, XXXVII (1973)의 특집호도 보라. 여기에는 이 단 하나의 사례를 놓고 무려 7편의 글이 실려 있다. 또 Alan and Janis Krohn, "The Nature of the Oedipus Complex in the Dora Case" (*J. Amer. Psychoanal. Assn.*, XXX, 1982, pp.555-578); Hyman Muslin and Merton Gill, "Transference in the Dora Case" (*J. Amer. Psychoanal. Assn.*, XXVI, 1978, pp.311-328)도 보라. 역사가의 관점에서 같은 사례에 관한 사려 깊은 작업으로는 Hannah S. Decker, "Freud and Dora: Constraints on Medical Progress" (*Journal of Social History*, XIV, 1981, pp.445-464)와 그녀의 독창적인 "The Choice of a Name: 'Dora' and Freud's Relationship with Breuer" (*J. Amer. Psychoanal. Assn.*, XXX, 1982, pp.113-136)를 들 수 있다. 대단히 냉혹한 방식으로 중년의 도라를 묘사한 펠릭스 도이치의 유명한(아니, 악명이 높은 것이기를 바라지만) 그리고 불필요하게 냉혹한 추적 작업 "A Footnote to Freud's 'Fragment of an Analysis of a Case of Hysteria,'" (*Psychoanalytic Quarterly*, XXVI,

1957, pp.159-167)는 분석을 공격적으로 이용한 증거물이다. Arnold A. Rogow, "A Further Footnote to Freud's 'Fragment of an Analysis of a Case of Hysteria,'" (*J. Amer. Psychoanal. Assn.*, XXVI, 1978, pp.331-356)는 도이치의 작업의 뒤를 이은 것으로 도라의 삶을 가족의 맥락에서 다룬 것이지만 훨씬 얌전하다. 또 Janet Malcolm, *Psychoanalysis: The Impossible Profession* (1981)에 나오는 뛰어난(내 생각에는 약간 가혹하다는 느낌도 들지만) 논평도 보라. 그녀는 "도라"라는 가명이 세상에 "상자"와 함께 악을 가져온 신화적 존재의 이름을 떠올린다고 주장한다 (pp.167-168).

In Dora's Case: Freud-Hysteria-Feminism (Charles Bernheimer and Claire Kahane 편, 1985)은 주로 문학평론가들이 쓴 에세이들의 도발적인 묶음집이다. 여기 실린 논문들은 편차가 매우 심하며, 저자들은 속셈이 다 다르다. 흥미가 없지 않은 일로, 이 책에는 편집자들의 긴 머리말 두 편과 Steven Marcus, "Freud and Dora: Story, History, Case History" (원래는 *Partisan Review* [1974년 겨울, pp.12-108]에 발표, 그의 *Representations* [1975, pp.247-309]에 재수록)의 발췌문을 상당 분량 싣고 있다. 이 사례사를 문학의 한 종류로 읽었다고 주장하는 Marcus는 "도라"가 현재 감당해야 하는 종종 자의적인 해석이라는 무거운 짐에 어느 정도 책임이 있다. 이 묶음집의 한 가지 실물 교육으로 Toril Moi, "Representation of Patriarchy: Sexuality and Epistemology in Freud's Dora"(pp.181-199)를 들 수 있다. 저자는 프로이트가 "훼손되었지만 귀중한 고대의 유물" (*SE* VII, 12)이 빛을 보게 했다는 말을 했다고 인용한 다음 프로이트가 사용한 표현을 지나치게 크게 받아들이고 있다. "'훼손되었다mutilated'는 말은 [프로이트가] 거세의 효과를 묘사할 때 흔히 사용하는 말이며, '귀중하다priceless'는 말은 …… 말 그대로다. price-less, 즉 가치가 없다는 것이다. 사실 귀한 물건이 훼손이 되었는데 어떻게 가치가 있을 수 있겠는가?"(p.197). 이것은 영어로도 말이 안 되지만, Moi는 독일어

는 찾아보려고도 하지 않고(아니면 찾아보지 못하는 것일까?) *Standard Edition*의 번역만 이용하고 있다. 원문에서 프로이트는 unschätzbaren이라는 말을 쓰고 있으며, 이 말은 누구도 "가치가 없다"는 뜻으로 읽을 수가 없다. 이것은 "가치를 매길 수 없다", 또는 "가격을 초월했다"는 말이며, 독일어 형용사가 제공할 수 있는 가장 큰 찬사다.

꼬마 한스는 도라만큼 많은 관심을 끌지 못했다. Joseph William Slap, "Little Hans's Tonsillectomy"(*Psychoanalytic Quarterly*, XXX, 1961, pp.259–261)에는 한스의 공포증에 관한 프로이트의 해석을 복잡하게 만드는 흥미로운 가설이 담겨 있다. Martin A. Silverman은 "A Fresh Look at the Case of Little Hans"(*Freud and His Patients*, Kanzer and Glenn 편, pp.95–120)에서 유아의 경험에 관한 충실한 참고문헌을 제시한다. 또 같은 책에 있는 Glenn의 흥미로운 논문 "Freud's Advice to Hans' Father: The First Supervisory Sessions"(pp.121–134)도 보라.

프로이트의 쥐 인간, 그의 가족과 그의 신경증 사례사, 그리고 프로이트의 과정 메모와 발표한 사례사 사이의 차이에 관한 가장 지속적인 탐사는 Patrick J. Mahony, *Freud and the Rat Man* (1986)이다. Elza Ribeiro Hawelka는 프로이트의 과정 메모의 독일어 텍스트 전체를 꼼꼼하게 필사하고(널리 사용되는 *SE* X, pp.253–318의 영어 텍스트는 완전하지도 않고 완전히 믿을 만하지도 않다.), 맞은편 페이지에는 프랑스어 번역, 주석, 논평인 Freud, *L'homme aux rats. Journal d'une analyse* (1974)를 추가해놓았다. 프로이트가 나중에 손으로 써 넣은 것으로 보이는 주석이 달린 이 과정 메모의 자필 원고는 LC에 다른 정리되지 않은 자료와 함께 있다. 간혹 밑줄이 그어져 있거나 여백에 메모를 해놓은 것을 보면 프로이트가 다시 이 사례를 검토하고 싶어 했을지도 모른다는 생각이 들지만, 이제까지 쥐 인간에 관한 다른 원고는 나타난 적이 없다. Elizabeth R. Zetzel은 "1965: Additional Notes upon a Case of Obsessional Neurosis: Freud 1909"(*Int. J. Psycho-Anal.*, XLVII, 1966, pp.123–129)에서 흥미로운 정신분석적 사후 검토를 하고 있는데, 이것은 바로 뒤에 나오는 Paul G. Myerson, "Comment on Dr. Zetzel's Paper"(pp.130-142)와 함께 읽을 필요가 있다. 또 *Int. J. Psycho-Anal.*에서 Samuel D. Lipton, "The Advantages of Freud's Technique As Shown in His Analysis of the Rat Man" (LVIII, 1977, pp.255-273)과 그의 후속작 "An Addendum to 'The Advantages of Freud's Technique As Shown in His Analysis of the Rat Man,'" (LX, 1979, pp.215-216); 그리고 Béla Grunberger, "Some Reflections on the Rat Man" (LX, 1979, pp.160-168)도 보라. 전과 마찬가지로 *Freud and His Patients*, Kanzer and Glenn 편에 실린 글들이 재미있지만, 그 가운데도 특히 Judith Kestenberg, "Ego Organization in Obsessive-Compulsive Development: The Study of the Rat Man, Based on Interpretation of Movement Patterns"(pp.144-179); Robert J. Langs, "The Misalliance Dimension in the Case of the Rat Man" (pp.215-230); Mark Kanzer, "Freud's Human Influence on the Rat Man"(pp.231-240)이 주목할 만하다. 최초의 논평이라고 할 만한 것은 어니스트 존스의 논문 "Hate and Anal Erotism in the Obsessional Neurosis" (1913), (Jones, *Papers on Psycho-Analysis*, 3판, 1923, pp.553-561)이다.

레오나르도 다빈치에 관한 프로이트의 논문에 대해서는 Meyer Schapiro, "Leonardo and Freud: An Art-Historical Study" (*Journal of the History of Ideas*, XVII, 1956, pp.147-178)가 한마디로 불가결하다. K. R. Eissler의 대응인 *Leonardo da Vinci: Psycho-Analytic Notes on the Enigma* (1961)는 폭도 넓고 뛰어난 논평도 몇 마디 담겨 있지만, Eissler 특유의 과잉 대응의 예다.―약 30페이지짜리 글을 해부하려고 350페이지짜리 책을 쓰다니. 레오나르도에 관한 문헌에서는 Kenneth Clark, *Leonardo da Vinci: An Account of His Development as an Artist* (1939; 개정판, 1958)를 골랐는데, 이 책은 짧고 명료하고 박식하고 공감을 바탕으

로 하고 있다. "독수리"에 관한 프로이트의 실수에 처음 주목한 글은 Eric Maclagan, "Leonardo in the Consulting Room" (*Burlington Magazine*, XLII, 1923, pp.54-57)이다. Edward MacCurdy 편, *The Notebooks of Leonardo da Vinci* (1939)는 매우 유용하다.

이전 작업을 부지런히 정정하고 있는, 슈레버에 관한 권위 있는 연구는 Han Israëls, *Schreber, Father and Son* (1980; 네덜란드어로부터 저자가 번역, 1981; 추가 수정된 프랑스어판 *Schreber, père et fils*, Nicole Sels 역, 1986)이다. Israëls의 작업이 한 가지 특별한 미덕은 슈레버를 가족 환경 안에 놓고 본다는 것이다. 그러나 그의 작업에도 불구하고 William G. Niederland가 쓴 일련의 선구적인 글들이 완전히 낡은 것이 되지는 않았다. 그의 글 가운데 세 편은 *Freud and His Patients* (Kanzer and Glenn 편, pp.251-305)에 들어 있으며, 전체는 *The Schreber Case: Psychoanalytic Profile of a Paranoid Personality* (1974)에 모여 있다. 이 글들은 슈레버를 고문하는 기계들 같은 그의 "발명품들" 가운데 일부가 어렸을 때 그의 아버지가 그를 묶어 두던 장치들과 매우 유사하다는 것을 보여준다. Israëls와 Niederland 모두 이 사례의 본질적인 측면과 논쟁적인 측면 양쪽을 모두 충분히, 그리고 인상적으로 다루고 있다.

Patrick J. Mahony는 *Cries of the Wolf Man* (1984)에서 쥐 인간의 경우와 마찬가지로 늑대 인간을 철저하게 다루고 있으며, 특히 프로이트의 문체에 관심을 기울인다. (Mahony는 이 문체에 관한 별도의 연구를 *Freud as a Writer* (1982)로 발표했다.) 이 사례를 다룬 정신분석가들의 논문 가운데 가장 흥미로운 것은 William Offenkrantz and Arnold Tobin, "Problems of the Therapeutic Alliance: Freud and the Wolf Man" (*Int. J. Psycho-Anal.*, LIV, 1973, pp.75-78)이다. *Freud and His Patients* (Kanzer and Glenn 편, pp.341-358)에서 쉽게 찾아볼 수 있는 Harold P. Blum, "The Borderline Childhood of the Wolf Man" (*J. Amer. Psychoanal. Assn.*, XXII, 1974, pp.721-742)은 이 유명

한 분석 대상자가 프로이트가 진단했던 것보다 더 장애가 심각했다고 주장한다. *Freud and His Patients*에는 또 Mark Kanzer의 훌륭한 논문 "Further Comments on the Wolf Man: The Search for a Primal Scene"(pp.359-66)도 실려 있다. 1920년대에 한동안 늑대 인간을 분석했던 Ruth Mack Brunswick은 "A Supplement to Freud's History of an Infantile Neurosis" (1928)에서 그에 관해 보고하고 있으며, 이 글은 *The Wolf-Man by the Wolf-Man* (Muriel Gardiner 편, 1971, pp.263-307)에 재수록되어 있다. 이 매혹적인 책에는 프로이트에 대한 늑대 인간의 이야기를 비롯해 그의 회고도 실려 있고, 늑대 인간의 이후의 삶에 관한 Gardiner의 보고서도 실려 있다. J. Harnik이 시작한 토론도 추적해 볼 가치가 있다. 그가 Brunswick가 늑대 인간을 다룬 방식을 비판한 글은 "Kritisches über Mack Brunswicks 'Nachtrag zu Freud's *Geschichte einer infantilen Neurose*'" (*Int. J. Psycho-Anal.*, XVI, 1930, pp.123-127)이다. 바로 뒤이은 Brunswick의 답변은 "Entgegnung auf Harniks kritische Bemerkungen"(pp.128-129)이다. 여기에 자극을 받아 Harnik의 "Erwiderung auf Mack Brunswicks Entgegnung" (*Int. J. Psycho-Anal.*, XVII, 1931, pp.400-402)이 나왔고, Brunswick의 재반론이자 이 토론의 마지막 글이 같은 호에 실린 "Schlusswort"(p.402)이다. Karin Obholzer, *The Wolf-Man Sixty Years Later: Conversations with Freud's Controversial Patient*(1980; Michael Shaw 역, 1982)는 아주 나이가 든 늑대 인간의 인터뷰 몇 개를 기록하고 있지만, 그 가치는 그렇게 크지 않으며 조심해서 읽어야 한다.

　나중에 나온 정신분석 기법에 관한 정신분석학자들의 논문이나 책은 대부분 프로이트의 고전적인 논문들에 대한 주석으로 읽어도 무방하다. 물론 그 가운데 가장 뛰어난 것들은 어느 정도 독창성이 있고, 프로이트의 선구적 해설을 다듬고 있다. 내가 보기에 가장 교훈적인 것들—짧은 논문 가운데도 중요한 것이 많지만 그것들은 고려하지 않는다.—로는 명료하고 힘찬 Edward Glover, *Technique of Psycho-Analysis* (1955), 부러울 정도로 간결한 Karl Menninger, *Theory of Psychoanalytic Technique* (1958), Freud Lecture의 확장판인 Leo Stone의 뛰어난 에세이 *The Psychoanalytic Situation: An Examination of Its Development and Essential Nature* (1961) 등이 있다. Ralph R. Greenson, *The Technique and Practice of Psychoanalysis*, vol. 1 (1967)은 아직 1권만 나왔는데, 철저하고 매우 전문적인 교과서로, 치료 동맹이라는 유익한 치료 방법도 이야기하고 있다. 이 책은 정신분석 기관에 들어가려는 사람들을 위한 것이다. 나는 *Papers on Psychoanalysis* 가운데 "The Psychoanalytic Process"라는 부제로 묶여 있는 Loewald의 일련의 우아한(은근히 수정주의적인) 논문들로부터 많은 것을 배웠는데, 그 가운데 특히 "On the Therapeutic Action of Psychoanalysis"(pp.221–256); "Psychoanalytic Theory and the Psychoanalytic Process"(pp.277–301); "The Transference Neurosis: Comments on the Concept and the Phenomenon"(pp.302–314); "Reflections on the Psychoanalytic Process and Its Therapeutic Potential"(pp.372–383); 자극적이고 독창적인 "The Waning of the Oedipus Complex"(pp.384–404)가 주목할 만하다. 기법에 관한 산도르 페렌치의 논란이 많은 논문들은 두 권짜리 *Schriften zur Psychoanalyse*, Balint 편에서 볼 수 있다. 영어로는 *Further Contributions to the Theory and Technique of Psycho-Analysis* (1926; 2판, 1960)에서 많은 논문을 찾아볼 수 있다. 그 외에 기법에 관한 가장 귀중한 논문으로는 Rudolph M. Loewenstein의 짧은 논문 "Developments in the Theory of Transference in the Last Fifty Years" (*Int. J. Psycho-Anal.*, L, 1969, pp.583–588), *Emotional Growth: Psychoanalytic Studies of the Gifted and a Great Variety of Other Individuals*, 2 vols., (페이지 이어짐, 1971)에 묶여 있는 Phyllis Greenacre의 글들, 그 가운데도 특히 중요한 것으로 "Evaluation of Therapeutic Results: Contributions to a

Symposium" (1948, pp.619-626); "The Role of Transference: Practical Considerations in Relation to Psychoanalytic Therapy" (1954, pp.627-640); "Re-evaluation of the Process of Working Through" (1956, pp.641-650); "The Psychoanalytic Process, Transference, and Acting Out" (1968, pp.762-776) 등을 꼽을 수 있다. Janet Malcolm의 재치 있고 짓궂은 *Psychoanalysis: The Impossible Profession*은 정신분석가들로부터 분석 이론과 기법에 관한 믿을 만한 입문서라는 (정당한) 찬사를 받아 왔다. 이 책은 드물게 재미있으면서도 유익한 책이며, 많은 엄숙한 텍스트들과 비교할 때 큰 장점이 있다.

7장 정신의 지도 그리기

미학에 관한 프로이트의 글은 여러 곳에 흩어져 있다. 플리스에게 보내는 편지와 《꿈의 해석》에서 몇 번 암시했던 "Delusions and Dreams in Jensen's *Gradiva*" (1907, *SE* IX, pp.3-95)는 문학 텍스트의 수수께끼를 푸는 일에 정신분석을 적용한 그의 첫 시도다. (*Gradiva*와 관련하여 빌헬름 옌젠이 프로이트에게 쓴 편지는 *Psychoanalytische Bewegung*, I, 1929, pp.207-211에서 찾아볼 수 있다.) "Creative Writers and Day-Dreaming" (1908, *SE* IX, pp.141-153)은 영향력 있는 초기의 텍스트지만, 습작으로 끝났을 뿐 이론으로 발전시키지는 않았다. 또 《리어 왕》의 한 장면과 《베니스의 상인》의 한 장면 등 유명한 두 장면에 대한 프로이트의 감동적인 독법은 "The Theme of the Three Caskets" (1913, *SE* XII, pp.291-301)에서 찾아볼 수 있다. 물론 예술가 전기에 처음 진출한 글은 "Leonardo da Vinci and a Memory of His Childhood" (1910, *SE* XI, pp.59-137)인데, 이것은 과감하지만 중요한 결함이 있는 탐험이다. (이미 인용한 Schapiro의 훌륭한 글 "Leonardo and Freud: An Art-Historical Study"에서 이 유명한 논문에 관하여 많은 것을 배울 수 있다.) 익명으로 쓴 프로이트의 다음 시도는 "The Moses of Michelangelo" (1914, with a "Postscript"[1927], *SE* XIII, pp.211-238)이다. 상당한 문헌 가운데 Erwin Panofsky, *Studies in Iconology: Humanistic Themes in the Art of the Renaissance* (1939) 6장에 특히 묵직한 논평이 실려 있다. 또 Robert S. Liebert, *Michelangelo: A Psychoanalytic Study of His Life and Images* (1983) 14장도 보라. 프로이트의 논란이 많은 또 하나의 논문은 "Dostoevsky and Parricide" (1928, *SE* XXI, pp.175-196)인데, Joseph Frank는 그의 "Freud's Case-History of Dostoevsky"(*Dostoevsky: The Seeds of Revolt, 1821-1849*, 1976, pp.379-391)의 부록에서 그 논문을 약간 지나치다 싶을 정도로 혹독하게(그러나 근거가 없지는 않다) 공격했다.

예술에 대한 프로이트의 복잡한 태도를 가장 만족스럽게 전체적으로 분석하여 내가 많이 배우기도 한 글은 Jack J. Spector의 정밀하고도 통찰력 있는 *The Aesthetics of Freud: A Study in Psychoanalysis and Art* (1972)이다. 또 Harry Trosman, *Freud and the Imaginative World* (1985), 특히 part II도 보라. 그 이전에 프로이트를 다룬 예술 비평가 가운데 가장 흥미로운 인물은 Roger Fry일 터인데, 그는 *The Artist and Psycho-Analysis* (1924)에서 프로이트가 예술의 형식적 측면에 존재하는 미학적 쾌락을 부당하게 경시했다고 비판했다. 프로이트도 이 비판에는 동의했을 것이다.

프로이트의 최초의 지지자들 가운데 많은 정신분석가들이 시인과 화가를 정신분석하고자 하는 유혹에 저항하지 못했다(그래서 가끔 프로이트가 화를 내기도 했다). 이런 노력 가운데 가장 주목할 만하고, 또 실제로 찬사도 많이 받은 글은 *Ein psychoanalytischer Versuch*라는 부제가 붙은 카를 아브라함의 초기의 에세이 *Giovanni Segantini* (1911)이다. 몇 년 동안 프로이트와 가까웠던 음악학자 막스 그라프는 1907년 12월 11일 수요심리학회에서 발표한 논문 "Methodik der Dichterpsychologie"에서 매혹적인 제안을 통해 화가와 작가들을 다룬 전통적인 병력 중심의 전기에서 동료들을 떼어내려 했다. (*Protokolle*, I, pp.244-249을 보라.) 그라프는 이 논문은 발표하지 않았지만, *Aus der inneren Werkstatt des Musikers* (1911)와 *Richard Wagner im "Fliegenden Holländer". Ein Beitrag zur Psychologie des künstlerischen Schaffens* (1911)—원래 수요 모임에서 이야기한 것이다.—는 발표했다. 그라프는 머리말에서 "프로이트 교수와 끊임없이 의견 교환"을 한 것에 감사했다. 오랫동안 빈의 정신분석 핵심 그룹의 구성원이었던 에두아르트 히치만은 시인과 소설가들에 대한 많은 "정신분석"을 글로 남겼지만, 결정적인 연구라기보다는 여기저기 더듬어보는 시도였다. 이 가운데 많은 글은 히치만의 *Great Men: Psychoanalytic Studies* (Hannah Gunther의 지원을 받아 Sydney G. Margolin 편집, 1956)에서 볼 수 있다. 어니스트 존스는 문학 분석에 나서, 《꿈의 해석》의 의미심장한 몇 페이지에서 출발한 논문을 1910년에 발표했다(이 논문은 계속 확대되어 마침내 1949년에 *Hamlet and Oedipus*라는 책이 되었다). 이 에세이는 환원주의라는 혐의로 심하게, 내 생각으로는 지나치게 비판받았지만—이 에세이는 오직 햄릿이 클라우디우스를 죽인 것을 망설인 이유를 밝히겠다는 소박한 목표밖에 없었다.—존스의 논란이 많은 논법은 여전히 흥미롭다. 오토 랑크는 지칠 줄 모르고 문학적 인물과 주제를 정신분석하는 데 몰두했다. 그가 프로이트를 처음 찾아갈 때 가져간 원고는 *Der Künstler* (1907; 증보4판, 1918)라는 제목으로 발표되었다. 가장 오래 읽히는 그의 에세이는 아마 *The Myth of the Birth of the Hero* (1909; F. Robbins and Smith Ely Jelliffe 역, 1914)일 것이다. (이것의 세련된 자매편이라 할 수 있는 책은 1930년대에 처음 발표된 자료들에 기초한 Ernst Kris and Otto Kurz, *Legend, Myth, and Magic in the Image of the Artist: A Historical Experiment* [1979]이다.) 그러나 그의 시도 가운데 가장 포괄적인 것이며, 프로이트도 아마 좋게 보았을 작업은 시, 산문, 신화에서의 근친상간 주제에 관한 두툼한 연구인 *Das Inzest-Motiv in Dichtung und Sage* (1912; 2판, 1926)이다. 랑크의 다른 많은 에세이들 가운데 아마 가장 흥미로운 것은 길이가 꽤 되는 "Der Doppelgänger" (*Imago*, III, 1914, pp.97-164; 영어판, *The Double*, Harry Tucker 역, 1971)일 것이다. 이 에세이는 *Imago*에 실린 글들을 묶은 유용한 묶음집인 *Imago: Psychoanalytische Literaturinterpretationen* (Jens Malte Fischer 편, 1980)에도 실려 있다. 상당한 분량의 머리말을 갖춘 이 묶음집에는 또 (다른 좋은 글도 많지만) 한스 작스와 테오도어 라이크의 글도 실려 있다. 본문에서도 이야기했지만 라이크는 플로베르에 관한 논문을 들고 프로이트를 처음 만났으며, 이 논문은 나중에 *Flaubert und seine "Versuchung des Heiligen Antonius". Ein Beitrag zur Künstlerpsychologie* (1912)로 출간되었다. 마리 보나파르트가 쓴 심리 전기 *The Life and Works of Edgar Allan Poe: A Psycho-Analytic Interpretation* (1933, John Rodker 역, 1949)도 "응용 분석"에서 영향력 있는 텍스트였다. 이 책은 약간 경직되고 기계적이지만, 활기가 넘친다. 10년 뒤 교양 있는 중유럽인 한스 작스는 미국에서 예술과 아름다움에 관한 논문을 모은 *The Creative Unconscious: Studies in the Psychoanalysis of Art* (1942)를 발표했는데, 이것은 부당하게 무시되어 왔다. 특히 4장 "The Delay of the Machine Age"는 프로이트적 관점에서 본 추측 역사학을 보여주는 의미심장한 글이다.

당연한 일이지만, 정신분석가들(그리고 정신분석 훈련을 받은 비전문가들)은 이 분야에서 계속해서 적극적으로 활약했다. 약간의 예만 들면 충분할 것이다. 우선 분석가들부터 보자. Gilbert J. Rose의 내용이 충실한 *The Power of Form: A Psychoanalytic Approach to Aesthetic Form* (1980)은 예술에서 1차 과정과 2차 과정 사이의 복잡한 상호작용을 연구한다. 상상력이 풍부한 영국 정신분석가 D. W. Winnicott은 많은 논문에서 미적 경험을 다루었는데, 가장 흥미로운 글은 아마 "Transitional Objects and Transitional Phenomena" (1953)일 것이다. 이 글은 그가 "발전"이라고 부르는 수정된 형태로 그의 *Playing and Reality* (1971, pp.1-25)에서 쉽게 찾아볼 수 있다. 이 모음집에는 그의 중요한 논문 "The Location of Cultural Experience" (1967, pp.95-103)도 들어 있다. William G. Niederland, "Psychoanalytic Approaches to Artistic Creativity" (*Psychoanalytic Quarterly*, XLV, 1976, pp.185-212)도 꼼꼼하게 읽어 볼 가치가 있으며, 그 전에 발표한 그의 "Clinical Aspects of Creativity" (*American Imago*, XXIV, 1967, pp.6-34)도 마찬가지다. Robert Waelder 의 Freud Lecture인 *Psychoanalytic Avenues to Art*(1965)는 분량 은 짧지만 매우 의미심장하다. John E. Gedo, *Portraits of the Artist: Psychoanalysis of Creativity and Its Vicissitudes* (1983)는 창조적 예술가의 비밀에 접근하려는 에세이들을 모은 것이다. 정신분석가들의 수많은 본격적인 심리 전기 가운데는 Liebert, *Michelangelo*(위에 언급)를 골랐는데, 논란의 여지가 없기 때문이 아니라 매우 흥미롭기 때문이다. 또 Bernard C. Meyer, *Josef Conrad: A Psychoanalytic Biography* (1967) 도 권할 만하다.

"아마추어"는 다음과 같다. Meredith Anne Skura, *The Literary Use of the Psychoanalytic Process* (1981)는 사례사, 공상, 꿈, 전이 등 정신분석의 네 가지 주요한 주제를 문학 비평을 위한 모델로 채택한 세련된 분석이다. 나는 또 도스토예프스키의 소설 속 인물들을 심리적으로 일관성 있는 존재들로 다루려고 시도한(내 생각에는 성공적 시도인 것 같다) Elizabeth Dalton의 짧지만 과감한 에세이 *Unconscious Structure in "The Idiot": A Study in Literature and Psychoanalysis* (1979)에서 많은 것을 배웠다. Ellen Handler Spitz, *Art and Psyche: A Study in Psychoanalysis and Aesthetics* (1985)는 작품 속 예술가의 존재, 그 심리학적 함의, 예술가와 관객의 관계를 검토한다. 이 가운데 마지막 쟁점, 즉 예술 작품의 수용에 관한 목표가 분명하고 자극적인 연구로는 Norman N. Holland의 책들 가운데 특히 *Psychoanalysis and Shakespeare* (1966), *The Dynamics of Literary Response* (1968), *Poems in Persons:*

An Introduction to the Psychoanalysis of Literature (1973)가 있다.
Richard Ellmann, "Freud and Literary Biography" (*American Scholar*,
LIII, 1984년 가을, pp.465-478)는 비판적인 동시에 예상대로 엄청나게 지적
이기도 하다.

The Practice of Psychoanalytic Criticism(Leonard Tennenhouse
편, 1976)은 주로 *American Imago*에 실린 상당히 최근의 글들을 많
이 모아놓았다. *Literature and Psychoanalysis* (Edith Kurzweil and
William Phillips 편, 1983)는 프로이트에서 시작하여 Lionel Trilling의 고
전적인 글 "Art and Neurosis" (그의 *The Liberal Imagination: Essays
on Literature and Society*, 1950, pp.160-180에 수록)를 포함하여 현
대 정신분석 비평까지 나아간다. 또 Simon O. Lesser, *Fiction and the
Unconscious* (1957)도 보라. 이것은 그의 논문들을 묶은 *The Whispered
Meanings* (Robert Sprinch and Richard W. Noland 편, 1977)와 함께
보면 좋다.

철학자들도 이 분야를 무시하지 않았다. 특히 Richard Wollheim, *On
Art and the Mind* (1974)와 묶음집인 *Philosophical Essays on Freud*
(Wollheim and Hopkins 편, 이미 언급했다)를 보라. Richard Kuhns,
*Psychoanalytic Theory of Art: A Philosophy of Art on Developmental
Principles* (1983)는 예술적 생산성의 모든 영역의 자극적인 통합을 위
하여 하인츠 하르트만 같은 자아심리학자와 D. W. Winnicott 같
은 대상관계 이론가들에게 의지하고 있다. *Art and Act: On Causes in
History—Manet, Gropius, Mondrian* (1976)에서 나는 개인적이고 기
능적이고 문화적인 경험의 그물 속에서 예술적 창조의 자리를 잡고자 했
다. 정신분석이 나의 직업에 생산적으로 활용되어야 하고, 또 안전하게 활
용될 수 있다고 나의 동료 역사가들을 설득하려는 노력인 나의 *Freud
for Historians* (1985)는 내가 아는 바로는 별 반응을 얻지 못했다. 희
망적인 예로는 정신분석 훈련을 받은 역사가의 이론과 응용에 관한 일련

의 논문(대부분 나의 작업보다 앞선 것이다)을 모은 Peter Loewenberg, *Decoding the Past: The Psychohistorical Approach* (1983)를 꼽고 싶다. 첫 장 "Psychohistory: An Overview of the Field"(pp.9-41)는 능숙하게 이 분야를 개괄하고 있으며, 이어지는 장들에서는 오스트리아 역사에 관한 몇 가지 예를 포함하여 정신분석적 접근 방법의 예들을 들고 있다. "Theodor Herzl: Nationalism and Politics"(pp.101-135); "Victor and Friedrich Adler: Revolutionary Politics and Generational Conflict in Austro-Marxism"(pp.136-160); 본서와 특별한 관련이 있는 논문 "Austro-Marxism and Revolution: Otto Bauer, Freud's 'Dora' Case, and the Crises of the First Austrian Republic"(pp.161-204) 등이 그런 글들이다. Saul Friedländer, *History and Psychoanalysis: An Inquiry into the Possibilities and Limits of Psychohistory* (1975; Susan Suleiman 역, 1978) 합리적 논증의 모범이다.

《토템과 터부》에 대해서는 Edwin R. Wallace IV, *Freud and Anthropology: A History and a Reappraisal* (1983)이 적절하고 탁월하게 개괄해놓았다. "Totem and Taboo: An Ethnologic Psychoanalysis" (*American Anthropologist*, XXII, 1920, pp.48-55)와 "Totem and Taboo in Retrospect" (*American Journal of Sociology*, LV, 1939, pp.446-457) 등 프로이트의 책에 대한 Alfred L. Kroeber의 유명한 서평 두 편(첫 번째 서평이 두 번째 서평보다 더 신랄하다)도 읽어볼 만하다. R. R. Marett, "Psycho-Analysis and the Savage" (*Athenaeum*, 1920, pp.205-206) 도 마찬가지다. Suzanne Cassirer Bernfeld, "Freud and Archeology" (*American Imago*, VIII, 1951, pp.107-128)는 다른 사람들이 자주 인용한 글이다. 프로이트의 중심 논지(원초적 범죄라는 역사적 현실은 아니지만)를 구출하려 한 최근의 가장 설득력 있는 시도는 Derek Freeman, "Totem and Taboo: A Reappraisal" (*Man and His Culture: Psychoanalytic Anthropology after "Totem and Taboo"*, Warner Muensterberger

편, 1970, pp.53-78)이다. Sandor S. Feldman, "Notes on the 'Primal Horde,'" (*Psychoanalysis and the Social Sciences*, Muensterberger 편, I, 1947, pp.171-193)는 그 글과 관련이 있으며, 함께 읽어볼 만하다. 또 Robin Fox, "Totem and Taboo Reconsidered" (*The Structural Study of Myth and Totemism*, Edmund Leach 편, 1967, pp161-178)도 보라. Melford E. Spiro의 뛰어난 에세이 *Oedipus in the Trobriands* (1982)도 언급하지 않을 수 없다. 이것은 프로이트의 생각을 트로브리안드 섬 사람들에게 적용할 가능성에 대해 말리노프스키(Malinowski)가 회의적으로 본 것을 정신분석학적 지식이 풍부한 인류학자가 반박한 것인데, 전적으로 말리노프스키 자신의 자료에 근거하고 있다.

프로이트는 성격—습관과 고착의 조직화된 덩어리—개념을 완전하게 전개한 적이 없기 때문에 그의 초기의 발언, "Character and Anal Erotism" (1908)이라는 짧지만 중요한 논문, 8년 뒤에 "Some Character-Types Met With in Psychoanalytic Work" (*SE* XIV, pp309-333)라는 집합적 제목으로 발표한 세 편의 논문—세 유형은 "The 'Exceptions'"과 "Those Wrecked by Success", 그리고 "Criminals from a Sense of Guilt"이다.—으로 돌아가보는 경향이 있었다. Edith Jacobson, "The 'Exceptions': An Elaboration of Freud's Character Study" (*The Psychoanalytic Study of the Child*, XIV, 1959, pp.135-154)는 프로이트의 "exceptions" 정의의 흥미로운 확장판이다. Anton O. Kris, "On Wanting Too Much: The 'Exceptions' Revisited" (*Int. J. Psycho-Anal.*, LVII, 1976, pp.85-95)도 마찬가지로 프로이트의 같은 논문에 대한 흥미로운 주석이다. 프로이트가 자료를 정리하지 못했다는 점을 고려할 때, 오토 페니헬의 상당히 체계적인 논평은 특히 환영할 만하다. 특히 "Psychoanalysis of Character" (1941) (*The Collected Papers of Otto Fenichel*, Hanna Fenichel and David Rapaport 편, 2d Series, 1954, pp.198-214)를 보라. 또 전혀 낡지 않았고 내용도 풍부한 페니헬의 *The Psychoanalytic Theory of Neurosis* (1945),

그 가운데서도 "Digression about the Anal Character"(pp.278-284)와 "Character Disorders"(pp463-540)를 보라. 이와 관련하여 David Shapiro 의 간결한 에세이 *Neurotic Styles* (1965)를 읽어보는 것도 도움이 된다. P. C. Giovacchini, *Psychoanalysis of Character Disorders* (1975)도 마찬 가지다.

여기서 최근 정신분석가들을 흥분시켰던 나르시시즘에 관한 논쟁을 자 세히 이야기할 필요는 없을 것이다. Sydney Pulver, "Narcissism: The Term and the Concept" (*J. Amer. Psychoanal. Assn.*, XVIII, 1970, pp.319-341)은 그 흐름을 명료하게 개괄하고 있다. Otto F. Kernberg의 나르시시즘적 장애에 관한 수많은 임상적이고 이론적인 연구들 가운데 특 히 *Borderline Conditions and Pathological Narcissism* (1975)을 보 라. Heinz Kohut의 *The Psychoanalytic Study of the Child*에 실린 두 편의 논문 "The Psychoanalytic Treatment of Narcissistic Personality Disorders" (XXIII, 1968, pp.86-113)와 "Thoughts on Narcissism and Narcissistic Rage" (XXVII, 1972, pp.360-400)는 Kohut가 나르시시즘을 이데올로기로 읽는 독특한 독법을 선보이기 전에 쓴 것인데 여전히 실험적 이고 잠정적이다. 또 R. D. Stolorow, "Toward a Functional Definition of Narcissism" (*Int. J. Psycho-Anal.*, LVI, 1975, pp179-185)과 Warren Kingston, "A Theoretical and Technical Approach to Narcissistic Disorders" (*Int. J. Psycho-Anal.*, LXI, 1980, pp.383-394)도 보라. Arnold Rothstein, *The Narcissistic Pursuit of Perfection* (1980)은 그 개념 을 검토하고 재규정하고자 한다. "고전적" 분석가들의 이 쟁점에 관한 논 의 가운데는 하인츠 하르트만이 여기에서는 특히 적절한데, 그 가운데서도 "Comments on the Psychoanalytic Theory of the Ego" (1950)과 "The Development of the Ego Concept in Freud's Work" (1956) (*Essays on Ego Psychology: Selected Problems in Psychoanalytic Theory*, 1964, pp.113-141, pp.268-296)를 보라. Edith Jacobson의 잘 알려진 논문 *The*

Self and the Object World (1964)도 그에 못지않게 중요하다.

Oron J. Hale, *The Great Illusion, 1900-1914* (1971)는 아마겟돈 이전의 분위기에 관한 최근 사료를 믿을 만하게 종합하고 있다. Walter Laqueur와 George L. Mosse는 여러 나라에서 흥미로운 에세이들을 모은 책을 편집하여 *1914: The Coming of the First World War* (1966)를 냈다. 양편의 코스모폴리탄이자 지적인 전문 직업인으로 여겨지는 사람들을 사로잡은—프로이트도 어느 정도는 포함된다.—전쟁 정신병에 관해서는 Roland N. Stromberg의 충분한 근거를 바탕으로 쓴 정신이 번쩍 드는 에세이 *Redemption by War: The Intellectuals and 1914* (1982)를 보라. 이 책은 Robert Wohl, *The Generation of 1914* (1979)와 함께 읽으면 좋다. 방대한 양의 문헌이 나온 제1차 세계대전에 관해서는 몇 가지 믿을 만한 텍스트를 거론하면 충분할 것이다. B. H. Liddell-Hart, *The Real War, 1914-1918* (1930), Corelli Barnett, *The Swordbearers: Supreme Command in the First World War* (1964), René Albrecht-Carrié, *The Meaning of the First World War* (1965) 등이 그런 책이다. Fritz Fischer, *Griff nach der Weltmacht. Die Kriegszielpolitik des kaiserlichen Deutschland 1914/1918* (1961: 3판, 1964)는 독일의 전쟁 목표를 신랄하게 비판하고, 전쟁의 원인을 솔직하게 탐사하여 독일의 금기를 깼기 때문에 독일 역사가들 사이에 폭풍을 일으켰다. 이것은 유익한 텍스트이며, 이 장에서는 외교관들의 호전적이고 "남자다운" 말들을 모은 부분 때문에 특히 유용하다. 이 책은 Hans W. Gatzke, *Germany's Drive to the West* (1950)와 함께 읽으면 좋다.

8장 전쟁과 인간

비정신분석적 관점에서 무의식의 역사에 관해서는 다시 Whyte, *The Unconscious before Freud*, 그리고 훨씬 방대한 Ellenberger, *Discovery* *of the Unconscious*를 보라. 무의식에 대한 정신분석적 논평으로는 방대한 문헌 가운데서도 특히 Edward Bibring, "The Development and Problems of the Theory of the Instincts" (*Int. J. Psycho-Anal.*, XXII, 1934, pp.102-131); Bibring, "The Conception of the Repetition Compulsion" (*Psychoanalytic Quarterly*, XII, 1942, pp.486-516); Robert Waelder, "Critical Discussion of the Concept of an Instinct of Destruction" (*Bulletin of the Philadelphia Association for Psychoanalysis*, VI, 1956, pp.97-109); 그리고 *Essays on Ego Psychology*에 모아놓은 자아심리학자 하인츠 하르트만의 영향력 있는 논문 몇 편을 보라. 이 논문에는 "Comments on the Psychoanalytic Theory of Instinctual Drives" (1948, pp.69-89); "The Mutual Influences in the Development of Ego and Id" (1952, pp.155-181); 또 이미 언급한 "Comments on the Psychoanalytic Theory of the Ego"와 특히 도움이 되는 역사적 에세이 "The Development of the Ego Concept in Freud's Work" 등이 있다. 또 Hartmann이 Ernst Kris, Rudolph M. Loewenstein과 함께 쓴 "Comments on the Formation of Psychic Structure" (1946)는 그들의 *Papers on Psychoanalytic Psychology* (1964, pp.27-55)에 수록되어 있다. 막스 슈어의 간결한 연구서 *The Id and the Regulatory Principles of Mental Functioning* (1966)은 큰 가치가 있다. David Holbrook 편, *Human Hope and the Death Instinct: An Exploration of Psychoanalytic Theories of Human Nature and Their Implications for Culture and Education* (1971)은 정신분석에 전혀 적대적이지는 않지만, 파괴적인 면에서 벗어나 인간의 양심을 찾는 일을 위하여 쓴 논문들을 모아놓았다.

관념으로나 실질적 위협으로나 프로이트에게 영향을 준 죽음에 관해서는 슈어의 *Freud, Living and Dying*이 권위적이다. 아주 오랫동안 지연된(그렇다고 완전히 무시했던 것은 아니지만) 프로이트의 공격 충동 인식에 관해서는 Paul E. Stepansky의 개괄서 *A History of Aggression in Freud* (1977)를 보라. Rudolf Brun, "Über Freuds Hypothese vom Todestrieb" (*Psyche*, VII, 1953, pp.81-111)이 그 책을 보완해줄 수 있을 것이다. 이 주제에 관한 엄청나게 많은 논문들 가운데 탁월한 글을 몇 가지만 골라보았다. 오토 페니헬의 중요한 논문인 "A Critique of the Death Instinct" (1935), (*Collected Papers*, 1st Series, 1953, pp.363-372); *The Psychoanalytic Study of the Child* III/IV (1949)에 실린 두 논문인 Anna Freud, "Aggression in Relation to Emotional Development: Normal and Pathological"(pp.37-42)과 Beata Rank, "Aggression"(pp43-48); 그리고 Heinz Hartmann, Ernst Kris, and Rudolph M. Loewenstein, "Notes on the Theory of Aggression" (1949) (그들의 *Papers on Psychoanalytic Psychology*, pp.56-85에 수록); René A. Spitz, "Aggression: Its Role in the Establishment of Object Relations" (*Drives, Affects, Behavior: Essays in Honor of Marie Bonaparte*, Rudolph M. Loewenstein 편, 1953, pp.126-138); T. Wayne Downey, "Within the Pleasure Principle: Child Analytic Perspectives on Aggression" (*The Psychoanalytic Study of the Child*, XXXIX, 1984, pp.101-136); Phyllis Greenacre, "Infant Reactions to Restraint: Problems in the Fate of Infantile Aggression" (1944) (그녀의 *Trauma, Growth, and Personality*, 1952, pp.83-105); Albert J. Solnit, "Aggression" (*J. Amer. Psychoanal. Assn.*, XX, 1972, pp.435-450); 그리고 나에게는 가장 중요했던 Solnit, "Some Adaptive Functions of Aggressive Behavior" (*Psychoanalysis—A General Psychology*, Loewenstein, Newman, Schur, and Solnit 편, pp.169-189) 등이 그런 예들이다. 다른 대부분의 분석가들과는 달리 프로이트의 죽음 충동 학설을 진지하게 받아들인 분석가 가운데는 K. R. Eissler가 가장 설득력이 있다. 아니, 가장 설득력이 떨어지지 않는다. 그의 "Death Drive, Ambivalence, and Narcissism" (*The*

Psychoanalytic Study of the Child, XXVI, 1971, pp.25-78)은 프로이트의 논란이 많은 개념에 대한 활기찬 변론이다. Alexander Mitscherlich는 "Psychoanalysis and the Aggression of Large Groups"(*Int. J. Psycho-Anal.*, LII, 1971, pp.161-167)에서 정신분석학적 사회심리학의 관점에서 프로이트의 개념을 검토하고 있다. 탁월한 정신분석학자가 매우 회의적인 관점에서 공격성을 하나의 실체로 다룰 가능성을 바라본 예로는 큰 동요를 일으키는 글인 Leo Stone, "Reflections on the Psychoanalytic Concept of Aggression"(*Psychoanalytic Quarterly*, XL, 1971, pp.195-244)을 보라.

프로이트의 "사라진" 메타심리학 논문들에 관해서는 당연히 자료가 거의 없다. Ilse Grubrich-Simitis, "Trauma or Drive; Drive and Trauma: A Reading of Sigmund Freud's Phylogenetic Fantasy of 1915"는 뛰어난 에세이다. 1987년 4월 28일 뉴욕에서 한 프로이트 강연이지만 이 글을 쓰는 시점에서는 아직 출간이 안 되었다. Grubrich-Simitis는 그녀 자신이 발견하고, 판독하고, *A Phylogenetic Fantasy*라는 제목으로 발표한 프로이트의 12번째 메타심리학 논문에서, 의미심장하게도 프로이트의 계통발생적 공상의 고공 비행 같은 이론 작업을 그의 사고 내에서 외상 이론과 신경증의 충동 이론 사이의 평생에 걸친 전투와 연결한다. 이런 견해는 내가 이 책에서 제시하는 프로이트와 일치한다. 즉 그는 지하에서 벌어지는, 사변적인 충동과 자기 규율의 필요성 사이의 엄청난 투쟁에 몰두한 사람인 것이다. Barry Silverstein, "'Now Comes A Sad Story': Freud's Lost Metapsychological Papers"(*Freud, Appraisals and Reappraisals*, Stepansky 편, I, pp.143-195)에도 유용한 추측들이 있다. (정신분석 사상 가운데 반메타심리학파에도 관심을 둘 필요가 있는데, 이들은 메타심리학 대신 프로이트의 임상적 사고를 강조한다. 이런 흐름에서 나온 에세이 가운데 가장 독창적인—그러나 내 생각으로는 결국 설득력은 없는—것으로 George S. Klein의 글을 꼽고 싶은데, 그 가운데 "Two

Theories or One?"〔그의 *Psychoanalytic Theory: An Exploration of Essentials*, 1976, pp.41-71〕이 그 책의 다른 논문들과 함께 읽어볼 만하다. Merton M. Gill과 Philip S. Holzman은 이런 관점에서 *Psychology versus Metapsychology: Psychoanalytic Essays in Memory of George S. Klein*〔1976〕에 의미심장한 논문 몇 편을 모아놓았다.)

전쟁의 종결과 그것이 동맹국에 미친 직접적인 영향에 관한 가장 훌륭한 설명은 F. L. Carsten의 학술적 연구인 *Revolution in Central Europe, 1918-1919* (1972)인데, 이것은 출간된 자료만이 아니라 미출간 자료도 활용하고 있으며, 오스트리아에 관하여 긴 장들을 할애하고 있다. John Williams, *The Other Battleground: The Home Fronts, Britain, France and Germany 1914-1918* (1972)는 제목을 넘어서서 오스트리아가 패배로 가는 과정도 이야기한다. Otto Bauer, *Die österreichische Revolution* (1923)은 사회주의자 참가자의 이야기다. 현대의 학문적 연구는 *Österreich 1918-1938. Geschichte der Ersten Republik* (Erika Weinzierl and Kurt Skalnik 편, 2 vols., 1983), 특히 Wolfdieter Bihl, "Der Weg zum Zusammenbruch—Österreich-Ungarn unter Karl I. (IV.)"(pp.27-54); Karl R. Stadler, "Die Gründung der Republik"(pp.55-84); Fritz Fellner, "Der Vertrag von St. Germain"(pp.85-106)에 차분하고 경제적으로 제시되어 있다. 또 이 책 가운데 Hans Kernbauer, Eduard März, and Fritz Weber, "Die wirtschaftliche Entwicklung"(pp.343-379); Ernst Bruckmüller, "Sozialstruktur und Sozialpolitik"(pp.381-436); Erika Weinzierl, "Kirche und Politik"(pp.437-496) 등은 매우 중요한 글들이다. 이 저자들 가운데 Karl R. Stadler는 영어로 쓴 *The Birth of the Austrian Republic* (1966)으로 읽을 수도 있다. 회고록인 Anna Eisenmenger, *Blockade: The Diary of an Austrian Middleclass Woman, 1914-1924* (번역자 미상, 1932)는 감동적이다. 이와 관련하여 Ottokar Landwehr-Pragenau, *Hunger. Die Erschöpfungsjahre der Mittel-mächte*

1917/18 (1931)도 읽어볼 가치가 있다. 계몽적인 부속물 *Aufbruch und Untergang. Österreichische Kultur zwischen 1918 und 1938* (Franz Kadrnoska 편, 1981)에는 극장과 서커스, 만화와 영화, 화가와 축제에 관한 에세이들이 담겨 있다. Ursula Kubes의 글 "'Moderne Nervositäten' und die Anfänge der Psychoanalyse"(pp.267-280)은 이와 관련하여 읽어볼 만하다. Walter Goldinger, *Geschichte der Republik Österreich*(1962)는 차분한 개괄서다. 회고록 가운데는 특히 Bertha Zuckerkandl, *Österreich intim. Erinnerungen 1892-1942* (Reinhard Federmann 편, 1970)를 보라. Christine Klusacek and Kurt Stimmer 편, *Dokumentation zur österreichischen Zeitgeschichte, 1928-1938* (1982)는 이 10년간 오스트리아 역사의 모든 측면과 관련하여 신중하게 선택한 발췌문들을 제공한다. Jacques Hannak, *Karl Renner und seine Zeit. Versuch einer Biographie* (1965)는 사회주의자이자 이론가의 포괄적인 전기인데, 여러 자료에서 광범하게 인용을 하고 있다. Peter Csendes, *Geschichte Wiens* (1981)는 빈약한 개괄서다. *The Jews of Austria*, Fraenkel 편은 선정된 글의 수에서 역시 불가결하다. A. J. May는 유용한 에세이 "Woodrow Wilson and Austria-Hungary to the End of 1917" (*Festschrift für Heinrich Benedikt*, H. Hantsch 등 편, 1957, pp.213-242)을 썼다. 윌슨은 또 Klaus Schwabe, *Woodrow Wilson, Revolutionary Germany, and Peacemaking 1918-1919: Missionary Diplomacy and the Realities of Power* (1971: Rita and Robert Kimber 역, 1985)의 주제이기도 하다. Timms, *Karl Kraus, Apocalyptic Satirist*, Luft, *Robert Musil and the Crisis of European Culture*, Prater, *European of Yesterday: A Biography of Stefan Zweig* 등 이미 언급한 전기 세 편도 이 시기에 관한 중요한 글이다.

빅토어 타우스크의 자살은 적대적 논쟁의 주제가 되었다. 이것은 Paul Roazen의 편향적인 연구 *Brother Animal: The Story of Freud and*

Tausk (1969)에서 처음 검토했는데, 여기에서는 프로이트가 원흉으로 등장한다. K. R. Eissler도 *Talent and Genius: The Fictitious Case of Tausk Contra Freud* (1971)에서 특유의 응답(매우 노엽고 매우 상세한)을 하면서 이 문제를 검토했다. Eissler는 *Victor Tausk's Suicide* (1983)에서 이 문제를 한 번 더 검토했다.

전쟁 신경증에 대한 프로이트의 빈 법정 증언은 K. R. Eissler의 *Freud as an Expert Witness: The Discussion of War Neuroses between Freud and Wagner-Jauregg* (1979; Christine Trollope 역, 1986)에서 아주 철저하게 논의하고 있다. 또 Eissler, "Malingering" (*Psychoanalysis and Culture*, George Wilbur and Warner Muensterberger 편, 1951, pp.218–253)도 보라. 군인의 트라우마가 벌이가 될 수 있다는 분석가들의 인식은 1918년 부다페스트 국제 정신분석가 대회에서 몇 편의 논문을 통해 널리 알려졌다. Sándor Ferenczi, Karl Abraham, Ernst Simmel, and Ernest Jones, *Psycho-Analysis and the War Neuroses* (1919; 어니스트 존스의 번역으로 보임, 1921)를 보라. 이 책에 들어간 프로이트의 "Introduction"과 1920년에 쓰고 1955년에 발표한 그의 "Memorandum on the Electrical Treatment of War Neurotics"는 SE XVII, pp.205–215에서 편하게 찾아볼 수 있다. 에른스트 지멜은 독일에서 이 분야의 선구자이며, 그의 *Kriegsneurosen und psychisches Trauma* (1918)는 영향력이 큰 글이다. 또 한 사람의 선구자인 영국의 M. D. Eder는 그의 *War-Shock. The Psycho-Neuroses in War: Psychology and Treatment* (1917)를 보라.

1918년 이후 춥고 배고픈 빈에서 프로이트가 살아간 방식에 관한 자세한 이야기는 부다페스트, 베를린, 런던의 측근, 그리고 맨체스터에 살던 조카 새뮤얼과 주고받은 편지에 많이 나온다. 또 다른 조카 에드워드 L. 베르나이스의 "Uncle Sigi" (*Journal of the History of Medicine and Allied Sciences*, XXXV, 1980년 4월, pp.216–220)도 보라. 나는 이 시절 전쟁과 "사회적 현실"이 프로이트의 사고에 끼친 영향에 관한 계몽적인 논문인 Louise E. Hoffman, "War, Revolution, and Psychoanalysis: Freudian Thought Begins to Grapple with Social Reality" (*Journal of the History of the Behavioral Sciences*, XVII, 1981, pp.251–269)에서도 많은 도움을 받았다. Stefan Zweig, *Die Welt von Gestern. Erinnerungen eines Europäers* (1944), 특히 "Heimkehr nach Österreich" 장에는 생생한—어쩌면 평소와 마찬가지로 약간 지나치게 생생한—세부 자료가 많다. 츠바이크의 유창하고 과장된 글을 차분하게 중화해주는 것으로는 이번에도 Prater, *European of Yesterday: A Biography of Stefan Zweig*, 특히 4장 "Salzburg and Success, 1919–1925"를 보라. 리하르트 슈테르바의 자서전적 텍스트인 *Reminiscences of a Viennese Psychoanalyst* (1982)는 가벼운 책이다. A[bram] Kardiner, *My Analysis with Freud: Reminiscences* (1977)는 철저한 것과는 거리가 멀지만, 전후 프로이트의 외국인 "제자"가 되는 일이 어떤 것이었는지 어느 정도 보여준다.

그로데크에 관해서는 특히 Carl M. and Sylva Grossman, *The Wild Analyst: The Life and Work of Georg Groddeck* (1965)을 보라. 이 책은 짧고 인기가 있지만, 그로데크의 글에 대한 완전한 목록이 갖추어져 있다. 산도르 페렌치는 1921년에 그로데크의 소설 *Der Seelensucher*에 대한 서평을 썼다 (*Schriften zur Psychoanalyse*, Balint 편, II, pp.94–98을 보라). Lawrence Durrell의 감상기인 "Studies in Genius: VI. Groddeck" (*Horizon*, XVII, 1948년 6월, pp.384–403)도 흥미롭다. '그것'에 관한 주요한 책은 영어로 볼 수 있다.—*The Book of the It* (1923; M. E. Collins 역, 1950). Margaretha Honegger는 그가 프로이트를 비롯한 몇 사람과 주고받은 편지 몇 편을 골라 *Georg Groddeck-Sigmund Freud. Briefe über das Es* (1974)라는 책으로 묶어냈다.

프로이트의 사회심리학에 관해서는 특히 Sándor Ferenczi, "Freuds 'Massenpsychologie und Ich-Analyse.' Der individualpsychologische

Fortschritt" (1922) (*Schriften zur Psychoanalyse*, Balint 편, II, pp.122-126)과 Philip Rieff, "The Origins of Freud's Political Psychology" (*Journal of the History of Ideas*, XVII, 1956, pp.235-249)를 보라. Robert Bocock은 *Freud and Modern Society: An Outline and Analysis of Freud's Sociology* (1976)에서 의미심장하게도 프로이트를 사회학자로 다룬다. 그런데 컬럼비아 대학의 Rare Book and Manuscript Library에는 프로이트의 《집단 심리학과 자아 분석(Massenpsychologie und Ich-Analyse)》의 주석 달린 원고가 있다. 진짜 희한한 발견물이라고 할 수 있다.

9장 프로이트의 안티고네

프로이트의 암 투병에 관해서는 슈어의 *Freud, Living and Dying*, 특히 13-16장이 권위적이다. 그의 미발표 비망록 "The Medical Case History of Sigmund Freud" 1954년 2월 27일, Max Schur papers, LC가 부족한 부분을 채워주고 잘못된 부분을 교정해준다. 안나 프로이트가 슈어와 어니스트 존스에게 보낸 편지들은 정확성과 절절함을 보태준다. Sharon Romm, *The Unwelcome Intruder: Freud's Struggle with Cancer* (1983)는 프로이트의 내과의, 외과의, 수술에 관하여 다른 데서는 대개 얻을 수 없는 의학적 세부 사항과 정보를 담고 있다. 또 Sanford Gifford의 많은 정보를 담은 미발표 원고 "Notes on Felix Deutsch as Freud's Personal Physician" (1972)의 도움을 받았는데, 이 글은 도이치의 곤경에 공감하기는 하지만 감상적인 태도로 빠지지는 않는다. 도이치 자신의 "Reflections on Freud's One Hundredth Birthday" (*Psychosomatic Medicine*, XVIII, 1956, pp.279-283)도 도움이 된다. 또 내가 1986년 6월 3일에 헬렌 슈어를 만나 물어본 것도 큰 도움이 되었다. 프로이트의 손자 하이넬레에 관해서는 어린 학생 시절 마틸데와 로베르트 홀리처의 집—하이넬레가 마지막 몇 달을 보낸 곳이다.—에서 일을 한 적이 있는 Hilde Braunthal 에게서 들은 이야기가 도움이 되었다. H. D. [Hilda Doolittle], *Tribute to Freud*는 1930년대로부터 1920년대를 회상하는 이야기를 몇 가지 전해준 다. 1926년 George Sylvester Viereck 인터뷰—1927년에 따로 발표되었다 가 *Glimpses of the Great* (1930)에 실렸다.—는 특유의 인용들이 많지만, 조심해서 이용해야 한다.

Elias Canetti, *Die Fackel im Ohr. Lebensgeschichte 1921-1931* (1980), 특히 137-139는 1920년대 오스트리아에서 프로이트의 인기에 관한 시사적 이고 재미있는 구절들이 담겨 있다. 미국에 관해서는 Ronald Steel, *Walter Lippmann and the American Century* (1980)에서 잠깐 살펴본 것 이 있는데, 이것은 리프먼의 편지들로 보완할 수 있다. 이 편지들은 John Morton Blum이 능숙하게 편집한 *Public Philosopher: Selected Letters of Walter Lippmann* (1985)에 실려 있다. Alfred Kazin, *On Native Grounds: An Interpretation of Modern American Prose Literature* (1942; 보급판, 1956)는 지나가면서 1920년대 프로이트의 영향에 관해 언 급하고 있으며, Richard Weiss, *The American Myth of Success, from Horatio Alger to Norman Vincent Peale* (1969)도 마찬가지다. Martin Wangh 편, *Fruition of an Idea: Fifty Years of Psychoanalysis in New York* (1962)은 얇고 자화자찬이 많은데, 우리에게 필요한 것은 뉴 욕 정신분석협회의 근거가 확실한 역사다. 그보다 앞서 실제로 협회 에 관여했던 사람이 연구한 것으로는 C. P. Oberndorf, *A History of Psychoanalysis in America* (1953)가 있는데, 이것은 매우 개인적이지만 쓸모가 있다. David Shakow and David Rapaport, *The Influence of Freud on American Psychology* (1964)는 헤일의 훌륭한 *Freud and the Americans*를 넘어서는 곳으로 나아가고 있다. John C. Burnham, *Psychoanalysis in American Medicine, 1894-1918: Medicine, Science, and Culture* (1967)는 Hale과 함께 읽으면 좋은 책이다. Burnham,

Jelliffe: American Psychoanalyst and Physician (1983)에도 좋은 자료가 많은데, 여기에는 William McGuire가 편집한, Jelliffe가 프로이트나 융과 교환한 편지들도 포함되어 있다. 또 깊은 사유를 바탕으로 많은 것을 알려주는 John Demos, "Oedipus and America: Historical Perspectives on the Reception of Psychoanalysis in the United States" (*The Annual of Psychoanalysis*, VI, 1978, pp.23–39)를 보라. (미국에서 비전문가 분석을 다루는 책은 이 문헌 해제의 10장에 관한 부분을 보라.)

Uwe Henrik Peters, *Anna Freud: A Life Dedicated to Children* (1979; 역자 불명, 1985)은 다른 전기들과 마찬가지로 안나 프로이트의 논문들의 도움 없이 용감하지만 매우 비효과적으로 버티고 있다. 아마도 엘리자베스 영-브루엘의 권위적인 전기가 나올 때까지 기다려야 할 것 같다. 그녀는 1987년 1월 15일 예일 대학교 정신분석과 인문학 뮤리엘 가디너 프로그램에서 강연하면서, 또 몇 번의 대화와 1987년 5월 17일에 나에게 보낸 편지에서 자신의 연구를 일부 공개했다. *The Psychoanalytic Study of the Child*, XXXIX (1984)에 실린 안나 프로이트 추모 논문 몇 편은 과묵하고 매혹적인 한 인간의 초상을 그려보는 데 도움을 준다. 특히 Joseph Goldstein, "Anna Freud in Law" (pp.3–13); Peter B. Neubauer, "Anna Freud's Concept of Developmental Lines" (pp.15–27); Leo Rangell, "The Anna Freud Experience" (pp.29–42); Albert J. Solnit and Lottie M. Newman, "Anna Freud: The Child Expert" (pp45–63); 그리고 안나 프로이트의 기억을 끌어내는 Robert S. Wallerstein의 "Anna Freud: Radical Innovator and Staunch Conservative" (pp.65–80)를 보라. 안나 프로이트의 조카딸 조피 프로이트의 강연 *The Legacy of Anna Freud* (1987)는 사적이면서도 감동적이다. Kardiner, *My Analysis with Freud*에는 몇 가지 흥미로운 논평이 담겨 있다. 안나 프로이트의 미공개 편지, 특히 막스 슈어와 어니스트 존스에게 보낸 편지, 그리고 프로이트가 어니스트 존스에게 보낸 미공개 편지, 나아가서 없어서는 안 되는 친구이자 속을 털어놓는

상대였던 루 안드레아스-살로메에게 보낸 미공개 편지들은 전기 작가를 도와준다. (안드레아스-살로메에 관해서는 그녀의 자전적인 글들, 그 가운데도 특히 *Lebensrückblick* [1951]과 미공개 자료를 약간 이용한 Angela Livingstone, *Lou Andreas-Salomé* [1984]를 보라.) 그러나 안나 프로이트에 관한 가장 도움이 되는 자료는 물론 Freud Collection, LC에 있는 그녀와 그녀의 아버지 사이의 미공개 편지들이다.

베를린의 정신분석에 관해서는 많은 것을 보여주는(또 매우 재미있는) 스트레이치 부부 사이의 편지 *Bloomsbury/Freud: The Letters of James and Alix Strachey, 1924-1925* (Perry Meisel and Walter Kendrick 편, 1985)를 보라. 이와 더불어 매우 유익한 Festschrift, *Zehn Jahre Berliner Psychoanalytisches Institut (Poliklinik und Lehranstalt)* (Deutsche Psychoanalytische Gesellschaft 편, 1930)도 보라. 여기에는 연구소의 규칙, 학생, 환자, 프로그램 등 모든 면에 관한 에른스트 지멜, 오토 페니헬, 카렌 호르나이, 한스 작스, Gregory Zilboorg 등 많은 사람들의 좋은 정보가 담긴 짧은 보고서들도 포함되어 있다. 베를린에서 처음 명성을 얻은 멜라니 클라인은 여전히 매우 논란이 많은 인물이다. Phyllis Grosskurth의 전기 *Melanie Klein: Her World and Her Work* (1986)는 매우 충실하고 클라인의 논문들의 광범한 연구에 기초를 두고 있기는 하지만, 그런 논란을 잠재우지는 못했다. 나는 이 책에서 많은 것을 배우기는 했지만, 안나 프로이트에 대한 Grosskurth의 다소 낮은 평가에는 동의하지 않는다. 유명한 클라인주의자인 Hanna Segal은 *Introduction to the Work of Melanie Klein* (1964)과 *Klein* (1979) 등 짧으면서도 아주 유익한 책을 두 권 썼다.

프랑스에서 프로이트의 영향에 관해서는 짧지만 충실한 Sherry Turkle의 *Psychoanalytic Politics: Freud's French Revolution* (1978)을 보라. 이 책은 프랑스 특유의 정신분석 문화의 등장을 묘사하고 있다. 프로이트와 르네 라포르그의 서신 (Pierre Cotet 프랑스어역, André Bourguignon

등 편, "Mémorial" *Nouvelle Revue de Psychanalyse*, XV, 1977년 4월, pp.236-314)도 매우 유익하다. Elisabeth Roudinesco, *La bataille de cent ans. Histoire de la psychanalyse en France*, vol. I, *1885-1935* (1982) and vol. II, *1925-1985* (1986)도 마찬가지다. 또 Ilse and Robert Baraude, *Histoire de la Psychanalyse en France* (1975)도 보라. 프랑스의 정신분석은 물론 마리 보나파르트와 묶일 수밖에 없다. Celia Bertin, *Marie Bonaparte: A Life* (1982)는 특히 보나파르트의 사상과 프랑스에서 정신분석을 조직한 작업과 관련하여 안타깝게도 내용이 부실하다. 더 나은 전기가 기대된다.

프로이트에 관해 이야기해준 분석 대상자들 가운데는 힐다 둘리틀 [H. D.], 카디너, 그리고 잔 랑플-드 그로(1985년 10월 24일에 나와 진심이 담겨 있고, 매혹적이고, 종종 감동적인 인터뷰를 했다) 등이 있다. H. D.에 관해서는 Janice S. Robinson의 충실한 전기 *H. D.: The Life and Work of an American Poet* (1982)를 보라. Susan Stanford Friedman, "A Most Luscious 'Vers Libre' Relationship: H. D. and Freud" (*The Annual of Psychoanalysis*, XIV, 1986, pp.319-343)가 이 전기를 보완해준다. "실험적인" 분석 대상자 Joseph Wortis의 책 *Fragments of an Analysis with Freud* (1954)는 프로이트의 몇 번의 놀라운 개입을 기록하고 있지만, 궁극적으로 만족스럽지는 않다. Wortis는 사실 분석을 받는 데는 관심이 없었기 때문이다. 이 시절 프로이트의 교제와 서신 교환에 관해서는 David S. Werman이 *Int. Rev. Psycho-Anal.*에 실은 글 두 편, 즉 "Stefan Zweig and His Relationship with Freud and Rolland: A Study of the Auxiliary Ego Ideal" (VI, 1979, pp.77-95)과 "Sigmund Freud and Romain Rolland" (IV, 1977, pp.225-242)가 도움을 준다. 또 David James Fisher의 에세이 "Sigmund Freud and Romain Rolland: The Terrestrial Animal and His Great Oceanic Friend" (*American Imago*, XXXIII, 1976, pp.1-59)도 있다. Mary Higgins and Chester M. Raphael,

편, *Reich Speaks of Freud: Wilhelm Reich Discusses His Work and His Relationship with Sigmund Freud* (1967)는 K. R. Eissler의 Reich 에 대한 긴 인터뷰를 포함하여 프로이트의 말년에 대한 몇 가지 감질나는 (신뢰성이 떨어지기는 하지만) 이야기를 담고 있다. Albrecht Hirschmüller 는 "'Balsam auf eine schmerzende Wunde'—Zwei bisher unbekannte Briefe Sigmund Freuds über sein Verhältnis zu Josef Breuer" (*Psyche*, XLI, 1987, pp.55-59)에서 요제프 브로이어가 죽었을 때 프로이트가 그의 아들에게 보낸, 많은 것을 보여주는 편지 두 통을 공개했다.

프로이트의 신비주의에 대한 관심이라는 당혹스러운 쟁점에 관해서 는 아직 많은 작업이 이루어지지 않았다. Nandor Fodor, *Freud, Jung, and Occultism* (1971)은 어떠한 결론에도 이르지 못했다. 반면 *Jones* III (pp.375-407)는 충실하고 공정하다.

10장 여성과 정신분석

오토 랑크에 관해서는 이미 언급한 전기들—Lieberman, *Rank*와 Taft, *Otto Rank*인데 둘 다 애정 어린 노고의 결과물이라고 할 수 있다.—이외 에 Esther Menaker, *Otto Rank: A Rediscovered Legacy* (1983)를 보라. 이 책은 랑크를 자아심리학자로 파악하고, 그의 작업과 성격에 대한 어니 스트 존스의 비판 일부에 대응하기도 한다. 랑크와 페렌치의 연구서인 *The Development of Psychoanalysis* (1924; Caroline Newton 역, 1925)는 여러 번 다시 출간되었다. 랑크의 가장 인기 있는 책인 *The Trauma of Birth* (1924; 번역자 미상, 1929)는 아직도 구할 수 있다. 그의 엄청난 글 가운데 몇 가지를 추린 것도 있는데, Philip Freund 편, *The Myth of the Birth of the Hero and Other Writings* (1959)는 주로 예술과 신화에 관 한 것이다. 랑크의 열렬한 지지자 가운데 가장 유명한 사람은 사회학자 인 고 Ernest Becker인데, 그의 *The Denial of Death* (1973)와 *Escape* *from Evil* (1975)이 그것을 증명한다.

불안에 관해서는 "Editor's Introduction" to *Inhibitions, Symptoms and Anxiety* (*SE* XX, pp.77-86)가 특히 도움이 된다. Allan Compton 의 3부작 연구 "A Study of the Psychoanalytic Theory of Anxiety" 는 훨씬 다루는 폭이 넓은데, 이 글은 *J. Amer. Psychoanal. Assn.*에 "I. The Development of Freud's Theory of Anxiety" (XX, 1972, pp.3-44); "II. Developments in the Theory of Anxiety since 1926" (XX, 1972, pp.341-394); "III. A Preliminary Formulation of the Anxiety Response" (XXVIII, 1980, pp.739-774)로 수록되어 있다. 오토 페니헬 은 평소와 마찬가지로 이 주제에 관해 몇 편의 흥미 있는 논문을 썼는 데, 그 가운데 주목할 것은 "Organ Libidinization Accompanying the Defense against Drives" (1928) (*Collected Papers*, 1st Series, pp.128-146); "Defense against Anxiety, Particularly by Libidinization" (1934) (*Collected Papers*, 1st Series, pp.303-317); 그리고 특히 독창적인 "The Counter-Phobic Attitude" (1939) (*Collected Papers*, 2d Series, pp.163-173) 등이다. 2부로 구성된 Phyllis Greenacre의 설득력 있는 논문 "The Predisposition to Anxiety" (1941) (*Trauma, Growth, and Personality*, pp.27-82)는 이 성향을 자궁 안에 있을 때까지 추적해 들어간다. 또 Ishak Ramzy and Robert S. Wallerstein, "Pain, Fear, and Anxiety: A Study in Their Interrelations" (*The Psychoanalytic Study of the Child*, XIII, 1958, pp.147-189; René A. Spitz, "Anxiety in Infancy" (*Int. J. Psycho-Anal.*, XXXI, 1965, pp.138-143)와 더불어 Spitz, *The First Year of Life* (1965)에 실린 매혹적인 글들, Clifford Yorke and Stanley Wiseberg, "A Developmental View of Anxiety: Some Clinical and Theoretical Considerations" (*The Psychoanalytic Study of the Child*, XXXI, 1976, pp.107-135); Betty Joseph, "Different Types of Anxiety and Their Handling in the Analytic Situation" (*Int. J. Psycho-Anal.*, LIX, 1978, pp.223-228); 바로 그 뒤에 이어지는 Leo Rangell, "On Understanding and Treating Anxiety and Its Derivatives" (pp.229-236)도 보라. Max Schur, "The Ego in Anxiety" (*Drives, Affects, Behavior*, Loewenstein 편, pp.67-103)는 작은 고전이다. 이 주제를 약간 독특하게 다룬 것으로는 Silvan Tomkins의 중요한 텍스트인 *Affects, Imagery, Consciousness*, vol. II, *The Negative Affects* (1963), 특히 pp.511-529를 보라. 뉴욕 정신분석협회의 속기록 (the A. A. Brill Library, New York Psychoanalytic Institute)에는 랑크의 이단적인 생각들에 관하여 많은 것을 보여주는 (때로는 열띤) 토론의 기록이 몇 개 실려 있다.

테오도어 라이크의 회고록(프로이트가 그에게 보낸 편지에서 인용한 대목들이 곳곳에 박혀 있다.)은 흥미로운 세세한 내용을 많이 보여준다. *The Search Within: The Inner Experience of a Psychoanalyst* (1956)는 방대한 개론서인데, 이전에 나온 *From Thirty Years with Freud* (Richard Winston 역, 1940)가 더 간략하면서도 예리하다. Erika Freeman은 라이크에게 회고록을 쓰라고 권했다. 그녀의 *Insights: Conversations with Theodor Reik* (1971)를 보라. 막스 아이팅곤과 어니스트 존스가 조직한 비전문가 분석에 관한 대규모 심포지엄은 *Int. J. Psycho-Anal.*, VIII (1927, pp.174-283, pp.391-401)에 영어로 나온다. 비전문가 분석에 대한 미국인의 태도에 관한 이야기 전체가 기록된 적은 없지만, 역사적으로 매우 흥미로운 일이기 때문에 꼭 나왔으면 하는 바람이다. 뉴욕 정신분석협회의 비전문가 분석에 관한 의사록은 안타깝게도 매우 부실하다. 현재로서는 무엇보다도 *American Psychoanalysis: Origins and Development*, Jacques M. Quen and Eric T. Carlson 편 (1978)을 보라. Oberndorf, *History of Psychoanalysis in America*에서는 특히 9장 "Status of Psychoanalysis at the Beginning of the Third Decade"와 10장 "Stormy Years in Psychoanalysis under New York Leadership"을 보라. 둘 다 힘차고, 주관적이고, 또 매우 짧다. 여기에서도 Hale, *Freud and the Americans*가

비록 1917년까지만 다루지만, 그래도 기반을 잘 닦아주고 있다. 이 문제에 관해서는 Burnham, *Jelliffe*도 도움이 된다.

Jones III (pp.287-301)는 비전문가 분석을 둘러싼 논쟁을 공정하게 전체적으로 개관하며, 간결한데도 불구하고 놀라울 만큼 정보가 풍부하다. K. R. Eissler가 간결하다고 말할 사람은 없을 것이다. 그의 *Medical Orthodoxy and the Future of Psychoanalysis* (1965)는 방대하고, 제멋대로 일탈한다는 약점이 있지만, 군데군데 계몽적인 면도 있다. 최근에 나온 이 주제에 관한 글로는 Lawrence S. Kubie, "Reflections on Training" (*Psychoanalytic Forum*, I, 1966, pp.95-112); Shelley Orgel, "Report from the Seventh Pre-Congress Conference on Training" (*Int. J. Psycho-Anal.*, LIX, 1978, pp.511-515); Robert S. Wallerstein, "Perspectives on Psychoanalytic Training Around the World" (*Int. J. Psycho-Anal.*, LIX, 1978, pp.477-503); 미국 정신분석협회의 공개 토론회 보고서인 Newell Fischer, "Beyond Lay Analysis: Pathways to a Psychoanalytic Career" (*J. Amer. Psychoanal. Assn.*, XXX, 1982, pp.701-715) 등이 있다. Harald Leupold-Löwenthal, "Zur Geschichte der 'Frage der Laienanalyse,'" (*Psyche*, XXXVIII, 1984, pp.97-120)에는 추가 자료가 약간 있다.

여성 발달, 구체적으로 성욕에 관한 프로이트의 견해를 둘러싼 자료 가운데 다수, 아니 대부분은 논쟁적이다. 이 쟁점은 거의 전적으로 정치화되어 왔다. 다행스럽게도 분석가들은 남성이든 여성이든 이성을 잃지 않았다. Zenia Odes Fliegel의 "Feminine Psychosexual Development in Freudian Theory: A Historical Reconstruction" (*Psychoanalytic Quarterly*, XLII, 1973, pp.385-408)과 훌륭하게 그 뒤를 이은 "Half a Century Later: Current Status of Freud's Controversial Views on Women" (*Psychoanalytic Review*, LXIX, 1982, pp.7-28)은 프로이트의 생각의 흐름에 관한 믿을 만한 개관이다. 두 글 모두 문헌 정보

가 뛰어나게 갖추어져 있다. 포괄적인 묶음집 *Female Psychology:
Contemporary Psychoanalytic Views* (Harold P. Blum 편, 1977)은 *J.
Amer. Psychoanal. Assn.*에 실린 논문들을 까다롭지 않게 뽑아 싣고 있
다. 이 가운데 나에게 가장 유익했던 글은 프로이트의 생각을 높이 평
가하는 동시에 비판하는 James A. Kleeman, "Freud's Views on Early
Female Sexuality in the Light of Direct Child Observation" (pp.3-
27); 아주 흥미로운 논문인 Eleanor Galenson and Herman Roiphe,
"Some Suggestive Revisions Concerning Early Female Development,"
(pp.29-57); 유년 이후의 이야기를 설득력 있게 이어 가고 있는 Samuel
Ritvo, "Adolescent to Woman" (pp.127-137); 정신분석 내의 수정을 보
여주는 또 하나의 사례 William I. Grossman and Walter A. Stewart,
"Penis Envy: From Childhood Wish to Developmental Metaphor"
(pp.193-212); 근본적인 쟁점 몇 가지에 대한 통찰력 있는 분석인 Roy
Schafer, "Problems in Freud's Psychology of Women" (pp.331-360);
음경 선망의 이면을 다루는 Daniel S. Jaffe, "The Masculine Envy of
Woman's Procreative Function" (pp.361-392); 최근의 비정신분석적, 반정
신분석적, 유사 정신분석적 문헌을 가혹하지만 매우 효과적으로 검토하는
Peter Barglow and Margret Schaefer, "A New Female Psychology?"
(pp.393-438) 등이다. 이 논문들 거의 모두가 광범한 참고문헌을 제공
한다. 이 묶음집에 나오는 저자들의 다른 중요한 논문으로는 Kleeman,
"The Establishment of Core Gender Identity in Normal Girls. (a)
Introduction; (b) Development of the Ego Capacity to Differentiate"
(*Archives of Sexual Behavior*, I, 1971, pp.103-129)과 Galenson and
Roiphe, "The Impact of Early Sexual Discovery on Mood, Defensive
Organization, and Symbolization" (*The Psychoanalytic Study of the
Child*, XXVI, 1971, pp.195-216)이 있는데, 뒤의 논문은 같은 저자들
의 "The Preoedipal Development of the Boy" (*J. Amer. Psychoanal.*

Assn., XXVIII, 1980, pp.805-828)를 보완하는 동시에 그것과 대비를 이 룬다. 1977년 묶음집 이후로 나온 자료의 명민한 요약으로는 Shahla Chehrazi, "Female Psychology: A Review" (*J. Amer. Psychoanal. Assn.*, XXXIV, 1986, pp.141-162)를 보라. 또 프로이트의 사례사들에 나 오는 어머니들에 관해 적절하게 묻고 있는 Iza S. Erlich의 매우 교훈적인 짧은 논문 "What Happened to Jocasta?" (*Bulletin of the Menninger Clinic*, XLI, 1977, pp.280-284)도 보라. 그리고 Jean Strouse, 편, *Women and Analysis: Dialogues on Psychoanalytic Views of Femininity* (1974)도 보라.

여성의 성적 발달에 관한 프로이트의 해석에 이은 고전적인 정신분석 텍 스트 가운데 가장 유명한 것들은, 약간의 흠이 없지는 않지만, 원래 1949 년 *Revue Française de Psychanalyse*에 세 편으로 나뉘어 실렸던 Marie Bonaparte, *Female Sexuality* (1951; John Rodker 역, 1953); Helene Deutsch, *The Psychology of Women*, 2 vols. (1944-1945); Ruth Mack Brunswick, "The Preoedipal Phase of Libido Development" (1940) (*The Psychoanalytic Reader*, Robert Fliess 편, 1948, pp.261-284) 등 이 있다. *The Development of the Mind: Psychoanalytic Papers on Clinical and Theoretical Problems* (1965)에 실린 잔 랑플-드 그로 의 논문들은 프로이트의 견해를 특히 명료하게 정리해주는데, 다음과 같 다. "The Evolution of the Oedipus Complex in Women" (1927, pp.3-18); "Problems of Femininity" (1933, pp.19-46); 산도르 러도의 책에 대 한 서평인 "Fear of Castration in Women" (1934, pp.47-57); 남성의 아 주 어린 시기의 문제에 관한 중요한 글인 "The Preoedipal Phase in the Development of the Male Child" (1946, pp.104-113) 등이다. 또 Joan Riviere, "Womanliness as a Masquerade" (1929) (*Psychoanalysis and Female Sexuality*, Hendrik M. Ruitenbeek 편, 1966, pp.209-220)을 보 라.

이 쟁점에 관한 아브라함의 의견으로는 프로이트와 주고받은 편지 외에 그의 논문 "Manifestations of the Female Castration Complex" (1920) (*Selected Papers of Karl Abraham*, 1927, pp.338-369)를 보라. 존스의 가장 중요한 논문들인 "The Early Development of Female Sexuality" (1927, pp.556-570); "The Phallic Phase" (1933, pp.571-604); "Early Female Sexuality" (1935, pp.605-616)는 모두 *Papers on Psycho-Analysis* (4판, 1938)에 수록되어 있다.

카렌 호르나이의 논문들은 영어로 쉽게 구할 수 있다. 그녀를 권위자로 만들어준 논문들인 "On the Genesis of the Castration Complex in Women" (1924, pp.37-53); "The Flight from Womanhood: The Masculinity-Complex in Women as Viewed by Men and Women" (1926, pp.54-70); "The Dread of Women: Observations on a Specific Difference in the Dread Felt by Men and by Women Respectively for the Opposite Sex" (1932, pp133-146); "The Denial of the Vagina: A Contribution to the Problem of the Genital Anxieties Specific to Women" (1933, pp.147-161)은 그녀의 *Feminine Psychology* (Harold Kelman 편, 1967)에 모여 있다. 그녀의 이 논문들에는 다른 관련된 텍스트들도 몇 가지 있다. *The Adolescent Diaries of Karen Horney* (1980)는 감동적이며 많은 것을 드러내준다. Marcia Westkott, *The Feminist Legacy of Karen Homey* (1986)은 큰 맥락 안에서 그녀의 생각들을 논의하고 있다. Susan Quinn의 새로운 전기(저자가 그 원고를 읽게 해주었다) *A Mind of Her Own: The Life of Karen Homey* (1987)는 그녀의 사생활을 공정하고 온전하게 다루고 있다.

비록 흥미롭기는 하지만, 여기는 프로이트의 "음경 중심적" 관점에 반대하는 페미니즘적인 이의 제기를 논하는 자리가 아니다. Barglow and Schaefer (위에서 언급했다)는 정력적으로, 심지어 호전적으로 정신분석학적 관점을 옹호한다. "성 정치"와 프로이트의 "남성 쇼비니즘"을 고려하면서도 그것을 넘어서려 한, 가장 보람 있고 책임감 있는 글은 훈련받은 정신과 의사이자 적극적인 페미니스트인 Juliet Mitchell의 연구인 *Psychoanalysis and Feminism* (1974)이다. Mary Jane Sherfey, *The Nature and Evolution of Female Sexuality* (1972)는 현대 생물학을 기초로 프로이트의 이론을 수정하려는 합리적 시도다. K. R. Eissler, "Comments on Penis Envy and Orgasm in Women" (*The Psychoanalytic Study of the Child*, XXXII, 1977, pp.29-83)은 최근의 페미니즘과 정신분석 문헌을 고려하고 있다. 프로이트의 견해와 밀접한 관련이 있는, 여성의 성욕의 매혹적인 역사와 19세기 유럽에서 사랑을 대하는 태도라는 면에 관해서는 Gay, *The Bourgeois Experience* vol. I, *Education of the Senses*와 vol. II, *The Tender Passion*을 보라. 방대한 문헌이 있지만, 그 가운데 Helene Weber, *Ehefrau und Mutter in der Rechtsentwicklung. Eine Einführung* (1907)을 골라보았다. 여기에는 오스트리아에 관한 부분이 있으며, Richard J. Evans, *The Feminists: Women's Emancipation Movements in Europe, America and Australasia 1840-1920* (1977)도 마찬가지다. 현대 오스트리아 여성에 관한 가장 좋은 간략한 역사는 Erika Weinzierl, *Emanzipation? Österreichische Frauen im 20. Jahrhundert* (1975)의 머리말이다. 더 긴 역사가 나온다면 좋을 것이다.

프로이트와 그의 어머니라는 민감한 문제에 관해서는 *Jones*의 여러 곳과 McGrath, *Freud's Discovery of Psychoanalysis* 외에 Eva M. Rosenfeld, "Dreams and Vision: Some Remarks on Freud's Egyptian Bird Dream" (*Int. J. Psycho-Anal*, XXXVII, 1956, pp.97-105), 그리고 프로이트와 아말리아 프로이트의 관계를 나만큼이나 중요하게 다루는 중요한 논문 Robert D. Stolorow and George E. Atwood, "A Defensive-Restitutive Function of Freud's Theory of Psychosexual Development" (*Psychoanalytic Review*, LXV, 1978, pp.217-238)를 보라. 이 저자들은

Tomkins의 *Affect, Imagery, Consciousness*를 유익하게 이용하고 있다. Donald L. Burnham은 "Freud and Female Sexuality: A Previously Unpublished Letter" (*Psychiatry*, XXXIV, 1971, pp.328-329)에서 프로이트가 말년에 독일의 정신분석가 Carl Müller-Braunschweig에게 보낸 편지를 공개했다.

Arnold Zweig, 1887-1968. Werk und Leben in Dokumenten und Bildem (Georg Wenzel 편, 1978)에는 지금까지 공개되지 않았던 많은 자료가 처음 공개되고 있다.

11장 문명 속의 불만

페렌치에 관한 작업이 더 이루어지는 것을 몹시 원하고 있다고 이미 말했다. 그의 말년에 관해서는(그 이전 시기와 마찬가지로) Freud-Ferenczi Correspondence, Freud Collection, LC가 물론 기본적이다. Michael Balint는 *The Basic Fault: Therapeutic Aspects of Regression* (1968), 특히 23장, "The Disagreement between Freud and Ferenczi, and Its Repercussions"에서 엉성하기는 하지만 약간 중요한 이야기를 하고 있다. 페렌치가 인생 후반에 친한 친구 게오르크 그로데크와 주고받은 편지 *Briefwechsel 1921-1933* (1986)는 계몽적이다. Masson, *Assault on Truth*에서 페렌치와 프로이트의 관계 말기에 관한 장 "The Strange Case of Ferenczi's Last Paper"는 설득력 있게 들리지만 사실은 전혀 신뢰할 수 없다. 예를 들어 Masson은 프로이트가 페렌치에게 느꼈던 강한 긍정적인 느낌의 예를 보여주려고, 그가 페렌치를 "자주 '친애하는 아들'이라고 불렀다."(p.145)고 말하고 있다. 그러나 나는 그런 호칭을 딱 한 번 보았으며, 그것도 페렌치가 성장하지 못하는 것에 화가 나서 사용한 것이었다. (프로이트가 페렌치에게 쓴 편지, 1911년 11월 30일과 12월 5일. Freud-Ferenczi Correspondence, Freud Collection, LC를 보라.) 또 페렌치가 유혹 이론을 소생시키려고 고집을 부렸기 때문에 "프로이트와의 우정이 깨졌다."(p.148)는 Masson의 주장은 사실과 어긋난다. 내가 본문에서 인용하고 있는 페렌치의 임상 일기의 출처는 Freud Collection, LC이며, 이것은 S. Fischer Verlag, Frankfurt am Main이 펴내고 있는 중이다.—Judith Dupont 편, "Ohne Sympathie Keine Heilung." *Das klinische Tagebuch von 1932* (1988).

프로이트의 반미적 태도를 자세하게 다룬 작업은 없다. Hale, *Freud and the Americans*는 1917년까지의 배경을 보여준다. 초기의 가장 진지한 미국인 지지자 가운데 한 사람에 관해서는 다시 Steel, *Walter Lippmann*을 보라. (Martin J. Wiener, *Between Two Worlds: The Political Thought of Graham Wallas* 〔1971〕에도 리프먼에 대한 흥미로운 논평이 약간 나온다.) Burnham, *Jelliffe*는 이번에도 도움이 된다. 불릿에 대한 가장 철저한 전기적 연구는 Will Brownell and Richard N. Billings, *So Close to Greatness: A Biography of William C. Bullitt* (1987)인데, 나는 이것을 원고 상태로 읽을 기회가 있었다. 그러나 이것도 프로이트와 불릿의 우드로 윌슨 연구를 둘러싼 수수께끼를 완전히 해명해주지는 않는다. 나는 그 책이 만들어지는 과정을 재구성하려고 하면서 불릿이 하우스 대령에게 보낸 편지들을 이용했다(Colonel E. M. House papers, series I, box 21, Y-MA에 들어 있다). Beatrice Farnsworth, *Williatn C. Bullitt and the Soviet Union* (1967)은 불릿의 초기 외교적 임무에 집중하지만, 다행히도 제목에 적힌 범위를 넘어선다. 프로이트가 재미있게 읽었지만 공개적으로 지지하지는 않은 책인 William Bayard Hale, *The Story of a Style* (1920)은 문체라는 도구를 이용해서 윌슨을 해부한 책이다. 이 책에 대한 미국인의 서평으로는 이 책을 이야기할 기회를 이용하여 윌슨을 잔인하게 다룬 H. L. Mencken, "The Archangel Woodrow" (1921) (*The Vintage Mencken*, Alistair Cooke 편, 1955, pp.116-120)를 보라.

1932년 형제 William과 함께 지내다가 *Thomas Woodrow Wilson* 원고

를 본 Orville H. Bullitt은 프로이트와 불럿이 실제로 매 장마다 서명을 했다고 확인해준다. 그는 1950년경에 원고를 다시 보았는데, 아무런 변화가 없었다. (Orville Bullitt이 Alexander L. George에게 쓴 편지, 1973년 12월 6일, Alexander George의 허락을 받음.) 1930년대에 이 원고를 잘 알고 있던 사촌 Dr. Orville Horwitz도 같은 입장이다. (Dr. Horwitz와의 전화 대화, 1986년 5월 31일.) 그러나 책의 스타일은 그런 회고를 뒷받침해주지 않는다. 여러 비평가가 정당하게 지적했듯이, 머리말은 분명히 프로이트가 쓴 것이지만, 본문에는 그의 유머나, 정리를 하고 표현하는 섬세한 방식이 보이지 않는다. 예를 들어 막스 슈어는 1968년 1월 19일에 휴턴 미플린 출판사의 Miss M. Legru에게 이렇게 말했다. "원고를 검토한 결과 비록 프로이트가 손으로 쓴 것은 아니지만(프로이트는 **모든** 원고와 편지를 손으로 썼다) 머리말만 프로이트 문체의 분명한 특징과 그의 분석적 관점을 반영하고 있습니다. 우리(슈어, 에른스트 프로이트, 안나 프로이트)는 이것이 프로이트가 원래 쓴 것을 필사하여 보관한 것이라고 결론을 내릴 수밖에 없었습니다. 책의 나머지 부분은 불럿 씨가 쓴 것이 분명합니다. 불럿 씨는 프로이트를 만나던 동안, 또 그 뒤의 메모와 기억으로부터 프로이트가 그에게 제공한 분석 공식들을 최대한 적용했습니다(**그의 성실성에는 의문을 제기하지 않습니다**)." (헬렌 슈어의 허락을 받음.) 프로이트 자신은 1930년 12월에 아르놀트 츠바이크에게 이렇게 말했다. "다른 사람이 하고 있는 것에 머리말을 또 쓰고 있습니다. 무엇인지는 말을 안 하는 게 좋겠습니다. 이것도 분석이지만 매우 현대적이며, 거의 정치적입니다." (프로이트가 아르놀트 츠바이크에게 쓴 편지, 1930년 12월 7일. *Freud-Zweig*, p.37 [p.25].)

이런 모순을 해결하는 가장 어색하지 않은 방법은 프로이트가 죽은 뒤 불럿이 원고를 수정했다고 가정하는 것인 듯하다. 그러나 안나 프로이트는 다른 관점에서 본 적이 있다. "제가 불럿을 얼마나 좋아하지 않는지 아실 겁니다." 그녀는 1966년 10월 24일에 막스 슈어에게 그렇게 말했다. "하지만 그것은 불럿이 할 만한 일이 아닙니다." (Max Schur papers, LC.) 반면 1966년 11월 6일에는 슈어에게 이렇게 말했다. "머리말은 아버지가 썼다고 절대적으로 확신합니다. 이것은 아버지의 문체이고 아버지의 사고방식입니다. 따라서 저는 언제라도 그 점은 맹세할 준비가 되어 있습니다./ 마찬가지로 그 뒤에 이어지는 장들은 전체든 부분이든 아버지가 쓴 것이 아니라고 마찬가지로 확신하고, 마찬가지로 맹세할 준비가 되어 있습니다. 우선 그것은 아버지의 문체가 아닙니다. 둘째로, 이 책은 지겹도록 반복을 하고 있는데, 아버지는 평생 그래본 적이 없습니다. 셋째로, 아버지는 이 책에서처럼 분석을 하는 대상을 모욕하거나 조롱한 적이 없습니다." 안나 프로이트는 덧붙이기를 그녀의 아버지가 "불릿에게 분석적 해석을 제시하며 사용해보라고 했겠지만, 이런 조악한 방식으로 사용될 것이라고는 상상도 하지 못했을 것"이 틀림없다고 덧붙였다. (Max Schur papers, LC.) 안나 프로이트가 1950년대 중반 존스에게 보낸 편지 몇 통으로 보건대, 그녀가 아버지 생전에는 윌슨 연구 원고를 보지 못한 것이 분명하다. (안나 프로이트가 존스에게 쓴 편지, 1955년 4월 16일과 4월 25일. Jones papers, Archives of the British Psycho-Analytical Society, London을 보라.) 불릿 자신도 1955년 7월 22일 존스에게 쓴 편지에서 이 책이 "수많은 전투의 결과물이었다"고 말했다. "프로이트와 나는 둘 다 매우 고집이 셌습니다. 우리 각자가 신이라고 확신하는 면이 있었지요. 그 결과 모든 장, 실제로 모든 문장이 격렬한 토론의 주제였습니다." 불릿은 1956년 6월에 다시 존스에게 말했다. "내 생각에 본질적인 수정 사항을 그〔프로이트〕와 이야기하러 런던에 두 번〔1939년에〕 갔습니다. 우리는 그 수정사항의 표현에 합의했고, 내가 고쳤습니다. 하지만 나는 그가 사망하면서 추가 수정은 불가능해졌다고 느꼈습니다." (둘 다 Jones papers, Archives of the British Psycho-Analytical Society, London.) 어쩌면 이 문제에 관해서는 안나 프로이트가 최선을 판단을 했는지도 모른다. "아버지가 불릿을 과대평가한 것에는 의문의 여지가 없습니다. 나는 달랐습니다. 하지만 이런 문제에서 아버지는 누구의 말도 듣지 않았지요." (안나 프로이트가 막스 슈어에게 쓴 편지, 1966년 11월 6일. Max Schur papers, LC.) 그러나 원고는 여전히 열람할 수 없다.

호러스 프링크 사건에 관해서는 Michael Specter, "Sigmund Freud and a Family Torn Asunder: Revelations of an Analysis Gone Awry" (*Washington Post*, 1987년 11월 8일, sec. G, Ⅰ, p.5)를 보라. The Frink papers, in the Alan Mason Chesney Medical Archives, The Johns Hopkins University를 보면 배경을 더 알 수 있다.

프로이트의 종교성에 대한 연구 가운데 Reuben M. Rainey의 논문, *Freud as Student of Religion: Perspectives on the Background and Development of His Thought* (1975)는 흥미가 없지 않다. 프로이트의 유대인적인 면에 관해서는 그의 아들 마르틴의 글 "Who Was Freud?" (*The Jews of Austria*, Fraenkel 편, pp.197-211)가 꼭 필요하다. "Freud, Havelock Ellis, Pavlov, Bernard Shaw, Romain Rolland 등이 쓴 미공개 편지들"이 포함된 A. A. Roback, *Freudiana* (1957)는 정보를 준다기보다는 짜증을 일으킨다. 이 장에서 나는 본서보다 유대인 문제를 더 자세히 다룰 수 있었던 나의 *A Godless Jew*에 많이 의존했다. (프로이트의 유대인 적인 면에 관한 책들은 다음 12장의 문헌 해제를 보라.)

《문명 속의 불만》을 평가한 작업에는 Paul Roazen의 연구서 *Freud: Political and Social Thought* (1968)도 포함되는데, 이 책에는 정치에서 인간 본성에 관한 몇 페이지가 들어가 있다. 프로이트의 관점에서 프로이트 사상의 사회적(또 정치적) 함의를 흥미롭게 살펴본 책으로는 J. C. Flugel, *Man, Morals and Society: A Psycho-Analytical Study* (1945)를 보라. R. E. Money-Kyrle, *Psychoanalysis and Politics: A Contribution to the Psychology of Politics and Morals* (1951)은 같은 각도에서 서술된 간결하지만 내용이 풍부한 책이다. "Politics and the Individual" in Rieff, *Freud: The Mind of the Moralist*는 훌륭한 장이다. 하인츠 하르트만 의 상당히 긴 Freud Lecture, *Psychoanalysis and Moral Values* (1960)

는 초자아와 (대체로 암묵적으로) 프로이트의 사회적, 정치적 이론의 세련된 옹호로서 꼼꼼하게 읽어볼 가치가 있다. 초자아에 관해서는 또 Michael Friedman, "Toward a Reconceptualization of Guilt" (*Contemporary Psychoanalysis*, XXI, 1985, pp.501-547)을 보라. 이 글은 멜라니 클라인, 그리고 W. R. D. Fairbairn과 D. W. Winnicott 같은 대상관계 이론가를 포함하여 프로이트 이후의 재검토를 살피고 있다. 미국의 저명한 사회학자 Talcott Parsons는 중요한 몇 개 논문에서 프로이트 사상의 사회적 의미를 연구했는데, 그 가운데서도 "The Superego and the Theory of Social Systems" (1952)가 주목할 만하다. 이 논문은 아버지 터부, 근친상간 터부, 그리고 성격과 사회에 관한 논문들과 더불어 *Social Structure and Personality* (1964)에 묶여 있다. Bocock, *Freud and Modern Society*는 여기에서도 유용하다. 나는 "Liberalism and Regression" (*The Psychoanalytic Study of the Child*, XXXVII, 1982, pp.523-545)에서 역사가가 정신분석적 사상을 문화와 연결하는 방식의 한 예를 보여주려 했다.

12장 인간 모세의 최후

1929년 가을에 시작되어 1930년대의 사건들을 촉발한 커다란 경제적—결국은 정치적—재앙은 오스트리아에 대한 논평을 포함한 훌륭한 비교 연구서인 John A. Garraty, The Great Depression (1986)에 가장 잘 요약되어 있다. 1933년에서 1938년까지 오스트리아에서 프로이트의 삶에 관해서는 특히 *Freud-Zweig* 서신과 프로이트가 루 안드레아스-살로메와 막스 아이팅곤(1933년 이후에는 팔레스타인에 있었다)에게 보낸 편지의 일부를 보라. Schur, *Freud, Living and Dying*은 히틀러 치하에서 프로이트가 보낸 몇 개월에 대한 필수불가결한 증언이다. Clark, *Freud*, 특히 23장 "An Order for Release"는 다른 전기 작가들이 무시한 외교적 자료에 기초하고 있는데, 나는 이 자료를 그것과 관계없이 이용했다. 1938년부터 프로이트가 사망할 때까지 그와 (말 그대로) 가까웠던 Dr. Josefine Stross는 친절하게도 그 시기 프로이트에 관한 나의 지식을 넓혀주었다(특히 1987년 5월 12일과 6월 19일 편지에서). Detlef Berthelsen, *Alltag bei Freud. Die Erinnerungen der Paula Fichtl* (나는 이것을 교정쇄로 보았으며, 출간은 1988년에 이루어질 예정이다.)은 1929년부터 프로이트 가족을 위해 일했고 런던에도 동행한 하녀의 회고에 바탕을 둔, 프로이트 가족에 관한 아주 내밀한 이야기들을 많이 제공한다. "드러난 사실"에는 처녀 피히틀이 프로이트의 음경을 잠깐 보고 충격을 받은 일도 포함된다. 그러나 전체적으로 늙은 하녀의 확인되지 않은 회고는 무조건 믿을 만한 문건은 아니다. Carl Zuckmayer의 자서전 *Als wär's ein Stück von mir. Horen der Freundschaft* (1966), 특히 pp.64-95는 1938년 3월 오스트리아—빈과 다른 곳—에서 겪은 일들을 생생하게 기록하고 있다. 합병 시기의 오스트리아에 관한 가장 좋은 자료는 8장에 대한 문헌 해제에서 이미 다루었다. 그 가운데 특히 Kadrnoska, Goldinger, Zuckerkandl, Klusacek과 Stimmer, Hannak, Csendes, Weinzierl과 Skalnik의 글을 보라. Weinzierl과 Skalnik가 편집한 책 *Österreich 1918-1938*의 다른 장인 Norbert Schausberger, "Der Anschluss" (pp.517-552)도 언급할 가치가 있다. 그 외에도 도움이 되는 책들이 있다. *Dokumentation zur Österreichischen Zeitgeschichte, 1938-1945* (Christine Klusacek, Herbert Steiner, Kurt Stimmer 편, 1971)의 첫 두 절은 합병과 제2차 세계대전 발발 시기의 "오스트마르크"였던 오스트리아에 관한 풍부한(그리고 섬뜩한) 자료가 포함되어 있다. Christine Klusacek, *Österreichs Wissenschaftler und Künstler unter dem NS-Regime* (1966)은 박해받은 과학자(프로이트를 포함하여)나 예술가와 그들의 운명에 관한 간결하고 웅변적인 요약이다. Dieter Wagner and Gerhard Tomkowitz, *"Ein Volk, Ein Reich, Ein Führer!" Der Anschluss Österreichs 1938* (1968)은 잡지 기사의 느낌이지만 믿을 만하며, 1938년 3월에 학대를 당하는 유대인의 생생한 사진 몇 장이 포함되어 있다. 또 여기에서도 *The Jews of Austria*, Fraenkel 편에 실린 논문 몇 편, 그 가운데서도 특히 무시무시한 통계와 그 못지않게 무시무시한 회고가 담긴 Herbert Rosenkranz, "The Anschluss and the Tragedy of Austrian Jewry, 1938-1945" (pp.479-545)를 보라. 그리고 1938년 11월의 회당, 공동체 센터, 그리고 유대인에 대한 야만적인 공격을 기록한 T. Friedmann 편, "Die KristallNacht." Dokumentarische Sammlung (1972)을 보라. Raul Hilberg, *The Destruction of the European Jews* (1961; 2판, 1981)는 유대인의 수동성이라는 전체적인 주제에서는 논란의 여지가 있지만, 학식이라는 면에서는 흠잡을 데가 없다. Martin Gilbert 편, *The Macmillan Atlas of the Holocaust* (1982)에도 히틀러 치하 오스트리아 유대인에 관한 다른 관련 통계가 들어 있다. 본문에서 이야기했듯이, 빈의 기자들이 매일 송고한 기사들, 특히 *New York Times, Manchester Guardian, London Daily Telegraph*의 기사들은 이 사건들에 대한 풍부한 증거 역할을 한다.

히틀러 치하 독일 정신분석과 정신의학은 정신이 번쩍 드는 풍부한 목록인 "*Hier geht das Leben auf eine sehr merkwürdige Weise weiter...*" *Zur Geschichte der Psychoanalyse in Deutschland* (Karen Brecht 등 편, 1985)에 생생하게 기록되어 있다. 내 판단으로는 증거가 확실하게 뒷받침하는 것 이상으로 나치 치하 정신분석이 살아남았다고 보는 경향이 있는 듯하지만, 어쨌든 수정주의적 입장에서 효과를 거두고 있고 학문적이기도 한 Geoffrey Cocks, *Psychotherapy in the Third Reich: The Goering Institute* (1985)를 보완적으로 읽을 필요가 있다. 나치 독일에 관한 방대한 문헌 가운데 Karl Dietrich Bracher, *The German Dictatorship: The Origins, Structure, and Effects of National Socialism* (1969; Jean Steinberg 역, 1970)은 여전히 그 권위를 거의 잃지 않았다.

프로이트의 유대인적인 면에 관해서는 계속 이야기가 나오고 있다. 나 자신의 견해는 다시 *A Godless Jew*를 보라. 나는 역시 이미 언급한 "Six Names in Search of an Interpretation"에서 내 주장을 일부 개진하기도 했다. Justin Miller, "Interpretation of Freud's jewishness, 1924-1974" (*Journal of the History of the Behavioral Sciences*, XVII, 1981, pp.357-374)는 50년간의 문헌을 포괄적으로 살피고 있다. Ernst Simon, "Sigmund Freud, the Jew" *Leo Baeck Yearbook*, II, 1957, pp.270-305)는 프로이트의 위치를 확정하려는 초기의 중요한 글이며, Peter Loewenberg, "'Sigmund Freud as a Jew': A Study in Ambivalence and Courage" (*Journal of the History of the Behavioral Sciences*, VII, 1971, pp.363-369)와 함께 읽으면 좋다. 내가 큰 도움을 받은 Martin S. Bergmann, "Moses and the Evolution of Freud's Jewish Identity" (*Israel Annals of Psychiatry and Related Disciplines*, XIV, 1976년 3월, pp.3-26)는 이 문제에 관한 프로이트의 논평을 철저하게 살펴보고 있으며, 프로이트 아버지의 종교적인 면에 대해서도 흥미로운 이야기를 하고 있다. Marthe Robert, *From Oedipus to Moses: Freud's Jewish Identity* (1974; Ralph Manheim 역, 1976)는 과장된 면은 있지만, 프로이트가 살해당한 예언자 모세와 동일시를 한 면에 대한 인상적이고 섬세한 해석이다. Stanley Rothman and Phillip Isenberg, "Sigmund Freud and the Politics of Marginality" (*Central European History*, VII, 1974, pp.58-78)는 편향적인 오독을 능숙하게 몰아내고 있다. 같은 저자들의 "Freud and Jewish Marginality" (*Encounter*, 1974년 12월, pp.46-54) 또한 Schorske, "Politics and Patricide in Freud's Interpretation of Dreams" (이미 언급했다)를 박살내는 데 도움을 준다. Henri Baruk, "La signification de la psychanalyse et le Judaïsme" (*Revue d'Histoire de la Médecine Hébraique*, XIX, 1966, pp.15-28, pp.53-65)는 프로이트에게 약간 비판적이지만, David Bakan, *Sigmund Freud and the Jewish Mystical Tradition* (1958)에서 설득력 있는 증거도 제시하지 않고 주장하는, 프

로이트가 카발라로부터 깊은 영향을 받았다는 주장 같은 무리한 주장들을 효과적으로 처리하고 있다. (Bakan의 가장 강력한 비판은 이미 언급한 Harry Trosman, *Freud and the Imaginative World*에서 이루어지고 있는데, 이 책은 그외에도 프로이트의 유대인적 정체성에 관한 흥미로운 논평이 담겨 있다.) A. A. Roback, *Jewish Influence in Modern Thought* (1929)는 Bakan과 마찬가지로 문제가 있지만, 프로이트가 저자에게 보낸 편지 몇 통이 담겨 있다. 여기에서도 또 Roback, *Freudiana*를 보라. Sander Cilman, *Jewish Self-Hatred: Anti-Semitism and the Hidden Language of the Jews* (1986)는 자기 증오에 관해서는 대단히 독창적이지만, 내 눈에는 기묘하게 보인다. *Judaism and Psychoanalysis* (Mortimer Ostow 편, 1982)는 다양한 종류의 논문을 제공하는데, 여기에는 Richard Rubinstein 랍비의 도발적인 연구서 *The Religious Imagination* (1968)의 한 장도 포함되어 있다. 그러나 나는 Bergmann, Rothman과 Isenberg, 그리고 Robert의 차분한 분석이 더 마음에 든다. 프로이트의 유대인적 정체성을 이해하는 데 가능한 실마리로 유대인의 유머도 무시하면 안 된다. Kurt Schlesinger, "Jewish Humor as Jewish identity" (*Int. Rev. Psycho-Anal.*, VI, 1970, pp.317–330)는 도움이 되는 연구다. 테오도어 라이크는 이 주제를 자신의 연구 분야로 삼았으며, 그 성과는 *Jewish Wit* (1962)에서 가장 두드러지게 나타난다. 또 짧고, 시사적이고, 약간 유머가 부족한 Elliott Oring, *The Jokes of Sigmund Freud: A Study in Humor and Jewish Identity* (1984)도 보라. 자신의 유명한 삼촌이 무신론자가 아니었다고 주장하는 프로이트의 조카 Harry를 인터뷰한 Richard Dyck의 "Mein Onkel Sigmund"(이미 언급했다)의 내용은 완전히 신뢰하기 힘들다. Avner Falk, "Freud and Herzl" (*Contemporary Psychoanalysis*, XIV, 1978, pp.357–387)은 프로이트가 헤르츨의 사상을 알고 있었다는 관점에서 프로이트의 유대인적인 면을 살핀다.

방금 언급한 많은 책들 가운데 특히 Bergmann, "Moses and the

Evolution of Freud's Jewish Identity"와 Robert, *From Oedipus to Moses*는 프로이트의 《인간 모세와 유일신교》와도 깊은 관련이 있다. 여기에 Rieff, *Freud: The Mind of the Moralist*, 6장 "The Authority of the Past"와 Edwin R. Wallace IV의 연구 두 가지, 즉 *Freud and Anthropology*와 "The Psychodynamic Determinants of Moses and Monotheism" (*Psychiatry*, XL, 1977, pp.79-87)도 추가하고 싶다. 또 W. W. Meissner, *Psychoanalysis and Religious Experience* (1984)의 5장인 "Freud and the Religion of Moses"와 F. M. Cross, "Yahweh and the Cod of the Patriarchs," (*Harvard Theological Review*, LV, 1962, pp.225-259)도 보라. Leonard Shengold, "A Parapraxis of Freud's in Relation to Karl Abraham" (*American Imago*, XXIX, 1972, pp.123-159)에는 프로이트가 그의 고대 이집트로의 지적 답사와 깊은 관련이 있는 아브라함의 아멘호테프 4세에 관한 초기 논문(1912)을 언급하지 않은 이유를 둘러싼 몇 가지 흥미로운 추측이 제시되어 있다.

증인들이 남긴 몇 가지 이야기는 프로이트의 삶의 마지막 일 년 반의 여러 면을 흥미롭게 드러내준다. 1939년 초 메어스필드 가든 20번지에서 프로이트와 차를 마신 일에 대한 울프 부부의 반응은 놀라우며, 분위기가 대조적이기도 하다. Leonard Woolf, *Downhill All the Way* (1967, pp.95-96, pp.163-169)와 *The Diary of Virginia Woolf* (Anne Olivier Bell 편, Andrew McNeillie 지원) vol. V, *1936-1941* (1984, p.202, pp.248-252)를 보라. 한스 작스는 프로이트와 고별한 일을 *Freud: Master and Friend*의 9장 "The Parting"에서 이야기하고 있다. 존스도 프로이트와 고별한 일을 *Jones* III, 6장, "London, The End"에서 이야기한다.

동성애자인 아들의 익명의 미국인 어머니에게 보낸 프로이트의 유명한 편지에 관해서는 Henry Abelove의 유익한 글, "Freud, Male Homosexuality and the Americans" (*Dissent*, 1986년 겨울, pp.59-69)를 보라.

American Psychoanalytic Association Newsletter, III (1969년 12월, p.2)에는 일반적인 부고와 더불어 막스 슈어에 대한 아주 간략한 회고가 담겨 있다.

내가 프로이트의 마지막 날들을 다룬 방식에 관해서는 12장의 마지막 주석을 보라.

후기 이 책을 쓰는 동안 나는 합병 이후 베르크 가세 19번지에서 일어났다고 하는, 흥미롭지만 내 생각에는 약간 수상쩍은 사건 이야기를 듣게 되었다. Barbara Hannah는 그녀의 흠모의 정을 담은 "전기적 회모" *Jung: His Life and Work* (이미 언급했다)에서 1938년 3월 중순 나치가 오스트리아를 침공하고 나서 얼마 지나지 않아 융의 오랜 동료였던 프란츠 리클린의 아들인 프란츠 리클린 2세가 "아주 부유한 스위스 유대인들 몇 명에게 선발되어, 큰 돈을 들고 **즉시** 오스트리아로 들어가 중요한 유대인 인사들에게 나치가 박해를 하기 전에 그 나라를 떠나도록 최선을 다해 설득하는 일을 맡았다."고 보고했다(pp.254-255). 당시 30살 가까운 나이가 되어 의사로 일하기 시작했던 리클린 2세는 자신이 침착하고 "매우 게르만적인 외모"를 갖고 있기 때문에 이 까다로운 임무를 맡게 되었다고 생각했다. 전반적으로 그는 "**매우** 성공적으로 임무를 달성"했으나, 프로이트의 경우에는 그렇지 못했다. 리클린의 아버지는 프로이트가 당장 오스트리아를 떠나 "그가 제공할 수 있는 아주 특별한 시설을 활용"하도록 설득하라고 아들을 강하게 다그쳤다. 그러나 리클린 2세가 프로이트를 찾아가 "상황을 설명했으나", 프로이트가 엄격하게 "나는 적의 신세를 지는 것을 거부한다."고 말하는 바람에 실망하고 말았다. 리클린은 최대한 상황을 잘 설명하면서, 그의 아버지나 융이 프로이트에게 적대감이 없다고 주장했다. 그러나 프로이트는 비타협적인 자세를 고수했다. 그런데도 Hannah의 말에 따르면, 프로이트 가족은 리클린 2세에게 아주 따뜻한 태도를 보였으며, 식사를 하고 가라고 권하기까지 했다.

여기까지가 Hannah의 이야기다. 그녀는 이 놀라운 이야기에 아무런 증거를 제시하지 않는다. 그러나 그녀는 리클린 2세를 잘 알았고, 융의 집에서 자주 만나기도 했으므로, 이 이야기의 출처는 리클린 2세인 것으로 보인다. 하지만 그녀의 이야기에는 있을 법하지 않은 면도 있다. 그 "아주 부유한 스위스 유대인들"은 나치가 오스트리아에 진군하자마자 유대인 박해가 시작되었다는 것을 틀림없이 알았을 것이다. 더 중요한 것은 스위스 유대인들이 프로이트의 가장 유명한 적 가운데 한 사람의 아들을 사절로 골랐다는 것이 사실처럼 들리지 않는다는 점이다. 오직 프로이트의 단단하고 비타협적인 거부만이 성격에 어울리는 것처럼 보인다. 그래서 나는 이 이야기를 제쳐 두었다.

그리고 이 전기가 이미 인쇄에 들어간 마지막 해에 Robert S. McCully 박사(현재는 심리학 교수이며, 1960년대 중반 뉴욕 시 코넬 대학 의대의 정신과에서 일했고, 그곳의 융 연구소에서 교육을 받았다)가 Hannah의 이야기를 부분적으로 확인해주고, 상당 부분 교정해주었다. 리클린 2세가 뉴욕에서 강연을 했을 때 McCully는 그를 만나 임무를 띠고 빈에 갔던 이야기를 자세히 들었다. 그가 리클린의 이야기를 기억하는 바에 따르면, 부유한 스위스 유대인들이 아니라 융과 리클린 1세가 자신들의 돈으로 1만 달러를 마련했고, 그들은 이 돈이 프로이트에게만 가기를 바랐다. 리클린이 베르크 가세 19번지에 갔을 때, 안나 프로이트는 문을 조금만 열고 아버지가 그를 만나주지 않을 거라면서 그를 안으로 들여보내주지 않았다. 이윽고 프로이트가 문으로 오더니 Hannah가 인용한 말을 했다. "나는 적의 신세를 지는 것을 거부합니다." 리클린이 McCully에게 말한 바에 따르면, 프로이트 가족의 적대감이 너무 강해 그는 그냥 돈을 그대로 돈띠에 넣은 채 취리히로 돌아오고 말았다. (Robert S. McCully, "Remarks on the Last Contact Between Freud and Jung" 편집자에게 보낸 편지, *Quadrant: Journal of the C. G. Jung Foundation* [New York], XX [1987], pp.73-74를 보라.)

내가 이야기를 나누어본 바에 따르면 McCully 박사는 리클린의 말을 정확하게 기억하고 있었으며, 내가 보기에는 그의 이야기가 Hannah의 이야기보다 더 그럴듯할 뿐 아니라 흥미롭기도 하다. 이 이야기는 융을 새로운 각도에서 보게 해준다. McCully 박사의 편지에 따르면 그는 "어떻게 Miss Hannah가 이 사건을 그렇게 묘사하게 되었는지" 궁금할 따름이며, 프란츠 리클린 2세(이제 고인이 되었다)는 "그녀를 본 적도 없고 그녀의 원고를 본 적도 없다."고 확신하고 있다(p. 73). 이미 이야기했듯이 나는 Hannah의 이야기가 아무리 왜곡되어 있다 해도, 그녀의 취재원은 리클린 자신이었을 것이라는 사실을 의심하지 않는다. 또 나는 McCully 박사가 리클린과 나눈 대화의 내용을 신뢰하며, (앞서도 말했듯이) 프로이트의 무뚝뚝한 대응은 그답다고 여긴다. 하지만 별도의 증거가 없는 상황에서—결국 나에게는 들은 이야기를 전하는 이야기만 둘 있을 뿐이다.—마지막 장을 인쇄기에서 꺼내 이 매혹적인 이야기를 집어넣는 일은 하지 않기로 결정했다. 그럼에도 기록해 둘 가치는 있다. 융의 자료에 접근할 수 있다면, 이 이야기는 역사적 사실로 승격하게 될지도 모른다.

1856 5월 6일 오스트리아 모라비아의 프라이베르크(현재 체코의 프리보르)에서 유대인 모직물 상인 야코프 프로이트와 그의 세 번째 부인 아말리아 사이의 첫아들로 태어나다. 아버지 야코프는 전통 유대교 관습에서 자유로운 종교 없는 유대인이었고, 그 아들 프로이트는 자라면서 철저한 무신론자가 된다. 프로이트는 평생 반유대주의에 강하게 저항하며 유대인으로서 정체성을 잊지 않았지만 그것은 유대교와는 상관없는 선택이었다.

1859 아버지의 사업이 기울면서 라이프치히를 거쳐 빈으로 이주하다. 프로이트에게 빈에서 보낸 유년기는 가난과 줄줄이 태어난 일곱 명의 어린 동생들로 기억된다. 다행히 집안 형편은 조금씩 나아졌고, 조숙한 독서광이었던 프로이트는 아들을 천재라고 믿는 부모에게 아낌없는 사랑을 받으며 집안의 기대주로 성장한다.

자애롭지만 노쇠한 아버지와 그보다 스무 살 어린 젊고 아름다운 어머니를 보며 느낀 당혹감, 어머니의 사랑을 두고 경쟁해야 하는 동생들의 출현에서 느낀 불안은 뒷날 프로이트가 철저한 자기 분석 과정에서 오이디푸스 콤플렉스를 비롯해 정신분석의 주요 개념을 탄생시키는 데 중요한 실마리가 된다.

1865 김나지움에 입학하다. 자유주의적 분파가 통치하던 1860년대의 빈은 유럽 다른 지역에 비해 아직까지 반유대주의에 따른 법적 차별이 심하지 않아, 유대인들에게 기회의 땅으로 여겨졌다. 김나지움의 우등생 프로이트는 다른 유대인 소년들과 마찬가지로 법률가나 장관이 될 꿈을 꾸었다.

1873 김나지움을 최우등으로 졸업하고 빈 대학 의대에 입학하다. 집안 형편이 매우 어려웠지만 프로이트는 "순전히 자신의 기질에 따라" 법학이 아니라 의학으로 진로를 바꾼다. 다윈의 진화론에 강하게 끌렸던 프로이트는 과

학이 세계 이해에 대한 지적 갈증을 충족시켜줄 수 있으리라 생각했다. 이러한 지식에 대한 원초적 욕구 외에 과학을 선택한 데는 사변이라는 난관에 빠져 헤매는 것에 대한 두려움, 그런 자신을 통제하고 싶은 강한 소망이 깃들어 있었다. 평생 자기 자신을 철저히 통제한 금욕주의자 프로이트가 이때 이미 모습을 드러내고 있었다.

1873~1881 (대학 시절) 17살에 대학에 입학한 프로이트는 남들보다 늦은 25세 (1881년)에 의대를 졸업하고 의학 박사학위를 받는다. 과학과 인문학을 넘나들며 광범한 호기심을 충족시키고 다양한 연구 활동에 참여한 결과였다. 대학생 프로이트는 철학, 생리학, 동물학, 물리학, 식물학, 진화론 등 광범위한 분야에 열정을 쏟았다. 대학 3년째까지도 프로이트는 "철학과 동물학을 기초로 철학 박사학위를 딸" 생각이었다. 어린 시절에 이미 니체에게 심취했던 프로이트는 대학 시절에는 "신을 믿지 않는 의학도이자 경험주의자"로서 종교의 환상을 거부하는 포이어바흐의 무신론적 철학에 끌렸다. 또 아리스토텔레스와 경험심리학의 대가인 프란츠 브렌타노의 영향을 받기도 했다. 훗날 프로이트가 의학 교육을 받지 않은 비전문 정신분석가들을 적극 옹호한 것은 대학 시절 자신의 경험이 밑바탕이 된 것이었다.

1876 트리에스테의 해양생물학 연구소에서 뱀장어의 생식선을 연구하다. 뒤이어 1882년까지 저명한 생리학자 에른스트 브뤼케 교수가 이끄는 생리학 실험실에서 하등 어류와 인간의 신경계를 연구한다. 프로이트는 브뤼케의 전문가적 자기 규율과 실증주의에서 큰 영향을 받는다. 또한 이 시기에 브뤼케의 연구실에서 훗날 정신분석의 탄생 과정에서 정신적, 물질적으로 커다란 도움을 주는 열네 살 연상의 요제프 브로이어를 만난다.

1877~1883 어류의 신경 구조에 나타난 진화 과정을 실증하는 내용의 논문을 몇 편 발표하다. 이때 프로이트는 '뉴런' 이론의 선구적 연구를 하고 있었으나 중간에 다른 연구로 옮겨 가는 바람에 세계적 명성을 얻을 절호의 기회에서 멀어졌다.

1879~1880 1년간 병역을 이행하다. 주로 아픈 병사들을 돌보며 무료하게 시간을

보내던 프로이트는 이 기간에 존 스튜어트 밀의 에세이 네 편을 독일어로 번역해 돈을 벌기도 했다. 언어에 뛰어난 재능을 보인 프로이트는 이미 김나지움 시절에 라틴어, 헬라어, 프랑스어, 영어에 능통했고 이탈리아어와 에스파냐어를 독학으로 공부했다. 그가 평생 제대로 익히지 못한 언어는 히브리어였다.

1881 의학 학위를 받았으나 연구 활동을 위해 브뤼케의 연구실에 남다. 프로이트는 의사가 되어 돈을 버는 것보다 의학 연구와 교수로서 명성을 원했다.

1882 함부르크 출신의 명석하고 아름다운 유대인 아가씨 마르타 베르나이스와 열정적인 사랑에 빠져 두 달 만인 6월에 약혼을 하다. 프로이트는 마르타와 함께 안락한 중간계급 가정을 꾸릴 계획을 세웠으나 그럴 돈도 사회적 지위도 없었다. 가난에서 벗어나고 결혼도 하기 위해 그는 연구실을 떠나 일자리를 구하기로 한다. 그리고 빈 대학병원에서 가장 낮은 자리로서 일종의 의료 보조원인 '지망의'가 된다. 독일에서 빈 대학으로 초빙되어 온 저명한 내과학 교수 헤르만 노트나겔에게 내과의 자리를 지원해 10월부터 그의 내과 클리닉에서 일하게 되었다.

1883 5월에 노트나겔을 떠나 유명한 뇌 해부학자였던 테오도어 마이네르트의 정신과 진료소에 들어가면서 '부의사'로 승진하다. 프로이트의 승진 사다리 오르기는 느렸지만 그래도 진전이 없지는 않았다. 이후 1884년 7월에 선임 부의사가 되었으며, 1885년 9월에 선망하던 '사강사'로 임명된다. 사강사는 교수직을 바라볼 수 있을 정도의 자리였지만 보수가 없었기 때문에 결혼 계획에는 바람직하지 않았다.

1884 코카인의 임상적 용도를 연구. 코카인의 진통 성분을 발견한 프로이트는 1884년 6월 논문 〈코카에 관하여〉를 빈의 한 의학 저널에 발표했다. 그리고 감염 치료의 후유증으로 모르핀 중독에 걸려 고통 받던 동료를 위해 코카인을 처방했으나 동료는 오히려 코카인에 중독되었다. 무분별하게 코카인을 옹호한 것과 스스로 코카인을 흥분제로 사용한 것 때문에 프로이트는 훗날 의학계에서 비난을 받게 된다.

1885 6월에 빈 대학에서 신경병리학 분야의 대학교수 자격을 획득하고, 9월에는 사강사로 임명되다. 사강사 임명을 몇 달 앞두고 대학에서 여행 장학금을 지원받아 파리로 떠났다. 당시 신경병리학 연구의 중심지였던 파리에 가서 더 공부하고 싶었던 것이다. 10월에서 이듬해 2월까지, 파리 살페트리에르 병원에서 탁월한 신경학자이자 최면 요법 연구자로서 의학계의 권위자였던 장 마르탱 샤르코의 지도 아래 아동의 뇌에 관해 연구했다. 이때 샤르코가 최면 암시로 히스테리를 치료하는 데서 강한 인상을 받는다.

1886 프랑스에서 돌아온 뒤 빈 종합병원에서 퇴직하고, 라트하우스 슈트라세 7번지에서 개업하여 신경질환 전문의로서 진료를 시작하다. 요제프 브로이어와 헤르만 노트나겔이 환자들을 보내주어 프로이트가 의사로서 독립할 수 있도록 도와주었다. / 가을에 빈 의사협회에서 남성 히스테리의 심리학적 병인론을 주제로 강연. 당시 의학계 통설과 어긋나는, 남자도 히스테리 환자가 될 수 있다는 주장은 비난의 대상이 되었다. / 9월에 드디어 마르타 베르나이스와 결혼. 두 사람은 전형적인 19세기 부르주아 부부로서 이후 3남 3녀를 낳는다. 프로이트의 사생활은 그가 원하는 만큼 안정되고 고요했다.

1887 큰딸 마틸데 출생. / 11월에 프로이트의 인생에서 가장 중요한 친구이자 가장 문제적 친구가 되는 베를린의 이비인후과 의사 빌헬름 플리스를 알게 되다. 12월에 플리스에게 첫 번째 편지를 보낸 이후 1902년 서신 왕래를 그만두기까지 두 사람은 무수히 많은 편지를 주고받는다. 1890년대 정신분석의 토대를 세우는 고통스러운 발견의 10년 동안, 프로이트는 자신의 심리학적 발견을 유일하게 지지하고 조언해주는 플리스에게 크게 의지했다. 그 10년을 프로이트는 '찬란한 고립'의 시기였다고 말한다. 한편, 1887년 말부터 프로이트는 신경쇠약 치료에서 전기 치료법 대신 최면 요법에 집중하게 된다.

1888 요제프 브로이어를 따라 카타르시스(정화) 요법을 통한 히스테리 치료에 최면술을 이용하기 시작하다. 카타르시스 요법은 기본적으로 최면 상태의 환자에게 억눌린 감정과 기억을 털어놓게 하는, 의사와 환자의 대화를 통

한 치료법이었다. 그러나 일부 환자는 최면이 걸리지 않았으며, 1890년대 초에 프로이트는 제약 없이 말하게 하는 것이 훨씬 더 나은 조사 도구라고 생각하게 되었다.

1889 장남 마르틴 출생.

1891 논문 〈실어증이라는 개념에 관하여: 비판적 연구〉 발표. 이 논문은 뛰어난 신경학 논문이었지만 심리학으로 기울던 프로이트의 변화를 보여주기도 한다. / 베르크 가세 19번지로 이사. / 둘째아들 올리버 출생.

1892 막내아들 에른스트 출생. / 브로이어와 최면 치료에 관한 논문 공동 작업. 이 해에 프로이트는 최면을 통한 카타르시스 요법을 대신할 '자유연상' 기법을 만들게 된다. 가을에 잠시 동안 치료를 맡았던 히스테리 환자 '엘리자베트 폰 R.' 양을 치료하는 과정에서 그는 자유연상의 효과를 확인했다. 그밖에 여러 히스테리 환자들을 통해 프로이트는 정신분석 요법의 토대를 정리하기 시작했다. 그것은 '면밀한 관찰, 적절한 해석, 최면의 부담이 없는 자유연상, 끝까지 파고들기'였다.

1893 브로이어와 함께 히스테리 연구의 〈예비 보고서〉 발간. 이 무렵 프로이트는 신경증의 원인을 생리학적 문제가 아니라 성(性)과 관련된 심리 문제에서 찾기 시작했고, 이 일로 브로이어와 심각한 견해차가 생긴다. 이후로 1898년까지 히스테리, 강박증, 불안에 관한 연구와 짧은 논문 다수 발표. / 둘째딸 조피 출생.

1895 브로이어와 함께 히스테리 치료 기법에 대한 증례 연구와 설명을 담은 《히스테리 연구》 출판. 이 책에 등장하는 브로이어의 환자 '안나 O.'의 사례는 정신분석의 기초를 놓은 사례로 꼽힌다. 프로이트는 이 책에서 원대한 일반화를 향해 나아갔으며, 서서히 정신분석학적 개념과 더불어 정신분석학적 어휘를 발전시켜 나갔다. / 막내딸 안나 출생.

1896 3월 '정신분석(Psychoanalysis)'이란 용어를 처음으로 사용하다. / 4월 빈 정신의학 및 신경학회에서 '히스테리의 병인'에 대한 강의를 하다. 이때 히스테리의 기원을 아동기의 성적 학대에서 찾아야 한다는 유혹 이론을 제시했으나 청중의 반응은 차가웠다. 이때 받은 냉대는 프로이트의 트라우

마가 되었다. / 10월 23일 아버지 야코프가 향년 80세로 사망. 아버지의 죽음에서 깊은 애도감을 느끼면서 동시에 그는 자신의 감정을 이론으로 번역하기 시작했다. 1897년 늦봄 혹은 초여름부터 본격적으로 자기 분석에 몰입했고, 자신에 대한 조사 결과를 논문 몇 편에서 조금씩 밝혔다.

1897 신경증의 발생 원인을 설명하는 일반론으로서 유혹 이론을 포기. / 플리스에게 보낸 편지에서 '오이디푸스 콤플렉스'를 언급하다. / 이탈리아 여행. 프로이트는 로마에 대한 자신의 갈망이 매우 신경증적이며 유대인의 영웅 한니발과 관계가 있음을 깨닫는다.

1899 정신분석의 기념비적 저작인 《꿈의 해석》 출간. '해몽 책'이라고도 불리는 《꿈의 해석》은 꿈에 관한 문헌의 철저한 서지학적 조사에서 시작해, 오이디푸스 콤플렉스, 억압의 기능, 욕망과 방어 사이의 갈등 같은 정신분석의 근본 개념들을 개괄하고, 풍부한 사례를 제시하였다. 그러나 프로이트의 기대와 달리 《꿈의 해석》은 출간 당시 별다른 반응을 끌어내지 못했다. / 프로이트의 유명한 정신분석 사례 중 하나인 18세 소녀 '도라'의 정신분석을 시작하다.

1901 《꿈의 해석》의 요약본인 《꿈에 관하여》 출판. 이 무렵 오랜 친구인 플리스와 문제가 생기기 시작했다. / 9월에는 동생 알렉산더와 함께 로마를 여행하며 미켈란젤로의 조각상 〈모세〉에 매혹되었다. / 《일상생활의 정신병리학》 출판. 이 책은 꿈에 관한 저서와 함께 프로이트 이론이 병적인 상태뿐만 아니라 정상적인 정신 생활에까지 적용된다는 것을 분명히 보여주는 것이었다.

1902 사강사로 임명된 뒤 12년 만에 '원외교수' 직함을 얻다. / '수요심리학회' 결성. 1902년 가을부터 매주 수요일 밤 소수의 의사들과 일반인이 프로이트의 집에 모여 정신분석에 관해 논의하기 시작했다. 이후 이 모임은 수요심리학회로 자리를 잡는다. 초기 수요심리학회 회원으로는 빈의 의사였던 빌헬름 슈테켈, 알프레트 아들러, 막스 카하네, 루돌프 라이틀러 등이 있었다. / 플리스와 서신 왕래를 끝내다.

1905 프로이트 이론의 중심 개념인 '유아 성욕'을 중점적으로 다룬 《성욕에 관

한 세 편의 에세이》 발표. 이 책에서 프로이트는 유아에서 성인에 이르기까지 인간의 성적 본능의 발전 과정을 처음으로 추적했다. / 평범한 실수와 농담이 의미하는 무의식을 검토한 책《농담과 무의식의 관계》출판. / '도라'의 사례사 발표.

1906 스위스의 의사 카를 구스타프 융이 정신분석의 신봉자가 되다. 수요심리학회에 참석하려는 방문객의 수는 1902년 이후 꾸준히 늘어났다. 1906년 말부터 취리히와 베를린 등 다른 지역에서 막스 아이팅곤, 카를 융, 루트비히 빈스방거, 카를 아브라함 등 의사와 정신의학자들이 다수 찾아왔는데, 프로이트는 이들을 가장 흥미로운 새 지지자들로 환영했다. 1908년 이후로 헝가리의 산도르 페렌치, 미국의 A. A. 브릴, 영국의 어니스트 존스, 이탈리아의 에도아르도 바이스 등 앞으로 정신분석의 확산에 중요한 역할을 맡을 인물들이 빈을 찾아왔다. 프로이트는 여러 외국인 지지자들 중에 특히 융에게 큰 기대를 걸었다. 유대인이 아니고, 빈 출신이 아니며, 젊다는 점에서 프로이트는 융이 정신분석의 미래를 맡을 적임자라고 믿었다. 프로이트는 유대인이 다수를 차지하는 정신분석이 반유대주의의 거센 파고 앞에서 무너질 것을 우려했다.

1908 빌헬름 슈테켈, 알프레트 아들러 등이 주축이 되어 수요심리학회를 빈 정신분석협회로 재조직하다. / 카를 아브라함이 베를린 정신분석협회 설립. / 잘츠부르크에서 제1회 국제 정신분석가 대회가 열림. / 예술 창작의 원천을 정신분석적으로 탐구한 〈작가와 몽상〉 출판.

1909 9월 10일 미국 클라크 대학에서 명예 법학박사 학위를 받다. 학위 수여식 참석차 프로이트는 페렌치, 융과 함께, 처음이자 마지막으로 미국 방문에 나섰다. 클라크 대학에서 독일어로 정신분석에 관해 다섯 차례 강연을 성공적으로 마쳤다. / '꼬마 한스'라는 다섯 살짜리 어린아이의 사례 연구를 통해 처음으로 어린아이에 대한 정신분석을 시도. 이 연구를 통해 성인들에 대한 분석에서 수립된 추론들이 특히 유아의 성적 본능과 오이디푸스 콤플렉스 및 거세 콤플렉스에까지 적용될 수 있음을 확인했다.

1910 '나르시시즘' 이론이 처음으로 등장. / 국제정신분석협회가 설립되고 융이

종신 회장으로 선출되다. 이 일로 아들러가 중심인 빈 정신분석협회에서 불만이 커졌다. / 〈레오나르도 다빈치와 그의 유년의 기억〉 발표.

1911 정신분석 이론을 정신병 사례에 적용해 슈레버 박사의 자서전을 연구한 논문을 발표하다. / 1915년까지 정신분석 기법에 관한 몇 가지 논문 발표. / 프로이트의 측근 어니스트 존스가 미국 정신분석협회 설립. / 아들러가 빈 정신분석협회를 탈퇴하다. 어린 시절의 성적 발달이 성격 형성에 결정적이라는 프로이트의 근본 명제를 아들러가 받아들일 수 없었던 데다, 정신분석협회 내부의 정치적 갈등, 프로이트와의 기질적 불화 등이 이유였다.

1912 아들러 사태 등을 겪으며 정신분석 진영의 분열을 우려한 프로이트의 측근들이 비밀 '위원회'를 결성하다. 카를 아브라함, 어니스트 존스, 오토 랑크, 산도르 페렌치, 한스 작스 등이 참여한 위원회는 억압, 무의식, 유아 성욕 등 "정신 분석 이론의 근본 학설 가운데 어느 것에서라도 이탈하려는" 움직임에 관하여 비밀리에 논의하기로 한다. / 정신분석을 문화 분야에 적용하는 일을 전문으로 하는 정기간행물 〈이마고〉를 창간하다. / 루 안드레아스-살로메와 친교를 맺다.

1913 정신분석학을 인류학에 적용해 종교와 사회의 기초를 탐구한 《토템과 터부》 출간. / 융과의 관계에 균열이 생기다. 프로이트가 리비도를 성적인 충동으로 본 반면 융은 일반적인 정신적 에너지를 모두 포괄하려고 시도하고 있었다. 7월에 융은 런던 정신의학회 강연에서 자신의 수정된 학설을 처음으로 '분석심리학'이라는 이름으로 소개했다. 원형, 집단무의식, 종교적 경험에 대한 공감 등 프로이트 이론과 근본적으로 다른 융 심리학의 토대가 이미 이 시기에 나타났다. / 〈국제정신분석저널〉 창간.

1914 융이 프로이트와의 대립 끝에 국제정신분석협회 회장직에서 사임하다. 프로이트는 〈정신분석학의 역사〉라는 팸플릿을 통해 정신분석학의 본질적인 원칙들을 밝히면서 아들러와 융의 이론이 정신분석과 양립 불가능하다는 것을 보여준다. / 오스트리아-헝가리 제국이 세르비아에 선전 포고하면서 제1차 세계대전 발발. 1918년까지 계속되는 이 전쟁에 프로이트의 두 아들과 정신분석 동료들도 징집된다.

1915 '메타심리학' 논문 12편을 쓰다. 그러나 프로이트 자신이 논문들을 폐기하여 현재 5편만 전한다. 프로이트가 만들어낸 '메타심리학'은 역학적 관점, 경제학적 관점, 지형학적 관점 등 세 가지 관점에서 정신 작용을 분석하는 심리학이었다. 원래 《메타심리학 서설》이라는 제목의 책으로 기획되었던 논문들이 일부 폐기되면서 책의 출간은 사실상 무산되었다. 이것은 당시 프로이트 내부에서 정신분석 이론에 대한 대대적인 점검과 수정이 이루어지고 있었기 때문이었다. 그는 1890년대 말과 마찬가지로 창조적 단계에 들어가 있었고, 수정 이론은 이후 여러 저서에서 모습을 드러낸다. / 1917년까지 여러 차례에 걸쳐 정신분석에 대한 입문 성격의 강의를 하다.

1917 정신분석 입문 강의록을 묶어서 《정신분석 강의》로 출판하다. 이 책은 제1차 세계대전 전까지 프로이트의 관점을 광범위하고도 치밀하게 종합해놓은 저서였다.

1918 프로이트의 마지막 주요 사례 연구서인 《늑대 인간》 출판.

1919 나르시시즘 이론을 전쟁 신경증에 적용하다. / 제1차 세계대전 직후 오스트리아를 덮친 심각한 경제난 속에서 프로이트의 가족도 고통을 당하다. / 영국 정신분석협회 설립. / 프로이트의 환자였던 안톤 폰 프로인트의 후원으로 정신분석 출판사가 설립되다. 프로이트는 이 출판사를 자신의 분신처럼 아꼈다.

1920 둘째 딸 조피가 독감으로 사망. / 《쾌락 원칙을 넘어서》 출판. 이 책에서 '반복 강박'이라는 개념과 '죽음 충동' 이론을 처음으로 명시적으로 소개했다. / 헤이그에서 전후 처음으로 국제 정신분석가 대회가 열리다.

1921 자아(ego)에 대한 체계적이고 분석적인 연구가 담긴 《집단심리학과 자아 분석》 출판. / 네덜란드 정신의학 및 신경학회에서 프로이트를 명예회원으로 임명하다. / 프랑스 정신분석 연구소 설립.

1923 《자아와 이드》 출판. 정신의 구조와 기능을 '무의식, 전의식, 의식'으로 설명하던 종전 이론을 크게 수정해 '이드, 자아, 초자아'로 나누어 설명하였다. / 구강암 수술. 이때부터 죽을 때까지 30여 차례에 걸쳐 고통스런 암 수술을 받는다. 프로이트의 자녀들 가운데 유일하게 정신분석가의 길을

걷고 있던 프로이트의 막내딸 안나는 아버지의 암 수술을 계기로 아버지의 비서이자 친구, 대리인, 동료, 간호사로 확고하게 자리를 잡는다.

1924 오랫동안 충실한 제자이자 지지자였던 오토 랑크가 《출생의 트라우마》를 출판하면서 프로이트와 랑크의 불화가 시작되다. / 영국에서 프로이트의 저작집이 네 권으로 번역 출판되다.

1925 정신분석 동료 가운데 가장 믿음직했던 베를린의 카를 아브라함이 병으로 사망하다.

1926 초기 지지자 중 한 명인 오토 랑크와 결별. 태어날 때 입은 트라우마가 불안의 원천이라는 랑크의 견해에 맞서 프로이트가 《억제, 증후, 불안》을 출판하다. 프로이트가 초기에 불안을 단순히 정신병리적인 증상으로 보았다면, 이 책에서는 불안이 삶의 위험 신호에 반응하는 일반적인 심리적 메커니즘이라고 견해를 수정했다. / 의학 훈련을 받지 않은 비전문가 분석을 옹호한 《비전문가 분석의 문제》 출판. 프로이트는 평생 철학자들만큼이나 의사들로부터 정신분석의 독립성을 유지하려고 노력했다.

1927 종교가 근본적으로 환상이라는 주장을 편 《환상의 미래》 출판. 프로이트가 말년에 전념했던 다수의 사회학적 저서 중 첫 번째 책이었다. / 정신분석가가 된 안나 프로이트의 첫 책 《아동 분석 기법 입문》 출판. 아동 정신분석에 혁신을 가져온 멜라니 클라인과 안나 프로이트 사이에 벌어진 유아기 이론에 대한 논쟁에서 프로이트는 공정한 태도를 취하겠다고 말하면서도 안나를 강하게 옹호했다.

1930 인간의 충동과 문명의 제약 사이의 대립 관계를 다룬 《문명 속의 불만》 출판. / 프랑크푸르트 시로부터 괴테상(賞)을 받다. / 어머니 아말리아 향년 95세로 사망.

1932 이탈리아 정신분석 연구소 설립.

1933 히틀러가 독일 내 권력을 장악하면서 반유대주의 정책을 본격적으로 가동하다. 5월 10일 프로이트의 저서들이 다른 분야의 책들과 함께 베를린에서 공개적으로 소각되었다. / 프로이트와 알베르트 아인슈타인이 주고받은 편지가 《왜 전쟁인가》라는 책으로 묶여 나오다. / 네덜란드 정신분석 연

구소 설립.

1935 영국 왕립의학회의 명예회원으로 임명되다.

1936 영국 왕립학회의 객원 회원으로 선출되다.

1938 3월 12~13일 히틀러가 오스트리아를 침공하여 합병. 3월 15일 프로이트의 집과 빈 정신분석협회 사무실에 나치가 들이닥쳐 수색하는 일이 일어났고, 3월 22일에는 딸 안나와 아들 마르틴이 게슈타포에 끌려갔다가 풀려났다. 프로이트는 처음에는 빈 탈출을 거부했지만 결국 가족과 함께 빈을 떠나 런던으로 이주하기로 결정한다. / 외국의 유력한 지지자들의 도움으로 오스트리아를 탈출해 6월 6일 영국에 도착. / 7월 22일부터 《정신분석학 개요》 집필. 미완성의 마지막 저작인 이 책은 정신분석학의 결정판이라 할 수 있다.

1939 유대인이 어떻게 존재하게 되었고 어떻게 자기들에 대한 증오를 불러일으켰는지 탐구한 책 《인간 모세와 유일신교》 출판. / 9월 1일 독일의 폴란드 침공으로 제2차 세계대전 발발. / 9월 23일 83세를 일기로 런던에서 사망.

| 옮긴이 후기 |

프로이트는 우리에게 매우 익숙한 이름이다. 이름만 익숙할 뿐 아니라, 그의 개념들이 알게 모르게 우리의 언어와 사고를 지배하고 있다. 리비도, 이드, 자아, 초자아는 말할 것도 없고, 나르시시즘, 오이디푸스 콤플렉스, 타나토스, 중층 결정 등의 개념들도 쉽게 눈에 띈다. 단지 용어만 입에 올리는 것이 아니라, 예를 들어 "꿈은 소망의 충족"이라는 명제는 초보적인 수준에서나마 적용을 해보기도 하고, 어떤 행동을 예컨대 오이디푸스 콤플렉스의 결과물로 해석해보고 싶은 유혹을 느끼기도 한다. 단지 대중적인 수준에서만 그런 것이 아니다. 여러 비평에서 프로이트의 이름이 명시되든 되지 않든 그의 방법론이 원용되고 있다. 실제로 정신분석을 지적 자원으로 삼은 주요한 학자들이 속속 등장하여 학문과 비평에서 영향력을 행사하면서, 프로이트가 심은 나무는 그가 바랐던 것 이상으로 확고하게 뿌리를 내리고 가지를 뻗쳤다고 할 수도 있을 것 같다. 이렇게 정도나 수준의 차이는 있지만, 우리는 늘 프로이트와 정신분석의 영향을 받으며 살고 있다고 해도 과장은 아닐 것이다.

지금만 그런 것이 아니다. 현재와 비교할 수야 없겠지만, 프로이트는 이미 생전에 자신의 이론의 통속화를 걱정할 만큼 명성을 누렸다. 사실 피터 게이의 이 프로이트 평전에서 우리가 얻을 수 있고, 또 얻어내야 할 가장 기본적인 부분은 바로 프로이트의 이론들이 탄생하고, 검증을 거치고, 영향력을 확대하면서, 정신분석이라는 한 분야가 자리를 잡아 나가는 과정일 것이다. 프로이트는 살아서 이 중요한 과정을 긴 시간 동안 지켜보았을 뿐 아니라, 직접 관리해 나갔다. 그렇다고 그가 카를 융처럼 부유한 집안의 딸과 결혼을 하고 쉽게 명성을 얻는 등 학문적 성취와 성공적 인생이라는 탄탄대로를 걸어간 것은 아니다(적어도 겉으로 보기에는). 프로이트는 유대인이었으며, 유대인으로서 여러 압박을 견뎌야 했고, 말년에는 나치를 피해 영국으로 망명하여 그곳에서 죽었다. 학자가 되고자 하는 뜻을 품고 있었지만 결혼 자금 마련을 위해 어쩔 수 없이 의사로 개업을 해야 했고, 먼 곳에 사는 약혼녀를 그리워하는 기나긴 약혼 기간을 거친 끝에야 간신히 결혼할 수 있었다. 《꿈의 해석》은 그가 40대 중반에 들어섰을 때에야 발간되었으며, 그 이후에는 정신분석을 하나의 과학으로 정립하고 또 그렇게 인정받고자 소수의 동지들과 함께 안간힘을 써야 했다. 또 평생 부르주아 신사로서 꼿꼿하게 살았는데도, 정신분석이 성 문제를 본격적으로 파헤쳤다는 이유로 사이비 과학자라는 비난을 훨씬 넘어서는 수준의 인신공격에 시달려야 했다.

어떤 면에서는 그 어느 대륙보다도 큰 무의식이라는 대륙을 발견하고 그 땅의 지도를 그려 나간 프로이트가 왜 다른 발견자들처럼 곧바로 찬사를 받지 못했을까? 그것은 일차적으로 그 대륙이 엘도라도가 아니었다는 사실과 관련이 있는 듯하다. 프로이트가 발견한 것은 오히려 '더러운 진실'에 가까웠다. 게다가 이 더러운 진실은 모든 인간이 바로 자기 자신의 것으로 받아들여야만 하는 것이었다. 이렇게 되자 그것이 진실이냐 아니냐 하는 것은 두 번째 문제가 되었다. 사실 프로이트가 평생 정신분석을 '과학'의 반열에 올려놓으려고 그렇게 애를 쓴 이유는 물론 주류 과학계에 정식으로 편입되고자 하는 욕망도 있었겠지만, 자신이 하는 일이 가장 단순한 의미에서 진실을 있는 그대로 보자는 노력이라는 항변도 있었을 것이다. 물론 그가 발견한 진실의 더러움은 성(性)으로 상징된다. 이와 관련하여 계몽주의의 후손인 프로이트가 마치 더러운 진실은 더럽다고 말해야 한다는 듯이 성의 지배적 위치를 끝까지 주장하고, 이 점에서 프로이트와 입장이 갈렸던 융이 시간이 갈수록 신비주의적 경향을 보인 것은 의미심장하다. 물론 프로이트의 전복적인 면은 한 개인의 무의식 수준에서 멈추지 않는다. 그는 스스로 정신분석이라는 무기를 들고 인간 집단의 삶의 기초를 이루는 예술, 문명, 종교의 뿌리까지 파 들어갔다. 이 또한 모든 사람의 환영을 받는 일이 결코 아니었다는 것은 죽기 직전에 주변의 만류를 뿌리치고 발표한 《인간 모세와 유일신교》가 유대교와 기독교 양쪽으로부터 불러일으킨 반응에서 쉽게 짐작할 수 있다.

프로이트라는 인물을 다루는 평전이나만큼 이 책은 당연히 정신분석의 탄생 과정만이 아니라, 불온한 과학자였던 동시에 부르주아 신사였던 프로이트의 양면을 깊이 있게 드러내고 있다. 실제로 윤택하지 않은 집안 출신의 한 영민한 유대인 소년이 세기말과 세계대전을 거치며 한 집안의 가장으로, 위대한 정신과학자로, 과학자 조직의 지도자로 성장하고 늙어 가는 모습이 촘촘히 그려져 있어, 수많은 곡절을 겪은 한 위대한 개척자의 초상을 구경하는 재미만으로도 이 평전은 가치가 충분하다고 할 수 있을 것이다. 이렇게 말하고 나니, 마치 정신분석의 역사와 프로이트의 개인사를 따로 구분해서 생각할 수 있다는 것처럼 들렸을지도 모르겠는데, 그렇게 들었다면 그것은 오해다. 사실은 그 정반대이기 때문이다. 피터 게이의 평전에는 프로이트의 외적 삶과 내적 삶과 정신분석 이론이 떼어낼 수 없이 절묘하게 결합된 모습으로 그려져 있고, 이 점이야말로 이 평전의 가장 큰 장점이라 할 수 있다. 그러나 이 책이 이런 장점을 갖추게 된 것도 어떤 면에서는 프로이트 덕분이라고 할 수 있다.

프로이트는 전기 작가를 고생시키고 싶다는 짓궂은 이유를 대며 편지와 메모를 없애는 등 자신의 삶의 흔적을 지워 나갔던 사람이다. 그러나 워낙 편지를 많이 쓴 사람이라, 자신이 갖고 있는 편지는 없애버렸다 해도 남들이 받은 편지가 꽤 많이 남아 있고, 이것이 전기의 주요한 자료가 되고 있음은 물론이다. 그러나 진짜로 중요한 전기 자료는 바로 프로이트 자신의 저작이라고 할 수 있다. 프로이트 이론의 기초를 이루는 자료는 프로이트 자신이 분석한 사람들의 정신인데, 그가 가장 많이 분석한 사람이 바로 자기 자신이었기 때문이다. 특히 초기 저작으로 갈수록 이런 면이 강하여, 《꿈의 해석》은 실제로 프로이트 자신의 꿈이 상당한 비중을 차지한다. 이렇게 부수적 자료는 없애버리면서도 이론적 저작에서는 자기 자신을 과학의 대상으로 가차 없이 까발리면서, 프로이트 스스로 세상에 자기만큼 자신을 드러낸 사람이 있으면 나와 보라고 할 정도였다. 정신분석이 발전하는 과정에서도 프로이트는 임상 환자만이 아니라 자신의 경험과 주변에서 벌어지는 사건들을 세밀하게 관찰하고 분석하여 그 결과를 끊임없이 이론으로 번역해냈다. 게이는 바로 이 점에 주목하여 프로이트의 삶과 내면과 이론의 접점을 세심하게 드러내고 있으며, 다시 말하지만, 이런 대목들에서 진실로 저자의 혜안이 돋보인다.

더욱 흥미로운 것은 피터 게이가 평전을 써 나가면서 끊임없이 프로이트를 분석하고 있다는 점이다. 칼을 최초로 만든 사람에게 그 칼을 들이대는 셈인데, 이것은 주로 프로이트가 공개하지 않은 내용이나 자기 분석을 중단한 지점에서 효과적인 무기로 사용된다. 이 무기가 일반적인 방법으로는 넘어갈 수 없는 영역으로 진입하는 효과적인 수단이 되어, 다른 전기에서는 볼 수 없는 면, 간혹 프로이트 자신도 미처 생각하지 못했을 것이라고 여겨지는 면들이 드러나는 광경을 우리는 목격할 수 있다. 또 이런 분석 덕분에 이 책은 사실들을 집적한 전기를 넘어, 진실로 어엿한 평전다운 면모를 확고하게 갖추게 된다.

방금 "프로이트가 자기 분석을 중단한 지점"이라는 말을 했는데, 혹시 오해가 있을까 몰라 말해 두지만, 그런 지점이 많다는 뜻은 결코 아니다. 이 책을 읽다 보면 프로이트라는 한 인간에게 큰 매력을 느끼게 되는데, 다른 무엇보다도 프로이트는 죽는 순간까지 자기 점검을 멈추지 않은 사람이라는 인상을 강하게 받게 되기 때문이다. 그랬기 때문에, 똑똑했지만 범상한 한 인간이 명성을 얻은 큰 학자가 되면서 동시에 인간적으로도 성장하는 정말 보기 드문 현상이 일어난 것이 아닐까. 물론 프로이트가 결함이 없는 인간이었다는 말을 하려는 것은 결코 아니다. (그런 이상화야말로 프로이트가 가장 배격하는 것일 터이다.) 결함을 포함하여 자기 자신 전체를 객관화하고 분석하고 점검하는 일이 일상이 된 사람이었다는 이야기를 하고 싶을 뿐이다.

그의 이론도 예외가 아니어서, 프로이트는 실제로 평생에 걸쳐 자신의 이론을 점검하고 수정하는 작업을 진행해 나갔다. 이렇게 생각하다 보면 묘한 착시 현상이 일어나, 프로이트에게 정신분석은 자기 내면의 어려운 고비를 돌파해 가는 개인적 수단이 아니었을까 하는 생각이 들기까지 한다. 만일 그렇다면 우리도 이 책에서 단지 프로이트의 사상과 삶에 대한 지식만이 아니라, 자신을 점검할 계기까지 덤으로 얻을 수 있지 않을까……. 혹시 그렇게 된다 해도 그것이 프로이트에게 크게 누가 되는 일은 아닐 듯하다.

| 찾아보기 |

| 인명 |

ㄱ

거슈윈, 조지 450
거슈윈, 아이라 450
게오르게, 슈테판 389
골드윈, 샘 189, 374
곰페르츠, 테오도어 287, 323
괴링, 헤르만 481, 510
괴테, 요한 볼프강 폰 36, 233, 389, 390, 463, 464
그라프, 로자 528, 529
그라프, 막스 162
그로데크, 게오르크 105~110, 112, 193, 210, 406
글로버, 에드워드 206, 226, 260
글로버, 제임스 206, 226
길베르, 이베트 505, 506, 518

ㄴ

녹스, 로널드 195
눈베르크, 헤르만 261, 337
뉴턴, 아이작 460, 495
뉴턴, 캐럴라인 264, 265
니체, 프리드리히 36, 108

ㄷ

다빈치, 레오나르도 457
다윈, 찰스 180, 198, 315, 405, 445, 495

달라디에, 에두아르 504
달리, 살바도르 501
대로, 클레런스 188, 394
도리온, 이스라엘 506
도이치, 펠릭스 11, 124, 125, 127, 128, 132, 136~138, 238, 260, 516
도이치, 헬레네 76, 141, 155, 201, 206, 270, 272
돌푸스, 엥겔베르트 424, 429, 430, 433
되블린, 알프레트 193
둘리틀, 힐다 79, 174, 272, 428, 430, 432, 454, 456
뒤르켐, 에밀 315, 316
드 라 워 백작 483
드 만, 헨드릭 10
드 비어, 에드워드 518
드라이저, 시어도어 394
드레이퍼, 존 W. 324
드보시스, J. 436, 439
디드로, 드니 280, 314, 315
디킨스, 찰스 385, 386

ㄹ

러도, 산도르 200, 201, 205, 381
라블레, 프랑수아 107
라스크, J. M. 523
라이브라이트, 호러스 377
라이크, 테오도어 251~255, 259, 335, 500

라카사뉴, 앙투안 514
라포르그, 르네 200, 310, 338~340, 385
랑크, 베아타 219
랑크, 오토 10, 33, 70, 104, 106, 121, 122,
132~135, 139, 161, 171, 174, 210, 217, 218~237,
240, 241, 243, 245, 250, 252, 254, 375, 376, 383,
409, 412, 417, 434, 453
랑플—드 그로, 잔 11, 206, 270, 272, 301, 432, 456
랜싱, 로버트 362, 363
러셀, 버트런드 193
레닌, 니콜라이 45, 364
레비, 러요스 80
레비, 커터 70, 72, 73, 79, 80, 158, 164
레어먼, 필립 122, 144, 145, 198, 334, 379
레오폴드, 네이선 188, 189
레인, 호머 티렐 257, 258
로드커, 존 511
로런드, 산도르 208
로브, 리처드 188, 189
로젠베르크, 루트비히 392
로젠츠바이크, 솔 308
로크, 존 349
로키탄스키, 카를 287
로하임, 게자 200
롤랑, 로맹 5, 99, 192, 326, 343, 395, 443
뢰벤슈타인, 루돌프 201, 338
뢰비, 에마누엘 392
룀, 에른스트 433
루니, 토머스 519
루덴도르프 장군 51
루스벨트, 프랭클린 D. 481
루이스, 싱클레어 192
뤼거, 카를 176, 435, 436
르봉, 귀스타프 99~101
리, 마리안네 337
리, 오스카어 11, 131, 144, 337, 392
리버스, W. H. R. 52
리비에르, 조앤 164, 208, 210, 272, 280, 357
리스터, 조지프 393
리프먼, 월터 196
릭먼, 존 260

ㅁ

마르크스, 카를 426
마를레, 릴리 프로이트 459
마리 보나파르트 공주 206, 269, 272, 305,
338~340, 373, 416, 432, 437, 438, 459, 461~463,
471, 480, 483, 486, 487, 492, 493, 502, 504~506,
510, 514, 515, 517~519, 527~529
마이어, 에두아르트 451
만, 토마스 194, 425, 449, 460
만, 하인리히 425
매코믹, 로버트 189, 190, 374
매콜리 경 323
맥나브, 빈센트 523
맥닐, 존 184
맥두걸, 윌리엄 185
맬컴, 재닛 12
머피, 뉴턴 251
메이슨, 토머스 L. 181
멩, 하인리히 193, 197
멩켄, H. L. 183, 508
몰나르, 페렌츠 195
뫼비우스, 파울 율리우스 287
무솔리니, 베니토 177, 178, 428, 433, 469
미켈란젤로, 부오나로티 448, 457
밀, 존 스튜어트 288

ㅂ

바덴, 막스 폰 364, 365
바라니, 로베르트 44
바서만, 야코프 193
바이스, 에도아르도 11, 165, 178, 432
발린트, 미하엘 200, 201, 205
발자크, 오노레 드 531
밸푸어 경 192
버로, 트리건트 228
버크, 에드먼드 349
번—존스, 필립 386
벌랜드, 엘머 G. 68
벌링엄, 도로시 335, 336, 338, 408

베르나이스, 미나 63, 64, 142, 168, 271, 391, 461, 466, 489, 494
베르나이스, 에드워드 57, 384
베른슈타인, 에두아르트 425
베른펠트, 지크프리트 213
베버, 막스 315, 316, 451
베버, 헬레네 284
베벨, 아우구스트 425
베이커, 레이 스태너드 364, 366
보니, 앨버트 377
보든, 리처드 183
보스, 기린드라세카르 195
볼테르 315, 323, 451
부르나셰프, 알렉상드르 524
부버, 마르틴 522, 523
부슈, 빌헬름 417
불릿, 윌리엄 12, 359, 360, 362~368, 370, 371, 373, 374, 388, 420, 432, 480, 481, 483~485, 492
브라운, 브라이언 183
브라운탈, 힐데 130
브라허, 카를 디트리히 425
브란데스, 헨리에타 336
브렌타노, 프란츠 312
브로이어, 요제프 236, 237, 408, 446
브룬스윅, 루스 맥 272
브뤼닝, 하인리히 420, 424
브뤼케, 에른스트 262
브르통, 앙드레 413
브리앙, 아리스티드 338
브릴, A. A. 121, 134, 208, 210, 259, 263, 264, 266~268, 375, 378, 394
블로일러, 오이겐 193, 244
블룸가트, 리언하르트 73, 74, 378, 384
비어렉, 조지 실베스터 179
비에르, 포울 185, 187
비텔스, 프리츠 84, 288, 331, 376
빈스방거, 루트비히 131, 157, 459, 480
빌로트, 테오도어 287

ㅅ

샤르코, 장 마르탱 315, 334
샤프, 엘라 프리먼 254
서버, 제임스 195, 196
셰익스피어, 윌리엄 430, 518, 519, 525
셰퍼 알브레히트 528
소쉬르, 레몽 드 267, 497
소포클레스 168, 170
쇼, 조지 버나드 130
쇼펜하우어, 아르투어 33, 36, 77, 95, 395
슈니츨러, 아르투어 285, 438
슈레버, 다니엘 파울 209, 276
슈미데베르크, 멜리타 210
슈바드론, 아브라함 460
슈바르츠발트, 오이게니 286
슈바이처, 알베르트 389
슈슈니크, 쿠르트 폰 469~471, 474, 476
슈어, 막스 11, 90, 275, 371, 382, 458, 478, 484, 485, 491, 493, 514~518, 527, 529~532
슈어, 헬렌 11
슈타이나흐, 오이겐 139
슈타이너, 막시밀리안 124
슈테르바, 리하르트 69, 485
슈테켈, 빌헬름 109, 251, 403
슈트레제만, 구스타프 178
슈트로스, 요제피네 11, 491, 530
슈페르버, 후고 477
슈피츠, 르네 200
슈필라인, 사비나 13, 87, 109
스미스, W. 로버트슨 315
슈탈 462, 463
스탕달 280, 385, 386
스트레이치, 리턴 193
스트레이치, 앨릭스 141, 201, 206, 208, 210, 212, 213, 238, 309
스트레이치, 제임스 208, 210, 309
실러, 프리드리히 67
싱어, 찰스 506, 507

ㅇ

아널드, 매슈 183
아들러, 빅토르 284
아들러, 알프레트 88, 221, 272, 383, 434, 465, 466
아들러, 오토 290
아멘호테프 4세 451
아브라함, 카를 18, 28, 29, 31, 38, 40, 41, 44, 45, 48, 51~53, 57, 60, 63, 70, 76, 77, 82, 127, 132~135, 138, 157, 170, 171, 174, 175, 186, 199~202, 206, 207, 210, 211, 219, 221~223, 225~227, 230~235, 237~240, 250, 253, 264, 265, 269, 270, 416, 435
아이샴, 메리 케이트 182
아이팅곤, 막스 41, 50, 54, 55, 65, 66, 69~71, 77, 84, 98, 107, 130, 132, 135~137, 157, 158, 162~164, 169, 171, 180, 184, 186, 191, 200, 202, 203, 210, 221, 222, 229, 230, 232, 233, 240, 241, 259, 262, 308, 309, 325, 328, 340, 343, 373, 375, 377, 388, 392, 393, 395, 396, 399, 400, 409, 411~414, 425, 449, 454, 456, 467, 470, 493, 494, 523
아이팅곤, 미라 158
아이히호른, 아우구스트 213, 254, 255
아인슈타인, 알베르트 178, 191, 192, 194, 198, 395, 425, 436
안드레아스-살로메, 루 27, 28, 30, 40, 46, 48, 73, 74, 76, 83, 95, 109, 158, 159, 163, 165~167, 174, 231, 241, 242, 254, 272, 287, 309, 310, 317, 334, 337, 341, 390, 391, 394, 426, 434, 448, 449, 466
알렉산더, 프란츠 145, 200, 201, 205, 212
압데르할덴, 에밀 330
액턴, 윌리엄 290
야후다, 아브라함 샬롬 498, 507, 523
에렌발트, 한스 449
엘리스, 해블록 315, 457
엘리프, 스미스 엘리 258, 264, 378
오디에, 샤를 205
오번도프, 클레런스 378
와이즈, 스티븐 S. 183, 184
와일리, 존 쿠퍼 480, 481, 483~486

요제프, 프란츠 41, 435
울프, 레너드 511~513
울프, 버지니아 194, 511~513
워즈위스, 윌리엄 36
월러스, 그레이엄 196
웰스, 섬너 481, 486
웰스, H. G. 432, 506
윌리엄스, 프랭크우드 241, 381
윌슨, 우드로 12, 46, 50, 56, 57, 187, 359~364, 366~374
윌슨, 조지프 러글스 369
윌슨, 휴 로버트 481, 487
융, 카를 구스타프 13, 17, 87, 88, 154, 164, 188, 223, 229, 234, 236, 258, 375, 387, 406, 409, 448, 453, 511
이니처, 테오도어 472
이든, 프레데릭 판 86

ㅈ·ㅊ

자이스-인크바르트, 아르투어 469, 471
작스, 한스 54, 132, 135, 157, 171, 186, 201, 202, 205, 210, 233, 254, 456, 501, 515, 527, 528
제임스, 윌리엄 196, 379
젤린, 에른스트 452, 526
조이스, 제임스 13, 194
조지, 데이비드 로이드 56
존스, 어니스트 10, 13, 44, 45, 52, 54, 55, 57, 61~63, 71, 72, 74, 75, 77, 79, 81~83, 96, 98, 99, 101, 107, 119, 122~124, 132~137, 140, 151~154, 157, 158, 160, 164, 168, 170~174, 192, 194, 205, 209, 210, 213~215, 219~221, 226, 227, 230~233, 235, 238, 239, 256, 258~260, 265~267, 269, 270, 275, 277, 280, 300, 303, 304, 324, 325, 331, 341, 342, 357, 360, 367, 375, 376, 378, 379, 381~384, 390~394, 409, 410, 413, 414, 416, 419, 426, 427, 444~446, 455, 456, 458~460, 462, 466, 468~470, 480, 482, 483, 485~487, 489, 492, 501, 507, 508, 511, 519, 529, 531
졸라, 에밀 101
조머, 프리드리히 186

지멜, 게오르크 302
지멜, 에른스트 53, 202, 203, 425
질버슈타인, 에두아르트 311, 312
체임벌린, 네빌 504
추크마이어, 카를 473, 474
츠바이크, 슈테판 58, 59, 69, 186, 192, 195, 281, 285~287, 458, 460, 501, 506
츠바이크, 아르놀트 145, 193, 198, 288, 309, 317, 359, 369, 375, 376, 394, 442, 448, 449, 453, 454, 457~459, 461, 465, 466, 468, 469, 490, 495, 496, 498, 504, 506, 514, 515
치글러, 레오폴트 390

ㅋ·ㅌ

카네티, 엘리아스 186
카디너, 어브램 71, 163, 206
카프카, 프란츠 194, 426
칸트, 이마누엘 184
커텔, 제임스 매킨 257
코리엇, 이사도르 264
코페르니쿠스, 니콜라우스 180, 405
콜리지, 새뮤얼 테일러 35
쾨니히슈타인, 레오폴트 392
쾨스틀러, 아르투어 511
크노프, 블랑슈 508
크라스, 네이선 329, 330
크라우스, 카를 181
크리치, 조지프 우드 198
크리스, 에른스트 255, 337, 458
클라인, 멜라니 97, 164, 201, 206, 210~215, 254, 283, 337, 455
클레망소, 조르주 56
클레멘, 카를 크리스티안 330
킨제이, 앨프리드 457
타소, 토르카토 93
타우스크, 빅토르 75~77, 162
탠슬리, G. A. 197
텐, 이폴리트 101
튜크, D. 핵 244
트로터, 윌프레드 99, 101

ㅍ

파블로프, 페트로비치 393
파이프, 해밀턴 522
파케, 알폰스 390, 394
퍼트넘, 제임스 잭슨 379, 381, 387
페니헬, 오토 204, 304, 425
페데른, 파울 193, 197, 252
페렌치, 산도르 29~31, 37, 38, 40, 41, 44, 45, 48, 53, 54, 59, 66, 70, 73, 76, 77, 80, 91, 103, 104, 107, 111, 128, 130, 132~136, 142, 145, 149, 164, 169, 171~173, 199, 200, 210, 211, 220~223, 225~227, 229, 231, 238, 268, 280, 312, 317, 325, 333, 374, 375, 377, 382, 385, 387, 391, 397~417, 421, 426~429, 435, 442, 453, 464, 468
페이겐바움, 도리안 380
페트리코비치, 에드바르트 327
펠, 지크프리트 435
포사이스, 데이비드 72, 393
포이어바흐, 루트비히 315, 323
포이히트방, 다비트 395
포터, 찰스 프랜시스 257, 258
포퍼, 칼 181
포퍼-린코이스, 요제프 506
폴라크, 이지도어 477
푀츨, 오토 308
프레이저, 제임스 G. 315
프로이스, 후고 425
프로이트, 마르타 베르나이스 20, 62, 63, 65, 79, 126, 143, 151, 271, 317, 459, 461, 467, 479, 490, 506, 529
프로이트, 마르틴 43, 48, 53, 54, 60, 67, 71, 126, 143, 151, 271, 317, 459, 461, 467, 458, 461, 479, 484, 486, 490, 494, 495, 508, 517
프로이트(홀리처), 마틸데 128, 130, 144, 145, 147, 151, 168, 170, 291, 490, 494
프로이트, 새뮤얼 10, 60, 62~65, 67, 141, 160, 192, 421, 425, 428, 490
프로이트, 아돌피네 529
프로이트, 아말리아 273, 274, 275, 392
프로이트, 안나 12, 13, 15, 39, 59, 64, 74, 81, 82,

125~127, 135~175, 206, 207, 213~220, 229, 230, 236, 254, 267, 272, 273, 283, 294, 309, 328, 333~338, 340, 341, 371, 388, 390, 391, 393, 396, 397, 408, 412, 444, 449, 458, 461, 466, 470, 478, 479, 484~491, 494, 495, 496, 500, 501, 502, 506, 516, 517, 527, 528, 530, 531

프로이트, 알렉산더 391, 393, 396, 467, 496, 500

프로이트, 야코프 439, 521

프로이트, 에른스트 18, 43, 48, 71, 141, 146, 163, 333, 425, 430, 440, 456, 461, 469, 470, 485, 488, 492, 494, 495

프로이트, 올리버 53, 68, 71, 141, 144, 145, 146, 334, 346, 395, 425, 432, 456

프로이트, 조피 78~81, 84, 85, 92, 128, 129, 131, 144, 147, 149, 151, 156, 157, 207, 416

프로이트, 해리 440, 491, 528

프로인트, 안톤 폰 51, 77, 78, 219

프롬, 에리히 425

프루스트, 마르셀 194

프리델, 에곤 477

프링크, 호러스 379, 380

플루스, 에밀 305

플리스, 빌헬름 28~30, 86, 125, 237, 271, 279, 289, 291, 334, 440

플리스, 이다 334

피르호, 루돌프 393

피스터, 오스카어 79, 81, 107, 120, 179, 197, 202, 220, 251, 252, 254, 311, 313, 314, 328, 329, 357, 377, 378, 424, 426, 429, 443, 444, 514, 532

피시바인, 모리스 198

피츠너, 한스 193

피흐틀, 파울라 503

피흘러, 한스 137~140, 174, 175, 332, 365, 391, 462, 480, 490, 502

ㅎ

하르트만, 하인츠 97, 205, 337

하머슐라크, 자무엘 438

하예크, 마르쿠스 125~127, 142, 143

하우스, 에드워드 M. 362, 364~366, 370

하이네, 하인리히 426

한니발 446

할버슈타트, 막스 80, 142, 149, 422

할버슈타트, 에른스트 92, 93, 129, 156, 157

할버슈타트, 하이넬레 128~131, 156, 157, 416

함순, 크누트 193

헉슬리, 줄리언 193

헐, 코델 481

헤르바르트, 요한 프리드리히 36

헤르츨, 테오도어 436

헤일, 윌리엄 베이어드 187, 361

헬러, 유디트 베르나이스 274

호라티우스 225, 239, 240

호르나이, 카렌 206, 270, 300~304

호어, 새뮤얼 483

호프스태터, 리처드 371

홀, G. 스탠리 375

홀로시, 이슈트반 331

홀리처, 로베르트 130, 422, 490

홀리처, 마틸데 490

홀스테인, 베스테르만 425

홉스, 토머스 346, 347

화이트, 앤드루 딕슨 324

화이트, 윌리엄 앨런슨 394

화이트, E. B. 196

화이트헤드, 앨프리드 노스 369

히르슈펠트, 마그누스 200

히치만, 에두아르트 197, 260

히틀러, 아돌프 176~179, 200, 359, 373, 419~421, 424, 426~428, 431~433, 458, 464, 466, 467, 469~476, 478, 479, 482, 501, 504, 512

힐, J. C. 329

힐턴, 제임스 454

힐퍼딩, 마르가레테 272

힘러, 하인리히 479, 481, 484

| 용어, 논문, 저서 |

ㄱ

〈가톨릭 헤럴드〉 523
강박 93, 94, 288
강박관념 71
강박 신경증 30, 34, 86, 117, 249, 312, 339
강박증 256
〈강박 행동과 종교 의식〉 312
강제수용소 424, 477, 479, 509, 521, 524
개인심리학 99~101, 103
거세 공포 201, 296
거세 불안 246, 296, 304
거세 콤플렉스 298
게슈타포 480, 484~490
계몽주의 314, 322~324, 326
〈계통 발생적 공상〉 38
고착 276, 384
공격성 42, 47, 84~86, 88, 96, 97, 187, 271, 295, 351~355, 357
공격 충동 86, 87
공포증 255
공화주의 421
《과학과 종교의 갈등》(존 W. 드레이퍼) 324
괴태상 388~390, 392
교육 분석 71, 205, 377
구순기 293
구강암 123, 513
국가사회주의 178, 468
〈국제정신분석저널〉 29, 219, 259, 412, 413, 511
〈국제정신분석저널〉(영문판) 132, 259
국제정신분석협회 82, 160, 199, 204, 264, 266, 409, 410, 416, 485
《군중심리》(귀스타프 르봉) 99
군중심리학 83, 100
《그것의 책》(게오르크 그로데크) 109
《그리샤 상사에 관한 논쟁》(아르놀트 츠바이크) 192
근친상간 276, 348, 523

기독교 35, 186, 329, 330, 345, 351, 436, 445, 466, 519~521
《기독교 나라에서 벌어진 과학과 신학의 전쟁사》(앤드루 딕슨 화이트) 324
기독교사회당(오스트리아) 122, 176
꿈 검열 42
《꿈과 교육》(J. C. 힐) 329
꿈 생활 410, 436
《꿈에 관하여》 39
《꿈의 해석》(해몽 책) 31, 36, 39, 86, 105, 111, 154, 162, 208, 225, 273, 308, 319, 387, 461, 523
꿈 이론 81
〈끝낼 수 있는 분석과 끝낼 수 없는 분석〉 464, 465

ㄴ·ㄷ

나르시시즘 28, 30, 32, 49, 79, 81, 88, 91, 114, 196, 277, 297, 300, 352, 353, 405, 425
〈나르시시즘 입문〉 31, 46
〈나의 이력서〉 714, 215, 434
《나의 투쟁》(히틀러) 178
나치(당) 87, 177, 178, 193, 207, 359, 419, 421, 424~428, 430, 432, 433, 455, 460, 467~474, 476~483, 485~488, 501, 503, 504, 509, 510, 512, 515, 516, 521
남근기 293
남성심리학 302
남성적 저항 87
〈남독일 월보〉 330
내면화 354
《내적인 정신의 힘》(브라이언 브라운) 183
노벨상 44, 53, 193, 194, 343, 356, 389, 390
노출증 196
뉴욕 정신분석협회 199, 228, 241, 263~267
〈뉴욕타임스〉 182, 187, 188~190, 198, 253, 327, 328, 372
'늑대 인간' 34, 209, 249, 276, 322

능동성 408
단기 분석 치료 223, 228
《달러와 민주주의》(필립 번-존스) 386
《달의 초원》(제임스 힐턴) 454
대공황 343, 366, 419, 420, 434
대중심리학 83, 99
대체물 34, 35, 140, 303, 319
《더벅머리 페터》(로널드 녹스) 195
〈데일리 워커〉 523
'도라' 34, 209, 272, 276
돌격대(SA) 433, 474, 477
동물 공포증 34
동성애 82, 139, 189, 433, 456, 457
동일시 46, 118, 369
〈디 스툰데〉 190

ㄹ·ㅁ

라마르크주의 38, 525
랑크-존스 사건 134
런던 정신분석 연구소 200
런던 정신분석협회 455
《로미오와 줄리엣》(셰익스피어) 430
《뤼시앙 뢰방》(스탕달) 385
리비도 30, 38, 47, 54, 86~88, 100, 102, 103, 114,
166, 183, 196, 276, 290~292, 304, 350, 352, 381,
387, 408, 466
《리어 왕》 150
《마법의 가죽》(발자크) 531
마조히즘 97, 299, 302
〈마조히즘의 경제적 문제〉 96
《마틴 처즐윗》(찰스 디킨스) 386
망상 320, 323, 521
〈맨체스터 가디언〉 428, 495
메타심리학 28~31, 35, 37, 38, 45, 46, 48, 49, 83,
113, 182, 209, 213
모방 245, 248, 370
모세5경 451
〈모세가 이집트인이었다면〉 447
〈모세, 그의 백성과 유일신교〉 447
무리 본능 101

무신론 311, 312, 315, 325, 326, 523
무의식 28, 29, 35~38, 40, 52, 89, 93, 106,
108~110, 112, 113, 116, 117, 119, 172, 173, 183,
187, 214, 231, 246, 247, 271, 341, 347, 348, 353,
355, 368, 389, 404, 406, 429, 490, 502, 510, 525
〈무의식〉 35
《문명 속의 불만》 96, 308, 314, 341~343,
347~349, 353, 355, 356, 358, 379, 383, 466
《문체 이야기》(윌리엄 베이어드 헤일) 361
문화적 초자아 354, 355
물질주의 374, 383
〈미국 의학협회지〉 198
미국 정신분석협회 199
민족주의 177, 438, 439

ㅂ

바이마르 공화국 176, 178, 179, 201, 420, 425
반미주의 375, 382, 386
반복 강박 81, 94
반유대주의 176, 178, 179, 199, 317, 375, 425,
434~437, 441, 443, 445, 469, 473, 476, 507, 518,
521, 522
방어 33, 49, 87, 184, 242, 247~250, 269, 290,
302, 325
방어 기제 115, 167, 243, 244, 247, 248
백반증 124
범신론 405
베르사유 조약 57, 359, 360, 362, 363
베를린 정신분석 연구소 186, 205
베를린 정신분석협회 212
볼셰비즘 348
볼셰비키 혁명 45
부다페스트 정신분석협회 199
부정적 치료 반응 117
분리 불안 246
불가지론 214, 269
불안 발작 245
《불안이라는 문제》 243
불안 히스테리 34, 38
불쾌감 91, 92

'붉은 빈' 175
브나이 브리트 39, 287, 434, 435, 437, 441, 444
〈브나이 브리트 회보〉 434
브레스트-리토프스크 조약 50
비교 종교학 315
《비망록》 356, 365, 389, 432, 459, 469, 472, 480, 484, 490, 498, 504, 509, 513, 518, 529
《비전문가 분석의 문제》 250, 251, 255, 261~263, 311
빈 정신분석협회 157, 199, 219, 224, 225, 252, 253, 272, 288, 303, 485

ㅅ

사디즘 235, 261, 383, 472
《사랑》(스탕달) 385
〈사랑의 영역에서 타락으로 흐르는 보편적 경향에 관하여〉 293
사례사 209, 248, 272, 276, 280, 322
사회 다윈주의 177
사회민주당(오스트리아) 122, 175, 176
사회민주당(독일) 420, 429
사회심리학 99~101, 104
《새로운 게토》(테오도어 헤르츨) 436
《새로운 심리학과 그것이 삶에 끼치는 영향》(G. A. 탠슬리) 197
《새로운 정신분석 강의》 96, 118, 325, 373, 419, 465
생각 전이 171~173
〈생산 메커니즘〉 37
〈생성의 원인인 파괴〉 87
생식기 293, 296, 303
생제르맹 조약 58
〈서곡〉(워즈워스) 36
성교 213, 269, 273, 289
〈성공에 파괴당한 사람들〉 47
성기 욕구 166
성생활 86, 269, 292, 297, 338
《성 앙투안의 유혹》(플로베르) 252
성욕 86, 105, 139, 153, 291, 294, 407
《성욕에 관한 세 편의 에세이》 32, 86, 111, 208,

290, 291
성(적) 충동 31, 32, 87, 95, 290, 291
〈세 개의 작은 상자라는 주제〉 150
세속적 금욕주의 316
세속주의 314, 440, 441
〈세인트루이스 포스트-디스패치〉 327
《섹스가 필요한가? 아니면, 왜 그런 식으로 느끼는가?》(제임스 서버 외) 196
소망 충족 319, 358
쇼비니즘 55, 82
수동성 32, 280, 325, 408
수정의 밤 509, 510
순응주의 383
승화 102, 320, 322
〈시대와 조류〉 511
시온주의 436, 440
〈시카고 트리뷴〉 189
신경쇠약 196, 414
신경증 28, 35, 38~40, 47, 49, 51, 52, 86, 90, 100, 106, 109, 113, 135, 144, 145, 155, 203, 204, 225, 231~233, 235, 236, 244~246, 248, 249, 276, 285, 291, 301, 312, 317, 346, 350, 355, 368, 369, 380, 385, 408, 411, 413, 465, 502, 518
신비주의 105, 172, 173, 521
실수 36, 39, 40, 86, 156, 187
《심리의학 사전》(D. 핵 튜크) 244

ㅇ

아노미 316
〈아메리칸 이마고〉 501
아동 분석 157, 167, 211, 212, 215, 335
《아동 분석 기법 입문》(안나 프로이트) 337
아버지 살해 407, 453, 520
아버지-이마고 154
아버지 콤플렉스 27, 162, 235
'안나 O.' 236, 271
애도 46, 75, 79, 128, 490
〈애도와 우울증〉 29, 46, 47, 48, 120
애착 46, 92, 158, 160, 162, 163, 275, 278, 295~297, 300

야훼 451, 452

양가감정 32, 277, 278, 398, 408

양성론 295

억압 28, 29, 33~37, 49, 86, 88, 93, 103, 108, 110, 112, 113, 154, 212, 242, 244, 248, 298, 316, 519, 522

〈억압〉 33

《억제, 증후, 불안》 218, 241~244, 247~250, 447

에로스 84, 95~97, 102, 110, 111, 350, 354, 358

여권 운동(여성 운동) 283, 288

〈여성의 성〉 297

여성심리학 270

역전이 163, 272

《연통관》(앙드레 브르통) 413

영국 왕립의학회 455, 460

영국 왕립학회 460

영국 정신분석협회 200

〈영적 에너지의 측정〉(프리드리히 조머) 186

《영혼의 탐구자》(게오르크 그로데크) 106, 107

《예술가》(오토 랑크) 218

오르가슴 290, 300

오스트리아 공화국 175, 433

오스트리아-헝가리 제국 54, 176

오이디푸스 삼각 관계 89

오이디푸스 콤플렉스 34, 49, 86, 118, 119, 187, 201, 214, 215, 225~227, 235, 292, 293, 298, 302, 304, 355, 407, 412, 518

왜곡 465

《왜 전쟁인가?》 178

우상 파괴 445, 452

운명 신경증 93, 94

원시 종교학 315

(비밀) 위원회 132~136, 171, 218, 219, 221, 224, 226

유대교 44, 445, 520~522,

유대교 회당 329, 510

유대주의 435, 438, 439, 441, 444, 451, 511

유물론 171

유아(기) 성욕 105, 294, 407

유전 형질 442

유혹 이론 411

음경 선망 296, 300~302

응용 정신분석(응용 분석) 209, 370, 501

《의사의 딜레마》(조지 버나드 쇼) 130

〈의학 평론 리뷰〉 380

이드 105, 109, 110, 112~116, 118, 119, 247, 331, 465

'이르마(의) 주사 꿈' 254, 255

《이른바 유대 정신에 관하여》(한스 에렌발트) 449

〈이마고〉 107, 219, 328, 498, 501, 511

이신론(자) 451

이원론 88, 91, 95, 96, 353

〈이집트인 모세〉 447, 499

《인간 모세와 유일신교》 447~450, 501, 506, 508, 509, 518~520, 522~527

인격 살해 235

《인생의 경로》(빌헬름 플리스) 289

《일상생활의 정신병리학》 57, 105, 184, 208, 592

ㅈ

자기 분석 74, 140, 232, 235, 275, 398, 403, 408

자본주의 177, 283, 315, 352, 420

자아심리학 90, 115, 167, 337

자아 이상 47, 103, 116, 119, 156, 212, 214

《자아와 이드》 82, 104, 105, 108, 109~120, 121, 190, 308

〈자연〉(괴테) 389

자위 108, 140, 210, 269, 291, 296, 303

자유연상 106, 210

자유주의 41, 102, 177, 286, 296, 468

자존감 46, 180, 404

잠복 기억 506

잠재의식 187

저항 33, 93, 105, 113, 249, 261

〈전위〉 473

전의식 36, 89

전이 93, 94, 105, 149, 155, 163, 164, 272, 296, 299, 303, 401

전이 신경증 30

전쟁 신경증 52, 53, 94

전체주의 420, 486

전환 히스테리 30, 34, 52, 106

정신병리학 246, 264

정신분석가 대회 51, 81, 106, 156, 172, 207, 237, 294, 300, 334, 411, 500

《정신분석 강의》 41, 180, 184, 373, 517

《정신분석 논문집》(파울 페데른 외) 197

《정신분석 방법》(오스카어 피스터) 197

정신분석 사업 133

《정신분석의 기본 개념》(브릴) 263

《정신분석의 기초》(하인츠 하르트만) 337

〈정신분석의 몇 가지 기본적 교훈〉 505

《정신분석의 발전》(오토 랑크 / 산도르 페렌치) 221, 222

정신분석 출판사 51, 188, 219, 340, 372, 373, 479

〈정신분석 평론〉 208

《정신분석학 개요》 96, 501, 502, 505

정신신체의학 106, 108

정신요법 258

〈정신 위생〉 243

《정신의학 교과서》(오이겐 블로일러) 244

《제르미날》(에밀 졸라) 101

제1차 세계대전 27, 50, 52, 79, 86, 179, 208, 235, 244, 274, 282, 291, 327, 348, 352, 360, 373, 387, 404, 420, 437, 481, 482, 512

제2차 세계대전 528

조발성 치매 29

〈존 오런든스 위클리〉 522

《종교 생활의 기본적 형태》(뒤르켐) 316

《종의 기원》(다윈) 196, 445

죄의식(죄책감) 89, 116~119, 212, 215, 246, 348, 354, 355, 357

〈죄책감으로 인한 범죄자들〉 47

죽음 충동 84, 85, 95~97, 109, 110, 120, 214, 270, 301, 354, 357, 358, 455, 465

중간계급 63, 70, 285, 420, 493

중독 123, 140, 203, 391

'쥐 인간' 34, 209, 249, 276

집단 신경증 519

집단심리학 83

《집단심리학과 자아 분석》 82, 99, 103, 114, 115, 182, 439

ㅊ·ㅋ·ㅌ

《철학 사전》(볼테르) 451

초자아 47, 101, 105, 114~120, 159, 170, 171, 212, 214, 215, 246, 247, 293, 294, 298, 299, 315, 348, 354, 355, 465

최면 36, 103, 258

출생 불안 225, 228

출생(의) 트라우마 221, 224, 225, 227, 229, 230, 234, 241, 243, 245, 246

《출생의 트라우마》(오토 랑크) 221, 222, 224, 227, 249

《출애굽기》 450

충동 28~34, 36, 37, 47, 49, 77, 86~88, 91, 94~95, 109, 113, 131, 138, 189, 213, 240, 247, 248, 251, 279, 312, 316, 317, 322, 353, 354, 356, 405, 406, 465

충동 이론 91, 503

친위대(SS) 479, 486, 489

카섹시스 209

쾌락 원칙 84, 85, 91~94, 110, 196, 232, 344

《쾌락 원칙을 넘어서》 82~84, 88~91, 98, 103, 104, 111, 156, 182, 190

콤플렉스 168, 183, 196, 415

《콜로노스의 오이디푸스》(소포클레스) 168

타나토스 95, 97

〈타임〉 185

〈타임스〉 184

타자 99, 320

터부 351

텔레파시 170~173, 416, 519

《토머스 우드로 윌슨》(프로이트/ 불릿) 367, 369, 372

《토템과 터부》 38, 99, 233, 315, 319, 324, 347, 438, 443, 447, 453, 508, 519, 523, 527

토템 식사 520

퇴행 91, 100, 102, 235, 248, 387, 406, 411, 413, 415, 425, 514

트라우마 221, 225, 231, 241, 245, 293, 296, 404,

408, 411, 413, 415, 519

ㅍ·ㅎ

파시즘 177, 178, 426, 429, 430
《파우스트》(괴테) 233
〈팔레스타인 리뷰〉 523
페미니즘 272, 281, 291, 305
편집증 415
《평화 시기와 전쟁 시기의 무리 본능》(윌프레드 트로터) 101
〈포기와 베스〉(거슈윈) 450
〈프랑스 정신분석 리뷰〉 208
프로이센-프랑스 전쟁 56
〈프로이트와 교육〉(아마르) 184
《프로이트의 신경증 이론》(에두아르트 히치만) 197

프로이트주의 183~185, 192, 197, 227, 268
《프로테스탄트 윤리와 자본주의 정신》(베버) 315
합스부르크 왕가 54, 431
항문기 293
항문-사디즘기 235
항문 사디즘 383
〈해방된 예루살렘〉(토르카토 타소) 93
헝가리 정신분석협회 260
형제 콤플렉스 232
호엔촐레른 왕가 54
《환상의 미래》 308, 310~316, 319, 324~330, 342~344, 348, 447
회람 서한(《룬트브리페》) 132, 133, 186, 202, 210, 231, 232, 237, 238, 264, 268
획득 형질 442
히브리 대학 192, 460
히스테리 38, 218, 243, 246, 255, 271, 406, 473